翁源年鉴

WENGYUAN YEARBOOK

2011 • 创刊号

翁源年鉴编纂委员会 编

廣東省出版集團
广东人民出版社
• 广州 •

图书在版编目（CIP）数据

翁源年鉴（2011 ·创刊号）/ 翁源年鉴编纂委员会主编. -- 广州：广东人民出版社，2012. 1
ISBN 978-7-218-07532-7

Ⅰ. ①翁… Ⅱ. ①翁… Ⅲ. ①翁源县-2011-年鉴 Ⅳ. ①Z526.54

中国版本图书馆CIP数据核字（2012）第002746号

翁源年鉴(2011·创刊号)
翁源年鉴编纂委员会

出 版 人：金炳亮

责任编辑：余小华
封面设计：杨永其
责任技编：黎碧霞

出版发行：广东人民出版社
地　　址：广州市大沙头四马路10号（邮政编码：510102）
电　　话：（020）83798714（总编室）
传　　真：（020）83780199
网　　址：http://www.gdpph.com
印　　刷：韶关市典经社有限公司印刷（原韶关290地图彩印厂）
书　　号：ISBN 978-7-218-07532-7
开　　本：889毫米×1194毫米　1/16
印　　张：22.9　插页：23　字数：640千字
印　　数：1—1000册
版　　次：2012年1月第1版　2012年1月第1次印刷
定　　价：180.00元

如发现印装质量问题，影响阅读，请与出版社（020-83795749）联系调换。
售书热线：（020）83790604　83791487　邮购：（020）83781421

编辑说明

一、《翁源年鉴》是由中共翁源县委领导、翁源县人民政府主办，县档案局史志办组织实施，各承编单位共同参与编纂的综合性资料年刊。旨在逐年记述本行政区域年度内自然、政治、经济、文化、社会等方面的情况，所载资料全面、系统、翔实、准确，是社会各界和海内外人士了解翁源的权威性工具书。《翁源年鉴》（2011）（创刊号）是翁源县第一部县级综合年鉴。今后将逐年编辑、连续出版、公开发行。

二、《翁源年鉴》（2011）所收录的资料上限起自2010年1月1日，下限截至2010年12月31日，但彩色图片、特载和专记未受此限。为了较完整地保存和积累地方文献资料，对一些史实作了简要的上溯。所收录的先进集体和个人，是2010年度获市级以上表彰的先进集体和个人。由于个别单位未按要求提供资料，以致缺载，请予见谅。

三、《翁源年鉴》（2011）主要收集2010年翁源县各项事业发展的基本情况。主体内容分为类目、分目、条目三个层次，少数条目下设子目，条目标题采用黑体字并加【】表示，少数包含多方面内容的条目则在文内用楷体标题标示各段内容的主题。全书设特载、大事记、全县概况、中共翁源县委员会、翁源县人大常委会、翁源县人民政府、政协翁源县委、民主党派·群团组织、政法·军事、编制·人事·社保、经济管理、工业·商贸·招商引资、农·林·水、交通·通讯、城建·环保、财税·金融·保险、旅游·服务、科技·教育、文化·卫生·体育、社会管理、重点企业选介、镇·场、统计资料、名录、附录等共25篇。

四、稿件大部分由各部门、各单位、各镇（场）及上级驻翁源有关单位提供，《翁源年鉴》编辑部撰写了部分稿件并统纂全书。所提供的稿件资料均经供稿单位主要领导审阅，撰稿人署名于各相应条目文末。因统计时间、口径不同等原因，个别数据在不同稿件中可能不尽一致，敬请读者采用时注意。反映全县国民经济和社会发展情况的数据，以翁源县统计局资料为准。

五、本年鉴的编辑出版得到了全县各级各部门和有关单位领导的大力支持，广大撰稿人员为此付出了辛勤的劳动，在此一并致以诚挚的谢意。由于编纂经验不足，水平有限，且本年鉴篇幅较大，图文虽经多次审核、校对，仍难免有差错和疏漏之处，恳请各级领导和广大读者对我们编辑工作中的错误与疏漏予以指正，并提出宝贵意见。

翁源年鉴编辑部

2011年10月

翁源年鉴编纂委员会名单

名誉主任：朱余旺
主　　任：颜　亮
副 主 任：陈志峰　包玉兰
成　　员：禤玉龙　阮炳溪　林秀丽　郭式球　陈喜山　张美秋　江汉洪
林晃奎　甘可柱　何振新　陈福环　丘培忠　廖家炉　徐琰雄
丘景科　陈汉英　曾贺方　张保明　何先觉　张永斌　叶有昌
林　灵　刘雪强　刘　恒　林天生　王永泰　黄建德　何文辉
林有成　宋初春　杨永其　何东定　黄　焕

《翁源年鉴》编辑部名单

主　　编：林秀丽
执行主编：杨永其
副 主 编：张大文　钟新洪
责任编辑：张大文　钟新洪

编修志鉴
资治存史

朱余旺
二〇一一年十二月

朱余旺 系中共翁源县委书记、翁源县人大常委会主任

序

志载千秋大业，鉴述历年辉煌。《翁源年鉴》(创刊号)经数次审改，终告大成。这是全县上下合力耕耘的成果，是我县精神文明建设上又一文化精品。值此付梓之际，谨向参与编纂及给予支持的同志们致以亲切的问候和崇高的敬意!

存史资政。翁源历史悠久，人文荟萃，物宝天华，投资要素齐聚，创业环境优越。在长期的历史发展中，勤劳智慧的翁源人民创造了辉煌的历史和灿烂的文化，经济社会发展不断迈上新台阶。2010年，全县上下积极有效应对了“5·6”特大洪灾，创强攻坚工作成效显著，各项社会事业全面发展。全年完成地区生产总值41.6亿元，同比增长12.6%；地方财政一般预算收入1.63亿元，同比增长28.3%；财政综合增长率达46.8%，在全省排第4位。《翁源年鉴》(2011)正是如实、全面地记录了过去一年的业绩。

鉴往知来。《翁源年鉴》具有“资政、育人、存史”的重要功能，是社会各界和海内外人士了解翁源、认识翁源的权威性工具书，也是促进翁源和外界进行经济文化交流的桥梁纽带。愿各界人士通过年鉴进一步了解翁源，认识翁源，支持翁源；希望各部门、各单位，要以此为镜，检阅得失，革故鼎新，为建设美好新翁源、创造幸福新生活而努力奋斗!

是为序。

中共翁源县委副书记、县长: 颜亮

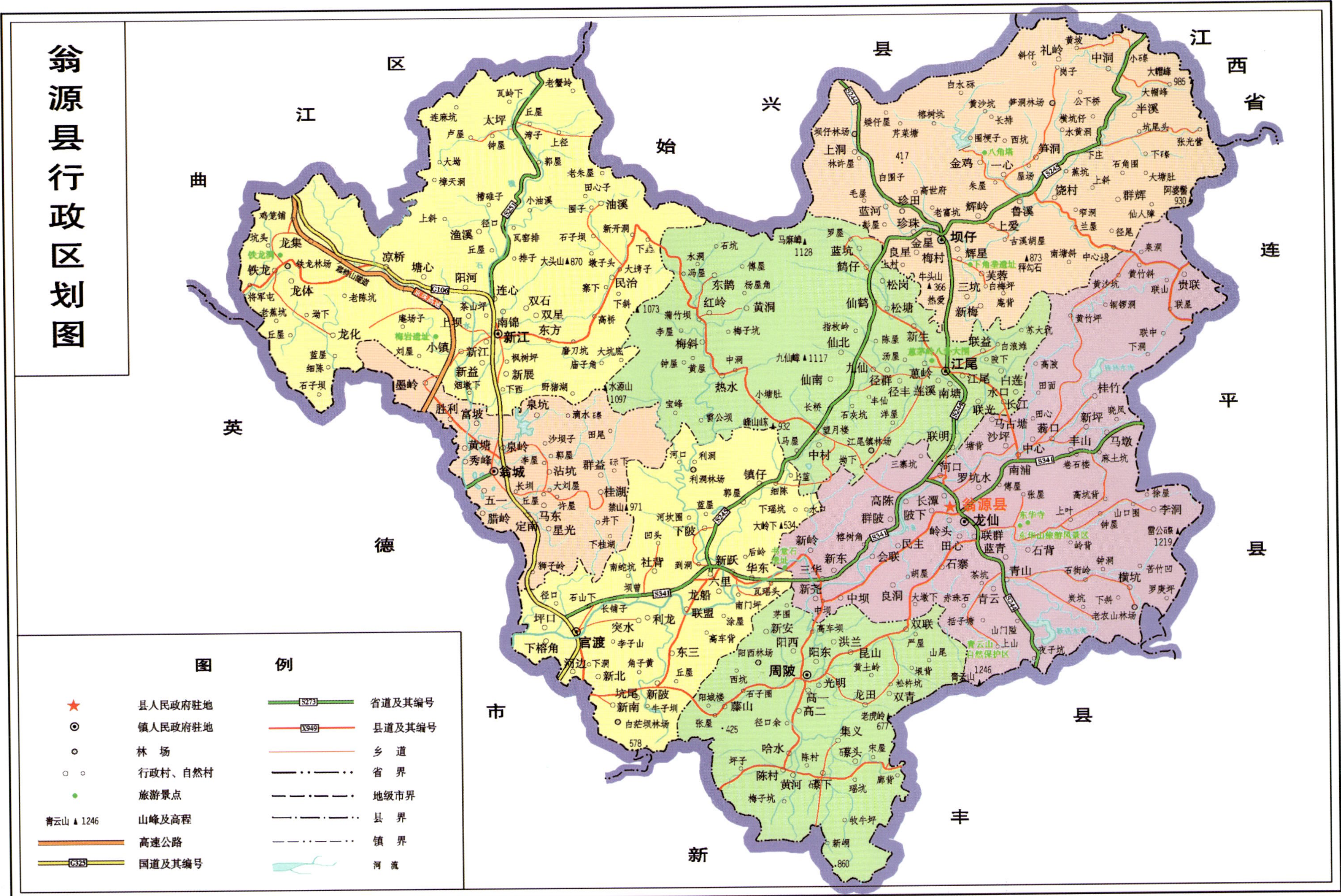

编制单位：核工业二九〇研究所遥感信息中心

数字翁源

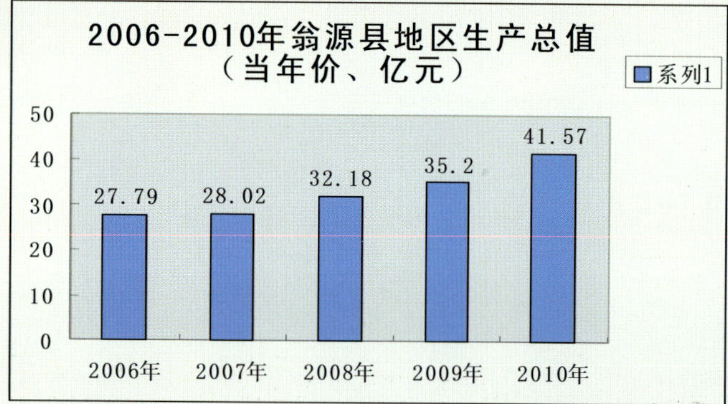
2006-2010年翁源县地区生产总值
（当年价、亿元）
系列1
50
40
30
20
10
0
27.79
28.02
32.18
35.2
41.57
2006年
2007年
2008年
2009年
2010年

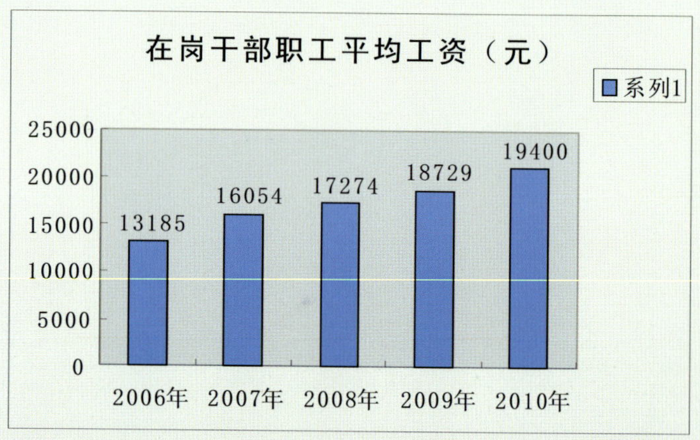
在岗干部职工平均工资（元）
系列1
25000
20000
15000
10000
5000
0
13185
16054
17274
18729
19400
2006年
2007年
2008年
2009年
2010年

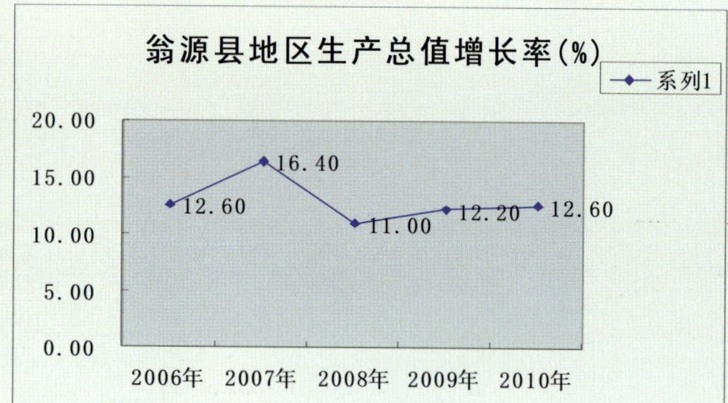
翁源县地区生产总值增长率(%)
系列1
20.00
15.00
10.00
5.00
0.00
12.60
16.40
11.00
12.20
12.60
2006年
2007年
2008年
2009年
2010年

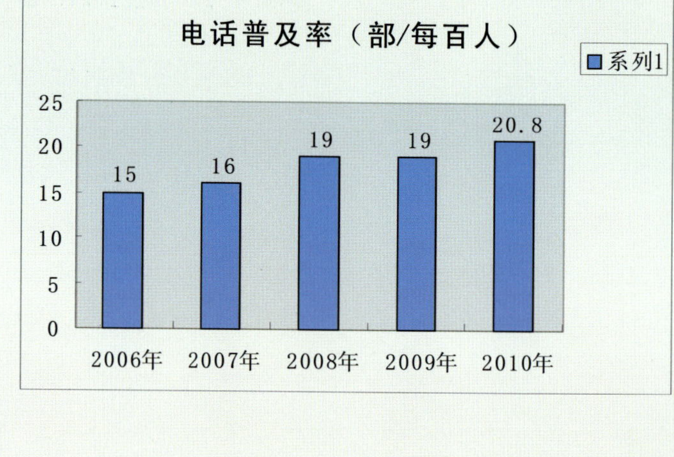
电话普及率（部/每百人）
系列1
25
20
15
10
5
0
15
16
19
19
20.8
2006年
2007年
2008年
2009年
2010年

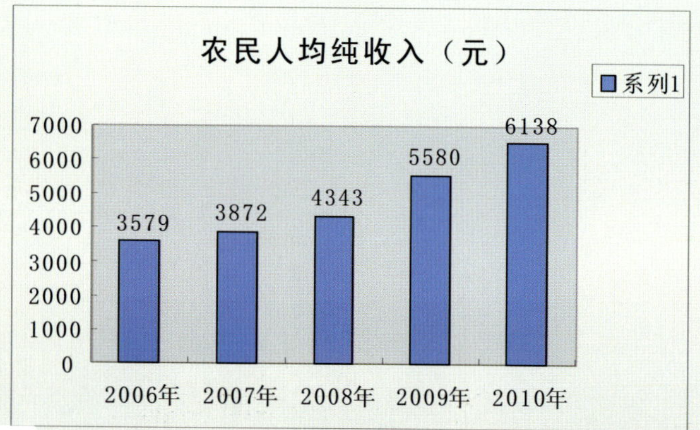
农民人均纯收入（元）
系列1
7000
6000
5000
4000
3000
2000
1000
0
3579
3872
4343
5580
6138
2006年
2007年
2008年
2009年
2010年

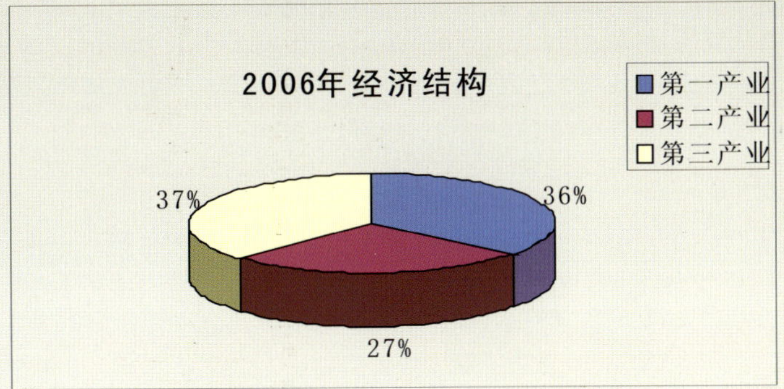
2006年经济结构
第一产业
第二产业
第三产业
36%
27%
37%

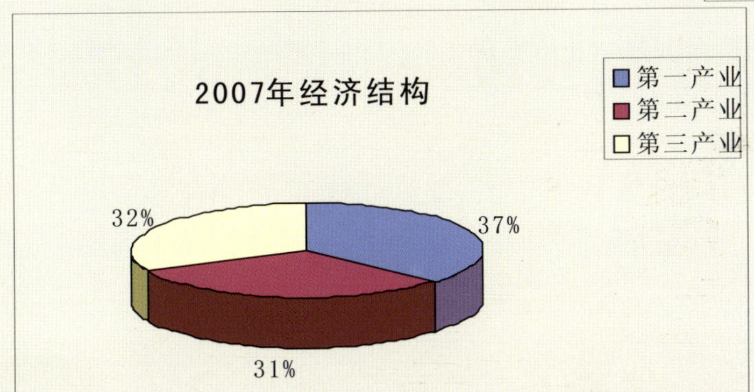
2007年经济结构
第一产业
第二产业
第三产业
37%
31%
32%

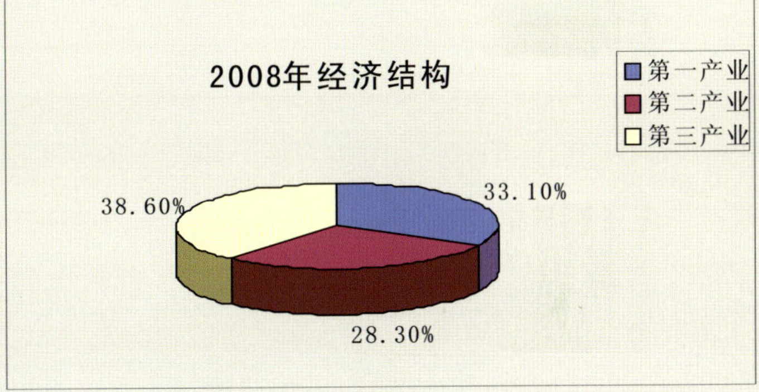
2008年经济结构
第一产业
第二产业
第三产业
33.10%
28.30%
38.60%

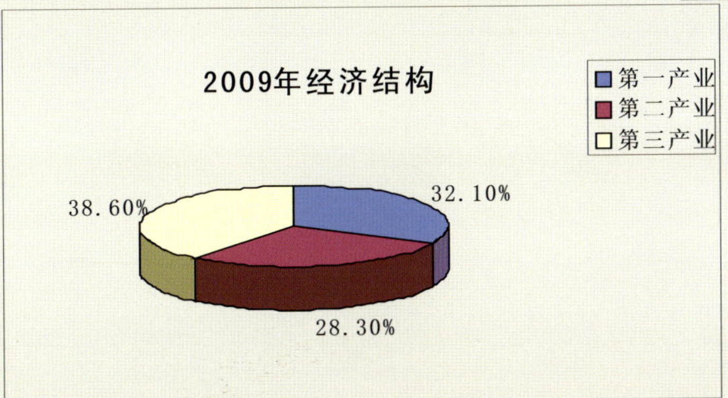
2009年经济结构
第一产业
第二产业
第三产业
32.10%
28.30%
38.60%

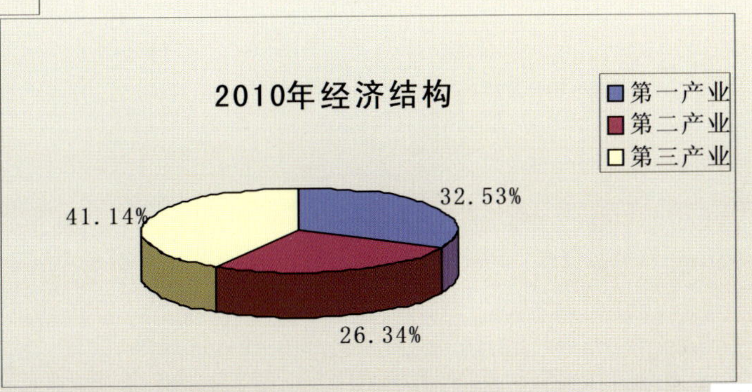
2010年经济结构
第一产业
第二产业
第三产业
32.53%
26.34%
41.14%

5月9日，中共中央政治局委员、广东省委书记汪洋（前排左）在翁源铁龙视察灾情。汪洋书记与铁龙龙化村民亲切地说“我们手拉手”。

5月9日，中共中央政治局委员、广东省委书记汪洋（前排右三）在翁源视察灾情。

9月27日，韶关市委书记、市人大常委会主任徐建华（前排右三），市委常委、市委秘书长李石保（前排右二）率市直有关部门的领导在翁源县委书记、县人大常委会主任朱余旺，县长颜亮等的陪同下到翁城、新江镇检查指导灾后重建工作。

12月27日，韶关市委副书记、代市长艾学峰（右二）在翁源县委书记、县人大常委会主任朱余旺，副书记、县长颜亮，副书记温毅麟等的陪同下到翁源江尾兰花基地调研。

12月16日，中共翁源县委十一届八次全体（扩大）会议在龙翔酒店召开。

3月4日，翁源县第十三届人民代表大会第四次会议在县政府小礼堂召开。

3月2日，中国人民政治协商会议翁源县第七届委员会第四次会议在龙翔酒店召开。

3月29日，中共翁源县第十一届纪委第四次全体会议在龙翔酒店召开。

3月4日，中共翁源县委书记、县人大常委会主任朱余旺（右）为新当选的县长颜亮（左）颁发证书。

翁源县四套班子主要领导合影。中共翁源县委书记、县人大常委会主任朱余旺（右二），县人大常委会副主任廖修成（左二），翁源县人民政府县长颜亮（左一），政协翁源县委员会主席谢寿通（右一）。

7月5日，副省长李容根（左九）在省、市、县领导的陪同下，参加广东省（韶关）粤台农业合作试验区揭牌和奠基仪式。

7月5日，副省长李容根（左二），省农业厅厅长谢悦新（左一），韶关市委副书记、市长郑振涛（右二），翁源县委书记、县人大常委会主任朱余旺（右一）为广东省（韶关）粤台农业合作试验区揭牌。

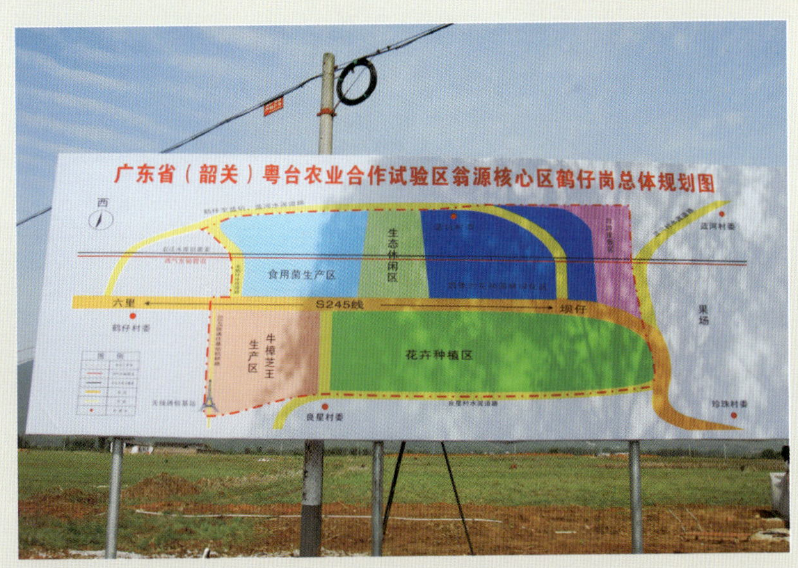

广东省(韶关)粤台农业合作试验区翁源核心区鹤仔岗总体规划图

中共翁源县委书记、县人大常委会主任朱余旺（右三）带队检查青云山自然保护区管理处建设进展情况。

中共翁源县委副书记、县长颜亮（中）带队下乡调研公路交通建设情况。

12月28日，县委、县政府在县体育馆举办“2010广东翁源经贸洽谈会”。

韶关市委常委、副市长陈秋彦代表韶关市委、市政府致祝贺辞。

中共翁源县委书记、县人大常委会主任朱余旺在洽谈会上致欢迎辞。

中共翁源县委副书记、县长颜亮在洽谈会上作翁源的招商环境推介。

7月27日，广州市五羊油漆股份有限公司落户华彩（翁源）化工涂料城。

11月28日，县委常委、组织部长黄令遥作为获奖案例单位代表，应邀参加了第一届全国基层党建创新论坛暨最佳和优秀基层党建创新案例颁奖活动。

11月30日，县委在县政府小礼堂召开村（社区）党支部换届工作动员会。

8月16日，翁源县百名领导干部到中山大学“充电”。

2010年“全民健身日”翁源县全民健身展示活动

5月7日，翁源县召开“5·6”特大洪灾工作会议。

5月13日，广东万豪教育集团董事长胡春万为翁源灾区捐款。

5月16日，中共南雄市委、市政府为翁源灾区捐款捐物。

2010年2月26日至3月2日，翁源县举办“花醉岭南·广东翁源赏花节”。

花醉岭南·广东翁源赏花节

花醉岭南·广东翁源赏花节现场

2月24日，翁源县召开经济社会发展研讨会。

7月19日，翁源县召开机构改革暨干部调整宣布大会。

12月27日，市委副书记、代市长艾学锋一行到翁源调研。

2月27日，翁源县举行2010年外商新春座谈会。

5月23日，广东省教育强镇验收专家组对铁龙“创建教育强镇”工作成果进行考评验收。

11月11日，县委副书记、县长颜亮（左），县委常委肖慎达（右）为翁源县投资企业服务中心揭牌。

3月1日，翁源县召开创建林业生态县暨林改工作现场会。

3月31日，翁源县召开县、镇、村三级干部大会。

4月21日，翁源县举行“情系玉树赈灾捐款活动”。

4月29日，翁源县召开扶贫开发“双到”工作领导小组会议。

9月19日，仙北村、江门工作队、宝源公司、合作社举行“公司+合作社+农户”挂牌签约仪式。

11月26日，江门——仙北扶贫助学基金成立。

12月22日，翁源县召开创建林业生态县检查验收情况通报交流会。

三华李地理标志产品保护专家审查会现场

县政府门楼

县委、县政府办公楼

县政府大院一角

改建后的县城建设一路

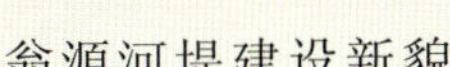
翁源河堤建设新貌

龙湖夜景

龙湖公园

官龙公路

翁源县交通运输局

交通运输局办公大楼

翁源县交通运输局是主管公路、水路和城乡公共交通运输等交通运输行业的县人民政府工作部门。2010年7月19日，根据县人民政府机构改革方案，组建县交通运输局，将县交通局的职能划入县交通运输局。内设综合行政执法局（副科级）、办公室、规划基建股、运输管理和安全生产监督股（加挂县交通战备办牌子）、财务审计股5个职能部门，有干部职工25人。下辖交通管理总站和地方公路管理站，职工人数64人，其中交通管理总站33人，地方公路管理站31人。是年，县交通运输局被评为全省道路水路交通运输专项整治活动先进集体、全市农村公路工作先进单位，被县委、县政府评为2010年度政府部门绩效考核一等奖、社会治安综合治理工作先进单位、争取上级资金先进单位、完成固定资产投资任务先进单位；县地方公路管理站被评为全市地方公路系统工程管理先进单位，藤山道班、仙鹤道班被评为全市乡村公路养护管理先进单位。

年末，全县地方公路总里程1359.6公里，其中县道13条246.4公里，乡村道151条564.7公里，公路桥梁135座4836.4米，公路密度73公里/百平方公里。

交通运输局领导班子

全市农村公路质量管理工作会议，与会人员实地查看公路质量情况。

交通系统党委参加县迎春创卫环城健步走活动。

全市农村公路质量管理工作会议会场

京珠高速翁城互通至国道106连接线改建工程动工仪式

翁源县人民医院

博学求精　厚德至善

办院宗旨： 以人为本、科技兴院、优质服务、方便群众
办院目标： 服务好、质量好、医德好，群众满意
服务理念： 热情、关怀、主动、靠前

翁源县人民医院创建于1940年，经过70年的艰苦创业，医院规模和技术力量实现了质的飞跃。该院位于县城建设一路218号。现开放床位（含官渡分院）500张，工作人员632人，其中：副高级以上职称13人，中级职称113人。是我县医疗、预防、康复、保健、教学和科研的中心。1993年首批被评定为二级甲等综合性医院，是广东药学院、韶关学院医学院的教学医院。

翁源县人民医院拥有雄厚的医疗资源和技术力量，有核磁共振(MR)螺旋CT、彩色B超C型臂数字减影机、数字化X线摄像系统（DR）、计算机摄X片系统（CR）、血液透析机、腹腔镜、支纤镜、咽喉镜、膀胱镜、胃镜、结肠镜等大型诊疗设备。医院坚持实施专病专治战略，创伤外科、腔镜外科、泌尿外科、骨科、心血管内科、肿瘤微创综合治疗是该院的特色专科。雄厚的综合实力使山区群众在小医院也能享受到大医院的医疗服务。

园林式单位　　第二门诊部、体检中心　　官渡分院

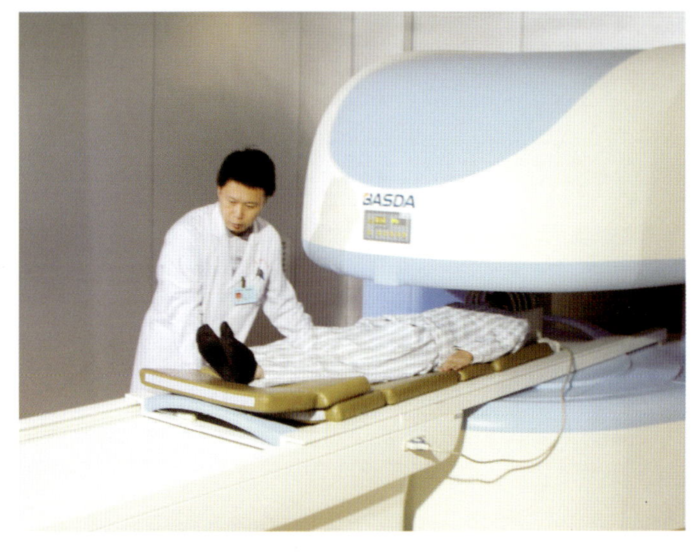

核磁共振

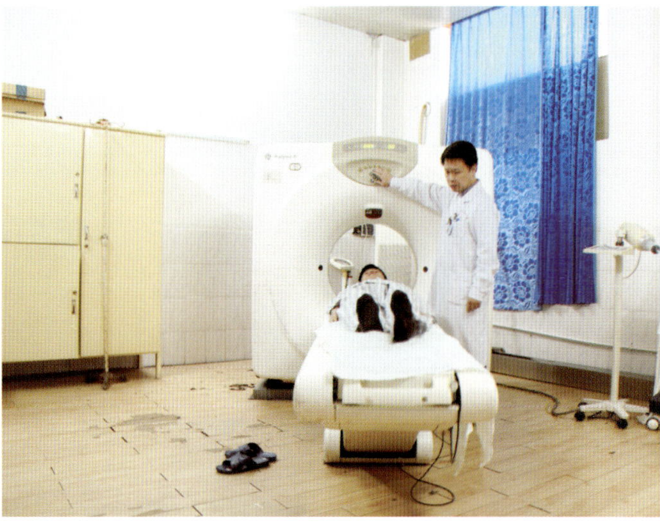

螺旋CT

翁源县人民医院坚持病人至上、质量第一的服务宗旨，营造了良好的治疗康复环境和医德氛围。先后被评为韶关市文明单位、市优秀基层党组织、市行风建设先进集体、市白求恩式先进集体、省文明医院；2003年被评为全国模范职工之家；2008年外一科获得省级“青年文明号”称号。医患和谐是土壤，文化建设是根系，医院管理是肥料，内部和谐是枝干，外部和谐则是阳光雨露。该院在传承中创新、努力构建和谐环境，已成长为一棵根深、干直、枝繁叶茂、硕果累累的参天大树。

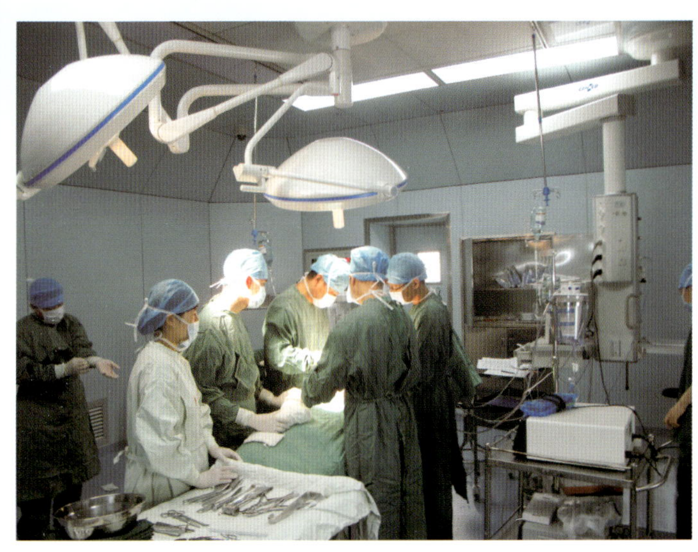

现代化的层流手术室

重症医学科（ICU)合理布局

韶关市翁源公路局

韶关市翁源公路局是市直参照公务员管理事业单位。主要承担翁源县境内国省道干线公路的建设、养护、管理和车辆的年票代征。2010年养护总里程231公里，其中国道48.86公里，省道182.14公里。从2004年开始，广东省公路系统推行养护大道班建设，翁源公路局整合原有21个小道班，成立了坝仔、南龙、官渡、新江四个养护中心，先后投入资金1500万元建成四个养护中心的办公、居住楼房。2010年养护中心在职养护职工174人，配备养护专用车31台，养护巡逻车5台，压路机2台，铲车2台，割草机24台。2010年，先后被韶关市公路局评为文明建设竞赛优胜单位、安全生产先进集体、政务信息先进单位。

2010年5月7日，广东省交通厅厅长何忠友（右四）、广东省公路局局长柳和平（右二）在韶关市副市长邹永松（右一）、韶关市公路局局长沈学柏（左四）、翁源县县长颜亮（右五）、副县长潘允标（左二）、翁源公路局局长邱文东（左一）等陪同下视察翁源“5·6”洪灾后的公路灾情。

8月31日，国道106线狮子山至官渡大桥北段路面大修工程动工仪式。

S245线六里至坝仔段公路大修后新貌

2010年5月6日，S341线官龙公路冲下电站路段山体滑坡，市、县公路部门高度重视，迅速调派工程机械清理，打通出县通道。

5月6日夜，翁源公路局干部职工彻夜奋战打通翁源对外交通。

2010年8月10日，为迎接国家交通运输部的全国干线公路养护管理大检查，翁源公路局组织了路政清障大行动。

翁源县人口和计划生育局

翁源县人口和计划生育局是县政府主管人口和计划生育的职能部门，内设办公室、法规信访股、规划统计股、科技宣传股、流动人口管理股5个股室。在全体干部职工的共同努力下翁源县人口和计划生育工作取得了新业绩。2007年被省委、省政府给予通报表扬，从三类地区升为二类地区。2010年，全县人口出生率11.36‰，自然增长率6.07‰，政策生育率为96.49%，群众对计生服务和作风建设满意率达90%，计生各项服务设施日趋完善，优质服务水平不断提升，积极推进和谐计生和创建省级计生优质服务县。五年多来，累计投入1800万元，按照“功能完善、布局合理、特色突出、科学规范、优质高效”的要求，新建计生服务综合大楼和坝仔、翁城、新江计生服务所，改建和扩建了铁龙、周陂、官渡、江尾计生服务所，更新改造镇村“一校二室三栏”，基本形成以县站为龙头，镇所为中心，环境优美、技术精良、以人为本、优质服务的计生技术服务网络。

人口计生工作总结表彰暨创省优质服务县动员大会现场

新建计生技术服务综合大楼

计生医技人员下乡为妇女开展普查普治

人口计生杯篮球赛

“婚育新风”进万家专题文艺汇演

翁源县水务局

翁源县水务局是翁源县人民政府水行政主管部门，主要职责是：贯彻执行国家和省、市有关水行政管理的方针政策和法律法规；负责保障水资源的合理开发和利用；组织指导水利设施、县管河道水域及其岸线的管理与保护；指导水利工程建设与运行管理；指导全县农村水利工作；负责水利资金使用的监督和水务系统国有资产的管理工作；组织、协调、监督、指导全县防汛防旱防风防低温雨雪冰冻工作；承办县人民政府和省、市水务部门交办的其他事项等。

局机关内设有人秘股、水政股、机电股、工管股、计财股、党委办、水政监察大队及县三防办和移民办10个股室。下辖有跃进、冲下两个水电站和岩庄、泉坑、跃进、桂竹四个中型水库管理所（处）及机电排灌管理总站、河道堤防管理所、农建队等9个企事业单位。

2010年全县完成水利工程建设总投资1.8705亿元，有29宗病险蓄水工程（其中中型水库一宗)得以除险加固，新增达标河堤22.23公里，龙仙湖的栏杆、灯饰全面安装；农村安全饮水新增4宗；为11158人解决了安全饮水问题；小水电站新增4座，水库移民、水行政执法均取得了新的成绩。特别是“5·6特大洪灾，水利工程设施遭到惨重损坏，水务局干部职工团结一致、奋力抗击，使89%的水毁工程在年内得到了修复使用，取得灾后复产及重建家园的重大胜利，受到中共中央政治局委员、省委书记汪洋的充分肯定，为翁源经济发展作出了应有的贡献。

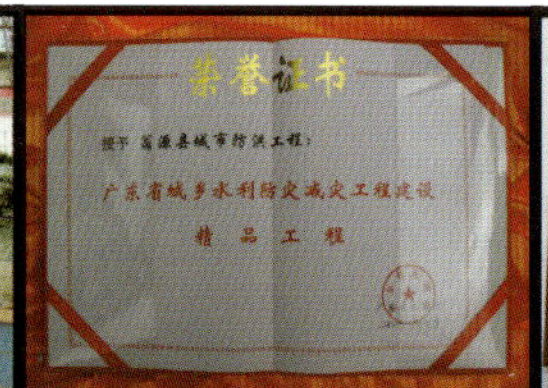

水务局局长宋初春

龙湖公园

除险加固后岩庄水库

“5·6洪灾冲毁后重建的县城饮水灌溉工程

广东电网韶关翁源供电局

翁源供电局是广东电网公司全资子公司，隶属于广东电网公司韶关供电局。

翁源供电局坐落在翁源县龙仙镇建设二路260号，下设12个部门，包括办公室、人事部、调度中心、生技部、计划建设部、安监部、市场及客户服务部、党群工作部、输变电部、财务部、监察审计部、物流中心。8个供电所：其中中型供电所1个，即龙仙供电所；7个小型供电所，包括江尾、坝仔、官渡、翁城、新江、铁龙、周陂供电所。

辖区内有220kV翁江变电站1座，容量18万kVA□110kV南龙、官渡、金鹏、铁龙变电站5座，总容量21.6万kVA；35kV红岭、岩庄变电站2座，总容量1.95万kVA。该局110千伏线路4条，境内全长98.849公里，有35千伏线路12条，全长154.835公里。

2010年，该局紧紧围绕“服务好、管理好、形象好”目标，按照县委、县政府“项目带动、创强攻坚、作风建设、惠民和谐”的发展定位及跨越式发展的思路，着眼于企业“一个突出，两个重点，三个着力，四个更加”的工作思路，创先争优，全力以赴付诸实践，电网安全稳定运行，创先关键指标迅速提升，取得了可喜的成绩。实现售电量33037.50万千瓦时,同比增长32.46%□线损率9.20%，同比下降1.26%；电费回收率99.86%；电网建设完成1.37亿元，完成年度计划；实现跨年度连续安全运行1633天，安全记录再创历史新高。

多年来，该局多次被上级评为“精神文明先进单位”、“模范纳税单位”、“先进基层党组织”等荣誉称号。当前，该局正处于快速发展期，努力把翁源供电局打造成为经营型、服务型、一体化、现代化的一流企业！

翁源供电局党委领导班子

广东电网韶关翁源供电局

南龙变电站

龙仙营业厅

翁源县教育局

根据县政府机构改革，翁源县科学技术局、翁源县教育局于2002年1月合并，重新组建翁源县科技教育局。至2010年8月初，内设办公室、计划财务股、教育股、教育督导室、人事股、科技股6个职能股（室）。科技教育局是县人民政府主管全县基础教育的职能部门，负责全县的基础教育、职业教育、幼儿教育、成人教育、特殊教育、中等师范教育，负责全县的科学技术的推广、实施、发展，为全县各行各业提供科学技术信息。是年8月10日，翁源县委组织部、县委办、县府办在科技教育局召开会议，正式宣布翁源县科技教育局分设为翁源县科学技术局和翁源县教育局。

2010年，全县教育系统以科学发展观统领教育工作全局，围绕建设教育强县的总体目标，全面实施免费义务教育，推进义务教育均衡发展，巩固和提高高中阶段教育发展水平，全面推进素质教育，加强教师队伍建设，全县教育事业实现了又好又快发展。当年全县有高级中学2所，完全中学2所，职业学校1所，初级中学10所，九年一贯制学校7所，完全小学25所，小学教学点77个，幼儿园33所；在校中小学生48874人，在园幼儿10141人，教职工3611人。

省领导到周陂镇验收创强工作

副市长兰茵（前排右二）到龙英幼儿园指导工作 。

县长颜亮（右二）带队到翁源中学视察 。

翁源中学教学楼

龙仙二中校园

铁龙学校科学楼

翁源中等职业学校校园

信息技术教育

幼儿教育遍布城乡

翁源县住房和城乡规划建设局

2010年7月19日机构改革，原翁源县建设局改称翁源县住房和城乡规划建设局，是负责全县建设行政管理的县政府工作部门。办公场所位于龙仙镇朝阳路186号，内设办公室、城乡规划股、建筑业监管股、住房发展与房地产业监管股、法制宣教股、执法监察股等6个股室。下辖有县环境卫生管理所、县房地产管理所、县城市建设管理监察大队、县市场物业管理总站、县工程质量安全监督站、县建设工程造价管理站、县市政管理所7个事业单位。

2010年，坚持以“项目带动、创强攻坚、作风建设、惠民和谐”为契机，围绕“拉大城市框架，提高城市品位，建设宜居城镇”的工作思路，创新发展理念，转变工作作风，充分调动干部职工的积极性和创造性，奋力拼搏，全面完成了各项工作任务。

中共翁源县委书记、县人大常委会主任朱余旺（左一）为首期廉租房住户发放钥匙。

10月18日，县长颜亮（左二）率队调研市政基础设施建设。

改建后的县城建设一路新貌

2010年建成的位于县城光明路的第二、三期廉租房，框架八层，总建筑面积5000平方米，投资400多万元，解决了70户低收入家庭的住房问题。

翁源县农业局

2010年县机构改革，设立翁源县农业局，加挂县委农村工作办公室牌子，为县人民政府组成部门。内设人事秘书股、科教法规股（挂县渔政大队、县水产资源自然保护区管理办公室、县农业局执法监察大队牌子）、新农村建设指导股、农村经济体制与经营管理股（挂县农民负担监督管理办公室、县农村集体资产管理办公室牌子）、种植业管理股、发展计划股、农业综合开发办公室等7个职能股室。全局行政编制21名。其中：局长1名，副局长3名，正、副股长（主任）10名，后勤服务人员3名。全体人员认真贯彻落实中央、省、市农业和农村工作精神，按照“稳粮食、促增收、强基础、重民生”的思路，围绕“强基础、创品牌、促增收、保安全”四项要求，继续调整优化农业结构，做大做强农业“五大”支柱产业，大力发展特色农业和现代农业，促进了农业和农村经济的跨越发展。在遭遇“56特大洪灾和长时间低温阴雨天气的情况下，县委、县政府高度重视，带领全县干部群众，开展抗洪救灾，以最快速度积极开展生产自救，努力把洪灾造成的损失降到最低限度。2010年全县耕地面积463374亩，其中水田292698亩，旱地170676亩。全年农村经济总收入479419万元，同比增加43768万元，增长10%丟农村人均纯收入5720元，同比增加685元，增长13.6%。

优质稻工程项目水稻高产栽培技术培训班

翁源县农业局领导班子

省农科院专家在翁源的水稻高产施肥新技术示范现场

农业部（水稻）万亩高产创建示范片

建设中的粤台农业合作试验区

三华李

兰 花

九仙桃

扁豆

迷你冬瓜

翡翠小冬瓜

有机茶场

沙糖橘

甘蔗

广东信达茧丝绸股份有限公司

广东信达茧丝绸股份有限公司是一间民营股份制企业,公司控股企业有英德市大信茧丝绸有限公司、广东省新丰县丰信茧丝有限公司，参股企业有县家宝蚕业有限公司、江西省乐安县广信茧丝有限公司。总资产4500多万元，年销售收入7800多万元。公司努力推进茧丝产业化建设，走“公司+研究所+基地+协会+农户”的茧丝产业经营新路子，形成了富有特色的茧丝产业化“翁源模式”。

金悦通电子（翁源）有限公司

金悦通电子（翁源）有限公司经营范围包括物业管理、房屋租赁、货运物流、进出口贸易等等，是实力雄厚、经营理念先进的公司。公司拥有多项不同领域的经营实力，拥有厂房、物业、房地产等固定资产，公司人才储备优秀且雄厚。

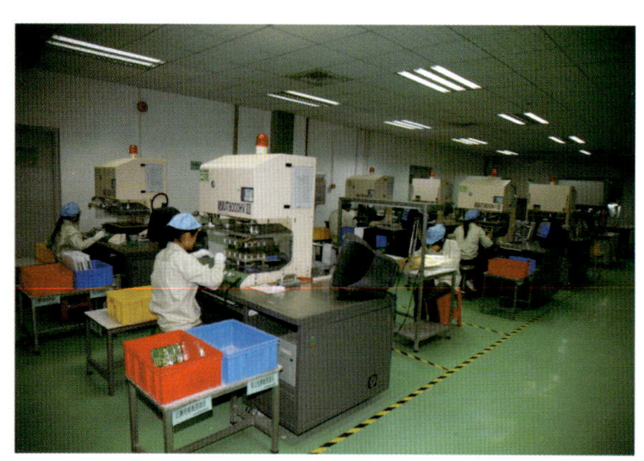

粤北危险废物处理处置中心

广东首家金属处理中心——粤北危险废物处理处置中心位于翁源县铁龙林场，该项目的建成和投入使用，有望解决韶关市以及周边地区的工业废弃物处理处置问题，填补处理处置设施的空白。该中心是广东首家也是最大的重金属处理中心，是广东省治污保洁十大重点工程和韶关市“十一五”规划建设的重点项目。项目总投资8亿元，首期投资1.8亿元；园区占地面积4030亩，年处理废物80万吨。

翁源县中源发展有限公司

翁源县中源发展有限公司位于翁源县铁龙林场，由广州市民营企业家廖逸星等投资，该项目计划总投资4.8亿元人民币，将建成一条500吨/日热料155万吨、水泥212.54万吨。石灰石原料采自厂区南0.5公里外的将军屯北部矿区和陈屋矿区，工程将新建一条石灰运输廊道，采用廊道运输石灰石，该项目符合国家产业政策和清洁生产要求，主要污染物排放总量符合环境保护部门核定的总量控制要求。

此项目于2010年9月底前完成大部分的土建工程，全面进入设备安装阶段，2011年1月试产，建成后年产值可达6亿元，年创税收5000万元。

华彩化工涂料城

华彩化工涂料城是由广东省涂料协会、翁源县政府、广东省安监局指定的广东省危险化学品应急处置中心，配有大型会展中心、电子商务平台、消防中队和污水处理站。距广州120公里，京珠高速翁源城出口1公里,距佛山小塘火车站新搬迁的危化品火车站冬瓜铺站30公里。

翁源泷铎时装有限公司

翁源县泷铎时装有限公司总占地面积160亩，建筑面积4500平方米，计划总投资人民币1亿元，主要经营皮革制作。

项目引进意大利先进技术，注重环保工程，实现工业生产与环境保护和谐统一。公司主要经营“第一夫人”、“AHIMSA”、“FIRSTLADY”等国际知名品牌系列服装。产品主要销往美国、意大利、俄罗斯、日本、韩国等地，享誉业界。

项目全面投产后可提供1000个就业岗位，将为推动翁源服饰产业和经济社会全面发展做出积极贡献。

目 录

翁源县人大常委会

翁源县人民政府

政协翁源县委员会

民主党派·群团组织

政法·军事

编制·人事·社保

经 济 管 理

工业·商贸·招商引资

农·林·水

交通·通讯

城建·环保

财税·金融·保险

旅游·服务业

科技·教育

文化·卫生·体育

社会管理

重点企业选介

镇·场

统计资料

名　录

附　录

特　　载

坚定信心　攻坚克难　努力开创翁源科学发展新局面

——在中共翁源县委十一届七次全体会议上的报告

（2010年1月18日）

中共翁源县委书记　朱余旺

各位委员、同志们：

这次全会的主题是，回顾总结2009年的工作，研究部署2010年的任务，动员全县广大党员干部群众以贯彻落实党的十七届四中全会、中央经济工作会议以及省委十届六次全会、市委十届七次全会精神为动力，进一步解放思想，认清形势，抢抓机遇，真抓实干，乘势而上，加快构建文化翁源、创新翁源、和谐翁源步伐，努力开创翁源科学发展新局面。下面，我代表县委常委会向全会作报告，请予审议。

一、2009年工作回顾

2009年是新世纪以来我县经济社会发展最为困难的一年，也是我县发展史上极不平凡的一年。一年来，我县带领全县广大干部群众积极应对全球金融危机，战胜了近50年一遇的严重旱情，进一步优化发展环境，拓宽发展空间，切实解决发展面临的困难和问题，推动了全县经济社会平稳较好发展。2009年，预计全县生产总值完成35.8亿元，增长12%；地方财政一般预算收入完成1.27亿元，增长15.1%；全社会固定资产投资完成17.3亿元，增长33.6%。

（一）理清思路，发展信心进一步增强

为抵御国际金融危机对我县经济的影响，2009年初，我们提出了“强投资、优产业、保增长、重民生”的工作方针。结合深入开展学习实践科学发展观活动，创新动作，在全县开展了狠抓落实促发展活动，动真格、出狠招、下猛药，把抓工作落实与干部的面子、票子、位子捆绑起来，以项目资金论业绩、以群众口碑论英雄，制订出台了《关于贯彻科学发展观狠抓落实促发展的决定》，并形成了与之相配套的4个方案，从招商引资、争取项目资金、固定资产投资和窗口服务四个方面将任务分解到各有关部门，并明确了考核奖惩的方法措施。通过一系列强有力的举措，调动了全县上下危中抢机的积极性。

（二）夯实平台，承接产业能力进一步提高

紧紧围绕把京珠高速与106国道之间的区域打造成为广东山区新兴制造业基地的目标，充分利用“对接广州、融入珠三角”的区位优势，抢抓实施“双转移”的机遇，按照项目进园、产业聚集、环保先行、用地集约的要求，不断加大资金投入，着力加快园区水、电、路等基础设施建设，开发区域从官渡向翁城、新江、铁龙一带延伸，初步形成了以五金灯饰为主的下榕角工业园、以玩具为主的鹏辉工业园、以工业固废回收综合利用为主的粤北危险废物处理处置中心和以涂料化工为主的华彩化工工业园等一批专业园区，园区内的电子、五金、制鞋、玩具、涂料化工、建材等产业体系已初具规模。随着承接产业能力的进一步提高，招商引资工作取得了重大突破，一批投资规模大、创税利多、关联度高、抗风险型的优质大项目落户我县，为经济发展积蓄了后劲，注入了活力。2009年，新签招商项目14宗，合同投资总额15.7亿元，增长252%；实际到位资金7.3亿元，增长258%，其中实际利用外资1629万美元，增长50.8%。

（三）把握政策，项目建设进一步加快

紧紧抓住贯彻落实《珠江三角洲地区改革发展规划纲要》的重大机遇，大力实施项目带动战略，加快推进重点项目建设，增强投资对经济增长的拉动作用。为确保重点项目顺利推进，我县一方面抢抓机遇，充分利用中央和省扩内需保增长的一系列政策，积极争取上级政策和资金扶持，加快我县交通、能源、水利等重点基础设施建设，为今后发展打下了良好基础。2009年，共争取上级补助、补贴和项目资金2.57亿元，其中仅中央扩大内需到位资金5087万元。另一方面，进一步强化责任意识和项目意识，严格执行重点项目挂钩联系责任制和督查督办制度，做好跟踪和服务工作，及时解决处理项目推进过程中遇到的各种困难和问题，确保县城污水处理厂、防洪堤工程、龙仙湖等重点项目、重点工程的扎实推进。随着一批交通、能源、水利和城市建设工程等重点项目的不断推进，基础设施环境进一步优化，经济发展后劲进一步增强。

（四）优化布局，农业特色进一步凸显

紧紧围绕打造广东山区现代农业示范区的总目标，大力发展现代农业，有力地推动了农村经济的快速发展，大旱之年实现了农业增效、农民增收、农村稳定的目标。2009年，预计全县农业总产值实现17.8亿元，增长8%；农业增加值实现11亿元，增长7.5%；农村人均纯收入实现5500元，增长10%，增速均居全市前列。为加快发展特色农业，我县一方面大力调整优化农业结构，坚持因地制宜，发挥资源优势，突出地方特色，按照宜林则林，宜桑则桑，宜蔗则蔗，宜兰则兰的原则，大力调整农业产业结构，划定了蔬菜种植带、糖蔗主产区、蚕桑发展区、花卉长廊、水果基地、黎蒴基地，为优势特色产业的规模化、集约化发展做好科学的规划布局。另一方面大力推广农业科技，加强与高等院校、科研机构的合作，抓好名、优、特、稀等新品种的引进、培育、开发、示范和推广，促进品种改良，提高产品质量和档次，增强市场竞争力。同时，大力发展品牌农业，初步形成了以蔬菜、糖蔗、蚕桑、水果、黎蒴、花卉等六大优势特色品牌农业为主体的现代农业，走出了一条特色农业打品牌、山区小县创“国标”的路子。三华李、九仙桃被国家农业部批准为“无公害农产品”，我县被省政府认定为粤台农业合作示范区，农业发展前景更加广阔。

（五）加快开发，旅游经济进一步提升

紧紧围绕打造“千年花果香，生态休闲地”的旅游品牌的目标，加大开发力度，大力发展旅游业，着力提高旅游经济的辐射带动力。一方面加强旅游宣传促销，通过参加各种旅游推介会和开通翁源旅游网，加大宣传力度，不断扩大旅游客源市场，东华寺、江尾客家群楼、八卦围、兰花基地等景点客流保持畅旺。2009年，全县共接待游客29.2万人次，同比增长29.3%；旅游收入1.77亿元，同比增长52.6%。另一方面投入资金，做好旅游项目规划。青云山省级自然保护区的生态保护与旅游开发项目规划已完成，正在进入实施阶段；东华山宗教旅游风景区、仙鹤农业观光旅游风景区、书堂石文化旅游风景区三大旅游项目规划正在着手编制，力争在今年三月旅游赏花节上推出，开展旅游招商。

（六）筑牢防线，社会秩序进一步稳定

继续巩固县委书记大接访成果，深入开展县、镇、村三级“千人大下访”活动，不断化解信访积案。认真做好矛盾纠纷排查调处工作，落实领导信访包案责任制，层层签订《信访维稳责任书》，加大督查督办力度，不断完善“人民代表解民忧”机制，开通书记、县长网上信箱，畅通信访渠道。加快全县各镇（场）综治信访维稳中心建设步伐，夯实综治信访维稳工作基层基础。开展严打整治专项行动，严厉打击各类违法犯罪活动。加强重要节庆日、重大政治活动等敏感时期的信访维稳和安保工作，确保了国庆60周年庆典活动以及全国、省、市“两会”期间我县的社会稳定，全县社会秩序安定和谐。抓好非法用地、非法建设专项整治行动，规范土地、建筑市场，打击非法生产和经营行为，切实维护市场经济秩序。加强安全生产，防止重特大事故发生，人民群众安居乐业。

（七）关注民生，民心工程进一步落实

实施教育优先发展战略，狠抓文化建设，不断改善办学条件，扩大办学规模，提高办学质量，创建教育强县取得实质性的进展；2009年高考前三批上线率居全市各县（市、区）前列，翁源中学第二批本科以上入线率和第三批专科入线率连续11年居全市各县级重点中学之首。不断完善社会保障体系，全面推行城镇居民养老保险制度，重点解决劳动就业、低保补助、优抚救济、社会救助等工作。解决低收入家庭保障性住房，投入资金700多万元完成了首期廉租房建设，第二期廉租房也正在加紧建设之中。实施“医疗惠民工程”，大力发展医疗卫生事业，实行农村合作医疗和城镇居民医疗保险制度，加快县、镇、村三级卫生网络升级改造，动工兴建改造了县中医院医技综合大楼和官渡、坝仔、龙仙、翁城、周陂等5间乡镇卫生院业务用房。为了提升城市品位，完善城市功能，建成面积675亩的龙仙湖，县城商业步行街正紧张建设之中。扎实开展创建林业生态县攻坚行动，青云山自然保护区成功申报为省级自然保护区，构建绿色翁源初见成效。认真落实层级动态管理责任制，深入开展计划生育创“两无”活动，稳定低生育水平。加强国防教育和国防后备力量建设，公民国防意识明显增强，人民武装全面建设跃上了新的水平。实施扶贫开发“规划到户、责任到人”和“乡村清洁美”工程，加强村庄整治，改善人居环境，新农村建设有序推进。2009年，累计投入资金2.5亿元，用于解决改善文化教育、医疗卫生、社会保障等民生问题，让发展成果惠及百姓。

（八）以人为本，民主法制建设进一步完善

坚持和完善人民代表大会制度，保证人大依法履行国家权力机关的职能，充分发挥了人民政协的政治协商、参政议政和民主监督作用。统筹兼顾，突出重点，统一战线五大关系更加和谐。充分发挥工会、共青团、妇联等人民团体联系群众的作用，抓好“五五”普法教育，深入开展法治县创建活动，法治进程进一步加快。

（九）固本强基，党的建设进一步加强

不断创新党建工作机制，认真抓好党的建设，切实加强和改善党的领导，进一步增强党的执政能力，为经济社会发展提供强有力的组织保障。一方面以增强科学发展理念为重点，切实推动学习实践科学发展观活动的深入开展，实现了“党员干部受教育、科学发展上水平、人民群众得实惠”的目标要求，促进了经济社会的平稳较快发展。另一方面以创新党建机制为依托，大力实施“帮一户，带一村，兴一业，富一方”为主要内容的“农村党员创业示范工程”，为150多名农村党员示范户发放贴息贷款600多万元，拉动民间投资创业资金3000多万元，基本达到了提高农村党员致富能力、发挥创业示范带动作用、增强党组织凝聚力的预期目标。再一方面以提高执政能力为核心，切实加强领导班子和干部队伍建设，进一步增加了干部选拔任用工作的公开性和透明度，真正把那些自觉坚持科学发展、善于领导科学发展的优秀干部选拔进各级领导班子。同时，以保持党的纯洁性为抓手，以深入开展“抓作风、塑形象”整改活动暨纪律教育学习月活动为契机，狠抓党风廉政建设责任制的落实，扎实推进县直机关绩效考评，有效开展民主评议政风行风工作，充分发挥村级廉政监督员的作用，深入开展“小金库”治理工作。建成了网上行政审批和电子监察系统，办事效率和服务水平进一步提高。严格实行制度问责、执法问责、效能问责，切实做到失职必究、失察必究和工作不力必究，严肃查处失职渎职、损害群众利益的行为，进一步密切了党群干群关系，保持了党组织的纯洁性，营造了风清气正、干事创业的社会氛围。

过去的一年，我们经受了来自各方面的艰苦考验。在重重困难之下，我县经济保持了平稳增长，社会事业全面发展，社会和谐稳定，人民安居乐业。这些成绩来之不易，表明县委认真贯彻中央和省委、市委决策部署，推动翁源改革发展稳定各项工作是卓有成效的。一年来，围绕全县改革发展稳定大局，县人大充分发挥监督职能作用，县政协切实履行政治协商、民主监督和参政议政职能，宣传思想战线积极营造良好思想舆论氛围，统战部门积极推进各领域统战工作的创新发展，政法系统积极维护和谐的社会环境，工青妇等人民团体积极发挥重要的桥梁和纽带作用，形成了县委统揽全局，协调各方，全县上下齐心协力推进事业发展的大好局面。在此，我代表县委向全县各级党组织、广大党员干部和人民群众表示衷心的感谢！

从总体来看，2009年以来我县经济社会延续了近年来的良好发展态势，保持了稳定发展的局面，但在经济社会发展中仍存在不少突出矛盾和问题，主要有：一是经济运行的质量和效益不高，尚欠新的经济增长点；二是执行力和落实力不强，县委、县政府的一些重大决策部署难以得到有效落实，部分重点项目推进缓慢；三是社会发展水平与人民群众的现实要求有较大差距，改善和保障民生的任务十分艰巨；四是个别地方和部门对社会矛盾的调处不力，影响社会和谐的不稳定因素仍然存在。面对困难和问题，我们要进一步认清形势，增强责任感和紧迫感，充分发挥比较优势和后发优势，趋利避害，抢抓机遇，迎难而上，全力促进经济社会平稳较快发展。

二、2010年工作部署

2010年是完成“十一五”规划、谋划“十二五”规划的关键之年。做好今年工作，对于圆满完成“十一五”规划、为“十二五”规划起好步、开好局至关重要。为此，我们必须全面贯彻落实科学发展观，切实把思想和行动统一到中央和省委、市委的决策部署上来，以敢为人先的志气和自我加压的勇气，进一步强化工作措施，创造性地开展工作，狠抓工作落实，确保全年目标任务的实现。

（一）认清形势，坚定信心

2009年，在全县的共同努力下，我县的经济社会发展逆势而上，取得了应对国际金融危机的阶段性成效。但就当前国际国内的经济形势看，我县的经济社会发展仍面临着诸多困难和挑战。一是国际金融危机的影响还没有消除，经济形势还不明朗，还存在很多外部环境的不利影响。二是国内经济回升的基础还不牢固，积极变化和不利影响同时显现，短期问题和长期问题相互交织，国内因素和国际因素相互影响，保持经济平稳较快发展、推动经济发展方式转变和经济结构调整难度增大。三是我县经济总量小、工业基础差，既缺乏大项目拉动，大税源支撑，内生发展潜力也不足。四是周边地区发展迅猛，竞争日益加剧，招商引资、承接产业转移形势更为严峻，面临距离越拉越大的危险。

当然，我们也应该看到我县经济社会发展面临着诸多的有利条件。一是从宏观上看，国际国内应对金融危机所采取的强力措施开始发挥作用，国内外经济呈现回暖复苏的态势，经济发展最困难的时期基本过去；中央经济工作会议已明确指出，为夺取应对国际金融危机冲击全面胜利、保持经济平稳较快发展，中央将继续实施积极的财政政策和适度宽松的货币政策，保持宏观经济政策的连续性和稳定性，稳增长、调结构、保民生的宏观经济政策主基调仍然不变，为我县的经济社会发展提供了良好的政策环境。二是从发展条件看，随着《珠江三角洲地区改革发展规划纲要》和省委、省政府《关于促进粤北山区跨越发展的指导意见》的实施，有利于我县在政策、资金、产业等方面获得更多支持，进一步提升我县在区域经济格局中的地位；我县是泛珠三角经济辐射内地的战略通道，更是韶关实施人才、技术、产业等对接广州、融入珠三角战略的桥头堡，区域优势十分明显，在持续推进“双转移”战略中，更有利于承接发达地区产业和要素转移，在更高层次上参与分工合作，发展潜力将得到进一步发挥。三是从我县的发展现状看，去年以来，我县应对国际金融危机举措有力，保增长成效明显，经济发展已经企稳回升，逆势发展，为今年的经济社会持续较快发展打下了良好的基础；更为重要的是，我县工业发展的基础已奠定，粤北危处中心、华彩化工涂料城两个园区建设平台已具备项目入园条件，即将迎来项目建设高潮。中源水泥厂、中纤板厂、云门灯饰等大项目建设有了实质性的进展，年内均可望投入试生产。金悦通、鹏辉等规模企业随着外需的逐步回升，生产持续好转，全县工业低迷的状况将得到进一步改善。

综观国际国内形势，我们发展的机遇与挑战并存，希望与困难同在，但总的来说，机遇大于挑战，希望多于困难。我们一定要正确分析形势，把握机遇，沉着应对，趋利避害，进一步增强加快发展、化危为机的信心和决心，着力加快经济社会发展步伐。

（二）明确任务，突出重点

2010年我县经济社会发展的总体要求是：坚持以邓小平理论和“三个代表”重要思想为指导，以贯彻党的十七届四中全会、中央经济工作会议以及省委十届六次全会、市委十届七次全会精神为动力，以做好“项目带动、创强攻坚、作风建设、惠民和谐”四篇文章为重点，深入落实科学发展观，着力加强党的建设，进一步提高引领经济社会发展的能力和水平，全力推动经济社会平稳较快发展。

2010年我县经济发展的主要目标是：全县国内生产总值增长12%以上；全社会固定资产投资增长25%以上；地方财政一般预算收入增长10%以上；农业总产值增长7%以上。

1. 实施项目带动，加快发展步伐。项目带动是经济工作的生命线，是加快发展的核心载体，是实现跨越发展的重要途径。我们要牢固树立“抓项目就是抓发展，抓大项目就是抓大发展，抓一批大项目、好项目就是抓跨越式发展”的项目理念，按照“储备项目早落实、拟建项目早开工、在建项目早投产”的思路，切实把广大干群的思想、智慧和干劲凝聚到项目建设上来，集中精力抓项目，大抓项目，抓大项目，不遗余力上项目，以项目建设来提升经济实力。

一是要做好项目规划。项目规划是实施项目带动的基础性工作。我们要充分认识做好项目规划工作的重要性，把项目建设同产业结构调整、改善民生、增强发展后劲有机结合起来，认真做好项目规划。一方面是要准确把握国家宏观调控和产业政策，充分认识我县的比较优势和后发优势，围绕兰花、水果、茧丝、糖蔗、五金、制药等重大产业、骨干企业的配套升级，从基础设施、生态建设、传统产业升级改造和经济结构调整等领域进行谋划，立足资源抓特色，依据特色上项目，避免遍地开花、重复建设，集中力量抓一批大项目、好项目，实现以项目调结构、以项目促发展的“带动效应”目标，进一步增强项目规划的前瞻性和实效性。另一方面要紧紧抓住中央继续实施积极财政政策和适度宽松货币政策以及保持宏观经济政策的连续性和稳定性的历史机遇，深入系统研究中央和省、市的政策精神，把握国家新增投资的投向，结合“十二五”规划的制订，研究提出一批新的重点项目，切实加强与上级有关部门的联系沟通，积极做好产业、项目的策划开发、包装论证和有效衔接，争取国家和省更多的项目在翁源布点。

二是要抓好项目招商。要以把翁西片打造成以电子、玩具、涂料化工等为主导产业的广东山区新兴制造业基地为目标，创造性地用足、用活、用好上级有关政策，全力抓好项目招商。一方面，要夯实项目建设平台。要围绕一区多园的发展思路，按照项目进园、产业聚集、环保先行、用地集约的要求，进一步加大工作力度，创新筹资渠道，切实解决园区在建设推进中遇到的土地、环评等问题，着力完善水、电、路等基础设施建设，加快下榕角工业园、鹏辉工业园、粤北危化处理处置中心、华彩化工涂料城等重点园区建设步伐，进一步提升工业园招商引资的竞争力、吸引力和承接力，为我县今后大招商、大开发、大发展拓宽空间、夯实平台。另一方面，要转变招商方式。要充分利用省委、省政府实施产业、劳动力“双转移”的有利时机，创新招商方式，把招商方式从“随机招商”向“定向招商”、“单一招商”向“产业集群招商”、“全面招商”向“择优招商”转变。春节后，县委、县政府将举办两场专门招商推介会，一场是华彩化工涂料城招商推介会，力争新签入园合同项目20个，合同资金10亿元以上，此项招商推介活动以开发区为责任落实主体；一场是旅游项目招商推介会，通过规划包装推出一批大型旅游项目和星级酒店项目，力争新签合同项目5个以上，合同资金5亿元以上，此项招商推介活动以旅游局为责任落实主体。

三是要强化项目服务。要以争创工作质量好、文明服务好、到岗考勤好、执行制度好、群众反映好“五好服务”为目标，进一步建立完善以开发区和县行政服务中心为龙头、各有关职能部门密切配合的服务体系，为外商提供快捷、便利、优质的“绿色通道”。为强化服务意识，从今年开始，县委、县政府将在服务窗口部门推行上门服务制和服务质量评议考核末位问责制，每半年一次组织以外商代表为主的服务对象对窗口部门进行评议考核，并把考核结果运用到绩效考核中，对考核结果差，得不到服务对象公认的单位主要领导除了在电视上说明原因外，还要实行行政问责，严肃追究责任，直至免职。全县各级各部门要进一步增强服务意识、大局意识和责任意识，切实转变服务方式，变被动服务为主动服务，变被动对接为主动对接，形成“围绕项目抓服务，抓好服务促项目”的强大合力，营造优质的投资环境。

四是要推动项目落实。项目建设能否快速推进和落实，直接决定县域经济发展的速度。我们要按照“签约项目抓开工，开工项目抓投产，投产项目抓达产”的原则，进一步建立完善有效的项目开发和推进机制，严格执行重点项目挂钩联系责任制和督查督办制度，及时解决处理项目推进过程中遇到的审批、用地、融资、拆迁等困难和问题，为项目的实施推进创造条件，全力加快以粤北危处中心、华彩化工涂料城、中源水泥厂、中纤板厂、铁龙公路改建、省道245线六里至坝仔大修工程等一批重点项目、重点工程的建设进程；要按照“突出城市特色，拉大城市框架，搞活城市经营”的思路，严厉打击非法用地、非法建设行为，规范房地产建筑市场，大力推进龙仙湖、县城防洪堤四期工程、龙翔花园、春晖苑等项目建设，拉大城市框架，完善市政设施，加快城市经营步伐，力争三年内使新城区建设初具规模。总之，就是要通过狠抓重点项目、重点工程的顺利实施，确保今年固定资产投资目标任务的全面完成，进一步发挥重点项目对经济社会发展的支撑、拉动作用。

2. 全力创强攻坚，筑牢发展基础。创建广东山区现代农业示范区、广东教育强县、广东林业生态县、广东卫生县城和实施扶贫开发“规划到户、责任到人”是我县根据上级的要求和翁源的实际作出的重大战略部署，是县委、县政府坚持以人为本，努力为人民群众谋福祉的具体体现，也是县委、县政府向全县人民作出的庄严承诺。对于这些创强争优工作，县委、县政府坚定不移、志在必夺；全县人民热切关注、殷切期盼。全县上下一定要咬定目标不动摇，形成合力不松劲，不达目的不罢休，举全县之力、集全民之智，全力创强攻坚。

一是要加快发展特色农业。要以打造广东山区现代农业示范区为目标，加快粤台农业合作示范区建设，调整优化农业农村经济结构，大力发展优质稻、蔬菜、糖蔗、水果、蚕桑、花卉等高效经济作物，形成有翁源特色和市场竞争力的农业产业。继续扶优、扶强，培育和壮大农业龙头企业，大力推进农业产业化，建设一批专业镇和专业村。大力实施科技兴农战略，加强农业新技术、新成果的引进、示范和推广，提高农业综合效益。加强水利基础设施建设，加快农业综合开发，改善农业生产条件，提高农业抗风险能力。

二是要扎实推进创建教育强县工作。教育是民生之基。在县委十一届五次全会上，我县率先明确提出了用3—5年时间把我县打造成广东教育强县，争当全省山区教育科学发展排头兵的奋斗目标。经过一年多的艰苦努力，目前各项创强工作有条不紊，扎实推进，并取得了显著成效。要坚持“科教兴县”战略，合理配置教育资源，普及义务教育，加强高中教育，发展职业教育，促进城乡教育事业均衡发展，努力创办人民满意的教育；加大农村中小学布局调整力度，推进规范化学校建设，推动城乡义务教育均衡发展。积极推进“校舍安全工程”建设，加快薄弱学校改造。巩固“普九”、“普高”成果，大力发展中等职业技术教育。加强教师队伍建设，全面提高素质教育质量。加快创建教育强镇步伐，确保铁龙林场、周陂镇创强工作通过验收，江尾、官渡、坝仔镇完成创强申报工作。

三是要全面铺开创建省卫生县城工作。环境是最重要的公共产品，是老百姓安居乐业的基础，抓环境就是抓民生。全县各级要始终把创卫工作作为改善城乡面貌、提升城市品位、优化生活环境和投资环境的大事来抓。创建省卫生县城是一项涉及面广、工作量大的社会系统工程，需要全民参与。各职能部门既要各司其职、各负其责，又要密切配合、协同作战，确保我县创建省卫生县城一举成功。目前，我县的创卫工作刚刚起步，面临着许多困难和压力。要加快县城基础设施建设，扩大市场容量，完善城市服务功能。全力整治县城交通、市场和治安秩序，努力解决县城“脏、乱、差”问题。抓好县城环境卫生管理，改善县城卫生状况，优化人居环境，提升城市品位。抓好旧城区改造，推进县城西区开发建设，加快宜居城乡建设步伐，把县城打造成为最适宜投资、置业、居住的优选地。结合社会主义新农村建设，深入开展乡村“清洁美”工程和村庄整治，改善农村生活环境，建设宜居乡村。

四是要打好创建林业生态县攻坚战。2010年是我县创建广东林业生态县的冲刺攻坚之年，时间十分紧迫，任务十分艰巨，全县各部门、各单位一定要通力协作，克服困难，严格按标准完善各项工作，确保在今年能顺利通过省的检查验收。要扎实抓好荒山（迹地）造林，确保今年完成灭荒造林1.4万亩。积极开展“万村绿”活动，确保今年完成40个生态文明示范村建设任务。认真做好公路绿化、县城绿化和泥石口复绿工作。加强森林资源管理，加快青云山保护区和省级森林公园建设。县委、县政府将每半年听取一次县林业局的工作汇报，督促检查落实情况，确保今年实现创建林业生态县建设目标。

五是要大力实施扶贫开发“规划到户、责任到人”工作。这是我省推进扶贫攻坚的创新举措，去年已进行了部署，今年是正式推行的第一年，必须有实质性进展，为完成三年预期目标打下坚实基础。县委、县政府将定期督促检查落实情况，下半年要专门听取各镇的汇报，11月还要组织对各镇各部门扶贫开发“规划到户、责任到人”一年的实施情况进行一次评估，并公布评估结果。各镇各部门要高度重视，落实责任，创新扶贫方式，加快扶贫攻坚步伐。今年起全县要设立“扶贫济困日”，鼓励对口帮扶部门以及社会各界深入贫困地区，献爱心，搞帮扶。县委组织部、县民政局、县扶贫办、工青妇等单位，要结合各自职能，拿出专题方案，抓好组织实施。

3. 加强作风建设，推动措施落实。作风决定成败，落实事关发展。2004年以来，我们一直在抓谋篇布局的工作，去年根据工作要求提出要转变作风抓落实，取得了明显成效。目前可以说谋篇布局的工作已经基本完成，今年的工作要求就是一句话：要在抓落实上见分晓、比高低、论英雄，采取强有力措施，切实抓好作风建设，推动各项工作措施的落实。

一是要建立完善机制。要进一步完善明察暗访机制，加大治懒治庸和行政问责力度，严厉问责各种行政不作为、慢作为、乱作为等行为，促进行政机关和领导干部的作风转变。切实提高领导干部执行力，推行重大项目建设和重要工作“限时办结制”，建立严格的“以目标倒逼进度，时间倒逼程序，社会倒逼部门，下级倒逼上级，督查倒逼落实”的抓落实机制，争取在抓落实上见到更大成效。

二是要加强检查督促。县委县政府督办工作

组、县委县政府“两办”、县纪委等监督检查部门要围绕全县重要事项、重点工程、重大决策，履职尽责，搞好督查督办工作，确保事事有回音、件件有着落，促人干事、以事看人，以此推动工作措施的落实。对县委、县政府重大决策事项或重点工作的督办结果，要提交县委常委会议审议，作为各镇（场）、各部门绩效考核的重要依据，县委要在完成重大任务、应对重大事件中检验、考察和使用干部，以此推动干部作风的根本转变。

三是要强化绩效考评。认真落实《翁源县绩效考评实施方案》，全面推行绩效考评管理。坚持便民利民原则，缩短审批流程，优化审批程序，提升审批效率和服务质量，大力推行办事机关和工作机构主动服务、上门服务。推行“网络问政”，加快行政电子监察平台建设，把负有行政审批事项的县政府直属部门全部纳入电子监察系统管理和绩效考评范围，对各单位和部门办理的行政审批进行实时监控、预警纠错、绩效评估。注重考评结果的运用，把绩效考评情况作为评价各单位工作实绩的重要依据，并与干部使用、评先评优、奖励惩处相挂钩。省市垂直单位的绩效考评情况，同时通报其上级主管部门。通过绩效考评，推动机关作风的根本转变。

4. 推进惠民和谐，改善社会民生。改善民生是发展的根本出发点和落脚点。我们要继续把改善民生作为执政、发展的根本目的，完善机制，加大投入，努力使发展成果惠及广大民众。

一是要全面推进社会公共事业发展。统筹城乡卫生事业发展，提高城乡公共卫生保障能力和医疗服务水平，继续做好甲型 H1N1 流感、人禽流感等传染病防控工作；落实“文化惠民”工程，大力开展群众文化、村镇文化、社区文化、企业文化、校园文化等群众性文化活动，不断满足群众精神文化生活需要；重视发展文广新闻出版、党史档案、人民防空、气象邮电等事业，进一步提高公共服务能力；抓好科技普及推广工作，提升全民科技素质；加快农村综合改革，全面完成集体林权制度改革，统筹城乡经济社会一体化发展；大力发展交通运输业，全力推进农村客运事业发展；加强国防后备力量建设，不断提高民兵预备役应对非军事任务的能力；全面贯彻落实党的各项惠农政策，加强农业和水利基础设施建设，进一步提高抵御自然灾害的能力；强化水源、食品、药品等安全监管，确保人民群众健康安全；加强农村市场监管，严厉打击假冒伪劣商品，稳定市场秩序，保障群众权益；加强计划生育层级动态管理，深入开展创“两无”活动，强化计生优质服务，夯实村级计生基础，力争今年进入省先进水平和省优质服务县行列；落实全民健身计划纲要，深入开展群众性文体活动；继续筹划实施民心工程，坚持不懈地办好人民群众盼望的大事实事、急事难事，使人民群众得到更多的实惠。

二是要进一步提升社会保障水平。继续实施积极的就业政策，抓好就业再就业工作；健全城乡统筹、全民共享的医疗保障制度，进一步扩大城镇居民医疗保险和新型农村合作医疗覆盖面；统筹城乡养老、医疗、失业等综合社会保险制度，建立健全社会保障体系；扎实推进社会救助体系建设，大力发展社会福利、老龄慈善、残疾人和关心下一代等事业；稳步推进经济适用房、廉租房建设，有效解决中低收入家庭住房困难问题。

三是要切实维护社会和谐稳定。建设和谐社会，稳定是前提，平安是根基。要继续深入开展“百镇千村平安工程建设”活动，完善镇（场）综治信访维稳中心建设，严格落实维护社会稳定责任制，继续坚持各级领导接访下访约访、重大疑难信访包案处理等制度，从源头上预防和减少不稳定因素。加大矛盾纠纷排查调处力度，推行矛盾纠纷预警机制和重大社会事项风险评估机制，健全信访信息工作网络，发挥人民调解作用，努力把矛盾解决在基层、化解在萌芽状态。加强社会治安综合治理，加强防控体系建设，开展“严打”整治斗争，有力震慑犯罪。积极创新社会管理，努力争创综治强县，完善应急管理体系，提高突发事件处置能力。坚决遏制各类重特大安全责任事故和食品安全事件发生，确保社会安全稳定，人民安居乐业。

（三）加强党的建设，为做好今年工作提供坚强有力保障

做好今年的工作，加强党的建设是关键。各级党委必须以改革创新精神全面加强党的建设，不断提高各级党组织领导干部贯彻落实科学发展观的本领，为全面完成今年各项目标任务提供坚强的政治和组织保障。

一是要继续开展深入学习实践科学发展观活动。要善始善终抓好第三批学习实践活动整改落实阶段的各项工作。在此基础上，切实做好整个深入学习实践科学发展观活动的总结工作，在总结经验和扩大成果上下功夫，努力形成有利于贯彻落实科学发展观的政策导向、舆论导向、用人

导向和体制机制。要认真组织整改落实“回头看”，对各单位的整改方案进行认真梳理，看看哪些落实得较好，哪些落实得不好，哪些还没有落实，积极稳妥地推进学习实践科学发展观活动深入开展。

二是要积极创建学习型党组织。继续开展大规模的干部轮训工作，坚持和完善党委党组织中心组学习、县委常委会集中学习讨论、全委会委员调查研究等制度，以开展读书活动为载体，引导党员干部爱读书、读好书、善读书，完善知识结构，提升思想境界，增强素质能力，培养高尚情操。从今年开始，县处级领导干部每年要脱产集中五天时间读书，其他领导干部要脱产集中三天时间读书。要通过学习，不断强化各级领导班子和领导干部的战略思维、创新思维、辩证思维，把学习成果转化为推动工作、解决问题的能力。

三是要加强领导班子和干部队伍建设。深化干部人事制度改革，坚持德才兼备、以德为先的用人标准，按照民主、公开、竞争、择优的方针，注重在干事创业的实践中考察和识别干部，把政治上靠得住、工作上有本事、作风上过得硬、人民群众信得过的干部选拔到各级领导班子中来，让想干事者有机会、能干事者有舞台、干成事者有地位；在干部队伍中提倡做对党忠实、为人勤实、工作务实、生活朴实的老实人，要在用人导向上、选人视野上、评价机制上不让老实人吃亏，不让投机钻营者得利，坚决刹住跑官要官、买官卖官的不正之风，防止干部“带病提拔，带病上岗”，营造风清气正的用人环境，提高选人用人的公信度。加强干部管理，完善谈心谈话制度，对干部存在的苗头性问题早发现、早提醒、早纠正；完善干部交流制度，加大重要部门、关键岗位干部交流力度。实施人才强县战略，强化人才队伍建设，设立“滃江人才突出贡献奖”，重奖有功人才，培育、引进、稳住各类优秀人才，促进优秀人才脱颖而出。

四是要加强党的基层组织建设。深化基层党建工作“三级联创”活动，建立健全基层党建责任制，推进各领域党的基层组织建设，实现党组织和党的工作全覆盖。加强基层党组织书记队伍建设，选好配强村（居）党支部书记。继续实施从村（居）干部中招录乡镇公务员制度，建立改善基层干部工资待遇的保障机制。创新党员发挥作用的载体，深入开展“农村党员创业示范工程”、“支部加协会（合作社）”等活动，充分发挥党组织的战斗堡垒和党员的先锋模范作用。

五是要加强党风廉政建设。坚持标本兼治、综合治理、惩防并举、注重预防的方针，扎实推进具有翁源特色的惩治和预防腐败体系建设。深入开展“讲党性、重品行、作表率”活动，开展党性党风党纪教育、理想信念教育，筑牢广大党员干部的思想道德防线。深化重要领域和关键环节改革，突出抓好工程建设领域突出问题专项治理工作，强化对政府采购、建设工程招投标、土地有偿出让、产权交易等监督检查，不断推进权力运行程序化、规范化。强化对领导干部特别是“一把手”的监督，严格执行领导干部报告个人有关事项、任期经济责任审计、述职述廉、评廉考廉、廉政承诺、诫勉谈话、函询等制度。严厉查办违法违纪案件，重点查处发生在领导机关和领导干部中滥用权力、牟取私利的违法违纪案件，严厉惩处腐败分子，以反腐败的实际成果取信于民。

同志们，加快发展，是时代赋予我们的重任。让我们更加紧密地团结在以胡锦涛同志为总书记的党中央周围，坚持以邓小平理论和“三个代表”重要思想为指导，全面贯彻落实科学发展观，以更加坚定的信心、更加振奋的精神、更加务实的举措，抢抓机遇，扎实工作，攻坚克难，谋求突破，向全县人民交上一份满意的答卷！

把握机遇　乘势而上　立足新起点再创新辉煌

——在县委十一届八次全体（扩大）会议上的报告

（2010年12月17日）

中共翁源县委书记　朱余旺

各位委员、同志们：

召开这次全委会目的是为了贯彻落实中共中央十七届五中全会精神，全面总结我县“十一五”时期经济社会取得的主要成绩，明确“十二五”发展思路，研究部署事关我县全局和长远的林业生态、文化建设、创先争优三大重点工作，对总结经验，谋划未来和安排好明年的工作具有深刻的历史意义和现实意义。这次全委会开得很成功，开出了激情、开出了信心、开出了思路、开出了成果。下面，我谈五点意见。

一、狠抓落实“十一五”，跨越发展亮点多

“十一五”期间，我县紧紧围绕十一届县委提出的努力建设“文化翁源、创新翁源、和谐翁源”的奋斗目标，抓住战略机遇期，以发展为第一要务，稳定为第一责任，努力克服国际金融危机、各种自然灾害特别是“5·6”特大洪灾的影响，全力以赴，积极推进全县各项事业的发展，经济总量不断攀升，发展质量不断提升，人民生活水平进一步提高，各项事业长足进步，人民群众安居乐业，社会治安和谐稳定，较好地完成“十一五”规划所确定的各项目标。“十一五”时期是我县历史上发展速度最快、改革开放成效最明显、城乡面貌变化最大、人民群众得到实惠最多的五年，为“十二五”实现经济社会跨越发展奠定了坚实的基础。

（一）经济实力大幅提升

“十一五”期间，经济保持平稳快速增长，县域经济综合实力得到明显提高。预计今年全县生产总值39.4亿元，五年年均增长13%，超出了“十一五”预计12%的目标；规模以上工业增加值近5亿元，年均增长28.1%；地方财政一般预算收入1.58亿元，年均增长19.5%，全社会固定资产投资累计超过73亿元，是“十五”期间累计投资的2.8倍。“十一五”期间主要经济指标均实现了翻一番以上，是我县改革开放30多年来经济发展最快最好的时期。

（二）工业化初具规模

“十一五”期间，充分利用“对接广州、融入珠三角”的区位优势，抢抓实施“双转移”的机遇，大力开展招商引资，全县引进项目137宗，合同利用资金69.61亿元，实际到位资金28.5亿元。同时，加快产业发展空间布局的调整，使产业布局从全面开花向“项目入园、产业集聚”转变，开发区域从全面布局向官渡、翁城、新江、铁龙一带集聚，初步形成了下榕角工业园、鹏辉工业园、粤北危化处置中心和华彩化工涂料城等一批专业园区，中源水泥厂、泷铎服装、云门灯饰、凯通中纤板厂等重点项目即将建成投产，形成了制糖、茧丝、水泥、电子、化工等支柱产业。沿京珠高速公路和106国道的工业经济带初具规模，翁西片工业化建设稳步推进，经济结构进一步优化。预计今年工业增加值达到10.18亿元，占生产总值的25.8%，比“十五”期末提高了5.1个百分点。三次产业结构由“十五”期末的37.2∶24.8∶38调整为30.8∶29.1∶40.1，工业在三次产业的比重进一步提高，工业发展进程进一步加快。

（三）城市化稳步发展

“十一五”时期，我们按照“突出城市特色，拉大城市框架，搞活城市经营”的思路，进一步加快城市经营步伐，大力推进城市化建设。一是规划先行。完成了县城总体规划修编和西区近期

规划编制工作，县城规划面积由8平方公里扩大到24平方公里。二是多方筹资。通过银行融资、争取上级资金、盘活政府资产等方式有效缓解城市基础设施、公共设施投入不足的问题，实现了“滚动经营、不留包袱、收支平衡、做强做大”的经营目标。三是稳步推进。老城区建设一路、环城北路、工业路、龙英路等县城主要道路以及龙仙公园、步行街、县城供水工程改造已经完成；西区龙仙大道、“三馆一场”、污水处理厂、县疾控中心、县武装部办公楼、公安局指挥中心、检察院大楼、法院大楼等新城区重点工程已经建成投入使用；县城防洪堤建设将于春节前完工；龙仙湖的建成又为县城增添了一道亮丽的风景。随着城市功能进一步完善，“城在水中、水在城中、山水城相辉映、人与自然和谐共处”的山水城市特色初步显现。

（四）特色资源产业化成效明显

“十一五”时期，我县农业增加值年均增长6.6%，预计今年达到12.12亿元。几年来，我们按照“因地制宜、结合实际、突出特色”的思路，大力推进兰花、三华李、九仙桃、优质蔬菜、糖蔗、果蔗、蚕桑、有机茶等优势特色资源的产业化发展，积极打造农业品牌，我县先后被国家有关部门授予“中国兰花之乡”、“中国三华李之乡”和“中国九仙桃之乡”的称号；现代生态农业示范区已初步形成，省政府批准的粤台农业合作试验区翁源核心区项目正在加快推进；特色资源保护与开发力度不断加大，青云山自然保护区升格为省级自然保护区，东华禅寺被评为全省森林生态旅游示范基地。

（五）发展环境不断优化

“十一五”期间，加快了道路交通建设步伐，全县公路密度从“十五”期末的每百平方公里40公里增加到73公里；大力推进中小型水库除险加固和农田水利设施建设，农业和农村基础设施建设不断完善；广播电视、通讯网络、电力能源建设突飞猛进，建成了翁江220KV、铁龙110KV、田心110KV、翁城110 KV输变电站等重大能源项目；节能减排工作成效显著，主要污染物排放总量等约束性指标控制在市下达的目标范围内；森林覆盖率达到65.4%，城市绿化美化水平大大提高，环境质量保持良好，林业改革成效突出，可望今年实现省级林业生态县目标。

（六）人民生活水平显著提高

预计2010年，城乡居民储蓄存款余额54亿元，城镇职工人均工资收入约19400元，农村年人均纯收入6138元，分别比2005年增长169%、56%、84.2%，城乡居民人均收入比“十五”时期有大幅度增长；城镇登记失业率为3.14%，控制在市下达的指标3.5%以内；全县汽车拥有量7840辆，比2005年增长74%，耐用消费品加速进入家庭；城乡住房条件进一步改善，人民群众生活水平不断提高，幸福指数不断上升。

（七）社会事业全面发展

实施教育优先发展战略，扎实推进创建教育强县工作，翁源中学通过了国家级示范性普通高中的验收；大力发展体育文化事业，县体育馆、博物馆、文化馆、翁山诗书画院和文体广场全面建成投入使用，文化体育设施进一步完善；社会保障体系不断完善，全面推行城镇居民养老保险制度，加大了解决劳动就业、低保补助、优抚救济、社会救助等工作力度；逐步解决低收入家庭保障性住房，已建成并投入使用了两期廉租房，第三期廉租房已基本完工；大力发展医疗卫生事业，实行农村合作医疗和城镇居民医疗保险制度，加快了县、镇、村三级卫生网络升级改造，县人民医院体检中心已投入使用，县中医院医技综合大楼主体工程已竣工；深入开展“创卫”工作，县城建设路整治取得初步成效；大力实施“乡村清洁美”工程，加强村庄整治，改善人居环境，新农村建设有序推进；认真落实层级动态管理责任制，深入开展计划生育创“双无”活动，稳定低生育水平，年均人口增长率控制在5.45‰以内；加强安全生产监督管理，强化社会治安综合治理；认真开展社会矛盾大排查化解活动，严格落实信访工作领导包案责任制，创新建立信访听证制度和人民代表解民忧制度，发挥信访维稳中心作用，完善人民调解机制，强化人民调解工作，人民调解员刘河添被评为“全省优秀调解员”。全县预防和妥善处置各类群众矛盾纠纷的成效明显，社会和谐稳定。

（八）党的建设进一步加强

开展了“深入学习实践科学发展观”、“树立正确的权力观，提高执行力”、“清风行动”等学习教育活动，认真践行“扑下身子抓落实、埋头苦干不空谈”的工作作风，“党风正、政风勤、民风淳”的良好氛围初步形成，党的执政能力进一步增强；着力推进干部人事制度改革，认真执行《干部任用条例》和四项监督制度，建立和实施了定性定量相结合的干部评价体系，营造了风清气正的用人环境，社会对全县用人满意度大幅提升；创新实施了农村党员创业示范工程，被中共中央组织部授予“第一届全国基层党建创新优秀案例”称号；开展“情暖翁江”主题实践活动，实施“百千万”工程，扶贫开发“双到”成效明显；党的凝聚力、战斗力和执行力在应对金融危机、特大自然灾害中得到检验，特别是在抗击“5·6”特大洪灾中，全县各级党员发挥了不怕吃苦、不怕牺牲、勇于奉献的崇高精神，彰显了我党的先进性，创造了8小时内突击转移2.5万多被困群众无1例伤亡的奇迹，受到了省委、市委的高度赞扬，翁城镇党委书记陈路生同志被国家防汛抗旱总指挥部、国家人力资源和社会保障部、解放军总政治部联合授予“全国防汛抗旱先进个人”荣誉称号。

在充分肯定成绩的同时，我们必须清醒地认识到存在的问题和不足，主要是：经济总量小，对经济增长起决定作用的重大项目不多，具有核心竞争力的主导产业的支撑能力不强；固定资产投资拉动力不够，招商引资的软硬环境还有待进一步改善；城镇化整体水平较低，辐射带动能力有限；地方财政收入增速还需加快，财政支付能力有待提高；公民的法律法规意识仍然淡薄，依法治县工作任重道远，信访维稳形势依然严峻。我们一定要正确分析和把握当前形势，正视这些问题，既要认识解决这些问题的长期性、艰巨性，更应采取积极有效的措施，以更加强烈的机遇意识，更加浓厚的发展氛围，更加扎实的作风，推动我县经济社会在新的起点实现新的跨越。

二、精心谋划“十二五”，坚定信心绘蓝图

“十二五”时期，我们将以科学发展为主题，以加快转变经济发展方式为主线，以“布局优化、项目带动、产业升级、城镇建设、民生改善”为重点，进一步深化改革，创新机制，全力加快新型工业化、新型城镇化和新型特色资源产业化进程，着力把我县打造成为“全省现代农业示范区、山区新兴工业基地、生态旅游休闲宜居地”的山区可持续发展示范县，力争到“十二五”期末，全县GDP总量达到80亿元，年均增长15%以上；地方财政一般预算收入力争达到4亿元，年均增长20%以上；工业增加值占生产总值的比重达到35%以上，服务业增加值占生产总值比重达到40%以上；城市化率达到45%以上。为推动我县跨越发展，与全省同步全面实现小康社会夯实基础。

（一）科学定位主体功能，推进产业聚集

我们将在认真回顾我县的发展历程，客观总结近年来的发展经验，仔细分析国家产业政策、翁源资源禀赋、区域条件、战略机遇的基础上，充分借助外脑把脉献计，听取社会各界意见，精心谋划，科学定位，优化布局，尽快编制与“十二五”规划相配套的《翁源县主体功能区规划(2010－2020年)》，初步确立以江尾、翁城、龙仙三个中心镇为核心的翁北片、翁西片、翁中片三大主体功能区。一是以江尾镇为中心，粤台农业合作试验区翁源核心区为重要载体，辐射坝仔镇及原南浦镇、三华镇部分区域的翁北片现代特色农业生态发展区；二是以翁城镇为中心，官渡经济开发区、华彩化工涂料城等为主要载体，辐射周陂镇、官渡镇、新江镇及铁龙林场部分区域的翁西片新型工业重点发展区；三是以县城为中心，县城旧城改造、县城西区建设和现代物流服务园区为载体，辐射周陂镇、江尾镇部分区域的翁中片新型服务业优化发展区。构成“三足鼎立”之势，培育我县经济发展的三个增长极，形成空间布局科学，产业结构合理，三大功能区各具特色，一、二、三产业同步快速发展的良好局面。

(二)构建现代产业体系,增强可持续发展张力

坚持把经济结构战略性调整作为加快转变经济发展方式的主攻方向，按照县委、县政府制定的《翁源县加快建设现代产业体系的实施意见》，不断优化产业结构，大力发展现代产业，进一步增强经济社会的可持续发展张力。

一是大力发展新兴工业。按照“项目入园、产业集聚、用地集约、环保先行”的要求，积极引进科技型、环保型、创税型项目，大力发展电子信息与新材料、生物与能源等新兴支柱产业，切实抓好粤北危险废物处理处置中心、华彩化工涂料城、广业科技成果转化园等园区建设，努力把我县打造成为全省山区新兴工业基地，力争到2015年，工业增加值达到29亿元，占全县GDP的比重达到35%以上。

二是大力发展特色农业。充分利用优越的农业资源优势，以打造广东山区现代农业示范区、建设粤台农业合作试验区翁源核心区为载体，继续扶优、扶强、培育和壮大农业龙头企业，加快现代循环农业示范区、特色水果旅游观光示范区、现代花卉示范区等现代农业示范区建设，进

一步做强做大蔬菜、糖蔗、果蔗、蚕桑、花卉、特色水果、有机茶等农业主导产业，努力把我县的农业打造成最具翁源特色和市场竞争力的农业产业。

三是大力发展现代服务业。加快转变发展方式，大力发展金融、物流、旅游、信息等现代服务业，以建设翁中片新型服务业优化发展区为突破口走一条发展现代服务业的开拓创新之路。不断完善金融服务体系建设，充分发挥金融服务行业在促进中小企业融资、基础设施建设、重大项目建设等方面的作用；抓住产业加速转移所带来的广阔发展空间和深湘、昆汕两条高速公路即将动工建设的大好机遇，积极发展仓储物流业，培育发展现代物流服务园区；选准发展旅游业的结合点，大力实施“旅游旺县”战略，通过包装、宣传、推介，吸引资金在青云山、东华山、书堂石、仙鹤花果长廊等生态休闲旅游项目的投资，着力打造“千年花果香，生态休闲地”的旅游品牌，推动我县旅游由观光型向生态休闲型转变。

（三）坚持项目带全局，拉动经济快速发展

实践证明，县域经济的发展，关键要靠投资来拉动。这也是翁源在自身投入十分有限的条件下实现跨越发展的必然选择。因此，我们必须继续坚定不移地实施项目带动战略，依靠投资拉动经济社会快速发展。

一要抓项目。及时准确把握国家、省、市产业发展的政策导向和产业市场发展趋势，认真深入研究翁源的特色、优势，挖掘、储备一批市场潜力大、吸引投资强、产业链条长的项目，并精心包装、策划一批精品项目、特色项目。关键是要增强敢想、敢争、敢为人先的精神，密切同省、市有关部门的联系，闻风而动追项目，争取一批基础类、产业类的项目挤进国家、省、市的计划盘子。

二要抓招商。加强招商项目对接、跟踪、服务。当前，许多民间经济实体都有着雄厚的资金、技术和人才实力，也都在寻求新的项目，以求实现更大的发展，关键要看我们能不能抓住这些机遇，能不能以我们的环境、项目、诚心打动他们。我们要在精心准备项目的同时，加大宣传推介翁源的优势资源、特色产业和优势项目的力度，多吸引不同类型的经济实体参与翁源的各项建设，为翁源经济发展不断注入新的活力。

三要抓投资环境整治。进一步树立“为企业服务，为项目建设服务就是为全县发展大局服务”的思想，坚持从大局着眼，从小事入手，从具体事情做起，积极主动为各类投资主体提供高效优质服务，打响“诚信服务，诚信翁源”的品牌。对于那些敢于破坏投资环境的要严厉打击，决不手软，让翁源真正成为最适宜投资置业的热土。

（四）统筹城乡协调发展，加快推进城镇化进程

胡锦涛总书记在今年中共中央政治局集体学习时指出：“工业化、城镇化加快发展的趋势没有变化，我国经济发展内在动力仍然强劲”。《中共中央关于十二五规划的建议》中把原来的“投资、消费和出口”向“消费、投资和出口”转变，消费提到了前所未有的高度。这是基于冷静地评估了我国发展的国内外环境，统筹国内国际的两个大局所作的重大决策。今后，外需增长模式转向内需增长模式将成为必然趋势。由于工业化越来越受到诸多因素的制约，未来支撑中国经济二十年乃至三十年高速增长的最大动力是城镇化。城镇化是经济发展的内生动力，是扩大内需、实现县域经济可持续发展的引擎。我县仍然是经济基础弱，传统产业为主，农村人口比重大，城镇化处于起步阶段，有巨大的发展空间和潜力。我们要积极把握面临的发展机遇，认真做大城市经营这块蛋糕，推动以县城、中心镇为中轴的城镇化快速发展，使城市经营成为我县经济社会跨越发展的一个增长点。

一要科学规划。科学规划是建设和发展的蓝图，是建设和管理的基本依据，是城镇化的龙头。规划要坚持战略性、超前性、适应性、延续性和可操作性，面向未来，面向小康，体现现代城市意识和新世纪的要求。充分考虑区位优势、资源条件和人口规模等因素，遵循市场规律，立足优势，体现地方特色，突出时代感和文化底蕴，科学确立城镇的经济布局和市场定位。规划前要经过科学论证，广泛听取各方面的意见，规划一经确立，就要严格执行，要强化规划的法律地位和权威，不能因人事变动而改变规划。

二要坚持经营理念。把现代市场经济的经营理念、经营机制和经营方式运用到城镇的规划、投资、建设、管理、运营的全过程，构建城镇建设投资主体多元化、融资方式多样化、运作方式市场化的新体制。借助外力，激发民力，用最先进的经济运作手段推动城镇化的发展。

三要高度关注民生。我们在县城和中心镇的建设中，要始终树立以人为本的理念，把建设“低碳、宜业、宜居”作为建设城镇的目标。完善

廉租房建设制度，继续注重道路、电力、电信、广播电视、供水、医疗服务和预防保健等基础设施建设，逐步实现共用化、配套化、现代化，以满足城乡居民的生活需要、促进城镇化的发展。要增加城镇住宅建设，扩大住宅供给，满足居民不同层次的需要，改善城镇居住条件，加强住宅区管理，不断完善城镇的居住功能。大力培育创业者和新型农民，努力实现农民的三个梦想：城市梦、创业梦和安居梦。

（五）高扬“人本”旗帜，提高人民群众的幸福指数

发展经济是为了提高人民的生活水平，我们要始终高扬“人本”旗帜，让改革和发展成果惠及广大群众，不断提高人民群众的幸福指数。

一要抓好就业和再就业工作，努力满足人民群众对干事创业，增加收入的迫切要求。健全覆盖城乡就业服务体系，进一步加大对农村、城镇青年致富技能的培训力度，开展创业帮扶活动，继续深入实施农村党员创业示范工程，力求达到“点亮一盏灯，照亮一大片”的效果。坚持“用财政的钱办老百姓的事”，财政要向困难群众、农村、公共社会事业倾斜，不断提高人民群众的收入，让公共财政的阳光直接照在老百姓身上。

二要抓好医疗和社会保障，努力满足人民群众解决生活后顾之忧的迫切要求。加大廉租房和经济适用房建设力度，大力推行城乡居民基本养老保险和医疗保险制度，完善保障体系，确保城乡居民“病有所医、老有所养、住有所居”，进一步提高社会保障水平。

三要抓好扶贫开发“双到”工作，努力满足人民群众脱贫致富的迫切要求。继续实施“百千万工程”，以开展“情暖翁江”系列活动为载体，加强与省市挂钩扶贫部门的沟通联系，大力推进资金帮扶、产业帮扶、就业帮扶、安居帮扶、助学帮扶，着力提高贫困村和贫困户脱贫致富的能力，确保扶贫开发“双到”工作目标任务如期实现。

四要抓好社会治安综合治理工作，努力满足人民群众对安居乐业的迫切要求。进一步健全完善和创新信访维稳机制，努力解决群众反映强烈的热点难点问题，加强社会治安的防控建设，严厉打击各类犯罪活动，进一步完善社会风险防控体系，提高政府应对公共突发事件的能力，切实维护社会大局稳定。

三、立足当前，着眼长远，切实做好林业生态发展大文章

当前低碳经济是一个热门话题，是人类为过分追求短期经济利益而付出沉重的环境代价后，逐步认识和提倡的一种经济形态。俗话说，“靠山吃山”，过去“吃山”是指靠砍树来获取经济效益，现在“吃山”是靠种树产生生态效益。不久将来的“碳交易”也许能给我们带来巨大的财富，如果我们在生态经济时代仍然是“后无追兵的追兵”，那我们就愧对历史，愧对翁源子孙后代。但是，我县林业目前正面临着相当严峻的形势，已成为上级领导、翁源外出乡贤和全县人民关注的热点和焦点，这就要求我们必须下大决心，以铁的手腕和非常措施，把我县林业管住、管好，再创翁源林业生态新辉煌。

一要营造一个浓厚的氛围。大力引导广大群众树立“金钱不是最爱，绿色才是希望”的理念，营造全县人人关注林业、珍惜林业、呵护林业、建设林业的良好氛围，把拥有“青山绿水、蓝天白云的美好家园”作为全县人民的共同追求。在全县范围内组织一次大规模的林业管理执法行动，从重从快从严打击盗伐滥伐、贩运走私木材、违章用火等违法行为，形成林业管理高压态势。

二要围绕一个具体的目标。大力开展封山育林，不断扩大生态公益林面积，严禁新种植桉树，确保到2015年，全县有林地达到230万亩，其中生态公益林达到100万亩，森林覆盖率达到72%，建成100个林业生态文明示范村，实现生态得保护、农户得实惠、林业得发展。

三要出台一个科学的规划。制订前瞻性、科学性、可操作性强的《翁源县林业生态建设“十二五”规划》，清晰、合理、科学地划分严格控制区、限制发展区、集约经营区，进行分类管理。

四要建立一套完善的管理制度。尽快建立《关于进一步加快林业生态建设的目标责任制》，将目标管理责任制落实到各级、各部门，落实到人，落实到林区的每个镇（场）、村（工区）、组、山头、地块，不留死角。由纪检监察、督查、效能部门负责督查考核，把责任制落实情况与各级领导干部的面子、票子、位子捆绑起来，不断创新和完善工作方法，大力推行“没有效果，就有后果”式的责任追究制。

五要打造一支高素质的队伍。成立县林业综合执法大队，与公安森林分局合署办公；各镇

（场）成立综合执法中队，把森林公安从基层派出所独立出来，与现有的林业站、检查站进行整合，集中行使行政处罚权，增强执法的力度；对林业部门实行严格收支两条线管理制度，所有罚没所得全部上缴县财政；严格控制林业管理队伍编制，实行聘用制、绩效工资制。通过整合力量、建立完善工作机制，打造一支管理有序、素质过硬、作风优良的林业管理队伍。

四、加强文化建设，不断提升翁源文化软实力

翁源文化可以说是一种山水文化，它既有北方文化的质朴、豪放，又有南方文化的清灵和细腻。近几年来，县委、县政府加大了对文化事业的投入和对历史文化资源的发掘、保护与宣传，并高瞻远瞩实施了“文化翁源”战略。如今，翁源人不仅没有忘记代表翁源历史文化的客家围屋、鹤蚌舞以及历史文化名人陈璘、邵谒，更津津乐道于代表中国传统文化的翁山诗书画院和代表西洋现代文化的涂志伟美术馆。有人说，地区与地区之间，十年比的是经济，百年比的是文化。的确，翁源经济要实现跨越发展，就必须有翁源文化作为“龙头”的引领和支撑。因此，要尽快制定完善文化发展战略规划、完善文化产业扶持和配套政策，加大文化建设的投入，努力弘扬传统文化，大力打造民间艺术品牌，致力发展新兴的文化产业，大力抓好文化建设。

一要突出文化特色，打造翁源人文精神。一个地方的发展离不开良好的人文环境和人文精神，人文精神一旦得到提炼升华，将深入人心，发挥持久、有效的作用。我们要以翁源优秀历史文化传统为底蕴，提升公民思想道德素质、文化素质、文化艺术素质为抓手，大力打造勤劳淳朴、敢为人先、开放兼容、敬业奉献的翁源人文精神，营造政通人和的良好人文环境。

二要谋求文化创新，打造新兴文化产业。我们要加大对翁源客家古邑文化的研究、挖掘、开发和创新力度，努力提升翁源采茶戏、客家山歌、飘色品位，大力打造以青云山、兰花为“龙头”的绿色文化，以东华寺为“龙头”的禅宗文化，以翁山诗书画院、涂志伟美术馆为“龙头”的艺术文化。充分利用这些独特资源实现翁源文化变革与创新，有力提升翁源文化产业的能级与产业链效应，为翁源经济增长启动新的引擎。

三要加强文化基础设施建设，保障群众文化权益。大力推进文化广场、文化公园、电影院、文化室、农家书屋等一批文化基础设施建设，进一步完善文化馆、图书馆、博物馆、体育馆等“四馆”的服务功能，提高服务效率，保障广大人民群众的基本文化权益。

四要大力引进人才，积淀“后发优势”。人才资源是确保事业发展的第一资源，没有人才就没有事业，没有人才就没有翁源发展的未来，我们要想方设法引进和爱护各类文化人才。一方面，要创新文化人才评价机制，营造爱才、重才的良好社会氛围，要站在“事业成败关键在人”的高度来认识和对待人才工作，让人才在单位有地位、社会有影响、创业有舞台。另一方面，要充分发挥文化人才在提高全民文化素质中的作用，打造一支专精的文化人才队伍，建立一支庞大的群众业余文化队伍，大力繁荣我县文化事业。

五、突出重点，在创先争优中继往开来促跨越

开展创先争优活动意义重大，是十七大明确提出的党建两项重要活动之一，是拓展学习实践科学发展观的重要举措，是调动和激发党组织、党员积极性、创造性的重要抓手，也是推动翁源实现跨越发展的需要，我们要牢牢把握活动目标方向，紧紧围绕“创先争优促跨越”主题，以“组织创先进、党员争优秀、翁源快发展、群众得实惠”为总目标、总要求，紧贴实际，以丰富的活动内容、多样的活动形式、有效的活动载体，保证活动取得实实在在的效果。

一要围绕一个主题，着力激发内生动力。创先争优活动作为加强基层党建工作的重要抓手，既是一项发挥党组织和党员先进性作用的经常性工作，也是一次难得的党性主题实践活动，我们一定要围绕“创先争优促跨越”这个主题，注重基层创新，努力激发内生动力。既要继承过去行之有效的好做法、好载体，保持工作的稳定性、连续性；又要根据实现跨越发展的要求，在内容上进行深化和拓展，做到与时俱进。基层党组织和党员是创先争优活动的主体，要依靠基层开展活动，尊重基层的首创精神，充分调动基层创先争优的积极性、主动性和创造性，及时总结、宣传和推广他们在实践中探索出来的好做法和新经验，不断提升创先争优活动的水平。

二要落实两项制度，着力提高执行力。一是认真实行“四个双向”制度。双向承诺，指党组

织向上级党组织和党员群众承诺，党员向党组织承诺；双向评议，指党组织评议党员，上级党组织和党员、群众评议党组织；双向问责，指对未完成承诺事项的党组织和党员要进行问责，党组织问责党员，上级党组织问责下级党组织；双向带动，指党内带动党外、党建带动群团组织。二是严格执行三级考评制度。认真落实《翁源县四套班子领导成员工作考评办法（试行）》、《翁源县绩效考评实施方案》，分别对县四套班子领导成员和县直部门、镇（场）及全县党员干部进行考评。抓承诺考评问责制度的落实要与开展“树立正确权力观，提高执行力”活动有机结合起来，切实解决“大局意识淡薄、服务意识不强、服务本领不高、行政效率低下、政令执行不畅”等制约跨越发展的突出问题，进一步提高执行力。

三要坚持四个争当，着力提升突破力。当前环境复杂多变，制约跨越发展的因素很多，迫切需要我们既要敢作敢为，又要善作善为。要以“四个争当”为载体，突破跨越发展瓶颈，看不准不动手，看准了不松手，干不成不放手，用创新的思维、改革的办法，闯出一条跨越发展之路。把创先争优活动与各项中心工作有机结合起来，做到“两不误、两促进”。把创先争优活动与农村创业致富相结合，动员广大农村党员争当创业先锋；把创先争优活动与提高服务水平相结合，动员社区党员争当服务之星；把创先争优活动与“三服务两提高”相结合，动员机关、事业单位党员争当敬业模范；把创先争优活动与促进企业发展相结合，动员国有、非公经济党员争当发展标兵。

四要努力实现五个好，着力增强凝聚力。按照中央和省、市的部署，深入开展创先争优活动，牢牢把握“组织创先进、党员争优秀、翁源快发展、群众得实惠”的总目标，深刻理解“领导班子好、党员队伍好、工作机制好、工作业绩好、群众反映好”的内涵，明确目标，务求实效，把创先争优活动抓好、抓实、抓出成效。各镇（场）、各部门要着眼工作大局，围绕中心工作，抓住实践重点，拓展服务平台，确定具体的争创主题，镇（场）要在基层组织建设上有典型，经济社会发展上进位次；部门要履职尽责创先进，立足岗位争优秀。要通过开展创先争优活动，使广大党员干部立跨越发展之志，谋跨越发展之策，求跨越发展之效，在推动科学发展上有新成效，在促进社会和谐上有新局面，在惠民利民上有新作为，在抓班子带队伍上有新气象，带一流队伍，创一流业绩。

同志们，翁源有着悠久的历史，我们已经创造了新中国成立以来翁源辉煌的第十一个五年，我相信，我们也必将会创造更加辉煌的第十二个五年。让我们紧密团结在以胡锦涛同志为总书记的党中央周围，深入贯彻落实科学发展观，倍加珍惜难得的历史机遇，倍加珍惜全县人民团结一心、共谋发展的大好局面，下定决心，攻坚克难，为实现我县国民经济和社会发展第十二个五年规划的宏伟目标而努力奋斗！

政府工作报告

——在翁源县第十三届人民代表大会第四次会议上

(2010年3月3日)

翁源县代县长 颜 亮

各位代表:

我代表县人民政府向大会作政府工作报告，请予审议，并请政协各位委员和其他列席人员提出意见。

一、2009年工作回顾

2009年是我县跨入新世纪以来最为困难的一年，也是我县在推动科学发展、促进社会和谐进程中迈出新的坚实步伐的一年。面对国际金融危机冲击和近50年来最严重干旱的不利影响，县政府在上级党委、政府和县委的正确领导下，在县人大及其常委会、县政协的监督支持下，坚决贯彻县委提出的“强投资、优产业、保增长、重民生”工作方针和其他各项决策部署，坚定信心、迎难而上，化危为机、危中求进，全力以赴保增长，扎扎实实惠民生，经济社会发展取得了可喜的成绩，较好地完成了县十三届人大三次会议确定的各项任务。

(一) 积极应对金融危机，经济保持平稳较快发展

面对严峻的经济发展形势，县政府积极采取有效措施，进一步强化责任，狠抓落实，确保了经济平稳较快发展。2009年全县生产总值实现35.2亿元，增长12.2%。其中：第一产业增加值11.32亿元，增长7.3%；第二产业增加值9.88亿元，增长14.2%；第三产业增加值14亿元，增长14.2%。地方财政一般预算收入1.27亿元，增长15.1%。全社会固定资产投资完成17.4亿元，增长33.6%。农村人均纯收入5580元，增长10.6%。

农业生产取得新成效。全县农业总产值实现18.2亿元，增长8%。农业主导产业保持稳定发展，全年种植蔬菜25万亩、糖蔗5.2万亩、蚕桑2.7万亩、花卉1.7万亩、三华李2.7万亩、九仙桃4.8万亩。农业组织化程度进一步提高，新增市级以上农业龙头企业3家，总数达到10家，其中省级以上5家；农民专业合作组织由14个发展到26个，带动农户22675户，农业龙头企业和农民专业合作组织数量居全市首位。现代农业科技进一步发展，建立了现代兰花生产基地、糖蔗良种繁育场、水果提纯繁育场、蚕业创新中心等农业科研基地，粤台农业合作试验区正式落户我县。创建生态农业品牌有了较大进展，三华李地理标志产品保护申报已通过国家专家组评审，获国家认证无公害食品9个、绿色食品4个、有机食品25个。支农惠农政策得到全面落实，全年共发放各类支农补贴1.14亿元。

工业发展取得新进步。大力扶持制糖、茧丝、水泥、电子、化工、小五金、制药、制鞋等支柱产业，积极开展“质量兴县”活动，工业生产实现了企稳回升。全县工业增加值实现8.76亿元，增长13.3%；其中规模以上工业增加值实现4.91亿元，增长17.4%。民营经济稳步发展，民营工业创税1.22亿元，占全县税收总量的62.77%。

第三产业发展取得新实效。全面落实“家电下乡”等扩大消费政策，加快发展服务业，促进城乡市场繁荣，推动了第三产业快速发展。社会消费品零售总额实现15.1亿元，增长19.6%。旅游业持续快速发展，全年共接待游客29.2万人(次)，增长29.3%，旅游总收入1.77亿元，增长52.6%，东华禅寺被评为全省森林生态旅游示范基地。金融持续稳步发展，年末全县金融机构各项

存款余额46.5亿元，增长18.51%，其中城乡居民储蓄存款余额37.1亿元，增长16.35%；金融机构贷款投放量创历史新高，全年累计投放7.06亿元，增长48.32%；年末各项贷款余额10.9亿元，增长26.88%，贷款余额首次突破10亿元大关。

（二）大力推进项目建设，发展后劲进一步增强

争取项目资金成绩突出。紧紧抓住国家实施积极财政政策的有利时机，把争取项目资金作为应对金融危机的有效举措，充分调动各部门申报项目的积极性，争取项目资金工作取得了明显成效，为今后发展打下了良好的基础。全年共申报项目206宗，共争取上级到位资金2.57亿元，比上年增长51%。

重点项目建设成效显著。全年新开工建设项目96个，完成总投资9.07亿元；竣工项目98个，完成总投资7.56亿元。列入重点跟踪推进的项目39个，总投资43.3亿元，其中桂竹水库除险加固、县城污水处理厂等7个项目已经竣工，中源水泥厂进入了实质性建设阶段，停滞多年的云门灯饰项目已经正式动工。这些项目建成后将为我县加快发展进一步夯实基础。

工业园区建设取得突破。总投资40亿元、首期用地3000亩的华彩化工涂料城正式动工建设，目前已平整土地1000多亩，签约入园项目21个。粤北危险废物处理处置中心列入了省重点项目，目前已平整土地2000多亩，签约入园项目7个，其中有4个项目正在加紧建设。此外，翁城产业转移工业园、官渡下榕角工业园等工业园区的建设也稳步推进。

基础设施建设得到加强。县城环城北路、工业路、龙仙公园等改造工程顺利完成，步行街、陈璘公园主体工程基本完工，县城市政设施进一步完善，绿化、亮化水平进一步提高，尤其是新建成的龙仙湖为县城增添了一道亮丽的风景。改建县道6条共76.7公里，完成农村公路硬底化119.5公里，两项指标均排全市县域第一位。昆汕、深湘高速公路翁源段前期工作进一步推进。铁龙、翁城金鹏110千伏变电站建设和官渡110千伏变电站升级改造工程全面完工，城网改造顺利推进，供电网络进一步完善。桂竹水库除险加固工程全面完成，岩庄水库和28宗小型病险水库除险加固及县城防洪堤第四期工程正在加紧推进，水利设施日趋完善。

（三）加快发展社会事业，公共服务水平进一步提高

创建教育强县工作扎实推进。巩固“普九”、“普高”成果，调整优化学校布局，促进城乡教育均衡发展，教育教学质量不断提高，高考前三批上线率为88.5%，比上年提高6.3个百分点。周陂、铁龙基本完成了创建教育强镇工作，正在申报创强验收。

生态文明建设取得初步成效。积极做好第一次全国污染源普查工作，加强环境监测和执法监管，县城污水处理厂建成并投入运行，节能减排工作取得新成效。青云山自然保护区升格为省级自然保护区，填补了我县省级自然保护区的空白。完成荒山造林5.9万亩、生态重点工程造林2.17万亩，启动了20个生态文明示范村绿化工作，创建林业生态县工作扎实推进。继续推进村庄整治，积极开展“乡村清洁美”试点工作，促进了农村人居环境的改善。

科技文化卫生事业稳步发展。大力实施科技兴县战略，科技成果在全市科技进步奖评比中取得突破，获一等奖1个、二等奖1个。继续推进群众文化活动的深入开展，积极挖掘历史文化内涵，湖心坝民居群“外翰第”和周陂“陈氏宗祠”修缮工作基本完成，“礤下烟火戏”正在申报省文化遗产名录。公共卫生体系建设进一步加强，甲型H1N1流感得到有效防控，城乡医疗卫生设施建设逐步完善。

人口计生和国土资源工作得到加强。人口计生“升类创优”工作扎实开展并取得显著成绩，政策生育率达95.18%，比上年提高4.31个百分点；出生人口性别比下降到109.18，比上年下降6.72个比值；全县有5个镇（场）实现无政策外多孩出生，比上年增加2个；106个村（社区）实现无政策外出生，占全县村（社区）总数的61%，比上年增加41个。土地利用规划修编工作顺利完成；补充耕地1.03万亩，超额完成了市下达的土地开发整理任务；严厉查处非法开采矿产资源行为，大力整治违法用地违法建设，土地资源管理工作进一步加强。

（四）着力改善民生，和谐翁源建设步伐进一步加快

社会保障和困难救济机制进一步健全。积极做好就业工作，全年新增就业岗位3735个，失业人员实现再就业2632人，城镇登记失业率为3.1%。培训农村劳动力1159人，农村劳动力实现

转移就业10634人。切实抓好社保扩面工作，全县参加养老、失业、工伤、生育保险人数增长5%，参加基本医疗保险人数增长1.2%。积极做好困难救济工作，全县共有4321户11860人纳入了低保范围，发放低保金962万元，发放各项救灾救济资金110多万元、五保供养费221万元，城乡困难群众生活得到了有效保障。新型农村合作医疗参合率达到99.7%，比上年提高3.3个百分点，实现了农村常住人口全覆盖。由政府出资，全面为农村住房购买了政策性农村住房保险，农村保障能力进一步提高。社会保持稳定和谐局面。加强安全生产监督管理，安全生产保持平稳态势。加强食品药品安全监管，积极开展打假工作，市场经济秩序进一步规范。严厉打击各类刑事犯罪活动，社会治安综合治理成效显著。扎实开展“五五”普法和依法治县活动，加快推进镇级综治信访维稳中心建设，进一步完善人民调解机制，加强信访专项治理工作，及时有效预防和妥善处置各类群众矛盾纠纷，全县社会保持了稳定局面。

（五）加强政府自身建设，行政效能进一步提升

进一步健全政府常务会议等工作制度，全年共召开政府全体会议2次、常务会议27次，讨论决定事项107项。认真实施《行政许可法》和《全面推进依法行政实施纲要》，依法行政工作进一步加强。推进政务公开和政府信息公开，完善电子政务和网上行政审批电子监察系统，强化监察、审计工作，认真清理小金库，政府廉政建设进一步加强。加强与民主党派、工商联、工会、共青团、妇联等人民团体的联系，充分听取社会各界的意见和建议。认真执行县人大及其常委会通过的各项决议，自觉接受人大和政协的监督，全年共向县人大报告工作8项、向县政协通报工作5项，办理人大代表建议33件、政协提案60件，县十三届人大一次会议通过的《关于加快我县自然保护区建设步伐的议案》也得到较好落实。政府承诺要办的八件实事基本完成。

此外，统计、民族宗教、人事、体育、档案、物价、人防、外事侨务、粮食、气象、民兵预备役等工作也取得了较好成绩。

各位代表，过去的一年，我们经历了前所未有的挑战，取得了令人振奋的成绩。这是上级党委、政府和县委正确领导，县人大和县政协监督支持，全县人民齐心协力、用智慧和汗水奋力拼搏的结果。在此，我代表县人民政府，向全县广大工人、农民、知识分子和干部职工，向驻我县的人民解放军、武警官兵，向各民主党派、人民团体致以崇高的敬意！向关心支持我县发展的各界朋友表示衷心的感谢！

回顾过去一年的工作，我们也清醒地认识到，我县经济社会发展仍存在不少困难和问题，主要表现在：经济总量仍然比较小，工业化水平比较低；城镇管理水平亟须进一步提高，宜居环境有待进一步改善；财政收支矛盾仍然尖锐，干部职工的待遇仍然较低；社会矛盾纠纷依然较多，维护社会稳定工作面临较大压力；政府效率还不够高，机关作风建设有待进一步加强。对政府工作中存在的问题和不足，希望各位代表和政协委员能够给予批评，提出意见和建议，为我们今后改进工作提供帮助。县政府将高度重视，并采取切实有效措施加以解决。

二、2010年工作安排

2010年是实施“十一五”规划的最后一年。做好今年的各项工作，对全面完成“十一五”规划的各项目标任务，为实施“十二五”规划奠定良好基础，实现翁源的跨越发展具有十分重要的意义。

2010年政府工作的总体要求是：以邓小平理论、“三个代表”重要思想和科学发展观为指导，认真贯彻落实十七届四中全会和省委十届六次全会、粤北山区工作会议、市委十届七次全会精神，按照县委十一届七次全会的部署，扎实做好“项目带动、创强攻坚、作风建设、惠民和谐”四篇文章，努力打造广东山区新兴制造业基地、广东山区现代农业示范区和广东教育强县，促进全县经济社会平稳较快发展，推动“文化翁源、创新翁源、和谐翁源”建设。

经济社会发展的主要目标是：生产总值增长12%以上，其中第一产业增长7%以上，第二产业增长16%以上，第三产业增长13%以上。地方财政一般预算收入增长10%以上。全社会固定资产投资增长25%以上。社会消费品零售总额增长18%以上。农村人均纯收入增长10%以上。人口自然增长率控制在6‰以内。城镇失业登记率控制在3.5%以内。

围绕上述目标，着重抓好七方面工作。

（一）以项目带动为支撑，努力夯实科学发展基础

要坚持项目带动战略，切实把项目申报和为

项目建设服务作为重中之重，在全县真正形成大抓项目、抓大项目的良好氛围，以项目建设进一步夯实科学发展的基础，力争在投资规模和质量上有新突破，全社会固定资产投资规模要达到22亿元以上。加快重点项目建设。重点抓好华彩化工涂料城、危处中心、中源水泥厂、云门灯饰、中高密度纤维板厂、粤台农业合作试验区、铁龙公路改建、省道245线六里至坝仔段和国道106线大宝山至官渡段路面大修工程、岩庄水库除险加固工程等招商项目和政府投资项目建设。积极主动做好昆汕、粤湘高速公路翁源段项目启动的争取工作，力争早日动工建设。

继续实施争取项目资金奖励政策。各部门要与时俱进，认真研究中央和省、市的政策导向，加强与上级有关部门的沟通联系，确保争取更多项目资金。同时，要积极做好项目可行性研究和项目储备工作，建立重点项目库，为以后申报项目和“十二五”规划的顺利实施打好基础。

继续推进城市经营。充分利用国家给予广东的“三旧”改造政策，加快老城区改造和县城西区开发，拉大城市框架，完善市政设施，提升城市建设经营和管理水平。

（二）以园区建设为突破口，推动工业跨越式发展

要始终坚持以工业化为核心不动摇，紧紧抓住产业集聚这个关键，不断提升工业园区产业招商和建设的水平，加快工业发展步伐，力争今年工业增加值增长16%以上，新增规模以上企业5家以上，进一步做大我县工业经济。

加快园区基础设施建设。要拓宽融资渠道，加大投入力度，着力加快工业园区水、电、路、通讯等基础设施建设，重视推进园区产业配套服务的规划建设，增强园区的承载力和吸引力，为入园项目加快建设、生产提供必备和更加良好的发展环境。

大力推进园区招商。推进官渡开发区管理体制改革，整合有效资源，围绕产业集聚、集约发展的要求，转变招商方式，把园区招商作为新阶段招商工作的重点和主攻方向，重点是以化工涂料城和危处中心两个园区为中心开展招商工作。今年3、4月份是我县“招商引资和项目建设推动月”，要以此为契机，掀起新的招商引资热潮，确保我县招商引资强劲势头持续发展，全年引进项目达到20个以上，实际利用外资达到1700万美元以上。

突出创优服务。开展工业“绿色通道”创建活动，提升服务企业客商的水平。实行投资项目限时办结制，严禁任何单位、个人向客商“吃、拿、卡、要、拖”。完善企业客商服务质量评议考核机制，对评议考核满意度不高，得不到企业客商公认的单位实行黄牌警告，限期整改和行政问责。深化和推进领导班子成员和部门联系挂点招商项目制度，及时帮助解决投资企业在审批、建设、生产等方面的困难，努力为企业客商提供“保姆式”的贴身服务，使招商项目进得来、留得住、建得快、早投产。

重视增强对民营企业扶持的针对性，加快培育壮大骨干企业。积极帮助企业及时解决融资、用工及生产经营中的各种问题，为企业健康发展创造良好环境。特别要加快建立和完善政府、金融机构、企业、担保公司四方沟通合作机制，引导金融机构加大对企业信贷支持力度，进一步发挥金融为骨干企业发展“供血”的重要作用。认真贯彻落实国家和省、市扶持民营经济发展的政策措施，继续鼓励和支持信达茧丝、茂源糖业、青云山药厂等民营企业自主创新和创建品牌，增强企业竞争力。

（三）以旅游业为龙头，加快发展第三产业

继续坚持以旅游开发为龙头，着力扩大消费，促进服务业持续繁荣，巩固和发展我县第三产业日趋活跃的态势。

加大旅游开发力度。加紧完善和实施东华山风景区、书堂文化村、仙鹤生态农业旅游综合开发等三个景区的规划，力争在旅游开发与宗教、文化、生态农业有机结合上取得新突破，打造旅游新景点，创造旅游开发新亮点。做好八卦围、湖心坝民居群、书堂石等景点的保护和开发工作，完善东华寺、青云山自然保护区等旅游景区的基础设施，进一步优化旅游环境。以举办“花醉岭南广东翁源赏花节”为契机，加大旅游宣传和推介力度，进一步扩大我县生态休闲旅游的影响力和吸引力，促进旅游业快速发展。加强旅游招商工作，通过规划包装推出一批大型旅游项目和星级酒店项目，力争新签合同5个以上，合同资金5亿元以上，推动我县旅游业大发展。

积极扩大消费。贯彻落实“家电下乡”等国家扩大消费的政策，引导商贸连锁经营向农村地区延伸，完善农村流通网络，促进城乡市场繁荣。进一步规范房地产市场秩序，加快推进龙翔花园、春晖苑等高、中档房地产小区建设，促进房地产业健康快速发展，力争全年房地产投资达到1亿元以上、商品房销售达到9000万元以上。加快发展交通、通讯、物流等现代服务业，推动第三产业更快发展，为我县经济发展发挥更大的带动作用。

（四）以深化农村改革为动力，促进农村全面发展

认真贯彻落实中央农村工作会议精神和《中共中央国务院关于加大统筹城乡发展力度进一步夯实农业农村发展基础的若干意见》，进一步深化农村改革，加快发展农业农村经济，促进农村稳定和繁荣。

加快发展现代农业。继续调整优化农业农村经济结构，大力发展优质稻、蔬菜、糖蔗、水果、蚕桑、花卉等高效经济作物。推进"一乡一品"和"一村一品"建设，扶持发展一批专业镇和专业村。推进农业科技创新和农业标准化生产，实施农产品名牌战略，重点培育三华李、九仙桃、兰花等具有翁源特色的优质农产品品牌，提高农产品附加值，增强农产品竞争力。大力扶持和发展一批规模大、实力强、带动农户增收明显的农业龙头企业，力争新增1—2家省级农业龙头企业。鼓励和支持农民专业合作组织发展，今年力争发展到35家，进一步提高农业生产组织化程度和抵御市场风险的能力。狠抓粤台农业合作试验区建设，力争在今年开好局、起好步，并初见成效。

认真抓好农村各项改革。按照"农民得实惠、生态得保护、林业得发展"的总体目标要求，准确把握集体林权制度改革的关键环节，认真做好林改工作，确保在年底前基本完成林权制度改革。积极探索和推进农村土地承包经营权流转。加强农村管理，推进村务公开和农村民主法制建设。

大力改善农村发展环境。全面落实各项支农惠农政策。加快推进水利防灾减灾和小型水库除险加固工程、农村机电排灌工程、现代标准农田、农村饮水安全工程、农村公路建设。大力发展农村客运。积极推广农村沼气和太阳能利用。加快完善农村供电网络。做好动植物疫病防控工作。全力推进"乡村清洁美"工程，开创我县农村生态文明建设新局面。

（五）以创强攻坚为契机，提升区域竞争软实力

今年我县创强攻坚任务艰巨，责任重大。我们要树立信心，迎难而上，采取有力措施，狠抓落实，确保各项目标任务顺利推进，提升翁源可持续发展软环境。

打好创建林业生态县攻坚战。扎实抓好荒山造林，确保今年完成灭荒造林2.2万亩。积极开展"万村绿"活动，确保今年完成40个生态文明示范村建设任务。认真做好公路绿化、县城绿化和泥石口复绿工作。加大封山育林力度，加强森林资源管理。加快青云山保护区和省级森林公园建设。确保今年创建林业生态县工作通过省的考核验收。

认真做好"规划到户、责任到人"扶贫开发工作。我县是全市"双到"扶贫开发工作的试点县。要坚持"一村一策、一户一法、整村推进"，落实帮扶责任，培育一批有特色的扶贫开发示范点，力争在一年内见成效，两年基本完成任务，确保三年内通过省的考核验收。

扎实推进创建教育强县工作。进一步加大农村中小学布局调整力度，推进规范化学校建设，推动城乡义务教育均衡发展。积极推进"校舍安全工程"建设，加快薄弱学校改造。巩固"普九"、"普高"成果，大力发展中等职业技术教育和幼儿教育。加强教师队伍建设，全面提高教育质量。加快创建教育强镇步伐，确保铁龙林场、周陂镇创强工作通过验收，官渡、江尾、坝仔镇完成创强申报工作。

全面铺开创建省卫生县城工作。加快县城基础设施建设，扩大市场容量，完善城市服务功能。全力整治县城交通、市场和治安秩序，抓好县城环境卫生管理，改善县城卫生状况，优化人居环境，提升城市品位。

（六）以构建和谐翁源为目标，加快发展社会各项事业

坚持以人为本，认真解决涉及群众切身利益的矛盾和问题，加快发展社会各项事业，努力推进和谐翁源建设。

加大民生事业投入。按照"保民生、保运作"的原则，优化财政支出结构，加大发展民生事业的投入，新增财力的80%以上要用于改善民生。进一步提高干部职工待遇，力争用3年时间实现财供人员的工资水平达到全市县域平均水平。

完善社会保障体系。继续实施就业援助计划，落实自主创业扶持政策，不断拓宽就业渠道，确保年内城镇登记失业人员实现再就业2500人以上。加强农民技能培训，确保实现农村劳动力培训转移就业1500人。扩大城乡社会保障覆盖面，健全城乡社会救助体系和城乡低保机制，加强社会救助、救灾救济和慈善工作，保障困难群众的基本

生活。

大力发展社会事业。加大科技投入，大力推进科技创新，促进科技进步。抓好第三次全国文物普查、全县非物质文化遗产普查和申报工作，加快启动湖心坝民居群第二期修缮工程。深化医疗卫生体制改革，加强公共卫生和医疗服务体系建设，加快基层卫生院改造步伐，努力完善以乡镇卫生院为重点的农村卫生服务网络建设，提高新型农村合作医疗保障和服务水平。深入开展创“两无”活动，提高人口计生优质服务水平，确保创建全省计划生育优质服务县工作通过验收。加强国土资源管理，加大整治非法开采矿产资源和违法违规用地力度，进一步做好土地开发整理工作，实现耕地总量动态平衡。加强环境监测和违法排污整治，积极做好节能减排工作。认真做好“十二五”规划编制和第六次全国人口普查工作。继续抓好体育、民族宗教、档案、人防、物价、外事侨务、民兵预备役等工作。

全力维护社会安全稳定。进一步落实安全生产责任制，加大安全监管执法检查力度，建立完善安全生产监管网络，努力保持安全生产平稳态势。严厉打击假冒伪劣产品，维护市场经济秩序。不断加强社会治安综合治理，健全社会管理群防群治网络，依法打击影响社会治安的各种犯罪活动。加快公共应急体系建设，提高处置突发事件的能力。继续加强综治信访维稳中心建设，认真落实信访维稳工作责任制，开展亚运维稳专项行动，及时调处各种社会矛盾纠纷，维护全县社会稳定局面。

努力办好九件实事。一是完成省道245线六里至坝仔段路面大修工程。二是建设龙英路、朝阳路农贸市场，完善城南市场。三是为全县农户购买政策性住房保险。四是改造建设二路、人民路。五是建设第三期廉租房。六是完善龙仙大道及县城东、南出口绿化、亮化工程。七是完善县城防洪堤工程。八是建设县城第二期污水管网收集系统。九是推进村庄整治和“乡村清洁美”工程。

（七）以提高效能为核心，推进政府自身建设

紧紧围绕服务经济社会发展，按照为民、务实、清廉的要求，努力建设人民满意的政府。

切实加强机关作风建设。今年是我县“机关作风建设落实年”，我们要以此为契机，认真抓好机关作风建设。发扬求真务实、雷厉风行的工作作风，努力做到重实际、重实效、办实事。切实减少文山会海，提倡开短会、发短文、讲短话。强化宗旨意识，切实为基层、为群众提供服务，努力提高服务质量和服务水平，建设政治坚定、业务精通、清正廉洁、作风优良的公务员队伍。

切实加强民主法制建设。按照省、市统一部署，做好政府机构改革工作，进一步精简机构、理顺关系、转变职能、提升效能。贯彻落实《国务院全面推进依法行政实施纲要》，推进依法行政和创建法治政府工作。积极听取民主党派、工商联、无党派人士和人民团体的意见和建议。自觉接受人大常委会的法律监督和政协的民主监督，认真办好人大代表建议和政协提案，努力让人大代表和政协委员满意。

切实加强政府廉政建设。全面落实廉政责任制，严格执行廉洁自律的各项规定。扎实抓好工程建设领域突出问题专项治理工作，强化对工程建设招投标、产权交易、政府采购和土地交易等重点领域的管理和监督，切实从源头上预防和治理腐败。进一步完善政务公开制度，健全行政电子监察机制。严肃查处各类违法违纪案件，坚决纠正部门和行业不正之风，树立政府清正廉洁形象。

切实加强工作督查。紧紧抓住提高政府机关执行力这个关键，严格执行《翁源县行政过错责任追究暂行办法》，加大行政问责力度。继续实施部门绩效考评，开展“争先创优”和“民主评议政风行风”活动。不断完善“民生热线”、“网络问政”等制度，着力解决关系群众切身利益的热点、难点问题。在抓落实上下功夫，定下的事情、形成的决策，坚持一抓到底，确保落到实处，提高政府的执行力和公信力。

各位代表，宏图伟业担重任，长风破浪正当时。我县正处在加快发展的关键时期。做好今年的各项工作，意义深远，任务艰巨，责任重大。让我们在上级党委、政府和县委的坚强领导下，高举邓小平理论和“三个代表”重要思想伟大旗帜，全面贯彻落实科学发展观，振奋精神，团结进取，锐意创新，扎实工作，为开创我县经济社会发展新局面而努力奋斗！

大事记

2010年大事记

1月

2日 翁源县人民法院新的审判办公综合大楼落成。省高院刘恒军副院长、韶关市委常委、政法委书记赖日先、中院刘署光院长、县委书记朱余旺、县长严亮等领导参加了落成典礼。

6日 澳门圣公会北区青年服务队的义工在团县委书记何碧娟和相关人员的陪同下，到龙仙、江尾镇等地开展捐资助学活动，给9名贫困学生每人送去2000元的资助款。

10日 广州合才LP6腾飞队带着200人的大型义工团来到翁源县，与县中等职业技术学校联合举办“心中有你、相伴成长”大型体验式学习活动。

11日下午 由韶关市教育局组织的基础教育名校长、名教师人选考察组一行5人莅临翁源县，对翁源县唯一一名名校长人选进行实地考察。

14日上午 由广东省茧丝绸行业协会和国家蚕桑产业体系韶关综合试验站主办的广东省提升蚕业经济效益及组织模式研讨会于在翁源县召开。省经信委、省茧丝办、省农业厅、省、市农业发展银行、翁源县经贸局、农业局的领导及省茧丝绸行业协会的60多家会员单位参加了会议。

18日 市委常委、常务副市长陈向新，市委常委、韶关军分区政委李建华率领慰问团一行在县领导朱余旺、颜亮、曾清兰、陈志峰、李国荣、黄向阳以及县委办、县府办、民政、老干、林业、公安、残联、翁城镇等单位负责人的陪同下，到翁城镇敬老院、泉岭村、定南村、明星村开展2011春节前送温暖慰问活动以及市委、市政府对他们的关怀和祝福。

是日上午 中国共产党翁源县第十一届委员会第七次全体会议在县政府小礼堂隆重召开。会议回顾总结2009年的工作，研究部署2010年的任务，动员全县广大党员干部群众以贯彻落实党的十七届四中全会、中央经济工作会议以及省委十届六次全会、市委十届七次全会精神为动力，进一步解放思想，认清形势，抢抓机遇，真抓实干，乘势而上，加快构建文化翁源、创新翁源、和谐翁源步伐，努力开创翁源科学发展新局面。参加会议的有县委委员、候补委员，不是县委委员、候补委员的县四套班子成员，县纪委委员，各党（工）委书记，各镇（场）长，县直副科以上单位一把手共178人。市委组织部也专门派人参加了这次会议。会议听取审议了县委书记朱余旺代表县委常委会所作的《坚定信心，攻坚克难，努力开创翁源科学发展新局面》的工作报告。

是日上午 市检察院领导在县检察院、县妇联有关领导的陪同下，到翁源县周陂镇开展“爱心父母”牵手困境儿童活动，看望慰问了七名结对帮扶的孤儿。

18日至19日 省、市文物普查检查验收小组到翁源县就第三次全国文物普查实地文物调查阶段工作进行检查验收。

22日下午 江门市新会区区委书记邓浓乐带领区四套班子领导和新会区崖门镇的领导一行10多人，在翁源县副县长雷展发以及县扶贫办等有关部门领导的陪同下，深入到江尾镇松塘村慰问村委和该村贫困户。

26日 在省局稽查总队和韶关市局的指挥下，县局专卖执法人员联合市公安局经侦支队、县公安局经侦大队干警及市局稽查支队、曲江市稽查大队的大力协助下，在县域新江镇塘心村一山窝内捣毁一个卷烟制假窝点。现场共抓获10名卷烟制假嫌疑人，查获制假烟机一台（套），烟支233.5万支、制假钢印20多个及制假原辅料一批，案值约124万元。

27日下午 “花醉岭南”广东翁源赏花节暨第四届广东省自驾旅游节翁源站系列活动新闻发布会在广东省旅游局多功能会议厅举行。省、市旅游局领导，翁源县领导颜亮、包玉兰、张坚以及县旅游局、人民日报、南方日报、广东卫视、南方卫视等29家新闻媒体记者及40多家旅行社代表参加了发布会。

是日 省专家组一行10人到江尾湖心坝古村落进行保护规划编制调研。

28日下午 江门市新会区司前镇党政领导班子成员一行到翁城镇泉坑村指导扶贫开发工作。

29日上午 市旅游局局长陈波在副县长包玉兰和县旅游局领导的陪同下，检查翁源县赏花节筹备情况。

是日 受广东省科技厅委托，韶关市科技局组织专家对广东信达茧丝绸股份有限公司、西南大学和广东省农业科学院蚕业与农产品加工研究所联合承担的省部产学研结合项目“家蚕抗性基因分子标记定位辅助育种及产业化示范”进行现场验收。专家组通过实地考察和论证，同意通过结题验收。

是月起 全县中小学教职工中实行绩效工资。

是月 由广东工业大学建筑设计研究院朱教授率领的省专家组一行10人，在市城乡规划局及县建设局有关人员的陪同下，前往江尾镇湖心坝古村落进行保护规划编制调研。

2月

2日 韶关市委副书记林耀明在县领导朱余旺、温毅麟、雷展发及市县有关部门负责人的陪同下，到挂钩联系点翁源县江尾镇热水村、官渡镇坑尾村看望困难群众，并对翁源县扶贫开发“规划到户、责任到人”工作进行调研。

3日上午 韶关市公路局工会副主席谭丽贤、女工主任刘美到县公路局慰问劳动模范和困难职工。

是日上午 市委副书记林耀明、市政协副主席李飞率领市委、市政府春节送温暖慰问团到县域革命老区江尾镇慰问敬老院老人、困难群众和特困军烈属，给他们送去党和政府的深情关怀和节日的问候!

4日上午 韶关市科技进步工作考核组到翁源县检查考核2009年推进县域科技进步工作。副县长朱增志、张坚以及县委组织部、人事、财政、科技、教育等相关部门负责人参加了考核汇报会。

6日 市人大常委会副主任林平杰率领市发改局和气象局的干部共30多人，冒雨深入到红岭梅斜村慰问贫困村和贫困户，给他们送去党和政府的关怀和温暖。

16日上午 市委常委、市委组织部长肖怀跃带领检查组到翁源县检查2011年村、社区“两委”换届选举工作进展情况。县领导朱余旺、温毅麟、黄令遥、陆伟杰和县委组织部、民政局、县“两委”换届办负责人以及各镇（场）党委书记参加汇报会。

23日上午 广东翁源2010年赏花节花卉精品展在县城体育馆举行。

24日 三华李实施地理标志产品保护已获国家质检总局批准，正式公告三华李技术要求和地理标志保护产品专用标志的启用。

是月 市总工会赖美先等一行慰问了翁源县全国劳模刘水香，为她送上了慰问金、补助金1.6万元

3月

2日至4日 县政协七届四次会议在县政府小礼堂举行。出席会议的代表有现四套班子在家领导，县政协委员以及县直有关单位的主要领导。大会听取审议了政协常委会工作报告和提案工作报告，听取了政府工作报告，全票选举谢寿通为政协主席。委员们认真履行职责，积极建言献策。会上，有8位委员分别围绕旅游产业、民营企业、生态建设、网吧管理、城市建设、招商引资、教育创强和中医工作，代表各界别作参政议政发言。委员们围绕县委、县政府各阶段工作大局，有关经济社会发展重大问题、重要政策举措，广泛讨论协商，形成意见建议，上报县委、县政府，提供决策参考。

3日 林有成被中共韶关市委韶关市人民政府授予“2008—2009年度韶关市精神文明建设先进工作者”称号。

是日上午 翁源县第十三届人民代表大会第四次会议在县政府小礼堂隆重召开，大会由县人大常委会副主任廖修成主持。与会人员有县人大代表有188人，出席县政协七届四次会议的全体委员列席了会议。大会主席团成员和市委组织部副部长姚远通以及刘卫标在主席台就座。代县长颜亮代表县人民政府向大会作政府工作报告。大会进行选举，朱余旺当选为翁源县第十三届人大常

务委员会主任，颜亮当选为翁源县人民政府县长。会议通过了辞职事项。会议采用举手表决的方式一致通过了各项决议。会上，市人大常委会副主任赖龙福为新当选的县人大常务委员会主任朱余旺颁发当选证书。县委书记、县人大常委会主任朱余旺为新当选的县人民政府县长颜亮颁发当选证书。

是日 韶关军分区副司令员杨克到翁源县检查基层民兵营（连）“四个基本建设”情况。

5日下午 县政府在翁源中学举行香港吴汉良先生扶助贫困学生捐赠金发放仪式。广东省政协联谊会副秘书长曾肇林、伍慧贞夫妇，广州市雅际电子有限公司总经理赵汉鑫先生、云港青年交流促进会副会长赵国新先生、韶关市卫生局局长邓小杰，副县长朱增志以及县教育局领导参加了发放仪式。

7日 翁源县鸿运劳务分包有限公司在县建筑公司挂牌成立。县建设局领导、各建筑企业和监理公司及房地产开发企业的负责人参加了挂牌仪式。

9日 韶关市教育局副局长肖狄荣、教育科科长张小红一行8人，在县教育局局长丘景科、副局长张怀勇等的陪同下，深入到坝仔、江尾、周陂等镇检查中小学校新学期开学工作。

是日下午 江门市冷冻行业协会一行30多人到官渡镇下陂村开展慰问活动，对下陂村的老党员、贫困户及学校进行了慰问，为他们送去香肠、水果等慰问品。

12日上午 江门市市委书记陈继兴率该市慰问团莅临翁源县，对“规划到户、责任到人”工作展开调研。韶关市委常委、副市长张志才，县领导颜亮、温毅麟、陈志锋、雷展发以及有关部门负责人陪同调研。

17日下午 旅居加拿大华人刘珠女士夫妇到翁山诗书画院参观考察，与刘国玉大师进行了艺术交流。

20日 广东发展银行副行长金海腾带领该行部分青年志愿者一行60多人，到官渡镇新南村井家小学开展“点燃希望、照亮人生”助学帮扶活动。捐赠电脑、扩音设备、文体用品、学习用品一批，价值3万多元。

21日 县地税局被韶关市委、市政府评为2008－2009年度文明单位。

22日 翁源县建筑业协会正式成立，并召开了第一次会员大会，审议通过了《翁源县建筑业协会章程》（草案），选举产生了第一届理事22人、会长1人、副会长7人、秘书长1人。

23日 省公路管理局仓库管理和后期完善工作会议在翁源县召开。会议要求紧紧围绕交通战备的核心任务，不断提高应急应战水平和综合保障能力，完善设施，健全制度，加快推进战备仓库规范化管理，为实现全局战备仓库管理工作再上新台阶而努力。

是日上午 韶关市县道路面改造工程质量管理工作会议在翁源县龙翔大酒店召开。各县市（区）交通局分管领导，地方公路站正、副站长以及市交通运输局、市公路管理总站等相关单位的负责人参加了会议。副县长潘允标参加了会议并作讲话。

25日上午 韶关出入境检验检疫局副局长陈伟隆将《出境水果果园注册登记证书》颁发给翁源县（香港）金利达发展有限公司三华李观光园，这标志着翁源县三华李品质达到出口水果标准，成功走出国门。

29日 东华山旅游景区、仙鹤花果生态休闲旅游区、书堂石文化生态旅游区总体规划通过省专家的评审。副县长朱增志、包玉兰、张坚以及有关职能部门负责人参加了当天的评审会。会议由县政府办系统党委书记涂定源主持。

30日 广东省教育督导室主任陈健、副主任任洁、郭文在市、县教育局相关领导的陪同下，到周陂镇、铁龙林场检查指导教育创强工作。

是日上午 中共翁源县第十一届纪委第四次全会在县政府小礼堂召开。与会人员有县纪委委员、县四套班子党员领导、各镇（场）党委书记、纪委书记、县直机关各党（工）委书记、纪委书记、县直副科以上单位一把手、特邀监察员、特约效能监察员、县纪委、监察局各室主任共180多人参加会议。会议由县委常委、纪委书记叶文主持。会议上，县委常委、纪委书记叶文作《扎实推进党风廉政建设、努力保障经济社会发展》的工作报告，总结2009年的纪检监察工作，部署2010年的反腐倡廉工作任务。县委书记、县人大常委会主任朱余旺针对县内当前面临的形势，就如何充分发挥纪委的作用，实现翁源跨越式发展作了重要讲话。会上，县委书记、县人大常委会主任朱余旺代表县委、县政府与龙仙镇、交通局等单位签订了《翁源县党风廉政建设责任书》。

是日至31日 由省农办副主任、省农业厅副厅长陈祖煌带队的省农办农村社会建设调研组在市农办、市农业局领导、县领导朱余旺、雷展发以及有关单位负责人陪同下，到江尾镇江尾村、蓝坑村和周陂镇坤山、洪兰村开展工作调研。

31 日上午 省林业厅副厅长孟帆一行在市林业局局长罗育平，翁源县委书记、县人大常委会主任朱余旺及县林业部门领导的陪同下，深入到青云山省级自然保护区调研，了解保护区基础设施建设情况。

3 月 30 日至 4 月 2 日 江门市新会区区委副书记伍培进，区委常委、组织部长梁树祥带领该区组织部、财政局、农业局等单位负责人一行 9 人，深入到翁源县 7 个镇 22 个帮扶村，就扶贫开发“规划到户、责任到人”工作开展调研，县“双到”办、县扶贫办有关人员陪同参加了调研。

是月 全面启动江尾、官渡、新江三个镇的教育创强基建项目工作。

4 月

1 日下午 省残疾人联合会理事长宋卓平一行在市残联理事长冯伟星的陪同下到翁源县开展调研。

是日 广东省农科院花卉研究所兰花研究中心吕复兵研究员，孙映波副研究员到江尾镇开展兰花栽培技术指导工作。

6 日下午 市委常委、市纪委书记段宇飞来到翁源县，组织该县四套班子成员辅导学习党员领导干部《廉政准则》。

是日下午 江门市委常委、常务副市长聂党权率领江门市有关部门负责人在县领导颜亮、黄令遥、张福来以及县扶贫办等有关部门负责人的陪同下，到官渡镇新北村检查扶贫开发“规划到户、责任到人”工作。

7 日 韶关市委常委、宣传部长李萍在县领导和有关人员的陪同下，深入到江尾仙鹤兰花基地就兰花文化产业发展情况进行调研。

12 日下午 由省人大环资委主任委员劳应勋带队的东西北地区污水处理设施专题调研组到县域污水处理厂进行调研。县委常委、常务副县长曾清兰，县人大常委会副主任刘国富以及有关部门负责人陪同调研。

是日 市政协副主席、市委统战部长何伟青在翁源县委副书记温毅麟，县政协副主席、统战部长余小英等的陪同下到要东华禅寺检查指导工作。

13 日下午 市公路局局长沈学柏在县长颜亮以及县政府办、县公路局等有关部门领导的陪同下，检查省道 245 线六里到坝仔路面大修工程进展情况。

14 日下午 省海洋与渔业局驻县龙仙镇新坪村工作队为该村贫困户举办了一期养猪养鸡技能培训班，邀请了有关技术人员为贫困户讲授养猪养鸡技术，有 60 多户贫困户参加了培训。

15 日 中国电器科学研究院副院长张国明、总工程师许亿祺等一行 5 人到该院定点帮扶对象江尾镇江尾村进行调研。江尾镇政府分管领导、镇扶贫办主任陪同参与调研。

是日 韶关市委、市政府“双到”联合督办组在翁源县委常委、组织部长黄令遥、副县长雷展发以及县扶贫办有关领导等陪同下到地税局挂钩扶贫点龙仙镇石寨村就“规划到户、责任到人”工作进行检查和指导。

20 日上午 韶关市市委常委、市政法委书记、市公安局长赖日先在武警韶关市支队支队长郑烨，中共翁源县委副书记、县长颜亮，县委常委、政法委书记、公安局长黄向阳的陪同下，到县公安局、县看守所检查指导工作。

21 日 由和平县委书记、县人大常委会主任詹宇扬率领的和平县党政考察团到翁源县参观考察山地开发工作。

22 日 省农科院、国家蚕桑产业体系韶关综合试验站在翁源县召开“国家蚕桑产业技术体系蚕桑资源高效综合利用示范基地、国家科技支撑计划——热带亚热带外向型农业区新农村建设关键技术集成与示范”会议。省农科院副院长廖森泰、肖更生和 14 位专家教授，副县长张坚，粤北、粤西片蚕桑业人士共 50 多人参加了会议。与会人员参观了龙仙镇石寨、八字陂和江尾镇仙鹤的蚕桑资源高效综合利用示范基地、专业镇建设及新农村建设关键技术集成与示范基地。

是日 市检察院阙定胜检察长莅临翁源县检察院检查指导工作。

是日下午 江门市政协主席赵基耀、副主席王曙星在韶关市市政协办公室、韶关市市委统战部、市委台办等单位负责人的陪同下到官渡镇下陂村，为 24 位贫困户发放首批扶持资金 8 万元。副县长张福来、县政协副主席刘剑辉以及官渡镇有关领导参加了扶持资金发放仪式。

23日上午 省信息中心在翁源县举办省山区信息化中青年信息能力培训项目示范培训班，省信息中心培训处全体工作人员、韶关市信息中心主任、韶关市科技局信息产业科科长、韶关市各县（市）、区信息中心主任、韶关市各县（市）区县级培训讲师以及县内的部分中青年代表参加了培训班。此次培训由省级优秀培训讲师的县信息中心张国怀主讲，授课内容是《信息化与农村政务管理》，主要讲授信息化对农村政务管理的促进作用以及表现，信息化在农村村务管理、农村财务管理、村务公文处理、村务信息互通、村务信息公开等方面的应用。

25日 市党政领导干部基础教育工作责任考核组一行12人到翁源县，对2009、2010年党政领导干部基础教育工作责任进行考核和民意测评。

26日上午 市委常委、副市长张志才带市三防、农业、水务、财政等部门负责人在县领导雷展发及有关部门负责人的陪同下到官渡新南村、江尾镇长江村就当前的受旱情况进行实地调研。

27日上午 市民政局局长龙勇文一行在县政府副县长朱增志、县民政局局长徐琰雄陪同下，到江尾镇敬老院进行调研。

是月 江门市政协主席赵基耀带领该市政协、统战部、市委台办、外事侨务局、供销社及部分企业家到县官渡镇下陂村检查江门市对口扶贫“双到”工作。县政协主席谢寿通、副县长雷展发、政协副主席张朝养及相关部门负责人陪同检查。

是月 广州仲恺农学院艺术系60多名师生来翁源实习写生，体验生活。著名诗书画家刘国玉陪同他们到各个景点写生。

是月 香港凤凰狮子会会长叶莊少芳女士一行9人，在港区韶关市政协委员、县政协常委廖秀雯女士的协调联系下，先后到县内坝仔展旗小学、坝仔敬老院、江尾敬老院和江尾卫生院进行慰问。此次慰问活动，共捐赠款物价值8000多元。县政协副主席余小英出席了捐赠仪式。

是月 江门市市长王南健、常务副市长聂党权、新会区区委副书记伍培进一行在韶关市常务副市长陈向新、翁源县县长颜亮、副县长雷展发等人的陪同下，到翁城镇泉坑村对推进扶贫开发“规划到户、责任到人”工作实施情况进行检查。

5月

2日上午 韶关市副市长邹永松在县人大副主任刘国富以及县旅游局领导的陪同下，到东华山旅游风景区检查指导该县的旅游工作。

6日上午 翁源县第一批农副产品平价商店举行揭牌仪式。明乐超市翁源分店、翁源县慧园粮油店成为该县首批挂牌农副产品平价商店。这是翁源县针对当前价格上涨形势和流通环节过多问题，运用经济手段调控市场、稳定物价的重要举措。副县长朱增志参加了揭牌仪式，并为平价商店揭牌。

7日 胜利油建公司派出西气东输二线东段第三十一标段管道工程施工队人员和4台挖土机前往江尾、官渡等镇帮助灾区清理被洪水冲毁的河渠、道路、倒塌房屋等。

是日下午 市委书记、市人大常委会主任徐建华，市委副书记、市长郑振涛，市委常委、副市长张志才，市委常委、秘书长李石保等市领导在县委书记朱余旺等的陪同下，深入到翁城镇富陂村、铁龙镇龙化村察看灾情，慰问在一线抗洪救灾的干部群众，指导抗洪救灾和复产重建工作。

是日下午 省交通厅厅长何忠友率检查组在副市长邹永松以及市交通、公路部门领导、县长颜亮、副县长潘允标和县有关部门负责人陪同下，到江下桥检查指导水毁公路抢修工作。

8日 中共中央政治委员、省委书记汪洋和省委常委、秘书长徐少华在韶关市委书记徐建华、市长郑振涛，县委书记朱余旺、县长颜亮等陪同下，到灾情最为严重的翁城富陂村视察灾情，指导救灾工作。

是日下午 省国土厅副巡视员张超群在副市长尚伟和县委书记、县人大常委会主任朱余旺以及市、县国土部门领导的陪同下，到翁城镇富陂第六村小组，详细察看灾情，指导救灾工作。

是日 韶关市副市长兰茵、韶关市教育局局长林添海在副县长朱增志、县教育局局长丘景科等领导的陪同下，到铁龙学校、新江中学、官渡中学、官渡镇镇子小学视察学校受灾情况。

是日下午 市委副书记林耀明，市委常委、市公安局局长赖日先，市委常委、韶关军分区政委李建华及市有关单位领导到县内受灾较严重的翁城镇富陂村、新江镇民光村灾民安置点、铁龙林场龙化工区，检查指导灾民安置、重建家园、生产复耕等工作。

9日 中央政治局委员、省委书记汪洋率领省委办公厅和省水利、民政、国土等相关部门领导，在市委书记、市人大常委会主任徐建华，市委副书记、市长郑振涛，县委书记、县人大常委会主任朱余旺，县委副书记、县长颜亮等的陪同下，到县内各地察看灾情，指导救灾工作。

是日晚上 中央电视台新闻中心记者冒雨来到翁城镇灾民安置点进行了实地采访，县委书记、县人大常委会主任朱余旺也同时接受记者的采访。

10日下午 由省水利厅水库移民管理局局长曾建生率领的省政府防汛和救灾复产工作督导组来到翁源，在县长颜亮、副县长雷展发以及政府办、水利局等有关单位负责人陪同下，检查指导翁源县救灾复产工作。

是日下午 韶关市旅游局副局长江仁瑞在副县长包玉兰、张坚以及县旅游局领导的陪同下看望慰问县内受灾旅游企业，指导救灾工作。

11日上午 市委宣传部副长李晓林在县委常委、县委宣传部长李翠红的陪同下，深入到县内翁城镇富陂村第6村小组察看灾情和救灾复产情况。

12日上午 中国扶贫基金会副会长、原广州市政协主席陈开枝一行10多人到翁源县考察投资项目。市委常委、副市长陈秋彦，县委副书记、县长颜亮，县委常委肖慎达，副县长陆伟杰陪同考察。

是日上午 市气象局局长林杰荣带领气象台和业务科相关技术人员到县内调研“5·6”特大洪灾灾情和气象服务情况。

是日下午 市委常委、副市长陈秋彦深入县华彩化工涂料城调研入园项目的建设进展情况。县长颜亮、官渡开发区、县府办、县投资企业服务中心等部门负责人陪同调研。

是日下午 东莞市虎门镇镇口社区干部万健恩、万桂清、万泽泉3位同志，受社区书记万树芬、主任袁创权的委托，到县内结对帮扶村官渡镇河边村开展灾后慰问。

是日 市工商局副局长容江到县工商局检查灾后市场监管工作。

13日上午 韶关钢铁集团有限公司工会副主席刘新强，带着全公司17000多名员工和公司领导的深情厚谊，把10万元捐款送到翁源县。

是日上午 省农科院花卉研究所、仲恺农业工程学院专家一行4人到江尾镇兰花基地为花农举办花卉苗木防涝和抗虫害技术培训。

是日上午 省林业公路总站站长黄石铁在市林业局副局长赵东灿、市林业公路站站长李锡寅的陪同下，到九曲水林场林区公路地段指导“5·6”特大洪灾损毁的林业公路救灾抢险工作。

是日下午 省道S244线县境内塌方路段泥土全部清理完毕，交通恢复畅通。

14日下午 乐昌市市委常委华健生代表乐昌市委、市政府向翁源县人民捐赠10万元救灾款和救灾物资。

是日中午 省水利厅副厅长邱德华一行3人在县委书记、县人大常委会主任朱余旺及市、县水利部门等领导的陪同下，到联群水陂、新坪河堤等地检查水毁工程。

16日 市人大常委会副主任林平杰带领市人大常委会气象服务体系建设调研组一行12人在副县长彭方松、雷展发及相关部门负责人的陪同下，前往翁城镇富陂村、县新气象探测基地等地了解农村气象服务体系建设和基地建设情况。

是日 全国第二十次“助残日”在县城举行了为残疾人赠送轮椅活动，此次活动共赠送轮椅25部，价值14000多元。

17日 市林业局副局长唐乾坤代表市局党组在市局计财科李育新、市林场处副主任游贵山等领导的陪同下到九曲水林场受灾职工家里开展慰问活动。

是日上午 南雄市市长许志新带领部分领导班子成员和有关部门负责人到翁源县，为灾区人民捐款15万元人民币，大米10吨。

是日 团市委、市青联、市青商一行在县委常委、组织部部长黄令遥的陪同下，到翁城镇捐献救灾物资，并到该镇富陂村看望慰问受灾群众。

18日 县委、县政府在官渡开发区翁城工业园举行华彩化工涂料城中山优贝汽车用品有限公司汽车用品项目签约仪式。县长颜亮与项目代表商进行了签约。

是日 市财政局局长林嘉在县委副书记、县长颜亮，县委常委、常务副县长曾清兰以及政府办、财政等部门负责人的陪同下，到县内翁城富陂6村、新江受灾群众安置点，了解灾情，指导救灾复产，重建家园工作。

是日 市委常委、副市长张志才率领市农林水、财政、民政、国土、粮食等有关部门负责人，前往县铁龙林场，察看“5·6”洪灾现场，部署做好救灾复产、重建家园工作。

是日下午 县长颜亮在翁城镇主持召开华彩化工涂料城建设现场协调推进会。县政府办、官渡开发区、水、电部门负责人参加了会议。

19日至20日 香港轩辕教育基金会主席罗文春率领考察团一行4人到翁源县考察受灾学校。副县长朱增志会见了罗文春主席一行。朱增志副县长代表县政府向考察团简要介绍了翁源县近年来教育发展的基本情况及近期“5·6”特大洪灾学校受灾情况。考察团成员为孩子强烈的求知欲望及顽强精神所震撼，表示回港后将认真研究，希望能为学校做一些有意义的事情，以进一步促进翁源农村教育事业的发展。

20日 由韶关市公安局党委副书记、副局长赵峰、市政治委科长李江南、市教育局科长张小红等5人组成的市社会治安综合治理委员会校园安全督导组，在县委常委、政法委书记黄向阳及副县长包玉兰等领导的陪同下到翁源县就加强校园安全工作开展督导检查。督导组先后到县域附城中学、龙仙镇第一小学、翁源中学、龙英幼儿园等学校开展安全督导检查，对翁源县校园安全工作给予肯定。

21日 市政协副主席梁海峰一行在县政协主席谢寿通和县委常委李翠红的陪同下，深入重灾区铁龙察看“5·6”灾情，在黄麻坳2000多平方米地块，引入香港南海同乡会捐资10万元，支持受灾瑶胞重建新居。梁海峰指示，当务之急就是要解决灾民住的问题，尽快落实规划，加快动工建设，让受灾瑶胞早迁新居。

26日 国家开发银行总行党建巡视组在省开发银行领导的陪同下到翁源县就开发性金融合作平台运营情况开展调研。巡视组一行在县长颜亮以及政府办、财政局、发改局等部门负责人的陪同下了首先察看了国家开发银行贷款支持的县城西区建设项目，详细了解县城西区建设情况。随后召开座谈会，国家开发银行巡视组一行详细听取翁源县与国家开发银行开发性金融合作情况。通过调研，巡视组对翁源县近年来合理利用开发银行的信贷资金，构建良性融资平台，促进当地经济的发展给予了高度评价，并就今后如何进一步加强合作关系，拓展合作空间和领域，提出了意见，希望通过双方的共同努力，促进地方经济和社会发展，实现双赢的目的。国家开发银行巡视组一行还参观了仙鹤花卉兰花种植基地、鹤仔岗粤台农业合作实验区建设项目。

是日 江尾镇人民政府承担的“广东省专业镇技术创新试点”项目通过省市专家组验收。

是日上午 省防总副总指挥、省军区副参谋长黄德高到翁源县了解“5·6”特大洪灾受灾情况、灾后自救工作和检查翁源县的人武工作。韶关军分区参谋长李汉超、县领导谢寿通、李国荣陪同了检查。

26日至27日 省林业局在县城主持召开《拟设立广东青云山森林公园可行性研究报告》论证会。参加论证会的专家组由来自省内高等院校，规划设计部门的专家组成，省、市、县有关部门的领导参加了论证会。

27日 市政协主席邓苏夏在县委书记朱余旺、县长颜亮、县政协主席谢寿通陪同下，先后深入铁龙、新江、翁城等重灾区，察看“5·6”灾情和复产、重建工作情况。在铁龙瑶胞新居规划点，邓苏夏指示，要把新居的布局、卫生、管理等统筹考虑，并建设成为具有瑶族特色的新村。在下午的座谈会上，县委书记朱余旺汇报了洪灾情况及下一步工作打算。邓苏夏充分肯定了翁源县抗洪抢险和灾后重建工作，进一步作了重要指示。

是日下午 广东（翁源）华彩化工涂料城开发商广东鸿昌盛投资发展有限公司董事长陈军为县灾区捐款10万元。县长颜亮代表县灾区人民对华彩化工涂料城的善举表示万分感谢。

28日下午 江门市新会区建设局、规划局、城管局、环保局、房管局5个单位共同为新江镇民光村募捐2.5万元抗洪救灾资金。所捐资金用于对损毁的桥梁、道路、水圳、陂头进行抢修，和全村28户100多名全倒户灾民基本生活所需。

是月 铁龙林场于顺利通过省教育强镇评估验收。

是月 市林业局党组书记、局长罗育平率局党组成员、纪检组长李军、市森林公安分局梁政委等领导来到九曲水林场指导救灾复产工作。

是月 市政协主席邓苏夏在市政协秘书长何炳光、及县领导陪同下，前往深入到翁山诗书画院视察，在视察时，邓苏夏主席强调继续打响翁山文化品牌，为推动全市经济社会跨越发展服务。

是月 市经信局局长刘德泉率领该局有关科室负责人组成调研组在县经贸局长、中小企业局长负责人的陪同下，到县内受灾企业进行调研，并与翁源县党政主要领导就企业灾后复产等问题交换了意见，表示将大力支持该县企业救灾工作。

6月

1日 省海洋与渔业局关工委、团委、工会到龙仙镇新坪小学开展迎“六一”手牵手关爱活动，与孩子们一起共度节日，以表达对孩子们的关心和爱护。活动中，省海洋与渔业局向学校赠送了60套崭新的课桌椅、打印机和学习用品一批。

是日上午 韶关市妇联主席邢丽一行到县域受灾较严重的官渡镇镇仔小学慰问该校的22位贫困学生，并赠送节日礼物。

是日下午 江门市新会区政府和区政府办、农村信用联社等单位共为县内灾区捐款50万元，支持翁源县开展灾后重建工作。

2日上午 新会区区长吴振鹏、副书记伍培进等在副县长雷展发的陪同下，到翁城镇泉坑村检查扶贫工作进度情况。翁城镇党委政府、驻泉坑村帮扶工作组以及泉坑村村委会对领导到来表示热烈欢迎。

是日 韶关市人大常委会副主任林平杰、罗祥益带领市人大代表一行19人，在县人大常委会副主任廖修成、县委副书记温毅麟、县委常委、县组织部部长黄令遥、县人大常委会副主任彭方松陪同下，先后到官渡镇坑尾村和龙仙镇石寨村，视察扶贫开发“规划到户，责任到人”工作情况。

是日 江门新会中集集团在坝仔镇举办了现场招聘会。

是日上午 江门市新会区区长吴振鹏带领部分班子成员和有关单位负责人在副县长雷展发、张福来的陪同下，深入到江尾、翁城等镇调研扶贫开发“双到”工作。

4日上午 广东省大宝山矿业有限公司党委书记吴日增一行到翁源县，为受灾群众捐款20万元。县委常委、常务副县长曾清兰代表县委、县政府接受了捐赠，并向该公司回赠了写有“情系灾区、奉献爱心”的锦旗，感谢他们的爱心。

5日 广东省农科院果树研究所、广东省水果行业协会的水果专家一行3人到县内调研灾后三华李的上市情况，指导果农做好水果销售。

8日 市个私协会副会长吴定发一行在县工商局、县个私协会等有关领导陪同下慰问遭受洪灾、损失较为严重的个私业主会员，鼓励他们勇敢面对洪灾，尽快走出困境，恢复经营。

是日上午 中国电信韶关分公司爱无界志愿者部落到翁源县“5·6”特大洪灾受灾区官渡镇镇仔小学，为该校学生捐赠了一批书包、学生书桌椅和学习用品。

10日上午 翁源县新源农业经济合作社等3家农业合作社与法国家乐福广州农产品超市对接采购签署仪式于在县内举行签约。广东省农业厅领导李二华、韶关市农业局副局长刘助能、县长颜亮、副县长雷展发、法国家乐福超市公司广州总经理周黎先生、食品采购总监黄正中先生等参加了签署仪式并分别作了讲话，县内15个专业合作社的负责人带来近30个品种的农产品在签约现场向来宾展示。

11日 省总工会副主席王丽华在韶关市总工会副主席张莉、县人大副主任、县总工会主席张树玉的陪同下，到县检查指导工作。

是日上午 县第三期廉租房正式动工兴建，动工仪式由县建设局副局长刘春林主持。第三期廉租房位于光明路，建筑面积为2497平方米，建造一栋框架八层楼房，总投资200多万元，建好后可解决35户低收入群体的住房困难。此工程系由县第三建筑工程公司中标，计划今年12月30日前完工。

20日 深圳自助游爱心会的20多名爱心人士在翁城镇中心小学礼堂为该校的30位贫困学生赠送书包、文具、体育用品等学习用品。

22日上午 由江门市人大常委会副主任伍国占、秘书长宁波率领的市人大常委会调研组一行10多人，在县人大常委会副主任刘国富、副县长张福来以及有关部门负责人的陪同下，到翁城镇泉坑村检查、调研扶贫开发和“规划到户、责任到人”工作情况。

23日上午 省民政厅救灾救济处处长韩明一行到县核查“5·6”洪灾受灾情况和灾后重建工作推进情况。

24日下午 由兴宁市委副书记罗颖安、副市长何建元率领的兴宁市桑蚕专业考察团在副县长张坚和县委办、政府办、农业局以及信达茧丝绸股份有限公司等有关部门负责人的陪同下，分别深入到八字陂蚕桑基地、信达茧丝绸股份有限公司生产车间、龙仙小蚕共育示范基地进行现场参观考察。在座谈会上，兴宁市桑蚕专业考察团成员与翁源县有关部门领导就桑蚕产业发展问题进行了学习交流。

29日下午 省粮食局副局长李敏等领导一行在县委书记、县人大常委会主任朱余旺，县长颜亮以及市、县粮食局领导的陪同下，深入到翁源县粮食局军粮代供点、省级储备粮仓库等地察看，并详细了解目前的粮食储备库的情况和以后的建设规划。

28日下午 以国土资源部党组成员、总规划师胡存智为组长的国土资源部汛期地质灾害防治工作检查组莅临县内铁龙龙化村检查汛期地质灾害防治工作情况。副市长尚伟、县人大常委会主任、县委书记朱余旺、县长颜亮、县委常委肖慎达以及市、县有关部门负责人陪同检查。

29日上午 省道S341线翁源县境内官龙公路冲下段126KM+400M处发生严重山体滑坡，交通中断。

是月 《翁源县糖蔗产业生产基地示范项目》、《广东信达茧丝绸产业文化与产业体系建设项目》入选为广东省现代产业500强项目（现代农业100强项目）。

7月

5日下午 市委常委、组织部长肖怀跃到翁源县调研组织工作。县领导朱余旺、黄令遥和县委组织部等有关部门领导参加了调研座谈会。市委常委、组织部长肖怀跃充分肯定了翁源县上半年组织工作落实情况，认为目标明确，思路清晰，亮点多，特别是经受住了“5·6”特大洪灾的考验，这说明基层党建工作抓得扎实、有成效。就如何加强领导班子建设、干部队伍人事制度改革、基层组织建设、组织部门自身建设等问题提出要求。调研中，市委常委、组织部长肖怀跃在县领导朱余旺、黄令遥等领导的陪同下，参观了翁山诗书画院，对翁源县的书画爱好者创作的作品表示赞赏。

是日 京珠高速翁城互通至国道106连接线改建工程动工仪式在翁城举行。在家的县四套班子领导及各相关单位、部门领导参加了仪式。副县长潘允标主持仪式。

7日上午 韶关市国家税务局青年志愿者服务队到新江镇开展扶贫济困活动，向新江镇双塘村54户贫困户赠送扶贫救济礼品。

是日上午 由省农业科学院土壤肥料研究所和县农业技术推广中心组织的水稻高产施肥新技术观摩现场会在龙仙镇中坝村召开。会议首先组织大家参观了省农科院在中坝村进行的面积50亩的水稻测土配方施肥技术示范现场、50亩新农科控释肥技术示范现场、10亩控释BB肥技术示范现场、50亩水稻化肥减量施肥示范现场。并听取了土肥专家唐拴虎博士的现场讲解。从现场看，利用高产施肥技术进行施肥的水稻与常规施肥的水稻对比长势十分喜人。

8日上午 市政府副秘书长、市行政服务中心主任吴生祥带领全市各县（市、区）行政服务中心领导到县行政服务中心开展调研和交流活动。县行政服务中心主任张尾福、副主任吴小春陪同了检查。会上，各县（市、区）行政服务中心领导纷纷畅所欲言，介绍了本地行政服务中心的经验、做法，并就如何充分发挥行政服务中心作用提出了许多意见和建议。

20日 由省农科院水稻研究所主办的水稻新品种现场观摩会在内县召开，主要是展示水稻新品种在翁源县的应用成果，进一步交流推广科研龙头——水稻新品种，使广大农民增产增收。省农科院水稻研究所、省种子协会、省金稻种业有限公司的专家和韶关、清远两市各县农业部门有关领导以及翁源县副县长雷展发、县农业局、农技推广中心负责人等近100人参加了会议。与会人员参观了江尾镇连溪村早造水稻新品种示范现场，进行了种植技术等方面的交流。县农业技术推广中心主任徐永炉向与会者介绍了在县域试种的水稻新品种五优308、天优615、五丰优189的试种情况。

21日 广东省广业资产经营有限公司董事长吕业升一行，在县领导朱余旺、颜亮、谢寿通、张朝养以及有关部门负责人的陪同下，先后来到京珠高速公路翁城出口处翁城产业园区、广业蓄电池有限公司和华彩化工涂料城实地考察。通过考察，吕业升一行认为翁源县的投资环境优越，山清水秀，景色宜人，区位独特，特别是该县域政务环境、风土人情，以诚招商，“重商、亲商、爱商、护商”的招商方式非常满意，认为翁源县是投资置业的好地方，因此，有意向在翁源县投资建设广业科技成果转移园。

是日上午 韶关市副市长陈秋彦到翁源华彩化工涂料城调研，了解园区的发展总体规划、管理模式以及目前的基础设施和招商情况。陈副市长通过调研，对翁源华彩化工涂料城的发展定位等给予充分肯定，认为该园区起点高，区位条件好。希望翁源县能把握好土地资源，节约用地，集约用地，有效利用好土地；加快园区开发进程，搞好园区建设；错位发展，做到人无我有，提升园区品位。

24日 广东省职业技能大赛韶关市动画设计师选拔赛在省岭南工商第一高级技工学校举行。来自韶关市各学校、企业共23名选手参加了比赛。

26日 县革命老战士联谊会第五届全体会议在富源大酒店举行，县长颜亮、县委副书记温毅麟和县委组织部、老干局领导以及100多名革命老战士参加了会议。会议的主要内容是总结第四届老联会工作开展情况；选举翁源县第五届革命老战士联谊会理事、常委理事、会长、副会长。

27日上午 韶关市总工会常务副主席张莉、县委常委、组织部长黄令遥分别将获得中华全国总工会授予“全国模范职工之家”光荣称号的奖牌匾和证书颁发给广东信达茧丝绸股份有限公司领导，并表示热烈祝贺，希望该公司珍惜荣誉，充分发挥员工的主人翁精神和创造力，维护好员工的合法权益，团结带领全体员工做强做大企业，争取更大的荣誉。授牌仪式由县人大常委会副主任、县总工会主席张树玉主持，市、县总工会领导和广东信达茧丝绸股份有限公司的干部职工参加了授牌仪式。

28日 广东华彩（翁源）化工涂料城迎来第一家大型企业广州市五羊油漆股份有限公司入园奠基。出席奠基仪式的有韶关市委常委、常务副市长陈向新，国家、省涂料协会领导，省、市安监局有关领导，县四套班子领导以及有关部门负责人，国家、省、市媒体记者以及园区开发商、广州市五羊油漆股份有限公司负责人等约300多人参加。奠基仪式由县长颜亮主持。

8月

4日 根据广东省政协《关于对〈中共中央关于加强人民政协工作的意见〉贯彻落实情况开展总结检查的通知》精神，受市委委托，韶关市政协检查组在市政协副主席赵志发的带领下，检查了翁源县贯彻落实《中共中央关于加强人民政协工作的意见》精神情况。

12日上午 团市委书记彭裕殿带领有关人员一行6人在团县委负责人的陪同下，来到县内翁城镇富陂村第六村小组，察看全倒户新村建设情况，并送来援建资金20万元。

16日上午 广州中医药大学第二临床医学院的学生在翁源县烈士陵园门口开展“三下乡”义诊活动。

是月中旬 全县铺开城乡居民健康档案建档工作

22日 翁源县坝仔镇一女性村民遭雷击死亡。次日县域江尾镇又有1男2女3名村民遭雷击死亡。县气象局汇同省市防雷中心对这二次雷灾事故进行了调查分析，各级电视台对这二次雷灾事故进行了报道。

23日 翁源县2007至2009年国家农业综合开发项目通过省级农综办检查组的检查验收。

25日上午 香港粤北农业考察团一行15人在市有关部门人员的陪同下莅临翁源县进行考察。考察团深入到粤北农副产品批发市场、新源农业经济合作社“迷你小冬瓜”种植基地、龙仙青云村扁豆种植基地，对翁源县的气候环境、蔬菜生产和销售等方面进行实地考察。

27日上午 韶关市重建家园工作现场会在翁城镇镇政府召开。市领导张志才、市政府办、民政、财政等有关部门领导，曲江、南雄等5个县（市、区）分管领导和民政部门负责人以及县委书记、县人大常委会主任朱余旺、副县长朱增志等参加了会议。市政府副秘书长李克厚主持了会议。县委书记、县人大常委会主任朱余旺代表县委、县政府致欢迎辞。同时对市委、市政府和相关部门领导以及各兄弟县市区在抗洪救灾工作中给予的指导、帮助表示感谢，并表示翁源县将一如既往按市委、市政府的要求把重建家园工作做好。副县长朱增志和翁城镇领导分别汇报全县和翁城镇的重建家园工作主要做法、进展情况。市民政局局长龙勇文对全市前段时间重建家园工作的情况进行了总结，部署了下一段的工作任务。与会人员参观了新江镇民光陈陂新村和翁城镇富陂新村的重建家园施工现场，听取了两地的经验介绍。受“5·6”特大洪灾影响，全倒户达655户，市委常委、副市长张志才在会上对翁源县重建家园工作给予了高度评价，并就下段重建家园工作提出要求。

31日 国道106线翁源狮子山至官渡大桥北段路面大修工程于正式动工，市公路局、县府办、开发区、公路局、交通局、交警大队等部门领导参加了动工仪式。

是日 市委常委、市政法委书记、市公安局长赖日先在市公安局指挥中心领导陪同下来到翁源县，就翁源县正在开展的“创平安、迎亚运”专项打击行动和社会管理创新工作进行检查指导，县委副书记温毅麟，县委常委、政法委书记、公安局长黄向阳，以及县公安局党委领导班子成员参加了座谈会。

是月 翁源县新蓓蕾幼儿园喜获全国百佳幼儿园称号。

9月

7日下午 江门市新富源（国际）实业集团公司从今年起，每年出资5万元，资助翁源县50名贫困生，举行了首批助学金发放仪式。江门市政协副主席何羡松、江门市新富源（国际）实业集团公司董事长林建新和县政协副主席张朝养以及县农业局、扶贫办等有关部门负责人、受资助的贫困学生参加发放仪式。江门市政协副主席何羡松和县政协副主席张朝养分别在助学金发放仪式上作了讲话。县农业局局长何文辉代表县农业局和扶贫办给江门市新富源（国际）实业集团公司董事长林建新回赠了写有“扶贫助学，功德无量”的锦旗，感谢他的义举。

是日 江门市新会区大鳌镇在对口帮扶县内新江镇上坝村村民修建致富路，受到贫困村干部群众的好评。

8日 中新社、南方日报、羊城晚报、广州日报、南方都市报、广东电台6家媒体，先后来到官渡镇下陂村和江尾镇松塘村，了解江门市开展扶贫开发“规划到户、责任到人”工作和贫困村、贫困户脱贫致富的做法，挖掘在扶贫开发“规划到户、责任到人”工作中的典型。

是日 中国进出口银行广东省分行副行长谢培一行5人到扶贫挂钩点新江镇塘心村开展扶贫慰问活动，此次捐赠一批体育用品和2台电脑给塘心苗圃小学，并勉励孩子们好好学习、天天向上，不要辜负父母的期望、不辜负老师的培养，长大成材后，报效祖国。

9日上午 徐建华、郑振涛、邓苏夏等市四套班子领导和乐昌、南雄等县市（区）参加韶关市南片县（区）现场会的领导莅临县内，先后来到正在建设中的重点项目中源水泥厂和云门家具制造有限公司施工现场视察、了解项目推进情况。

10日下午 2010年度县党政领导班子民主生活会在县委四楼会议室召开。会议的主题是贯彻落实《党员领导干部廉洁从政若干准则》，切实加强领导干部作风建设。市委常委、常务副市长陈向新和市纪委、市委组织部有关领导参加了会议。

13日 中国致公党广州市委员会捐助官渡小学图书室仪式隆重举行。全国人大代表、广州市人大常委、广州市侨联副主席、致公党广州市委主委陈怡霓女士一行70多人在教育局有关领导的陪同下出席了仪式。此次中国致公党广州市委员会向官渡中心小学捐款25000元和价值10000多元的图书与字画。

15日上午 翁源县健儿张定珑获得在市体育馆举行的广东省第四届少数民族传统体育运动会第一枚金牌，也是韶关市代表团参加本届运动会的首金。

是日 韶关市妇幼保健院五官科李颖芳主任带领该院八名专家、教授驱车来到新江卫生院开展健康知识下乡宣传及义诊活动。此次活动共接待了1000多名群众。此举，得到该镇广大干群的好评。

9月16日至17日 韶关市营林工作会议在翁源县召开，与会人员参观了江尾南塘村“万村绿”示范点、九曲水珍贵树种造林点、龙仙民主荒山造林点。在会上，翁源县作了先进典型材料发言。

20日上午 江门市委副书记、代市长刘海，市委常委、常务副市长聂党权带领该市扶贫办等相关部门负责人到翁城镇泉坑村委检查对口帮扶工作。韶关市市长郑振涛，市委常委、副市长张志才和县领导颜亮、黄令遥、李翠红、雷展发陪同检查。

27日 市领导徐建华、李石保、王伟阳带领相关部门负责人，在县领导朱余旺、颜亮、谢寿通、黄令遥、曾清兰、陈志峰、张树玉、雷展发及相关部门负责人陪同下，到新江镇民光村陈陂新村、翁城镇富陂六村检查指导灾后重建和官渡镇坑尾村扶贫“双到”工作进展情况，徐建华在检查中强调要迎难而上，把灾后重建和扶贫“双到”工作与社会主义新农村建设紧密结合起来。

29日 县委书记、县人大常委会主任朱余旺，县委常委、县委办主任陈志峰带领县民政局、住建局、农业局等部门的有关负责人带着慰问金和慰问品，到龙仙镇新岭村和三华村看望慰问部分已入住新居的全倒户，为他们送去节日的祝福和乔迁新居的祝贺。

是日 县长颜亮，县委常委、常委副县长曾清兰及有关单位负责人来到江尾镇新生村慰问已迁入新居的3户“5·6”特大洪灾全倒户，并为他们送上节日的慰问品和慰问金。

10月

1日 省卫生厅副厅长、省中医药管理局局长彭炜放弃假日的休息时间，在韶关市副市长兰茵、市卫生局局长邓小杰以及县长颜亮、副县长包玉兰和县卫生部门负责人的陪同下，深入到翁源县中医院看望基层医务工作者，感谢他们以及全市的医务工作者在节假日期间仍坚守工作岗位，为群众身体健康提供医疗卫生服务。

是日上午 吴怀想师生书画展在翁山诗书画院正式开展。县人大常委会副主任刘昌勇、县政协副主席涂永先，翁山诗书画院院长刘国玉以及书画界知名人士和书画爱好者参加了画展开幕仪式。

7日下午 香港吴汉良先生助学金发放仪式在翁源中学举行，受吴汉良先生委托，广东省政协联谊会副秘书长曾肇林为受助学生颁发助学金。副县长朱增志以及县教育局领导参加了吴汉良先生助学金发放仪式。

8日 副市长兰茵带领市教育、市综治委、市文广新局、市公安局、市体育局等部门领导组成的调研组在副县长朱增志，教育局、县建设局等部门领导的陪同下，到官渡镇中心小学、六里中学进行实地考察，了解学校的校园、运动场、学生饭堂、学生宿舍等场所的建设和使用情况，并详细询问了学校教育教学设施设备和师生的情况。

是日上午 县委、县政府召开扶贫开发“规划到户、责任到人”专题工作会议，会议要求攻坚克难，狠抓落实，全力开创扶贫开发“双到”工作新局面。会议由县委副书记、县长颜亮主持。

15日下午 市委副书记林耀明在县委副书记、县长颜亮，县委常委、常务副县长曾清兰的陪同下，深入到新江镇陈陂新村和翁城镇富陂新村检查灾后重建家园工作。

18日 由省人大常委、民革中央委员、民革广东省委专职副主委赵政率领的调研组在韶关市政协副主席、民革韶关市委主委张秉钊等领导的陪同下，莅临县域就粤北危险废物处理处置中心建设情况开展调研，县人大常委会副主任张树玉、副县长潘允标、县政协副主席、县民盟主委刘少青及政府办、发改、国土、环保等部门有关领导陪同了调研。

是日下午 省国家农业综合开发检查验收组在翁源县召开抽验现场会。

26日下午 市公路局局长沈学柏一行在县公路局领导的陪同下，来到省道S244线江下桥重点水毁抢险工程施工现场检查工程进展情况。

27日 翁源中学体育教师曾朝全，经翁源县推荐和广州亚组委审核确认，成为第16届亚洲运动会火炬传递活动的火炬手，当天上午10时参加韶关站的广州亚运火炬接力（第028棒）传递活动。

是日下午 深圳市律师协会的部分女律师到龙仙中学开展捐资助学活动，此次活动共捐资54600元，资助贫困学生42名。团县委、县教育局和龙仙中学的领导参加了资助仪式，并分别在仪式上勉励受资助的学生要学会感恩，刻苦学习，用优异的成绩回报社会。

11月

2日上午 县农机局长何文健带陪同广东省、市农机部门专家领导小组一行来到县龙城机动车驾驶员培训学校开展拖拉机驾驶培训机构资格认定现场评审工作。参加此次拖拉机驾驶培训机构资格认定现场评审的人员主要有：广东省农业厅农机办副主任刘亚平；广东省农业厅农机办科长徐祥飞；华南农业大学工程学院副院长李长友；广东省农机鉴定站副站长熊元芳；广东省农机鉴定站办公室副主任梁生；韶关市农机办副主任李日明；韶关市农机推广站长黎志雄。经考核，县龙城机动车驾驶员培训学校教学场地、教学车辆设备、教学培训管理制度、教练员资质等12项考核指标均基本达标，顺利通过验收。结束翁源县6年来无农机学校的历史。

是日 韶关市教育局在翁源县举办中小学（幼儿园）班主任安全防范管理培训班，参加培训的人员有各中小学（园）政教处主任、班主任代表、园长共90多人。本次培训班委托广东建源企业安全生产技术事务有限公司的专家进行授课，培训内容涉及学校安全管理、校园消防、交通安全、卫生安全的预防和突发卫生事件的处置与对策、校园周边治安防范、防范自然灾害及校园集体活动中的安全、学生的心理安全及校园暴力防范、突发事件应对等。

3日 韶关市地税局党组书记朱政、局长王中高、副局长陈红光、纪检组长周卫平到翁源地税局调研指导工作。

8日 市人大常委会副主任林平杰带领市发改、农行、气象等部门到县挂钩联系点江尾镇鹤仔村、梅斜村调研“双到”工作。

是日 设立县食品药品监督管理局，为人民政府工作部门。

10日 《广东残疾人》杂志社董淼章主编及市残联领导一行3人来县域进行残疾人工作调研。

12日 位于光明路的第三期廉租房举行入住仪式，该工程共35套，面积2500平方米，投资200多万元。县领导曾清兰、潘允标、刘剑辉等向入住户分发了住房钥匙。

20日 县体育局、团县委、县旅游局、县健身健美协会联合举办了翁源县庆亚运徒步穿越东华寺活动，本次活动来自全县机关事业、企业等单位的干部职工及社会各界人士了260多人徒步走完了近13公里的路程，龙仙中学代表队（3男1女为一队）获得比赛组的第一名、县中职学校获第二名、县地税局一队和县人民医院并列第三名。此次活动的目的是进一步推动全民健身运动的广泛开展，提高广大市民的身体素质。

22日 韶关军分区司令员郑佳树到翁源县调研武装工作，县委书记、县人大常委会主任、县武装部第一书记朱余旺，副县长陆伟杰陪同调研。

23日 市委副书记林耀明带领市委办、国土、民政等部门的负责人到铁龙、江尾、坝仔、官渡等地，就水毁工程修复、扶贫“双到”、综治维稳等工作进行调研。县委副书记温毅麟，县委常委陈志峰，县委常委、公安局局长黄向阳及县委办等单位负责人陪同调研。

26日 韶关市集体林权制度配套改革现场会在县龙翔大酒店召开，与会人员有省林业局副局长陈俊光、市委副书记林耀明、市委常委、副市长张志才、市政协副主席王伟阳和市属各县区主管林业的领导。会议由市委常委、副市长张志才主持。

是日下午 “江门—仙北扶贫助学基金”在江尾镇仙北村举行成立仪式，江门市副市长李崴、县长颜亮以及市、县扶贫办等有关部门的负责人参加了成立仪式。江门市副市长李崴、县长颜亮分别在成立仪式上作了讲话。对仙北村两委班子成员和驻村工作队员进行了慰问，并在县长颜亮的陪同下深入到农户家中、兰花种植场等实地了解帮扶工作进展情况。

28日 县委常委、组织部长黄令遥作为获奖案例单位代表应邀参加了在北京人民大会堂举行第一届全国基层党建创新论坛暨最佳和优秀基层党建创新案例颁奖活动。翁源县基层党建创新典型案例荣获全国基层党建创新案例“优秀案例”称号，是广东省三个获此荣誉的单位之一，也是韶关市唯一的获奖单位。农村党员创业示范工程建设经验经《韶关信息》专报刊登，得到了韶关市委主要领导和市委组织部门的充分肯定。广东卫视、《广东党建》、《南方日报》、《广州日报》、《羊城晚报》、《南方》杂志，南方网、广东组工网以及市级新闻媒体均进行了报道。此次荣获全国基层党建创新案例“优秀案例”，是全县基层党组织和广大党员的荣誉，也是全县人民的荣誉，是上级对翁源县基层组织建设工作的充分肯定。

是月 周陂镇通过省教育强镇评估验收。

12月

1日开始 在全县广泛开展工间操活动；全县各级、各单位也以贯彻落实《全民健身条例》为契机，积极组织和动员广大干部职工、人民群众参加全民健身活动。

7日下午 江门市委常委、常务副市长聂党权率领江门市有关部门负责人在县委副书记、县长颜亮，副县长雷展发、张福来以及县扶贫办等有关部门负责人的陪同下到县检查扶贫开发“规划到户、责任到人”工作。

9日上午 广东奥优涂料有限公司在华彩化工涂料城举行动工仪式，是涂料城第三家动工建设的企业。县政府党组成员，官渡开发区工委书记、管委会主任陈建为，市、县发改部门领导，项目投资商等参加了动工仪式并作了讲话，预祝项目进展顺利。

10日至11日 “澳门圣公会北区青年服务队”爱心人士一行20人来到翁源县开展捐资助学活动。

13日 韶关市林权制度改革座谈会于在县林业局召开。会议主要是研究解决林业配套改革工作，部署有关模拟验收工作和当前林业工作。市林业局领导以及各县（市、区）林业部门负责人参加了会议。

14日上午 召开全县村庄整治工作会议，县委常委、组织部部长黄令遥，副县长潘允标、雷展发参加了会议。

15日上午 县检察院、财政局、依法治县办、周陂镇、龙仙镇桂竹村、翁城镇五一村等6家单位被授予“韶关市依法治市工作先进单位”称号，刘国富、陈建为、胡义、张洪等4人被授予“韶关市依法治市工作先进个人”称号。

16日下午 县委十一届八次全体（扩大）会议在龙翔酒店会议室召开。与会人员有县委委员、候补委员，不是县委委员、候补委员的县四套班子领导成员，县纪委委员，各党（工）委书记，各镇（场）长，县直副科以上单位一把手以及原县四套班子主要领导。

是日 由市司法局与市中级人民法院联合召开的韶关市学习贯彻《人民调解法》工作会议在翁源召开，市委副书记林耀明到会并作了重要讲话，县法院张少雄院长在会上作调解工作经验介绍。

23日 韶关市委副书记林耀明带领市委办、国土、民政等部门负责人到县内铁龙、江尾、坝仔、官渡等地，就水毁工程修复、扶贫“双到”、综治维稳等工作进行了调研。县领导温毅麟、陈志峰、黄向阳及县委办等单位负责人陪同调研。

24日 广东省扶贫开发“双到”考评组到龙仙镇石寨村，对翁源县地税局扶贫挂钩点（石寨村）2010年度扶贫开发“双到”工作进行考评。

27日下午 韶关市委副书记、代市长艾学峰，副市长孔云龙一行到泷铎时装有限公司、云门家具有限公司、凯通中高密度纤维板厂和仙鹤兰花长廊开展调研。县领导朱余旺、颜亮、温毅麟、曾清兰、肖慎达以及有关单位负责人陪同了调研。实地调研后在龙翔大酒店召开座谈会，在家的县四套班子成员以及有关部门负责人参加了座谈会。

28日 县委、县政府在体育馆举行简约而隆重的“2010广东翁源经贸洽谈会”。出席洽谈会的领导和嘉宾有：市委常委、副市长陈秋彦，市直有关部门领导，来自港澳台和内地的外商企业家，县委书记、县人大常委会主任朱余旺，县人大副主任廖修成，县委副书记、县长颜亮，县政协主席谢寿通等四套班子领导成员，县直正科以上单位一把手以及各新闻媒体记者共400多人。市委常委、副市长陈秋彦代表市委、市政府对“2010广东翁源经贸洽谈会”致祝贺词，县委书记、县人大常委会主任朱余旺代表县委、县政府致欢迎辞。县委副书记、县长颜亮做招商环境推介。当日上午举行的“2010广东翁源经贸洽谈会”上，共有12宗项目动工。韶关市副市长陈秋彦，县委书记、县人大常委会主任朱余旺，县委副书记、县长颜亮及12家企业的代表共同为项目动工剪彩。

是月 翁源县创建省林业生态达标县顺利通过省市验收。

是月 对全县310名符合“阳光家园计划”资助条件的残疾人每人给予500元补助，共计金额15.5万元。

是月 县体育局被广东省体育局评为广东省第十一届“体育节”活动优秀组织奖。

是月 组队参加韶关市青少年锦标赛，取得：金牌5枚、银牌9枚、铜牌8枚，团体总分210分，排在全市10个县（市、区）第四位，其中乒乓球代表队获得团体总分第一名。

是年 由粮食局引进投资500万元的广汽丰田韶关翁源4S店顺利开张。

是年 县检察院被评为韶关市“依法治市工作先进单位”。

是年 九曲水生态旅游度假村成功申报广东省森林生态旅游示范基地。至此，全省77家森林生态旅游示范基地中，翁源县就占了2家。

是年 县卫生监督所荣获“2010年度韶关市卫生监督业务考核优秀奖”。

是年 美术书法协会会员吴怀想被评为2010年度韶关市文艺工作者先进个人。

是年 翁源法院被韶关中院记集体三等功，并被县委县政府评为“翁源县社会治安综合治理工作先进单位”，同时，涌现了二等功和三等功集体各一个，二等功干警一名，三等功干警两名。

是年 县院法警大队荣获广东省高级人民法院授予的“广东省法院司法警察警务工作规范化建设一级警队”、“广东省法院司法警察警务工作规范化建设标兵单位”的称号。

是年 全县普通高考第一批重点本科上线100人，上线率为4.09%；第二批本科以上上线合计1062人，上线率为43.42%；高职类上线人数为75人，上线率为60.48%；第三批以上合计上线人数为2470人，上线率为88.5%。

全县概况

历史、地理、人文

【建置沿革】 秦至南朝时期。新石器时代，翁源就有人类活动。战国时期，翁源地属楚。秦为南海郡。两汗属荆州府桂阳郡浈阳地。晋属始兴郡，仍浈阳地。梁承圣三年（554年），从侦阳县地析置翁源县，隶属衡州。

隋、唐、五代十国时期。陈又分属清远郡。隋废郡仍为县。开皇九年（589年），省诸郡，于始兴县置广州总管府，翁源隶焉。唐高祖武德四年（621年），翁源自广州析隶韶州。

宋、元、明、清时期。宋宣和三年（1121年），析曲江廉平、福建两乡与翁源太平合置建福县，亦属韶州，历时九年。建炎三年（1129年），废建福，太平并入翁源。元朝至元十五年（1278年），翁源并入曲江，隶广东道韶州路，翁源立巡司，谓慰宣司。大德五年（1301年），翁源复县，改属英德路。延祐六年（1319年），县又并入曲江。明洪武元年（1368年）上季又复县，改称岑水县，隶韶州府；次年3月（有说同年下季），岑水复名翁源。县名一直沿用至今。

翁源其名，系因山水而得。据明《嘉靖翁源县志》记载：县境之东有名山，高耸秀拔，顶有灵池，古名灵池山（今南浦桂竹翁山），池中有泉水八处，谓之八泉，曰：涌泉、温泉、香泉、甘泉、震泉、龙泉、玉泉、乳泉。泉水四时不涸，昔有二仙翁游息于此，居民饮其水者多寿。泉水汇而成河。故山名翁山，水名翁水。县亦以此起名，意为翁水之源也。

【行政区划】 明清时期。明朝洪武初年，翁源政区分为长安（翁城以下）、宜阳、怀德(官渡以上)三乡。永乐年间,怀德并入宜阳乡。邑人习惯把宜阳乡称为上乡,长安乡称为下乡。

清嘉庆年间，全县设上乡22铺，下乡设6铺。

民国时期。民国26—29年（1937—1940年），翁源县公署改称翁源县政府，撤销铺，行政区划为区乡制，全县划为7个区29个乡。

民国30—37年（1941—1948年）7月，全县划为4个区：翁东、翁南、翁北、翁西，共29个乡、2个镇、268个保。

民国37年（1948年）8月至38年9月15日，全县重新划为16个乡镇，162个保。

中华人民共和国时期。1949年9月15日翁源县解放,建立翁源县人民政府,全县设2个镇、14个乡、176个自然村。1950年5月1日,调整行政区域,全县划为4个区18个乡、2个镇。1951年9月15日,全县调整为5个区98个乡、2个镇;第一区辖26个乡和龙仙镇,区公所在南浦街;第二区辖14个乡,区公所在周陂街;第三区辖13个,乡区公所在六里区;第四区辖22个乡和翁城镇,区公所在翁城街;第五区辖23个乡,区公所在坝子街。

1956年12月18日，广东省人民委员会批复，将新丰县梁坝乡划归翁源县管辖，隶属第二区。1957年2月20日合区并乡，全县并为4个区、2个镇、22个乡。同年9月14日，全县撤区并乡，并为14个乡、1个镇(龙仙镇)和牛屎坜矿办事处。

1958年7月3日,英德东片的渔湾、大镇、桥头、青塘、白沙5个乡并入翁源。同年10月(文件批复时间为12月14日)新丰县并入翁源县。成立9个人民公社:新江、翁城、大镇、渔湾、翁江、周陂、龙仙、坝子、红旗(原新丰县),168个大队、2200个生产小队,另设牛屎坜矿山办事处。

1959年4月，红旗公社改称新丰公社；翁江公社改称利龙公社；增划水上公社和桥头、青塘、沙田、梅坑、营盘6个公社，全县共15个公社和牛屎坜矿山办事处。同年11月6日，除新丰梁坝仍属周陂外，新丰划回复县；英德东片除青塘、横石外，其余划回英德，同时连平县的陂头公社划入翁源，此外，岩庄与坝子、南浦与龙仙、陈礤与周陂合并。全县为11个公社：坝子、江尾、龙仙、陂头、周陂、利龙、翁城、新江、水上、青塘、龙仙镇公社。

1960年1月14日，增设横石公社和5个场、1个所，即三华国营农场、黄陂畜牧场、铁龙林场、罗坑水畜牧场、九曲水林场和河口农业科学研究所。龙仙镇公社于10月改为城市公社。

1961年10月，全县调整为13个公社，4个场、1个所。即坝子公社、江尾公社、陂头公社、周陂公社、利龙公社、翁城公社、新江公社、水上公社、青塘公社、横石公社，原城市公社改称为城镇公社，龙仙公社改称为南浦公社，三华农场改为三华公社。4个场1个所是国营黄陂畜牧场、国营铁龙林场、罗坑水畜牧场、九曲水林场、河口农科所，另设牛屎坜矿山办事处。

1962年下半年增设官渡公社，横石、青塘、黄陂划回英德县，梁坝划回新丰县，全县仍有12个公社和1个社级场，151个大队，1950年小队。

1964年7月10日，广东省人委批复设立龙仙镇、蒲竹镇（原牛屎坜矿山办事处）2个镇。1966年3月15日，城镇公社划出龙仙镇。

1967年6月，陂头公社划回连平县；原城镇公社改称附城公社。1968年冬，水上公社改称为水上运输社，隶属交通局管理。

1971年6月，全县共有南浦、三华、坝子、江尾、附城、周陂、官渡、翁城、新江10个公社和龙仙镇、蒲竹镇及铁龙林场。

1974年1月，从周陂划出陈礤片成立礤下公社；从江尾划出松塘、仙北、仙南、九仙4个大队和坝子的松岗、蓝坑、梅斜、鹤仔3个大队及六里的中村大队成立松塘公社。

1977年1月，从新江划出东鹊、黄垌、梅斜、热水4个大队成立红岭公社；从坝子划出岩庄片9个大队成立岩庄公社；12月将原官渡的庙墩片和六里的新陂、东三大队划出成立庙墩公社；原官渡的五四、河边、下榕角、坪田、官渡5个大队划入六里公社，官渡公社同时取消。

1978年3月，将原划入六里公社5个大队和原六里的突水大队划出恢复官渡公社。

1980年11月，全县共有2个镇、15个公社、1个林场和1个大队级（贵联）农林场，152个大队。1981年8月，蒲竹镇定为大队级镇，同年经韶关专署批准撤销。

1983年7月至1984年1月，改公社为区公所，改大队为乡，改生产队为村委会，全县建立16个区、1个区级镇，136个乡级镇，2个管理区，1847个村民委员会。

1986年11月8日，翁源县撤区并乡，全县设9个乡8个镇。9个乡为岩庄、松塘、三华、官渡、庙墩、礤下、铁龙、红岭、贵联（副科级单位），8个镇为坝仔、江尾、南浦、龙仙、周陂、六里、翁城、新江。原乡政府改为村民委员会，原村民委员会改为村民小组。下设151个村委会，1907个村民小组。

1989年11月3日，从新江析出，设置连新乡。1993年3月10日，官渡乡改为官渡镇建制。同年9月6日月，三华、庙墩、礤下、贵联、铁龙、岩庄6个乡改为镇建制。1994年5月24日，松塘乡改名为仙鹤镇建制。同年6月3日，连新、红岭两乡改为镇级建制。至2000年，全县设18个镇，156个村委，1952个村民小组。

2001年，翁源县乡镇机构改革，将原连新镇并入新江镇，庙墩镇并入官渡镇，贵联镇并入南浦镇，由原来的18个乡镇改为15个乡镇。

2004年，翁源县再次进行乡镇机构改革，将原贵联南浦、三华镇2个镇并入龙仙镇，将岩庄镇并入坝仔镇，将红岭、仙鹤2个镇并入江尾镇，将六里镇并入官渡镇，将礤下镇并入周陂镇，保留翁城镇、新江镇，铁龙镇改为铁龙林场，至2010年，全县行政区划设7镇1场，7镇为龙仙、翁城、新江、江尾、坝子、官渡、周陂，1场为铁龙林场；共156个村委会，18个社区居委会，1982个村小组。

2010年翁源县各镇（场）村（居）委会名称一览表

镇（场）	村（居）委会名称	村委（个）	居委（个）
龙仙	青山、青云、蓝青、石背、田心、良洞、民主、陂下、长潭、河口、联群、李洞、岭头、罗坑水、石寨、高陈、三华、新尧、中坝、会联、群陂、新东、新岭、贵联、水口、沙坪、中心、桂竹、新坪、马东、丰山、马山、蓊口、马牯塘、城东居委、城南居委、城西居委、城北居委、南浦居委、三华居委	34	6
官渡	官渡、河边、突水、下榕角、坪田、五四、新南、新北、东三、新陂、坑尾、镇仔、下陂、新跃、华东、龙船、联盟、利龙、社背、官渡居委、六里居委	19	2
翁城	五一、明星、泉坑、泉岭、富陂、胜利、墨岭、定南、马东、桂湖、星光、沾坑、秀峰、黄塘、群益、腊岭、了坑、翁城居委	17	1

续上表

镇（场）	村（居）委会名称	村委（个）	居委（个）
新江	小镇、上坝、新江、民光、新益、新展、东方、双石、双星、西锦、太坪、民治、油溪、双塘、连心、阳河、塘心、凉桥、渔溪、新江居委	19	1
周陂	光明、阳东、阳西、高一、高二、昆山、双联、双青、龙田、新安、洪兰、藤山、哈水、陈村、黄河、集义、礤下、礤头、周陂居委、礤下居委	18	2
江尾	长江、白莲、联益、联光、联明、新生、思岭、南塘、径丰、径群、江尾、连溪、中村、仙南、仙北、松塘、鹤子、九仙、松岗、蓝坑、梅斜、热水、黄洞、东鹊、江尾委员、仙鹤居委、红领居委	24	3
坝仔	辉星、梅斜、三坑、新梅、芙蓉、上爱、辉岭、金星、珍田、上洞、蓝河、珍珠、良星、一心、金鸡、笋洞、半溪、饶村、礼岭、群辉、中洞、鲁溪、坝仔居委、岩庄居委	22	2
铁龙林场	龙集、龙体、龙化、铁龙居委	3	1

【人口】 全县年末户籍人口397422人。其中：非农业人口65964人；农业人口331458人。全年出生人口4469人，出生率11.36‰；死亡人口2081人，死亡率5.29‰；人口自然增长率6.07‰。

【翁源县第六次全国人口普查】 据第六次全国人口普查统计，全县常住人口为331319人，同第五次人口普查的310852人相比，十年共增加20467人，增长6.58%。年平均增长率为0.64%。

家庭户人口。全县常住人口中共有家庭户99514户，家庭户人口为314834人，平均每个家庭户的人口为3.16人，比2000年第五次人口普查的3.62人减少0.46人。

性别构成。全县常住人口中，男性人口为167049人，占50.42%；女性人口为164270人，占49.58%。总人口性别比（以女性为100，男性对女性的比例）由2000年第五次全国人口普查的105.7下降为101.69。

年龄构成。全县常住人口中，0—14岁人口为62376人，占18.83%；15—64岁人口为235622人，占71.11%；65岁及以上人口为33321人，占10.06%。同2000年第五次全国人口普查相比，0—14岁人口的比重下降11.78个百分点，15—64岁人口的比重上升9.47个百分点，65岁及以上人口的比重上升2.31个百分点。

教育程度。从人口普查数据中表明，全县常住人口中，具有大学文化（指大专以上）程度的人口为12582人；具有高中文化（含中专）程度的人口为38616人；具有初中文化程度的人口为156590人；具有小学文化程度的人口为81912人（以上各受教育程度的人包括各类学校的毕业生、肄业生和在校生）占全县常住人口的0.38%、11.66%、47.26%、24.72%，同2000年第五次全国人口普查相比，每10万人中具有大学程度的由1846人上升为3798人；具有高中程度的由9417人上升为11655人；具有初中程度的由30940人上升为47263人；具有小学程度的由41120人下降为24723人。

全县常住人口中，文盲人口（15岁及以上不识字的人）为12035人，同2000年第五次全国人口普查相比，文盲人口减少7480人，文盲率由9.05%下降为3.63%，下降5.42个百分点。

人口密度。全县人口密度为152人/平方公里，比2000年第五次人口普查的142人增加10人。全县各行政区域之间人口分布不均，人口稠密程度相差很大。1990年人口普查数据显示，人口密度最大的是龙仙镇，每平方公里1838人，最小的是贵联，每平方公里为37人。2000年人口普查，人口密度最大的仍是龙仙镇，每平方公里2316人；最小的是铁龙镇，每平方公里为28人。2010年统计，人口密度最大还是龙仙镇，与南浦镇、三华镇合并后，每平方公里662人；最小的铁龙林场，每平方公里为35人。

（钟新洪）

【民族】 翁源是一个多民族聚居地区，据2000年人口普查统计，全县有汉族、瑶族、壮族、满族、回族、蒙古族、黎族、苗族、土家族、侗族、藏族等22个民族。2010年末，全县少数民族人口为2718人，占全县常住人口的0.82%。县内世居的少数民族主要有瑶族，2010年末共有371户，1956人。分布在6镇1场，有1个瑶族村委会，19个瑶族自然村小组，龙仙镇青云村委会瑶族村小组、贵联村委会泉洞村小组、石背村委会葱仔头小组、九曲水林场青山下村小组和黄屋村小组。江尾镇蓝坑村委会瑶族村小组、梅斜村委会瑶族村小组。坝仔镇上洞林场坞埚坑村小组。官渡镇下陂村委会河坎围村小组、镇仔娥坑村小组。翁城镇了坑瑶族村委会一、二村小组。新江镇东方村委会庙仔角一、二、三瑶族村小组、太坪村委会老蟹岭和水口山瑶族村小组。铁龙林场龙化村委老蕉坑和冷水径。大多居住在偏远的山区，生活较汉族贫困，主要以耕山、种养业为主，服饰和生活习俗与汉族无异，保留瑶族语言和部分传统习俗，信仰供奉盘瓠为始祖。其他少数民族主要通过婚姻、劳务、经商、工作调动、参军等迁入，大多居住在县城。

瑶族分布在新江、铁龙、龙仙、官渡、翁城、坝子。壮族主要分布在周陂、坝子、龙仙、江尾、新江等镇；蒙古族，主要分布于龙仙；回族分布于岩庄、翁城；侗族，分布于江尾、岩庄；藏族分布于岩庄；满族居住于龙仙；黎族居住于坝子；苗族居住于龙仙。改革开放以来，因人才流动、婚姻、务工经商等迁移或暂住广东的少数民族流动人口，主要集中在龙仙、翁城等城市区内。

【宗教】 翁源主要有佛教、基督教。有2个宗教团体，依法登记的宗教活动场所6处（其中佛教场所1处东华禅寺，基督教5处：龙仙基督教福音堂、翁城基督教福音堂、新江基督教福音堂、三华基督教福音堂、周陂基督教福音堂）。全县现有教职人员16人，其中：佛教教职人员13人，基督教长老、传道3人。全县现有宗教教徒约3538人，其中佛教教徒约2000人，基督教教徒约1538人。

（黄静练）

【姓氏】 据调查，翁源姓氏共有205个，其中复姓名1个。其中1万人以上的姓氏有张、陈、黄、李、刘、曾6姓；5000以上1万人以下的姓有杨、何、朱、郭、吴、邓、王、钟、廖、赖、叶、林、温等；1000人以上5000人以下的姓有梁、潘、丘、许、谢、沈、罗、龙、涂、胡、蔡、蓝、高、欧、郑、毛、赵等。

【语言】 翁源语言以客家话为主，少数民族普遍实行双语兼顾，既讲母语又讲客家话或者普通话。县域土话以瑶族方言为主，以本地母语为主兼顾客家话或者普通话。讲客家话的人数为最多占全县总人口的99.18%。分布在全县7镇1场；瑶族话主要分布在龙仙镇青云村委会瑶族村小组、贵联村委会泉洞村小组、石背村委会葱仔头小组、九曲水林场青山下村小组和黄屋村小组，江尾镇蓝坑村委会瑶族村小组、梅斜村委会瑶族村小组，坝仔镇上洞林场坞埚坑村小组，官渡镇下陂村委会河坎围村小组、镇仔娥坑村小组，翁城镇了坑瑶族村委会一、二村小组，新江镇东方村委会庙仔角一、二、三瑶族村小组、太坪村委会老蟹岭和水口山瑶族村小组，铁龙林场龙化村委老蕉坑和冷水径等地。

（钟新洪）

自然地理

【位置、范围和面积】 位于广东省北部，韶关市东南部，北江支流滃江上游。地处北纬24°07′—24°40′，东经113°30′—114°18′之间，东邻河源市连平县，南接新丰县，西与英德市、曲江区接壤，北与始兴县、江西省毗邻，素有“粤北南大门”之称。东西极端长66.5公里，南北宽55公里，总面积2217平方公里。是珠江三角洲通向内地的战略要地，韶关市对接广州融入珠三角的桥头堡。

【地貌】 县内属半山区丘陵地带，群山环抱，连绵起伏，山脉多为自东北—西南走向，地势亦自东北向西南倾斜。境内千米以上山峰有13座。最高峰为北部的七星墩，海拔1300米；次为南部青云山，海拔1246米；东部雷公礤，海拔1219米；

最低点是官渡，海拔100米。中部多为中低山脉及零散土丘。山地面积约占全县总面积80%。山脉之间多为中小型盆地及河流冲积的阶地，盆地方圆几十公里或几公里不等。由于中上石炭系壶天群灰岩广泛分布于全县各地，在溶蚀作用下形成的喀斯特溶洞很多，全县已发现较大溶洞107个。地貌表现千姿百态，地形较为复杂。

【气候】 翁源县属中亚热带季风气候区，沿翁韶公路附近山脉以南地域为南亚热带与中亚热带过渡地带。

四季气候特点。气象上常以气温作为划分自然季节的标准。把月平均气温大于或等于24℃的月份作为夏季，小于14℃作为冬季，大于或等于14℃—24℃作为春、秋季，则翁源的自然季节为夏长、冬短、春秋短暂。

县内多年平均年太阳辐射总量为112.3千卡/平方厘米，年平均光照1586.2小时，1996年达到1811.8小时，而1997年只有1377.4小时。秋季，九月初，北方冷空气入侵县境，空气干燥凉爽，雨量少，常有秋旱或秋冬连旱，个别年份甚至出现秋冬春连旱。

冬季，每年11月下旬至次年2月下旬，是霜冻出现期。1988年至2000年有霜日数90天，平均每年6.9天，1988年多至12天。冬季也时有冰雪，1993年1月中下旬冰冻日数7天，同时降雪日数5天，积雪厚度2厘米。1996年2月19至21日连降三天雪，造成严重冷害。

翁源春季为3—4月，夏季为5—9月，秋季为10—11月，冬季为12月至次年2月，夏季达5个月，而冬季90%以上的年份平均气温在10℃以上，适宜作物生长，故县境内四季宜耕，作物常青。四季分明，季节特征明显。

季风明显，风向随季节而转变。夏季多偏南风，冬季多偏北风，春秋两季南北风相互交替。年偏北风频率为46.5%，偏南风频率为21.4%，静风为32.1%。随着风的转变，光温水季节也有明显变化，春季低温寡照，夏季高温多雨，秋季凉爽，冬季多霜。

光温水分配不均。县内山地气候变化剧烈，局部性灾害严重。县内春暖迟，有92.3%的年份出现不同程度的低温阴雨天气。1988年2月27日、1990年2月23日及2000年2月20日均出现了持续12天的长低温阴雨过程，严重影响春播。1988—2000年的13年间，只有1997年未出现低温阴雨天气。大于或等于12℃稳定回暖期为3月10日，而80%保证率安全播种期则要推迟到3月24日。

2010年年平均气温20.8℃，年总积温7434℃。年平均降雨量2208.7毫米，无霜期291天，平均日照1442.0小时。全年气候概况。

2010年总体气候特点是：气候温和，雨量偏多，光照偏少。年平均气温20.8℃，比常年平均偏高0.4℃；年极端最高气温36.8℃（8月4日），年极端最低气温-1.4℃（12月17日）。全年霜日5天，结冰3天。年降水量2208.7毫米，比常年平均偏多24%。全年日照1442.0小时，比常年平均偏少近1.7成。3月7—11日出现一次较弱的低温阴雨天气过程，10月出现1次偏晚的寒露风天气过程，两次天气过程对农作物没有造成影响。无霜期291天。

（钟新洪　曾德松）

自然资源

【土地资源】 翁源权属土地总面积2174平方公里，折合217486.95公顷，人均面积0.57公顷。已利用土地215804.13公顷，未利用土地面积1682.82公顷，占总面积的0.77%。

翁源县土地资源的主要特征是林地多，耕地少，丘陵地貌占比例大；人口密度与人地关系分布不均；地形复杂，作建设用地（特别是建房）难度大；拥有较为丰富的自然资源，尤其是生物资源、水资源、矿产资源和自然旅游资源。

农用地，全县农用地面积202708.82公顷，占总面积的93.21%。其中耕地面积30891.59公顷，占农用用地面积的15.24%；园地4960.66公顷，占农用用地面积的2.45%；林地160115.84公顷，占农用用地面积的78.99%；草地4290.15公顷，占农用用地面积的2.12%；坑塘水面2450.58公顷，占农用用地面积的1.21%。

建设用地，包括居民点及工矿用地、交通用地两大类。面积9102.25公顷，占总面积的4.19%，其中居民地及工矿用地6871.31公顷，占建设用地面积的75.49%；交通用地2230.94公顷，占建设用地面积的24.51%。

水域面积，由河流水面、水库水面、坑塘水面、滩涂、沟渠、水工建筑物六个二级分类组成。面积3993.06公顷（其中坑塘面积为2450.58公顷，已归入农业用地），占总面积的1.13%。以河流水面为最大（1591.26公顷）。

未利用土地，面积1682.82公顷（其中水域及水利设施用地已归入水域面积，荒草地已纳入农用地草地），占土地总面积的0.77%。

2010年末，全县实有耕地面积30891.59公顷，占总面积的14.20%。其中水田19513.18公顷，占耕地面积63.17%；旱地11378.41公顷，占耕地面积36.83%。水田面积最大的龙仙镇，有3484.25公顷，占全县水田面积的17.86%。水田面积1万亩以上的镇有龙仙镇、坝仔镇、江尾镇、官渡镇、翁城镇、新江镇；旱地面积超过5000亩的镇有龙仙镇、坝仔镇、江尾镇、官渡镇、翁城镇、新江镇。

【矿产资源】 翁源县有丰富的内生矿藏，根据地质勘探，已查明的矿产品种有黑色金属矿产、有色金属及贵金属矿产、放射性及稀有分散元素、燃料矿产、冶金辅助原料、化工原料、建筑材料及其他非金属、地下热水等，计有30多种。主要有钨矿、铅锌矿、铁矿、硫铁矿、锡矿、铋矿、钼矿、铜矿、金矿、稀土矿、重晶石、高岭土、黏土、白云岩、熔剂灰岩、水泥用石灰岩、建筑用石灰岩、萤石、煤和石灰石等。全县已知矿床、矿点（矿化点）157个，其中大型矿床2个、中型矿床2个、小型矿床59个，其他均为矿点或矿化石。

铁矿，褐铁矿主要分布在周陂镇陈村、黄河、铁龙林场新山、龙仙镇大水坑等地，平均品位42%—65%；产地27处，小型矿床7处，矿点20处。除大水坑铁矿保有储量34万吨未正规开采外，其他三个矿山正在开采中。陈村铁矿保有储量873万吨矿石量。

锰矿，主要分布新江镇双塘村，探明储量约40.0万吨矿石量。含锰品位在8%—15%之间。

钨矿，红岭钨矿属大型矿床，属国营矿山开采，保有三氧化钨总储量6959万吨金属量，伴生铜、锡、钼、铋等矿。樟天洞属小型矿山，探明金属量375吨，矿石品位很高。

铅锌矿，有工业开采价值，产地1处，即铁龙新山，已开采完毕。

铀矿，分布在岩庄一带，正在开采。

能源矿产主要有煤，县内无烟煤小型矿床6处，平均发热量3500—5000卡/千克，主要分布于周陂、龙仙、坝仔、江尾等镇。

冶金辅助原料矿产有白云岩、萤石、熔剂灰岩等。白云岩熔剂灰岩主要分布在铁龙龙体村，规模达中型，熔剂灰岩探明总储量约6300万吨，萤石产地4处，属小型矿点，分布在岩庄。白云岩主要分布在铁龙龙体将军屯，探明储量5093万吨。

【森林资源】 翁源森林资源丰富，是广东省的林业重点县，林业在国民经济的发展中一直处于重要的基础地位。2010年末，全县林业用地面积16.39万公顷，占国土总面积的75%。其中：有林地面积14.47万公顷、灌木林地0.6万公顷、未成林地0.81万公顷、其他林地0.51万公顷，森林覆盖率68.4%，森林资源活立木总蓄积量774万立方米。建成了广东翁源青云山省级自然保护区和半溪市级自然保护区，保护区体系面积1492公顷，占全县总面积的6.7%。

全县有防护林29795.81公顷，占全林比重18.2%；用材林125038.7公顷，占全林比重76.3%；经济林2165.2公顷，占全林比重1.3%；薪炭林1592.9公顷，占全林比重1.0%；特种用途林5337.7公顷，占全林比重3.2%。

主要林地树种结构，有杉木林1781.4公顷，占全县森林比重1.1%，蓄积量90332立方米；松木林5950.6公顷，占全县比重3.6%，蓄积量363878立方米；阔叶林15867.2公顷，占全县比重9.7%，蓄积量1065695立方米；针叶混交林1187.4公顷，占全县比重0.7%，蓄积量75265立方米；针阔混交林4410.7公顷，占全县比重2.7%，蓄积量336291立方米。

据调查，全县有乔木灌木树种75科318种。其中用材林树种有41科107种，主要有：马尾松、杉木、红青岗、白青岗、黎蒴、白椎、红桐、荷木、桉树、乌桕、香椿、苦楝、酸枣、泡桐等；观赏树种有45科121种。主要有：苏铁、银杏、南洋杉、落落羽杉、柏树、罗汉松、竹柏、白玉兰、含笑、紫荆、合欢、相思树、垂柳、木麻黄、印度榕、小叶榕、棕榈、葵树等；木本油料及叶用树种有5科9种。主要有：山苍子、油桐、油茶、桑树等；木本粮果树有14科30种。主要有：板栗、柿树、枣树、枇杷、沙梨、李树、桃树、柑橘、黄皮、柚类、荔枝、龙眼、橄榄、杨桃、杨梅、木瓜等；药用树种有20科35种。主要有：牛耳枫、吴茱萸、盐肤木、山胡椒、对叶检榕、野枇杷、八角枫、柠檬、香园等；竹类品种主要是禾本科的竹亚科，有13种。常见的有：毛竹、撑篙竹、黄竹、粉单竹、麻竹、簕竹、金竹等，面积10000公顷。

【野生植物资源】 据调查，翁源拥有野生脊椎动物29目81科183属258种，其中国家一级保护动物有云豹、豹、蟒蛇、黄腹角雉4种；国家二级保护动物有穿山甲、水獭、大灵猫、小灵猫、金猫、水鹿、鬣羚、黑冠鹃隼、黑耳鸢、白腹鹞、松雀鹰、苍鹰、白鹇、褐翅鸦鹃、黄嘴角、虎纹蛙、三线闭壳龟等24种；广东省重点保护动物豪猪、豹猫、大白鹭、白鹭、黑水鸡、刺胸蛙、沼蛙等15种，IUCN受威胁物种金猫、云豹、黄腹角雉、平胸龟、眼斑水龟等10种，CITES附录物种穿山甲、水獭、豹猫、金猫、云豹、画眉、林雕、红隼、红嘴相思鸟、眼镜王蛇、蟒蛇等31种。

【旅游资源】 翁源地处粤北山区，境内山峦起伏，山川秀美。古老的历史文化和特殊的地理位置，为后人留下了很多瞻仰凭吊的历史遗迹和自然景观。主要旅游景点：

铁龙溶洞群。位于铁龙龙集。1984年发。主龙洞深1665米，另有8条深100米不等的支洞。主龙洞是地下河，河水清澈昧甘，四时不固。洞内有风口角岩、狗子岩、石钟乳、斋公岩、大岩子、石夹岩、蝙蝠岩、犁壁岩、硝坭岩、等，千姿百态，怪石群力，美不胜收。为县内旅游景点。

东华山风景区。位于龙仙镇联群村，距县城3公里。东华山自然保护区包括如珠岩、鸡公山、灵通岩、五指峰、翠霞峰、仙人骑鹤峰、玉女峰和东华寺等景点。东华寺历史悠久，建在象鼻山半山腰上的三圣洞，境内奇峰秀水，别有洞天，有大小岩洞六七个，怪石嶙峋，千姿百态，景色奇特。

翁山八泉。位于南浦桂竹水库，距县城12公里。山峰高大，峰峦俊秀，山腰有灵池，池中有泉八处，即涌泉、温泉、甘泉、震泉、龙泉、玉泉、乳泉、香泉，分流而下。八泉边古有翁山寺，故称。山下筑有中型水库桂竹水库，山水相映成趣。明末清初，广东著名文学家、岭南诗人屈大均游翁山后，将其名改为翁山，其妻改名为翁水，并说日后若生有八子女，就以八泉命名。为县内旅游胜景。

白面仙岩。位于周陂西南部约2.5公里的藤山洞口。高数百米，壁上白面数十里可见。石岩呈圆形状，洞口挨近山顶。为翁源县旧十六景之一。洞深数百米，内有清泉，溶洞广阔，石钟乳林立。岩内刻有一古联，清朝年间（1636—1911年），周陂举人许玕曾以“百面仙岩”为题，出上联：“百水清泉泉四面”。后有人对出下联“仙山名胜胜千岩。”

书堂石。位于三华滃江上游之中。一石灰岩石自水中崛起，顶面面积700平方米。由于地形独特，环境幽雅清静，现存门楼和17个房门遗址。四周风景秀丽，并流传着“十五个书生考上十六个秀才”的有趣传说。晚唐诗人邵谒曾于巨石上筑室攻读，故名书堂石。旧址经华南工学院建筑系副教授邓其生实地考察，认为旧址不是碗唐所建，而是明清以后经过几次修建，属于具有军事防御性的碉堡式建筑物。

梅岩。位于新江镇上坝村往西约4000米的一个石灰岩山上。宋朝梅鼎臣、梅佐父子进士曾在岩洞内读书，故称梅岩。岩洞面积2.7万平方米。岩洞高出地面约30米，主洞宽8米，高4米，深278米。岩下旁建有“梅村公馆”，原馆门上挂有“天地同流”横匾，明知县朱景运改题匾曰：“阅人阅水”（清嘉庆《翁源县志》载）。洞前约300米处有一口山塘20多亩，旧称“天鹅湖”（已载入《中国名胜辞典》）。湖水清澈，冬夏不枯。另有4条之洞。内有面积1100多平方米的厅堂石乳、石柱、石花、石笋等千姿百态，形态逼真。洞中有地下河，全长22公里，河水清澈。原公馆已废，仅存墙基遗址。

葸茅岭八卦围。位于江尾镇葸茅岭村，始建于明红武初年（1368年），为当地张姓始祖张文二郎迁入此地时所建，四至六世时大建。随后由各代按照始祖之图逐渐完善。八卦围占地面积1.6万平方米。围内有大小街巷99条，房屋1653间，并建有牲畜棚、厨房、厕所、粪池等生产生活设施。围内原没有设井，“文革”后期，才开挖唯一一口井。八卦围四周地势平坦，坐西向东，山下有一条小河绕围西行，形成“山环水抱”之势。

全围设有四个大门对外联络，即乾门、巽门、巳门、寅门。其中宗祠大门即艮门，日常不开，仅用于族门大事。其他之门作为常用之门。门宽分别为乾门为1.09米，巽门为1.53米，寅们为1.3米，便于防守。

葸茅岭八卦围规模宏大，气度不凡。街巷屋宇古朴厚实，独特的“八卦”建筑布局和客家风情，神秘传说，吸引许多人前来考察、研究、观光。

湖心坝客家围楼。位于江尾南塘湖心坝滃井河畔。全村至今保存明清时代客家围楼59座，建筑面积10万多平方米。围楼建筑栉比，高低错落，气势雄伟。

湖心坝客家围楼始建于明正统年间（1436—1449年），为南迁入粤沈氏二世祖永初公始建。后在围楼周边建造泥砖瓦房而逐渐形成现在规模的客家围楼。建筑规模不一，大者有600多平方米，围楼造型各异，三角形、四角形五角形。房舍多为砖木结构，多数呈“回”字形，有小部分为圆形和半圆形。

长江罗盘围。位于江尾镇长江村，建于清末宣统元年（1909年），至明国8年（1919年）建成。因其建筑图形和布局恰似罗盘，故称。罗盘围占地面积3215平方米，有大小房屋99间，24条小巷，并建有牲畜棚、厨房、厕所等生产生活设施。罗盘围是粤北地区首先发现的客家民居新品种，结构奇特，独特的罗盘建筑布局，古朴厚实的屋宇、街道。

八角塔。位于翁源县岩庄一心叶屋村，始建于清康熙四十年（1701年），康熙五十二年重建。塔碑立于清雍正十年（1732年）。今碑石尚存，碑文清晰。坐东南向西北，北偏西50度。

塔设五层八角，高26.7米，塔基座为正方形，长宽8.2米，第一层高为6米，内径6.1米，墙厚0.31米；第二层起高度逐层递减，直线收缩。各层设额，以瓦檐及砖砌成菱角牙子相间。首层点缀华丽，正面檐下还设五个菱形牙窗，檐上左右两端饰以瓷狮，余下六角端饰彩瓷鲤鱼，额下50厘米饰以几何图案，美观大方。第二层起各层设小拱门。塔顶用筒瓦遮盖，每个角饰瓷石狮，顶端设刹，塔尖置葫芦形。塔结构合理，布局工整，属于楼阁式砖石结构，为县内保存最完整，装饰最好且最高的一座古塔，外形美观。

陈氏宗祠。位于周陂镇光明村雁鹰石。1938年11月，建立翁源县第一党支部建立地。民国23年（1934年）落成，建筑面积1200平方米，巽山乾向兼巳亥，1994年重修，1999年再修葺。祠堂设三进室，正门为牌楼坊型，牌楼柱顶饰有一挂钟，钟下面塑有“陈氏宗祠”四字。门楼四顶饰有展翅雄鹰。中堂设有陈璘正座的塑像，堂内左侧挂有陈璘抗倭事迹的匾牌，右侧挂有介绍中国共产党在此活动情况的匾牌。祠堂为砖瓦结构，整洁美观，布局合理，工艺精细。

已开发的旅游线路：

翁源“自然山川”生态游。翁源山川秀美，自然资源丰富，主要以东华山风景区、青云山自然保护区、九曲水生态旅游度假村、跃进水库度假村为主，是生态、休闲、度假的好去处。

自然山川生态游。翁源山川秀美，自然资源丰富，主要以东华山风景区、青云山自然保护区、九曲水生态旅游度假村、跃进水库度假村为主，是生态、休闲、度假的好去处。跃进水库度假村——青云山自然保护区——东华山旅游风景区。

花果特色游。花果特色游以兰花、三华李、九仙桃为主，主要开发农家乐特色休闲产品。东华山旅游风景区——三华李观光园——兰花基地——九仙桃基地。

【水资源】 翁源地处北回归线之北，阳光充足，气候温和，属中亚热带季风区。境内丘陵，中底山脉，小盆地交错，河溪纵横与区域性气候，植被等差异影响了水资源变化，其径流均为降雨产生，从而形成了雨洪供补等特征。2010年降水量为2207.8毫米，与多年平均1897.4毫米增16.4%，与上年比较增53.15%；境内地表水径流量25.19亿立方米，与多年平均22.6亿立方米增11.4%；平均浅层地下水资源量5.67亿立方米，与多年地下水资源量4.9亿立方米增15.7%，地下水占水资源总量的18.3%。

2010年总供水量为21840万立方米，其中蓄水9800万立方米，引水8600万立方米，提水1600万立方米，占总用水量的90.6%；居民生活用水1972万立方米，占总用水量的9.0%，生态环境用水80万立方米，占总用水量的0.4%。

中型水库今年的蓄动态：年末蓄水量为2398万立方米，比2009年未蓄水增399万立方米，蓄水变量为399万立方米。

翁源属亚热带季风区，春季低温阴雨，夏季温高湿大，多雷阵雨，秋季凉爽雨少，冬季寒冷干燥，地表水（河溪）径流主要补给来源于降雨。由于区域、时空分配不均，因此，每年4—9月为汛期。滃江河2010年入境水量为4.55亿立方米，出境水量35.59亿立方米。集雨面积超100平方公里的河流有：滃江、九仙水、贵东水、龙仙水、周陂水、涂屋水、横石水等，水力资源丰富。

翁源县主要河流一览表

河流名称	发源地点	河口地点	流域面积（平方公里）		河长（公里）/坡降（‰）		多年平均径流量（亿立方米）	不同频率径流量（亿立方米）		
			全流域	县内	全长	县内		10%	50%	90%
滃江	船肚东	东岸咀	4847	2058	173/	92/1.7	18.08	27.66	17.54	9.22
九仙水	柑子山	石灰潭	127	127	23/11.2	23/11.2	0.93	1.42	0.9	0.47
贵东水	胡芦洞	张背	463	151.3	49/	31/5.86	3.67	5.62	3.56	1.87
龙仙水	勒离岭	牛鼻沟	217	162	36/	25.6/13.1	1.91	2.92	1.85	0.97
周陂水	长塘	三华河口	314	213.3	38/	29.7/6.01	2.3	3.52	2.23	1.17
涂屋水	翁源凹	六里涂屋	252	252	44/8.47	44/8.47	2.32	3.55	2.25	1.18
横石水	黄茅嶂	英德龚屋	642	478	54/	41/3.88	3.94	6.03	3.82	2.01

经济发展概况

【县域经济发展实绩】 2010年全县生产总值实现41.6亿元，同比增长12.6%。其中：第一产业增加值实现13.5亿元，增长7.5%；第二产业增加值实现11亿元，增长16.3%；工业增加值实现9.7亿元，增长17.3%；规模以上工业增加值实现5亿元，增长23.5%；第三产业增加值实现17.1亿元，增长13.2%。地方财政一般预算收入1.63亿元，增长28.3%。其中：国税税收收入3133万元，增长55.3%；地税税收收入7907万元，增长27.3%。财政综合增长率达46.8%，在全省排第4位。

【产业结构调整】 经济结构进一步优化，三次产业结构由2009年的32.1∶28.1∶39.8调整为2010年的32.5∶26.3∶41.2。第三产业快速发展。全年共接待游客45.3万人（次），增长55.2%，旅游总收入3.27亿元，增长85%。社会消费品零售总额实现17.9亿元，增长17%。年末全县金融机构各项存款余额53.4亿元，比年初增长14.9%；各项贷款余额16.1亿元，增长48.5%。

【城乡居民收入持续增长】 2010年，农村人均纯收入6534元，同比增长17.1%，城镇居民人均收入11670元，同比增长8.4%。年末城乡居民储蓄存款余额43.5亿元，分别比2005年增长56%、84.2%和108%。

【固定资产投资】 全年固定资产投资完成额231570万元，增长33.3%。其中，城镇投资152226万元（城镇投资中，项目投资139168万元，房地产投资13058万元）；农村投资79344万元。商品房销售额8813万元，减少4.7%；销售面积4.85万平方米，减少12.9%。从投资主体看：国有及国有控股经济投资51758万元，增长17.2%；外商及港澳台经济投资40858万元，增长131.1%；民营经济投资133246万元，增长25.3%。三次产业看：第一产业完成投资10373万元，增长7.8%；第二产业完成投资120725万元，增长85.5%。其中工业投资120725万元，增长85.5%；第三产业完成投资100472万元，增长1.5%。其中交通运输、仓储和邮政业投资24806万元，增长146.1%。新增的主要生产和服务能力：改造公路112公里（其中二级公路3公里），水力发电装机容量0.83万千瓦。

【区域发展竞争力不断增强】 专业园区建设取得新进展。华彩化工涂料城、粤北危处中心、粤台农业合作试验区等特色专业园区初步建成。华彩化工涂料城已完成1400亩土地的“三通一平”等基础设施建设，签约入园企业16家，动工企业3家；粤北危处中心基础设施基本完善，入园企业8家，有3家已建成试投产；粤台农业合作试验区成功落户该县，鹤仔岗核心区已完成租地3000亩，有6家台资企业入园建设。此外，以“金悦通”电子、“耐普电源”为代表的电子电源产业也初具规模。重点项目建设取得新突破。全面推行由一名县领导、一个部门挂点跟踪服务一个重点项目的机制，全年新开工重点项目12个，完成总投资9亿元。中源水泥厂、云门灯饰、凯通中高密度纤维板厂、泷铎时装有限公司等几个大项目均已基本建成并即将试投产。基础设施建设取得新成就。投入1亿元建设翁城高速公路出口六车道连接线，省道245线六里至坝仔段、国道106线大宝山至官渡段路面大修工程基本完工，铁龙公路改建工程顺利推进。全年完成农村公路硬底化101公里。220千伏曲翁云（翁源段）输变电工程、110千伏南龙变电站升级改造工程以及新建配网工程全面完工。投入2000多万元启动建设翁城供水和污水处理系统工程。全面完成岩庄水库等29宗中小型水库除险加固工程。完成农田改造1.3万多亩。

（钟新洪）

中共翁源县委

中共翁源县委领导名单

书　记：朱余旺

副书记：颜　亮　温毅麟

常　委：黄令遥　曾清兰　肖慎达　陈志峰
　　　　叶　文　李国荣　李翠红　黄向阳

综　　述

【概况】 2010年，中共翁源县委紧紧围绕“经济社会跨越发展”，深入学习实践科学发展观，认真贯彻落实省委十届六次、七次全会和市委十届七次、八次全会精神，扑下身子抓落实，埋头苦干不空谈，团结带领广大党员干部群众，攻坚克难，狠抓落实，战胜了超历史的“5·6”特大洪灾。全县社会固定资产投资完成23.15亿元，增幅33.3%；三次产业结构由2009年的32.1：28.1：39.8调整为32.5：26.4：41.1；全县国内生产总值41.57亿元，增长12.6%；财政一般预算收入1.63亿元，增长28.3%；财政综合增长率达46.8%，在全省排位由2009年的第54位上升到第4位，实现了“大灾之年大发展”。

【理清发展思路】 先后召开7次县委常委会议，研究重大问题，听取人大、政府、政协工作汇报，部署全县中心工作和重点工作。在县委十一届七次全会上，确定了做好“项目带动、创强攻坚、作风建设、惠民和谐”四篇文章，大力发展新型工业、特色农业，积极改善民生，推动全县经济社会跨越发展的总体工作思路。在县委十一届八次全会上，又提出了细化主体功能区的战略构想，确立了以江尾、翁城、龙仙三个中心镇为核心的翁北片、翁西片、翁中片三大主体功能区：以江尾镇为中心，粤台农业合作试验区翁源核心区为重要载体，辐射坝仔镇及原南浦镇、三华镇部分区域，构建翁北片现代特色农业生态发展区；以翁城镇为中心，官渡经济开发区、华彩化工涂料城等为主要载体，辐射周陂镇、官渡镇、新江镇及铁龙林场部分区域，构建翁西片新型工业重点发展区；以县城为中心，县城旧城改造、县城西区建设和现代物流服务园区为载体，辐射周陂镇、江尾镇部分区域，构建翁中片新型服务业优化发展区。形成“三足鼎立”之势，培育经济发展的三个增长极，进一步明确了“十二五”期间的发展思路。

【加快项目推进】 实行重点项目、重点工程挂钩责任制，以目标倒逼责任，健全完善《招商引资奖励办法》，在工业发展主战场翁城镇成立投资企业服务中心，进一步提高服务水平。大力开展招商引资，成功举办“广东翁源2010年经贸洽谈会”。园区建设和重大项目稳步推进，粤北危险废物处理处置中心基础设施基本完善，入园企业8家，其中3家已建成试投产；华彩化工涂料城“三通一平”全面完成，引进项目15宗。中源水泥厂、泷铎时装、云门灯饰等大项目即将投产。

【全力抗洪救灾复产】 5月6日，翁源县遭受了历史上从未有过的特大洪灾的侵袭，全县受灾人口达25万人，农作物受灾面积22.5万亩，直接经济损失7.5亿元。灾情发生后，县委、县政府反应迅速，紧急启动应急预案，多次召开“三防”工作紧急会议、党政班子会议及“5·6”特大洪灾救灾工作会议，认真研究部署抗洪抢险救灾工作，组织干群全力抗洪救灾，创造了8小时内突击转移2.5万多被困群众无1例伤亡的奇迹，得到了省委、市委的充分肯定和受灾群众的高度好评。灾后，及时组织做好家园重建复产工作，全县655户符合条件的重建户已全部竣工；投入复耕资金1600多万元，55055亩受灾农田已全面完成复耕。翁城镇党委书记陈路生同志被国家防汛抗旱总指挥部、国家人力资源和社会保障部、解放军总政治部联合授予“全国防汛抗旱先进个人”荣誉称号。

【创强攻坚、成效显著】 创建教育强县取得实质性进展，周陂镇、铁龙林场先后通过创建教育强镇的评估验收，高考第二批本科以上上线人数连续十二年居全市各县（市、区）之首。“林改”工作强力推进，经验做法在全市推广；创建林业生态县目标如期实现，完成荒山（迹地）造林19416亩，“万村绿”示范点20个，公路绿化19.7公里，泥石口复绿1251.8亩。广东山区现代农业示范区建设扎实推进，信达茧丝绸有限公司、茂源糖业有限公司入选广东省现代产业500强、广东省现代农业100强企业。“创卫”工作有序推进，县城亮化、美化建设和专项整治工作取得初步成效。创新实施了“百千万”工程，扶贫开发“双到”工作成效显著，得到中共中央政治局委员、省委书记汪洋同志的高度肯定和要求“媒体重点报道”的直接批示。

【民生工程、惠泽人民】 进一步完善社会保障体系，全面推行城镇居民养老保险制度，加大解决劳动就业、低保补助、优抚救济、社会救助等工作力度；加快低收入家庭保障性住房建设，已建成并投入使用了两期廉租房，第三期廉租房已基本完工；大力发展医疗卫生事业，实行农村合作医疗和城镇居民医疗保险制度，加快县、镇、村三级卫生网络升级改造；大力实施“乡村清洁美”工程，加强村庄整治，改善人居环境，新农村建设有序推进；认真落实层级动态管理责任制，扎实推进计划生育创“双无”活动。

【维护社会大局稳定】 抓好镇（场）综治信访维稳中心和两头延伸建设，按照“一岗双责”和“谁主管谁负责”的原则，重心下移、靠前指挥、善待群众，严格落实信访工作领导包案责任制，信访工作水平全面提升。扎实推进党政领导大接访、社会管理创新、百镇千村平安工程建设三项工作，维护社会公平正义。加大案件侦破力度，及时侦破了一批影响坏、危害大的恶性案件，命案破案率达到100%。深入开展“社会治安集中整治”、“学校周边环境整治”、“清理整顿娱乐休闲场所”等专项行动，大力扫除“黄、赌、毒”等社会丑恶现象。公安机关在全市执法质量考核中获得第二名，实现了“两会”、“世博会”、“亚运会”、“亚残会”期间社会平安稳定的目标，综治信访维稳工作进入全市先进行列。

【加强民主政治建设】 支持人大、政府、政协依法履行职能。组织人大代表、政协委员开展执法监督、工作评议、视察调研、社情民意调查和专题民主协商；组织民主党派、工商联和无党派人士开展形式多样的活动，统一战线智力密集、联系广泛的优势凸显。加强对人民团体的领导，支持群团组织参与社会管理和公共服务。

【加强党的建设】 着力抓好干部队伍建设。制定了《翁源县选拔任用科级干部初始提名试行办法》，从源头上、监督上把好选人用人关，切实提高选人用人公信度。深入开展“清风行动”、“树立正确权力观，提高执行力”、“创先争优”学习教育活动，建立和实施定性定量相结合的干部评价体系，严格考评奖惩机制。认真贯彻执行“五个一”制度和《廉政准则》，组建五个派驻纪检监察组，加大廉政教育、机关效能纠风治乱和案件查办力度，扎实开展工程领域突出问题专项整治工作。全县上下风清气正，形成了党风正、政风勤、民风淳的氛围。实施农村党员创业示范工程，培育党员创业领头雁，该项工作被中共中央组织部授予“第一届全国基层党建创新优秀案例”称号。

重要会议

【县委十一届七次全会】 1月18日上午县委召开十一届七次全会，会议的主题是：学习贯彻党的十七届四中全会、中央经济工作会议和省委十届六次全会及市委十届七次全会精神，回顾总结2009年的工作，研究部署2010年的工作任务，进一步动员和团结广大党员干部群众，继续解放思想，抢抓机遇，真抓实干，推动科学发展，加快文化、创新、和谐翁源建设。

县委书记、县人大常委会主任朱余旺总结回顾县委常委会2009年的工作，提出2010年全县工作的指导思想，并对2010年工作进行了部署。县委常委、组织部部长黄令遥代表县委常委会报告2009年度县委贯彻执行《干部任用条例》情况。

【县委十一届八次全会】 12月16日至17日上午，县委召开十一届八次全会，会议主题是：把握机遇，乘势而上，立足新起点，再创新辉煌。

16日上午，与会人员集中乘车参观中源水泥厂、华彩化工涂料城、106国道与京珠高速公路翁城连接线、云门家具制造有限公司、泷铎时装有限公司、凯通中高密度纤维板厂等企业。下午，县委副书记、县长颜亮作《中共翁源县委关于制定国民经济和社会发展第十二个五年规划的建议》的说明；县委副书记温毅麟作《中共翁源县委翁源县人民政府关于进一步加快林业生态建设的决定》的说明；县委常委、组织部部长黄令遥作《中共翁源县委关于深入推进创先争优活动的意见》的说明；县委常委、宣传部部长李翠红作《中共翁源县委翁源县人民政府关于加强文化建设的意见》和《翁源县文化发展十年规划纲要（2011—2020）》的说明，并分组对会议下发的意见和决定进行了热烈讨论。

17日上午，各组召集人向县委领导汇报讨论情况，县委书记、县人大常委会主任朱余旺总结回顾“十一五”期间取得的成绩，提出“十二五”期间发展思路和经济发展的预期目标，对“十二五”主要工作作出具体部署。

重要活动

【汪洋到翁源指导救灾工作】 5月9日，中共中央政治局委员、广东省委书记汪洋在省委常委、秘书长徐少华，省财政厅厅长刘昆，省民政厅厅长刘洪，省水利厅副厅长邱德华，市委书记、市人大常委会主任徐建华，市委副书记、市长郑振涛，县委书记、县人大常委会主任朱余旺，县委副书记、县长颜亮等陪同下，到翁源“5·6”特大洪灾灾区察看灾情，慰问受灾群众，指导救灾工作。汪洋书记一行先后深入灾情最严重的翁城镇富陂村第六村小组、铁龙林场龙化工区等，看望并慰问受灾群众，鼓励受灾群众要树立重建信心，要求民政等有关部门要及时补充救灾物资，确保受灾群众生活得到保障。在视察中，汪洋书记高度赞扬翁源县委、县政府在抗洪救灾中所做的工作。

【举办经济社会发展研讨会】 2月23日，举办翁源县经济社会发展研讨会。原市政协主席李培秋，市委常委、秘书长李石保，市人大常委会副主任林平杰，市政协副主席、统战部部长何伟青，市委副秘书长邓喜煌，市政府副秘书长许建设，市政协秘书长何炳光，市经济社会发展研究会翁江分会的翁源乡贤以及县四套班子主要领导参加了会议。县委副书记、县长颜亮通报了2009年翁源经济社会发展情况和2010年工作思路。乡贤对加快翁源经济社会发展纷纷建言献策，市委常委、秘书长李石保作重要讲话。县委书记、县人大常委会主任朱余旺作总结讲话。

【举行粤台农业合作试验区揭牌奠基仪式】 7月6日上午，在江尾镇鹤仔岗隆重举行广东省（韶关）粤台农业合作试验区揭牌暨奠基仪式。广东省副省长李容根，省农业厅厅长谢悦新，市委副书记、市长郑振涛，市委常委、副市长张志才，市政府副秘书长李克厚，县领导朱余旺、廖修成、颜亮等四套班子成员出席了奠基仪式。市委常委、副市长张志才主持仪式。

广东省（韶关）粤台农业合作试验区于2009年11月3日经广东省人民政府批准成立，是广东第五个粤台农业合作项目，韶关第一个经省政府批准的粤台农业合作试验区，是集生态农业种植和养殖、高新技术研发、特色农产品展示和开发、农业物流、农业生态观光旅游于一体的现代农业发展平台。第一批入园建设的企业有三家，分别为韶关宝岛牛樟芝王生物科技有限公司、韶关和谐生物科技有限公司和国际缤纷生物科技有限公司，总投资额达5.3亿元人民币。

【举行2010广东翁源经贸洽谈会】 12月28日，举行“2010广东翁源经贸洽谈会”。副市长陈秋彦，市直有关部门领导，来自港澳台和内地的外商企业家，县领导朱余旺、廖修成、颜亮、谢寿通等四套班子领导成员，县直正科以上单位一把手以及各新闻媒体记者等400多人出席了会议。洽谈会上，举行了动工项目剪彩和项目签约仪式。动工项目有12宗，总投资额7.28亿元，涉及工业、农业、生态旅游、商贸物流等相关产业。

县委办日常工作

【概况】 县委办公室为县委常设机构。2010年，机构改革定编23人，其中，主任1人（由县委常委兼任）、副主任4人。内设秘书股、综合股、调研室、新闻股、督查室、信息股、值班室、信访局、保密局等九个股室，下设机要局。2010年末，在编22人，其中，主任1人、副主任4人。主要工作是贯彻执行党的路线、方针、政策，围绕中心，当好参谋，搞好协调，做好服务，抓好督查，确保政令畅通和工作落实，统筹协调应急、信访、保密和机要等工作。2010年，在全县非政务部门工作绩效考评中荣获三等奖。

【办好公文做好会务】 坚持严把文稿起草、审核、收发“三关”，及时整理存档重要文件，2010年，县委及县委办公室共发文49件，没有出现歧义和差错。共传阅上级文件251份，回收251份。务实高效做好会务和接待工作，严格控制会议数量和规模，坚持提前准备、分工负责、层层把关。全年共承担县委常委会、县党政班子联席会、县四套班子联席会、县委中心组学习会、全县三级干部大会、县委十一届七次、八次全体（扩大）会议、"5·6"特大洪灾总结表彰会等重要会议30余场，受到县委领导的一致好评。

【深入调研当好参谋】 牢牢抓住推动跨越发展这一目标，围绕县委中心工作，有针对性地就"清风行动"、主体功能区规划、城镇建设、项目推进、创强攻坚、生态建设、改善民生等工作进行超前谋划、深入调研，协助县委、县政府完成了《"清风行动"计划》、《中共翁源县委翁源县人民政府关于进一步加快林业生态建设的决定》等重大决定，提出了以"布局优化、项目带动、产业升级、城镇建设、民生改善"为重点的"十二五"工作思路，形成专题调研及时将信息反馈给领导，为县委科学决策、统揽全局提供决策依据。2010年，按时按质起草撰写县委工作总结、全会报告、主持词、县委领导讲话、县委重大会议纪要及各种汇报材料60余篇，总计30余万字，得到了县委领导的充分肯定。

【强化督查推进问政】 2010年，围绕上级党委和县委中心工作开展了贯彻落实全市南片县（市、区）现场会精神情况、林改情况、扶贫开发"双到"和信访综治维稳等专项活动督查，有力促进了各项重点工作的顺利开展。加大网络问政工作力度，监督、指导相关部门和单位启动、规范网络问政工作，拓宽掌握社情民意、化解社会矛盾渠道。重视做好领导批示件、群众关注的难点热点问题的诉求办理工作。坚持"批则必查，查则必清、清则必办、办则必果"的原则，抓好落实，做到件件有回音、事事有结果。在督查督办过程中，认真总结全县经济社会发展中的好经验好做法，及时上报。全年上报市督查专报17篇，专刊刊登3篇，排在全市各县（市、区）前列，被评为2010年全市党委系统督查工作先进单位。

【搞好报道借力造势】 注重加强与主流媒体的沟通联系和交流合作。积极邀请中央、省、市主流媒体来宣传报道"花醉岭南·广东翁源赏花节"、"2010广东翁源经贸洽谈会"等重大活动，借助媒体的力量，对全县的经济社会发展进行多角度、全方位推介，提升了知名度和美誉度。认真编印翁源抗击"5·6"特大洪灾的《战洪图》画册，引起了省、市领导的重视和关注。2010年，在市以上主流媒体发表稿件40多件，被韶关日报社评为"新闻报道先进单位"。

【勤报信息加强值班】 抓住重点，制订计划，不断加大信息报送工作力度。2010年，共向省、市编辑上报信息138条（篇）；编发《翁源信息》12期。在"5·6"抗洪抢险期间，及时编发11期《快报》，第一时间向省、市报送信息，得到了省委、市委和社会各界的高度关注，引起了中共中央政治局委员、省委书记汪洋的高度重视，亲临视察灾情和指导抗洪救灾，重建家园工作。信息报送工作被市委办评为"2010年信息报送先进单位"。值班室共接报并按程序处理各种重大或紧急文件30多（件）份，及时协调处理了多起紧急突发事件，确保了紧急突发事件信息的及时报送。

（谢　冰）

附：领导班子成员名单

主　任： 陈志峰（2007.1—）

副主任： 陈汉英（—2010.7）
廖家炉（—2010.7）
黄周发（—2010.7）
禤玉龙（2009.5—）
邬国锋（2010.8—）
张会民（2009.5—）
陈大双（2010.12—）

中共翁源县纪律检查委员会

【概况】 中共翁源县纪律检查委员会机关与翁源县监察局合署办公，在县委、县政府和市纪委、市监察局的领导下进行工作。2010年，县纪委机关、监察局共设8个内设机构，分别是办公室、党风廉政建设室、监察综合室、信议室、纪检监察室、案件审理室、调研宣教室、机关效能室。县纪委机关、监察局行政编制30名，其中，县纪委常委7名（县纪委书记1名，副书记2名）；县监察局局长1名（由纪委副书记兼任），副局长3名（2名由县纪委常委兼任，1名为党外副局长）；室主任8名，为副科长级领导职务。

根据党中央关于"健全纪检监察派驻机构统一管理"和中纪委提出的"整合基层纪检监察组织力量，创新工作机制，科学设置机构，加快推进县级派驻机构统一管理”的要求，以及省纪委、省委组织部、省编委办、省监察厅、省财政厅《关于推进县级纪检监察派驻机构统一管理试点工作的实施意见》，按照市纪委的统一部署，翁源县于2009年12月31日，由县纪委、县委组织部、县编委办公室、县监察局、县财政局联合下发《关于基层纪检监察派驻机构统一管理的实施意见》，组建了5个派驻纪检监察组，名称为翁源县纪委监察局第X派驻纪检监察组，受县纪委、县监察局直接领导。对县直部门实行归口派驻，对镇（场）实行分片派驻。五个派驻纪检监察组机构规格为正科级，核定5个派驻纪检监察组行政编制17名。各设正组长1名，副组长1名。

【翁源县纪委十一届四次全会】 3月30日，中共翁源县第十一届纪律检查委员会第四次全会在翁源县城召开，县纪委委员、县四套班子党员领导，各镇（场）党委书记、纪委书记，县直机关各党（工）委书记、纪委书记，县直副科以上单位一把手，特邀监察员，县纪委派驻组组长、各室主任共180多人参加。会上传达学习了中央、省、市纪委全会精神，县委常委、纪委书记叶文作了题为《扎实推进党风廉政建设，努力保障经济社会发展》的工作报告，报告回顾了2009年党风廉政建设和反腐败的主要工作情况，部署了2010年的反腐倡廉工作任务。

【监督检查工作】 围绕中央保增长、保民生、保稳定等一系列决策部署的贯彻落实，深入开展监督检查工作。会同有关部门开展对节约用地、矿山开采、环境保护和强农惠农等政策措施落实情况的监督检查，其中查处非法开采石矿3宗，违法违规用地案件177宗，强制拆除12宗。抓好对有形建筑市场、产权交易中心、有形土地市场和政府采购的监督检查，进入建设工程交易中心招投标的项目27个，中标价18800万元；产权交易中心国有资产交易10宗，成交金额20.9万元；完成政府采购项目46个，采购金额1233多万元，节约资金162万元，节约率为11.6%。在土地交易中心处置土地14宗，总面积184830.6平方米，交易底价12234.33万元，成交价24984.43万元。成交价比底价高12750.1万元保障了国有资产的增值，杜绝了国有资产的流失，建立并逐步完善了土地有形市场。

【领导干部廉洁自律工作】 一是厉行节约，严格控制办公经费，公用费用压缩18.03%，其中公车费用415.1万元，同比减少20.62%；会议费181万元，同比减少24.58%；接待费295万元，同比减少26.25%；考察费用51.6万元，同比减少21.35%；办公经费1253.5万元，同比减少12.68%。“四项活动”费用为零。二是严格执行领导干部重大事项报告制度。审批领导干部因公出（国）境15人，国内考察学习188人，领导干部嫁娶登记12位。三是设立了廉政账户，是年共上缴“红包”款4.6万元。四是抓好述廉评廉工作。对翁城、周陂2个镇和地税、水利、建设3个局的党政“一把手”开展了述廉评廉。五是完善诺廉要求，全县740多名副科以上干部重新签订了廉政承诺书。

【查办案件工作】 坚决查处各种损害群众利益、违反廉洁自律、失职渎职的行为。受理各类信访举报113件，应办信访问题92件，办结89件，办结率96.7%。到11月，检查立案26宗，涉及党员25人，其中乡科级党员7人。结案18宗，给予党、政纪处分17人，免予处分1人。通过办案，为国家和集体挽回经济损失53.83多万元。乡镇办案率保持100%，维护了党纪政纪的严肃性。

【反腐倡廉教育工作】 一是组织领导干部开展廉政宣誓活动，在“跨越发展”能力培训班上组织四套班子领导、县直正科单位一把手、各镇（场）党委书记、镇长共110人进行廉政宣誓。二是上好廉政教育辅导课。县纪委派出领导到各单位进行专题辅导，全县各单位“一把手”分别上了一堂辅导课，全县累计上辅导课110多场次。三是组织42名拟提拔副科以上领导干部进行廉洁从政考试。四是组织全县县直副科以上党员干部学习宣传贯彻《关于领导干部报告个人有关事项的规定》、《关于对配偶子女均已移居国（境）外的国家工作人员加强管理的暂行规定》等两项法规制度。五是组织党员干部观看《翁源县交通局打造廉洁交通》专题廉政教育片。六是开展纪律教育学习月活动，请省纪委宣教室主任黄力给全县副科以上干部作了《关于加强反腐倡廉制度建设》的专题辅导报告。七是对全县具有行政审批权及行政执法权单位干部举办了廉洁审批，公正执法专题培训。

【纠风工作】 抓好工程建设领域突出问题专项治理工作。对23个500万元以上的项目进行了全面排查，共排查出存在问题51个，责成相关单位整改问题50个。在县经济和信息化局、各镇计生办、安监站、国地税分局开展民主评议政风行风工作，在县安监局、县国土资源局、县工商行政管理系统和县建设系统开展民主评议政风行风“回头查”工作。继续做好上线市“民声热线”节目工作，群众反映的43个问题均已得到妥善解决或及时回复。抓好公路“三乱”治理。召开了公路“三乱”治理工作会议，开展了涉路执法的自查，组织了3次公路“三乱”暗访，及时纠正涉路执法的不规范行为。

【机关效能工作】 制订《翁源县非政务部门工作考评办法（试行）》、《翁源县四套班子领导成员工作考核办法（试行）》，将非政务部门及四套班子领导纳入考评范围。围绕单位纪律散、作风浮、办事难、工作拖等突出问题，对机关作风先后组织了5次明察暗访，并根据暗访情况专门制作了翁源县机关作风暗访专题片。扎实推进网上行政审批及电子监察系统的应用。受理网上咨询投诉813件，行政审批5217件，办结率均为100%，行政审批提前办结5109件，提前率为99.6%。

【队伍建设】 新增9个行政编制，选调了4名年轻干部。成立了五个派驻纪检监察组，公开选拔了6名正副组长，交流任职4名正副组长。组织委局干部参与自主选学、科级干部培训、公务员职业道德建设等各类培训。选派11名纪检监察干部（含8镇场纪委书记）参加中、省、市纪委组织的纪检监察干部业务培训。全年共培训51人次。

（张美秋 陈燕婷）

附：领导班子成员名单

县纪委书记：叶 文（2007.4—）

县纪委副书记：刘跃通（2002.2—）

县纪委副书记、监察局长：

曾房兰（副书记：2003.3—

监察局长：2007.1—）

县纪委常委：刘庆娣（2006.12—）

县纪委常委、监察局副局长：

朱振如（常委：2006.12—

副局长：2007.1—）

县纪委常委：李松涛（2006.12—）

县纪委常委、监察局副局长：

张美秋（常委：2009.5—

副局长：2009.5—）

监察局副局长：陈祥敏（2010.12—）

组织工作

【概况】 组织部是县委的工作部门，内设办公室、组织股、干部股、综合股和调研股，2009年至2010年间，新增远程教育办、党代表联络办、举报中心和落实科学发展观评价考核办，总编制22名，其中工勤人员事业编3人。2010年，县委组织工作坚持以科学发展观为统领，认真学习贯彻党的十七大、十七届四中、五中全会以及全国、省、市组织工作会议精神，围绕全县做好“项目带动、创强攻坚、作风建设、惠民和谐”四篇文章的部署和要求，以建设“四有”领导班子和“四实”干部队伍、推进干部人事制度改革、匡正选人用人风气、全面推进基层党组织建设为重点，努力提高组织工作科学化水平，为推动全县经济社会跨越发展提供了坚强的组织保证。

2010年，全县共有22个基层党委（工委）。其中8个镇（场）党委、2个工委、12个县直部门党委，共26个党总支、536个党支部，其中，村（工区）党支部156个、社区党支部18个。全县共有党员17901名，其中女党员3540名，农村党员8317名，35岁以下党员共2622名，大专以上学历党员共4363名。

【领导班子和干部队伍建设】 积极开展创建在推动跨越发展上有新成效、有新局面、有新作为、有新气象的“四有”领导班子活动，努力建设一支对党忠实、为人诚实、工作务实、生活朴实的“四实”干部队伍。一是建立了“听、看、议”三结合模式的务虚会制度，大力推进学习型领导班子建设。二是抓好大规模培训干部工作，全年共选派领导干部155人次参加市以上各种主体班次的学习，组织举办了干部“四项监督制度”、科级干部培训班等7个培训班，其中自主选学22班，培训人数为2652人次，切实提高了干部培训的针对性和实效性。三是坚持德才兼备、以德为先、以绩为主、以廉为荣的用人标准，调优配强各级领导班子。是年，全县共调整县管干部176人次，提拔科级干部37人。全年共四次采用公推、公先或竞争上岗等方式选拔了20名科级领导干部，同时，加大年轻干部、女干部和党外干部培养选拔的力度，提拔了11名的年轻干部（35岁以下）、15名女干部和2名党外干部，其中7人提拔为部门正职，使全县各级领导班子的年龄层次、性别比例和界别结构日趋合理。四是扎实开展提高选人用人公信度示范县创建活动。2010年，翁源县干部选拔任用工作总体评价满意率达99.21%，新选拔任用干部满意率达98.10%，干部选拔任用工作群众满意度排在韶关市前列。

【深化干部人事制度改革】 认真贯彻中央《2010－2020年深化干部人事制度改革规划纲要》和我省《实施意见》，以落实干部群众的“四权”、提高选人用人公信度和满意度为目标，进一步建立完善干部选拔任用工作机制。一是制定出台了的《翁源县选拔任用科级领导干部初始提名试行办法》，实行“五提名三公开”，进一步规范了县委选人用人工作程序，从源头上预防和治理用人上的不正之风，提高选人用人公信度。二是制定出台了《翁源县县管干部考察对象实绩公示试行办法》，进一步拓宽了考察渠道，完善了干部评价体系。三是制定出台了《翁源县干部工资补贴晋升试行办法》，理顺任职时间较长、德才表现好的干部由于受职数、学历等条件限制晋升职务的问题，调动了干部的工作积极性。四是制定出台了《滃江突出贡献人才奖励暂行办法》，激励各行业多出人才、快出成果，进一步加强人才队伍建设。五是建立了《干部现实表现台账》，注重掌握干部在全县中心工作、重点工作和急难险重等工作中的表现，对那些关键时刻表现突出的干部大胆提拔使用。如7月份提拔的5名正科单位“一把手”中，其中就有3名在“5·6”抗洪救灾表现突出的干部。

【整治选人用人不正之风】 围绕贯彻落实“四项监督制度”，匡正选人用人风气，着力防范和惩治用人上不正之风。一是加强县委组织部举报中心建设，对群众举报或反映的干部方面问题认真核查处理。二是健全了由组织部牵头，有纪委、检察院、法院、人事、公安、审计、计生、信访等单位参加的干部监督联席会议制度，拓宽组织部门“知人”渠道，增强考察干部的广度和深度，逐步形成多层次、全方位的干部监督体系。三是坚持实行“一报告两评议”、定期谈话、述职述廉、经济审计、领导干部报告个人重大事项等监督制度。2010年共对29名干部进行了经济责任审计。四是建立信访、电话、互联网“三位一体”的举报平台，对拟提拔干部实行网上任前公示制，认真落实好群众的知情权、参与权、选择权和监督权。

【干部教育培训工作】 抓好大规模培训干部工作，建立了“听、看、议”三结合模式的务虚会制度，积极推进学习型领导班子建设，切实提高各级领导干部在加快发展、维护稳定、践行宗旨和加强党建等方面的能力。2010年，全县共选派各级各类干部155人次参加了市委组织部和其他上级培训机构组织的各种理论和业务培训；县组织人事部门主要举办了7个干部培训班，培训干部9077人次，其中干部信息能力培训班13期，培训人数为493人；翁源县领导干部“跨越发展”能力培训班1期，培训人数98人；科级干部培训班1期，培训人数100人；干部选拔任用工作“四项监督制度”专题学习班1期，培训人数100人；公务员职业道德规范培训班8期，培训人数为1945人；自主选学22班，培训人数为2652人次，切实提高了学习培训的针对性和实效性，扎实推动了各级领导干部能力素质的全面提升，为推进翁源全面崛起，实现跨越发展提供强大的精神动力和智力支持。

【深入开展创先争优活动】 围绕“五个好”、“五带头”的目标要求，以“创先争优促跨越”为主题，积极创新活动载体，开展“四个争当”活动，组织农村党员围绕中心工作，争当创业先锋；社区党员丰富活动载体，争当服务之星；机关、事业单位党员立足本职岗位，争当敬业模范；国有、非公经济党员创新管理模式，争当发展标兵，引导基层党组织和广大党员为实现全县经济社会跨越发展做出新贡献。同时，扎实开展双向承诺、双向评议、双向问责、双向带动的“四个双向”活动，评比“创先争优流动红旗”，通过开展“单位夺红旗，党员争先锋”，有效地推动了创先争优活动的深入开展。2010年，全县共投入基层组织建设经费430多万元，全县村级办公场所焕然一新，党组织建设得到进一步加强。是年，全县各基层党组织和广大党员为群众做好事实事3600多件，化解矛盾纠纷1200多起，让群众感受到了实实在在的实惠，实现了科学发展、和谐发展。

【基层党建创新】 积极实施“党员创业示范工程”，培育党员创业领头雁。全县共帮扶党员创业示范户310户，提供贴息贷款930多万元，创业示范户共帮带贫困党员和困难群众1580户，较好地解决了部分农村党员致富能力弱、发展没思路、种养没技术、创业缺资金等“瓶颈”问题，基本达到了“帮一户，带一村，兴一业，富一方”的预期目标，全县逐渐形成了“先富带后富，齐奔致富路”的创业热潮，农村党员威信不断提高，农村党员先进性不断凸显，党的执政基础不断得到夯实，党的执政能力不断得到加强，较好地探索了一条以农村党员创业示范促农村基层党建，以党员创业帮扶促党内互助的新路子，并被授予为“第一届全国基层党建创新优秀案例”称号。

【“两委”班子建设】 在全县建制村和社区开展了争当“三强”党支部书记活动，努力把农村、社区党支部书记培养成：科学发展能力强、民主管理能力强、维护稳定能力强的“三强”党支部书记，营造“学先进、赶先进、争先进”的浓厚氛围，形成学有榜样、赶有目标的激励机制；建立“培训—考评—交流”的党支部书记培养机制，切实加强农村基层组织带头人队伍建设。超前谋划部署，采取“先支部后村委”的方式，于2010年12月圆满完成了村、社区支部换届任务，全县171个村（居）共选出支部委员521名，支部书记171名。新一届村（居）党支部委员中，平均年龄比上一届下降4.1%，35岁以下的比上一届增加35名，女干部增加32名，其中女支书9名，实现了年龄结构、知识结构、性别结构、能力结构“四个”优化。

【党员队伍建设】 把发展党员工作作为各党（工）委年度目标考核的主要内容，严格按照发展党员“十六”字方针，加强在生产、工作一线、在优秀青年中发展党员，不断优化党员队伍结构。2010年，全县共发展党员438名，其中35岁以下党员312名，占发展党员总数的71%，党组织的吸引力、凝聚力不断增强。

【“两新”组织建设】 创新“支部加合作社”载体，围绕特色农业主导产业发展，组建起了兰花、糖蔗、蚕桑、水果、蔬菜、养猪、养鱼等53个农民专业合作社，并采取单独建立党组织或就近挂靠村党支部的办法建立党组织，通过“支部抓合作社——合作社带产业”，带领农民群众共同致富，带动特色农业产业的发展。同时，认真做好“两新”组织建立党组织和党员情况调查摸底工作，目前具备建立党组织条件的已实现了应建尽建目标，不断扩大了基层党组织覆盖面。

【党员干部远程教育】 全县有远程教育终端接收站点184个，其中村级站点156个，县级、社区站点20个，镇（场）党委站点8个，形成了覆盖全县、上下贯通的教育网络。实行远程教育站点在线情况通报制度、层层提醒制度、实时督办制度，确保设备安全、正常运转。同时，进一步加强了翁源县党员干部现代远程教育网（翁源县组织工作网）建设，充分利用远程教育网开展培训教育，不断提高党员队伍素质，使广大党员群众利用远教平台学到知识、获得信息、得到实惠。

【党内关怀机制】 规范党员互助金的收缴、管理和使用，在县财政局设立党员互助金专户，做到集中管理，专人负责，独立核算，将互助金用于困难党员的生活补助。2010年，共救济帮扶困难党员2000多人，发放帮扶资金15万元，切实解决党员生活困难，体现党的关怀。认真做好农村老党员生活补贴发放工作，2010年共发放老党员生活补贴50多万元，其中市老党员生活补贴37万，县老党员生活补贴13万元。

【城乡党组织互帮互助】 坚持一手抓扶贫开发，一手抓基层党建，以扶贫带动党建，以党建促进扶贫，组织开展“情暖滃江”主题实践活动，认真组织省、市、县帮扶单位、帮扶干部和被帮扶对象，积极争当“红旗团队”、“帮富使者”和“脱贫之星”。实施“百千万”工程，“三个一百”示范带动工程，即百名党员创业示范带动、百户脱贫致富示范带动、百村面貌改变示范带动，“四个一千”项目工程，即千人技能培训、千名劳力转移、千户农房改造、千名干部助学；实施“五个万亩”增收工程，即万亩糖蔗带增收、万亩蚕桑带增收、万亩蔬菜带增收、万亩花卉带增收、万亩水果带增收，扎实推进扶贫开发“双到”工作，构建了城乡统筹基层党建新格局。2010年，共筹集扶贫资金合计5128.3万元，其中到村资金3816万元，到户资金1312.3万元。48个省定贫困村中村集体经济纯收入可实现3万元以上的村有30个，占总数的63%；贫困村贫困户人均纯收入达到2670.34元，比2009年增长71%，实际脱贫数2380户、9137人，占贫困村贫困户总数的61.3%，得到省扶贫办和韶关市主要领导的充分肯定。扶贫开发创新做法入选省政府发展研究中心的《领导参阅》，得到中共中央政治局委员、省委书记汪洋要求媒体重点报道的直接批示。

【组工调研信息工作】 修订组工调研信息工作目标责任制，基层党（工）委也相应制定了奖励办法。加强与各相关部门、各级党组织组工调研信息工作负责人和通讯员的联系沟通，挖掘素材，把握亮点特色，打造精品信息；不定期向基层党（工）委通报来稿用稿积分情况，较好地保证了组工调研信息工作卓有成效地开展。2010年，共撰写报送调研信息稿件341篇，被省、市《组工通讯》、《广东党建》、《领导科学》、《党建文汇》等省、市党建刊物采用31篇，被省、市《组工信息》采用22条，调研文章和组工信息采用情况在韶关市组织部门均排名第二，被评为韶关市组工信息工作先进集体和韶关市《组工通讯》报道先进单位。组工网宣工作走在全市前列，被市以上党建网站采用161条，其中被人民网、中国共产党新闻网采用27条，县委组织部荣获“全国基层党建宣传示范单位提名奖”。

【组织部门自身建设】 坚持把加强组织部门自身建设与服务党委、政府中心工作结合起来，深化拓展“讲党性、重品行、作表率”活动，以“德高于人、能强于人、勤超于人、绩优于人、廉清于人”为标准，着力在思想建设、能力建设、作风建设、业务建设、廉政建设方面做到“五个领先一步”，着力加强组织部门自身建设，争当创先争优表率部门；以“五访五帮”为主要内容，扎实开展组织部部长和组工干部下基层活动；组织开展“七个一”活动，扎实推进学习型组工建设，建立健全了集中学习、轮流讲学、组工讲坛等制度，积极营造勤于思考、乐于学习的良好氛围；建立完善了各项管理制度，进一步规范了部机关和组工干部的工作程序和行为，建立了部机关关爱制度，营造和谐融洽的工作环境，形成推动工作的合力；实行“项目到组、责任到人”工作机制，以“项目责任制”来推动各项工作落实，促进了部机关全体干部高标准、高质量地完成各项工作任务。县委组织部在2010年首次开展的全县非政务部门绩效考评中荣获一等奖。

（陈水晶）

附：领导班子成员名单

部　长： 黄令遥（2006.11—）

副部长： 江汉洪（2005.12—）

许奕堂（2010.9—）

赖永兴（2010.9—）

甘可柱（兼职2008.7—）

何云山（兼职2009.6—）

李金桓（兼职2010.7—）

宣传工作

【概况】 宣传工作主要由宣传部负责。县委宣传部为正科级建制，领导职数一正两副。内设办公室、宣传、理论等功能股室及翁源县委宣传部讲师团、翁源县社会科学学会联合会、翁源县精神文明建设领导小组办公室等正科内设机构，2005年初成立翁源新闻专版办。2010年宣传部在职干部12人，职工1人。

2010年，宣传思想工作坚持以邓小平理论和“三个代表”重要思想为指导，深入贯彻落实科学发展观，紧紧围绕推动翁源经济社会跨越发展目标，积极做好宣传思想工作，不断加大宣传力度，政治理论学习有新举措，宣传舆论工作有新力度，精神文明、生态文明建设有新成效，努力营造了良好的宣传舆论氛围，2010年翁源新闻专版办被《韶关日报》评为新闻报道先进单位。

【政治理论学习】 积极推进学习型党组织建设。县委成立了翁源县建设学习型党组织工作协调领导小组，领导小组在县委宣传部下设学习型党组织建设办公室，具体负责组织全县学习型党组织建设的检查考核、督促指导等工作。积极引导广大党员干部以深入学习为基础，以解决问题为重点，以推动创新为目的，充分发挥党员干部在自我组织、自我学习、自我教育、自我提高等方面的主体作用，在“深”字上下功夫、“新”字上做文章、“实”字上出成效。认真组织好县委中心组的学习。一是编印学习资料，从第二期中心组学习开始，每期编印“中心组学习资料汇编”。二是培训与学习相结合，8月份在第三季度中心组学习时，组织中心组成员、各镇（场）书记、镇长和县直正科单位主要负责人共110多人，到中山大学岭南学院进行“跨越发展”能力培训学习。三是中心组学习与务虚研讨相结合，按照市委的部署，在第四季度中心组学习时，定下了务虚研讨的专题：“总结‘十一五’期间工作成绩、亮点，对编制‘十二五’规划进行研讨”。

【宣传舆论工作】 积极参与全县重大活动并做好宣传报道工作。全年参与了“花醉岭南·广东翁源赏花节”、“5·6”抗洪抢险、扶贫“双到”、创先争优、“清风行动”、党建、2010广东翁源经贸洽谈会等重大活动，先后邀请了新华通讯社、中新社、中央电视台、中国经济报、文汇报、广东电视台、南方日报、羊城晚报、广州日报、韶关日报、韶关电视台等10多家中、省、市媒体和人民网、新浪网、网易等20多家网站对活动进行宣传报道，这些媒体都先后在重要版面或黄金时段刊发、播放了相关新闻。

加大对外新闻宣传力度。电视稿上送市播出全市排第一，《韶关日报》新闻专版质量全市数一数二，2010年翁源新闻专版办被《韶关日报》评为新闻报道先进单位。翁源新闻专版全年共出版12期，用稿120多篇，图片40多幅。在南方日报推出《四大举措力推翁源科学发展》专题报道。在韶关日报刊发了旅游专版，对翁源县的特色旅游资源作强力推介。协助韶关日报“走遍韶关，走进翁源”栏目组采写反映翁源县人文历史、民间美食和客家民俗风情等内容的通讯稿，在韶关日报陆续刊出。专版办人员除在专版发稿外，还积极向中、省、市主流媒体发稿，全年共在新华网、中新社、中央电视台、南方日报、羊城晚报、广州日报、广东电视台、韶关日报等主流媒体刊发稿件219条。

出版了宣传推介翁源的画册《花果之乡——翁源》。画册共用图86幅，分别从生态之城、自然之美、“三花”烂漫、工业之星、文化教育、民间艺术等方面全方位展现翁源的魅力。

积极组织“5·6”洪灾的宣传播道。市级以上宣传媒体报道翁源县抗洪救灾、灾后重建文章达200多篇，中央电视台7次报道翁源县洪灾。注重做好社会宣传。“5·6”特大洪灾中，认真组织收集在这场特大洪灾中涌现出的先进事迹，开展抗洪救灾先进事迹巡回报告，摄制专题片，印制抗洪救灾宣传画册《我们手拉手》。

【精神文明、生态文明建设】 认真抓好文明镇、文明单位、文明窗口、文明村（户）常规创建工作。深入开展精神文明建设创建活动，不断完善先申报、经创建、再评选的精神文明创建新机制。全县2010年申报县级文明单位56个，市级文明单位5个。

以创建省卫生城市为契机，深入推进群众性“讲文明、树新风”精神文明系列活动。志愿服务活动由阶段性向经常性活动转变。建立了由文明办牵头，共青团县委组织的志愿都服务领导机构和专门工作机构，建立以青年为主的各类志愿者组织，现发展队员3000多人。

大力开展环境保护、“双到”工作、创卫、便民利民等志愿服务活动。认真制定生态文明建设工作计划。先后印发了《关于印发翁源县2010年生态文明建设工作要点的通知》、《印发翁源县2010—2011年“村庄整治和乡村清洁美”行动方案的通知》等文件，对生态文明建设工作实行落实责任，分工负责。

积极抓好乡村“清洁美”工程建设。完成市级示范点2个镇，县级示范点24个行政村，自然村893个，修建垃圾池37个，购买垃圾桶1200个，购买运输车8台，购买手推车36台，全县落实保洁员893人。县财政支持建设资金95万元，社会力量赞助40万元，农户自筹10.5万元。到2010年底，乡村“清洁美”工程经费总投入195万元。申报翁城镇、新江镇通过市生态办年终考核验收，各镇获20万元的以奖代补奖励。

【文化基础设施建设】 认真贯彻落实省委十七届七次全会和市委十届八次全会精神，积极做好加快翁源文化发展的工作，县委书记朱余旺亲自主持会议，召开加快翁源文化建设座谈会，征求文化名流对加快翁源文化建设的意见。经多方征求社会各界意见，制定了《翁源县文化发展10年规划纲要（草案）》，报县全委会通过后下发，为今后加快文化发展指明了方向制定了目标。

不断加大投入，加快文化基础设施建设。翁山诗书画院已于1月份竣工使用，它是韶关市目前唯一的个人艺术馆，涂志伟艺术馆也正在紧张建设中。是年全县建成农家书屋88个，到年底全县已建成农家书屋100个。

加快广播电视设施建设步伐。先后完成县城周边光纤线路、六里南门坪网络升级改造，完善周陂镇“城乡用网同价”工程，县城网络升级扩容8个光节点，开通综治维稳等数据专线11条，初步建成全县事业发展信息库。

【文化体制改革工作】 明确改革的思路和方向，抓住影响和制约文化科学发展的深层次问题，努力帮助解决转制文化单位遇到的困难，加快了对新华书店、电影公司的改革力度，已于6月30日完成了对县新华书店的转企改制工作，县电影公司的转企改制工作也正逐步实施。

【宣传干部队伍建设】 突出实践特色，认真组织学习实践科学发展观活动，积极开展争先创优活动，通过组织撰写心得体会、举办座谈会、开展专题调研等活动，形成宣传文化单位争先创优的良好风气。加强党风廉政建设，加强宣传文化单位班子建设，举办宣传干部培训班，提高了基层宣传文化干部队伍素质。

（梁文奇）

附：领导班子成名单员

部　长： 李翠红（2009.12—）

副部长、文明办主任： 林晃奎（2001.12—）

副部长： 黄薇薇（2009.4—）

统一战线工作

【概况】 中共翁源县委统战部是县委主管统一战线的职能部门，主要职责是宣传贯彻执行中央和省委、市委、县委有关方针政策；向县委反馈统一战线情况，提出统一战线的工作意见和建议，协调统一战线各方面的关系。主要负责联系各民主党派和无党派代表人士，非公有制经济代表人士，无党派知识分子联谊会，民族宗教界代表人士，负责党外人士的政治安排，开展以祖国统一为重点的海外统战工作，指导各党委开展统战工作，会同有关部门做好培养、考察、选拔、推荐、安排党外人士担任政府及其部门和司法机关领导职务的工作，协助民盟县委、县工商联管理干部工作。按2002年的机构改革方案，县委统战部内设办公室，台湾工作办公室挂靠统战部合署办公，两块牌子，一套人马，编制共6人，其中部长由县政协副主席兼任。2010年，统战部切实按照上级部门的部署，结合实际，围绕中心，突出重点，统筹兼顾全面推进全县统战工作，取得显著成绩，在年度绩效考评中，被县委、县政府授予“优秀单位”荣誉称号。

【开展“三促进一保持”行动】 3月，根据中共广东省委、韶关市委统战部关于在全省统一战线开展“三促进一保持”系列行动的工作部署，结合翁源的工作实际，首先成立调整统一战线实施系列活动领导小组，制订实施方案，广泛组织全县统一战线成员开展“三促进一保持”行动。引导统一战线广大成员深入调查研究，为做好“四篇文章”打赢“三场硬仗”，积极建言献策，提出了很多有价值的意见和建议，人大代表、政协委员提出的提案、议案18件。

【海外联谊工作】 4月，在翁源投资的台商陈先生和吴先生，因用地的问题发生界址和合同纠纷，互不相让矛盾不断升级，县委统战部、县委台办得知情况后，分别找当事人进行了解，并组织镇村干部到实地查看核实，多次与有关部门及当事人进行协商、调解，合情、合法、合理解决问题，有效阻止一场民事纠纷，台商对处理结果表示满意。“5·6”特大洪灾翁源台商协会捐款献爱心2万多元。9月统一战线工作部派员协助，“翁源旅港同乡会”做好筹备换届工作，培养了一批新生骨干力量，为港澳海外统战工作延伸打下坚实的基础。

【多党合作工作】 6月，坚持和完善中国共产党领导的多党合作制度，全力推进党外代表人士队伍建设。组织力量对《中共中央关于进一步加强中国共产党领导的多党合作和政治协商制度建设意见》（中发［2005］5号）精神的贯彻落实情况进行全面指导检查。组织民主党派成员和无党派代表人士学习党的十七届五中全会精神，支持民盟县委加强组织建设和队伍建设，选送2名民盟骨干到市社会主义学院学习培训。协助换届工作，由原来8个支部发展到10个支部，并增选一名副主委。11月，在全市率先成立了“翁源县无党派知识分子联谊会”。为无党派知识分子创建了自己的“家”。

【非公有制经济领域统战工作】 5月，组织非公有制经济代表人士10人，前往清华大学参加市委统战部组织的“名牌高校培训班”学习。9月组织非公有制经济代表人士18人前往上海、浙江学习、交流活动。为非公有制代表人士开阔视野，互通信息，寻找商机提供平台。11 月在第 21 次全国大中城市社科联工作会议上翁源县非公有制经济研究会获得“全国先进学会”称号。11 月，市“创优办”检查翁源县非公有制经济“两新”组织党建工作获得好评。6 月“5·6”特大洪灾发动广大统一战线成员开展抗洪救灾，扶贫济困，社会公益，光彩事业等活动共捐资 180 多万元。

（曾桓文）

附：领导班子成员名单

部　长：余小英（2003.5—）

副部长：叶　松（2009.5—）

县直机关工委

【概况】 中共翁源县直属机关工作委员会（以下简称县直工委）是中共翁源县委的派出机构，受县委委托领导县直机关党的工作。县直工委的主要职能是对县直机关基层党组织（含直属单位党组织，下同）党建工作进行研究和指导，提出加强和改进机关党的建设的意见和建议；指导县直机关党员教育和入党积极分子培训工作；审批直属党（总）支部班子的组成，支委成员任免及发展党员和预备党员转正、审议直属党（总）支部党员违纪处分情况；配合县委有关部门抓好直属机关领导班子思想、政治建设，参与对党员领导干部民主生活会和党组（党委）中心组学习的督促检查和指导工作，了解和掌握情况，按规定报送情况报告；履行县委规定的其他职责任务等。县直工委的前身为中共翁源县直属机关委员会（以下简称直属机关党委），2002 年 8 月，根据上级精神，为加强县直机关党的建设，中共翁源县委撤销直属机关党委成立县直工委。多年来，县直工委认真履行《中国共产党和国家机关基层组织工作条例》赋予的职责，自觉增强抓党建的“主业”意识，围绕县委、县政府的中心工作，积极主动抓好机关党的思想、政治、组织、制度、廉政建设，为推动翁源经济社会科学发展发挥了积极作用。2010 年，县直工委一方面加强对财税系统、农业系统、林业局等 11 个机关党委机关党建工作的指导，加强与系统党委的联系和沟通，另一方面还直辖县委办、组织线、宣传线、工商局、国土局等 14 个党总支部，78 个党支部，党员 1499 名。

【扎实开展学习教育活动】 一是创先争优活动：根据县委的部署，工委成立了领导小组，先后召开 6 次会议，结合县委“创先争优促跨越”的主题，在直辖党（总）支部开展了“服务中心、服务基层、服务群众，提高执行力、提高群众满意度”的“三服务二提高”和“讲党性、重品行、作表率”的主题实践活动；组队参加了市直工委主办的“韶关市县（市、区）直机关创先争优知识竞赛”获得了好成绩；承担了市委创先争优活动领导小组下达给我县创先争优活动理论研讨任务；组织专人写出了《以德为先，创先争优》、《紧紧围绕推动科学发展、促进社会和谐开展创先争优活动》理论水平较高的文章；组织开展了共产党员先进性标准大讨论。通过扎实有效的创争活动，在县直机关形成了为翁源跨越发展创先进争优秀的浓厚氛围。二是纪律教育学习活动。根据县委《转发〈中共翁源县纪委关于开展 2010 年纪律教育学习月活动的意见〉的通知》要求，按照县纪委十一届四次全会关于反腐倡廉工作的部署，县直工委利用三个月时间，组织开展了纪律教育学习月活动。使党员干部的思想素质进一步提高，理想信念更加坚定，作风建设进一步加强。

【结合实际做好组织工作】 体现在“七抓”上。一是抓规划。年初根据县委组织部的指示精神，制定了《县直工委 2010 年组织工作要点》，对全年组织工作作出全面具体的安排。二是抓调研。修订出台了《县直工委组织工作调研宣传和信息工作目标责任制》，组建了组工调研信息员队伍，积极探索机关党建的新情况、新问题，全年上报调研稿件大稿 20 篇，小稿 10 篇。三是抓培训。4 月下旬举办了有 86 人参加的 2010 年县直机关、企事业单位入党积极分子培训班，注意从思想上建党；举办了二期共有 158 人次参加的党（总）支部书记、组织委员党务工作程序培训班，努力实现机关党建工作程序规范化。四是抓组织发展。按照发展党员工作的“十六字”方针，吸收了新党员 12 名，同时讨论了 18 名预备党员按时转正。五是抓党（总）支部班子建设。按“五个好”的要求，新组建了人社局党支部，督促 2 个党总支部、4 个党支部按期换届，共调整党（总）支部委员 34 人。六是抓先进典型的培树。2010 年“七一”表彰了 17 个先进党（总）支部、13 名优秀党务工作者、61 名优秀共产党员。七是抓基层党的组织生活创新工作。在机关党建的规范化建设、载体创新，党员意识的培养等方面进行了有益探索。2010年，县直工委的机关党建工作受到了韶关市委组织部、韶关市直工委的赞扬，在全市机关党建会议上，县直工委作了《以创先争优为动力推动机关党建创新发展》的经验介绍。

【严格要求抓好民兵和武装工作】 一是做好年度征兵工作。严格挑选把关，2010年为部队输送高素质兵员5名，圆满完成了新兵征集任务。二是抓好民兵整组、训练工作。共组织6人次参加省、市军区的民兵训练，完成了上级下达的任务。在训练过程中，民兵还取得了全市第二的好成绩。三是抓好民兵分队“四基”建设。目前，8个民兵分队中有6个分队完成了四个基本建设任务，圆满完成了2010年的建设任务。四是做好退役军人预备役登记和兵役登记统计工作。

（黄凤玲）

附：领导班子成员名单

书　　记：李金桓（2008.6—）
副 书 记：高海锋（2010.9—）
　　　　　毛敏华（2010.12—）
组织委员：陈晓琴（2002.8—）
工委委员、武装部长：朱佑望（2009.5—）

老干部工作

【概况】 中共翁源县委老干部局是县委系统的正科级部门。核准的人员编制数5人，实有在编人员6人。下辖：翁源县企业离休干部管理中心、翁源县老干部活动中心。2010年，主要抓好老干部“两个”待遇的落实，组织老干部开展各项文体活动，引导老干部发挥余热，为经济社会发展做出贡献。

【落实老干部的政治待遇】 一是县财政拨出40多万元专款，为全县2300多位离退休干部统一订阅学习资料“两报一刊”（《秋光》、《中国老年报》、《老人报》）4600多份。丰富老干部的晚年生活，使老同志“老有所学”。二是坚持通报、慰问制度，坚持一年二次（春节和上半年）召开全县副处以上老干部座谈会，通报全县的经济社会发展情况；6月10日，县委召开老干部2010年上半年工作情况通报会，县直各单位和各镇离退休干部管理小组组长或党支部书记60多人出席了会议；会议特别向在座的老干部通报了翁源“5.6”特大洪灾的有关情况。三是坚持节假日、老干部生病住院走访慰问制度，春节上门慰问离休干部及部分离休干部遗属150多人次，送上慰问品和慰问金共10多万元；全年探望生病住院老干部70多人次，给他们送上慰问金2万多元。四是组织老干部外出参观学习，10月21日至25日，组织一批原任四套班子成员的离退休老干部20多人前往上海世博会及浙江等地为期5天的参观学习，使老干部开阔视野，了解祖国改革开放的新形势和所取得巨大成就。

【保障老干部的生活待遇】 健全离休干部离休费保障机制、医药费保障机制和财政支持机制。2010年1月，给全县行政事业单位离退休干部增加生活补贴每人每月100元。调整提高离休干部护理费标准，对全县离休干部，特别是因病长期瘫痪、生活不能自理的离休干部普遍调高护理费标准，增幅从50元至100元不等。做好老干部去世善后工作，协助县林业局、教育局、商业总公司、坝子镇等8个单位做好8位离休干部去世后事处理工作，落实好4位离休干部配偶定期生活困难补助。帮助离休干部解决住房问题，多次和县住建局协调并争取县委、县政府的支持，以县政府会议纪要的形式，从政府第二期廉租房中挤出二套廉租房优先解决张会和张立彬这二位离休干部的住房问题，11月5日，这二位离休干部顺利住进了新楼房。

【发挥老干部余热】 组织老干部就全县的政治、经济、文化、社会建设等开展调研活动，积极向县委、县政府提合理的意见和建议。同时老干部还利用他们的政治、亲情优势宣传翁源，为翁源争取项目资金，为招商引资作贡献。关心下一代工作，全县各级共建关工组织206个，参加关工组织的离退休干部有1000多人。各级关工组织共举办专场教育有100多场次，受教育的青少年达2万多人次。县关工委还举办了一期农村青年创业培训班，培训农村创业青年80多人次。

【组织老干部开展活动】 全县老干部活动场馆一共有75个，门球队和门球场25个，歌舞团2个。利用现有的活动场所，组织老干部开展各项有益身心健康的文体活动。一是组织老干部学习诗书绘画艺术；二是重大节日举办门球、象棋、麻将比赛；三是老人节开展猜谜、钓鱼、投球、击鼓、丢圈、扔沙包等游园活动，不断丰富老同志的精神文化生活，使他们“老有所乐”。

【装修改造老干部活动中心】 老干部活动中心建于上个世纪80年代，由于建筑时间长，加上当时的建筑技术有限，致使大楼墙体多处出现裂缝，外墙大面积剥落，存在诸多安全隐患。为了给老干部开展活动创造安全、舒适的环境，争取财政资金30多万元，于11月15日至12月31日，对老干部活动中心大楼外墙进行全面装修改造，装修改造后的老干部活动中心面貌焕然一新。

（朱美花）

附：领导班子成员名单

局　长：何云山（2003.5—）

副局长：麦红芬（2001.12—）

县委党校

【概况】 2003年9月，县委、县政府为了整合资源，将县委党校、广播电视大学、行政干部学校、教师进修学校、中等职业技术学校合并办学，实行多块牌子一套人员的管理模式。学校占地面积50195平方米，建筑面积25200平方米。2010年，学校在职教职工85人，其中专职教师53人、管理人员14人、工勤人员18人。学校紧跟时代步伐，以中国特色的社会主义理论体系为指导，全面落实中央、省、韶关市和县委、县政府的决策部署，坚持科学发展、和谐发展，坚持解放思想、深化改革，加强和改进教学管理、办学条件、队伍建设和后勤服务，努力增强各类教育的针对性和实效性，为本县经济、政治、文化、社会建设和党的建设提供重要保证。2010年学校被评为县“精神文明建设单位”、“社会治安综合治理达标单位”、“计划生育先进单位”、“县全民健身活动先进单位”、“韶关市五四红旗团委”、“韶关市青年志愿服务先进集体”、县年度绩效考评优秀单位。

【办学状况】 县委党校在办学方面以干部培训为主；在广播电视大学办学方面以学历教育为主，有中央电大开放教育本、专科的学历教育，也有中央电大奥鹏远程学习中心的本、专科学历教育，办学门类多，专业全。2010年，中央电大奥鹏远程学习中心的本、专科学历教育招生182人，在校生500人，其中应届毕业生93人；教师进修学校在办学方面：学校以开展素质教育研究为中心，以探讨现代教育理论、教育技术为重点。通过各种类型的培训，更新了教师的知识和教育教学观念，开拓了教育新视野，不断提高了在职中、小学教师思想素质、文化素质和教育教学能力。为翁源县教育事业发展作出了较大贡献；中等职业技术学校在办学方面，开设有计算机应用、幼儿教育、数控机械、电子电工、会计等五个专业。现有学历教学班29个，全日制在校生1232人；(其中一年级326人，二年级497人，三年级309人)；2009—2010年转移培训学员共513多人。学校始终坚持以邓小平理论和“三个代表”重要思想为指导，以科学发展为目标，全面贯彻“以服务为宗旨，以就业为向导，以质量求生存，以创新求发展”的办学理念；坚持“以人为本，先成人，后成才”的办学思想；遵循职业教育规律，实行严格、科学、规范的管理，不断改革和创新职业教育教学模式，使职业教育充满活力；从实际出发，把培养目标定格为“合格+技能”，即一方面加强学生的思想品德教育和文化科学知识的传授，帮助学生树立正确的世界观、人生观和价值观，培养正确的职业道德观，掌握现代科学文化知识，另一方面加强学生的专业技能训练，使学生通过三年的学习，掌握一技之长。

【教学工作】 学校在学历教育的教学管理工作中，按照上级业务部门的规定和要求，对招生、日常教学和教务、考试等实行全程、全面和规范的管理。根据成人业余教育的特点，结合学校与学生的实际，提供多种学习资源（包括纸质教学资源、便携式音像教学资源、远程传媒教学资源），要求学员自学为主。教师加强对学员的学习过程的检查督促，学校领导与教务部门特别严格形成性考核作业、实践性环节作业的管理和严格期末考试管理，以保证教学的效果和教学质量。

完善各项管理制度。学校建立了《教师岗位责任制》、《行政人员岗位责任制》、《班主任工作管理规定》、《德育工作实施方案》、《翁源县中等职业学校教工考勤签到制度》、《财务制度规定》、《教职工岗位津贴发放办法》、《翁源县中等职业学校奖教奖学方案》等等。这些制度的建立完善，构建了学校完整的管理体系，科学、全面地规范了学校的教育教学工作的全过程。

德育工作。一是贯彻“先成人，后成才”的思想，按照《中学生德育工作大纲》、《中小学生守则》、《中学生日常行为规范》、《关于加强和改进德育工作方案》及有关的法律法规抓好学生思想教育工作。三年来，学生德育考核优良率均在85%以上，学生犯罪率为0；二是切实抓好班主任工作。定期召开班主任工作会议，加强理论学习和业务研究，不断提高班主任的理论水平和工作能力，不少班主任还撰写了有较高理论水平的德育论文；三是加强学生的就业指导工作。每学年通过利用专题指导会，积极引导学生根据自己的专业和技能，结合社会发展需要选择职业，引导学生学一行、爱一行、钻一行、精一行。

教学管理日趋完善。一是按《教师职业道德规范》等有关要求，加强对教师教育教学工作全过程、全方位的管理，通过管理队伍进行督促检查，使各项工作落到实处；二是切实加强实训教学管理。建立了实习、实训计划，按要求上好实验、实训课；组织学生到校外基地实习（实训），既重视技能培养，又重视学生的思想教育；学校每学期利用专业检测、技能竞赛、课外兴趣小组等形式加强技能训练，极大地激发了学生的学习兴趣，有效地培养了学生的动手操作能力，教师的教研能力得到了提高；三是不断深化教学改革，树立以技能训练为重点、以市场需求为目标的教学思想，探索以实践为主的教学模式，正确处理好教与学、专业基础与技能训练的关系。在教学中，坚持理论与实践相结合，以实践操作为突破口、以技艺竞赛和技能等级考试为催化剂，进一步提高学生的学习积极性和专业水平。加强实训和专业检测，每学期的实训开出率达100%，专业检测，学生参与率达100%；四是以校内外实训基地建设为平台，基本形成了产教结合、工学结合、校企结合的良好局面。

【招生和就业】 一是利用发送《招生简单》、张贴《招生宣传专栏》、电视媒体广告、组织专门人员下乡开展招生宣传等方法加大宣传力度。县教育局还利用下达任务的形式，要求全县中学积极动员初中毕业生报读中职学校，使招生数量逐年上升，办学规模不断扩大；二是重视推荐就业工作。学校与县内、外的知名企业、工厂、幼儿园和珠三角地区人才交流中心建立就业联系网络，为学生提供良好的就业服务。毕业生历年就业率达98%，当年就业率达100%。

【培训工作】 一是扎实抓好了党校的培训工作。学校的各项工作都紧紧围绕市委党校和县委县政府工作中心去积极开展。我们举办了各种培训班，有公务员职业道德培训班、全县干部自主选学培训班、副科以上干部理论学习培训班、干部信息能力提升培训开班、翁源县村支书、主任培训班等。开办各种培训班次5个，共71期数，共培训6702人次。通过各种培训班的学习和研讨，使党员、干部解放思想，实事求是，与时俱进，开拓创新，不断地提高政治和理论水平。同时，更深刻地认识当前我国发展中的一些重大政治经济问题，树立了立党为公、执行为民的思想。通过培训研讨，结合翁源的实际，积极探讨发展县域经济的新动向和新思路，不断地推进经济发展和加快建设新农村的进程。

二是进修学校的继续教育工作成效大。我们以开展素质教育研究为中心，以探讨现代教育理论、教育技术为重点。开办英特未来教育学科教师培训班、教师教育技术初、中级培训班等，共12期，共培训教师1992人次。通过各种类型的培训，更新了教师的知识和教育教学观念，开拓了教育新视野，不断提高了在职中、小学教师思想素质、文化素质和教育教学能力。为翁源县教育事业发展作出了较大贡献。

三是重视抓好“双转移”培训工作。开设了农村劳动力转移就业培训班、SYB创业培训班等，开办培训班2期，共培训238人次。

【电教工作】 学校共有计算机200多台。2010年建立了校园网，校园网通过光纤电缆（100兆）与因特网连接，可供教师和学生实施远程教育、多媒体教学、浏览互联网内容、上传信息下载资料等，信息化建设和管理逐步走上正轨。教务处、教导处负责远程教育网、站、台电化教育设施设备和音像教材的建设、管理与维护。是年，投入50多万元添置了各种教学仪器设备和完善教育教学设施，保证了教学与考试的需要。

【后勤服务】 注重学校的环境卫生与学校的内务管理工作，规定学校课室与卫生区由门卫按协议清扫，各办公室卫生由教职工自行打扫。行政办（总务处）负责财经管理工作，同时承担为教学服务各项事务。

【工会工作】 学校工会组织教职员工适时进行一些文体活动，以增进教职员工的身心健康；对患病、生育的教职员工给予及时慰问；对离退休教职员工，按有关规定为他们订阅报纸杂志、组织老人节活动，给予节日慰问和慰问金。

【党建工作】 结合开展深入学习实践科学发展观活动，市委党校、市电大党组织认真抓好党员队伍的政治思想作风和组织建设。围绕“党员干部受教育，科学发展上水平，人民群众得实惠，争先创优”的目标开展活动，取得实实在在的成果。学校党总支辖3个党支部。5月，发展新党员3名。

（曾惠明）

附：领导班子成员名单

县委党校校长：黄令遥（2009.4—）

县委党校常务副校长：刘雪强（—2010.8）

池建人（2010.8—）

翁源县广播电视大学、翁源县教师进修学校、翁源县中等职业技术学校校长：

池建人（2010.8—）

翁源县广播电视大学、翁源县教师进修学校副校长：

龙勇军（2002.3—）

袁榕方（2002.3—）

赖伟强（2009.2—）

刘秋源（2009.2—）

工会主席：赖香花（2009.4—）

办公室主任：龙明亮（2002.11—）

信访工作

【概况】 2010年，全县各级信访部门紧紧围绕十一届县委提出的建设“文化翁源、创新翁源、和谐翁源”奋斗目标，以发展为第一要务，稳定为第一责任，努力在健全长效工作机制、畅通诉求表达渠道、破解信访突出问题、维护群众合法权益等方面取得新进展，为建设和谐翁源、维护全县社会稳定作出了积极贡献。县信访局全年共受理群众来信291件，来访497批2957人次，其中集体访145批2394人次，重要时段未发生到省进京非正常上访案件。

【维护群众合法权益】 坚持按照“分级负责、属地管理”、“谁主管谁负责”和“一岗双责”的原则，加大信访问题调处力度，推动了“事要解决”，切实维护了群众的合法权益。一是深入开展县、镇党政领导“四访”活动和“基层大接访”活动，从源头上化解矛盾、从根本上解决问题。二是切实开展“四抓”活动，即“抓老”（历史遗留问题）、“抓大”（重大问题、群体性问题、特殊疑难问题）、“抓小”（小矛盾、小纠纷）、“抓了”（处理在当地、解决在萌芽状态、案结事了、息诉罢访），重点解决历史积案、难案。三是把交办信访问题调处率、回复率列入信访工作目标责任考核。四是创新信访工作机制。开展了信访听证活动、人民代表政协委员解民忧活动、司法援助和经济援助活动，以情动其行、以爱动其心，使信访人息诉罢访。

【建立健全信访工作长效机制】 贯彻落实中央及省、市《关于领导干部定期接待群众来访的实施意见》以及《关于把矛盾纠纷排查工作制度化的实施意见》，结合实际，制订印发本县的相关实施意见，针对新时期信访工作出现的新情况、新问题，探索信访工作规律，建立健全信访工作长效机制。一是加强信访工作领导责任制。加强领导接访、领导阅批信访件以及领导包案等工作，形成党政领导、部门协调、各负其责、齐抓共管的信访工作格局。全年17位县党政班子领导共接访100天，接待群众来访129批1416人次。全年分8次落实安排县党政领导包案75宗，有71宗得到了妥善处理，4宗疑难复杂案件正在进一步调处中。二是建立健全信访问题排查化解机制，以经常性排查和专项排查相结合，重点加强林权纠纷、征地补偿、涉法涉诉及劳动社保等领域或群体中存在的容易引发信访突出问题的重大矛盾纠纷进行排查化解。每半年组织一次矛盾纠纷的排查，全年共排查各类矛盾纠纷1531宗，成功调处了1491宗，调处率达97%。三是加强信访督查督办工作力度。加强对重点地区、重点领域、重点时期、重点问题的督查督办工作，推动信访工作的落实以及信访问题的有效解决。全年共受理信访督查案件6宗，受理信案8宗，受理网络信访件15宗，已全部办结。

【加强县级综治信访维稳中心的建设】 10月，县综治信访维稳中心正式运行，由县综治办、维稳办、检察院、法院、纪委监察局、司法局、信访局、法制局、人社局、国土资源局、住建局、经信局、民政局、农业局、林业局、水务局、环保局、总工会、妇联等职能部门组成，以“强综治、创平安、促发展”为目标，以人民调解、行政调解、司法调解为手段，各项机构健全，按要求实行制度上墙，建立系统台账，各职能部门各司其职，密切配合，通过联调、联防、联勤、联治、联创、联管“六联”工作机制，开展社会治安综合治理工作，形成大综治大调解的工作格局。通过建好县级中心这个平台，加强与各镇（场）中心、村（居）委工作站联动，形成综治信访维稳工作合力，做好源头治理，落实前端防范，努力把矛盾化解在基层，把问题解决在萌芽状态。

【加强综合信息调研】 围绕党委、政府的工作中心，针对群众关注的热点、难点问题，加大信访综合信息调研力度，发挥参谋助手作用，提出有价值、倾向性、前瞻性的意见和建议。全年完成各类专题调研、信息材料6件，各类信访数据统计12篇，各类信息通报4篇。

（杨云娇）

附：领导班子成员名单

局　长： 温琼美（2010.1—）

副局长： 龙大聚（—2010.7）

吴锦冲（2010.1—）

李仲社（2010.12—）

保密工作

【概况】 20世纪70年代，县委成立县委保密委员会，作为保密工作领导机构，延续至今。1989年，为加强保密工作，单独组建中共翁源县机要保密科。1990年6月，从机要保密科分出，单独成立县保密局，主管本行政区域保守国家秘密的工作。2003年机构改革，合并县委办，为内设股室，对外挂牌。2010年，翁源县保密部门和各级保密组织、广大专兼职保密人员积极开展和探索信息化条件下保密工作发展模式，加强宣传教育和保密监督管理，完成了县委保密委员会2010年工作要点提出的目标和任务。

【保密会议】 4月15日，县委保密委员会召开全体成员会议，传达全市保密会议精神，审议并通过县委保密委2010年工作要点。5月20日，组织县直有关单位共76人，传达学习韶密局［2010］5、6号文精神。9月15日，县委常委（扩大）会议学习新《保密法》，参加人数30多人，县委书记朱余旺在会上对如何加强新形势下的保密工作提出了要求。9月28日，县委保密委召开了全县学习贯彻实施新《保密法》动员大会。

【保密检查】 1月中旬，县保密局组织力量对全县各单位执行《严禁购买和使用电脑远程操控器类产品》的情况进行检查。1月下旬，县保密局对县直14个门户网站进行了保密检查，全年未发现门户网站发布涉密信息的现象。5月，县保密局对全县计算机及移动存储介质开展为期4个工作日的专项保密检查，共检查单位20个、处级领导办公室15个；检查涉密机10台、外网机65台、涉密U盘10个、移动硬盘26个、光盘7个。5月下旬，对全县普通高考、中考考试的试卷保密室进行了保密检查和验收。7月，县保密局与县政府办联合开展对人防系统专项保密检查。

【保密管理】 全年共产生国家秘密载体51项，解密和变更密级31项。指导有关部门制订信息公开保密审查制度，对拟公开信息进行保密审查，开展全县门户网站信息发布保密审查情况调查，全面掌握各单位信息发布保密审查和履行保密审查程序的情况。

【宣传教育】 2010年，县保密局在全县开展纪律教育学习月活动中同步开展保密宣传教育。充分利用有线电视、报刊、杂志、政府网等各种宣传媒体，宣传报道全县保密工作开展情况。全年征订新《保密法》读本100本，《保密法》解读1本，《保密法》宣传挂图1本、《保密法》颁布宣传挂图1本。保密技术防范常识100本；在县电视台播放了新《保密法》宣传公益广告3则。

（彭方源）

附：领导班子成员名单

局　长： 彭方源（2008.10—）

9月13日，县纪委在政府小礼堂召开全县纪律教育学习月专题报告会。

翁源县人大常委会

翁源县人大常委会主任、副主任名单

主　任： 朱余旺

副主任： 廖修成　谢寿通（—2010. 3）

刘昌勇　刘国富　彭方松　张树玉

综　　述

【概况】 县人大常委会依据宪法和有关法律的规定，按照民主集中制的原则，集体行使监督职权。在全县范围内保证宪法、法律、行政法规和上级人民代表大会及其常务委员会决议的遵守和执行；领导或主持县人民代表大会的选举，指导镇人民代表大会的选举；召集县人民代表大会会议；在本级人民代表大会闭会期间补选上一级人民代表大会出缺的代表和罢免个别代表；讨论、决定本县政治、经济、教育、科学、文化、卫生、环境和资源保护、民政、民族等工作的重大事项；根据县人民政府的建议，决定对本县国民经济和社会发展计划、预算的部分变更；监督县人民政府、县人民法院、县人民检察院的工作，联系县人民代表大会代表，受理人民群众对“一府两院”机关和国家工作人员的申诉和意见；撤销镇级人民代表大会的不适当的决议及县人民政府的不适当的决定和命令；依照法律规定的权限决定国家机关工作人员的任免；决定授予地方的荣誉称号；行使县人民代表大会授予的其他职权。县人大常委会机关设有1个办公室、4个工作委员会，均为正科级单位，行政编制13名，后勤服务人员事业编制2名。2008年7月，根据韶关市机构编制委员会《关于依法治县（市、区）工作领导小组办公室机构归属问题的通知》等文件精神，经县编委研究同意，中共翁源县委依法治县工作领导小组办公室改名为翁源县依法治县工作领导小组办公室，行政编制2名，人员编制列入县人大编制序列。2010年，县人大常委会深入贯彻党的十七届四中、五中全会精神，以科学发展观统领工作全局，紧扣县委十一届七次全会提出的实现跨越发展的主题，认真履行宪法和法律赋予的各项职责，锐意进取、扎实工作，为推进全县经济社会快速发展作出了积极贡献。

【机关建设】 县人大常委会十分注重抓好人大机关自身建设。一是坚持每月一次的学习制度，不断提高机关干部自身素质；二是认真做好为“三会”服务工作，全年召开1次代表大会、8次常委会会议和8次主任会议，常委会机关做好大量会前、会中、会后服务工作；三是加强调研工作，各委室围绕常委会工作计划要点，积极开展常委会审议专项工作和组织代表视察工作的调研活动；四是以“建设队伍、改进作风、服务中心、提高效能”为主题，深入开展“树立正确权力观，提高执行力”活动，通过查找问题，提出整改措施，进一步转变了机关作风，提高了执行力；五是积极开展人大制度的研究和宣传工作，组织人大制度理论研究和人大好新闻评选，受到了韶关市人大的表彰；六是完成“5·6”洪灾灾后重建督查工作任务；七是加强驻村工作，完成驻点村的林权改革、计划生育工作任务，年度扶贫开发“双到”、招商引资等工作顺利推进。县人大办在全县2010年度非政务部门考核中获得二等奖。

【党内活动】 2010年，县人大常委会和机关认真落实党风廉政建设和反腐败暨惩防体系建设工作，常委会领导班子成员和办公室主任分别按“五个一”的要求，对分管部门的党风廉政建设工作进行一次安排部署，对分管范围内的党员干部讲一节廉政教育课，听取一次所分管部门领导有关党风廉政建设情况的汇报，与分管部门党政“一把手”开展一次廉政谈话，对分管范围群众反映突出的一两个不正之风问题进行调研，提出纠正措施，促进了机关党风廉政建设。县人大办党支部根据上级党组织“关于在党组织和党员中开展创先争优活动的实施意见”，深入开展以“三服务两提高”为主题的实践活动，党组织向社会作出公开承诺，党员向党组织和群众作出承诺，切实解决工作中存在的问题。对年度工作进行细化，明确任务量化目标，督促党员干部狠抓工作落实。4月至5月，机关党员干部职工分别向青海玉树地震灾区捐款5250元，向县内“5·6”洪灾灾区捐款12500元。

重要会议

【十三届人大四次会议】 3月2—5日，翁源县第十三届人民代表大会第四次会议在县城龙仙召开。本次会议应到代表196人，实际到会192人。会议听取和审议代县长颜亮代表县政府所作的政府工作报告、审查翁源县2009年国民经济和社会发展计划执行情况和2010年计划草案报告、审查翁源县2009年预算执行情况和2010年预算草案报告、听取和审议县人大常委会副主任廖修成所作的县人大常委会工作报告、听取和审议县人民法院院长张少雄所作的县人民法院工作报告、听取和审议县人民检察院检察长曾洪所作的县人民检察院工作报告，并通过了各项工作报告决议。会议依法选举朱余旺为县第十三届人民代表大会常务委员会主任，颜亮为翁源县人民政府县长。会议决定接受谢寿通同志辞去翁源县第十三届人民代表大会常务委员会副主任职务。本次会议代表提出议案11件，建议、批评和意见6件。经大会主席团第三次会议通过，将11件议案作为代表建议、批评和意见与其他建议、批评和意见一并交县人民政府处理和答复。

【县人大常委会会议】 2010年，县人大常委会共召开8次常委会会议。会议审议和决定的主要事项有：听取和审议县政府关于2009年城市经营和市政建设预算执行情况及2010年计划方案的汇报；听取和审议县政府关于公共卫生保障工作情况的汇报；听取和审议县政府关于2009年县级财政决算的报告；听取和审议县政府关于2009年县级预算执行及其他财政收支的审计报告；听取和审议县政府关于2010年上半年国民经济和社会发展计划执行情况的报告；听取和审议县政府关于2010年上半年预算执行情况的报告；听取和审议县政府关于县十三届人大四次会议代表建议办理情况的汇报；听取和审议县政府关于《中华人民共和国治安管理处罚法》贯彻实施情况的汇报；听取和审议县政府关于在县十三届人大四次会议上承诺拟办实事情况的汇报；听取和审议县政府关于实施扶贫开发“规划到户，责任到人”工作情况的汇报。还审议决定任命了一批国家机关领导人员和审议通过了县人大常委会代表资格审查委员会关于补选李翠红、颜亮为县十三届人大代表的资格审查报告。

重要活动和主要工作

【决定重大事项】 2010年，县人大常委会会议共作出决议、决定9项：（1）关于接受邓小杰辞去翁源县第十三届人大常委会主任职务的决定；（2）关于接受朱余旺辞去翁源县人民政府县长、张绍图辞去翁源县人民政府副县长职务的决定；（3）关于表彰2009年度联系选民、反映民声优秀人大代表（曾庆福、陈想平、陈秀珍、刘正成、刘细养、涂国良、温汝协、陈元香、廖裕先共9人）和办理人大代表建议先进单位（县民政局、县水利局、龙仙镇、江尾镇共4个）的决定；（4）关于审议通过向国家开发银行股份有限公司申请贷款有关事宜的决议；（5）关于批准2009年县财政决算的决议；（6）关于调整2010年财政收支预算的决定（先后作出二次）；（7）关于接受阮炳溪辞去翁源县第十三届人民代表大会代表职务的决定；（8）关于接受陈祥敏辞去翁源县第十三届人民代表大会常务委员会委员职务的决定。

【调研活动】 10月至11月，根据县委主要领导的意见，县人大常委会组成调研组，就翁源县林业工作深入到各镇和有关单位进行调研，认真查找林业工作存在的问题和根源，并到清远阳山和肇庆德庆等林业工作先进地区学习取经，形成调研报告，向县委提出了改革林业管理体制、抓好封山育林和护林防火、打击林业违法行为、加强保障措施配套建设等意见建议，为县委作出推进全县林业发展的决定提供了客观真实的依据。

【人大监督】 2010年，县人大常委会认真履行宪法和法律赋予的监督职权，坚持监督工作与县委决策“同心”、与“一府两院”工作“合拍”、与人民群众愿望“相符”的原则，围绕“做好‘项目带动，创强攻坚，作风建设，惠民和谐’四篇文章，实现跨越发展”的工作大局，不断强化监督职能，提高监督工作实效，积极开展监督工作。对国民经济和社会发展计划、财政预算执行及审计情况、城市经营、代表议案建议的办理及扶贫开发“规划到户，责任到人”、县政府在县十三届人大四次会议上承诺拟办实事等工作进行了专题审议；以维护社会稳定，建设和谐社会为重点，对《中华人民共和国治安管理处罚法》的贯彻实施情况进行执法监督。在开展监督工作中，注重发挥各工作委员会的作用，做好审议前的调研和审议意见的交办，督促“一府两院”推行和改进工作。

【信访监督】 2010年，县人大常委会教育科学文化卫生工作委员会和内务司法工作委员会共受理人民群众来信和上级人大交办、转办的信访案件共64件次，来访494人次。常委会以对人民高度负责的态度，充分发挥信访工作的“渠道”和“窗口”作用，严格按照信访办理工作程序，努力解决人民群众信访反映的合理诉求，疏导和化解了大量社会矛盾，维护了人民群众的合法权益，促进了社会和谐稳定。

【人事任免】 2010年，县人大常委会在依法任免干部工作中，坚持党管干部与依法任免相结合，充分发扬民主，严格依法办事，规范任免程序，坚持对拟任命人员任前法律知识考试和任后颁发任命书制度。全年共决定任命国家机关工作人员26人次，免职7人次，接受辞职4人，撤职1人。依法选举颜亮为翁源县人民政府副县长、代理县长；张坚、张福来、陆伟杰为翁源县人民政府副县长；审议决定撤销陈志民的翁源县人民政府副县长职务；审议决定免去谢玉田的翁源县公安局长职务，任命黄向阳为翁源县公安局局长；补选颜亮同志为韶关市第十二届人大代表。同时，加强对人大任命干部的监督，不定期地对被任命的干部开展工作监督。

【代表工作】 2010年，县人大常委会始终把发挥代表作用作为一项重要工作来抓。督办县十三届人大四次会议代表提出的17件建议，使所有建议得到了县政府及其职能部门的按时答复；督促县十三届人大一次会议关于加快翁源县自然保护区建设步伐的议案的办理，使本县自然保护区面积扩至16万亩，青云山自然保护区升格为省级自然保护区。积极开展代表视察活动，先后组织翁源县选出的韶关市人大代表和部分本县人大代表就创建教育强县工作、工业产业转移园区和重点项目建设、创建省卫生县城工作、现代农业示范区建设等方面工作情况进行专题视察，并围绕人民群众关心的热点难点问题开展了一次全县性代表视察活动，进一步发挥了代表作用。认真抓好闭会期间人大代表密切联系选民、反映民声工作的落实，快速办理代表通过书面提出的重要建议，密切了与人民群众的联系。加强代表培训，举办代表培训班，对本县选出的韶关市人大代表和部分县人大代表进行集中培训，帮助代表提高依法履职能力。

（郭式球）

附：翁源县人大常委会机关办公室、各工委正副主任名单

办公室主任： 阮万水（2008.10—）

办公室副主任：

郭式球（2005.8—）

何先文（2009.2—）

内务司法工作委员会主任：

林旦奎（2004.12—）

内务司法工作委员会副主任：

刘小彬（2003.5—）

经济工作委员会主任：

官桂花（2003.5—）

经济工作委员会副主任：

李达兴（2004.1—）

教科文卫工作委员会主任：

曾繁荣（2003.2—）

教科文卫工作委员会副主任：

龙大清（2008.10—）

选举联络人事任免工作委员会主任：

官国添（2009.2—）

选举联络人事任免工作委员会副主任：

陈建成（2008.10—）

依法治县

【概况】 中共翁源县依法治县工作领导小组办公室成立于1997年，是翁源县委常设议事协调机构，由县人大常委会党组管理。2008年7月，根据韶关市机构编制委员会《关于依法治县（市、区）工作领导小组办公室机构归属问题的通知》等文件精神，经县编委研究同意：县委依法治县工作领导小组办公室改名为县依法治县工作领导小组办公室，核定行政编制2名，人员编制列入县人大编制序列。现有行政编制2人，主任1人（由县人大常委会副主任兼任），副主任1人。2010年，依法治县工作以法治县创建活动为主要抓手，突出重点，加强监督，狠抓落实，全面推进依法行政、公正司法、普法教育、基层民主政治建设等各项工作，依法治县工作取得明显成效。

【完善工作机制，营造法治局面】 坚持党的领导、人民当家做主和依法治国有机统一，从法律、制度上加强和改进党的领导，保证人民群众的有序政治参与。坚持以依法行政为核心，以依法行政和公正司法为重点，最大限度地依法规范公共权力，保障人民群众合法权益。坚持充分发挥党委的领导作用、人大的主导作用、“一府两院”的执法主体作用、政协的民主监督作用和人民群众有序政治参与的作用。坚持以人为本、法治惠民，努力营造民主、公正、高效、权威的法治环境，为推动翁源跨越发展、促进社会和谐提供有力的法治保障。

【法治县创建活动】 2010年，根据2009年制定的《翁源县开展法治县创建活动实施方案》，把法治县创建活动作为实现翁源跨越发展的重大举措，并摆上了重要议事日程。在继续围绕10项任务开展创建的同时，突出抓好“法律六进”（法律进机关、进乡村、进社区、进学校、进企业、进单位）活动，以创建法治示范单位带动活动深入开展，取得了明显成效。各级党委领导班子依法执政能力不断增强，全县行政执法水平不断提高，公民的法律素质进一步提高，青少年和在校学生法制观念进一步增强，基层民主法治建设进一步加强，村民依法自治效果明显，为全县的三大文明建设提供了良好的法治环境和法治保障。

【法治示范单位创建活动】 2010年，县检察院、县法院、县公安局、县国土局、县卫生局、县建设局、县林业局、县国税局、县质监局、县公路局、江尾镇等11个法治示范单位，继续严格按照《翁源县法治示范单位创建活动实施意见》工作要求、工作步骤和10项硬件标准抓好落实，做到了经验能听、硬件能看、资料能带，示范带动作用发挥明显，已建设成为全县展示普法依法治理工作的平台和样板。通过发挥法治示范单位的典型带动和辐射作用，以点带面，促进了法治县创建活动的全面开展。

【“五五”普法与“四五”依法治县工作检查验收】 4月16日，召开了全县“五五”普法依法治理检查验收暨依法治县工作领导小组会议。会议传达了省、市依法治理工作领导小组会议精神，对“五五”普法和“四五”依法治县工作的检查验收进行了部署。6月1日至4日，组成6个检查组，对副科以上单位的“五五”普法和“四五”依法治县工作进行了全面检查考核。6月23至24日，全县的“五五”普法和“四五”依法治县工作以高分通过市检查考核组的考核验收，得到市有关部门的充分肯定。

【韶关市依法治市先进单位、个人】 12月15日上午，县委书记、县人大常委会主任、依法治县工作领导小组组长朱余旺，县人大常委会副主任兼县依法治县办公室主任刘国富，县依法治县办副主任官永辉以及依法治市工作先进单位领导、先进个人，参加了韶关市依法治市工作先进单位和先进个人表彰大会。县检察院、财政局、依法治县办、周陂镇、龙仙镇桂竹村、翁城镇五一村被授予“韶关市依法治市工作先进单位”称号，刘国富、胡义、陈建为、张洪被授予“韶关市依法治市工作先进个人”。

【法治示范镇创建现场会】 12月23日上午，在江尾镇召开法治示范镇创建现场会。会上江尾镇介绍了创建法治示范镇的做法和取得的成效。各镇分管依法治镇工作的领导观摩学习了江尾镇创建法治示范镇和南塘村创建“民主法治示范村”活动的软硬件建设。

【法治示范单位创建活动情况汇报会】 12月23日下午，在县国税局召开了法治示范单位创建活动情况汇报会。10个法治示范单位，分别汇报了创建法治示范单位的做法和取得的成效，交流了创建法治示范单位的经验，进一步推动了法治县创建活动开展。会议明确，对法治示范单位，实行动态管理。要把法治示范单位作为一种荣誉进行授予。县依法治县工作领导小组决定，从2011年开始，每年进行一次创建活动的检查考评。

（官永辉）

附：领导班子成员名单

主　任：刘国富（2003.5—）

副主任：官永辉（2009.2—）

县人大常委会认真审议“一府两院”专项工作报告。(摄影：郭式球)

翁源县人民政府

翁源县人民政府县长、副县长名单：

县　长：颜　亮

副县长：曾清兰　潘允标　朱增志　雷展发

包玉兰　陆伟杰　张　坚　张福来

综　述

【县域经济平稳较快发展】 2010年，县政府团结带领全县人民，以邓小平理论、“三个代表”重要思想和科学发展观为指导，认真贯彻落实十七届四中全会和省委十届六次全会、粤北山区工作会议、市委十届七次全会精神，按照县委十一届七次全会的部署，扎实做好“项目带动、创强攻坚、作风建设、惠民和谐”四篇文章，开拓进取，攻坚克难，努力打造广东山区新兴制造业基地、广东山区现代农业示范区和广东教育强县，推动“文化翁源、创新翁源、和谐翁源”建设，经受住了“5·6”特大洪灾的考验，经济社会发展取得显著成绩。

2010年全县生产总值实现41.6亿元，同比增长12.6%。其中：第一产业增加值实现13.5亿元，增长7.5%；第二产业增加值实现11亿元，增长16.3%；工业增加值实现9.7亿元，增长17.3%；规模以上工业增加值实现5亿元，增长23.5%；第三产业增加值实现17.1亿元，增长13.2%。地方财政一般预算收入1.63亿元，增长28.3%。其中：国税税收收入3133万元，增长55.3%；地税税收收入7907万元，增长27.3%。财政综合增长率达46.8%，在全省排第4位。全社会固定资产投资完成23.2亿元，增长33.3%。全年共接待游客45.3万人（次），增长55.2%，旅游总收入3.27亿元，增长85%。社会消费品零售总额实现17.9亿元，增长17%，农村人均纯收入6138元，增长10%。

【抗洪救灾取得全面胜利】 超历史记录的“5·6”特大洪灾，造成全县受灾人口25万人，农作物受灾面积22.5万亩，直接经济损失达7.5亿元。全县上下风雨同舟，取得了抗洪救灾和重建家园的全面胜利。坚持把抢救人的生命放在第一位，在转移受灾群众中，实现了无一人伤亡；及时下拨1937万元救灾资金（其中含社会募集资金486万元）和生活物资，确保了灾区群众基本生活正常有序和应急救灾的有效推进；全力做好重建家园工作，全县655户全倒户在国庆期间全部搬入新居；投入复耕资金1600多万元，5.5万亩受灾农田已全面完成复耕；投入近2000万元，修复了重点水毁水利设施和水毁交通设施。

【园区建设初具规模】 华彩化工涂料城、粤北危处中心、粤台农业合作试验区等特色专业园区初步建成。华彩化工涂料城签约入园企业16家，动工企业3家；粤北危处中心入园企业8家，有3家已建成试投产；粤台农业合作试验区有6家台资企业入园建设。全年新开工重点项目12个，完成总投资9亿元。中源水泥厂、云门灯饰、凯通中高密度纤维板厂、泷铎时装有限公司等几个大项目均已基本建成并即将试投产。

【基础设施不断完善】 投入1亿元建设翁城高速公路出口六车道连接线，省道245线六里至坝仔段、国道106线大宝山至官渡段路面大修工程基本完工，铁龙公路改建工程顺利推进。完成农村公路硬底化101公里。220千伏曲翁云（翁源段）输变电工程、110千伏南龙变电站升级改造工程以及新建配网工程全面完工。投入2000多万元启动建设翁城供水和污水处理系统工程。全面完成岩庄水库等29宗中小型水库除险加固工程。完成农田改造1.3万多亩。完成县城城南市场片区及老汽车站片区“三旧”改造项目单元规划并启动城南市场片区“三旧”改造建设。全年筹集城市建设资金2.97亿元，完成投资1亿元，完成县城人民路、建设二路改造工程及龙仙湖景观工程。基本完成县城防洪堤第四期工程。

【招商引资成效显著】 在翁城成立了“翁源县投资企业服务中心”，实行限时办结、一站式审批制等招商引资服务机制。举办“2010广东翁源经贸洽谈会”，签约项目21个，合同投资额达36.8亿元。全年新签合同86宗，实际到位资金13.2亿元，实际利用外资1791万美元，成功引进超亿元的项目4个。

【社会各项事业全面发展】 科技事业取得进步，两项科研成果获得韶关市科技进步三等奖。铁龙林场和周陂镇创建教育强镇工作通过省教育督导部门的评估验收。全县高考第二批本科以上上线人数首次突破千人大关。开展创建省卫生县城工作，建设一路成为创卫样板路。创建林业生态县工作通过省检查验收。信达茧丝绸和茂源糖业两家民营企业均入选广东省现代产业500强、现代农业100强企业。成功举办“花醉岭南”2010广东翁源赏花节暨第四届广东省自驾旅游节（翁源站）系列活动。土地利用总体规划修编工作全面完成。

【创建林业生态县目标如期实现】 森林覆盖率等10项指标已达到省林业生态县的标准，并已通过省检查验收。建立了森林资产评估中心和森林资源交易中心，集体林权制度改革工作走在全市前列，林权配套改革作为韶关试点的经验在全市推广。

【环境保护大有改善】 建立并完善了环保监测站，配备环境监测专职人员14人，全年用于环境污染防治项目投资26905万元，完成环境污染防治项目12个。建成烟尘控制区1个，面积7平方公里。年内建设项目环境影响评价制度执行率100%，建成项目环保“三同时”制度执行合格率100%。工业废水排放达标率91.5%，全年完成排污费征收130.1万元。

【民生进一步改善】 实施农村劳动力转移就业技能培训1603人，下岗失业人员培训147人。共转移农村劳动力7775人。累计开发就业岗位3720个，失业人员再就业2634人。城镇失业登记率控制在3.5%以下。医疗保险覆盖面稳步扩大，农村合作医疗实现全覆盖。深入开展扶贫开发“双到”工作，共筹集扶贫资金5128万元，全县30个贫困村集体经济纯收入实现3万元以上，占贫困村总数的62.5%；实际脱贫户2380户，占贫困户总数的61.3%。

【政务信息公开工作扎实推进】 全县共有56个单位编制了政务公开和信息公开目录；办理“网络问政”833宗，办复率100%；受理行政审批5217件，办结率100%；公开政务信息1015条。网上行政审批系统及电子政务办公系统建成并投入运行。

【依法行政水平不断提高】 坚持依法行政，主动接受人大和政协的监督，广泛听取工青妇等群团组织及社会各界意见，全年共办理人大代表建议17件、政协委员提案44件，办复率100%。认真落实廉政建设责任制，突出工程招投标、土地出让、产权交易等领域的公开监管，政府廉政建设取得新成效。

【九件实事得到较好落实】 2010年，县政府承诺为民办好九件实事。一是省道245线六里至坝仔段路面大修工程已完成主体工程。二是龙英路市场投入资金400多万元，完成了80%工程量；朝阳路市场已完成6栋混凝土主体工程；城南市场正进行规划设计和筹建。三是为全县农户购买政策性住房保险得到全面落实。四是人民路和建设二路改造工程全面竣工。五是第三期廉租房建设全面竣工。六是龙仙大道、县城东出口绿化以及县城东、南出口亮化工程全面完成。七是县城第四期防洪堤工程建设全面完工。八是县城第二期污水管网收集系统建设基本完成。九是村庄整治和“乡村清洁美”工程顺利推进，基本完成了2个市级和10个县级村庄整治示范点整治任务。

重要会议

【县政府常务会议概况】 2010年，共召开县政府常务会议16次。主要研究讨论以下事项：社下潭电站申请行政复议审查情况、《翁源县水域渔业发展规划》、《政府工作报告》（征求意见稿）、《广东省（韶关）粤台农业合作试验区翁源核心区规划大纲》（草案）、第二期污水收集管网项目施工方案、朝阳路农贸市场和县城宵夜档搬迁规划设计方案、《翁源县城区地下管线工程施工管理规定》（讨论稿）、《翁源县鼓励招商引资奖励办法》（草案）、2010年固定资产投资和争取项目资金任务安排、龙仙湖堤护栏设计变更、翁城产业转移园服务效率问题、创建省卫生县城工作、《翁源旅游项目招商推介会方案》、调整病媒生物预防控制收费标准问题、房屋土地分摊问题、救灾复产相关工作方案、官渡开发区土地出让金及相关契税返拨问题、县建筑公司转制问题、创建林业生态县工作、广东省（韶关）粤台农业合作试验区机构设置问题、重新核定个人经营性房屋税收征收定额问题、提高镇级农机管理服务站人员待遇问题、我县在苏州太仓市土地情况、县新华书店转企改制问题、《翁源县社会消防安全“防火墙”工程实施方案》、商品混凝土经营拍卖问题、“三旧”

改造试点项目实施主体问题、龙仙镇陂下村社光村小组留用建设用地问题、社会保险扩面征缴工作、《翁源县2010年生态文明建设工作要点》、城南市场历史遗留问题、县城生活垃圾卫生填埋场选址问题、《县城建设一路综合整治工作方案》、坝仔畜牧兽医水产站土地拍卖问题、进一步加强森林防火工作的问题、全县环卫工人问题、投资建设永泰假日酒店的合同书、龙仙湖滨河东路旁拍卖地块规划指标问题、集体林权制度改革和创建林业生态县及林业配套改革工作、《翁源县2011年新型农村合作医疗实施办法》、《关于深化医药卫生体制改革的实施意见》、《翁源县医药卫生体制改革近期重点实施方案》、《翁源县城镇独生子女父母计划生育奖励政策实施细则》、《关于翁源县电池厂实行破产的请示》、《关于县对外贸易公司申请破产的请示》、《关于要求减免广东翁源青云山省级自然保护区管理处办公大楼相关报建费的请示》、《翁源县商品混凝土管理暂行办法》、《翁源县国民经济和社会发展“十二五”规划纲要》、《关于加快建设现代产业体系的实施意见》、《关于加快林业生态发展的决定》、破解重点项目瓶颈的分工部署问题、2010年县城落实科学发展观考核问题、2011年重点项目储备问题、官渡开发区职能调整问题、《翁源县“三旧”改造中涉及协议出让补缴土地出让金标准》。

【县政府第七十七次常务会议】 2010年2月5日下午，代县长颜亮主持召开县政府第七十七次常务会议，讨论《翁源县水域渔业发展规划》和《政府工作报告》（征求意见稿）。会议认为，制定《翁源县水域渔业发展规划》有利于理清我县渔业发展思路，明确发展目标和重点项目建设，有利于推动渔业可持续发展。会议要求有关部门要根据规划要求加强指导和协调，进一步细化年度工作目标任务，落实工作措施，确保《规划》落到实处；要加强对《规划》落实情况的督促检查，渔业主管部门每年要向县政府报告《规划》实施情况。

【县政府第八十次常务会议】 2010年4月27日上下午，县长颜亮主持召开县政府第八十次常务会议，研究部署推进创建省卫生县城和旅游招商工作，讨论调整病媒生物预防控制收费标准和房屋土地分摊问题。会议强调，要把创卫工作摆到应有的高度，制定有效的工作方案，组织有效的人力，加快推进创卫工作。一是负责创卫工作的同志和创卫办人员要自我加压，切实增强“创卫”的责任感和紧迫感。二是要进一步加强宣传教育工作。三是进一步开展专项整治。

【县政府第八十一次常务会议】 2010年5月24日上午，县长颜亮主持召开县政府第八十一次常务会议，讨论研究救灾复产相关工作方案、官渡开发区土地出让金及相关契税返还和县建筑公司转制等相关事项，部署下一阶段工作。会议讨论并原则通过《水利设施修复组工作方案》。会议要求面对水毁水利工程修复工程量大，修复资金紧缺的状况，要充分调动镇（场）、村的积极性，坚持先易后难、先生活后生产、先抢复后修复的原则统筹调配资金；根据急缓程度，细化工程修复时限，围绕6月份前、9月份前和9月份以后三个时段完工分批有序推进修复工作；要严格工程概算，实施以奖代补，加快修复进程，对小型简易工程由镇（场）牵头动员和组织群众解决，涉及主灌渠、存在安全隐患、涉及面广且难度大的工程可以通过带资等方式灵活解决；既要充分利用时机积极向上级争取修复资金，又要善于通过新建项目申报解决资金需求。

【县政府第八十二次常务会议】 2010年6月9日上午，县长颜亮主持召开县政府第八十二次常务会议，研究和部署创建林业生态县工作，讨论广东省（韶关）粤台农业合作试验区机构设置、重新核定个人经营性房屋税收征收定额、提高镇级农机管理服务站人员待遇、翁源县在苏州太仓市土地评估情况等事项。会议认为，设立粤台农业合作试验区翁源核心区工作机构，有利于加快推进试验区建设，有利于核心区今后争取项目资金工作的开展，有利于调动干部职工的积极性。会议同意设立广东省（韶关）粤台农业合作试验区翁源核心区管理委员会，为翁源县政府直属副处级事业单位，由县编办与县农业局做好相关申报材料的准备，并按照程序报上级有关部门审批。

【县政府第八十三次常务会议】 2010年6月30日上午，颜亮县长主持召开县政府第八十三次常务会议，听取今年县政府承诺要办的九件实事办理情况，讨论县新华书店转企改制和《翁源县社会消防安全“防火墙”工程实施方案》问题，研究部署翁源县人口计生及知识产权工作。会议要求，从7月份开始，要进一步加大对防洪堤工程的领导和组织力度，抢抓施工的有利时机，加快工程进度。公路部门要进一步加强与省、市的沟通和联系，争取项目资金尽快到位；充分利用下半年工程建设黄金季节，分解工程建设任务，落实施工责任，加快项目工程进度，力争春节前完成路面铺设任务。

【县政府第八十四次常务会议】 2010年7月27日上午，县长颜亮主持召开县政府第八十四次常务会议，讨论商品混凝土经营权拍卖、“三旧”改造试点项目实施主体、龙仙镇陂下村社光村小组留用建设用地、社会保险扩面征缴工作等事项。会议认为，拍卖商品混凝土经营权是我县公开调控政府资源的一个有效尝试，有利于减少城市噪声和粉尘污染，改善城市环境；有利于加强建筑市场混凝土的管理，保障混凝土质量；有利于规范矿产资源税征收秩序，增加税收收入。

【县政府第八十五次常务会议】 2010年8月9日上午，县长颜亮主持召开县政府第八十五次常务会议，讨论翁源县2010年生态文明建设工作要点、城南市场历史遗留问题、县城生活垃圾卫生填埋场选址方案以及建设一路综合整治方案等事项，通报有关工作情况。会议讨论了《翁源县2010年生态文明建设工作要点》，同意在进一步修改完善的基础上下发实施。会议强调，生态文明建设要与今年县委、县政府确定的创强攻坚、民心工程等主要工作相衔接，要符合相关发展目标要求，要与扶贫“双到”工作结合，创造具有翁源特色的工作亮点。会议还通报了上半年固定资产投资和争取上级资金工作。上半年，全县固定资产投资累计完成7亿元，占年度计划的31.8%，其中十大重点项目完成投资3.2亿元，占年度计划的34%；争取上级资金1.09亿元，占全年计划的36.1%。为确保完成全年固定资产投资和争取项目资金任务，决定将下半年十大重点建设项目投资计划和争取资金任务逐月分解，分别由县政府领导和各相关部门抓好跟踪落实，全力促投入、促体现，确保相关工作取得突破。

【县政府第八十六次常务会议】 2010年9月14日上午，县长颜亮主持召开县政府第八十六次常务会议，讨论坝仔畜牧兽医水产站土地拍卖、加强森林防火工作、全县环卫工人问题等事项，通报商品混凝土经营权拍卖标的价、翁源县“十二五”发展规划编制以及工业调研落实和节能降耗情况等有关工作。会议通报了全县节能降耗工作情况。翁源县上半年单位GDP能耗下降率为41.15%，与今年能耗下降率-0.66%的目标仍有很大差距，实现“十一五”节能减排任务面临很大压力。为确保全面完成“十一五”节能减排任务，会议决定，由潘允标副县长负责，召集相关部门尽快制定整体降耗工作方案。统计部门要加强对一、三产业的统计，尤其要将下半年农业复耕复产取得的成效全面统计清楚，同时，对现有工业企业做到应统尽统，通过总量的扩大来“稀释”能耗。对能耗大，严重影响节能降耗任务完成的企业，该关停的坚决关停，同时，做好对拟关停企业业主的沟通工作，尽量取得业主理解和支持。

【县政府第八十七次常务会议】 2010年9月30日上午，县长颜亮主持召开县政府第八十七次常务会议，讨论投资建设永泰假日酒店合同书、县城龙仙湖滨河东路旁拍卖地块规划指标，传达徐建华书记在翁源调研时的讲话精神。会议传达了徐建华书记9月27日在翁源调研灾后重建和扶贫“双到”工作时的讲话精神。徐建华书记对翁源县在重建家园工作中所做的工作表示肯定，并认为该县扶贫“双到”工作载体比较新，效果比较显著。徐书记对下一步工作提出了要求：一是要全面启动并加大力度抓好重建家园工作，尽快修复水毁工程，抓好复耕复产，结合社会主义新农村建设要求，把两个重建新村建成新农村建设示范点；二是扶贫开发“双到”工作要抓出亮点，尽快实现农民脱贫致富。

【县政府第八十八次常务会议】 2010年10月14日上午，县长颜亮主持召开县政府第八十八次常务会议，研究集体林权制度改革和创建林业生态县及林业配套改革工作，讨论2011年新型农村合作医疗实施办法、深化医药卫生体制改革实施意见和近期重点实施方案，通报2010年度计生工作情况。会议认为，创建林业生态县、集体林权制度改革及林业配套改革工作是林业系统今年的大事，这三项工作都必须在今年剩下的两个多月时间里完成。会议决定，为调动各镇（场）积极性，由县财政在合作医疗工作经费中安排一定资金，作为各镇（场）和负责资金安全运行部门的奖励金，要求财政、卫生部门制定具体奖励方案。

【县政府第八十九次常务会议】 2010年11月10日上午，县长颜亮主持召开县政府第八十九次常务会议，讨论城镇独生子女父母计划生育奖励政策实施细则、对电池厂实行破产的请示、对县对外贸易公司实行破产的请示、减免青云山省级自然保护区管理处办公大楼相关报建费的请示以及商品混凝土管理暂行办法等事项。

【县政府第九十次常务会议】 2010年11月25日上午，县长颜亮主持召开县政府第九十次常务会议，研究《翁源县国民经济和社会发展“十二五”规划纲要》、《关于加快建设现代产业体系的实施意见》和《关于加快林业生态发展的决定》，部署破解重点项目瓶颈问题的责任分工。会议认为，“十二五”规划的编制工作进展顺利，内容科学全面，具有前瞻性、指导性和操作性。会议指出，“十二五”规划的编制工作要围绕三条原则：一是敢于想事，对发展方向和项目规划要敢于去想；二是实事求是，对规划的项目要有支撑依据；三是协调发展，规划要涵盖经济、社会、民生、生态等各个领域。会议强调，《实施意见》要按照项目性质科学划分类型，根据项目的轻重缓急程度调整好顺序，结合翁源实际建立起具有翁源特色的现代产业体系。

【县政府第九十一次常务会议】 2010年12月15日下午，县长颜亮主持召开县政府第九十一次常务会议，研究2010年县域落实科学发展观考核、2011年重点项目储备、官渡经济开发区管理职能综合改革和“三旧”改造涉及协议出让补缴土地出让金标准等事项。会议认为，由于受“5·6”洪灾和工业项目新增能耗等因素的影响，是年的县域考核面临着严峻的形势。会议指出，县域考核工作事关大局，意义重大，要围绕“分值努力争，成绩往前挤”的原则，全力做好今年的县域考核冲刺工作。一是成立领导小组，由颜亮县长任组长，曾清兰常务副县长和朱增志副县长任副组长，相关部门负责人为成员。领导小组定时“碰头”，及时跟踪指标完成情况，落实应对措施。二是落实部门责任，由发改局将考核任务分解到各相关单位，明确部门责任，确保考核分数往上冲。三是加强与市直有关部门的对接，确保考核分值如实体现本年全县落实科学发展观现状。

【县政府第六次全体会议】 2010年4月16日上午，县长颜亮主持召开县政府第六次全体会议，分析第一季度全县经济发展形势，动员全县各级各部门进一步转变作风，提高工作效率，掀起新一轮招商引资高潮，推动县域经济跨越式发展。会议认为，一是要抓落实、保增长；二是要谋突破、大招商；三是强执行、树形象。会议强调，要实现今年县域经济社会的跨越发展。一是要明确地位，有所作为。各单位、各级领导干部要对如何实现跨越发展认真思考，积极参与，树立一盘棋的思想，牢记职责，要敢于打破传统，敢闯、敢干，敢于走前人没有走过的路，敢于突破一些条条框框，在实际工作中有所作为；二是要转变作风，提高效能。主动对接项目、主动服务外商、主动承担责任，围绕跨越发展这个中心工作来配置人力资源，以办成事、干成事为标准，鼓励干部干事，真正做到凭德才、凭实绩任用干部，形成干事创业的氛围；三是要加强学习，提高本领。多了解县情乃至国情，要有世界眼光，从工作实践中提高破解难题的能力和执行工作的能力，在实干中比高低，从考核中得实惠，全县上下共同努力，使跨越发展真正得到实现。

【县政府第七次全体会议】 2010年8月30日，县长颜亮主持召开第七次全体会议，动员各级各部门进一步紧盯标杆，狠抓落实，全力以赴确保全年目标任务的完成。县政府班子成员及县政府组成部门、直属单位和有关部门负责人参加会议。会议强调，一是围绕“经济标杆”一心一意“保增长打基础”。在考量工业低位突破的标尺中抓落实；在考量城市建设突破的标尺中抓落实；在考量农业逆势增长的标尺中抓落实。二是围绕“民生标杆”，不折不扣“办实事促和谐”。在落实九件实事中接受老百姓的标尺考量；在推动创强攻坚进程中接受老百姓的标尺考量。在夺取灾后复产重建胜利中接受老百姓的标尺考量。三是围绕“作风标杆”，一点一滴“树形象创优势”。

【全县经济形势分析会议】 2010年的4月、7月和10月，县政府召开一季度、上半年和三季度经济分析会议，总结前段全县经济工作情况，分析当前形势，针对存在问题，研究破解经济瓶颈措施，部署下一步工作，确保全年经济发展预期目标实现。

重大决议

【关于翁源县招商引资奖励办法决定】 2010年4月15日，为动员全社会力量，全方位、多形式开展招商引资活动，不断开创全县招商引资工作新局面，推动县域经济的跨越发展，县委、县政府特制定《翁源县招商引资奖励办法》。决定对引资个人（含社会人士和中介机构，不含县四套班子领导成员），县内单位，项目落户镇（场）、村（工区）、村小组，及项目投资商按招商引资成效给予一定比例的奖励。

【广东省（韶关）粤台农业合作试验区翁源核心区规划大纲】 2010年5月10日，为更好地促进粤台两岸优势互补，有效促进两地农业资源的合理配置和生产要素的相互补充，有效促进两地农业合作与交流，实现互利双赢、共谋和谐发展，县人民政府印发了《广东省（韶关）粤台农业合作试验区翁源核心区规划大纲》。规划大纲明确了粤台农业合作试验区翁源核心区的指导思想、建设目标、合作领域、区域布局、重点项目及保障措施。

【成立翁源县创卫工作督导组】 2010年6月22日，县委、县政府决定成立创卫工作督导组，对各单位创卫工作进行督导，共分四个督导组，第一组督导南区，组长刘国富；第二组督导东区，组长彭方松；第三组督导西区，组长刘剑辉；第四组督导北区，组长刘少青。

【翁源县“十一五”住房保障建设规划（2011—2015年）】 2010年10月11日，为落实国家和广东省的住房政策，加强对翁源县近期住房建设的指导和统筹，建立、完善多元化的住房供应体系，满足城市不同阶层，特别是中低收入家庭的住房需求，县人民政府印发了《翁源县“十一五”住房保障建设规划（2011—2015年）》。规划分析了全县住房建设现状，预测了住房需求，制定了住房建设规划目标、保障性住房用地供应年度计划、保障性住房建设供应年度计划、规划实施的保障措施、住房建设的规划目标及保障性住房用地供应年度计划。

【翁源县医药卫生体制改革近期重点实施方案（2009—2011年）】 2010年10月14日，为贯彻落实国务院《医药卫生体制改革近期重点实施方案（2009—2011年）》和省、市《医药卫生体制近期重点实施方案（2009—2011年）》，积极稳妥地推进翁源县医药卫生体制改革工作，切实抓好近期五项改革重点任务，县政府印发了《翁源县医药卫生体制改革近期重点实施方案（2009—2011年）。方案制定了加快推进和完善基本医疗保障制度建设、初步建立基本药物制度、健全基层医疗卫生机构建设、促进基本公共卫生服务均等化、稳妥开展公立医院改革试点及保障措施。

专题调研

【概况】 2010年，县长颜亮带领相关领导及相关部门负责人，共进行了14次专题调研。主要调研经济社会建设中的以下问题：全县工业经济运行情况、全县财税运行情况、创建教育强县工作情况、医药卫生体制改革工作情况、岩庄水库除险加固和县城防洪堤工程建设情况、全县新闻工作情况、公路交通建设情况、县城第二期污水管网收集系统建设和龙湖东岸景观工程建设情况、县城建设二路改造以及新区道路等市政工程建设情况、县投资企业服务中心和华彩化工涂料城建设情况、鹤仔岗粤台农业合作试验区建设情况、信达茧丝绸有限公司产业基地项目规划建设情况、粤北危险废物处理处置中心和中源水泥厂建设情况、创建卫生县城工作情况。

【工业经济调研】 2010年7月29日，县长颜亮，常务副县长曾清兰，副县长潘允标、朱增志带领县府办、经济和信息化局、财政局、发改局、统计局等相关部门领导，对全县工业经济运行情况进行调研。县长颜亮要求各相关部门针对企业提出的实际困难和要求，尽快制订方案、抓好落实，只要是技改和扩大生产方面的事项，必须按规定给予优惠政策；县经信局要统筹各相关部门，经常深入到企业进行沟通，做好上门服务，努力为企业解决后顾之忧，促进企业加快发展。颜县长强调：一是要明确解决翁源全面落后的关节点。二是要明确翁源经济发展的发力点。三是要明确实现今年我县经济发展目标的落脚点。

【财税调研】 2010 年 8 月 3 日上午，县长颜亮带领相关领导到财税调研，并在国税局会议室召开财税工作座谈会，听取全县 1—7 月份财税运行情况，研究下一阶段财税工作。县长颜亮对我县财税部门取得的成绩给予了充分的肯定，同时指出了当前财税工作面临着收支矛盾尖锐、财税总量小、增收后劲不足等现状问题。针对当前财税运行形势，为确保完成今年财税工作任务，颜县长强调：一是要拓宽新领域。要在原有常规领域的基础上，不断拓宽新领域，既要紧抱“西瓜”，也要紧抓“桃李”。即既要善于抓本地的重点税源，加强对重点税源企业、重点项目、重点行业的监控管理；也要加大对中小税源的征管力度，扩大稽查范围，深挖税源潜力；还要想办法拓宽新的增长点，设法对接征收新渠道，积极争取可争取的一切税源，进一步做大财税“蛋糕”。二是要开拓新思维。要善于创新思路，不断加强对新问题的研究，创新办法、出台新措施，解决新难题。加强税源监控，集中人力、物力彻底消灭征管死角，消除征管漏洞，确保把应征应收的税源收上来。超前思维，积极对接好新的县域经济指标考核体系，切实解决财税工作中的节点、难点问题。

【教育强县调研】 2010 年 8 月 4 日上午，县长颜亮、副县长朱增志带领县府办、财政局、教育局、建设局等相关部门领导，就创建教育强县工作情况进行调研。按照规划，江尾、新江、官渡三个镇今年要完成创建教育强镇申报工作，而三个镇目前均存在基础设施薄弱、资金缺口大、布局调整难度大等问题，创强工作任务繁重。县长颜亮对当前创强工作提出了三点要求：一是正视困难，坚定信心。各镇要辩证看待目前存在的困难，坚定信心，把创强工作摆上应有的位置，想方设法加快工作推进步伐。教育、财政、建设部门以及涉及的学校也要将对创强工作的重视体现在解决实际问题上，全力以赴，认真做好创强的各项工作。二是创新思维，加快推进。要努力破解资金和布局调整两大节点。资金方面，各镇要在充分高效规范使用好县安排资金的基础上，打破常规、创新思维，千方百计筹措资金。布局调整方面，各镇要在便民、利民方面多做努力，同时加大宣传力度，让群众切实感受到布局调整带来的好处，从而支持布局调整工作。同时，要创新思路，大胆探索，既要符合上级导向，又要考虑地方和群众的实际，在山区县布局调整方面尽可能形成我们的特色和亮点，取得上级部门的支持认可。三是科学统筹，务求实效。教育主管部门要加大统筹协调力度，确保各镇创强工作如期推进。

【防洪工程调研】 2010 年 9 月 16 日上午，县长颜亮带领县府办、水务局、公共资产管理中心、西区征地办等部门负责人以及坝仔镇领导，分别对岩庄水库除险加固工程、县城防洪堤第 4 期工程推进情况进行检查。颜县长指出，岩庄水库除险加固和县城防洪堤工程是省防洪减灾重点工程，必须按照韶关市南片会议的要求，确保工程于明年 3 月份全面通过竣工验收。对下一步如何加快县城防洪堤第 4 期工程建设进度，颜县长提出两点要求：一是明确责任，抓好落实，确保圆满解决征地遗留问题。涉及征地遗留问题的主要是河口和富源电站地段两大块，为使工作取得实效，要求实行领导包干负责制。二是全力加快整体工程推进速度。要求施工方除了涉及征地问题的两大区域外，其他区域必须加大施工力量，在现有基础上进一步扩大施工面，多头并进，加快施工进度。公共资产管理中心必须及时按规定拨付工程建设资金，确保不因资金问题而影响工程进度。水务局要统筹协调好各方面工作的落实，确保工程顺利推进。

【卫生系统调研】 2010 年 9 月 15 日上午，县长颜亮，副县长包玉兰带领县府办、卫生局、财政局、发改局等相关部门领导，对本县医药卫生体制改革工作情况进行调研。县长颜亮对各医疗单位通过挖掘自身潜力、争取项目和资金的支持来改善医疗环境、提高医疗技术水平、为群众提供更优越的医疗卫生条件所做的努力给予肯定。对下一步的医改工作，颜县长提出了三项具体要求：1. 必须要有“一个鼻孔出气”的意识。医疗卫生主管部门要统筹好各医疗卫生单位，在相关规则的制定、资金的使用方面坚持通盘、综合考虑，把有限的钱充分用在点子上，确保医改工作正常推进，不能顾此失彼。2. 必须要把好事办实。一是政府要加大投入，对需要本级配套的资金尽可能配套；二是做实医改整体方案，要出台具体的实施意见，做到各负其责、整体推进；三是对一些政策的制定，必须切合本县实际，切合老百姓实际，并做好宣传教育，避免引发群众矛盾。3. 必须要把好事办妥。由副县长、医改领导小组副组长包玉兰负责统筹，坚持稳妥推进的原则，对医改方案的完善、具体实施意见的制定、宣传引导等一系列步骤必须要综合考虑，做到政策深入人心，百姓得到实惠，尽可能避免该项工作在全县引起不稳定因素。

【园区建设调研】 2010年10月19日下午，县长颜亮带领县政府办、官渡开发区、翁城镇、供电局等部门负责人，调研投资企业服务中心和华彩化工涂料城建设情况。颜县长对投资企业服务中心和华彩化工涂料城建设工作给予充分的肯定，并针对当前工作中遇到的征地拆迁、供电、供水等问题，就如何优化投资服务、加快园区建设提出了工作要求：一是优化投资服务。加快翁源投资企业服务中心的筹建工作，明确办结时限，动跟进项目建设。二是加快园区建设。切实加快园区供电设施建设步伐，做好征地拆迁等工作。颜县长强调，各相关部门要高度重视，加强部门沟通协调，优化服务，为园区发展创造一个良好的外部环境。要抢抓机遇，加快进度，全面掀起园区建设新高潮。

【粤台农业调研】 2010年11月9日上午，县长颜亮在副县长雷展发的陪同下，带领县府办、发改局、农业局、住建局、旅游局、财政局等部门负责人以及江尾镇领导对粤台农业合作试验区建设情况进行调研。颜县长要求各相关部门进一步提高认识，要看到粤台农业合作试验区这一平台是当前最具条件创造品牌、特色，创造翁源可持续发展亮点的领域，试验区的建设将带来良好的经济效益、社会效益和政治效益，必须高度重视试验区项目的推进，既要想长远谋大事，又要打基础干实事。想长远，解决好当前存在的突出问题。

【信达公司调研】 2010年11月9日下午，县长颜亮在副县长朱增志的陪同下，带领县府办、发改局、经信局、财政局、住建局、国土局等部门负责人，对信达茧丝绸有限公司产业基地项目进行调研。在听取信达公司的汇报和相关部门的意见后，颜县长对如何集中全县智慧和力量，使本县的500强企业做强做大提出三点要求：第一，看到优势，把握机遇。各相关部门要进一步认识信达公司在实现翁源跨越发展中的重要作用，想办法把其积累的优势转化为发展成果。政府各主要经济部门要加大与信达公司的对接，及时解决好项目推进中遇到的困难和问题。第二，给条件，开好头、起好步。通过政府的扶持，促500强企业不断做强做大。第三，谋长远，突出自主创品牌。围绕“翁源茧丝，茧丝翁源”的目标，努力打造翁源特色，围绕打造企业文化亮点，擦亮信达文化品牌，使企业更有生机活力。

【重点项目调研】 2010年11月12日，颜亮县长带领县府办、环保、水务、国土、铁龙林场等部门负责人到铁龙调研粤北危险废物处理处置中心和中源水泥厂进展情况。县长颜亮针对项目推进中存在土地审批、生产用水和土地出让金返还等方面遇到一些实际困难问题，提出三点意见：第一，统一认识，一心向前。各相关部门要从粤北危处中心的推进缓慢中吸取教训，转变服务方式，切实将认识落实到行动上，进一步优化部门服务，切实将优势转化为成果。第二，理顺体制，增强活力。要尽快将危处中心归口至官渡开发区管理，理顺关系。翁城投资企业服务中心要加强与危处中心的对接，加大服务力度。第三，解决问题，加快推进。狠抓落实，确保危处中心顺利推进。落实责任，确保中源水泥厂早日投产。

【创卫工作调研】 2010年11月25日上午，县长颜亮在常务副县长曾清兰、副县长潘允标、包玉兰的陪同下，带领县府办、督查办、监察局、住建局、财政局、工商局、创卫办、公安交警大队、公共资产管理中心、城监大队以及环卫所等部门负责人对县城市场、街道的整治和朝阳路市场建设情况进行检查。颜县长对前段创卫工作开展情况给予充分肯定，同时特别强调，我们不仅要想干事、干成事，还要快干事，并对接下来的创卫工作提出两点要求：一是提前做好流动摊档的分流入市工作。住建局要做好规划，对在建设路及其支线上摆卖的摊档划定界限和范围；要勘查清楚农贸市场、第二市场目前可以用于市场分流的容量，同时做好流动摊档的调查摸底工作，为新市场的入市做好准备。县工商局要对猪肉、鱼、豆腐等摊档进行普查登记，建立登记备案制度。猪肉摊档一律入市经营。登记入市经营要与屠宰场肉源配供对接。二是深化建设路整治成效。进一步抓好门前“三包”责任制的落实，防止出现反弹。加强对交通的管治。交警大队要加大对乱停乱放的执法处罚力度，设定出租摩托车停放区域，加强对摩托车停放的管理；建设路中心路段两旁停车位一般停放小车，对营运车辆划定相对固定的停放区域。安排交警在红绿灯路口指挥，引导车流和人流，提高广大市民的安全意识。做好美化、亮化工作。住建局对路灯的安装、道路两旁的绿化要做好规划。供电、通讯部门对影响规划的架空线路做好清除和迁移。严格管治横额、标语。

县府办日常工作

【概况】 翁源县人民政府办公室，挂翁源县外事侨务局、翁源县法制局、翁源县人民防空办公室牌子，为协助县人民政府领导处理日常工作的机构。县人民政府办公室设5个内设机构，秘书股、调研股、综合股、督办股和应急办。办公室人员21人，其中：办公室主任1名、党委书记1名、副书记1名，副主任4名，应急办主任1名，正副股长5名，工作人员8名。主要职能：

督办协调工作。检查督促县政府各项决议、决定、重要工作部署以及县政府领导重要批示的贯彻执行情况；根据县政府的工作部署和县政府领导的指示，组织有关调查研究，及时综合情况，反馈信息，提出建议；负责督促检查县政府重要会议、重要文件、重要工作部署的贯彻落实；指导、协调各镇政府、县政府各部门督办督查工作。

秘书工作。负责上传下达，承办县政府各种会议会务工作，负责办公室印鉴管理、财务管理、人事管理、计划生育、党群及精神文明建设和后勤服务等工作。

信息调研工作。负责起草《政府工作报告》和以县政府名义上报的重要汇报材料；起草县政府主要领导的讲话稿和县政府政务工作的领导讲话稿及相关综合性文稿；围绕县政府的中心工作和根据县政府主要领导的指示，组织专题调查研究，提出意见和建议，及时发现、总结、推广先进经验；承担政务信息上报工作。

综合工作。负责县政府和办公室文件的起草、审核工作。负责来文来电登记、传阅、转办、呈报和信件收发、分送、文件资料立卷、归档、保密、档案管理工作。办理群众来信，接待群众来访。

应急管理工作。负责编制县突发公共事件总体应急预案和审核专项应急预案，承办全县突发事件应急管理工作的综合协调和信息报送，统筹、指导各单位、各部门做好应急管理工作，承担县人民政府应急值守和县人民政府值班室工作。

其他协调工作。负责县政府及办公室的文电处理工作，草拟、审核以县政府及县政府办公室名义发布的文件，负责县政府重大活动的组织工作；负责县政府召开的各种会议的文字材料和会务工作；组织办理人大代表议案、建议和政协提案；处理群众来信，接待群众来访，及时向县政府领导报告来信来访中的重大情况和问题；收集地方信息、政务信息、记述翁源大事记等；协助县政府领导处理由县政府组织处理的突发性事件，协调、督促相关应急管理工作；办理县政府领导同志交办的其他事项。

【政务工作扎实】 政务工作是办公室的基础工作，也是核心工作。办公室把政务工作摆到重要地位，切实抓紧抓实，办文、办会质量有了新的提高。全年共起草（审核）和印发各类文件517份，收到和协调处理报送县政府的请示、报告667份，处理国家、省、市及各级来文、来电共1120份，承办了16次政府常务会议，2次政府全体会议及主办或协办县政府工作会议43次，起草各种会议材料、领导讲话稿、调研文章等大型政务材料287篇，办理人大代表建议17件，政协委员提案44件，受理行政电子投诉166件，县长信箱来信答复267件、民生热线51件。其他服务性工作基本上做到了会议通知及时、文件收发快捷、文件传阅高效、档案管理科学，急件随到随办，政务工作成绩突。

【内部管理工作到位】 事务工作是办公室工作的重要组成部分，也是政府日常工作顺利运转的重要前提和基本保证。是年，办公室进一步加强了综治、考勤、信访、精神文明等日常事务管理，保障了办公室各项工作的正常运转，使办公室工作有章可循，逐步向规范化、制度化方向迈进。加强了社会治安综合治理工作，认真做好区人民政府办公室的群众来信来访工作。加强了车辆和人员的管理，全年无一例行车事故，为政府领导出行提供了安全保障。认真组织了政府领导外出考察工作，顺利完成了几次全县性工作会议的会务组织工作。进一步完善了在职教育培训计划，工作人员业务水平、协调和组织能力明显增强，服务领导、服务基层、服务群众的能力进一步提高。

【加强党风廉政建设】 党支部始终坚持党风廉政建设，做到措施得力、责任到人，在工作中能时刻提醒自己保持清正廉洁，克己奉公，在全县起到很好的表率作用。在一年两次的民主生活会上，每一名党员都能对照自己的工作生活，进行深刻的批评与自我批评，大家都本着“惩前毖后、治病救人、知无不言、言无不尽”的原则，虚心交换意见，广开言路，形成了一个团结向上、富有战斗力的集体，确保办公室的工作圆满完成。

【班子建设取得实效】 班子内部发扬民主，实行集体领导。班子内部成员之间坦诚相见，团结协作。平时的工作实践中十分注重党性修养，保持清正廉洁。始终以群众满意不满意、拥护不拥护作为衡量工作的尺码，常常不计公休日和节假日，全身心投入工作。班子之间注重了思想交流，工作支持，生活关心，相互理解、相互信任，较好地了理顺了各种工作关系，圆满地完成了组织分配的各项任务。

【结对帮扶成绩显著】 2010 年，县政府办公室与新江镇新江村结对帮扶。专门安排一名副主任联系，并经常带领办公室干部深入到挂钩村了解情况，协助村委提高村集体经济收入。通过帮助帮扶村多方筹措资金、购买种苗等多种措施，有效地增加了帮扶村农户的收入。

（廖国旺）

附：县府办领导班子成员名单

主　任：陈建为（—2010.7）
　　　　阮炳溪（2010.7—）
政府办系统党委书记：涂定源（2005.1—）
党委副书记：谭尚花（2003.5—）
副主任：叶东藩（—2010.8）
　　　　万晓鸣（2007.1—）
　　　　官立中（2009.5—）
　　　　华富清（2010.8—）
　　　　张治平（2010.12—）

机关事务管理

【概况】 翁源县机关事务管理局是原翁源县人民政府行政科，1997 年更名为翁源县机关事务中心，2008 年纳入参公管理，更名为机关事务管理局，并与翁源县接待办公室合并（两块牌子一班人），为县委、县政府直属正科级单位，内设办公室、接待股、财会股、物业管理股、保卫股、车队等 6 个股室。是县委、县政府机关事务管理和后勤保障工作的机构。核定编制 40 人，实有 40 人。2010 年，按照县委、县政府的要求和部署，努力提高干部职工素质，加强制度建设，以服务为宗旨，较好地完成县委、县政府下达的招商引资、扶贫“双到”等各项工作任务。

【会务接待工作】 2010 年，誊写、剪割、悬挂、拆除各种会议的标语横额 350 多条（幅次）。并对每次在乡镇召开的各种现场会以及县委、县政府各项重大活动，亲临现场，做好各项准备和后勤工作，以及省市有关领导以及有关专家教授莅临本县调研工作会、招商引资各种洽谈会和奠基仪式、签约仪式、县四套班子及有关部门在重要节日期间慰问有关单位和有关人员等做好后勤准备工作。负责接待来翁源的市以上领导和兄弟县（市）、区领导。2010 年接待最高级别的领导为：中共中央政治局委员、省委书记汪洋。

【后勤保障】 一是认真做好会议服务。做好交通疏导和车辆停放工作，搞好周边环境卫生、调试灯光音响、布置会场、安排茶水和会议用餐，确保会议顺利召开；二是做好办公用房和办公区建设的规划编制、建设监管、权属登记、使用调配、基建维修以及基建立项申报和维护维修工作；三是水电等公共设施维护。加强电力、供水、消防等系统的设备运行管理，确保大院内水电正常；四是做好政府机关公务用车经费等专项经费的管理、车辆的购置更新、调配使用、维修年审、办理车辆保险、路费上缴以及事故处理等；五是做好县政府机关大院的治安保卫工作，不断完善监控设施，加强治安防范，确保大院平安；六是做好大院内环境卫生、绿化工作，营造洁净、美化、舒适的工作环境。

（赖德芬）

附：领导班子成员名单

局　长：刘宗仁（2008.8—）
副局长：邓旭东（2008.8—）
　　　　黄益明（2008.8—）

行 政 服 务

【概况】 翁源县行政服务中心成立于2002年11月1日，为正科级参公管理事业单位，隶属县政府管理，赋予行政管理职能，核定编制10名；领导职数主任1名、副主任2名；与招商办、县外商投诉中心合署办公，三块牌子一套人马；内设办公室、业务股、督查股；实有工作人员9人；办公场所在翁源县龙仙镇建设一路382号。下设有政府招标采购中心，翁源县政府招标采购中心成立于2009年3月13日，为副科级事业单位，隶属行政服务中心管理，核定编制6名，设主任1名，内设建设工程招标股、政府采购股，实有工作人员6人。行政服务中心主要职能承担全县“招商引资、政务管理、窗口服务、信息政务公开、政府招标采购”五大工作任务，行政服务中心为政府综合服务平台，在转变政府职能，提高办事效率，打造“阳光政务”，促进社会和谐发展，从源头治理腐败，对推动经济社会跨越发展发挥了重要作用。

【招商引资】 招商引资工作稳步推进，园区建设取得新突破。坚持园区先行、产业聚集、集约发展的原则。一是积极与外商洽谈，做好项目的筛选、包装、推介工作。二是加强与企业的联系，深入企业了解生产生活情况，为企业排忧解难。三是继续完善招商引资各项制度，加强重点项目重点工程领导挂钩责任制的落实，对重大项目，制定一企一策，加快项目的进程。四是发挥行政服务中心窗口功能，抓好“三个一”制度落实，项目从洽谈到动工建设、生产全过程实行全程一条龙服务。五是狠抓窗口管理，提升服务质量。服务大厅各窗口，设立“一把手服务日”、实行服务承诺公开、限时办结、联办代办等方式。切实提高窗口的服务质量，创造优良的投资环境。六是重点项目、重点工程稳步推进。投资4亿元的中源水泥厂，投资2000万美元的云门家具制造有限公司，投资9000万元的凯通中纤板厂等一批重点大项目可在年底建成投产或试产。2010年，全县新签投资项目合同86宗，合同金额57亿元；实际到位资金13.2亿元，实际利用外资1665万美元。

【政务管理，窗口服务】 行政服务大厅运作有序，办事效率显著提升。2010年已进入政务大厅办公的单位有18个，行政服务大厅工作人员50人，政务大厅各窗口共办理业务55092件，接受群众咨询11514人次，收到锦旗、书面、口头等各种形式的表扬共893次，各窗口单位领导亲临窗口上班共471次。为投资者和群众代办协办事项共70宗，已办妥70宗。

【政府招标采购】 2010年组织各类招标活动共95宗，其中建设工程交易39宗，预算金额21269万元，中标金额为19491万元；政府采购56宗，采购预算金额1879万元，采购金额1713万元，节约财政资金165万元，资金节约率为8.8%。

【政府信息政务公开】 政府信息政务公开和行政审批项目清理有序推进。2010年全县政府信息政务公开4021条，其中主动公开政府信息1353条，申请公开2668条。为加快行政管理体制改革，建设服务型政府的目标，转变政府职能，进一步清理和规范全县行政审批事项，重点精简审批事项、减少办理环节、公开审批程序、提高行政机关办事效率。对全县的日常管理事项和非行政许可事项做了清理，清理后，保留日常管理事项29项，非行政许可事项46项。

（雷德其）

附：领导班子成员名单

主　任： 张尾福（2007.1—）
副主任： 吴小春（2002.11—）
　　　　刘清香（2010.9—）

法 制 工 作

【概况】 翁源县人民政府法制局成立于1990年，是在翁源县人民政府办公室挂名的正科级建制单位，负责全县的法制工作。根据县“三定”方案，核定人员编制为4人，其中：局长1名、副局长1名。现在职在编人员3人。

【法制宣传】 主动协调、组织、配合有关部门继续做好行政复议法、赔偿法、处罚法、诉讼法和许可法等行政法律、法规知识的宣传工作。拓宽宣传渠道，把《行政复议法》等行政法律法规通过网上平台进行宣传，在第四季度党委中心组学习时，把《国务院关于加强法治政府建设的意见》、《依法行政学习读本》各40本发至县四套班子成员学习，进一步提高了领导干部和广大群众的法律知识，正确引导依法执政、依法行政、依法维权、合理表达利益诉求的意识。

【行政复议与行政应诉】 加强行政复议和应诉工作，积极化解行政争议，争取把争议解决在基层，解决在矛盾萌芽阶段。按照新颁布的《中华人民共和国行政复议法实施条例》的要求，全面查找现有行政复议工作中的不足之处，完善行政复议程序，规范行政复议文书，探索开展工作的新方法，提高办案能力。2010年共接收行政复议4件，其中维持2件，撤回1件，不予受理1件。

【开展执法监察】 加大对各行政机关的行政执法监督检查力度，充分发挥法制机构在政府层级监督中的作用，发挥法制督察人员在执法监督中的作用，及时做好到期执法证件的审验和换证、新申请办证执法人员资格审查工作。2010年共新领、换发行政执证50多份，对领证人员均实行了执法培训和考试，并严把办、换证关。对行政执法项目较多的部门通过明察暗访、查看执法现场、查阅执法案卷等方式进行执法质量抽查；组织人大代表、政协委员、法律工作者、法制督察人员在全县范围内开展行政执法大检查和贯彻落实国务院《全面推进依法行政实施纲要》情况。使执法行为日趋规范，行政处罚决定认定事实清楚，适用法律依据准确，程序合法，从源头上减少行政矛盾纠纷。

【规范政府抽象行政行为】 按照“有件必审、有错必纠、有件必登、有件必备”的要求，不断探索规范性文件工作的新路子、新办法，建立科学有效的审查工作制度。将规范性文件工作纳入部门行政执法责任制考核范围，建立有效的考核和责任追究机制，解决规范性文件制而不登不备、逃避监督的问题，改变当前规范性文件在起草、审查、登记、公布、备案环节中的问题。2010年10月份，按照省市部署开展了规范性文件清理工作，共清理规范性文件18件，其中保留13件，修订3件，废止2件，将清理结果通报全县，发至各单位。

【落实行政执法责任制】 在完成梳理和公告执法依据、界定执法职权、确定执法责任的基础上，与相关部门共同做好行政执法责任相关配套制度建设；对各单位依法行政工作进行量化考核，争取把依法行政评议考核列入县社会治安综合治理检查，落实责任追究工作；推进建立权责明细、行为规范、监督有效、保障有力的执法体制，为依法规范行政行为、强化执法监督，解决行政“乱作为”、“不作为”问题建立长效机制。

【提案督办】 在县“两会”闭幕后，收到了县人大代表建议17件、政协委员提案44件。为做好此项工作，一是对全部建议、提案认真登记并分类，讨论研究后逐件确定承办单位。二是加强跟踪督办。不定期对承办单位的每件建议、提案的办理进行跟踪督办，通过不懈的努力，各承办单位均能按照会议要求严格落实，认真办理，按时按质完成承办工作。

【文件审核】 县法制部门作为县政府的参谋、助手，承担着政府发文事前审核的重大职责，负责纠正文件中与法律、法规相抵触的内容，确保政府文件的权威性和准确性。2010年共审核文件80多件。

【行政裁决的审核】 近年来，山林、土地、水事纠纷案件逐年上升，且案情复杂，涉及面广，工作量大。依照办理程序，经过县有关部门调查后所撰写的裁决书必须交法制部门审核后并签署意见后才能下发。2010年共审核权属纠纷裁决书20多份，同时共审查经济合同15份，办理上级交办的法规征求意见稿12份，审理行政诉讼答辩状13份。

【法律协调事务】 做好县政府在县城招商引资、诉讼纠纷等项目和工程建设中的涉法事务，充分发挥政府法律顾问、法律参谋和助手的作用。如在粤台农业示范区建设征地纠纷、龙湖小孩溺水事件处理、新江中学电工意外身亡等事件的处理中，均提出了符合法律法规定的建议，为事件的顺利处理作出了应有的贡献。

（王建文）

附：领导班子成员名单

局　长：张大发（—2010.2）
王迅东（2010.2—）

外事侨务

【概况】 1983年9月成立县侨务外事办公室，为正科机构。1997年4月全县机构改革，撤销县侨务外事办，工作职能合并县政府办，在政府办内设外事侨务股。2007年12月，根据翁源县机构编制委员会《关于调整县外事侨务机构设置的通知》，设立翁源县外事侨务办公室，正科级，挂靠县政府办公室，行政编制从政府办公室划出3名，设主任1名（由政府办公室主任兼任），副主任1名。2010年7月，根据翁办联《关于印发翁源县人民政府机构改革方案的通知》，将原挂靠县政府办的县外事侨务办公室，调整为在县政府办公室挂牌，并更名为县外事侨务局。是县政府外事侨务的工作部门，并代表县委指导全县的外事侨务工作。2010年在编人员5人，其中在职3人，退休2人。

【外侨工作】 2010年1月，翁源县外事侨务办公室，在外事侨务办副主任谢军的带领下慰问了困难归侨和侨眷。9月，翁源外事侨务局陪同县政协领导，到香港参加韶关市组织的旅港同胞“迎国庆、庆中秋”活动，并组织了翁源旅港同胞同乡会活动。11月，翁源外事侨务局会同翁源县客家联谊的领导同志，到河源参加“第23届世界客属恳亲大会。

（肖志毅）

附：领导班子成员名单

主　任：陈建为（—2010.8）

副主任：谢　军（—2010.8）

局　长：肖志毅（2010.7—）

县长颜亮率队调研市政基础设施建设

政协翁源县委员会

政协翁源县第七届委员会主席、副主席名单：

主　席：刘卫标（—2010.2）
谢寿通（2010.3—）

副主席：余小英　张朝养　涂永先
刘剑辉　曾桓有　刘少青

综　述

【概况】 政协翁源县委员会成立于1984年6月，现有正、副主席7人，秘书长1人，委员171人，政协机关设一室三科（办公室、宣传科、提案科、组织联络科）。2010年，县政协认真学习贯彻党的十七届四中全会精神，树立和落实科学发展观，突出团结、民主两大主题，围绕县委县政府中心工作，服务大局，切实履行政治协商、民主监督、参政议政职能，为县域经济社会跨越发展作出应有的贡献。2010年，县政协和吴国太分别被评为全市政协信息工作“先进集体”和“先进个人”，翁源县政协是全市县（市、区）政协唯一受表彰的单位。

【抗洪救灾和赈灾工作】 “5·6”特大洪灾发生后，县政协主席谢寿通等领导带领机关干部，深入各重灾区和挂扶村一线，积极开展抗洪救灾和参与全县灾后重建督查工作，并发动政协委员、机关干部、民营企业及香港热心人士共捐款100多万元及物资一批，支持全县灾后重建工作。

重要会议

【县政协七届四次会议】 3月2日至4日，召开县政协七届四次会议。大会听取审议了政协常委会工作报告和提案工作报告，听取了政府工作报告，全票选举谢寿通为政协主席。委员们认真履行职责，积极建言献策。有8位委员分别围绕旅游产业、民营企业、生态建设、网吧管理、城市建设、招商引资、教育创强和中医工作，代表各界别作参政议政发言，积极参与有关经济社会发展重大问题、重要政策举措的协商研讨。

【常务委员会会议】 2010年县政协七届委员会举行3次常委会议。

十七次常委会议。2月8日，会议在粤源大酒店召开，县政协主席刘卫标主持会议，主要内容是讨论通过县政协七届四次会议有关事项，共有30名政协常委参加。讨论通过了政协常委会工作报告（送审稿）、提案工作报告（送审稿），以及大会议程日程安排、提案工作评优评先、增补委员人选、各专委会委员调整方案。

十八次常委会议。3月3日，会议在政协常委会议室召开，不是政协常委的县政协七届四次会议各组召集人列席会议。10个小组的召集人分别汇报了各组讨论政协常委会工作报告、提案工作报告及政府工作报告等情况。随后，县政协主席刘卫标作了总结讲话，认为各组讨论的意见建议很中肯，并提出了希望。

十九次常委会议。4月14日，会议在政协常委会议室召开，新任政协主席谢寿通主持会议，主要内容是讨论2010年提案工作安排和常委会工作要点，共有28位政协常委参加。收到提案50件，经会议通过立案44件。选出9件重点提案，分别由县委书记、县长和政协班子成员挂钩督办。会议讨论通过了县政协常委会2010年工作要点，并报县委批转发文。

【翁源县经济社会跨越发展研讨会】 9月28日，邀请部分市县人大代表、政协委员及珠三角、韶关的部分经济界乡贤等嘉宾50多人，在龙翔酒店会议室隆重举办“翁源县经济社会跨越发展研讨会”。与会者提出许多真知灼见，为跨越发展出谋献策、汇集民智、推波助澜。研讨会由县政协主席谢寿通主持，县长颜亮、常务副县长曾清兰出席会议并分别作了讲话。

重要活动和主要工作

【提案和宣传信息工作】 2010年县政协共征集提案50件、其中立案44件，办复44件，满意和基本满意率100%。根据《政协章程》和省、市的做法，制定了《翁源县政协提案办理工作规程（试行）》和《政协翁源县委员会重点提案的确定、办理和督办暂行办法》。重视做好委员提案的收集、整理、立案、移交、跟踪、督办和征求提案人意见工作，有效推动提案的办理落实。这些提案凝聚着委员的智慧和心血，体现了广大政协委员和各参加单位的政治责任感和参政议政水平。委员提案对加快县域经济社会发展起到了积极的推动作用。加大政协工作宣传力度，政协主要领导亲自撰写稿件，调动政协机关通讯员投稿积极性。当年在《人民政协报》、《广东政协》、《韶关日报》等报刊发表报道、信息和论文37篇。根据政协的重大活动，编印了6期720多份《翁源政协》简报。宣传工作的加强，使政协工作得到社会广泛认识。

【拓宽民主监督渠道】 一批政协委员和机关干部分别被纪检、监察、人事、教育、公安、消防、税务、交通、检察、法院等有关部门，聘任为行风评议员、行风监督员、特约检察员和人民陪审员，积极发挥职能作用，参与民主监督，在推进机关工作效能建设上发挥积极作用，促进有关部门改进和完善工作。

【考察客家群楼】 4月27日，在县政协副主席涂永先的陪同下，市政协学习和文史委一行深入考察翁源县湖心坝客家群楼。考察组认为，修复群楼要做到“修旧如旧”，提供更多相关文史资料，加大文化遗产申报力度。

【考察灾后重建工作】 5月21日，在县政协主席谢寿通和县委常委李翠红的陪同下，市政协副主席梁海峰一行深入重灾区铁龙察看“5·6”灾情，在黄麻坳2000多平方米地块，引入香港南海同乡会捐资10万元，支持受灾瑶胞重建新居。梁海峰指示，当务之急就是要解决灾民住的问题，尽快落实规划，加快动工建设，让受灾瑶胞早迁新居。5月27日，在县领导朱余旺、颜亮、谢寿通的陪同下，市政协主席邓苏夏先后深入铁龙、新江、翁城等重灾区，察看“5·6”灾情和复产、重建工作情况。在铁龙瑶胞新居规划点，邓苏夏指示，要把新居的布局、卫生、管理等统筹考虑，并建设成具有瑶族特色的新村。在下午召开的座谈会上，县委书记朱余旺汇报了有关情况及下一步工作打算。邓苏夏充分肯定了翁源县抗洪抢险工作，并对灾后重建工作作了重要指示。

【组织委员视察活动】 2010年县政协共组织5次视察活动，视察了重点项目和园区建设、非物质文化遗产保护、粤台农业合作试验区翁源核心区建设、农村和城乡居民最低生活保障和学校治安环境治理等工作情况，委员们积极建言献策，提出了一些意见建议。

【参加迎中秋庆国庆港澳联谊会】 9月15日，县政协主席谢寿通出席了香港翁源同乡会换届会议，参加了同乡会理事会就职典礼并致辞，加强与同乡会及在翁源县投资、捐资的香港同胞、港区委员的联谊交友活动，听取意见建议，广交朋友，积极宣传推介翁源，加强两地交流合作，促进香港联谊工作。

【贯彻中央《意见》情况】 8月4日，受市委委托，市政协副主席赵志发一行检查了翁源县贯彻落实《中共中央关于加强人民政协工作的意见》情况，县委副书记温毅麟作工作汇报。检查组给予充分肯定，认为县委重视、政府支持、政协主动、部门配合。

【林业生态专题调研】 10月9日至11月底，根据县委的部署，组织政协专题调研组，先后走访林业部门，召开委员座谈会，深入周陂、官渡、翁城、新江、铁龙等镇（场）征求意见建议，了解林业工作情况，并先后到全南、阳山、德庆考察学习，结合实际探讨促进林业生态建设的办法措施，形成调研报告，为县委、县政府出台《关于进一步加快林业生态建设的决定》提供决策依据。

【慰问结对帮扶户】 2月4日，值春节来临之际，在县政协主席刘卫标的带领下，部分政协常委和全体机关干部在联群村集中慰问了9户结对帮扶户。此后，继续给予帮扶户和村委一定的扶持。

【献爱心活动】 4月24日，在县政协牵线下，在港区市政协委员、县政协常委廖秀雯女士协调下，香港凤凰狮子会慰问了坝仔镇敬老院及展旗小学、江尾敬老院及卫生院，捐赠8000多元；11月，一位不愿公开姓名的政协委员捐赠20多万元，资助中洞、河口、岭头、群陂4个村的村民参加2011年合作医疗；县政协常委释万行所在东华寺，为扶贫、助学、玉树地震、慈善中医门诊等资助77.6万多元；协调江门市政协扶持50名高中、中技、中职贫困学生5万元。共为扶贫济困募资103.4万多元。

【协助下陂村成立合作社】 7月6日，在县政协主席谢寿通协调下，江门市政协在下陂村召开“翁源县为民红葱头专业合作社”成立大会，资助 24 户帮扶户入股，扶助社员化肥 14.5 吨，价值共 3 万多元。共有入股社员 295 户，904 股，2.7 万多元股金。

（吴国太）

附：县政协机关领导班子

秘书长、办公室主任：陈喜山（2008.3—）

办公室副主任：梁炳聪（2006.12—）

赵冬秀（2001.12—）

宣传科、提案科科长：何　聪（2009.5—）

宣传科副科长：丘先菊（2009.5—）

组织联络科科长：龚碧珊（2009.3—）

市政协副主席、市委统战部长何伟青在翁源县东华寺检查指导工作

民主党派·群团组织

民盟翁源县委

【概况】 2010年底，民盟翁源县委员会有盟员108人，盟县委下设文化支部、科技支部、机关支部、翁中支部、龙中支部、教育基层支部、人民医院支部、中医院支部8个支部。另设组工委、参工委、学宣委、社工委、妇工委5个专业委员会。2010年是盟县委各支部换届年，到11月底，顺利完成了8个支部的换届选举工作。

【参政议政】 在"两会"召开期间，盟员人大代表向县人大提交的议案2件，占议案总数的9%；提交了提案25件，占提案总数的50%；政协大会发言4篇，占大会发言总数的50%。盟员提出的提案有4条被评选为优秀提案，有4人被评选为提案工作先进个人。

【建功立业】 2010年，盟员杨建光撰写了《谈谈物理复习中的纵横》、《抓要害巧解题》论文，获国家级论文奖；盟员钟少华、刘仿林、吴兰芳等分别在国家级刊物发表论文共6篇；吴兰芳在省级刊物发表论文2篇。盟员叶罗和吴冠浩分别被市检察院评为"你我身边敬业人，工作当中好模范"和"韶关市法律援助先进工作者"。

（郭晓燕）

附：领导班子成员名单

主　委： 包玉兰（2009.10—）

副主委： 张树玉（2006.8—）

刘少青（2006.8—）

高新强（2009.10—）

县总工会

【概况】 2010年翁源县总工会内设办公室、维权部，核定编制6名，实有8人。是年，县总工会围绕中心，服务大局，积极开展创先争优活动，各项工作稳步推进，取得显著成效。被市总工会评为2010年工会工作先进单位；被县委、县政府评为绩效考评优秀单位、县2010年度人口与计划生育先进单位。是年，引进韶关广和铸造有限公司投资1000万元落户铁龙，完成县委县政府下达的招商引资任务。

【固本强基工作】 2010年，积极推进工会组建工作，共组建基层工会30家，工会联合会10家，发展会员近3000人，超额完成了市总工会下达的工会组建和发展会员任务。职工之家建设扎实推进，全县各级工会按照职工之家建设的相关标准细则，抓好基础建设，完善设施配套，努力增强工会活力。据统计，全县合格职工之家率达88%。信达茧丝绸有限公司工会被评为全国模范职工之家；县人民医院工会被评为省厂务公开先进集体；县建设工会、县妇幼保健院工会、龙仙第三小学工会等三家工会被评为市先进职工之家。

【开展健康直通车开进厂区、社区活动】 为进一步解决职工群众医疗难的问题，县总工会与县人民医院协商，在4月份联合举办了"工会是我家，健康直通车"活动。组织医疗队分别在翁城、官渡、县城等三地进厂区进社区义诊，免费送医送药。此举，深受广大职工群众的好评。

【帮扶工作】 一是深入开展送温暖活动，筹集资金18万元，慰问救济了困难企业4家，困难职工760户，特困职工66户。二是开展"金秋助学"解困帮扶暖千家活动，共资助品学兼优的困难职工子女58人，发放资助金7.72万元。其中在校大学生每人1500元，中专生每人800元，高中生每人800元。三是"5·6"洪灾后，县总工会及时与上级工会沟通协调，共争取省市总下拨救济金8万多元，救助了受灾企业11家，受灾职工27人。四是着力推行"送健康"活动。积极向基层工会宣传推广职工医疗互助保障计划和女职工安康保障计划，近2500名职工参加了投保，续保876人。五是抓好了扶贫开发"规划到户、责任到人"工作。帮助"5·6"洪灾中的5户全倒户重建家园，达到了国庆节前入住新居。贫困户适龄子女普及义务教育入学率达100%。有7户贫困户家庭成员实现培训转移就业，全年有4户贫困户年人均收入达2500元，实现稳定脱贫。

【税务代征工会经费工作】 积极与地税部门沟通协调，有关人员深入企业做好宣传发动工作，完成了市总工会下达的工会经费征收面扩大20%，总量增10%的任务。为工会各项工作的正常开展，提供了坚实的物质基础。

【老人节活动】 老人节期间，以县退管会名义隆重举行退休职工文艺汇演暨退管工作先进表彰活动。表彰了退管工作先进单位5个，退管工作先进个人10名，退休职工积极分子20名。退休职工自编自演的文艺节目，丰富活跃了退休职工的文化生活，给老人节增添了一道亮丽的风景。

（谭志忠）

附：领导班子成员名单

主　席：张树玉（2007.1—）

副主席：张幸明（2010.7—）

蔡狄强（2007.12—）

团县委

【概况】 翁源县内第一个团支部建立于1947年9月（新民主主义青年团组织）；1949年10月，成立中国新民主主义青年团翁源县工作委员会；1953年5月，翁源县召开第一次团员代表大会；1957年5月，改名为共产主义青年团翁源县委员会（简称团县委），沿用至今。共青团翁源县委员会是全县共青团组织的领导机关，下设办公室，编制5人，办公地址位于龙仙镇建国路14号县政府大院内。截至2010年底，全县有基层团委32个，团（总）支部642个，团员10300名。

2010年，共青团翁源县委围绕县委、县政府中心工作和上级团委的工作部署，有针对性地开展各项团的活动，继续服务中心、服务青年、服务社会，重点做好服务新农村、关爱留守儿童、青年就业创业、希望工程和扶贫开发“双到”等方面的工作，切实加强各级基层团组织的建设，更好地服务农村经济和社会发展，服务于地方青年的成长成才。

【基层组织建设】 深入推进团的品牌活动，努力服务经济社会协调发展。2010年，通过开展希望工程、青年文明号、“3·5”志愿者服务、清明节扫墓、上交特殊团费、纪念“五四”运动、“三下乡”、“珍爱国土青年担当”国土知识宣传、“创卫我参与”小小交通员上岗培训、少先队辅导员座谈会、翁源县庆亚运首届徒步穿越东华寺活动等各种团的品牌活动，丰富青少年业余生活，服务社会经济的协调发展。

夯实组织基础，不断加强和改进基层团组织建设。基层团委负责人的选拔任用始终坚持“高进、严管、优出”的原则，德才兼备的用人标准，以选调生，新录用公务员为主要选择对象。目前，全县新任镇团委书记平均年龄25周岁，其中8个党员，团干部队伍出现了配备齐全、政治素质高、年龄结构优化和文化层次高的良好局面，为基层共青团工作注入了新的生机和活力。

结合党建带团建的优势和团组织的自身优势，扩大“两新”团组织建设。2010年，对全县现有规模企业和已建立党组织的企业进行调查摸底。目前已建立党组织的企业有16家，建立团组织的已有9家。进一步加强对已建立团组织的非公企业的联系和指导，使其团工作正常运作；对具备建立团组织条件的金悦通电子（翁源）有限公司、翁源县广业蓄电池有限公司、比亨企业（翁源）综合开发有限公司、龙翔大酒店和汇源饮食有限公司等5家企业，多次与其企业负责人进行沟通，拟在这5家企业建立团组织。努力做到“哪里有团员青年，哪里就有共青团组织，哪里就有团的工作”，进一步完善联合建团、依托建团、社区建团等多种建团方式。

【青年就业创业工作】 2010年，团县委以团建创新年为工作契机，继续实施青年创业行动，采取多种形式服务青年创业就业，营造鼓励青年干事业、支持青年干成事业的良好氛围，引导青年树立自主择业、自强创业的观念，整合社会资源对有创业就业需求的青年开展多层次、多形式的职业培训，拓展就业渠道，创造就业岗位，努力使青年获得充分的创业就业机会。全年举办各种类农技知识培训班4期，参训人员近400人。全面提升了农村广大青年技能，也为他们提供更广阔的创业致富空间和机会。同时，积极组织农村青年参加农村网络大讲堂活动，使他们有机会进行集中学习，不仅使他们学到了一些农科知识，也提高了团组织自身的影响力和号召力，影响和凝聚了一批农村青年。

【扶贫“双到”工作】 按照团省委下发的关于组织动员全省共青团组织投身扶贫开发“规划到户、责任到人”工作通知的总体要求和县委、县政府的工作部署，根据单位实际，制定了切实可行的扶贫帮困计划，确定每个干部帮扶一户贫困户，并在资金、技术、项目和信息等方面给予扶持和帮助。考虑到单位经费困难的实际，是年加大了对外联系，广开渠道，争取外援，联系广州亚德客自动化工业有限公司员工到翁源县100户贫困户家中开展送温暖活动，为贫困户送去慰问金、棉被、食品和生活用品价值共11万元。

抗洪救灾、灾后复产、重建家园工作。在遭受“5·6”特大暴雨袭击，造成严重洪涝灾害后，团县委认真落实县委、县政府召开的“5·6”特大洪灾救灾复产、重建家园动员大会精神，以解决民生为重，认真抓好挂钩村救灾复产工作，要求各基层团组织要积极组织当地青年团员和志愿者加入抗洪救灾工作中，投身灾后复产、重建家园工作。同时主动向上级团组织汇报工作，并取得团市委的重视和支持。为翁城镇送上药品、衣物、食品、棉被等价值5万元的救灾物资一批。同时支援翁源灾区20户全倒户重建家园，除了翁源县自己筹措的资金外，每户再给1万元补助，建设灾后“共青团”新农村。为全县的灾后复产、重建家园工作取得实效做出了贡献。

广开渠道，积极向社会各界募集资金和救灾物资。联系了深圳、澳门的爱心人士前往县域开展献爱心活动。赠送了一批学习用品和体育用品，发放资助金3万多元。还将其中16名贫困孩子接到韶关参观，让这些贫困家庭的孩子感受到社会的爱，力所能及地为贫困学生和灾民解决困难。

继续做好“手拉手”关爱留守儿童活动。公开向社会招募了160多名爱心志愿者，并举行了翁源县“手拉手”关爱留守儿童活动启动仪式暨志愿者培训班，在全县范围内开展“手拉手”关爱留守儿童活动，帮助留守儿童解决学习、思想、身体及生活上遇到的困难，使他们感到“心有人爱，身有人护，难有人帮”。

参与开展“爱在希望家园”关爱留守少年儿童统一行动工作。按照团省委有关要求，选好首批省级希望家园示范点坝仔镇岩庄小学，同时还相继在周陂、翁城镇成立了两个市级希望家园示范点，为示范点捐赠了电脑、电视、书籍、乐器、体育用品等物品一批，努力为全县留守少年儿童营造了一个温暖的家。

（杨龙年）

附：领导班子成员名单

书　记：何碧娟（2010.3—）

翁源县妇女联合会

【概况】 县妇联为正科级人民团体。定编5名，其中领导职数为一正一副，设主任1名，后勤服务事业编制1名。内设办公室（加挂维权儿少部牌子），县妇女儿童工作委员会办公室设在县妇联。2010年在职干部职工6人。是年，县妇联结合县开展的“创先争优”、“树立正确权力观，提高执行力”等活动及扶贫开发“规划到户，责任到人”的工作实际，围绕中心抓重点，服务妇女出实招，勇于创新求突破，为构建和谐翁源作出积极贡献。

【实施“五个支持行动”　引领农村妇女增收致富】 把促进妇女发展作为服务大局、服务妇女的头等大事来抓，加强协调沟通，整合社会资源，争取有利条件，搭建服务平台，千方百计促进妇女创业就业和增收致富。

实施培训服务支持行动，提高妇女科技致富能力。将妇女培训纳入各级劳动、科技、农业等部门的专项技能培训项目中，全县转移培训妇女1100人，帮助900名妇女实现转移就业；利用农村妇女学校阵地进行适时的农科技培训，共培训妇女1500人次。

实施小额信贷服务支持行动，帮助妇女解决生产资金问题。主动协调财政、金融等部门开展妇女小额担保贷款工作，帮助农村妇女解决创业发展资金问题。

实施科技指导服务支持行动，带动妇女发展生产。创建巾帼示范基地。坝仔镇农家乐专业合作社成为县级首个巾帼蔬菜种植示范基地。争取项目支持。为60户贫困妇女及信达蚕桑专业合作社争取省项目资金25.6万元及60部手机，帮助妇女发展生产及开展技能培训。

实施妇女健康服务支持行动，促妇女健康发展。为江尾镇长江、联益村近百名妇女实行免费妇科病普查；举办“粉红春天”女性健康新理念知识巡回讲座10场。

实施扶贫助困服务支持行动，改善妇女儿童生活环境。对贫困户特别是贫困妇女和儿童实行一对一的帮扶读书、发展生产；开展为灾区献爱心活动。组织妇联系统妇女干部参与救灾行动，为县“5·6”洪灾、青海玉树地震灾区募得爱心款7000多元。实施援建母亲安居房项目。争取省、市妇联援建“安居房”资金11.7万元，帮助9户单亲特困母亲家庭解决住房难问题。开展“爱心大联盟行动”，百名困境儿童得到“爱心父母”的结对帮扶。同时，积极争取省恤孤会帮扶资金19.8万元，帮助233名孤贫学生解决读书难问题。

【维护妇女权益】 深入推进妇女儿童维权行动，切实解决妇女群众关心的热点难点问题，为弱势妇女发展提供法律保障。

营造普法氛围。利用“3·8”妇女维权周、“11·25”国际反家暴日、“12·4”法律宣传日开展法制宣传教育，发放《两性和谐.让家庭远离暴力》宣传小册子1500份，营造尊重妇女、保护妇女的良好社会氛围。

加大矛盾纠纷调处力度。发挥社区妇女维权服务站、家庭暴力投诉站（点）的作用，及时介入和妥善处理家庭纠纷和各种社会矛盾。全年妇联系统共接待处理信访案件120宗，调处率98%。协调县法律援助中心为贫、弱、病、残妇女办理法律援助案件4件。

【开展精神文明活动】 开展系列活动，营造氛围，进一步优化妇女儿童事业发展环境。

开展庆“三八”100周年系列活动。举办“庆三八、展风采、促和谐”文艺晚会；组织开展“春游粤港，三八同乐”活动，让广大妇女在活动中长见识、开眼界、受教育。深化巾帼文明岗、巾帼示范村、星级妇女学校创建活动。县人民医院妇产科、电信公司城区客户服务中心被授予为“省巾帼文明岗”；龙仙第三小学六年级妇女小组被授予为“市巾帼文明岗”。龙仙镇长潭村、周陂镇光明村分别被授予“市巾帼示范村”、“市星级妇女学校”。

开展家庭文化建设活动。参与广东百名“好父亲、好母亲”评选活动，龙仙第二中学张会玉被评为“广东百名好母亲”；组织开展爱心捐赠图书、“好书进家庭”读书、亲子阅读系列、“农村儿童流动图书室”创建等活动，结合节能减排家庭社区行动，组织开展“低碳家庭、时尚生活”知识竞赛和读书征文活动。

宣传妇女先进典型。与电视台、韶关日报社联合开展“巾帼风采”专题宣传，报道县巾帼创业带头人李洁青、双学双比女能手沈德兰、雷启娣、张小红等先进妇女典型。龙仙第一小学胡秀云被授予“省三八红旗手”；教育局赖冰玲被授予“市巾帼建功先进个人”。

【实施妇女儿童发展规划】 加大重点难点问题的解决力度。针对评估反馈结果中“两规划”重难点未达标的项目，督促相关成员单位着力推进。“两个规划”6个领域79项定量监测指标中，已有67项提前达到终期目标。

【加强妇联自身建设】 以“创先争优”、“提高执行力”活动为契机，夯实妇联基层组织，不断改进工作作风，加强妇联自身建设。一是加强队伍建设。注重岗位学习培训。运用以会代训，集中学习，参观考察等方法，提升妇女干部的能力水平。二是组织开展“创先争优”、“树立正确权力观，提高执行力”活动。进一步激发领导班子成员和党员开拓创新、敬业奉献精神及提升服务大局、服务妇女群众能力。三是加强调查研究和信息报送。开展妇女理论和工作研究的同时，加强信息报送工作，全年被市级以上网站采用信息38条，其中省妇联、国务院妇儿工委网站采用11条。四是推进妇女参政议政。主动协助党委组织部门做好培养、推荐女干部工作，全县九个优先配备女领导干部的部门全部配齐了女领导干部；建立了全县农村妇女人才库，并把在当地有影响力的妇女作为培养对象向党委推荐，以进一步提高2011年村（居）“两委”换届女性的比例。

（王素娟）

附：领导班子成员名单

主　席：钟敏梅（2009.5—）

副主席：郑冬妹（2009.5—）

文　联

【概述】 翁源县文联成立于1984年11月，是县委领导下的文艺界人民团体，担负着对全县文艺工作者联络、协调、服务的职能。1997年3月县机构改革明确县文联为正科级机构，挂靠县委宣传部，事业编制2名，设主席1名，副主席1名。县文联下设文学、美术书法、戏剧、音乐舞蹈、民间文艺研究、摄影等6个协会，2010年末协会人数150多人。2010年度，美术书法协会会员吴怀想被评为韶关市文艺工作者先进个人。

【协会文艺活动】 以翁山诗书画院为龙头的美术书法协会特别活跃，几乎每月举办一次展览，每周组织一次写生和作品点评活动，其影响从翁源山区逐渐走向世界。摄影协会春节期间在龙翔大酒店举办了“翁源花果香、生态休闲地”大型摄影展，展出作品90幅，还多次组织摄影爱好者到各镇和周边的南雄、始兴、乐昌、新丰等县摄影采风。各类文艺团体如青云山艺术团、金秋歌舞团、文友之家、坝仔嫂子歌舞团等活跃在城镇和农村，经常举办形式多样的文艺活动，为群众所喜闻乐见。

【春联评比活动】 举办县城春节“门前美”新春联评比活动，抄写县城40多个机关、学校、企业等单位的新春联，邀请县内知名楹联专家进行认真评选，龙仙二中、农业局等11个单位分获一、二、三等奖。对获奖单位给予颁发奖状和奖金的奖励，并通过电视、网络、张贴宣传栏等形式向社会公布，供群众点评欣赏。此项活动从1985年开始由县文联承办，至2010年已连续举办了26年。

【编辑出版《韶关日报·翁源新闻》】 协助县委宣传部编辑出版《韶关日报·翁源新闻》专版。围绕县委、县政府的中心工作精心策划每期专版的内容，做到重点突出，内容鲜活，可读性强。全年出版《翁源新闻》专版12期，用稿120多篇，图片40多幅，共调动县内60多位通讯员参与。

【管理文化翁源发展专项资金】 负责“文化翁源发展专项资金”的日常管理事务，联络“资金”管理委员会和监督委员会10多位成员以及受资助的单位和个人，跟踪“资金”资助项目的落实情况等工作，把“资金”运作过程中的关系协调好。“资金”设立以来，共资助了12个项目合计197.6万元，其中资助县内翁城镇农民作家杨德新的长篇小说《悲壮》，2010年10月由北京华文出版社出版，全书共有20多万字，这是作者的第三部长篇小说。

（黄伟琼）

附：领导班子成员名单

主　席：何文健（—2010.7）

副主席：黄伟琼（2009.9—）

残　联

【概况】 县残疾人联合会成立于1995年5月，正科级单位。现有干部职工7人，其中理事长1人、行政编制人员5人，工勤人员3人，内设办公室、康复办、就业服务所3个职能股室。其主要职能：维护残疾人合法权益，开展各项业务和活动，直接为残疾人服务，承担政府委托的部分行政职能，发展和管理残疾人事业职能部门。2010年，坚持以“代表、服务、管理”为中心工作，解决残疾人最关心、最直接、最现实的困难和问题，为全县经济社会跨越发展、构建和谐翁源作出应有贡献。2010年被省残联评为“第二代残疾人证核发工作先进单位”，系全韶关市唯一的县。

【基层残联组织建设】 7月15日，全县七镇一场成立了残疾人工作委员会和残疾人联合会，并召开了镇（场）第一次残疾人代表大会。

【扶贫工作】 慰问残疾人。1月26日分管残联工作的包玉兰副县长及县残联领导亲自带上慰问品和慰问金深入到县城、乡镇慰问黄建国等105名贫困残疾人。

慰问结对帮扶户。1月25日，值春节来临之际，在理事长陈初华的带领下，残联全体干部职工集中慰问了翁城镇定南村21户结对帮扶户。

扶残助学。3月17日县残联理事长带领残联干部职工到岩庄中学、翁源中学为在校贫困残疾学生共42人每人给予400—800元的资助。

做好农村贫困残疾人家庭危房改造工作。12月中旬，翁源县残联对全县40户符合条件的农村贫困残疾人家庭建有楼房的每户补助2000元，共计金额8万元。

开展“阳光家园计划”实施工作。12月10日—17日，在全县开展了“阳光家园计划”实施行动，对全县符合“阳光家园计划”残疾人托养服务（家庭）资助条件的310人，每人给予资助500元，共计15.5万元，从而减轻重度残疾人家庭负担，加快推进残疾人托养服务体系。

【残疾人工作调研】 4月1日，广东省残联理事长宋卓平、党委副书记郭伟，市残联理事长冯伟星一行7人在副县长包玉兰陪同下，到县域开展调研工作，了解翁源残疾人事业发展情况和面临困难，并参观了翁源县残疾人康复服务站，对翁源残疾人工作给予了肯定。并深入到龙仙镇青云村李志清、田心村刘建平残疾人家中进行慰问，鼓励他们面对现实，树立信心，克服困难，坚强生活，早日摆脱贫困。11月10日《广东残疾人》杂志社董森章主编及市残联领导一行3人到翁源县开展残疾人工作调研。

【助残活动】 5月16日是第二十次“全国助残日”，举行了为残疾人赠送轮椅活动，共赠送轮椅25部，价值15000多元。

举办残疾人技能培训班。9月5—25日投入3万多元在翁源县新华职业技术培训学校举办了30多名残疾人参加的家电维修培训班。

鼓励扶持残疾人创业。为鼓励和扶持残疾人自谋职业、自主创业，12月15日，县残联拿出专项资金2.2万元共扶持涂国卫等11户农村残疾人发展各种种养殖业，从而带动全县农村残疾人自立创业，发展生产，收到了较好效果。

免费白内障手术。9月16日，在残联牵线下广东狮子会粤亮服务队来翁源资助60例贫困白内障患者免费做手术，为他们节约资金21万多元。并与残联领导一起带着慰问品回访了江尾镇李牛古、沈惠妹、坝仔镇赖亚有等白内障患者。

【抗洪救灾】 “5·6”特大洪灾发生后，县残联理事长陈初华带领残联干部职工深入到江尾、坝仔、铁龙和挂扶村翁城定南村了解残疾人家庭受灾情况，并积极向省、市残联汇报，争取资金7.2万元，资助残疾人家庭恢复生产，重建家园。

（陈秀娟）

附：单位领导班子成员名单

理事长：陈初华（2008.7—）

翁源县归国华侨联合会

【概况】 翁源县归国华侨联合会是中国共产党领导下由归侨、侨眷属组成的人民团体，是党和政府联系广大归侨、侨眷和海外侨胞的桥梁和纽带。维护侨益、参政议政、群众工作、海外联谊是侨联的四大职能。翁源县侨联成立于1983年，1997年3月机构改革后，挂靠县外事侨务办，编制2名，设正、副主席各1名。2001年12月，全县再次进行机构改革，县侨联不再挂靠县外事侨务办，单独设置机构，为正科级参照公务员管理单位，设事业编制2名，设主席1名。2010年，县侨联实有人数2人，其中主席1名（属参照公务员系列），1名工勤人员（高级工）。成立侨联后，翁源县侨联能认真贯彻执行党的侨务政策，积极维护归侨、侨眷的权益，团结和带领全县广大归侨积极投身于翁源的各项建设中，为翁源各项事业的发展起到了积极的作用。

2010年全县有归侨49人，侨眷约1700多人。归侨多数来自东南亚各国，以马来西亚和越南居多。随着改革开放的深入，外出务工和求学人数的不断增加，产生了大批的新侨，旅外华人、华侨遍布美国、英国、加拿大、澳大利亚目等10多个国家。

【为侨服务】 2月3日，翁源县在云仙宾馆召开归侨侨眷迎春茶话会，县委、县政府、县政协有关领导与60多位归侨侨眷共聚一堂，喜迎新春。座谈会由包玉兰副县长主持。县委副书记温毅麟向与会的归侨侨眷通报了过去一年全县社会经济发展情况和县委十一届七次全会确定的四大战略目标任务。与会的归侨侨眷在认真听取温毅麟副书记的情况通报后，对县委、县政府过去一年的工作给予了充分肯定，认为全县新的一年发展目标明确，措施具体可行，发展蓝图令人振奋。温毅麟副书记代表县委、县政府对全县的归侨侨眷为翁源县社会经济发展所作出的辛苦劳动表示衷心的感谢，并祝广大的归侨侨眷新春愉快，合家幸福。

9月30日，翁源县侨联、县外侨局共同举行归侨侨眷迎国庆茶话会。县有关领导与50多位归侨侨眷共聚一堂，喜迎国庆。座谈会上，县政协副主席刘少青向多年来关心支持翁源经济社会发展的归侨侨眷表示节日的祝贺和衷心的感谢，并通过他们向海外侨胞表示诚挚的问候；县外事侨务局局长肖志毅、县侨联主席邓国伟在会上通报了2010年翁源县的侨务工作开展情况和侨联工作情况。参加座谈会的归侨侨眷代表在会上还进行了交流发言，现场气氛热烈，大家畅所欲言。

【经验交流】 1月20日，韶关市浈江区侨联常委、侨青组副组长郭创茂带领侨青组一行6人赴翁源县交流学习，得到了翁源县侨联的热情接待。浈江区侨联副主席、秘书长邓志成应邀参加交流学习活动。县侨联主席邓国伟介绍了翁源县侨情、侨界青年在翁源的创业状况并陪同浈江区侨青组前往翁源侨青会员利文的企业参观、学习。双方侨青企业家互相交流创业中的成败得失，颇有启发和收获。浈江区侨联副主席、秘书长邓志成认为：侨界青年多联络交流是好事，不但可以谈谈人生观、价值观，还增进了两地侨界青年之间的友谊。

【参政议政】 为做好翁源县侨界政协委员参政议政工作，提高参政议政能力，在“两会”召开前，召开反映民情民意座谈会，鼓励侨界政协委员积极撰写提案。2010 年，翁源县侨界政协委员共提交提案 3 篇。

（邓国伟）

附：领导班子成员名单

主　席：邓国伟（2004. 12—）

翁源县工商业联合会

【概况】 翁源县工商业联合会（总商会）简称县工商联。在职机关干部 3 人，有专职主席（会长）1 人，正科级干部 1 人，秘书长 1 人，兼职副主席（副会长）11 人。下辖翁城商会。其主要职责是：做好非公有制经济代表人士思想政治工作，做好县委、县政府管理非公有制经济的助手，引导会员参政议政，推动民营经济科学发展。

【做好思想政治工作】 组织会员学习贯彻中央十七届四中全会精神、中央经济工作会议精神和省委十届六次全会精神。5 月中旬组织部分会员赴北京清华大学参加国情研讨班学习，此次研讨班学习了《中国宏观经济形势及前瞻》、《当前国际形势与中国外交政策》、《中国政治体制改革及发展前瞻》。11 月下旬还专门召开主席会议，学习贯彻《中共中央关于新形势下加强工商联工作的意见》精神，高新强主席传达学习了全国政协主席贾庆林对《意见》解读讲话和省工商联 11 月 10 日在江门召开的组织工作会议精神。通过学习，增强了共识，增强了对全县实现跨越式发展的自信心和责任感，增强了自觉地担当起非公有制经济人士的模范带动作用。

【抓好调查研究，积极参政议政】 一是搞好私营企业调查。从 4 月下旬开始，历时一个多月，完成省工商联下达的第九次私营企业调研。二是进行了有关中小企业融资难的调研。就如何解决中小企业融资难，从银行的角度，担保公司的角度，企业的角度等多方面去了解，在 8—9 月份完成此课题，并形成调研文章。同时，主席高新强还在“翁源县跨越式发展研讨会”上作了专题发言。三是组织会员参政议政。县工商联有 30 名各级人大代表和政协委员，在两会召开前夕，本会设宴招待本界别中的人大代表政协委员，一方面是总结过去一年在反映社情民意和参政议政工作，第二方面是鼓励大家在今年两会上要继续热心反映社情民意，积极建言献策，参政议政，为县委、县政府决策提供依据。今年两会上，蔡沛龙副主席《关于县城垃圾场应另选址》的提案获优秀提案奖，曹福昌副主席代表工商联在政协大会上作了《翁源县民营经济的现状和加快发展的意见》的大会发言，县长颜亮，政协主席谢寿通和政协原主席刘卫标分别参加了工商联界别小组的讨论，认真听取委员的意见建议，会议期间代表和委员积极撰写议案提案，参政议政的热情很高。

【积极实施“三促进一保持”活动】 此项活动是中央和省委统战部为了应对国际金融危机提出来的，得到了广大统一战线成员的响应和推动，县工商联也积极行动。一是组织全体执委会成员认真学习中央经济工作会议精神，用中央经济工作会议精神来指导生产经营；二是组织会员赴清华大学参加国情研讨班学习，开阔视野，广交朋友；三是积极开展调研活动，主要是完成了省工商联组织的第九次民营企业调研，启动民营经济融资难的专项调研，为全县的经济社会发展献计出力。

【积极开展“讲诚信、尽责任”活动】 积极响应市委统战部、市工商联关于在私营企业中开展“讲诚信、尽责任”活动，推动企业诚信经营，履行社会责任。在活动中，收到演讲稿 3 篇，并派出 1 名企业代表，参加韶关市“讲诚信，尽责任”演讲比赛，获得二等奖。

【热心社会公益，履行社会责任】 春节前夕组织部分会员对江尾老人院，挂钩村委、会员军属慰问；翁城商会、官渡的会员还对翁城老人院、官渡老人院进行慰问。中秋节和重阳节还专门开展尊老敬老活动，会员吴懂平在中秋节前慰问了龙仙镇敬老院，给老人派发红包和节日礼品。重阳节前，翁城商会组织会员慰问了翁城敬老院。

“5·6”特大洪水发生后，县工商联当晚就开始了解会员企业的灾情，组织开展生产自救；5月8日县工商联率先发起抗洪救灾捐款活动，号召广大执委会成员为全县抗洪救灾捐款捐物；据不完全统计，县工商联的会员或会员企业捐得现款40多万元，其中龙翔实业公司（罗展勇副主席是该公司的总经理）、王胜利执委捐资10万以上，另一位不愿公开姓名的副主席捐款12多万元，吴懂平会员捐1万元，副主席林正耀本人积极捐款外，还发动外出乡贤捐款21万多元。其他执委们也纷纷慷慨解囊，献爱心，他们的善举体现了中华民族大爱无疆，众志成城的传统美德，更体现了企业家们牢记社会责任，忘我奉献社会的高尚情怀。

【积极做好“双到”工作】 县工商联非常重视“规划到户、责任到人”的扶贫开发工作，多次到挂钩点马古塘村委和扶贫户中去走访座谈，制订扶贫计划。“5·6”特大洪水发生后，第二天就到了村委了解灾情，并送去2000元救灾应急经费。工商联机关没有工作车辆，曹福昌副主席，郑烈鹏执委给予了大力的帮助，并且经常和机关人员一起到村委了解情况，为消除贫富差距，维护社会稳定，建设和谐社会作贡献。

【抓好制度建设，促进机关作风】 2010年，县工商联加强完善《主席会议制度》、《执委会议制度》、《办事公开制度》和《干部学习制度》等各项制度，改进工作作风，提高机关办事效率。经常组织干部参加各类政治和业务学习，不断提高机关干部的政治素质和业务水平，从而使工作效率、服务会员、服务社会、服务政府的意识得到提高。

（张石铭）

附：领导班子成员名单

主　席（会　长）： 高新强（2009.9—）
副主席（副会长）： 胡初红（2006.12—）
蔡沛龙（2006.12—）
罗定胜（2006.12—）
蔡雪映（2006.12—）
何群辉（2006.12—）
罗展勇（2006.12—）
林正耀（2006.12—）
黄翠娟（2006.12—）
刘汉文（2006.12—）
刘　洪（2006.12—）
曹福昌（2006.12—）
秘书长： 张石铭（2004.12—）

2010年4月29日，团县委举办新老团干座谈会

政法·军事

政法委

【概况】 翁源县委政法委是县委领导全县政法工作的职能部门。在县委及其政法委的领导下，由公安、检察、法院、司法行政部门分工合作，共同执行国家法律，维护国家安全和社会稳定的工作。县委政法委与县维护稳定及社会治安综合治理办公室、县禁毒办、县委610办合署办公。县委政法委内设办公室、政工科、执法督查室、维稳办4个股（室）。总编制12名，其中：行政编制11名（含610办5名），工勤人员事业编制1名；年末实际在职人员15人。设政法委书记1名（由县领导兼任），副书记3名（分别兼任综治办主任、610办主任、禁毒办主任），综治办、禁毒办、610办各设副主任1名，股长3名。2010年，政法各部门受中央、省、市以上政法各部门和县委、县政府表彰的集体达30多个，其中15个单位、部门被中央、省、市评为先进集体，9个单位荣立集体“三等功”，17名干警被评为先进个人，1名干警荣立个人“一等功”，1名干警荣立个人“二等功”，15名干警荣立个人“三等功”，2名干警被评为“全省优秀人民警察”。县公安局治安管理大队、政工科、县法院刑事审判庭被评为“全省优秀基层单位”，县检察院司法警察大队被最高人民检察院确定为“全国司法警察编队示范单位”。

【维护社会治安稳定】 2010年，县公安局共立刑事案件1238宗，破577宗，破案率为46.6%。立命案4宗破4宗。受理各类治安案件1733宗，查结723宗，查结率41.7%。县检察院全年受理审查逮捕案件132件191人，经审查批准逮捕125件179人，受理移送审查起诉、不起诉案件127件182人，其中自行侦查的贪污贿赂案件7件7人，渎职侵权案件2件2人，受理市法院交办案件1件1人，经审查移送法院起诉案件102件149人，移送市法院5件7人。批捕和起诉准确率、公诉有罪判决率100%。县法院全年共受理刑事案件104宗，审结104件，结案率100%。受理民商事案件1044件，审结1017件，结案率97.4%，受理行政诉讼案件6件，审结6件，审结率100%。县委610办坚持打击“法轮功”等邪教组织活动，着力提高反邪教斗争新形势的认识，开展无邪教创建活动和继续抓好出所、出班“法轮功”人员的回访帮教工作。综治信访维稳，矛盾纠纷排查工作全面推进，是年，综治信访维稳部门受理群众来信来访排查处理各类矛盾纠纷案件1466宗，调处1466宗，成功调处1393宗，成功率达95%。

【县级综治信访维稳中心建设】 按照省、市的统一部署，围绕“强综治、创平安、促发展”主题活动，坚持社会管理创新，进一步推动县级综治信访维稳工作平台建设，做强县级中心，努力形成矛盾综合调处、治安综合管理、维护社会稳定。2010年，县委、县政府投入130多万元利用县中医院二门诊二、三楼改造装修成“翁源县综治信访维稳中心”，于8月完成中心硬件建设工作，实现预期目标，“中心”购置办公台、椅、档案柜、电脑、传真机、复印机、空调机、视频监控等设备一批，并抽调各职能单位领导进、派驻中心参与接访工作，“中心”主要负责全县综治信访维稳工作的接访、排查、调处、督查、督办、考核，落实党政领导包案负责制，自“中心”投入使用至年末，接访受理各类矛盾纠纷案件47宗，成功调处46宗，调处成功率97%。

【禁毒工作】 继续抓好禁毒人民战争，加大工作力度，强力推进禁毒工作。深入开展禁毒宣传活动，在“6.26”国际禁毒日宣传活动期间，累计张贴禁毒宣传图片350多张，制作悬挂标语、横额85条，出宣传栏158期，上预防毒品教育课35次，并对全县公务员进行了《禁毒法》知识的学习、考核。加强部门协作，积极开展“两项”专项治理行动。2010年，共立刑事涉毒案件10宗，破10宗，破案率100%，抓获涉毒犯罪嫌疑人5名，缴获海洛因、摇头丸、K粉等毒品一批。开展清查涉毒娱乐场所38次，查处涉毒行政案件65宗，抓获吸毒人员149人。并对翁江之夜、皇家俱乐部、夜倾情、东华大厦4家涉毒娱乐场所作出停业整顿的处罚，其中“翁江之夜”、“皇家俱乐部”因在停业整顿期间再次涉毒经营，于9月份被依法取缔。

【执法督查工作】 2010年，执法督查工作按照省委政法委《化矛盾、保平安、迎亚运，清理涉法涉诉信访积案活动方案》，全县政法机关高度重视，积极开展清理化解涉法涉诉信访案件，各单位、各部门实行大排查、大接访、大调处，认真落实党政领导包案责任制，全县共排查涉法涉诉信访案件12宗，调处化解8宗，调处化解率为67%。立督办评查案件102件，案件督办评查合格率达100%，其中68件为优秀。组织各单位认真开展办案安全防范工作专项检查活动，针对审判机关在庭审、执行等环节；检察机关在渎职侵权、反贪等自侦案件办理及犯罪嫌疑人的提审等环节；公安机关在基层派出所和县看守所在羁押、传唤、抓捕等环节进行开展自查自纠，并督促各单位完善各项管理制度。

【政法队伍建设】 全县政法各部门认真组织开展“树立正确权力观，提高执行力”学习教育活动和“争先创优”活动，着力解决政法队伍在思想信念、宗旨意识、执法司法等方面存在的实际问题。县委政法委制定《翁源县政法系统深入政法业务公开工作方案》和《翁源县政法机关“树立正确权力观，提高执行力”学习教育活动工作方案》，在政法干警中开展学习教育活动，并利用检察院预防职务犯罪教育基地，对全县政法干警进行公正廉洁执法教育，提高政法干警执法为民的自觉性和工作水平，维护社会的公平正义。把从严治警的各项纪律要求落实到位，完善政法部门班子建设和队伍管理长效机制，持续开展业务培训，岗位练兵，提高全县政法队伍的整体素质。

（唐新业）

附：领导班子成员名单

书　记： 谢玉田（—2010.3）
　　　　黄向阳（2010.4—）

副书记： 陈华山（—2010.4）
　　　　李天生（2010.7—）
　　　　叶俊桓（2004.12—）
　　　　刘玉兰（2004.12—）

公　安

【概况】 2010年，坚持以科学发展观为统领，以“建为民公安、保南粤平安”为总目标，以“平安亚运”安保工作为主线，以提升社会公众满意度和增强群众安全感为出发点，抓住队伍建设这个根本。深入推进社会矛盾化解、社会管理创新、公证廉洁执法“三项重点”，扎实开展公安信息化、执法规范化、和谐警民关系“三项建设”，着力提高公安机关“七个能力”建设。充分发挥抢险救灾主力军作用，全力抗击“5·6”特大洪灾。圆满完成“两会”重大安保任务，顺利实现平安建设的硬着陆，充分发挥公安机关服务经济社会发展的作用。全年共立刑事案件1231宗，同比下降1.2%；破获各类刑事案件570起，同比下降1.76%；查处各类治安案件1715起，同比上升5.08%；移送起诉172人，同比下降2.82%；命案发案4起，破案4起，侦破率为100%。依法妥善处置了“9.10”绑架案等重大案件。全县没有发生重大影响的群体性事件、安全事故，国庆、五一等重要时期和敏感节日的社会面秩序良好，治安平稳。社会治安工作取得了“党委政府高兴、人民群众满意、全体民警认可”的工作成效。2010年，全县公安队伍中涌现一大批先进典型，全年共有7个集体、14名个人荣立三等功以上奖励，“6·26”事件中黄向阳被广东省公安厅授予一等功，“5·6”特大洪灾中张学军被广东省公安厅授予二等功，2个单位被广东省公安厅评为全省先进集体。3月，由县公安局选派代表参加县妇联组织的“庆三八、展风采、促和谐”文艺晚会，由胡春联、何雪莲参演节目——诗歌朗诵《警察的妻子》获得三等奖。

【“两会”安保工作】 2010年，全县公安机关以全国“两会”，上海世博会、广州亚运会重大安保工作任务为契机，突出维稳工作中心，进一步健全情报信息交流机制。启动专项排查预警机制，紧紧抓住情报信息交流机制，矛盾化解纠纷，重点人员管控等关键环节，加强对影响全县治安社会、经济发展的不稳定因素排查。及时掌握县内涉企、涉农、涉疆、涉恐等情报信息的收集研判，各种不稳定因素做到有效预防、预警和控制。“两会”期间，全局共收集各类信息168条，上报县两办、市公安局131条，为县委、县政府和上级公安机关决策部署提供重要依据和参考。依法妥善处置各类纠纷和群体性事件，最大限度增加社会和谐因素。两会期间，全县共化解矛盾纠纷63起，成功调处信访积案5宗，及时稳妥处置群体性事件1起。全县没有发生一起上京赴省上访事件。

【公安检查站建成】 2010年10月2日，县环粤安保圈坝仔公安检查站成立。坝仔公安检查站是广州亚运会及残运会期间出入省际的公安检查站之一，是为实现“平安亚运”而设置的一道外围防线，担负起从江西方向入穗车辆、人员和物品的安检任务。亚运会期间，该站共检查车辆3100多辆次，人员4600多人次。11月18日，韶关市委常委、政法委书记、公安局长赖日先，省公安厅副巡视员李晓清等领导，来到翁源县坝仔公安检查站视察指导“平安亚运”安保工作。

【重大活动安全保卫】 2010年全县公安机关认真落实大型群众性活动安全保卫措施，圆满完成了“亚运火炬传递”、“花醉岭南·广东翁源赏花节”等重大活动安全保卫任务13次，投入安保力量650人次。密切配合教育部门认真做好“高考”和“升中考”的安全保障工作。

【抗洪救灾】 2010年5月6日，全县发生百年一遇的特大洪灾，为最大程度减少洪灾带来的损失，全县公安机关全警动员，联动协作，连续作战精神，抢时间、抢速度、施救援、除险情。县委常委、公安局长黄向阳多次到第一现场检查指导抗洪工作。全县公安机关共出动公安民警、武警、消防官兵980多人次，解救被困群众320人，参加紧急转移群众25000多人，及时排除险情26处，帮助群众抢救出一大批重要物资。抢险救灾的同时，加强社会面治安和防范工作，坚决打击趁灾违法犯罪行为，全力维护社会治安稳定。

【特种行业督查、管理】 2010年，深入开展全县出租屋、中小旅馆、收购维修加工行业百日排查专项行动，围绕“四查清”、“四个100%”的目标全面排查，纳入管理。全年全县完善办理旅馆业《特种行业许可证》13家，年审旅馆业16家。通过旅馆业治安管理信息平台，抓获网上在逃人员5人，受到上级部门赞誉。认真贯彻《广东省反销赃条例》，开展收购维修加工行业清查整治专项行动。对废旧金属收购、报废机动车回收和拆解、金银珠宝饰品回收行业进行备案登记。加强对娱乐场所的清查，对违法经营的娱乐场所进行取缔和停业整顿，全年共停业整顿4间涉毒场所，取缔2间涉毒场所。加强对刻字业日常管理和业务指导，全年共审批各类印章831枚。

【学校安全防范】 2010年，全县公安机关按照《翁源县公安机关继续加强校园及其周边治安秩序整治工作方案》要求，进一步贯彻落实校园安全“八条措施”，加强对学校保卫力量建设的指导，对学校保卫人员的防范训练。会同相关部门，成立校园保安队伍，全力做好校园保安员派驻工作。指导开展校园不安定因素排查，全年共检查中小学720间次，校内食堂380间次，开展校园周边治安巡查整治460人次，下发整改意见通知书14份，切实解决影响学校治安突出问题，建立维护校园周边地区治安秩序的长效工作机制。

【打击突出刑事犯罪】 2010年，全县公安机关以提高打击效能为核心，始终保持对刑事犯罪的严打高压态势，严厉打击各种刑事犯罪的活动，社会治安总体稳定良好的局面。逐步建立完善“信息导侦”、“实时打击”等工作机制，加强刑侦基础特别是刑事科技应用、信息应用等基础建设。对严重暴力性、恶性案件，保持高压态势，“9·10”绑架案件等恶性案件的成功告破，打出了翁源人民公安的威武气势，得到了各级领导和群众高度评价。先后开展了、“平安亚运十大行动”和打击“两抢一盗”犯罪专项斗争、打黑除恶等重点打击行动。全年共立案1231宗，破案570宗，破案率为46.3%；抓捕犯罪嫌疑人265名、捕获逃犯42名。打掉犯罪团伙26个，成员90名。

【反“两抢一盗”】 2010年，开展打击“两抢一盗”专项斗争行动以来，县公安局迅速成立一把手挂帅，以反“两抢一盗”专业队为龙头，大力组织和推进专项行动的深入开展，有效遏制了全县“两抢一盗”案件发生。1—12月，全县共立“两抢一盗”（“一盗”指盗窃机动车和入室盗窃）类案件913宗，破案454宗，破案率49.7%。如6月30日，依托视频监控网络视频、公安网络信息平台等手段，县局反“两抢一盗”专业队抓获2名飞车抢夺犯罪嫌疑人，侦破了市局督办的系列飞车抢夺案件11宗，缴获财物手机4部，作案工具摩托车1辆。

【禁毒行动】 2010年，全县公安缉毒工作根据上级公安禁毒部门“大查控、大灭罪、大收戒、大情报、大队伍”的禁毒工作方针，充分发挥刑侦缉毒工作的优势，由刑侦部门牵头，积极组织和协调治安、派出所等相关部门严厉打击涉毒违法犯罪活动。全县共立涉毒刑事案件10宗，破案10宗，其中贩毒案8宗，容留他人吸毒案2宗。共抓获涉毒违法嫌疑人13名，其中贩毒8名，容留他人吸毒犯罪嫌疑人5名，缴获毒品海洛因37克，摇头丸9粒，电子秤、锡纸、吸管等贩、吸毒工具一批。加大对涉毒娱乐场所的清查整治工作，今年来，由缉毒部门牵头，共组织清查娱乐场所125次，查处涉毒行政案件67宗，抓获吸毒人员169人，其中行政拘留153人。在强化打击和整治的同时，刑侦大队还协调其他部门，对娱乐场所涉毒问题进行整顿和清理，先后对4家娱乐场所作了停业整顿，2家娱乐场所依法取缔。确保县内娱乐场所涉毒问题实现“三无”目标。

【打假“10行动”】 2010年，开展打击假币、假发票犯罪“10行动”以来，采取多警种配合，发挥整体作战优势，建立健全打击假币、假发票协同作战机制，做到协同联动、捆绑作战。全年，县公安机关缴获发票350份，涉案金额27500元；收缴假人民币21680元；破获买卖国家机关证件3宗。

【打击非法制造假烟活动】 2010年，县公安局破获1宗生产销售假烟网络案件，抓获犯罪嫌疑人10人并移送起诉，查获制假烟生产线一条，假冒高级香烟一批，涉案金额达100多万元。

【重拳打击涉税违法行为】 2010年，县公安局开展专项行动共调查涉偷税单位5家，涉案金额10余万元。对建筑市场进行集中清理整治，促使建筑行业缴交税金1700多万元。确保全县税收任务。

【追逃成绩显著】 2010年，县公安局以追逃工作为“创平安、迎亚运”的重要环节。全局根据上级部门开展的追逃会战精神，高度重视追逃工作，将追逃任务分解到各办案单位，层层落实，全局全年共抓获网上逃犯42名，追逃成绩显著。

【大情报体系】 2010年3月，县局派出所使用“大情报”系统，全县通过动态预警接收1233条重点活动轨迹信息，签收率、反馈率、发现率达99.75%，通过“大情报”系统抓获在逃人员11人，抓捕率28.2%。接收本地重点人员信息1997条，在控率达99.94%，超过全市平均水平。

【推广“一证通”便民服务】 2010年，全县公安机关配合广东省统一推广的“一证通”便民服务，积极进行宣传，动员外来人员办理居住证，加强流动人员的管理。全县共录入流动人员2679人，办理居住证2544张，录入出租屋710间，居全市之首。

【积极配合做好全国第六次人口普查】 2010年，为配合做好全国第六次人口普查工作，按照上级部门部署，进行全县户口整顿工作。重点查阅2003年至2007年的户口档案资料，全县共清理虚假户口2455户。积极做好出生申报入户工作，从8月份至11月14日，全县共受理出生入户申请材料4823份，使因计生问题无法入户的小孩顺利入户。为第六次人口普查提供准确翔实的数据。至2010年12月31日，全县共有常住人口397422人，其中男性203511人，女性193911人。

【基础管控】 2010年，县公安局坚持以社区警务理念，全县共建社区和农村警务室个，推进网上警务室工作，通过网上开设“警情通报”、“防范提示”、“便民服务”、“在线交流”、“预约提示”等特色栏目，积极构建和谐警民关系，提高服务群众能力。配合党委政府建立“政府主导、政策配套、信息共享”的流动人口服务管理新体系，推出“一证通”居住证服务措施，促使外来建设者自愿接受公安机关管理。全县共登记在册暂住人口2791人，暂住人口登记率为90.26%，暂住人口“人户一致”率为83.5%，登记在册出租屋301户，出租房屋网上登记率为95.61%，列管重点人员958人。

【安全生产管理与监督】 2010年，县公安局以预防重特大道路交通事故为中心，紧紧围绕“平安亚运、和谐翁源”为目标，认真开展“百日行动”集中整治，酒后驾驶机动车辆等专项整治行动，狠抓机动车及驾驶人管理，强化交通秩序整治和交通宣传。是年，交警部门共查处交通违法人员15500多人次，查处交通违法车辆7500辆，道路交通事故四项指出与去年同期相比分别为：-18%、+7.7%、20.7%、5.6%。共办理汽车入户1230辆，摩托车入户2800辆，培训摩托车驾驶员2100人。召开交通安全工作座谈会27次，深入机关单位、客运企业、中小学校等上交通安全课25场次，举办图片展11场次，播放宣传光碟26场次，悬挂宣传标语65条，发放温馨提示和宣传资料80000多份。

消防安全隐患排查整治。2010年，县公安局以“迎亚运，创五无”消防安全活动为载体，强势推进违章简易棚、居住出租屋、公众聚集场所、高层和地下建筑、中小学校舍等重点部位火灾隐患的专项整治活动。以宣传贯彻《消防法》为抓手，建立健全消防责任制，以大密度的宣传教育为抓手提高群众知晓率。2010年全县共接火灾警情122起，出动消防车256辆次，官兵1463人次。特别是5.6抗洪抢险、10.7特大交通事故救援中，大队官兵连续奋战，得到县委、县政府和人民群众高度赞誉。

监所安全隐患排查。2010年，县公安局监管场所以确保监所安全、和谐、文明为核心，以深入开展“三项建设”工作为切入点，严厉打击牢头狱霸活动，全面排查整顿公安监管场所存在的安全隐患，积极缓解看守所普遍存在关押量爆满现象。上半年，看守所的监控设施重新安装，新增硬盘录像机6台，摄像机35台和安装巡仓系统指纹机，确保监所安全。全年共收押各类违法犯罪人员477人，共获取违法线索3条，破获刑事案件15起，挽回经济损失24400元。

【涉爆缉枪专项行动】 2010年，县公安局以“不炸响、不打响、不流失”为目标，严格落实严管、严打、严防措施，全面排查整治枪支弹药、爆炸物品等危爆物品。全县共破获涉爆案件7宗，抓获违法犯罪人员8名，收缴雷管280发、枪支8支。

【禁赌禁黄专项打击】 2010年，县公安局严厉打击聚众赌博、跨地区、网络赌博、电子游戏机赌博行为，以及利用桑拿按摩场所、发廊等进行涉“黄”违法活动。全年，共查处涉赌案件108起，抓获涉赌人员397人，其中刑事拘留21人，行政拘留179人；查处涉“黄”案件38起，抓获70人，刑事拘留2人，行政拘留68人。

【执法规范化】 2010年，全局把执法工作作为公安工作的生命线，严格要求民警端正执法思想，坚持实事求是，稳步推进执法工作。县公安局执法规范化建设考评在全市取得第二名。是年，全县共审核、裁决了公安行政案件369宗922人（含17家单位），审核并报市劳教委审批劳动教养4人，审核强制隔离戒毒48人。所裁决行政案件没有提出行政复议、行政诉讼。全县刑事拘留265人，提请检察院批捕191人，实际批捕179人，批捕率为93.71%；移送起诉172人，实际起诉161人，移送起诉率为93.60%。全部案件均在法定期限审结，无超期羁押和办理现象。全县公安民警没有因执法过错而被追究责任。

【信访维稳】 2010年，全局紧紧围绕“平安世博”、“化矛盾、保平安、迎亚运”的中心工作，落实和完善各项信访工作机制和信访信息录入制度，积极开展“四访”、“四个一”活动和矛盾纠纷排查化解工作。坚持局领导每日接访制，认真组织清理涉警信访积案和“百万案件评查”专项活动。2010年，共接待群众来信、来访173人次，受理信访案件90起，其中涉警信访案件85起。化解涉警信访案件65起，其中3起是省公安厅交办重点涉警信访案件。按要求完成40宗案件的评查工作。通过排查和化解工作，维护了全县治安秩序的稳定。

【大宣传格局】 公安宣传工作发挥鼓舞士气、弘扬正气、推介公安工作、提升社会效应作用，增进了社会各界人民群众的理解和支持。开展了“警民心连心”等主题活动，促进了和谐警民关系。对外宣传稿件被各级报道、电视、电台采用816篇；制作播放《翁源警视》电视专题12期。

【战训合一培训】 为贯彻落实公安部构建“大教育、大培训”体系和“三项建设”，按照基层一线民警二年一训要求。2010年，全局共举办了2期“战训合一”培训班，共有86名来自基层一线民警实行脱产全封闭式训练。通过培训，全面提升了公安民警的综合素质，提高公安机关处置突发事件能力。同参加省、市组织的轮训人员共91人。

【队伍建设】 开展学习教育活动。全局上下通过开展学习教育活动，完善管理机制，创新管理模式，全面提升队伍的综合素质和履职能力。深入学习实践科学发展观，结合“树立正确权力观，提高执行力”、“争先创优”、“清风行动”等实践教育活动，培养公安民警的“慎权”意识、“公仆”意识、“法制”意识和“制度”意识。严格落实领导干部“一岗双责”制度，开展经济责任审计，扎实推进党风廉政建设。加大队伍教育训练力度，全面落实“三个必训”制度。

9月28日，县公安局举办“提高执行力、创平安亚运”演讲比赛，法制科民警何雪莲获得一等奖，官渡派出所朱培洪、工业路派出所林敏获得二等奖，指挥中心吴续玉、龙仙派出所何淑芳、周陂派出所丘建荣获得三等奖。

开展“解警困、暖警心”活动。全局共有57名民警得到省厅、市局的慰问；组织民警、职工和离退休老同志500多人进行体检，关爱民警健康；实行民警子女奖学金制度，共有34名公安民警子女获得奖励。

【便民为民利民服务】 进一步加强和改进派出所、出入境、交通、消防等行政窗口管理工作，完善制度，规范服务，改善服务质量，简化办事程序，缩短办事时限，提高服务工作水平，努力为群众提供更多便利。2010年，全县共办理居民身份证27633张，临时居民身份证2000张，户口迁移2361份，发出准许迁入证1882份，户口项目变更1218份。出入境办证窗口受理材料10331人次，其中个人游8867人次、出国护照1160本、港澳台定居39人、大陆居民往来台湾265人次。

（何意权）

附：领导班子成员名单

局　　长：黄向阳（2010.4—）

政　　委：许会昌（2010.1—）

纪委书记、督察长：曾桓那（2010.1—）

党委委员、副局长：丘培忠（2001.3—）
陈永才（2003.2—）
郑文芳（2009.2—）
林金华（2010.1—）

党委委员：余等初（2007.9—）

检　　察

【概况】 县检察院于1955年7月成立，1969年3月被撤销，1978年7月恢复重建，接受中共翁源县委和韶关市人民检察院领导，向县人民代表大会及其常务委员会负责和报告工作，并接受监督，行使宪法法律规定的法律监督职权。2008年11月完成“两房”（技术用房和办案用房）建设后迁入现址（县城西区龙仙大道），内设政工科、反贪污贿赂局（管理侦查一科、侦查二科）、反渎职侵权局、侦查监督科、公诉科、监所检察科、民事行政检察科、刑事控告申诉检察科、预防科、办公室、司法警察大队共12个职能部门，在职检察干警42人、工勤人员5人，其中本科以上学历28人，占66.7%。

【服务社会和谐稳定】 2010年，县检察院高度关注民生热点，加大了社情民意收集整理和分析力度，并会同相关责任单位集中排查调处矛盾纠纷，确保信访人的合理诉求得到解决，全力化解可能引发上访或群体性事件的突出问题和重大隐患，尤其杜绝因涉法涉诉引发的非正常上访，把问题解决在基层，解决在首办环节。积极探索涉检信访风险评估预警、检调对接、刑事和解等一系列新机制，建立健全涉检舆情研判引导、网络问政处置等工作机制，多措并举有效化解社会矛盾。坚持检察长接访、带案下访，把信访矛盾纠纷消除在萌芽状态，检察长接访10件16人次。以开展“化矛盾、保平安、迎亚运”清理涉检信访积案活动和案件评查活动为契机，切实履行控告申诉检察职能。全年受理各类群众来信来访46件112人，接待来访群众52人次，其中控告类10件，举报类17件，申诉类3件，为来访群众提供法律咨询服务25人次，所有来信来访、控告申诉和举报都得到了依法处理。拓展检察工作触角，发挥涉检信访联络员熟悉当地情况的一线平台作用，积极协助做好综治维稳工作，会同各镇（场）信访维稳中心合力促成轻刑案件圆满和解5件。强化社会治安综合治理，积极参与解决特殊人群帮教管理和社会治安重点地区综合治理等问题，确保检察环节综治措施落到实处。针对涉毒、敏感案件和校园安全等具体工作，制定相关工作机制和工作方（预）案，提升检察机关参与社会管理水平。

【服务经济健康发展】 2010年，县检察院以社会管理创新为依托，围绕党委政府中心工作，立足检察职能，综合运用打击、保护、监督、预防等有效措施，突出办案重点，大力查办危害民生、侵害民利的职务犯罪案件，为经济建设保驾护航。其中查办了县民政局原局长陈某山等人受贿窝串案，群众反响强烈。开展治理商业贿赂、工程建设领域突出问题专项治理活动，依法妥善处理涉及企业特别是中小企业、民营企业的案件，营造公平、有序竞争的社会氛围。通过积极查办和预防职务犯罪，监督、纠正社会管理中的违法失职行为，将办案工作延伸到促进社会管理创新工作中，服务经济健康发展。

【打击刑事犯罪】 2010年，县检察院发挥法律惩治犯罪的震慑作用，依法从重从快打击各类严重刑事犯罪，保障人民群众生命财产安全，增强群众安全感。全年受理审查逮捕案件132件191人，经审查批准逮捕125件179人；受理移送审查起诉或不起诉案件127件182人，经审查移送法院起诉102件149人、移送市院审查起诉5件7人。坚持监督前移、提前或适时介入、科学引导侦查，提前介入各类重大疑难刑事犯罪案件30件次，发出《提供法庭审判证据材料意见书》31份。正确把握宽严相济刑事政策，在严厉打击严重刑事犯罪的同时，践行以人为本理念，对于主观恶性较小、初犯偶犯、过失犯罪、未成年人犯罪，以及人民内部矛盾引发的轻微刑事案件、积极赔偿损失并取得受害方谅解的交通肇事案件、情节较轻的职务犯罪案件等，依法掌握逮捕和起诉条件，当宽则宽，决定不批准逮捕12人、不起诉13人，减少社会对立。

【查办和预防职务犯罪】 *以办案工作为中心，积极查办职务犯罪。*2010年，县检察院把办案注意力调整到关注民生和社会发展的案件上，积极探索侦查模式，运用侦查一体化办案机制，集中办案资源，遵循办案规律，克服办案困难，谋划办案思路。全年立案查处贪污贿赂案件8件8人，其中大案2件2人，要案5件5人，移送起诉（不起诉）7件7人；立案查处渎职侵权案件2件2人，移送起诉（不起诉）2件2人。追缴涉案赃款400多万元，成功追捕逃犯1人。

*贯彻落实“惩防并举，预防为主”方针，打造预防工作新亮点。*2010年，县检察院调动社会各方积极性，逐步形成了县委领导下的社会化大预防格局。深入重点和敏感的部门、行业，开展个案预防、系统预防、同步预防、警示预防，通过个案预防剖析职务犯罪案例3例。更新行贿犯罪档案，开展对外行贿犯罪查询24件次。针对工程建设领域普遍存在的突出问题、公路工程建设等重大项目开展专项预防2次。进一步完善了侦防一体化工作机制，形成“以侦带防，以防促侦，惩防并举”工作格局，结合办案共向案件多发的单位发出《检察建议》4份。

【加大诉讼监督力度】 *加大刑事侦查和刑事审判监督力度。*2010年，县检察院向侦查机关提出追捕23人，追捕到案6人；追诉漏犯3人；办理立案监督案件8件，其中应当立案而不立案的4件，不应当立案而立案的4件4人。向公安机关发出《要求说明不立案理由通知书》5份、《纠正违法通知书》12份、《检察建议书》12份。注重法理释疑，积极开展刑事案件不起诉、不抗诉的说理工作，发出不起诉或不抗诉说理书13份。

*加强民事审判和行政诉讼监督。*2010年，县检察院立足息诉罢访、案结事了的工作目标，坚持“抗诉息诉并举，监督服务双行”原则，细致说理析法，积极引导申诉人通过合法途径实现合理诉求，办理市院交办不服判决或裁定的申诉案件7件。

*强化羁押场所和刑罚执行监督。*2010年，县检察院切实履行驻所检察职能，确保刑事诉讼顺利进行和刑罚执行正确实施。开展了监管场所清查事故隐患、促进安全监管等专项活动，协助看管场所建章立制，打击牢头狱霸，做好安全防范，杜绝安全隐患。健全了监外执行罪犯监督管理长效机制，做好减刑、假释人员监管回访工作，巩固改造成效。初查看管干警涉嫌职务犯罪案件线索1件，有效维护看管秩序稳定。

【完善监督制约机制】 2010年，县检察院全力推进案件管理中心筹建工作，加大案件管理软硬件建设投入，以实现对案件的线索管理、流程管理、动态管理和同步监督，全面监控案件办理过程，确保案件质量，确保司法公正。强化对办案工作区的管理和使用，进一步规范讯问犯罪嫌疑人全程同步录音录像工作，用信息化建设成果确保检察权正确、依法行使，办案工作区的建设和管理经验被省院推广，法警编队管理工作被高检院确定为全国示范单位。强化侦讯活动监督，严格执行“一案四卡”制度，促使办案部门依法、依规办理案件。深入推进执法规范化建设，针对容易发生执法偏差的案件和不立案、不批捕、不起诉等重点环节，整合、细化业务工作流程，规范执法办案行为。制定办案量化考核标准，进一步完善干警执法业绩档案制度，把执法档案作为干警绩效考评、调整岗位、晋职晋级和追究执法过错责任的重要依据。选聘新一届人民监督员5人，组织人民监督员评议自侦案件6次。

【推进阳光检务】 2010年，县检察院深入推进阳光检务活动开展，自觉接受人大监督、政协民主监督、群众监督、舆论监督。“两会”期间，派出院领导和部门负责人列席各代表团讨论会，广泛征求代表、委员们对检察工作的意见和建议，发放宣传资料400多册。结合“检察开放日”活动开展，邀请人大代表、政协委员视察反渎职侵权工作，集思广益。

【强化队伍建设】 2010年，县检察院以公正廉洁执法为目标，坚持从严治检，突出抓好领导班子建设和队伍建设，规范检察权依法正确行使，提高执法公信力和群众满意度。深入开展“恪守检察职业道德、提升执法公信力、做人民满意检察官”主题教育活动和“树立正确权力观，提高执行力”学习教育活动，开展“责任与能力”学习讨论，推行检察官宣誓，弘扬以忠诚、公正、清廉、文明为核心的检察职业道德。全面贯彻落实省院《关于进一步加强对全省各级检察长监督的意见》，坚持检察长定期向市院述职述廉报告工作，领导班子自觉接受上级机关的管理和监督。加强干部人事管理，采用“两推一评”方式选拔任用中层正职干部5名，新招录干警2名，保障检察队伍建设的可持续发展。始终把强化自身监督放在与强化法律监督同等重要的位置，坚持教育整改，积极开展纪律教育学习月、“反特权思想、反霸道作风”等主题教育活动，全面落实党风廉政建设责任制。建立健全廉政档案、领导干部问责、个人重大事项报告等制度，着力推进机关惩治和预防腐败体系建设，不断推动高素质检察队伍建设。建立健全内部管理制度，进一步完善车辆管理规定、接待工作规定、纪律和绩效考核奖惩办法，着力提高机关管理效能。切实按照“认真督查、认真整改、认真落实、真督真改”的要求，采取突击检查等方式，对全院干警执行检风检纪等方面进行督察，对违反规定的干警进行实名通报和处罚，力促检风检纪根本好转。严格岗位目标管理，针对队伍建设中存在的突出问题，加大专项检查和集中治理力度，防止和纠正检察环节中执法不公正、不廉洁问题，坚持做到自身正、自身硬、自身净。全年共有2名干警荣立个人三等功，2名干警被评为全市检察机关“你我身边敬业人，工作当中好模范”，1名干警获“侦查监督优秀检察官”光荣称号，受到市院表彰。

（叶　罗）

附：领导班子成员名单

检察长：曾　洪（2005.2—）

党组副书记：刘杞标（2008.10—）

副检察长：朱永平（2009.1—）

丘年青（1998.4—）

黎松峰（2003.2—）

政工科长：黄德聪（2009.1—）

审　判

【概况】 翁源县人民法院成立于1949年12月，由翁源县政府司法科改组而成。2010年内设立案庭、刑事审判庭、民事审判第一庭、民事审判第二庭、行政审判庭、审判监督庭、执行局、政工科、纪检监察室、办公室、书记员管理办公室、司法警察大队12个职能部门。下辖官渡人民法庭和江尾人民法庭2个法庭。现有在职干警60人，职工6人。

2010年，紧紧围绕在整体工作上争当全省山区法院排头兵的目标，狠抓司法审判执行工作质量、创新法院管理机制、大力加强司法队伍建设、改进基础设施建设、推进信息化进程，全面提升法院整体工作水平。为促进翁源县的经济发展、社会和谐提供更加公正、高效、权威的司法保障。

【刑事审判】 2010年，翁源法院从社会治安状况的实际出发，突出打击重点，全年共受理刑事案件104件，结案104件，结案率100%。判处给予刑事处罚的153人，其中判处五年以上有期徒刑的27人，五年以下有期徒刑、有期徒刑缓刑、拘役、管制的126人。对抢劫、抢夺、盗窃、敲诈勒索等侵害人民生命财产安全性犯罪案件始终坚持从重从快的严打方针，全年共审结此类案件50件82人；审结故意伤害、强奸、绑架等侵犯公民人身权利案件21件33人；审结交通肇事、重大责任事故等危害社会公共安全犯罪案件15件18人；审结妨害社会管理秩序罪12件19人；审结破坏社会主义市场经济秩序罪3件11人；依法惩治贪污、贿赂等国家工作人员职务犯罪，审结此类案件3件4人。

【民事审判】 2010翁源法院共受理民商事案件1044件（含旧存18件），同比增长46.62%，审结1017件，结案率97.41%。解决诉讼标的金额3881.7946万元，同比增加18.9%。收案中，受理婚姻家庭继承纠纷案件269件，审结258件；受理权属、侵权纠纷及其他民事纠纷案件321件，审结318件；受理买卖合同、房地产开发合同、借款合同、建设工程合同、劳动合同、农村承包合同等合同类纠纷案件375件（含旧存8件），比上年增长56.3%，审结370件，同比增长35.68%；结案中，以普通程序结案742件，简易程序结案210件，特别程序结案65件；结案方式中，以判决方式结案269件，以调解方式结案388件，撤诉285件，调撤率70.7%，同比提高10.32个百分点。

【行政审判】 注重监督，强化协调，努力化解行政争议，促依法行政。全年共受理和审结行政案件6件，行政非诉案件2件。其中涉及土地、林业纠纷案件3件；工商1件；劳动和社会保障1件；水利1件。全年共有3件行政诉讼案件原告主动撤诉，撤诉率达50%。

【执行工作】 2010年，创新执行工作机制，从"被动执行"变"主动执行"，实行主动执行改革，主动与公安、房管、银行等部门沟通，积极推进执行联动机制的完善，努力化解"执行难"问题。全年共受理执行案件348件，执结335件，执结率96.26%，同比上升3.09个百分点；执结标的总金额2570.58万元，比去年执结的932.35万元增加1638.23万元；全年共达成执行和解138宗，和解率达41.2%。

【基础设施及信息化建设】 2010年1月20日，翁源法院占地面积为10498平方米的现代化审判办公综合大楼正式落成并投入使用。主楼为办公楼，两侧附楼有大、中、小审判法庭16个，还设有立案厅、信访室、合议室、公诉人室、辩护人室、证人室等，新审判办公大楼的落成使干警办公条件得到大大改善。同时，为实现电脑办公，推进信息化建设，提高审判管理水平和审判工作效率，翁源法院一次性购进电脑64台，实现了每位干警人均1台电脑的要求，而且在当年完成了基层法院与省市法院的三级联网建设。

【队伍建设】 2010年，翁源法院加强对干警的职业道德建设和业务培训，全年共组织40余人次参加市中院、广东法官学院、省高院组织的业务培训，同时积极鼓励干警参加全省法院统一组织的司法资格考试培训，共有4名干警通过了国家司法资格统一考试，而且涌现了一批严肃执法、廉洁奉公的先进集体和先进个人，翁源法院被韶关中院记集体三等功，并被县委县政府评为"翁源县社会治安综合治理工作先进单位"，同时，涌现了二等功和三等功集体各一个，二等功干警一名，三等功干警两名。

（肖榴琴）

附：领导班子成员名单：

党组书记、院长： 张少雄（2005.1—）
副 院 长： 郭胜添（2007.3—）
胡元洪（2007.3—）
叶有祥（2000.5—）
纪检主任： 王传军（2003.5—）
政工科长： 刘国泰（2009.2—）
执行局长： 丘党忠（2009.2—）

司法行政

【概况】 翁源县司法局是人民政府主管司法工作的职能部门，行使对司法行政工作的管理权。根据中共中央和国务院关于迅速建立地方各级司法行政机关的指示，以及广东省人民政府有关文件精神，经翁源县人民政府决定，1981年4月17日，翁源县司法局正式成立挂牌办公。2010年核定全局行政总编制39名，其中局机关18名、司法所21名。内设：政工科、办公室、基层工作管理股、宣传教育股、公证律师管理股、社区矫正股，下辖坝仔、江尾、龙仙、周陂、官渡、翁城、新江、铁龙8个司法所。与公安、检察、法院互相配合、相互制约，组成一个完整的政法体系，肩负着法制宣传教育、人民调解、安置帮教、法律援助、公证事务、法律服务任务，在维护社会稳定，宣传法律知识，法律教育，维护社会主义法律的正确施行和公民合法权益的工作中，发挥着越来越重要的作用。

【普法教育】 开展形式多样的法制宣传教育活动。*举办《公证法》宣传咨询活动*。3月1日上午，组织县公证处、普法办及龙仙司法所等工作人员以及部分律师在县城烈士陵园门口举办《公证法》宣传咨询活动，纪念《中华人民共和国公证法》实施四周年。免费发放各种法制宣传资料500多份，为群众解答涉及法律方面的疑难问题100多人次。

开展"三八"妇女维权周活动。在"三八"国际劳动妇女节100周年之际，根据省、市妇联要求，以"两性和谐，让家庭远离暴力"为主题，

以家庭、社区为重点，以创建“平安家庭”、“零家庭暴力社区”为抓手，联合有关部门开展了第十个“三八”妇女维权周活动，向广大群众免费发放“反家暴”、《公证法》等宣传册1000册，并为群众现场解答涉及法律方面的疑难问题100多人次。

举行“3·15”现场咨询活动。今年是第27个“3·15”国际消费者权益日，3月15日上午，组织县工商、烟草、农业、卫生监督等消委会成员单位以及电信、移动等共10多家单位和企业，在翁城镇开展“3·15”国际消费者权益保护日宣传咨询活动。

做好“五五”普法自查考评和迎接市考核验收工作。6月23日，市检查组莅临县检查验收依法治县和“五五”普法工作。县委书记朱余旺代表县委、县政府向市检查组作题为《翁源县“五五”普法和“四五”依法治县工作情况汇报》的汇报。市检查组先后抽查了县检察院、县国税局、江尾镇政府、龙仙镇桂竹村委会等单位，查阅了依法治县和“五五”普法工作文字资料。市检查组对翁源县依法治理和“五五”普法工作表示满意。

【基层司法行政】 各司法所认真贯彻执行县局的会议和文件精神，积极开展基层司法行政各项工作，团结协作、尽职尽责，取得了较好的成绩。以司法所和镇、村人民调解委员会为依托，以人民调解室为平台，司法所人员和广大人民调解员积极开展人民内部矛盾纠纷的排查调处活动，结合“人民调解化解矛盾纠纷确保平安亚运攻坚活动”和“社会治安重点地区排查整治活动”，做好社会矛盾纠纷特别是重大疑难矛盾纠纷的集中统一排查调处工作，预防矛盾激化，群体性上访，减少了不安定因素，使人民调解工作成为化解矛盾纠纷坚实可靠的第一道防线，全年，全县各级调解组织共受理各类矛盾纠纷1495件，调处1495件，调解率100%，调解成功1436件，调解成功率96.1%。

【安置帮教】 完成了对2006年至2010年刑释解教人员的排查工作，建立健全了衔接、管控长效机制，全面掌握刑释解教人员的思想状况、家庭环境、就业安置情况，做到了底数清、情况明，对纳入工作视线的刑释解教人员及时落实了帮教安置措施。是年，全县共接转刑释解教人员137人，其中刑释128人、解教9人，帮教率100%，无脱管漏管，未发现重新犯罪现象。翁源县司法局作为全市唯一的安置帮教先进典型受到省表彰。

【社区矫正】 严格按照社区矫正日常管理制度，开展社区矫正工作。是年，全县共接收社区服刑人员52人，解除矫正7人，在册45人。社区矫正对象的衔、管、控、教均走在全市前列。

【基层法律服务】 加强对司法所人员和基层法律服务工作者的政治思想教育和职业道德教育，严格要求没有法律服务工作者证的司法所人员不准进行有偿法律服务，引导基层法律服务工作者依法依规开展法律服务，围绕党委政府工作中心开展法律服务，为解决“三农”问题开展法律服务，主动参与信访维稳工作，为构建和谐翁源作出了积极贡献。是年，全县基层法律服务所共担任各类常年法律顾问22家，代理民事诉讼案件35件，代理非民事诉讼法律事务38件，解答法律咨询643人次。

【开展法律服务，加强法律保障】 翁源县司法局律师围绕中心，服务大局，发挥专业优势，积极开展法律服务，积极参与信访维稳等综治工作，热情为群众服务，大量化解社会矛盾纠纷，为维护社会和谐稳定作出了积极贡献。是年，全县律师担任各类常年法律顾问17家，办理刑事辩护及代理案件36件，民事诉讼代理53件，非诉讼法律事务26件。

【公证工作】 公证人员努力开拓证源，提高办证质量，热情服务，文明办证。是年，办结各类公证和其他证明文书479件（其中国内经济公证137件、国内民事公证342件），比2009年同期增加68件，增长17%。公证收入14.5万元，比2009年同期增加4万元，增长38%。

【法律援助工作】 法律援助工作者深入宣传贯彻法律援助法律法规，健全法律援助网络，降低法律援助门槛，拓宽法律援助渠道，提高办案质量，努力为困难群众提供法律援助，做到应援尽援，维护了社会弱势群体的利益，密切了党群、干群关系，促进了和谐社会建设。是年，共办理法律援助案件106件（其中法院指定20件、公民申请

86件)。

(叶国胜)

附：领导班子成员名单

局　　长：张永斌（—2010.6）
　　　　　廖家炉（2010.7—）
副 局 长：杨洪泽（2002.9—）
　　　　　王迅东（—2010.2）
　　　　　邹巧琴（2010.9—）
政工科长：张锦鉴（2004.12—）

翁源县人民武装部

【概况】 翁源县人民武装部（以下简称翁源县人武部）位于翁源县城西区，为广东省韶关军分区建制领导，是中国共产党翁源县委员会的军事部和翁源县人民政府的兵役机关。受韶关军分区和翁源县委、县政府的双重领导。翁源县人武部的前身是县大队。县大队成立于1949年底，隶属粤北军分区。1951年10月，成立中国人民解放军广东省翁源县人民武装部，隶属粤北军分区。1954年9月，翁源县人武部设立兵役局，编制15人(一套人马，两块牌子。分别是“广东省翁源县兵役局”、“中国人民解放军广东省翁源县人民武装部”)，下设民兵训练科、组织动员科、预备军官科。武装部长兼任兵役局长，下辖南浦、六里、翁城、坝仔、周陂区武装部。每个区派有一名现役武装助理员。1956年9月，县兵役局隶属韶关军分区。这一年实行专职政委制，县委书记兼职第一政委。1957年9月，翁源县撤区并乡，武装部辖南浦、江尾、蓝李、附城、周陂、陈礤、三华、利龙、翁城、新城、松塘、岩庄、展旗、茶园14个乡的武装部。1986年6月6日起，翁源县人武部归回地方建制，专职武装干部（又称预备役军官)，是从部队转业到地方的干部和战士。翁源县人武部定为副处级，属于县委的最高军事指挥部和县政府的兵役机关，受翁源县委、县政府和韶关军分区的双重领导，人员编制19人，其中干部12人，职工7人，设部长、政委各一名，下设办公室、军事科、政工科。管辖17个乡（镇）和1人县直属机关武装部，同时还兼管3个中央、省属厂矿武装部。

1996年4月，翁源县人武部收归军队建制，隶属韶关军分区领导，编制等级为正团级，现役干部编制8人，职工12人，设部长、政委各一名，副部长（兼军事科长）、军事科参谋名一名，政工科长、干事各一名，后勤科长、助理各一名。

2010年，所属单位及机构编设情况：翁源县人武部编制等级为正团级，下设军事科、政工科、后勤科，设部长、政委各一名，副部长（兼军事科长）一名、军事科参谋两名，政工科长、干事各一名，后勤科长一名。辖龙仙镇、周陂镇、官渡镇、翁城镇、新江镇、江尾镇、坝仔镇、铁龙林场、县直机关9个基层武装部。翁源县人武部营院总面积15亩，建筑面积约6100平方米，建有办公楼、宿舍楼、征兵训练综合楼（在建）。

2010年县人武部在上级军事机关和县委、县政府的正确领导下，深入学习贯彻党的十七大精神，按照科学发展观要求，根据军分区党委“着力抓根本、扎实抓战备、合力抓稳定、全面抓落实、创新求发展”的工作思路，扎实抓好了以军事斗争准备为龙头的各项工作落实，部队保持了高度集中统一和安全稳定，较好地完成了各项工作任务。

【党委班子建设】 2010年，人武部党委班子先后有书记和两名委员进行了调整，党委始终坚持抓好理论学习，在军分区党委的领导下，落实党委中心组学习制度，推进了学习实践科学发展观活动向深度和广度发展。“一班人”政治敏锐性强，在抓中心、打基础、保稳定、促发展等重大问题上，头脑清醒，立场坚定。贯彻落实《党委工作条例》，自觉按照“十六字”方针实施集体领导，决策民主科学。2010年推荐提拔调整现役干部2人，提拔使用专武干部4人，征集兵员98人，选拔民兵应急分队成员60人，工程招标194万元，上下反映良好。不断改进工作作风，带头落实调查研究，现场办公，先后78次深入基层武装部和民兵营（连)，为基层解决实际问题。深入学习贯彻《党风廉政建设》，进一步正规了办事程序，党风廉政建设得到加强。认真研究制定了《创先争优活动措施》，创先争优活动大力开展。

【思想政治建设】 翁源县人武部以科学发展观为指导，不断在办实事、解难题、促发展上使实劲、求实效，推动学习实践科学发展观活动向深度和广度发展。大力开展“深入培育当代军人核心价值观”主题教育，引导广大干部职工和民兵预备役人员立足本职、敬业奉献。在完成“5·6”抗洪抢险救灾工作中，民兵表现突出，民兵轻舟分队被广东省人民政府、广东省军区表彰为“抗洪抢险先进民兵轻舟队伍”。开展“建设学习型党组织、创建学习型军营、培育知识型军人”活动深入人心，“一班人”带领广大干部职工学习政治、军事和科学文化知识，钻研业务知识，大兴求知之风，增强了能力素质，提高贯彻落实科学发展的能力。认真开展《政治工作条例》学习，增强了各级干部依法指导和开展政治工作的能力。

【党管武装工作】 一是抓好党委常委议军。2010年，县委先后两次召开常委议军会，专题研究了人武部新营院和武装工作重大任务，解决存在的实际问题，有力推动了各项工作任务的完成。二是抓好党政领导干部学军习武。人武部党委第一书记朱余旺坚持把党中央、中央军委关于加强国防后备力量建设的一系列方针、政策、指示，纳入到县党委中心组理论学习之中，并组织县四套班子成员过“军事日”，主要是学习军事理论和军事技能，提高他们的国防观念。三是抓好乡镇党管武装工作述职。2010年“八一”前，组织了乡镇党委书记党管武装述职会，由各镇（场）党委书记汇报党管武装工作情况，有力地推动了基层武装工作的开展。四是抓好人武部基础设施建设。去年以来，在县财政很困难的情况下，先后投入240多万元，用于征兵训练综合楼、营区道路硬化、营院绿化等工程建设，有力地提高了人武部的正规化建设水平。五是抓好经费保障。一方面是把武装工作经费纳入到了县财政预算；另一方面，根据人武部完成大项工作任务的需要，及时追加经费。

【战备训练工作】 一是修订完战备方案。2010年，翁源县人武部结合军事斗争准备任务，先后两次对《翁源县重要防卫目标防卫作战方案》、《翁源县（战时）国防动员指挥体制》、《翁源县人民武装动员方案》《翁源县非战争军事行动预案》等计划方案进行修改和完善，形成了较完整的应战、应急方案体系。同时，对本级战备值班、战备值勤、情况报知、请示报告和情况处置等工作的要素、程序进行了规范，保证了良好的战备工作秩序。另外，还定期对境内35条国防坑道进行检查和维护，始终保持良好的战备状态。二是扎实开展军事训练。重点抓地好现役干部、专武干部、民兵骨干“三支队伍”的训练。2010年，先后组织现役干部参加军分区基础科目训练考核、组织民兵应急专业分队参加全市表演比武、组织军地人员参加韶关市“双应”一体实兵演练，都取得了良好的成绩。特别是民兵森林防火分队表现更为出色，在韶关市组织的民兵专业分队比武中，取得了第二名的好成绩。三是出色完成非战争军事任务。去年“5·6”洪灾发生后，翁源县人武部第一时间出动民兵应急分队80人、冲锋舟3艘，及时转移群众1200多人，抢救被洪水围困群众60多人。民兵轻舟分队被省军区评为“抗洪抢险先进民兵轻舟队伍”。灾后，组织民兵350人（次），为受灾严重的学校（农户）清除淤泥200余立方，构筑护堤坝500米，修复道路5公里、涵洞6个。人武部还出动车辆15台（次），运送大米、饮用水等救灾物资近10吨至受灾群众家中。此外，还组织部分民兵完成了创卫、维稳、调解等急难任务，受到县委、县政府和人民群众的高度评价。

【国防和后备力量建设】 一是建立健全国防动员体制。为适应新的形势任务，翁源县人武部按照便于指挥、便于行动、便于保障的原则，建立健全了“双位一体”军事联合预警指挥、行动和保障机制，通过室内推演、带实兵演练等方式，为能快速、顺畅、高效的指挥了民兵预备役部队，完成多样化军事任务奠定了基础。二是加强了后备力量队伍建设。进一步规范了民兵和国防后备力量队伍的编组秩序，对基干民兵分队进行了重新整合，改进了民兵编组办法，充实了作战和应急维稳力量，做到了布局合理、编组科学、编配适当。2010年10月，翁源县人武部还组建了一支60人的常驻民兵应急分队。三是较好地完成了征兵任务。2010年全县征集新兵98人，其中高中以上学历69人，实现了以高素质兵员为主体的目标。

【民兵营（连）“四个基本”建设】 翁源县有175个民兵营（连）（156个行政村、12个设民兵营的居委会、8个应急、专业技术分队）。2010年7月，根据上级“三年任务两完成”的要求，翁源县人武部全面启动了“四个基本”抓建工作，在县委、县政府主要领导的亲自指导下，不等不靠，克服经费上的困难，确定了“突出重点，因地制宜，不搞一刀切”的抓建思路，县财政在十分困难的情况下，投入经费60万元，用于民兵营（连）“四个基本”专项建设，175个民兵营（连）全部按计划达标。

【双拥共建工作】 一是做好了春节慰问和扶贫"双到"工作。翁源县人武部协调县委、县政府慰问军分区、驻翁源部队，以及生活困难复转退军人；定期组织干部职工到挂钩帮扶户送肥、送种苗，开展义务劳动；春节前，对20家挂钩帮扶贫困户进行了慰问，给每户送了一袋米和一桶油，并给村委送去了1000元办公费。二是积极协助学校和企事业单位开展军训活动。先后帮助县检察院、县职业学校等单位开展军训7次。协调武警战士对全县所有高中入校新生进行了军训。三是开展扶贫捐助活动。2010年，翁源县人武部在全体干部职工中开展为广东扶贫济困日、"5·6"洪灾、扶贫支教等捐款活动，捐款共计1.5万余元，进一步密切了军政、军民关系。

（孔凡洛）

附：领导班子成员名单

书　　记：刘明强（2010.3—）
副 书 记：李国荣（2008.2—）
纪检书记：李玉清（2010.6—）
委　　员：孔凡洛（2010.3—）
　　　　　孙奕鑫（2006.2—）

武警翁源县中队

【概况】 中国人民武装警察部队韶关市支队翁源县中队位于翁源县龙仙镇新南路22号，组建于1983年6月，主要担负翁源县看守所外围武装警戒以及翁源县地区的"处突"、"反恐"、城市武装巡逻、重大临时勤务等维稳任务。

2010年，中队在支队党委及翁源县委县政府的正确领导下，深入贯彻落实科学发展观，紧紧围绕学习贯彻支队党委全会精神这条主线，依据《纲要》和"四按"的要求，按照"抓基层、打基础、求规范，全面提升中队建设标准和层次"的建队思路，着眼解决突出问题，精心谋划年度建设，狠抓各项工作落实，圆满完成了以执勤、处突、反恐为中心的各项工作，中队整体建设水平全面提升。中队12名官兵出色地完成了第十六届广州亚运会安保任务，是年涌现许多好人好事，先后有2人荣立三等功，9人被支队评为"优秀士兵"，4人获得支队嘉奖，其中1名官兵（徐圳峰）在执行亚运安保任务中被总队评为"亚运卫士"。

【党支部班子建设】 着眼能力建设和先进性要求，狠抓了党支部班子自身建设。一是加强支部的凝聚力，发展好党支部的战斗堡垒作用。在抓党支部建设的过程中，中队坚持把"十六字"方针落到实处，坚决执行重大问题集体讨论决定，支部成员一律平等，少数服从多数，形成决议就坚决执行等原则，支部的战斗力凝聚力得到进一步增强。二是以落实制度为突破口，提高组织生活的质量。始终以《党章》、《纲要》、《政工条令》为基本依据，严格落实党的组织生活制度，有针对性地召开支部党员大会，支部委员会和党小组会，每周五用半天时间进行党的组织活动，每月进行一次党课教育，不断提高党员的思想觉悟和理论水平。三是以干部队伍为重点，增强班子的凝聚力、战斗力。坚持党管干部的根本原则，依靠组织和制度，对本单位的干部实施具体的教育、管理和监督，不断提高干部的思想觉悟，认识水平和工作能力，以党组织管、群众管、自己管为基本途径，切实严在格内，行之有效，中队干部队伍工作责任心强，模范作用好。2010年，中队先后推荐选取士官3人，选送技术学兵2人，推荐战士考学3人，入党4人，推荐参加预提指挥士官集训4人，官兵心服气顺，无不良反映。

【思想政治建设】 紧紧围绕培养"永远做党和人民忠诚卫士"要求，立足"两个前沿"实际，注重用中国特色社会主义理论体系武装官兵头脑，打好拒腐防变主动仗，确保官兵政治信念坚定和思想道德纯洁。坚持搞好经常性思想教育，开展了"爱学习、会学习、学习好"的一系列教育活动，培养了官兵浓厚的学习热情；通过形式多样的学习活动，使中队形成了人人爱学习、人人懂学习的良好氛围，中队官兵的文化素养有了大幅度的提高。落实"队列集会有歌声、周末假日有活动、重大节日有晚会、每月体育有比赛"的要求，积极开展丰富多才的业余文化活动，极大地丰富了官兵的文化生活，陶冶了官兵的情操。完善政治环境建设。制作"培育当代革命军人核心价值观，永远做党和人民的忠诚卫士"主题教育宣传横幅、亚运安保政治文化宣传横幅、当代革命军人核心价值观"忠诚于党、热爱人民、报效国家、献身使命、崇尚荣誉"标语牌、争先创优横幅以及百日安全倒计时牌等，极大地浓厚了官兵的政治氛围，较好地提高了中队的政治文化建设水平。

【执勤战备工作】 坚持把执勤战备工作列入党支部重要议事日程。以《正规化执勤等级评定实施办法》为依据，抓好《执勤规定》的学习贯彻，使官兵进一步熟悉和掌握《执勤规定》内容，增强中心意识。搞好战备教育，增强战备观念。通过教育帮助官兵牢固树立居安思危、常备不懈的思想。落实战备制度。坚持战备值班、节日战备、战备执勤、战备检查制度，保持良好的战备状态，保证随时“拉得出、打得赢”。干部严格落实“双十二”的查铺查哨制度，加大执勤检查力度，亚运期间，在支队蹲点干部的有力指导下，中队围绕上级有关指示精神，进一步规范执勤秩序，重点解决了组勤随意性大、哨兵形象不好、警惕性不高、依法文明执勤水平低和漏哨、误哨、睡哨等“常见病”和“多发病”，督促哨兵认真履行职责。按照《军事训练与考核大纲》要求，紧紧围绕“确保中心任务完成”的目标，不断创新训练方法，找准训练弱项，革新训练内容。针对平时训练时间难集中的特点，广泛开展“五小练兵”活动，中队的军事训练水平不断提高。

【安全工作】 以总队管理教育工作会议在支队成功召开为契机，认真贯彻《基层正规化管理规定》，扎实抓好条令条理贯彻落实，部队正规化建设水平明显提高。扎实开展“法规学习月”、“条令学习月”和“五个过一遍”活动，深入进行法纪、安全常识教育，浓厚安全文化氛围，发动群众广泛开展创安活动，研究破解8个重大安全问题，学习支队编印下发的《安全工作手册》和教育光碟，不断巩固安全发展基础。坚持依法从严治警，加大检查督察和执纪力度，采取超常措施强化人员、枪弹、保密安全管理，深化对不假外出、违规喝酒、打骂体罚、违规使用手机等倾向性问题的治理。突出重大节日、长假特殊时期管控和季节性事故预防，部队保持了安全稳定。

【后勤保障】 加强后勤战备建设，修订完善应急保障预案，加大后勤训练力度，调整充实战备物资储备，提高了应急保障能力。加大资金管理，严格经费开支，加强监督机制。认真遵守财务管理规定，落实中队双主官签名制度。坚持每月组织经济民主组审查中队经费开支情况，增加经费开支透明度。按照“副食抓定量、烹饪讲营养”的原则，根据食物定量、营养的需求、官兵心理的特点等情况，合理安排伙食，做到伙食周末有改善，节日有加菜。同时经委会每周征求官兵对伙食的意见和建议，周密调剂，提高饮食质量，实现由“温饱型”向“营养型”的转变。根据地处山区的特点，突出抓好农副业生产，充分发扬艰苦奋斗的优良传统，积极改造生产条件，有计划地扩展菜地面积。大兴科学种养，注重种养品种的丰富和季节性的衔接，争取自产肉菜自给的目标，中队的保障水平不断提升。

（李成焕）

附：领导班子成员名单

大 队 长： 薛宝玉
教 导 员： 夏小兵
副大队长： 刘家飞
中 队 长： 许文杰
指 导 员： 李成焕

人民防空

【概况】 2010年，人防工作以提升信息化条件下局部战争防空袭能力为核心，以全面融入经济社会发展体系为主线，开拓创新，狠抓落实，全县人民“防空”意识进一步增强，“易地建设费”管理机制不断完善，人防“结建”工程实现零突破，县城综合防护能力明显提高，不断开创了翁源人防事业新局面。

【结建工程】 2010年4月，首个结合民用建筑修建的防空地下室在县城春晖苑小区开工建设。该工程由开发商委托广州军区司令部建筑工程设计院按国家《人民防空地下室设计规范》的标准设计建造，该工程的建设实现了翁源人防“结建”工程“零”的突破。

【试鸣活动】 2010年9月21日，翁源县在县城开展防空警报试鸣活动。人防办通过设在县政府的控制中心准确向设置在县地税局、县公路局、县供电局、中国移动翁源分公司的五套有无线终端设备和一台车载警报器，发放国家规定的预先、空袭、解除三种警报信号，试鸣活动圆满成功。

（廖国旺）

附：领导班子成员名单

主　任： 阮炳溪（2010.7—）
副主任： 熊育华（2009.5—）

翁源县检察院领导班子

编制·人事·社保

机构编制管理

【概况】 翁源县机构编制委员会办公室是县机构编制委员会常设办事机构，负责全县行政管理体制改革、事业单位管理体制改革和机构编制日常管理工作。1982 年翁源县成立编制委员会，1990 年其办公室定为副科级单位。1994 年 5 月，翁源县编制委员会及办公室分别更名为翁源县机构编制委员会、翁源县机构编制委员会办公室，办公室设在人事局，为副科级机构。1997 年 5 月翁源县机构编制委员会办公室升格为正科级行政单位，挂靠在县人事局办公。2002 年 3 月，翁源县机构编制委员会办公室调整为与县人事局合署办公。2010 年 7 月，翁源县机构编制委员会办公室调整为单独设置，既是县委工作部门，又是县政府工作部门，列县委机构序列。内设综合股、行政机构编制股、事业机构编制股 3 个股室，下辖事业单位登记管理局副科级行政单位。

【县政府机构改革顺利完成】 按照中央和省市的部署，结合翁源县实际，制定《翁源县人民政府机构改革方案》。改革方案获批后，7 月 20 日，召开了县政府机构改革动员大会，正式启动机构改革工作。2010 年 12 全面完成部门新的“三定”规定的印发实施工作。改革后，县政府共设置工作部门 21 个，调整、增加和取消的职责涉及 18 个部门共 42 项，政府行政运行机制进一步完善。

【机构编制实名制工作】 按照中央和省市推进机构编制实名制的部署，翁源县在 2010 年 8 月全面开展机构编制实名制管理工作，并于 2010 年 12 月全面完成机关机构编制实名制的数据录入工作。

【简政强镇事权改革工作】 按照省、市的部署，积极开展调查研究，拟定并报请市编办审核了《翁源县简政强镇事权改革实施方案》，报县委、县政府批准后实施。

【事业单位分类改革准备工作】 按照中央和省市分类推进事业单位改革工作的要求，我县按照分类指导、分业推进、分级组织、分步实施的方针，开展调研，并对全县事业单位进行模拟分类，向省、市上报了拟划分为行政类的事业单位，同时结合林权配套改革工作对林业系统事业单位重新整合调整和分类，理顺了承担公益服务任务的事业单位的财政保障机制。

【事业单位登记管理工作】 完成县直 100 个事业单位 2010 年度的检验工作，办理事业法人设立（备案）4 个单位、法人变更登记 58 个单位。

（李　芳）

附：翁源县机构编制委员会办公室领导班子成员名单

主　任：甘可柱（—2010. 8）
叶东藩（2010. 8—）

副主任：黄　斌（—2010. 8）

事业单位登记管理局局长：杨　坚（2009. 5—）

人力资源和社会保障

【概况】 2010 年 7 月，县政府进行大部制机构改革，撤销县人事局、县劳动和社会保障局，重新组建县人力资源和社会保障局，为县政府职能部门，正科级行政单位。10 月，县政府印发县人力资源和社会保障局机构职能、人员编制、内设机构方案，核定行政编制 24 名，内设办公室、公务员股、事业单位人事股、就业促进股、劳动监察股、专技人员股、工资福利股 7 个股室。县人力资源和社会保障局组建以来切实加强公务员队伍建设，引进和培养各类高素质人才，深化人事制度改革，积极实施“双转移”计划，妥善处理劳动关系和争议，为县域经济社会和谐发展提供了强有力的人才支持和社会保障体系。

【公务员队伍建设】 完成 2010 年公务员招录工作，考试录用公务员 32 名（镇机关公务员 14 人、基层司法所 4 人、公职律师事务所 2 人、农机管理局 2 人、检察院 1 人、公安局 9 人）。经过笔试、面试、体检和政审，新录用的公务员全部上岗。完成 2010 年机关工作人员共 1884 人的年度考核，评出优秀 202 人、称职 1659 人、不称职 2 人、不定等次 14 人；为奖惩、培训、辞退、调资、任职等提供可靠的依据。并对年度考核评为优秀等次的人进行奖励。开展《公务员职业道德规范》培训，完成全县公务员的培训工作。

【人才流转管理】 穿针引线，为县企事业引进所需专业人才。组织县供电局、志诚五金公司等参加韶关“人才供需见面会”，聘用意向性人才30人；协助县青云山中药厂招聘药学人才5名；缓解县内部分企、事业单位人才短缺问题。理顺事业单位新进人员在新聘用期内实行人事代理的有关制度，使全县事业单位人事管理制度改革迈出了实质性的一步，是年新增人事代理人数190人。积极做好大中专毕业生就业服务工作。共接收大中专毕业生报到登记651人；协助江门市人社局在翁源举办劳务对接专场招聘会，江门市40多家企业为翁源提供了5000多个就业岗位，积极做好大中专毕业生的就业工作。

【专技人员管理】 推动干部继续教育，组织开展专技人员《专业技术人员创新案例》培训工作，共接受5000多人报名，已开班10期，培训2000多人。完善职称评聘管理，提升人才档次。按照公平、公开、公正的原则，评定和认定初级专业技术资格84人；送审中级评审材料162人、高级评审材料65人；对符合续聘条件的600多名专技人员办理初聘和续聘手续。

【事业单位岗位管理】 按照省、市的要求，在广泛深入调研的基础上，县人社局于去年8月下旬召开了事业单位岗位设置动员会，全县101个事业单位岗位设置方案已经市局核准。下一步将开展人员聘用工作。完成2010年事业单位工作人员共2345人的年度考核，评出优秀197人、合格2139人、不定等次2人；完成2009—2010学年全县中小学教职工共3690人的年度考核工作，评出优秀366人；并对年度考核评为优秀等次的人进行奖励。

【落实工资福利】 从2010年1月起对全县机关事业单位工作人员和离退休人员给予适当增加生活补贴，其中：财供事业单位（教育线除外）工作人员每月人均增加生活补贴365元（退休人员285元）；公务员每人每月增加生活补贴100元（退休人员150元）；教育线工作人员每人每月增加生活补贴100元（退休人员150元）用于实行绩效工资，同时，全县中、小学校的班主任每人每月另外增加班主任津贴50元，提高了工作人员的生活待遇。根据粤人发［2007］55号《关于印发〈广东省公务员工资制度改革实施意见〉的通知》、56号《关于印发〈广东省事业单位工作人员收入分配制度实施意见〉的通知》规定，为全县300名机关工作人员办理工资“滚动升级”，人均增资25元，办理机关工作人员工资正常晋升1981人，人均增资40元；为全县事业单位共6400名工作人员办理晋升一级薪级工资，人均增资33元。另外，为121名招录调入机关事业单位的人员重新确定工资，为51名新参加工作的人员办理转正定级，为262名职务变动人员办理工资变动手续，办理145名干部退休手续，办理75名病故人员的抚恤。

【规范劳动管理】 2010年共完成劳动年审306个单位，涉及职工人数17205人；新签（续签）劳动合同2942人（份）。处理因拖欠工资引发的突发事件6宗，涉及人数278人，涉及金额72.26万元；调处劳动监察案件31宗，其中拖欠工人工资的19宗，涉及劳动者人数438人，涉案金额86.54万元，结案率100%；审理劳动争议案73宗，其中仲裁立案受理案件35宗，调解受理案件38宗，共涉及经济标的108万元，涉及劳动者当事人73人，结案率100%。开展农民工工资支付专项检查活动，检查使用农民工较多的密集型企业43个，涉及员工人数3853人；开展清理整顿人力资源市场秩序专项活动，检查用工企业7个，涉及员工人数1311人；开展和谐劳动关系专项检查，检查6个港澳台独资企业，涉及员工人数2645人；开展整治非法用工打击违法犯罪活动专项行动，检查15家用工企业，涉及员工人数3380人；开展“三法一例”执行情况专项检查，检查企业52户，涉及员工人数5214人，大力维护劳动者合法权益。

【促进就业再就业】 落实培训、职介、社保补贴和小额贷款等优惠政策，为下岗失业人员实现再就业创造条件、提供服务。2010年，办理再就业优惠证年审70人；开展失业人员再就业免费培训147人；享受再就业扶持政策的有1574人（次），其中：协调国税、地税、工商等部门减免从事个体经营的失业人员各类费项825人共23万元、补贴企业招用国有失业人员社会保险493人次40万元、岗位补贴109人次502万元、职业介绍补贴164人2.5万元、再就业免费培训补助147人7.2万元、继续贯彻落实下岗失业人员再就业小额担保贷款政策，累计发放小额担保贷款10笔共50万元。从优化翁源发展环境的大局出发，为持有再就业优惠证、失业证人员和农村劳动力以及进城务工的农民工提供免费职业技能培训。2010 全县培训人数达 1750 人，其中下岗失业人员培训 147 人、农村劳动力转移就业技能培训 1603 人，完成全年培训任务 106%。通过政府招录招聘工作人员、企业招用工等途径，积极开发就业岗位，促进大中专毕业生、失业人员就业。2010 年全县累计开发就业岗位 3720 个，完成全年任务的 106%；失业人员再就业 2634 人、完成任务的 105%，其中“4050”人员就业 158 人，完成任务的 105%；城镇失业登记 815 人，失业率为 3.4% 以下；办理求职登记 2587 人，免费推荐介绍就业和职业指导 2662 人（次），代理劳动保障事务 729 人。大力推进劳务输出，2010 年全县共转移农村劳动力 7775 人，完成全年任务的 103%。

【社保扩面征收】 按照市政府的统一部署，加大社会保险扩面工作力度，坚持“变观念、抓重点、破难题、攻难关、求发展”的工作思路，针对征收对象的职业特点，成立了四个扩面征收工作组，迅速扭转了社会保险扩面征收工作的被动局面，突破了扩面征缴“瓶颈”。截至 2010 年底，企业养老保险新增参保人员 1000 多人，养老基金每月征缴 600 多万元，社保基金累计结余 180 多万元，一举实现了扭亏为盈。

（丘群亮）

附：领导班子成员名单

局　长： 甘可柱（2010.7—）

副局长： 林国球（2010.8—）

黄　斌（2010.8—）

甘建民（2010.8—）

陈艳娟（2010.9—）

经济管理

发展与改革

【概况】 2004 年 12 月的全县机构改革，县发展计划局改组为县发展和改革局（挂物价局、粮食局牌子）。主要职责是负责研究提出国民经济和社会发展战略，中长期发展规划和年度发展计划，指导总体经济体制改革，负责物价和粮食行政管理，是县人民政府工作部门。内设办公室、综合规划股、投资股、社会发展股、县重点建设项目稽查办公室（挂靠发改局）、县政府重点建设项目办公室（挂靠发改局）等 6 个股室。县发展和改革局机关行政编制 10 人，其中局长 1 名，副局长 3 名，股长 6 名。现有干部职工 12 名（不含物价局、粮食局）。

【招商引资工作】 发展和改革局指定一名副局长和相关股室负责人专门负责招商引资项目的跟踪配套服务工作。经与投资商多次洽谈、协调、确定投资项目、投资总额，做好土地选址、土地报批预审、环境评估、规划建设预审、项目立项等相关工作。是年引进了中山市恒辉涂料有限公司和广东奥优涂料有限公司及翁源县三江高分材料有限公司，总投资为 5700 万元。当年三个公司已进入了实质性建设阶段。完成县委、县政府下达的招商引资任务。

【年度计划编制和实施工作】 县发展和改革局组织人员深入县直各部门和企业进行调查研究，2010 年 1 月完成《翁源县 2010 年国民经济和社会发展计划》（草案）。主要预期目标为：地区生产总值增长 12% 以上；人均生产总值增长 11.5%；工业增加值增长 16% 以上；全社会固定资产投资增长 25% 以上；地方一般预算收入增长 10% 以上；社会消费品零售总额增长 18%；实际利用外资增长 4.4%；农村人均纯收入增长 10% 以上，城镇居民人均收入增长 8%；人口自然增长率 6% 以内。该计划于 2 月份提交县十三届人大四次会议审议通过批准。

【加强经济运行分析】 加强对客观经济的监测、预测，针对经济运行中存在的问题及时提出有关建议意见，综合分析经济运行中的重点、难点、热点问题，撰写季度、半年和全年经济运行分析报告，供县委、县政府领导决策参考。

【制定“十二五”规划】 “十二五”时期，是翁源县实现全面建设小康社会承上启下的关键时期，是全面贯彻落实科学发展观，深化改革开放，加快转变经济发展方式，加快工业化、城镇化和农业产业化进程攻坚时期。为使“十二五”规划编制更科学更充实更完善更符合翁源实际，县发改局组织人员深入各部门和企业进行“十二五”前期的产业结构，转变经济发展方式等重大问题的大量调查研究，在理清“十二五”规划的发展思路、发展定位，主要任务、政策措施和重大项目基础上，坚持以科学发展为主题，以先行先试为动力，以结构调整为主线，以扩大内需和改善民生为重点，立足加快产业转型升级和提高自主创新能力，立足促进城乡区域协调发展和推动绿色发展，立足促进体制机制创新和提高开放合作水平。“十二五”规划编制，县委、县政府高度重视，部门积极支持和配合。严格按照《“十二五”规划编制工作思路》要求，于 10 月上旬，完成了《翁源县国民经济和社会发展第十二个五年规划纲要》（2011—2015 年）编制。“十二五”期间，即到 2010 年全县生产总值年均增长 15%，其中：第一产业、第二产业和第三产业分别年均增长 5.5%、20% 和 16%。三次产业结构为 20：40：40。人均生产总值年均增长 14%，工业增加值年均增长 23.2%，全社会固定资产年均增长 30%。地方财政一般预算收入年均增长 20%，农村人均纯收入年均增长 9%，城镇居民收入年均增长 8%。人口自然增长率 6‰。该《纲要》经县政府常务会议和县委十一届八次全会审议通过，该规划纲要于 2011 年 2 月份提交县十三届人大五次会议审议通过批准。

【推进重点项目建设】 大力推进粤北危处中心建设、重点项目建设及固定资产投资、“十二五”规划编制、节能减排四项工作，是县委、县政府列入推动翁源经济社会跨越发展的 2010 年的重点工作，是发改局负责牵头落实的工作。发改局将四项工作细化分解到相关责任领导和责任人，明确责任分工，狠抓落实。主动协同项目单位解决项目推进中遇到的困难和问题。定时每月将“大力推进粤北危处中心建设”等四项工作情况，书面报告县政府。

【现代产业 500 强项目落户翁源】 县发改局从现有在建项目入手，从正在策划的项目入手，对翁源未来中长期发展有重大影响的项目入手，及时组织人员进行协调项目单位策划、包装。根据粤发改产业［2010］112 号文精神，在第一时间，将《翁源糖蔗生产基地示范项目》和《广东信达茧丝绸产业文化与产业体系建设》项目，上报省发改委。经省发改委的严格筛选，上述两个项目于 2010 年入选为广东省现代产业 500 强项目。

【项目申报审批】 县发改局紧盯中央和省的投资政策，积极主动协调有关部门撰写项目可行性研究报告，进行项目策划、论证、包装、申报。2010 年为翁源共向上级申报了 2010—2011 年中央预算内投资计划项目 13 个，总投资 89128 万元。部门和企业及业主报来的项目，只要符合国家产业政策，资料齐全、手续完备，做到随到随办，办快办好。2010 年共审批、核准了江尾镇鸭麻陂水电站等项目 67 个，总投资 156254.26 万元。

【专项资金监督检查】 为确保国家和省增加投资扩大内需，促进经济增长政策措施落实到位，保障全县新增中央投资的翁源县中医院等 28 个项目到位 3866.84 万元工程资金安全使用，县发改局认真按照市发改局、市财政局、市经委的有关要求，指定专人负责 28 个项目资金使用情况的报送工作（包括对有关项目的开工、问题整改、资金到位、资金规范使用等情况的收集、整理和分析），做到每月将监督检查情况，书面报告市发改局。

【抓好工程建设领域专项治理】 根据中办国办《关于开展工程建设领域突出问题专项治理工作意见》，县发改局认真按照中央、省、市的有关部署要求，积极会同县纪委、县住建局、县财政局等部门，采取有效措施，对 2009 年以来经县发改局核准的 126 个政府投资和使用国有资金及其他投资项目进行了专项治理。没有发现投资建设工程违规的项目。

【扶贫“双到”工作】 江尾镇黄洞村是县发改局“规划到户、责任到人”扶贫开发工作挂钩村。县发改局驻村工作组，紧紧围绕“贫困农户增收、贫困村面貌得到根本改变”的目标，明确任务，狠抓落实，强力推进了黄洞村“规划到户、责任到人”扶贫开发工作，取得了阶段性成效。一是发改局 11 名干部职工与黄洞村贫困户 50 户结对帮扶，并制定了贫困户脱贫措施计划；二是全村规划 2010 年脱贫户 23 户，实际脱贫 28 户，占 23 户的 121.7%；2010 年贫困户年人均收入 2506 元，户/人均增收 928 元，占 1578 元的 58.8%；三是积极为贫困村办实事。县发改局驻村工作组共为该村筹集资金 54.8 万元。其中省、市、县资金 46 万元，抢修被“5·6”洪灾水毁的水等水利项目 3 宗。全村 220 户农户 100% 实现了农村饮水安全。投资 1 万多元为 6 个自然村兴建了 6 个垃圾池。投资 3 万多元拆除村委内的旧平房，兴建了一条 50 米的围墙，并装修成宣传栏。投资 2 万多元铺好村委内的门坪，并建了一个标准的篮球场；四是完成贫困户危房改造 7 户，完成年计划 7 户的 100%。

（李美东）

附：局领导班子成员名单

局　长：林有成（—2010.7）
　　　　刘雪强（2010.7—）
副局长：刘志明（2010.1—）
　　　　涂武强（2010.1—）

统　　计

【概况】 翁源县统计局自 1981 年恢复统计局以来，历经几次机构改革都保留独立设置翁源县统计局。内设办公室、农村统计股、综合工交能源股、投资和服务业股和农村社会经济调查队（参照公务员法管理事业编制）。机关行政编制 9 名。其中局长 1 名，副局长 2 名，股长（主任）4 名，后勤服务人员 1 名，离岗退养 1 名；参公事业编制 5 名，现有人员 4 名，其中队长 1 名。2010 年，县统计局以“创先争优”为动力，以统计文化建设为中心，以统计信息化建设为手段，积极完善工作措施，实施工作创新，突出抓好数据质量和统计分析、统计执法、统计信息化建设和统计基层工作，严格按照国务院《第六次全国人口普查》的要求，顺利开展翁源县第六次全国人口普查工作。2007 年、2008 年、2010 年三次被县绩效考评评为“优秀”等次单位。

【统计监测服务】 县统计部门以服务全县社会经济发展为己任，充分发挥统计信息、咨询、、监督职能，为全县经济社会的和谐发展提供优质服务。一是加强对经济运行情况的监测，定期发布《翁源县国民经济和社会发展统计公报》、《翁源县国民经济形势季度分析》和《翁源县宏观经济监测月报》。二是加大统计分析研究力度，撰写一批质量较高，社会影响较大的分析文章。

【统计法制建设】 一是加强统计法制宣传教育，进一步贯彻落实“五五”普法宣传为契机，在做好宣传教育的同时制定“五五”普法学习计划，对统计工作人员加强普法学习，并利用各媒体多种途径大张旗鼓地宣传《中华人民共和国统计法》、《人口普查条例》。二是加大统计执法力度，在全县范围内开展统计数据质量大检查。

【统计基础建设】 一是狠抓统计基础工作。切实把好源头数据质量关。镇、企业统计是全县统计工作的基础，年内全面加强对基层统计人员的业务指导，建立基层数据库。二是狠抓数据质量控制体系建设。各专业都建立相应的质量控制制度，确保统计数据真实可靠。三是改进和完善 GDP 核算制度，提高县域 GDP 核算质量。

【机关作风建设】 历年制订并逐年完善《翁源县统计局业务考核方案》，实行岗位责任制，执行奖惩制度；加强统计局机关工作作风建设；围绕县委、县政府的中心工作活动，狠抓统计队伍建设；努力提高统计优质服务水平。

（阮兆芳）

附：领导班子成员名单

局　长：林天生（2004.12—）

副局长：张国光（1993.5—）

阮兆芳（1995.4—）

审　计

【概述】 翁源县审计局成立于1984年，属县政府组成部门，行使审计监督职能。2010年审计局内设有综合办公室、经济责任审计股、贸易基建审计股、行政事业审计股、财政金融审计股5个股（室）。领导班子设局长1人，副局长3人，年末在职在岗人员19人，其中：公务员15人，工勤人员2人，雇员2人。2010年，县审计局坚持“依法审计，服务大局，围绕中心，突出重点，求真务实”的工作方针，不断学习、不断探索、不断提高，审计业务和审计机关的“人、法、技”建设，均取得了丰硕成果。是年，成功引进佛山投资商来翁源投资兴办动植物种养项目，投资规模1000万元，当年投资超过500万元，完成县委、县政府分配的招商引资任务。

【审计硬件建设】 根据《广东省审计厅关于进一步推进规范化建设的意见》的文件精神，2009年8月启动办公楼改造维护工程，至2010年1月竣工。工程投资68.42万元，其中省审计厅补助了50万元。通过改造维护，增加了办公面积及功能室。扩大了档案室，增设了送达审计室，改造了多功能会议室；办公用房面积增加到843.48平方米，同时解决了顶层渗漏问题，修饰了内墙、天花，使办公楼焕然一新；另外添置了一批手提电脑及投影机1台和档案柜、办公桌椅、沙发、空调一批，从而达到了“规范化”建设的硬件要求。2010年1月中旬，规范化硬件建设通过省验收。

【审计监督】 经济责任审计。2010年度完成经济责任审计20个，查出违规金额246万元，管理不规范金额420万元，应交财政金额29万元，已交财政金额29万元。通过审计，加强了对权力的监督。

专项资金审计调查和跟踪审计。2010年度完成10个专项资金审计项目，11个专项审计调查项目，审计专项资金总额45453万元，查出管理不规范金额4260万元。通过审计调查，促进了各项专款的合理使用。

财政预算执行审计。重点审计了财政、地税、民政、国土、县公共资产管理中心等单位的预算执行情况，查出违规金额1万元，管理不规范金额245万元。通过审计，各种违规问题基本得到了纠正，促进了各单位合理有效地使用资金。

【扶贫“双到”】 为帮扶贫困村贫困户脱贫，挂钩联系龙仙镇高陈村，实行“规划到户，责任到人”一对一帮扶。当年筹措资金15万元，帮高陈村入股扶贫电站，并修建了长3.3公里由村委到村小组的水泥公路，为村委脱贫打下了基础。通过帮扶，当年有39名贫困户脱贫。

（张玉斌）

附：领导班子成员名单

局　　长：邓达祥（—2010.7）

　　　　　林　灵（2010.7—）

党支部书记：邓达祥（2010.7—）

副 局 长：陈玉平（2008.10—）

　　　　　邓红红（2009.5—）

　　　　　宋伊媚（2010.12—）

工商管理

【概况】 翁源县工商局负责主管全县市场监管和行政执法工作，内设机构8个，直属单位1个，工商所7个，干部职工165人（其中在职干部110人），辖7镇1林场，监管面积2183平方公里，监管市场主体7756户，基层工商所人均监管面积35平方公里，人均监管市场主体123户。2010年，翁源县工商局以“崇德尚实、和谐奋进”为行动指南，以服务升级、管理创新、履职到位、效能提升、队伍和谐为抓手，全面推进工商行政管理转型升级，为翁源经济社会发展作出了应有的贡献。荣获2010年“翁源县绩效考评优胜单位”、全县民主评议政风行风“回头查”总分排名第一、“翁源县优质服务窗口”、“翁源县2010年度人口与计划生育综合治理工作先进单位”、“年度新闻报道先进单位”等多项荣誉称号。

【服务机制不断创新】 以“三促进、一保持”为工作目标，进一步强化服务职能，不断提高服务能力和水平。

实行“一个窗口许可”积极促进地方经济发展环境优化。把工商六大业务窗口整体成建制进驻县行政服务中心，为企业提供“一站式”服务；积极支持企业进入产业转移园，累计为26家进入我县产业转移的企业减免各项行政事业性收费11万元。至年底，全县新增市场主体840户，全县有国有、集体企业490户、私营企业499户、个体工商户6660户、农民专业合作社60户，注册资金达16.72亿元。

积极配合县城“创卫”工作。成立专门的组织机构，制定了工作方案，保障本部门“创卫”工作顺利开展；印制了4000份有关创卫整治工作的宣传单张，发放到县城个私经营业户手中，增强经营业户参与意识，鼓励建设路经营户积极参与县城亮化；按职能清理非法户外广告120幅，配合相关部门清理占道经营、乱摆乱卖经营户1000多户次。

扶贫“双到”工作进展顺利。按照扶贫开发“规划到户、责任到人”的工作要求，对新江镇东方村村委和14户贫困户进行一对一结对帮扶，按贫困户的实际情况制定“一对一帮扶扶贫计划”，捐款捐物帮助贫困户劳动致富。县局班子多次到东方村了解情况，特别5.6洪灾中，现场组织村民救灾复产，并2次组织干部职工和个私协会会员捐款6.5万元。

服务翁源“三农”。一是积极参与农民专业合作组织的培育，新增农民专业合作社34户，全县现登记注册的农民专业合作社60户，指导3户农民专业合作社与家乐福超市签约，实现翁源农产品直接进入超市销售，促进农业产业化。二是积极推广订单农业，规范农业订单合同4400份，合同金额8280万元，带动农民增产增收1100万元。三是推进红盾护农工作持续深入。五年来，受理消费者咨询14000人次，受理农资申诉举报48件，为群众挽回经济损失68.6万元。

服务“亚运”安全保障。一是组织落实，制定了《翁源县工商局2010年广州亚运会保障工作方案》，全面落实亚运保障职责；二是监管落实，开展食品安全事故应急演练，加强对翁城粤北农副产品批发市场监管，确保亚运会期间辖区内流通领域食品安全。三是维稳落实，建立亚运会期间应急维稳值班制度和设立应急维稳值班室，实行24小时“三级值班”和“零报告”制度，加强矛盾排查化解，全力做好信访维稳工作。

【落实创业带动就业政策】 一是加大各项扶持措施的宣传力度，加强对窗口人员受理、审批登记注册业务的培训、指导和督查力度，提升窗口整体服务效能。二是健全工商部门与企业双向联系制度，积极了解企业在特殊时期对工商工作的需要和建议，及时提供指导服务，促进企业自主创新。免费举办经营单位法律法规培训14期，培训经营户560户次。三是全力服务企业融资解困。进一步拓宽企业融资渠道，办理动产抵押、股权出质登记35宗，为企业融资1.19亿元，支持企业应对金融危机。四是建设完善会员之家。筹资20多万元，建设了功能完备、设备先进的个私协会会员之家，为会员提供了良好的活动场所。

【实行一个窗口许可】 按照“城区集中、乡镇授权”的思路，办理工商业务行政许可，把注册登记许可、企业年检验照、动产抵押许可、食品流通许可、展销登记许可、广告经营许可等6大业务窗口整体平移到翁源县行政服务中心，为企业提供“一站式”服务；试行网上申办、网上受理、网上审批等网络化办公，进一步优化审批流程，压缩审批时间，为企业提供高效率服务；实行“咨询服务一口清，发送资料一手清，受理审查一次清”，为企业提供优质服务。工商窗口共办理业务2031宗，获得表扬、锦旗90次，连续被评为“先进窗口”。

【全面推行行政指导】 制定了《全面推行行政指导工作的意见》，选择设定了8大类24项工商行政指导项目，对单项具体行政指导的工作方法和文本格式进行了规范，形成了县局行政指导《工作手册》。在市场准入环节，实行工商业务助导；在市场监管环节，实行规范经营疏导；在消费维权环节，实行消费维权引导。一年来，共培训市场主体1536户次，发放行政指导文书673份，纠正各类市场主体不良经营行为444次，避免了重大违法经营事件的发生，取得了良好的社会效益。

【创先争优典型引路】 积极开展领导干部党性修养和作风建设，把改进党员干部作风作为开展创先争优活动的切入点，持之以恒地开展“共产党员先锋岗”活动。目前，全系统建立了10个党员先锋模范岗，通过设立一个岗，树起一面旗，带动一大片，发挥先进典型示范作用，教育党员干部树立全心全意服务群众的良好形象。

【基层建设标杆示范】 按照“强局大所”的工作思路，在抓好官渡工商所试点的基础上，按计划加强全系统工商所规范化建设，做到人、财、物向基层倾斜，不断提高基层工作效能，适应新形势发展。推进绩效考核，制定机关、基层工作考核量化指标，细化各岗位工作人员的责任和奖惩，使各项日常工作有章可循、有条不紊，提高机关和基层工作活力。建立工商所学习员制度，促进机关、基层互帮互学。督促指导工商所落实网格化监管等制度，引导、鼓励工商所创新监管执法工作方法，加快推进工商转型升级。基层规范化建设取得初步成果，官渡工商所被市工商局评为基层规范化建设“设施完善奖”。

【登记注册】 2010年，全县登记有国有、集体企业、私营企业、个体工商户、农民专业合作社等各类市场主体7706户，注册资金16.72亿元。国有、集体企业490户，其中法人企业109户；注册资金35575.9万元。当年设立登记29户，注销5户，吊销25户。全县有私营企业有499户，从业人员5095人，注册资金109586.48万元；当年设立登记72户，注册资金9138万元；注销7户，吊销21户。个体工商户6660户，从业人员12611人，注册资金21075.29万元。当年设立登记705户，注册资金4006.01万元；注销266户。现有登记注册的农民专业合作社60户，成员人数1782人，注册资金997.7万元。设立登记34户，成员人数777人，注册资金448.8万元。

【企业监督管理】 *推行网格化监管*。建立“综合监管服务所”为目标，创新市场监管机制，采取“四划定、三规范”的方法，划定监管网格、划定监管人员、划定监管职责、划定监管标准，规范监管业务操作、规范监管程序方法、规范监管绩效考核，全面推进“网格化”监管，把辖区划分为60个监管网格单元，运用信息化监管手段，初步建立了一个覆盖辖区，责任到人，职能到位的监管执法网络。是年，制定巡查计划176个，巡查监管对象10758户次。在一定程度上解决了过去监管工作难以量化考核和管理效果不明显、监管重点不明确的问题，提高了工作效率。

清理无照经营有力度。以查处取缔无照经营工作纳入综治维稳目标考评为契机，深入开展“清无”工作和安全管理生产，将其作为一项基础性工作抓紧抓实。突出以娱乐场所、网吧、非煤矿山、小作坊等关乎人民群众生命安全和社会稳定的高危行业的无照经营行为为重点。全年出动执法人员1090人/次，出动执法车辆31辆/次，组织专项行动7次，参加联合行动5次，办理无照经营案件89宗，取缔、关停黑网吧、游戏机室32户，引导673户具备经营条件的经营户办理营业执照。

企业年检。全县应参加年检户数为904户，截至2010年10月31日止企业实检户数为784户，年检率为86.7%；企业网上年检为517户，占实检户数的65.9%。

个体户验照。全县应参加验照户数为6005户，截至2010年10月31日止实验照户数为3568户，检照率为59.4%，网上检照218户，由各工商所

按属地管理的原则进行检照。

【经济检查】 创新执法办案机制。实行经检大队专司执法，业务股室不再直接办案；设立办案指挥调度中心，指挥调度全系统执法办案；实行县局与工商所分级办案制度，明确办案权限职责；实行办审分离，推行说理式执法文书；实行案件回访制度，强化执法监督；制定并落实市场主体培训计划，加强执法办案教育培训与行政指导。

食品安全监管有成效。以贯彻落实《食品安全法》为重点，进一步整顿和规范市场经济秩序，促进市场经营和消费环境持续好转，保障广大人民群众的生命和财产安全，促进社会和谐稳定。严把食品经营主体准入关，发放食品流通许可证许可证357份。加大食品市场巡查和日常规范管理力度，监督落实食品经营者建立进货查验和记录制度，认真开展流通领域食品快速检测、抽样检测工作，翁源5.6洪灾和广州亚运会期间，检测食品80批次。一年来，查获不合格奶粉7.7公斤，不合格食品600公斤，查办食品案件18宗，确保了辖区食品安全。

打击清理传销有成果。组织开展好各时期的专项打击行动，出动执法人员138人次，检查各类经营场所126个，建立健全打击传销长效机制，深入推进创建“无传销社区（村）”工作，实现连续6年无传销。

2010年，组织出动执法人员1244人次，出动执法车辆250台次，检查经营企业和个体工商户2525户次，检查批发市场、集贸市场等各类市场19个，全系统办理经济违法违章案件共办理案件152宗，罚没入库77.46万元，同比增长276%和238%。

【商标广告管理】 指导县茂源糖业有限公司的“李花”商标被认定为广东省著名商标，填补了翁源县目前没有广东省著名商标的空白。全年查处广告违法行为3宗，案值1.7万元。

【市场合同管理】 加强农资市场监管，督促经营者建立台账制度。全年共出动75人次，出动车辆24次，检查农资经营户154户，查获不合格化肥3吨。

【消费维权工作有突破】 围绕“消费与服务”这个主题，举办“送知识、送技能、送服务”下乡宣传咨询活动，编报消费警示10期，通过新闻媒体曝光侵害消费者权益的典型案例8宗，进一步在全县营造科学消费、依法维权的良好氛围。一年来，共办理申诉举报36宗，为消费者挽回经济损失5.4万元。

（盛朝阳）

附：领导班子成员名单

局　长：雷能福（2008.3—）

副局长：张俊良（1997.5—）

　　　　　赖自繁（2004.6—）

质量技术监督

【概况】 翁源县质量技术监督局是翁源县负责管理产品质量、计量、标准化、特种设备安全和生产加工环节食品质量卫生工作并行使行政执法监督职能的政府职能部门，并承担政府打假办的日常工作，为韶关市质量技术监督局领导的直属机构，正科级。

2010年，县质监局机关内设办公室（与纪检组、监察室合署办公）、政策法规宣教股、质量股、标准化股、计量股、锅炉压力容器安全监察股，稽查队为局直属行政单位。县质监局机关行政编制13名、稽查队编制5名、后勤服务人员事业编制1名，实有公务员16名、后勤服务人员1名。翁源县质量技术监督检测所隶属于县质监局，具有独立法人地位的事业单位，检测所核定事业编制6名，人员经费由财政核拨。

【国家地理标志产品保护】 2010年，县质监局继续深化国家地理标志产品保护工作，2月24日“三华李”获国家质检总局批准实施地理标志产品保护，7月29日国家质检总局正式受理了“九仙桃”地理标志产品保护的申请，9月29日“九仙桃”地理标志产品保护顺利通过专家审查会评审，12月10日国家质量监督检验检疫总局批准对“九仙桃”实施地理标志产品保护，“九仙桃”地理标志产品保护的获得，是继“三华李”后的又一重大成果。

【质量兴县】 12月26日，县委常委、副县长曾清兰主持召开全县“质量强县”工作会议对“质量强县”活动进行动员部署，县领导、市质监局领导、各镇（场）、县质量强县领导小组成员单位负责人以及县10家企业代表共50余人参加了会议，会议确立了“政府主导、部门主抓、企业主体”的质量兴县工作机制。同时，市局与县政府签订《实施质量强县工作促进翁源县经济发展合作备忘录》，推动翁源县“质量强县”活动向纵深发展。

2010年，县质监局以民生关注、涉及面广的产品为重点，全面加大农资产品、无证生产食品、“家电下乡”和“3C”产品等违法行为的行政执法力度。共出动执法人员575人次，立案51宗（其中质量案件1宗，建材案件16宗，生产许可证案件30宗，认可认证案件1宗，农资案件3宗），结案53宗，查处农资、建设等产品一批，涉案货值11.94万元。

【食品生产监督】 食品市场准入进一步规范，2010年全县食品生产单位53家，其中获证企业18家，共获得食品生产许可证25张，小作坊减少4家。全年共出动540人次，巡查企业182家次，开展定期监督抽查和专项抽查68批次，合格63批次，合格率92.6%。对奶制品、饮用水、糕点等即食食品开展食品卫生检验，抽查食品140批次，合格140批次，合格率100%。先后开展了乳制品及含乳食品清查，淀粉、酱油、食糖、食醋、大米及相关产品专项整治、违法添加非食用物质和滥用食品添加剂清查、一次性塑料餐具清查等，全力确保供应世博会、亚运会和“两节”的食品安全。每月15日举办“食品安全接待日”活动，接待来访群众181多人次，妥善处理群众反映的问题2件次。

【特种设备安全监察】 县内在用使用单位104家，有1家液化石油气钢瓶检测站。2010年全县特种设备运行稳定，未发生特种设备安全事故。重点开展专项整治行动，先后开展了工业锅炉、公共场所电梯、气瓶等三项专项整治工作。共出动检查人员301人次，检查使用、安装、检验单位130家次，共填写检查记录128份，排查一般隐患43宗、重点隐患7宗。共报安装、维修告知31家，安装维修设备43台套，其中，锅炉8家9台、压力容器5家共6台、电梯11家共17台、起重机械7家共11台。

【质量监督】 2010年，获得工业产品生产许可证企业共7家（水泥生产企业3家，复合肥企业1家，眼镜生产企业1家，塑料制品生产企业1家，蓄电池生产企业1家），实现对7家获工业产品生产许可证的企业的监督检验覆盖率100%、获证企业的证后监督到位率100%。全年共监督抽查非食品类工业产品生产企业16家次、产品25批次、合格率100%。

【打假工作】 打假办在认真做好日常监督管理工作的同时，先后组织召开3次打假联席会议，与各镇（场）政府签订《打假责任书》，并对群众反映强烈的食品、药品、农药、化肥、水泥、食用油、烟酒等产品进行了专项整治。2010年，全县共出动执法人员4439人次，查处假冒伪劣案82宗，涉案货值142.22万元，其中5万元大案要案1宗，移送公安机关1宗，抓获卷烟制假分子10名。

【标准化工作】 强化企业标准的备案、审查和采标。全年共办理新标准登记31家，为1家企业1种产品办理企业标准备案，为企业提供标准资料82份，完成1家企业的“采标”工作。认真做好商品条形码的办理、续展工作，为企业新办商品条形码2家，办理商品条形码续展4家。完成组织机构代码新办换证变更615个，年审821个，发放组织机构数字证书195个，处罚未按规定前来换证、年审的单位40家。积极做好无公害糖蔗示范区验收准备工作，集中举办标准宣贯班，在无公害糖蔗示范区基地进行现场示范，使示范区内农户受培训面达90%以上，并印制、发放各种标准的宣传资料共计3800余份。

【计量管理】 2010年，对全县重点耗能企业及县辖区宾馆、酒楼、瓶装液化气充装站、眼镜店等的计量器具加强监管，及时纠正企业的不规范行为，其中，强制检定燃油加油机273台（次）、台案称（地称）1567台、压力表419批次、水表583批次。对全县机动车安检机构进行专项监督检查，责令整改存在问题的安检机构1家。全年有9家企业通过了三级计量保证体系确认。

（徐远雄）

附：领导班子组成员名单

局党组书记、局　长： 雷志平（2010.6—）

局党组成员、副局长、纪检组长：

耿春芳（1993.5—）

局党组成员、副局长： 徐远雄（2010.7—）

物价管理

【概况】 2001年翁源县县级党政机构改革，由计划局、物价局、粮食管理储备局，重新组建发展和改革局。物价局，对外挂牌，保留印章，独立运作。负责贯彻执行上级有关物价政策和法规，做好全县的价格调控、管理、监督和服务。内设物价检查所、价格和收费管理股3个股室，下辖：价格监测中心和价格认证中心2个股级事业单位。机构改革后全局实有在职在编人员9人，2010年在职在编人员12人。

2010年，翁源县价格工作以确保价格总水平和价格秩序基本稳定为首要任务，以促进自主创新、结构调整、消费增长和民生改善，推动经济社会又好又快发展为目标，确保了市场物价的基本稳定和社会安定。积极抓好扶贫开发“双到”、招商引资等工作，完成了县委县政府下达的工作任务。2010年县物价局被县委县政府授予精神文明创建活动先进单位。

【价格监督检查】 一是做好日常性的价格检查，维护市场价格秩序。开展了春节、“五一”、国庆期间市场物价大检查和公路汽车客运票价检查，加强对市场物价的巡查力度。全年共出动检查50多人次，分别对各大型超市、农贸市场、汽车客运站等进行价格巡查，保障了节日期间市场物价的基本稳定。二是开展中小学收费、药品价格、行业协会收费等专项检查，配合市局做好涉及房地产交易环节相关收费专项检查的结案处理工作，全年共查处价格违法案件3宗，收缴违纪金额24.5万元。三是加强价格举报工作，把价格投诉举报工作摆在突出位置，充分发挥“12358”价格举报电话和网络监督的作用，极大地方便了群众的投诉举报和咨询。对群众投诉的问题，及时受理，严肃查处，及时反馈，维护群众利益。全年共受理的群众价格投诉和咨询9宗，全部进行了答复和查处，办结率100%。四是开展抗洪救灾期间市场物价检查，安定受灾群众生产和生活，维护社会稳定。从5月7日起开展物价专项整治工作，共出动工作人员20多人次对县城超市、菜市场、客运站、农资商店、液化气站进行价格检查、巡查。启动价格监测一日一报制度，密切关注市场价格动态。同时运用提醒、告诫等手段，引导经营者加强价格自律。洪灾发生期间我县市场物价基本稳定，没有发生大起大落。

【价格监管和服务】 一是贯彻落实省局16条，促进自主创新结构调整和消费增长。在促进结构调整方面，加大了污水处理费改革力度，调整了县城和翁城的污水处理费征收标准，调整了水资源费征收标准；在促进消费增长方面，加强廉租住房租金管理，制订、调整了县城公有住房和廉租房租金标准，整治汽车消费各环节的收费，进一步规范了县城机动车辆停放保管服务收费，清理涉及居民用水、用电、用气等垄断性经营的服务收费，取消了商品房开发中的主供水管道开口独立综合费。二是加强了价格监测和信息发布。按照省价格监测工作要点和国家发改委印发的《价格监测调查巡视制度》的要求，努力做好日常价格监测，重点做好粮油副食品、化肥、农药、液化石油气价格、成品油价格等重要商品价格监测，特别加强了液化石油气价格的动态管理和调控。三是进一步健全完善了价格调节基金制度，加大了价格调节基金的征收力度，全年共征收价格调节基金65万元。运用价格调节基金扶持“菜篮子”生产5万元。四是深入整治价格和收费秩序，着力解决民生价格问题，促进社会和谐。开展了2009年度收费的综合年审，历时两个多月完成了收费年审工作。五是加强中小学收费的监管，进一步规范了基层小学学前班收费、民办学校收费，加强了中小学服务性收费、代收费管理，进一步减轻群众教育费用负担。六是推进价格服务进万家活动全面深入开展。进一步抓好价费公示和明码标价工作，在巩固全县收费单位、社区实施价费公示的同时，以广客隆、金城购物中心等大型超市为示范点，推行明码标价，提高明码标价的普及率。

【价格认证】 2010年县物价局进一步拓宽了价格认证的工作领域，拓展了机关单位公务用车维修价格鉴定业务。全年共受理承办各类价格鉴证192宗，价格标的438万多元。其中道路交通事故车物损失价格鉴定24宗，机关单位公务用车定点维修价格鉴定17宗，各种刑事、民事案件价格评估151宗。

（刘翠娟）

附：领导班子成员名单

支部书记、局长：刘　恒（2008.7—）

副　局　长：李劲锋（2003.2—）
支部副书记：刘翠娟（2002.10—）

国土资源管理

【概况】 翁源县国土资源局于2001年12月27日成立，为县人民政府主管土地资源、矿产资源和测绘事业的工作部门。内设办公室、建设用地股、耕地规划保护股、矿管与地质环境股、地籍测绘股、执法监察股（加挂执法监察大队牌子）、信访法规股7个职能股室。下辖翁源县土地交易所（副科级）、翁源县土地开发储备中心（正股级）、翁源县国土资源信息中心（正股级）3个事业单位和龙仙、江尾、坝仔、周陂、官渡、翁城、新江、铁龙8个国土资源所。2010年底，人员编制63名，其中局机关15名，交易所8名，储备中心6名，信息中心5名，基层国土资源所40名，实有人数94人。加大招商引资力度，引进了2个招商引资项目：一是化建物流公司，投入资金3000万元；二是余热发电站，投入资金7600万元。扶贫“双到”工作得到县委、县政府认可，为挂钩点新江镇连心村的贫困村民办实事：一是资助2800元改造村委办公楼。二是利用当地优势资源，在每个村小组选出2个蔬菜基地，引导贫困村民种植蔬菜帮助农民脱贫致富。2010年，被评为市国土资源局2010年土地市场管理先进单位。

【土地规划】 一是全面开展新一轮土地利用总体规划修编工作。新一轮土地利用总体规划修编工作是国土部门的一项重要工作，工作量大、涉及面广，政策性、技术性强，工作结果直接关系全县今后经济社会的发展，按照规定的方案，加强与项目承担单位的合作，精心组织实施，并依照有关技术指导，结合本县的实际情况，完成了《翁源县土地利用总体规划大纲》（2010—2020）的编制工作，并获得省国土资源厅审查通过。二是认真做好土地利用总体规划调整工作。根据京珠翁城互通至106国道连接线改造工程、西气东输二线翁源段、晓凤冷泉滩农业生态旅游园等重点项目建设需要，依法依规做好土地利用总体规划及基本农田补规工作，及时上报省国土资源厅。

【基本农田保护】 一是落实机构，明确职责。为切实加强翁源县耕地占补平衡工作的领导，确保我县耕地总量动态平衡，将耕地保护的措施落到实处。首先成立了以分管国土工作的副县长任组长，由政府办、农业局、水利局、财政局、监察局及国土资源局等部门负责人为成员的翁源县基本农田保护工作领导小组。二是建立耕地保护目标责任制度。制定了《翁源县基本农田保护检查工作方案》、《翁源县基本农田保护区管理措施》、《翁源县国土资源动态巡查制度》，由于制度健全、工作到位，加上补充耕地工作扎实，到2010年底，全县耕地保有量从46.07万亩增加到48.8万亩，基本农田保护面积从41.04万亩增加到41.85万亩。实现了县政府与市政府签订的耕地保有量和基本农田区面积责任目标。三是加强基本农田保护宣传工作。结合第20个“6·25”全国土地日，在全县范围内开展发放“基本农田保护明白卡”的宣传教育活动，同全县人民大力宣传《基本农田保护条例》和耕地保护的规范性文件，使耕地保护的意义深入人心。

【地籍管理】 一是日常土地登记工作制度化。在日常登记的土地登记发证工作中，对资料齐全、手续完善的，坚决按法定期限办好，全年共完成国有土地使用权登记发证1316宗，完成集体土地使用权登记发证1190宗，完成国有土地使用权抵押登记15宗。二完成了全县的“二调”成果的汇总上报工作。翁源县第二次土地调查工作已完成2175.7平方公里的外业调查、内业整理和数据建库等工作，成果已通过省、市验收，城镇地籍已完成三个镇共187平方公里外业测绘、内业调查工作。

【建设用地】 做好用地报批工作，确保合法使用土地。2010年市局下达翁源县的新增建设用地指标1498公顷，农转用指标1986.3公顷，翁源县共上报2个批次用地，使用新增建设用地指标1986.3公顷，农转用指标1986.3公顷，耕地指标1986.3公顷。保障重点项目用地需求。主要开发西区项目的征地工作，征用土地2.53公顷。积极为京珠翁城互通到106道连接线改造工程、西气东输二线翁源段、晓凤冷泉滩农业生态旅游园、中源水泥厂、风力发电站重点项目提供用地保障。抓好农村宅基地审批，引导农民利用闲地、老宅基地、未利用地和荒坡地建房。全年共办农民建设用地1160宗，既没有占有耕地，又解决了农民建房的用地需求问题。推行节约集约用地，提高土地利用率。首先是制定各类建设用地的标准制度，规定各类建设用地的土地利用率。其次是采用收回闲置土地、推进旧区改造、变更土地用途、等价置换使用、安排临时使用以及纳入政府储备等方式盘活土地资源。再次是鼓励向空中发展，鼓励建筑多层工厂、多层车间以及多层农村住宅等方式提高土地利用率。

【土地市场】 规范土地市场，保障土地资产不流失。严格土地交易的招拍挂程序，凡应入场交易的土地使用权和矿业权，全部推入市场公开、公平、公正交易，全年通过招拍挂交易方式，成功交易国有土地使用权10宗，面积277.5亩，成交金额为24984.43万元，比拟定底价高出了12750.1万元。尤其是县城新城区龙湖边面积为41亩的地块，在拟定底价为8000万元的基础上，拍出了1.882亿的高价，为政府赢得了一定的经济效益。

【做好利用“园地山坡地”补充耕地项目库建设和验收工作】 与林业部门紧密配合制定了利用园地山坡地补充耕地开垦计划，积极开展全县利用“园地山坡地”补充耕地项目建设工作，全县项目数据库的开发后备资源达15540.2亩。

【积极开垦土地开发整理和耕地复垦工作】 市政府下达给我县土地开发整理补充耕地工作任务10000亩，组织了林业、农业部门实施各地开发整理项目，全县共有26个项目，并通过自筹资金补充耕地11000亩，实现了耕地占补平衡。

【地籍整理】 推进相关项目建设，建成了全县土地利用现状、农村地籍、农用地分等定级与优级违法用地、耕地后备资源、园地山坡地补充耕地、采矿权登记、地质灾害、矿山储量登记、农村集体建设用地基准地价体系、城镇基准地价等数据库。

【信息化建设】 通过引进技术、购置设备拓展业务、提高质量等措施，首先是进行了全县水准点和GPS测绘点的维护工作，全年提供实地测绘图、地形图、航拍图、行政区域等种类图纸570多幅。加强信息化队伍建设，从有关学院招聘相关专业知识人才，为国土资源信息化建设储备人才。

【执法监察】 建立动态巡查机制。全面落实执法监察“动态巡查责任制”。制定了《翁源县国土资源局动态巡查工作制度》，建立和完善国土资源动态巡查网络，充分发挥县、镇、村三级监察网络的作用，在全县2300平方公里的范围内实施高频率实地巡查，全年累计进行动态巡查3100人次，国土资源违法行为210宗，现场纠正制止33宗，立案查处177宗。

土地利用监测。卫星监测图斑96个，地块有14宗，涉及土地面积12210.5亩。其中违法用地3宗，涉及土地面积11.5亩，对所查出的违法用地依法查处，做到立案率、查处率、结案率100%，并通过省市检查组的验收。

案件查处。对在动态巡查中发现和群众投诉举报的问题，以及卫片执法检查发现的案件，按照“要查处，又要查人”的原则及时组织力量进行查处，并将部分典型的案件向社会公开，广泛宣传，起到警示作用；通过开展动态巡查、卫片执法检查和集中查处整治违法违规用地专项行动等工作，及时发现制止，查处和纠正整顿了一批违法违规行为。据统计，立案查处和纠正整改土地、矿产资源违法违规行为约75宗，共拆除违法违规土地的建（构）物1693.4平方米，收缴罚款约299.85万元。

专项治理整顿。在抓好日常国土资源执法监察工作的同时，根据形势发展需要和本地实际，重点开展了有关专项治理整顿活动，矿产资源开发秩序整顿“回头看”各项工作，通过组织召开全县专门会议，县政府统一部署，开展了为期一百天的县城违法违规用地和城区内非法占用集体土地开发房地产查处整治行动，共查出各类典型违法违规用地47宗，涉及土地面积2571.76亩，并对所查出的违法违规用地依法进行查处。

【信访维稳工作】 年内，建立领导接访制度、领导下访制度和领导包案制度。全年共接访人民群众来访539人次，及时化解矛盾，讲清政策，耐心细致宣传解释，较好地维护了被征地农民的合法权益和安定和谐的政治局面。同时，针对广州亚运会召开，成立了亚运会信访维稳工作领导小组，制定了亚运会期间信访维稳工作方案，为广州市亚运会的顺利举办创造了良好的社会环境。社会综合治理方面，着力做好国土资源方面的矛盾纠纷调处工作，累计共调处住宅用地、通道用地、耕作界线、相邻共用地等各类用地纠纷3宗。全年未出现严重的国土资源非正常上访案件，有效地维护了社会的稳定。

【办公信息化建设】 全年共8个国土资源所配齐巡查摩托车及电脑、打印机、传真机、照相机等办公设备。办公楼建设，有5个所拥有独立办公楼，还有坝仔、新江、官渡已启动了新建工作。

【专项资金使用的监督管理】 组织局机关和下属事业单位财务工作人员对上级拨到的财政专项资金使用情况进行了自查，严格按照《专项资金使用管理规定》进行操作，没有出现违规操作行为。

【依法行政】 全面贯彻经营性土地招标拍卖挂牌制度，严格土地交易的招拍挂程序，进一步规范招拍挂行为。同时严格执行公证人制度和监督人制度，形成了局纪检、县公正机关、县监察机关共同参与的立体防线，有效地防止了招拍挂过程中腐败现象的发生。

【机关作风建设】 一是开展优化服务年为契机，推进国土资源管理工作，健全机构，加强领导，以活动促工作，以活动带动科学发展，促进国土资源管理工作再上新台阶。二是积极开展机关行政效能监察工作。按照廉洁、勤政、务实、高效的要求，重点是征地工作、办文窗口和规章制度、挂牌上岗等进行效能监察。全面推行政务公开。设立政务公开栏，将群众关心的办事程序、办事依据、收费依据等及时公示，同时将局领导班子的各项费用（手机费、燃油费等）进行政务公开，接受社会监督，真正做到公开化、透明化。

【党风廉政建设】 一是进一步加强党风廉政制度建设，签订《党风廉政建设责任书》，5名局班子成员与党组书记签订，10名中层干部及8名国土资源所所长与局领导签订。明确了各个岗位的职责和任务。二是开展政风行风评议回头查活动，“两整治一改革”活动，工程建设领域突出问题专项教育活动。三是组织观看“党风廉政教育专题片、开展争先创优活动，参与《廉政准则》和《实施办法》知识测试以及网上答题等方式进行党风廉政建设教育。

【“三旧改造”工作启动】 为确保县“三旧”改造工作的顺利开展，2010年4月28日在龙翔一楼会议室召开全县“三旧”改造工作动员会，共130多人参加会议，标志着县“三旧”改造工作正式启动。并规划将城南市场、县汽车站列为“三旧”改造示范项目，建成现代商业城。7月份完成了公开拍卖工作，11月份已完成了产权登记、地块评估和单元规划。

【开展整顿和规范矿产资源开发秩序行动】 继续保持高压态势，严厉打击非法开采行为，遏制了非法开采的死灰复燃，巩固和扩大了“顿规”工作成果。全年共出动人员120人次，取缔非法开采点12个，拆毁工棚16座、水管300多米，拆除电线、电缆共800多米，扣押设备2台，立案查处9宗。

【矿业权受理申请】 对矿业权延续按照要求进行登记报批，并及时将延续的采矿权许可证及时颁发到业主，全年共受理采矿权延续申请4宗。推进矿业权有形市场建设，设置采矿权都采取公开招拍挂的竞争方式出让。

【做好矿山年检工作】 全县有23家矿山企业，除有3家不合格外，其余全部都合格，合格率达87%。

【矿产资源补偿费征收】 按照“依法征收应征不漏”的原则，全年共征收矿产资源补偿费45.5万元。同时进一步落实矿山环境治理保证金制度，全年收缴矿山环境治理保证金60万元。

【地质灾害防治方案编制】 加强地质灾害防治工作的领导，制定了《翁源县2010年地质灾害防治工作方案》。

【地质灾害调查与区划】 开展对灾害调查与区划、地质灾害评估和地质灾害危险点、隐患点的治理。共查明威胁大于100人以上的地质灾害隐患点和危险点3处，并设置警告牌8块。

【地质灾害防治业务培训】 提高地质防治管理水平，增强应急能力，减少地质灾害突发事件的发生。2010年9月10日，在局五楼会议室开展地质灾害防治“五到位”宣传培训活动，参加培训人员为基层国土资源所全体工作人员、县局相关股室、中心相关工作人员和地质灾害易发村委干部及全县矿业权业主共95人。

【突出重点、应急处置】 面对各种台风，及时向各镇、基层国土所发出关于做好地质灾害防治工作的紧急通知，坚持24小时值班制度和严格执行灾情速报制度，最大限度减少地质灾害给群众生命财产造成的损失。抓好“5·6”特大洪灾期间地质灾害防治工作，成功组织避让地质灾害1起，安全转移12人，最大限度地减少地质灾害造成的损失。

（钟燕花）

附：领导班子成员名单

局　　长：何振新（2008.8—）

副 局 长：肖德雄（1995.4—）

杨龙光（2005.12—）

张初英（2009.9—）

纪检组长：赖少军（2010.11—）

执法监察大队大队长：黄文圣（2011.3—）

食品药品监督管理

【概况】 2010年，全县食品药品监督管理工作围绕确保全县人民群众饮食用药安全的工作目标，切实抓好食品药品安全监管各项工作，支持县域医药经济健康发展，继续促使辖区食品药品市场秩序持续好转。至年底，全县有药品生产企业1家；药品经营企业162家；医疗机构268家，其中县级3家、乡镇卫生院15家、门诊5家、私人诊所31家、卫生站214家；保健食品生产企业1家；保健食品经营企业160家，其中专营企业16家、药品兼营保健食品店115家、超市商店29家。

【体制改革移交仪式】 6月23日，翁源县政府、韶关市食品药品监督管理局在翁源县食品药品监督管理局举行食品药品监督管理体制改革移交仪式，食品药品监督管理局归属到地方管理。11月8日，县政府办公室印发《印发翁源县食品药品监督管理局主要职责内设机构和人员编制规定的通知》，设立县食品药品监督管理局，为人民政府工作部门。内设办公室、食品安全监管股、保健食品化妆品监管股、综合业务股和稽查股5个内设股（室）；人员编制24名，其中机关行政编制13名，行政专项执法编制9名，后勤服务人员2名。

【抗洪救灾复产】 2010年5月，翁源县遭受洪灾，县食品药品监督管理局加强药品监管，严厉查处涉药单位销售使用水毁药品的违法行为，指导涉药单位对经营场所进行彻底清理、消毒，确保营业店堂清洁卫生，以防止次生灾害。

【法律法规的宣传教育】 以“3·15消费者权益日”等活动为契机，加大药品、医疗器械管理法规的宣传教育。全年共发放“深入开展药品安全整治”宣传画等1500多张，散发宣传资料2000余份。并集中焚烧假劣药品、医疗器械一批，共计400多个品种，价值1万多元。按照“依法、效能”的原则，认真抓好干部职工的培训学习，开展《药品管理法》、《行政许可法》、《公务员法》、《行政机关公务员处分条例》等相关法律法规的宣传学习。同时学习《选举法》、《侵权责任法》等基本法律，并进行考试。采取“分片集中，内容侧重”的办法，组织药品监管法律法规综合知识培训，培训从业人员580多人，提高药学技术人员的法律意识、专业素质及保障百姓用药安全的能力。

【监督检查】 把《药品经营质量管理规范》认证、药品经营许可证换证工作与药品经营企业日常监管相结合，严格按照规定，受理107家药品经营企业的《药品经营质量管理规范》认证、药品经营许可证换证申请，通过52家药品经营企业认证、换证现场验收。11月中旬，药品经营企业日常检查工作监管率达100%。加强医疗器械的监督管理，对辖区大型医疗器械和一次性使用器械进行动态日常检查和重点监控。加强麻醉药品和二类精神药品等特殊管理药品的安全监管，继续实行特殊管理药品月报制度，对辖区内医疗机构上、下半年各进行一次现场检查。安装相关的电视监控设备，加强对药品、医疗器械、保健食品和化妆品的违法广告行监控。组织开展兴奋剂类药品专项检查、仿冒药品专项检查、清热解表类中药材（饮片）专项检查、计生药械专项监督检查、非法添加药物的假冒保健食品专项检查、人用狂犬疫苗专项检查、利用报刊宣传销售假药专项检查、药品保健食品专项监督检查等整治行动。全年出动稽查执法人员356人次，检查药品、医疗器械、化妆品、保健品相关单位共计113家次，有效整顿和规范了辖区“三品一械”市场秩序。

【药品抽检】 全年共抽检药品 131 个品种批次、医疗器械 1 个品种批次、保健食品 2 个品种批次、化妆品 5 个品种批次。其中 7 个中药饮片抽检不合格。同时，采用快筛设备对药品、化妆品添加那非类、拉非类、盐酸苯已双胍、盐酸二甲双胍、阿替洛尔、甲硝唑成分快检，共筛查 15 个品种批次的药品和化妆品。

【药品不良反应监测】 加强药械不良反应报告和监测工作，联合县卫生局下发《关于开展 2010 年药品医疗器械不良反应事件监测工作的通知》。2010 年，上报药品不良反应监测报告 177 例，任务完成率为 123.8%，其中新的严重的 63 例，任务完成率为 146.5%；上报医疗器械不良事件报告 32 例，任务完成率为 118.5%。

【巩固“两网”建设】 以农村卫生站为基础，结合农村新合作医疗建设，建立完善乙类非处方药专柜 153 个，占应设供应点总数的 98.1%，方便于农民群众就近购买药品。同时在全县 7 镇 1 场聘请了 17 名药品协管员和 88 名信息员，负责对 156 个行政村药品市场监督，覆盖率达 100%。

【食品安全协调】 作为食品安全综合协调单位，制定和下发《2010 年翁源县食品安全整顿工作实施方案》，牵头组织各食品监管部门开展节前食品安全大检查、打击违法添加非食用物质和滥用食品添加剂专项行动、问题乳粉清查清缴工作等食品安全整治工作。2010 年，各有关食品监管单位共检查 1726 家（次）食品生产（加工）经营企业。

（林小军）

附：领导班子成员名单

局　长： 刘宏伟（2008. 11—）

副局长： 李沛生（2001. 8—）

邬国锋（—2010. 9）

高海锋（—2010. 9）

蔡大恒（2010. 9—）

谢　军（2010. 9—）

安全生产监督

【概况】 2010 年，县安监局内设办公室、监管一股、监管二股、执法监察股（挂县安监局执法监察大队牌子）4 个职能股（室）：总编制 9 名，其中行政编制 5 名，专项执法编制 4 名，下辖县安全生产应急救援指挥中心办公室（事业单位），编制 3 名。2010 年，全市安全生产形势继续保持总体稳定的态势，安全生产四项绝对指标呈现“二降一平一升”的特点：一是事故总量下降，全县共发生各类生产安全事故 48 起，比上年上升 11.63%；二是事故死亡人数持平，死亡 13 人；三是事故受伤人数下降，受伤 46 人，同比下降 20.69%；四是直接经济损失下降，全年事故直接经济损失 58.14 万元，同比上升 48.36%；全县未发生一次死亡 3 人以上较大事故。此外，建筑施工、水上交通、危险化学品和烟花爆竹等行业和领域未发生安全生产事故。

【宣传教育培训】 2010 年，翁源县宣传教育培训工作效果明显，以“安全生产月”为契机，通过张贴横幅标语、发放宣传单和宣传手册、展出图片等形式，营造“安全发展、预防为主”的良好社会氛围。2010 年，把安全生产教育培训作为规范安全生产行政执法的一项基础性工作，加强业务培训，提升安全监管人员素质，提高行政执法能力。2010 年，共培训特种作业人员、生产经营单位负责人、安全生产管理人员等 286 人，提升广大企业业主、管理人员和特种作业人员的安全素质。

【落实安全生产责任制】 2010 年 1 月 5 日至 7 日，县政府从县安监局、县监察局、县总工会、县人事局共 5 个部门抽调副科以上干部，组成 2 个考核组，分别对各镇政府、铁龙林场和官渡经济开发区管委会、县质监局、县水利局、县旅游局、县国土资源局、县建设局 6 个县安委会成员单位的安全生产第一责任人、直接责任人履行安全生产职责情况进行考核，并将考核成绩向全县通报。1 月 28 日，在全县安全生产工作暨防范重特大安全事故工作会议上，由县委副书记、县长颜亮代表县政府与各镇（场）、县直有关部门与县政府签订 2010 年安全生产责任书，明确各级、各部门的安全生产责任。

【安全生产执法监察】 2010 年，在推进安全生产“三项行动”，加强“三项建设”，县安监局做以下几个方面的工作。一是强化安全生产执法，着力解决安监执法中的热点难点问题。贯彻执行安全生产法律法规和各项规章制度，健全安全生产行政执法评议考核和责任追究制度，规范行政执法行为，实现从事故预防向事故隐患排查的转变，从事故处理向事故隐患治理的转变，确保安全生产行政执法工作顺利进行，促进翁源县安全生产形势的持续稳定好转。2010 年，监督监察生产经营单位 146 个，监督监察覆盖率 100%；查处事故隐患 14 条，事故隐患整改率 100%；共执行罚款金额 14.7 万元，罚款收缴率 100%；查处事故 1 起（工矿商贸事故），已结案，对 79 家企业实施行政许可，没有行政相对人提出听证申请或行政复议申请。结案率 100%。二是加大隐患排查力度，抓好重大安全隐患的整改工作。2010 年，县安监局结合全市隐患排查治理工作和企业安全生产许可证换证工作，多次深入企业开展隐患排查治理工作，实行重特大事故隐患挂牌督办，促进企业安全生产条件的改善。2010 年，全县共排查发现各类安全隐患 130 项，整改 130 项，整改率为 100%（重特大事故隐患整改 9 项，整改率为 100%），对全县范围内的重大危险源实施监控。

（谢志伟）

附：领导班子成员名单

局　长：黄恩联（2003.3—）

副局长：刘建新（2006.9—）

陈炳勤（2009.7—）

物价检查

工业·商贸·招商引资

经济和信息化局

【概况】 翁源县经济和信息化局是县政府的职能部门，主要负责全县工业经济运行和信息管理等工作。内设有办公室、中小企业局、人事股、贸易市场股、经济运行股、外经股、企业改革与监督股、信息产业股等8个职能股室。2010年，面对国际金融危机的冲击和影响，全县工业坚持以“强投资、优产业、保增长、重民生”统揽全县工业经济工作，采取各种有效措施，积极应对、努力化解，使全县工业经济平稳运行，稳中有进。2010年全县完成规模以上工业总产值20.55亿元，同比增长30.77%，其中规模以上工业增加值5.03亿元，同比增长23.5%，比全市18.4%的平均增速多5.1个百分点；新增规模以上企业3家，全县规模以上企业达46家；今年全县社会固定资产投资约达23.2亿元，同比去年增长约为33.3%。

【工业经济平稳增长】 切实加强经济运行监测调节。年初，县经济信息化局确定全年的主要工业经济指标分别为：工业增加值10.18亿元，社会固定资产投资22亿元，社会消费品零售总额17.76亿元。上半年由于遭受“5·6”洪灾，对全县工业经济的影响，第二季度工业之后工业经济发展缓慢，与全年确定的预期目标相差很远的不利局面，及时召开经济分析会，分析问题、查找原因、制定对策，确定了完成全年预期目标任务的措施，下半年全县工业生产呈低开高走，逐月回升的态势，到第三季度以后出现了较大幅度的增长：1—12月份，全县规模以上增加值可实现5.03亿元，同比增长23.5%，全年全县社会消费品零售总额约为17.8亿元，同比增长18.19%。

加强协调服务。局实行领导班子成员联系挂钩企业制度。将局党政领导班子成员分到全县40家规模以上企业实行挂钩联系，每月至少深入企业一次，及时了解监测企业运行情况，做到知企业所难、解企业所困、帮企业所需，为企业解决生活、生产等方面的问题。通过做大量的沟通协调工作，全县大部分企业均努力规避金融危机的不利影响，确保企业正常生产，并能在上报统计数据上做到应报尽报，不瞒报不漏报，如实反映企业生产情况。

【招商引资工作取得可喜成绩】 近年来，县招商引资工作虽受世界金融风暴的影响，但通过参加第五届泛珠三角经贸洽谈会、第二届外资企业产品（内销）博览会、韶关对接东莞招商投资环境推介会等各种招商活动，招商引资工作取得可喜成绩。全年全县新签招商项目21个，合同投资总额约7.4亿元，同比减少53.3%，实际到位资金7.5亿元人民币，同比增长9%。其中外资合同项目1宗，合同金额795万美元，实际到位资金1791万美元，同比减少9%。外贸出口总额完成2200万美元，同比增长16%。

在招商引资项目中，投资额在5000万元至1亿元的项目有2个，分别是投资约5000万元的翁源铭源有色金属有限公司和广东统力电源科技有限公司；投资额在1至3亿元的项目分别有翁源清峰林场和广州丰养殖有限公司等2个。

【全力做好项目专项扶持资金申报】 是年将争取上级专项扶持资金项目工作作为“强投资”的重点工作之一。全年共向省经贸委申报节能技术改造项目、政银企合作项目和技术改造、技术创新贷款贴息等专项扶持资金项目12个，预计全年可争取到项目资金250万元，其中今年内可到位资金约达456万元。扶持资金的到位直接拉动了企业银行贷款2.5亿多元，对加大企业固定资产投资起到了积极的拉动作用。

【节能降耗】 2009年全县单位GDP能耗为0.826吨标煤/万元。“十一五”前四年翁源县单位GDP能耗降低率累计完成目标任务的96.35%，超额完成四年计划进度16.35个百分点。今年是“十一五”节能目标评价考核之年，为确保全面完成“十一五”节能目标，全局高度重视，多次召开节能降耗专题会议，研究全县节能降耗工作，并采取得力措施做好节能降耗工作。一是从今年9月13日开始启动节能预警调控三级应急响应；二是强化重点能耗单位的节能管理，认真组织实施重点能耗单位节能行动方案，签订节能降耗目标责任书，公布重点耗能企业能耗和单位产值综合能耗等指标，并确定能耗企业在网上直报能耗情况。2010年全县单位GDP能耗为0.826吨标煤/万元，同比下降4.45%。

【民营企业稳步发展】 对全县中小企业从不同方面强化企业服务，采取有效措施帮助企业走出经济困局，使民营企业保持稳步发展势头。

积极搭建银企信息对接平台。为解决企业投资不足、融资困难等突出问题，县经济信息化局与县政府金融办一起制订方案，不定期召开政银企代表座谈会，同时协助健全和完善翁源县首家民间投资担保机构——韶关宏鑫担保投资有限公司，该担保公司的成立标志着县中小企业信用担保体系建设迈上了一个新的历史台阶，中小企业融资渠道得到进一步的拓宽，将有效缓解中小企业融资难、担保难问题，对全县中小企业的发展将起到积极的推动作用。

举办培训班，提升企业竞争力。为帮助全县中小企业提升竞争力，应对金融危机，在今年7月，联合广东省中小企业服务中心举办了以“创新经营思维，增强竞争力”为主题的全县中小企业培训班，讲授中小企业如何做好争取上级项目资金的申报、如何解决融资难的问题、如何建立现代企业管理模式等方面知识。

走出去，学习自主创新成功经验。为培育发展县龙头企业，县经济信息化局积极协助组织县龙翔实业公司中层以上管理人员到顺德区自主创新能力比较强的科龙、格兰仕等企业参观学习，使企业管理人员开阔了眼界，增长了知识，提高自主创新、建立现代企业管理模式意识。

开展“为企解困行动”活动。为帮助企业应对金融危机，渡过难关，县经济和信息化局开展了“为企解困行动”活动。据不完全统计，自活动开展以来，全局人员下企业60个（次），了解掌握问题和困难近40个，为30家企业协调解决问题16个。

【搞活商贸流通，扩大消费、拉动内需】 *加大生猪屠宰执法力度*。除日常巡查外，在节假日出动生猪稽查人员780多人次，检查猪肉摊档450多档，查处私宰案件5宗，查获私宰肉350斤；检测出病死猪45头，全部进行了无害化处理。据统计，2010年全县生猪定点屠宰量为71185头，同比增加3929头，增长5.8%，突破历史最高水平。既保障了市场猪肉供应，又保证广大市民吃上了“放心肉”。

开展酒类产品执法行动。全年共出动酒类专项执法检查4次，检查门店360多间（次）、酒类生产企业1家，全年换发酒类零售许可证86份。保证了酒类市场安全有序。积极开展“家电下乡”工作。全年为家电下乡网络销售点网上备案96家、家电以旧换新网点4家，1—12月全县销售家电下乡产品21029台，销售额达4600.2万元，发放财政补贴资金555.7万元。从而为“扩消费，拉内需，保增长”奠定了坚实基础。

【领导挂钩联系制度】 按照县委、县政府的工作部署和要求，建立了经信局班子成员与规模以上工业企业和近期可上规模工业企业挂钩联系制度。高度关注经济运行的趋势性变化，强化运行监测，做好运行分析，注重综合协调，当好参谋和助手。增强责任和目标意识，强化目标责任制，并将各项目标任务逐月分解落实到相关企业。挂钩联系制度的建立，使局领导班子经常性深入所挂钩联系的企业进行调查研究，了解企业的经济运行情况，检查有关政策措施的贯彻落实情况，协调解决企业生产经营过程中存在的困难和问题。确保了工业经济按计划进度推进，努力实现当年工业经济目标任务。2010年全县新增规模以上工业企业3家，工业增加值实现10.95亿元，同比增长17.3%，其中规模以上工业增加值5.03亿元，同比增长23.5%；规模以上工业总产值实现20.55亿元，同比增长30.77%。

【积极开展民主评议政风行风】 2010年，县经济信息化局是全县开展民主评议政风行风工作的唯一县直单位，为扎实开展此项工作，局结合“树立正确权力观，提高执行力”学习教育活动和局的工作实际，认真贯彻省、市、县有关开展民主评议政风行风工作文件精神，遵循上级的活动部署和时间安排，经过组织动员、自查自纠、落实整改逐步提高等三个阶段的工作和全局上下的共同努力圆满完成了民主评议政风行风工作任务。通过开展“树立正确权力观，提高执行力”学习教育活动，使全局工作作风、服务态度、工作质量等方面有了较大提高，工作执行力也得到了进一步加强。此外，县经济信息化局还认真开展深入学习实践科学发展观活动、纪律教育学习月活动等，并以此为契机，狠抓机关作风的转变，进一步完善有关制度，如《上下班制度》、《请假制度》、《首问责任制度》、《公开办事制度》、《“一条龙”服务制度》等，从而使机关作风大大转变，为民办事、为外商服务的水平和质量有了较大提高，受到广大群众和客商的赞许。

【党风廉政建设和反腐败工作】 认真履行职责范

围内的节能降耗、国企业反腐倡廉等党风廉政建设责任，把党风廉政建设工作同其他经贸工作一起部署、一起落实、一起检查、一起考核；认真组织全局干部职工学习贯彻《建立健全惩治和预防腐败体系2008—2012年工作规划》及中央、省、市、县党风廉政建设和反腐败工作会议精神。切实抓好了党风廉政建设和反腐败工作，全系统没有出现违法违纪的人和事。

【民生工作得到保障】 企业改革稳步推进。在企业改革过程中一直注重民意，关注民生，变群众上访为干部下访，主动到企业与群众沟通，切实保障转制企业职工的合法权益，使得企业改革转制工作能顺利、平稳推进。到2010年底止，全县国有企业改革转制面达96%，已完成的达74%；集体企业改革转制面达88%，已完成的达88%。在今年亚运会期间，县经济信息化局认真对全系统信访情况进行地毯式的排查，并实行领导分工包案制，对信访情况实行全天候动态跟踪。没有一宗上市到省进京上访的案件。

切实抓好扶贫开发“规划到户、责任到人”工作。县经济信息化局全面贯彻落实县委县政府关于扶贫开发“规划到户、责任到人”工作，成立领导小组，制定操作性强的扶贫方案，及时与挂钩联系村对接，到村入户了解农户贫困情况，与贫困户面对面的交流对接，共同商讨扶贫开发计划，做到“不脱贫不脱钩”。狠抓安全生产。县经济信息化局坚持“安全第一”的宗旨，把安全生产工作贯彻到经贸各个工作环节中，全年没有发生一宗安全生产事故。

关心特困党员、困难职工。全年慰问特困党员、困难职工182人次，发放慰问金4.7万元。

【工业经济运行存在的困难和问题】 工业商贸经济工作仍存在的问题和不足：一是部分企业仍存在瞒报漏报产能、产值的现象。二是部分企业产能已达到规模以上企业，但工商营业执照仍是个体工商户或以生产水平没有达到为借口，不肯纳入规模以上企业统计范围。三是受国际金融危机影响，上游原材料价格仍然未能快速上升，企业产品严重积压，甚至停产，如铁矿石、钨矿、淀粉、水泥、稀土等依然存在销售方面的问题。四是新开工的工业经济增长点不多，拉动工业经济增长的效果不大。五是企业融资渠道不宽，发展资金匮乏。县内一些中小企业因资金问题，在运行中受阻，导致效益下滑。一些重点项目因缺乏资金推进缓慢，一些企业因缺乏流动资金经营受到影响，影响了建设速度，同时也影响了翁源县产业结构调整成效。

工　业

【概况】 2010年翁源县全年工业增加值9.7亿元，增长17.6%，工业对全年经济增长的直接贡献率38.8%。规模以上工业增加值5.03亿元，增长23.5%。规模以下工业增加值4.67亿元，增长13.2%；民营工业增加值6.61亿元，增长12.5%。增速比全市平均水平（16.1%）高于7.4个百分点，比全省（17.6%）高5.9个百分点，高于全国（15.7%）7.8个百分点。增速在全市七县三区中排第3位。全县累计完成工业投资120725万元，同比增长85.5%。全县规模以上工业企业47家，工业总产值实现20.55亿元。

【采掘工业】 全县采掘企业有3家，即中核韶关金宏铀业有限责任公司、韶关市万博矿业有限公司翁源分公司、翁源县红岭矿业有限责任公司，2010年共实现工业总产值28147万元，从业人员283人。

【电子工业】 全县电子生产企业4家，即金悦通电子（翁源）有限公司、翁源县旭飞电子有限公司、翁源县宝狮电子有限公司、茂泰电子（翁源）有限公司。2010年共实现工业产值17334万元，从业人员1185人。

【食品工业】 全县食品工业企业4家，即广东省翁源县茂源糖业有限公司、翁源县翁江淀粉厂、韶关市康泉生态农庄有限公司、韶关市慧园米业有限公司，2010年共实现工业产值16216万元，从业人员567人。

【医药工业】 全县医药工业企业1家，即广东省青云山药业有限公司，2010年由于产品滞销，工业产值下降34%，从业人员250人。

【建材工业】 全县建材工业企业4家，即翁源县鹰翔水泥有限公司、广东省翁源县官渡水泥厂、翁源县龙源旋窑水泥有限公司、翁源县铁龙宝山石矿，2010年实现工业总产值10889万元，从业员1400人。

【化学工业】 全县化学工业企业2家，即翁源县志诚五金电镀有限公司、翁源县诚伟化工矿产有限公司，2010年共实现工业总产值9266万元，从业人员673人。

【铸造工业】 全县铸造工业企业3家，即翁源县华怡铸造厂、翁源县鼎源金属制品有限公司、天蝎星精密工业（翁源）有限公司，2010年共实现工业总产值13383万元，从业人员1057人。

【供水工业】 全县规模以上供水企业1家，即县自来水有限公司，产值500多万元，从业人员130人。

【竹木加工】 全县竹木加工企业8家，即广东省翁源县鸿发工艺家具厂、翁源县安源木业发展有限公司、翁源县龙达户外家具厂、广东省翁源县文达花园家具工艺厂、翁源县凯通户外家具厂、翁源县松林树脂有限公司、翁源县信恒林化产品有限公司、翁源县泉林木制品有限公司，2010年共实现工业总产值16467万元，从业人员1132人。

【其他工业】 主要是轻工类企业，包括翁源县永林有色金属加工厂、翁源万成塑胶制品有限公司、翁源县佰盛锌业有限公司、翁源县金典矿业有限公司、翁源县广业蓄电池有限公司、翁源县金悦诚蓄电池有限公司、翁源凤凰纺织服装有限公司、广东省翁源县伟华五金塑料制品有限公司、广东省信达茧丝绸股份有限公司、翁源县景发复合肥有限公司、翁源县江源有色金属加工厂、翁源县钰源鞋业有限公司和翁源县新光电池有限公司等13家，2010年共实现工业总产值72456万元，从业人员3936人。

【水电工业】 全县小水电站3家，即翁源县跃进水电站、翁源县黄竹坪水电站有限公司、广东省韶能集团股份有限公司翁源长潭水电站，电力工业1家，即广东省电网翁源供电局，2010年共实现工业总产值20021万元，从业人员687人。

（黄思平）

附：领导班子成员名单

局　　长：何先觉（2003.6—）
党委书记：涂韶安（2007.1—）
党委副书记、纪委书记：黄　奇（2002.1—）
副 局 长：龙志忠（2003.5—）
　　　　　王新就（2007.1—）
　　　　　罗泽民（2007.1—）
中小企业局长：华　青（2005.2—）

官渡经济开发区

【概况】 翁源经济官渡开发区创办于1991年11月，1992年8月17日经广东省人民政府批准正式成立。2007年，经国家发改委等部门审核，规划面积331公顷，位于“粤北南大门”之称的官渡镇，属翁源县人民政府的派出机构，实行“一区多园”管理，现分为官龙工业园、官广工业园、翁城工业园。2010年内设机构有办公室、人事科、经济发展科、环境保护与建设科、翁源县财政局官渡分局等5个科室。

【招商引资】 开发区以招商引资工作为重点，领导班子成员亲力亲为，实行重点项目领导挂钩责任制和“一个窗口办事，一个口子收费，一条龙服务”的工作措施，坚持“走出去，引进来”的招商政策。2010年，全区引进项目20宗，合同投资额12亿元，与上年同比增长20%，引进的重点项目主要有广东化建物流有限公司，总投资14000万元人民币，占地面积308亩；广州五羊制漆有限公司，总投资19000万元人民币，占地面积230亩；翁源耐普电源有限公司，总投资8000万元人民币，占地面积84亩；翁源县泷铎时装有限公司，总投资8000万元人民币，占地面积160亩。实际利用外资1810万美元，与上年同比增长21%。

【基础设施建设】 加强基础设施建设，做好园区的“三通一平”工作，增强开发区竞争力。2010年，主要完成了华彩化工涂料城的AC区路网、管网建设，A1、A2、A3、A4路等主干道已建成通车，供水、供电基本配套。另外，完成了泷铎时装有限公司等项目的水泥路铺设及道路的绿化，进一步优化了投资硬环境，为招商引资工作提供了良好的条件。

【经济稳步增长】 2010 年，全区完成税收收入（不含翁城区域）5405 万元，与上年同比增长 41%。其中，国税 3575 万元，与上年同比增长 61%；地税 1830 万元，与上年同比增长 13%。完成固定资产投入 9.1 亿元，与上年同比增长 52%。

【增加就业】 官渡开发区引进大批的工业项目，为社会提供了大量的就业岗位。2010 年，区内企业在册用工人数达 14500 人。如果按人均 11000 元/年收入计，官渡开发区可为当地创造劳务收入 15950 万元，既增加了人民的收入，又维护了社会稳定。

（蔡伟强）

附：领导班子成员名单

工委书记、管委会主任：陈建为（2010.7—）
工委副书记、纪工委书记：甘展强（1999.4—）
工委副书记：康旭仁（2007.1—）
甘志初（2005.8—）
工委副书记、管委会副主任：
温永基（2002.4—）
郭慧明（2007.1—）
管委会副主任：谢少龙（2010.2—）

【翁城工业园】 翁城工业园区位于翁源县翁城镇，京珠高速公路翁城出口两侧，是素有“粤北南大门”之称的官渡经济开发区下辖的新园区。区内 106 国道和京珠高速公路交会贯通，距韶关 50 公里、花都机场 150 公里、广州 160 公里，毗邻有大坑口火车站和码头，规划中的昆汕高速（昆明至汕头）、深湘高速（深圳至湖南）亦将越境而过，交通便利，区位独特，南连珠三角，背靠泛珠三角的内陆地区，是珠三角产业近距离转移、低成本扩张的理想宝地。翁城工业园区创建于 2005 年，位于京珠高速翁城出口处，106 国道贯穿其中，工业园由两个专业园区组成，一是以经营汽车配件、电子加工、食品研发多元化生产的翁城产业转移园；二是以经营精细化工涂料生产、仓储的华彩（翁源）化工涂料城。目前园区引进项目共 28 家，其中建成投产项目 5 家，在建项目 6 家，筹建项目 17 家，园区规划总面积 16000 亩。

翁城产业转移园。规划面积 8000 亩，现引进项目 11 家，其中建成投产项目有：金悦通电子（翁源）有限公司、金悦诚蓄电池有限公司、耐普电源有限公司投、广东统力电源科技有限公司等 5 家；在建筹建项目 6 家，主要集中在广业科技成果乳化基地，其中，广业三氯蔗糖项目已进入环评、设计的实质阶段，将在 6 月底进场动工，预计明年 7 月底完成第一条生产线（150 吨）的建设，明年底第二条生产线完工；广州市永鸿消防设备有限公司正在进行土地平整工作，预计 30 天可完成，设计正在进行中。计划 5 月中旬动工，12 月份进入试生产。

华彩化工涂料城。由翁源县政府与广东鸿昌盛集团投资发展有限公司合作开发的产业转移园，规划面积 8000 亩。园区以统一规划、分期开发、持续发展为理念，打造集化工涂料生产、仓储、物流为一体的基地。涂料城一期（1900 亩）于 2009 年 10 月开始动工建设，2010 年底，园区的水、电、路等基础设施建设已基本完成。园区一期的土地在 2009 年底全部售出，共引进项目 17 家，投资总额 8.2 亿元。其中投资规模均超亿元的项目有广州五羊（翁源）油漆公司、广东化建物流有限公司、广州秀珀化工有限公司等 3 家知名企业，投资规模在 3000 万元以上的项目有翁源县恒辉涂料有限公司等 6 家企业。涂料城已动工建设的项目有广州五羊（翁源）油漆公司、广东化建物流有限公司等 4 家知名企业，6 月底有 5 家企业动工建设。8 月底园区一期的企业全面动工建设，预计至 2011 年上半年实现 8 家企业建成投产。

园区的配套设施建设情况。为完善工业园的配套服务，园区建有 110 千伏的金鹏变电站、新建日供水 1.5 万吨的供水厂及日处理污水 3 千吨的污水处理厂，拓宽京珠高速翁城引道，筹建园区商贸金融中心，启动园区的美化、绿化、亮化形象建设工程。

翁源供电局

【概况】 2009 年 7 月机构调整后，翁源供电局内设监察部、生产技术部、计划建设部、市场及客户服务部、人事部、财务部、监察审计部、党群工作部、办公室 9 个一级机构；下辖输变电部、物流中心、调度中心 3 个二级机构和 8 个供电所，即包括龙仙、江尾、坝仔、官渡、翁城、新江、铁龙、周陂供电所。至 2010 年底全局在册职工 442 人，离退休员工 101 人。2010 年，荣获了“广东省交通安全示范单位”、“韶关市安全文化示范企业”、“翁源县人口与计划生育工作先进单位”、

"翁源县先进退休职工之家"、"翁源县纳税模范大户"、"翁源县先进妇女委员会"等荣誉称号。在省公司2010年度绩效考核中，该局在全省50个县级子公司中排名第19名，较2009年第27名提升了8个名次。

至年底，翁源县境内共有8个变电站，其中由韶关供电局管理的有4座，包括220kV翁江变电站1座，主变1台，容量为18万千伏安；110kV田心、金鹏、铁龙变电站3座，主变5台，容量为20万千伏安。由翁源供电局管理的有4座，包括110kV南龙、官渡变电站2座，主变3台，容量为12万千伏安；2座35kV站为红岭、岩庄、变电站，容量为1.95万千伏安。

2010年，坚持以"服务好、管理好、形象好"发展目标和"项目带动、创强攻坚、作风建设、惠民和谐"发展思路，着眼于企业"一个突出，两个重点，三个着力，四个更加"的工作思路狠抓落实，各项工作取得了较好成绩。

【技术经济指标】 全年实现售电量33037.50万千瓦时，同比增长32.46%；线损率9.20%，同比下降1.26%；电费回收率99.86%；旧欠电费回收率23.18%；应收电费余额为96.69万元；电网建设完成1.37亿元，完成年度计划的100%；安全生产局面持续良好，电网实现全年安全运行，截止到12月31日实现跨年度连续安全运行1633天，安全记录再创历史新高。

翁源供电局维护的35kV线路11条，全长96.246公里；负责运行维护110kV线路4条，全长98.394公里；220kV线路1条双回，翁源县境内全长61.62公里。负责龙仙、江尾、坝仔、官渡、周陂、翁城、新江、铁龙林场七镇一场的电力供应，供电客户101816户，其中大工业82户，非普工业4909户，商业用户5725户，居民用户90883户，农业、排灌217户。

【强化安全制度建设】 按照"七个统一"的要求，以PDCA、5W1H和风险理念为纲，完善修订了各项安全管理规章制度；根据韶关供电局各项管理工作指引，结合企业实际，修订完善了符合企业发展的管理指引，让执行者有章可循、依规而行；加强企业安全生产信息系统建设，完善制度、流程、表单以及工作每个环节的风险和控制措施，在信息系统中不断固化，使业务流程化。坚持固化"习惯按章办事"的安全文化建设，坚持创先，安全生产开创了一个崭新的局面，截止到2010年12月31日，实现跨年度连续安全运行1633天。

安规培训。认真贯彻学习韶关供电局安全生产的规定，按照"干什么学什么、干什么会什么、干什么专什么、缺什么补什么"的原则，坚持做到"五个一"。加强各类安全培训教育工作，实现对领导班子、中层干部生产骨干、安全区代表等进行安风体系培训300人次；安规、两票、交通安全、转岗、两种人等培训考试965人次，基层一线员工培训率达到100%。

完善管理制度。以定置管理为主抓手，进一步完善班组的安全管理、运行管理、技术管理、现场管理、内务管理。以翁城、新江、铁龙供电所为"5I"标准化建设试点，在现有资源的基础上，强化班组"5I"建设，规范员工的日常行为，固化员工下意识的习惯性动作。强化"两票"管理，固化员工千次万次作业无差错的行为习惯，累计完成操作票111份，"两票"执行464票，合格率均达100%。

签订安全生产责任书。强化安全生产责任化、指标化，签订了安全生产责任书，各部门、班组将指标细化、分解到每一个员工，层层落实，做到责任无缝连接，工作精细落地。以安全生产月活动为契机，大力开展反事故演习、技术练兵、安全大讨论等活动，组织开展春节、"五一"、国庆等节日、重大庆典安全大检查，强化员工安全职业观、团队观和荣辱观意识，规范员工的日常工作行为。

【电力供应与服务】 亚运安保工作圆满完成。该局团结带领全局干部员工以"如履薄冰、诚惶诚恐"的态度，认真落实总体方案和12个专项方案的部署，完善了亚运期间各类工作方案、应急预案和工作机制；亚运保供电期间，局领导24小时带队值班，投入1005人次参与了局亚运保供电值守工作；细致安排好电网运行方式，及时分析电网运行风险，做好实时调控；加强重要保供电场所的值班管理，强化重要生产场所的安全保卫工作；外派8人次到亚运场馆支援保供电工作；经过全局干部员工上下一心，全力以赴，确保圆满完成了亚运、亚残运会保供电任务，向政府和人民群众交上了一份满意的保电答卷。

抗洪抢修复电。"5·6"洪灾使翁源电网遭受重创，全局秉承"主动承担社会责任，全力做好电力供应"的理念，认真贯彻落实上级领导的重要指示精神，按照“水涨到哪里，电才停到那里；水退到哪里，电就送到那里!”的要求，迅速行动，组织了1200多人投入到抗洪复电中去，仅用短短的一天时间就恢复了灾区电力供应，为翁源县抗洪救灾工作做出了显著贡献，得到了中共中央政治局委员、广东省委书记汪洋亲切接见及赞扬，供电企业形象在群众中得到了大幅度提升。

优质服务。创新“想服务、能服务、会服务”的服务文化内涵，加强“一站妥”功能建设，大力推进银行代缴代扣业务，实现全县5家金融机构开展电费代扣，以进社区、进农村、进街道的宣传方式深入156个行政村、12个居委会、10个小区办理银行代扣；以迎接亚运会为契机，丰富活动内涵，大力开展微笑服务、上门服务、温馨服务等活动。加强对铁龙中源水泥厂、凯通中纤板厂、云门装饰、华彩化工涂料城、粤北危处理中心等重点项目的“一对一”服务；对进入园区的企业坚持“一跟踪、两到位”的原则，专人跟踪，贴身服务，尽快使项目早投产、早上马、早接火。同时利用OAK办公系统平台，大力推进短信、“点对点”的人性化停电告知方式，特别是对重要用户、大客户、专变用户和100户以上的大型居民住宅区，实现通知到户率100%，让客户理解和支持供电企业工作；大力做好客户回访工作，畅通企业与客户沟通的渠道，通过领导班子带领中层干部召开客户座谈、走访、电话回访等形式了解用电企业的工程进度、用电需求，实现企业与客户和谐双赢的局面，从而提高客户满意度。

【强化执行能力建设】 继续固化PDCA工作历管理机制，将年度、月度、周工作计划纳入工作历中，对照各部门及员工PDCA工作历事项进行检查、考核；利用月度、周安全生产例会和生产调度运行分析会等会议平台，分析、梳理在日常工作中的安全薄弱环节，整理汇总确定整改措施、责任部门、责任人及时限并加以检查，实现闭环管理。

【强化绩效管理考核】 根据韶关局“三个扎实推进，三个着力”的工作要求，侧重安全生产在绩效考核中的比例及分值，扎实推进安全风险管理体系建设，加快应急平台建设，滚动修编了《翁源供电局2010年度迎峰度夏工作方案》等局层面、部门层面、班站层面现场应急处理方案及程序28个；充实安全督察队伍，完善监督网络，严肃“第三方监护”，加大承包商管理，强化准入培训和考试，培训562人，发放两种人、辅助工等上岗证450人；现场督察914次，没有发生一起配网农网及承包商诱发的安全事故。

【增供扩销】 极主动联系落户翁源的企业，建立供电企业、用户、施工设计企业三方联动机制，快速提供设计图纸、快速确定供电方案、快速进入施工流程，使用电企业项目投产快、早用电；紧盯用电市场，密切关注用电增长点，做好配套设施建设，赢得客户信任与依赖。

【降损增效】 落实韶关供电局规定的线损硬指标，全局对711台公变、334台专变及76台小水电进行更换表计在内的全面改造，配合计量自动化系统的应用，在降损的硬件方面有了彻底的改观；从韶关局调配1.7万只单相长寿命机械表，对部分供电所线损较高的台区用户进行表计更换，有效地防偷堵漏。加强小水电管理，继续完善产权划分等工作。

【工作技能培训规划】 实现强化差异化培训，制定了《翁源供电局2010年教育培训计划》，倾斜一线培训力度，重点加强配电、输电等岗位的培训工作，送省培211人次，送市培399人次，内培1047人次；强化班组技术比武、大练兵，以“安康杯”竞赛活动为基础，丰富“十个一”竞赛内涵，不断提高干部员工的工作技能及工作水平。

【信息化建设】 大力推进八大主营业务系统应用及PKI智能卡推广使用力度。是年，全局计算机终端设备242台，手提电脑61台，客户端计算机防病毒系统覆盖率为100%、客户端计算机AD域管理系统覆盖率为100%、桌面管理系统覆盖率为100%、PKI数字证书应用覆盖率100%，信息化水平的提高支撑管理的有效转变。

【依法行政】 坚持贯彻执行南方电网公司二号令，重视预算精细化管理，加强报账管理，严格管控费用支出；大力做好资产全生命周期管理工作，推进固定资产零星购置、内部调拨、报废等日常管理工作；积极应用财务管理信息系统，推进资金账户集团化管理工作，实现资金归集率达到99%及以上。大力加强反窃电工作力度，联合公安执法机构常态化强化反窃电管理，2010年查处窃电用户 32 户，共追补电量 81102.8 千瓦时，追补电费 57250.77 元，追补违约金 142562.00 元。

【电网建设实现升级提速】 全年累计争取上级资金 1.37 亿元，建设了 220kV 曲翁云（翁源段）输变电工程线路及升级改造 110kV 南龙变电站；投资 5200 万元建设 2010 年新建配网工程。这些工程的建成投产，大大提高了翁源供电网络的可靠性和稳定性。

【小水电】 全县有小水电站 158 座，其中 35KV 电站 12 座，10KV 电站 146 座，总装机容量 11.133 万千瓦，2010 年总上网结算电量 30819 万千瓦时，经 2009 年第四季度及 2010 年小水电计量改造，全县小水电站终端覆盖率已达 95% 以上，利用计量自动化系统平台实现对小水电站的在线监管。

（张想文）

附：领导班子成员名单

局长、党委书记：何胜伟（2008.9—）

党委副书记、纪委书记、工会主席：

李建宏（2008.11—）

副局长：万志军（2008.11—）

刘奕琛（2010.9—）

商贸管理

【概况】 2010 年，面对复杂的国内外经济环境和百年一遇的洪涝灾害。商贸系统各部门积极做好市场监管，加强商品市场管理。注重项目开发和招商引资，积极培育新的商贸经济增长点，进一步推动了商贸流通产业的健康发展，较好地完成了各项工作任务。全年实现社会消费品零售额 178933 万元，同比增长 16.66%。其中：城镇消费品零售额 143147 万元；乡村消费品零售额 35786 万元。

【整顿和规范市场经济秩序】 按照国家和省市的统一部署和要求，协调有关部门，有目标、有重点、有措施地开展了整顿和规范市场经济秩序的各项工作。对生猪屠宰厂（场）、猪肉市场、肉品消费单位进行全方位的监管和集中清理整治。加强了对酒类流通的管理，做好酒类零售许可证的核发和年检工作，切实维护了市场秩序。

【家电下乡以旧换新工作】 根据国家的相关政策和省市的有关要求，进一步加强了对做好家电下乡和家电以旧换新销售网点的备案和监管工作。到 2010 年 12 月家电下乡备案销售网点累计达到 96 个。累计销售家电下乡产品 22441 台，销售金额达 4934.87 万元。已补贴家电下乡产品 22206 台，补贴金额达 627.50 万元；家电以旧换新备案销售网点 4 家，家电以旧换新销售量累计达到 742 台，销售金额达到 287.55 万元，已补贴审核数量 648 台，已补贴审核金额 22.67 万元。

粮食储备管理

【概况】 2010 年，按照翁源县机构编制委员会《关于翁源县粮食局内设机构和人员编制的通知》规定，粮食局内设办公室、财务股、业务股、物业部等 3 个股室，编制 8 名，其中设局长 1 名、副局长 2 名、股长 3 名。主要职能是：负责辖区内粮食安全、社会粮食流通监管、各级储备粮油监管和军队粮油供应工作。粮食局下设粮食购销有限公司和 4 个附营企业，公司内设综合部、财务部、经营部、物业部 4 个部门，下辖 6 个粮库，负责企业经营和日常粮油购销业务工作。全系统共有在职干部职工 60 人（其中：粮食局 14 人、购销公司 44 人、附营企业 2 人）。当年引进总投资 500 万元的广汽丰田韶关翁源 4S 店顺利开张。

【粮油储备】 2010 年，翁源县粮食局在储省、市、县三级储备粮 1.6 万多吨。在仓储工作中，结合春秋两季粮油普查，按照“有仓必到、有粮必查、查必彻底、发现问题及时处理”的原则，对在储的各级储粮进行认真的检查。经查各级储粮全部实现数量真实、质量良好、储存安全。为摆脱国有粮食购销企业困境，解决好企业生存和发展问题，粮食局在完善内部管理、改善储粮设施的同时，积极与省、市业务部门沟通，帮助国有粮食购销企业争取储备粮指标，经过努力，争取到省级储备粮指标 3000 吨，争取省拨仓库及军供站维护费 45 万元，落实县级储备食用植物油 60 吨，为企业的健康发展打下了坚实基础的同时，也增强政府粮油应急调控能力。

【粮食收购】 2010 年粮食收购市场竞争日趋激烈，

为确保储备粮的入库轮换，粮食局组织国有粮食购销企业做到人力、物力、精力、时间四集中抓好粮食收购工作，年内共收购稻谷 9565 吨，为新增省级储备粮的入库和省、市、县三级储备粮的轮换，确保了区域粮食安全。

【政府粮食安全责任届满前考核通过验收】 为确保考核工作顺利进行，粮食局按照市府、市粮食局有关文件精神，会同市农发行、县发改局、县财政局、县农业局、县国土局、县工商局、县物价局、县质监局等八个相关部门，认真做好相关资料、数据的收集、整理工作，于 9 月初形成《翁源县 2008—2009 年度政府粮食安全责任执行情况报告》上报市政府，并顺利通过市政府的考核验收。

【消化政府粮食政策性财务挂账】 根据县审计局审计结果报告及省审计厅《关于核定粮食系统政策性财务挂钩必行》审定：1998 年 6 月 1 日至 2003 年 6 月 30 日翁源县粮食政策性财务挂账结果为 757 万元（含利息）。粮食局积极与市农发行、市粮食局，县财政局协商并达成共识，经报请县人民政府同意，由粮食局向县公共资产管理中心借款 757 万元，进行消化历年粮食政策性财务挂账，所借款项由处置翁源县粮食局下辖龙仙粮库资产中归还，至 2010 年 12 月 31 日止粮食政策性财务挂账消化完毕。

【军粮供应】 粮食局按照“统一筹措、统一加工、统一包装、统一配送”四统一原则，严把军粮供应质量关，坚持“一批一检一报告”制度，确保军粮油供应的质量和数量，并及时做好结算、上缴票证和差价款返还工作。严格执行军供财务制度和军供票证管理制度，军粮差价补贴款实行专户、专人管理，保证专款专用。同时积极开展双拥工作，每逢重大节假日主动上门慰问驻翁官兵和武警官兵，开展义务配送工作，受到部队官兵的一致好评。

【完成对县粮食购销有限公司经营班子及成员的考核续聘任命】 根据翁源县粮食局《关于做好粮食购销有限公司领导班子及成员考核通知》的精神，粮食局成立考核小组，从 2010 年 7 月 30 日至 8 月 17 日，按照法定程序对公司领导班子及成员进行考核，并经 9 月 6 日粮食局长办公会议研究决定：续聘包少平同志为粮食购销有限公司总经理，李奕等、陈提安为副总经理。

（熊国雄）

附：领导班子成员名单

局　长：张新增（2008. 7—）

副局长：郑雪梅（2003. 2—）

严志明（2003. 2—）

供　销　社

【概况】 翁源县供销合作社联合社简称翁源县供销合作社，成立于 1950 年，是县域供销社的联合组织和领导机构，属事业单位编制，依照国家公务员制度管理，内设办公室、人事股、财会股、业务股、经济检察股 5 各股室。总编制　人。行政编制　人，事业编制　人。负责制定全县供销合作社的发展、规划、改革和发展。经过 50 多年的发展，其网络遍布县域各城乡。2010 年其心有基层供销合作社 13 个，社属企业 8 个，营业网点 400 个，拥有资产总额 7032 万元，营业面积 25000 平方米，从业人员 800 人，是县域农业社会化服务体系的主要组成部分和农村商品流通的重要渠道。全年全系统商品总购进 7419. 7 万元，比上年增长 5. 08%；商品总销售 7534. 2 万元，比上年增长 7. 24%；盈亏相抵利润 16. 8 万元，比上年增长 20%。2010 年度被广东省供销合作社评为年度考核二等奖，并发奖金人民币 10 万元。

【抓扭亏增盈工作收益明显】 全年盈利企业 3 个，全面实现盈利，利润总额 16. 8 万元，比上年增加 20%。2010 年，全县供销合作社工作也在一些突出问题。表现在效益仍未根本好转，仍有亏损企业。亏损魇因除了历史包袱重，离退休人员负担重等客观因素外，主要是企业经营机制和管理机制转换不快，企业经营不够灵活，管理上仍有漏洞。

【积极做好农资供应】 供销合作社为力保春耕农资市场供应稳定，早谋划、早安排、早部署，引导农资公司、基层供销社发挥经营主渠道作用，认真做好采购、调运、仓储和供应服务工作。为搞好农资经营管理，维护供销合作社的良好形象，农资公司和各基层社切实加强农资规范经营管理工作，健全制度、加强检查、强化监督，大力做好放心农资供应，真心维护农民利益，树立供销社农资经营企业诚信守法的良好形象。全年销售化肥30807吨，比上年同期减6.85%，其中：尿素6559吨，碳铵7968吨，磷肥6389吨，钾肥2782吨，复合肥7109吨，分别比上年同期增20.12%、减16.84%、减20.82%、增1.98%、减1.74%；农药2823.5吨，比上年增75.27%；农膜90吨，比上年同期减23吨。其中化肥80%都是送货上门。

【农资服务网络化建设】 2010年，大力推进“新网工程”建设，着力培育农资网络龙头企业，通过成立农资配送中心，加强与“万村千乡市场工程”项目对接，在改造农村传统落后经营网络的基础上，大力发展农业生产资料现代经营服务网络。利用“万村千乡市场工程”的契机，以基层社为主体，通过建设和改造完善基层经营服务网络，改善农村消费环境，提高农资商品配送率，降低了内存商品流通的成本，进一步建立和完善了服务“三农”的体系，提高了服务功能。农资配送中心以基层社的直营、加盟店为销售终端的连锁经营模式，集中采购，统一配送，认真做好农资供应工作。至2010年全系统建立和改造“农家店”140个，通过了省经贸委和国家商务部验收的“万村千乡市场工程”项目“农家店”86个。基层“农家店”经过整合和改造，面貌焕然一新，上联农资配送中心，下连终端农户，实现了连锁化、网络化经营，完善和提高服务“三农”功能，全面提升了供销社服务“三农”的实力，让广大农民享受到方便、安全、实惠的消费，减少了坑农害农现象，取得了政府肯定、农民满意的社会效果，企业也同时收到了较好的经济效益。农资配送中心已成为翁源县唯一的农资配送网络平台，有效地解决了县内农村农资流通存在的突出问题，为构建和谐社会和建设社会主义新农村发挥了积极的作用。

【安全经营管理】 供销合作社高度重视烟花爆竹安全销售工作，不断加强了对全县烟花爆竹管理工作的组织领导。以烟花爆竹经营公司为龙头，打造烟花爆竹经营网络平台。在管理上做到“三狠抓”，即狠抓安全意识、狠抓规范管理、狠抓规范经营，确保烟花爆竹安全经营。在构建经营网络上，形成了县、镇、村三级经营网络，全县经安监、工商、供销等部门审批合格的由供销社统一布设、统一经营的县级烟花爆竹公司一个、储存仓库4个、经营门店86个，经营网络设置达到了规范要求。在烟花爆竹专营工作中，积极发挥烟花爆竹公司经营网络平台的作用，布设以镇级烟花爆竹专卖店为基础，以村级零售点为终端，以连锁配送服务为手段的经营网络体系。以现代流通方式提升网络经营服务水平，对全县80多个烟花爆竹经营网点实行统一购进、统一配送、统一标识、统一价格和统一管理。联合政府、安监、公安、工商等部门建立烟花爆竹安全经营管理网络，安监部门实施监督检查，严格许可证发放；公安部门依法查处、打击非发生产、经营、储存、贩运烟花爆竹的违法行为；工商行政管理部门严格把登记注册关；供销合作社负责烟花爆竹的安全管理职能，完善购销配送管理机制，做好统一归口经营工作；质监部门负责烟花爆竹产品质量监督检查，依法查处伪劣、违禁产品。由于充分发挥烟花爆竹经营、管理两个网络作用，为全县烟花爆竹的安全专营工作提供了有力保障。由于发挥“两个网络”作用，不断加大烟花爆竹市场整顿力度，2010年销售总额390万元。

【废旧物资回收】 始终坚持把废旧物资回收工作作为一项主要业务来抓，密切配合有关部门加大对废旧物资回收经营管理力度，保证了守法经营。供销合作社现有遍布全县城乡的废旧物资收购网点69个，为了规范经营，健全了各项经营管理制度，如《废品回收公司经营管理制度》、《废品回收站（点）经营责任制》、《工作人员守则》等，健全了收购登记制度，巡查制度，报案制度，安全防范制度等，明确职责，规范经营，使废品回收经营管理工作制度化、正常化。2010年收购销售废旧钢铁304.5万元，比上年同期减192.5万元。

【积极兴办农民专业合作社】 根据国务院和省、市供销社要求，供销合作社2010年把兴办农民专业合作社作为一项中心工作来抓。全年投资450万元兴办了包括兰花、九仙桃、蚕桑、果蔗、沙糖橘等翁源特色产业的13个农民专业合作社，入社社员410户。其中信达蚕桑专业合作社入社社员42户，当年实现利润2106万元，助农户增收7700万元。其中：投资兴办了翁源县仙鹤兰花专业合作社，入社兰花专业户5户，股金10万元，2010年目标利润20万元；投资兴办了翁源县信达蚕桑专业合作社，入社社员42户，2010年投入资金405万元，上半年实现利润2106万元，一年助农增收达7700万元；投资兴办了礤下日用消费专业合作社，入社社员5户，股金3万元；投资兴办了新江太坪日用消费专业合作社，入社社员5户，股金5万元；投资兴办了明标三华李专业合作社，入社社员10户，股金1万元，投资兴办了翁源县官渡下陂红葱头专业合作社，入社社员298户，股金27690元；投资兴办了翁源县周陂同益果蔗专业合作社，入社社员5户，股金5万元；投资兴办了翁源县吉丰蜜桃专业合作社，入社社员5户，股金1.5万元；投资兴办了翁源县丰产沙糖橘专业合作社，入社社员5户，股金3万元；投资兴办了翁源县长丰食竹笋专业合作社入社社员5户，股金2.5万元；投资兴办了翁源县良星沙糖橘专业合作社，入社社员10户，股金5万元，投资兴办了翁源县昌盛九仙桃专业合作社，入社社员5户，股金1.5万元；投资兴办了翁源县顺发果蔗专业合作社，入社社员10户，股金5万元。

【加强企业内部管理】 2010年县供销合作社进一步加强对下属企业及基层供销合作社的管理力度，积极完善各项管理制度。层层签订责任书。如安全生产、农资经营、废品收购等责任书。对资产管理严格按有关制度操作。对出租、承包门市坚持采取不同形式进行公开招标。如翁城供销合作社原家属区平房1300平方米对外招标。先由供销合作社作出方案，对外宣传，然后召开招标大会。2010年4月2日在县社召开招标会，15人参加竞标。何炎根以36万元招标（标底35万元）。2010年9月至10月底，县供销合作社根据省社文件精神，结合本身实际对公司、基层社的土地和资产进行了一次彻底的摸查。从摸查的得知公司、基层社的土地和房产的证件基本齐全，但资产质量不高，而且部分房地产证件仍然抵押在银行；还有一部分，由于年代久远人员变动等原因，重新查找资料进行确权。全系统共有土地面积17万平方米，房产面积7.8万平方米，但大多是偏僻的闲置土地、平房仓库，维修困难又没多大的开发价值，能够开发利用的大多已作长期出租。县供销合作社对下属21个企业领导实行了聘任制度和签订承诺书及劳动合同，并且，对所属企业的29名员工，按新的劳动合同法履行签订劳动合同手续，不断加强和完善了人事制度和人事管理工作。

【培训工作】 为不断加强供销社队伍建设，实行人才兴社战略，培养各类经营管理与专业技术人才，2010年供销合作社选派出1名县社机关干部和2名基层社主任分别参加了省社举办的培训班。选派了85人参加县安监局举办的安全知识、技能培训班等学习活动。通过参加各类培训班，使干部职工的业务素质得到了进一步的提高。

【社会维稳工作】 供销合作社转制改革虽有几年，但遗留问题不少。如由于社保医保政策的不断改进，原来不符合办理退休的现在又可以了，因此，时有一些已被开除或辞退的干部职工前来要求办理退休手续。供销合作社都积极移交他们的劳动档案，协助他们及时办理；对一些仍然与供销合作社存在债权债务纠纷的，耐心做好他们的思想工作，协助他们处理好遗留问题后，都帮助他们办理了退休手续，避免了矛盾的激化，维护了社会的稳定；对一些人员的档案在供销合作社下放到乡镇管理时已移交的，积极帮助他们寻找有关线索，给他们开方便之门。同时，为稳定供销社事业的发展，认真做好了信访维稳工作，尽力解决了有关转制中的遗留问题。2010年解决了信访案件1例，遗留问题2件。

【财务管理】 2010年进一步加强对下属企业及基层供销合作社的管理力度，积极完善各项管理制度。对出租、承包门市采取不同形式进行公开招标。9至10月，对直属公司、基层社的土地和资产进行了一次彻底摸查，掌握了全系统社有资产真实情况。全系统共有土地面积17万平方米，房产面积7.8万平方米，但大多是偏僻的闲置土地、平房仓库，维修困难，能够开发利用的大多已作长期出租。建立和完善了社属8个公司，13个基层供销合作社，26个专业合作社统计联网直报的初步工作。

做好统计汇编工作。每月及时准确地编报全系统会计决算报表，统计报表和其他报表，并及时对财务收支状况进行认真分析、反馈。及时准确地编报市、县各类月度、季度、年终财务报表、统计报告。定期以报表或口头方式向县供销合作联社领导汇报全系统的财务收支及管理情况，并对财务状况认真分析和调查研究，提出合理建议，为领导决策提供了依据。

规范票据管理。严格票据领用和缴销制度，从源头抓好各项收入和暂存款项收缴工作。认真执行收支两条线制度，防止了坐收坐支现象的发生。严格按照财政法规和财务管理制度的规定办理各项财务收支业务，厉行节约，杜绝浪费，注重是资金的使用效益，严把财务关。

加强了货币资产的管理。严格遵守财政部关于货币资金控制的规定，随时掌握资金的收付动态和库存余额，认真核对银行存款账户余额，及时盘查库存现金余额，保证账实相符和资金安全。

【扶贫“双到”】 官渡镇镇仔村是县供销合作社扶贫开发“双到”工作的帮扶点。县供销合作社按照“整体规划、系统布局、因地制宜、务求实效”的原则，围绕“双到”工作的基本要求和总体目标，充分发挥科技兴农、产业帮扶的作用，通过一对一帮扶模式，不断拓展产业帮扶的深度和广度，加快了贫困户稳定脱贫的步伐，使扶贫开发“双到”工作取得了阶段性成效。2010年5月6日翁源县遭受特大暴雨，造成洪涝灾害，直接经济损失7亿多元。县供销社干部职工心系灾区人民，于5月17日在县社领导带领干部职工15人前往受灾严重的官渡镇镇子村，并带去捐款2450元、化肥2车（价值8000多元）。同时深入被洪水毁坏的水渠、农田地头，与当地干部群众一起研究灾后自救复产工作。

当前存在的主要问题和面临的困难：一、经济实力与竞争力不强，经济收益低，社有资产规模不大。体制机制创新与市场竞争的要求还有差距。社有企业和基层社大多体制机制转换不到位，市场竞争力不强。有一定经济实力、拥有核心竞争力、具有引领带动能力的企业不多。二、为“三农”服务能力不强。由于社有企业经济实力不强，带动农民参与农业产业化的能力有限。基层社大多数还停留在一买一卖的单一经营上，服务手段和方式比较单一，服务“三农”的水平不高。三、人员老化，人才少。供销合作社改革还没有完全走出困境，也没有树立起全新的社会形象，很难招聘、吸收新的人才进来，特别是基层社新鲜血液缺乏，能够熟练掌握和操作运用现代经营业态、现代流通方式、现代管理手段的高素质人才少之又少。

（陈理强）

附：领导班子成员名单

主　任： 张幸明（—2010.7）
黄周发（2010.7—）

副主任： 钟新红（1996.3—）
邝志平（1999.12—）
陈尚平（—2010.7）

烟 草 业

【概况】 广东省翁源县烟草专卖局（成立于1989年8月）与广东烟草韶关市有限公司翁源县分公司（成立于2008年1月）合署办公，实行两块牌子、一套人马的管理体制，隶属韶关市烟草专卖局（公司）统一领导、垂直管理，为正科级单位。内设有专卖监督管理办公室、营销部、财务部、综合管理部等4个职能部门，现有在职干部职工66人。其主要职能是行使全县烟草专卖行政管理权力和贯彻执行《烟草专卖条例》及上级主管部门制定的有关烟草政策、规章制度。广东烟草韶关市有限公司翁源县分公司的主要职能是负责卷烟、雪茄烟、进口卷烟经营活动。

【专卖稽查】 2010年，县烟草专卖局继续积极宣传贯彻执行《中华人民共和国烟草专卖法》及其实施条例和相关法律法规，坚决打击各种违反烟草专卖法律法规行为，维护消费者利益，保证国家财政收入。2010年，共出动专卖稽查人员2094人次，检查或配合有关部门检查市场，查处违法违规案件66起，查获卷烟50.9万支，上缴罚没款18558.16元。县烟草专卖局加大与地方有关部门的协作，积极开展卷烟打假和市场监管联合行动。2010年1月26日，在省局稽查总队和韶关市局的指挥下，县烟草专卖局专卖执法人员联合公安干警，在新江镇塘心村一山窝内捣毁了一卷烟制假窝点，现场共抓获10名卷烟制假嫌疑人，查获拼装YJ14－23型制假烟机一台（套），烟支233.5万支及制假原辅材料一批，总案值1246657.5元。公安机关刑拘涉嫌制售假人员10人，批捕10人，县司法部门对抓获的10名制假分子追究刑事责任，总刑期是24年，平均刑期2.4年。加强对无卷烟零售许可证户进行清理，提高边远农村地区发证率。县烟草专卖局为管理服务好农村卷烟市场，与公安、工商部门联合对无证户进行清理，对无证经营、经营假私非烟的坚决予以查处，保护了广大卷烟零售户和消费者利益。到2010年底全县共有持证入网卷烟零售户1039户。

【卷烟销售】 2010年卷烟销售实现59254万支，比上年同期46932万支增加12322万支，增幅26.2%；实现卷烟销售金额24048.99万元（含税），比上年同期17201万元增加6847.99万元，增幅39.8%；实现卷烟销售毛利5170.97万元，比上年同期3924万元增加1246.97万元，增幅31.7%；实现利润2589.57万元，比上年同期2519.92万元增加69.65万元，增幅2.7%；实现税利4577.81万元，比上年同期3996.95万元增加580.86万元，增幅14.5%；实现增值税813.37万元，实现所得税647.39万元，实现消费税1027.73万元，各项经济指标均比去年同期有不同程度的增长。

【精神文明建设】 2010年，翁源县烟草专卖局（分公司）继续加强党建和工、青、妇等组织建设，热心扶贫事业和社会公益事业，荣获县文明单位、县先进职工之家称号。2010年间，翁源县烟草专卖局（分公司）累计社会捐款和发放慰问金共计93095元。其中，慈善一日捐捐款3820元；为玉树抗震救灾捐款14450元；为“5·6”特大洪灾捐款7420元；党员互助金捐赠1750元；广东扶贫济困日捐款15400元；捐赠残疾人保障金10255元；挂钩扶贫资助官渡镇社背村10000元；“双到”扶贫资助龙仙镇石寨村30000元。

（刘永光）

附：领导班子成员名单

局长（经理）：陈建秉（2008.12—）
副 局 长：张文锋（2005.7—）
副 经 理：朱晓辉（2004.8—）

商业经营

【生猪屠宰】 2010年全县共有生猪定点屠宰厂（场）5家，定点屠宰点13家，全年定点屠宰生猪量突破历史最高位，达7.12万头，比去年同期增长5.8%。生猪屠宰厂（场）实行规范管理，出厂（场）肉品符合肉品品质检验检疫标准要求，县城生猪定点屠宰率达100%，乡镇定点屠宰率达95%以上。

加强对生猪屠宰的监管力度，保证生猪肉品安全。全年共出动执法人员960人（次），出动执法车辆236辆（次），查处私宰生猪案件5宗，查获病死猪50多头（含屠宰场查验头数）。由于加强了执法检查，有效地打击了私屠滥宰和销售注水、病死猪肉行为，保证了全县生猪肉品安全。

【批发零售业】 2010年，全县共有批发零售贸易业门店683家，其中批发门店86家，零售商店597家，商品销售额达167411万元，比2009年增长16.74%，主要商品有家电、日用百货、食品等。

【燃料经营业】 2010年全县有4家液化石油气站：岭头气站（含分站）、南龙气站、官渡气站、翁城气站（含新江气站）。储气设计能力合计为1200立方米；存气总容量合计为504吨；存气量可供天数合计为30天；日销售量为9.1吨；平均销售价为每瓶（15KG）93.50元。

燃油销售，坚决做到“三个到位”，履行好“每一滴油都是承诺”的社会责任：制度到位——在库站建立健全“四项制度”，即入库油品务必抽样送检制度、加油站计量管理及保护消费者权益的制度、对使用的计量器具进行维护管理的制度和配备专（兼）职计量人员负责加油站的计量管理工作的制度；监管到位——在所属加油站设立数质量举报投诉电话，畅通监管渠道，实行政府职能部门监管、公司内部监管、群众舆论监管的立体监管体系；责任到位——对所属库站实行一站一责任人，明确职责范围，公开服务电话，以便及时受理客户投诉和处理、反馈投诉事宜，树立负责任的企业形象。

【现代物流业】 2010年有3家快递公司在县设立了分支机构。1997年开办的翁城农副产品批发市场是粤北地区最大的蔬菜批发基地，每天有源源不断的蔬菜销售到珠三角及港、澳、台地区；在12月28日动工，在翁源占地308亩的广东化建物流有限公司是广东（翁源）华彩化工涂料城及整个粤北地区工业园区及化工企业配套建设危险化学品、剧毒化学品仓储、物流基地，公司建成后可实现年产值16000多万元，缴交税收977.85多万元，为社会提供150多个就业岗位。

【连锁经营行业】 近几年来，鼓励有条件商家不断深入镇、村建立连锁商店，实行商品统一管理、统一配送、统一价格，不断提高农民群众的购买力和消费水平；督促连锁企业自觉接受行业管理和监督，做好不销售假冒伪品商承诺。连锁行业发展较快。2010 年在翁源县经营的连锁行业中规模较大的有明乐超市和爱心大药房，其中明乐超市在官渡设有分店，爱心大药房已在县城设立了 4 家分店。

【明乐超市】 明乐超市的前身是东明商贸有限公司（现为：广东东明股份有限公司）翁源广客隆商场。公司自 1987 年注册成立以来主要从事食品、日用品、纺织品等商品的商业零售，并在教育培训与房地产行业进行策略性投资。旗下东明广客隆连锁超市现有 33 家，公司的经营理念“我真心换你美心”经过多年的努力，东明业不断壮大。公司将充分发挥民营机制优势，坚持业态创新、制度创新和管理创新、实施商业贸易、物业投资和人员文化教育等实业经营和资本运营为一体。

广客隆商场在 2010 年的经营状况良好，营业额达 500 多万元，同比去年增长 8%。公司内部实行《营运管理制度、财务管理制度、拓展管理制度、信息中心管理制度、行政人事管理制度、防损消防安全管理制度》，用制度约束员工，做到奖罚分明，提高员工的工作积极性。

广客隆商场在 2001 年 11 月 23 日开业后，公司为翁源县解决了部分下岗职工就业。2010 年有员工 27 人、促销 46 人，都是先参加公司培训后再上岗。公司按规定为员工购买社会保险，使员工安心在公司工作。

【爱心大药房】 爱心大药房自 2005 年进驻翁源至 2010 年已在县城设有 4 家分店。公司自成立至今，一直秉承“诚信经营、永铸品牌”的经营理念和“适才适用、能者居之”的用人理念。主要从事处方药、非处方药、中药材、中药饮片、中成药、生化药品、化学药制剂（疫苗除外）、保健食品、消毒产品、医疗器械、日用百货、化妆品的零售。

2010 年的经营状况良好，四家分店 2010 年的主营业务收入合计为 7056027.36 元，比 2009 年的 5927797.37 元增长 19%。

公司自成立至今，时刻倡导人性化、理性化、弹性化的管理，积极构建现代化管理体制。严格按照“GSP”标准建设，大力推行管理信息化、流程化、规范化、制度化。通过各项制度来规范员工的行为，提高工作效率。四家分店 2010 年共有从业人员 73 人，员工入职后全部签订劳动合同、参加社会保险，人员流动率较小。

为了不断提高员工的业务素质，公司狠抓岗位培训。2010 年平均每人安排 3 次培训，有效地提高了员工的业务水平。一是组织员工参加中、西药营业员、质量管理员、保健食品卫生管理员的培训；二是根据工作需要进行岗位培训，代分期、分批对药师、验收员、养护员等进行专业培训；三是举办管理人员培训班。

饮 食 业

【概况】 2010 年全县在工商部门注册经营饮食的有 488 户，注册资金 1231.7 万元，其中星级企业有龙翔大酒店、富源大酒店和粤源大酒店 3 家。2010 年住宿餐饮业零售额 11522 万元，增长 15.46%。

【安全生产管理】 为强化餐饮业安全管理工作，保障顾客和员工的生命及财产安全、严格把好安全生产关。根据《中华人民共和国安全生产法》、《中华人民共和国消防法》及相关文化娱乐场所、单位安全生产管理方针和安全生产法规要求，建立从法人到各级负责人、职能部门、专业技术人员及全体员工对安全生产层层负责的安全生产管理制度。以“安全第一，预防为主”为主要工作方针，同时以谁主管谁管理谁负责的安全生产责任制为工作原则。餐饮业所有工作人员有依法保障安全生产责任，并应依法履行安全生产方面的义务。

【市场监督】 做好行业管理和市场监管，抓好食品安全，经贸、工商、质监等部门经常深入市场、乡村加强对肉类、酒类销售的监管，严厉查处销售假冒伪劣酒类产品和私屠滥宰生猪的行为。动员餐饮企业自觉做好食品安全承诺，建立肉品、酒类等商品进、出货台账记录，确保食品安全、价格稳定，维护人民群众利益。

外 经 外 贸

【概况】 2010 年全县外贸出品总额 2293 万美元，

比去年同期的 1893 万美元增长 21.1%。对外出口产品主要是塑胶制品、电子系列产品等。

【参与国际化经营】 政府在完善中小企业开拓国际市场支持体系，参与国际经营的工作主要集中在几个方面：一是信息服务，使中小企业能够便捷地获取各类国际市场信息；二是金融支持，为中小企业出口、对外投资提供信用风险担保和信贷担保，方便中小企业获取资金；三是优化贸易环境，简化各种审批手续，为中小企业的设立、发展及开展国际化经营创造条件；四是加强国际市场拓展政策措施，为中小企业扩大国际营销渠道；五是鼓励外向型企业创业，提供外贸业务培训，培育企业家精神。

【业务管理】 指导企业开展国际化经营、做好反倾销、反补贴的国内工作和茧丝绸协调工作；指导企业对外合作与交流；认真做好重要工业品原材料的进出口管理工作；引导企业开展自营进出口并会同有关部门审查和管理工商企业、物资企业申报自营进出口权工作；参与编制全县外贸出口总值计划、收汇计划及主要出口商品计划，提出促进对外贸易发展的建议；办理进出口贸易额、一般贸易的进出口物资的申报工作；掌握全县进出口业务的进展情况及存在问题。

【对外经济合作】 积极做好相关工作：提出国有企业向外商转让资产、股权、经营权以及相关的兼并、承包、租赁工作的有关政策、建议，并实施监督；积极协调解决外商投资企业运行中的有关问题；认真做好全县一般贸易的进出口许可证的管理；负责一般贸易和“三来一补”企业的出口退税稽查工作。审核上报外资开办商品零售、批发业务；负责本系统有关人员出境的证、照办理手续，组织有关外事活动。2010 年翁源县对外经济合作的企业主要有 3 家，分别是韶关泉生态农庄有限公司（粤台合资）、翁源县信桓林化产业有限公司（粤港合资）、广东省慧园米业有限公司（中美合资）。

【吸收外来投资工作】 一是积极参与制订改善投资环境的政策措施，编制招商计划和招商目录；二是指导和协调招商引资和投资促进工作，参与组织全县性以上的大型企业外经贸洽谈、招商引资、展销等重要活动；三是参与制订外商投资的发展战略、中长期计划和年度指导性计划，拟订外商投资的管理规章；四是审批或转报外商投资项目的设立，会同有关部门对外商投资企业进行联合年检，并定期向县政府和省、市外经贸部门报送有关吸收外来投资动态并提出建议。2010 年实际到位资金 1791 万美元，比去年同期的 1665 万美元增长 7.6%。

招 商 引 资

【规章制度建设】 设立县招商引资委员会办公室和行政服务中心，及时受理外来投资者的投诉，积极为外来投资者排忧解难。实行“一个窗口办事”制度。凡涉及办证、收费的单位派员集中到行政服务中心大厅办公，以保证一次性办妥县内的全部手续，提高办事效率。实行“一条龙”审批项目的办事制度。由县招商引资委员会办公室和行政服务中心负责协调窗口部门办理外商投资项目的立项、审批、发证、登记等业务。除特殊行业外，凡符合产业政策、资料齐全的项目，在三个工作日内办毕有关手续。实行“一个口子收费”制度。外来投资企业需缴纳的各项行政事业性收费，由县行政服务中心窗口按有关标准和政策统一收取，县招商引资委员会办公室负责监督实施。成立外商投诉中心，实行投诉事项责任追究制度。接受外来投资者对我县行政事业单位及其工作人员的监督，对违反规定，服务质量差，玩忽职守，故意刁难或办事拖延推诿，损害投资者合法权益，以及问题突出的部门和个人实行查处，责令改正。

【明确招商思路，创新招商理念】 县委、县政府在加快翁源发展步伐的进程中，坚持以科学发展观为指导，针对翁源的实际，审时度势，一方面是明确了工业立县、招商兴县，以工业化为核心，以招商引资为突破口，以园区建设为载体的招商工作思路。坚定不移地抓招商引资，坚持不懈地走工业化的路子不动摇。另一方面，在招商理念上实现了五个重大转变：①从过去追求项目数量向数量与质量并重转变；②从招商引资向招商引税转变；③从重项目引进轻项目服务向引进与服务并重转变；④产业布局从全面开花向项目入园、产业集聚转变；⑤开发区域由全面布局向官渡、翁城、新江一带转变。把国道和京珠高速公路连接线一带作为全县招商引资的主战场，把园区建设和大项目引进作为重点，进一步明确了主攻方向，有利于财力和各种招商资源的整合和发挥。

【项目申报】 翁源县把争取上级专项扶持资金项目工作作为“强投资”的重点工作之一。在2010年，共向省经贸委申报节能技术改造项目、政银企合作项目和技术改造、技术创新贷款贴息等专项扶持资金项目12个，全年可争取到项目资金450万元。扶持资金的到位直接拉动了企业银行贷款2.5亿多元，对加大企业固定资产投资起到了积极的拉动作用。

【优惠政策】 为鼓励和保护外商及境内客商（简称“外来投资者”，下同。其中外商指港、澳、台地区及国外投资者；境内客商指本县辖区以外的国内投资者）来县投资，进一步扩大利用外资的领域和规模，加快社会经济发展，根据有关法律、法规和政策，结合县实际，从2006年起县出台招商引资惠政策，从税收、土地等各方面作出了优惠规定。2009年9月出台了《翁源县鼓励外来投资优惠政策》，从税收、土地、水电等方面给予优惠；2010年为调动全县干部职工的招商引资积极性县委县政府又出台了《招商引资奖励办法》，对招商引资有功人员经予物质上的奖励。

【招商引资项目】 近年来，翁源县按照省委省政府关于粤北山区跨越发展和可持续发展的要求，借助“双转移”的东风，在发展定位、产业布局、城市规划建设等方面以新的发展理念助推新的发展思路，以投资服务改善助推投资环境优化，强力打造了化工涂料、电源电子、危险废物处置、品牌服饰、休闲旅游、现代生态农业等六大招商主导产业，全县经济进入了提速发展的阶段。招商项目有翁源配送物流中心、“红三角”花卉观赏交易中心红三角”花卉观赏交易中心、粤北危险废物处理处置中心、县城西区工业园、翁城产业转移园区600亩工业用地综合开发、翁源县华彩化工涂料工业园、官龙工业园500亩工业用地综合开发区及10000平方米工业厂家招租、下榕角工业小区750亩工业用地综合开发等招商项目。2010年招商引资工作取得可喜成绩。1—12月，全县新签招商项目21个，合同投资总额约7.4亿元，实际到位资金7.5亿元人民币。其中外资合同项目1宗，合同金额795万美元，实际到位资金1791万美元。其中，投资额在5000万元至1亿元的项目有2个，分别是投资约5000万元的翁源铭源有色金属有限公司和广东统力电源科技有限公司；投资额在1亿—3亿元的项目分别有翁源清峰林场和广州丰养殖有限公司等两个。

对外招商活动

【概况】 2010年，全县的招商引资工作进展顺利，全年新签合同项目16宗，合同金额77267万元人民币，比去年同期的155876万元减少50%，实际到位资金86741万元，比去年同期72438万元增长20%。其中：外资合同项目1宗，合同金额795万美元，比去年同期的2120万美元减少62.5%。

【人文环境】 翁源位于韶关市南部，广东省北部，区位独特，交通便利，素有粤北南大门之称，南连珠三角，背靠湖南、江西，是珠三角产业近距离转移，低成本扩张的理想宝地，是泛珠三角经济辐射内地的战略通道。翁源自然资源丰富。已探明发现的矿产资源有32种，山地面积247万多亩，森林覆盖率67.9%，水力资源16万千瓦。药材、动物种类繁多。名胜古迹除正在开发的东华寺之外，还有“霞山碧水磐龙洞，鬼斧神工惊世人”的铁龙岩洞；晚唐诗人邵谒潜心读书的书堂石遗址；按八卦方位构建而成的古建筑蒽茅岭八卦围；规模宏大，集古、奇、朴、幽于一体的江尾湖心坝客家群楼等。

【招商推介】 1992年经省人民政府批准设立官渡经济开发试验区，2005年与横沥镇共同合作在翁城建立产业转移园区。先后引进了日本卡西欧集团，台湾九翁企业集团、天蝎星精密工业集团、深国商等国内外著名企业集团前来投资办厂。五金、电子、户外家具，玩具等产业集群已具雏形。溪黄草、蔗糖、茧丝、户外家具等产品饮誉海内外。制糖、缫丝、水泥、兰花、藜蒴种植加工等五大产业已初步形成。招商项目有翁源配送物流中心、“红三角”花卉观赏交易中心、粤北危险废物处理处置中心、县城西区工业园、翁城产业转移园区600亩工业用地综合开发、翁源县华彩化工涂料工业园、官龙工业园500亩工业用地综合开发区及10000平方米工业厂家招租、下榕角工业小区750亩工业用地综合开发等招商项目。

【泛珠三角经贸洽谈会】 8月27日至31日，第六届泛珠三角区域合作与发展论坛暨经贸洽谈会（以下简称泛珠大会）在福州举办。翁源县积极参加韶关市统一组织的第六届泛珠三角经贸洽谈会。

【外资企业产品（内销）博览会】 2010年6月中旬，积极组织县域的外资企业、外商企业到东莞市参加第二届广东外商投资企业产品（内销）博览会第二届外资企业产品（内销）博览会。并在博览会上达里推销自主品牌产品。让县域的外资企业参与国内流通企业对接的交流、外资企业展示产品形象的宣传平台，为推进外商投资企业和广东外向型经济发展、促进经济平稳较快发展发挥更大作用。

【西部合作与投资贸易洽谈会】 2010年4月6日至11日翁源县组团参加在西安举办的第十四届中国东西部合作与投资贸易洽谈会。对帮助县域企业积极应对国际金融危机的影响，扩大县域产品在西部市场德尔空间，加强东西部互动合作，促进区域经济协调发展。组织县域名优特新产品展示和投资洽谈，重点以机械、五金化工、建材、食品等产品参展。

【粤台经济技术贸易交流会】 2010年粤台经济技术贸易交流会于2010年6月22日在香港举行。会上，省政府将推出涉及基础设施及园区、农业、轻工、机械、电子信息、化工、医药、服务外包及服务业、旅游业等领域的160个重点合作项目以及一批贸易货单；翁源县也积极参与，并推出一批重点发展行业和特色产业的投资项目以及贸易货单。

【翁源经贸洽谈会】 2010年12月28日，举办翁源经贸洽谈会，副市长陈秋彦，市直有关部门领导，来自港澳台和内地的外商企业家，县领导朱余旺、廖修成、颜亮、谢寿通等四套班子领导成员，县直正科以上单位一把手以及各新闻媒体记者等400多人出席了会议。在洽谈会上，大力推介县域的历史文化、投资环境、优惠政策和投资优势等，营造浓厚的招商氛围，形式新颖、内容丰富、收到了良好的效果。同时举行了动工项目剪彩和项目签约仪式。动工项目有12宗，总投资额7.28亿元，涉及工业、农业、生态旅游、商贸物流等相关产业。

产业转移

【概况】 2010年，县委、县政府认真贯彻执行省委、省政府和市委、市政府《关于推进产业转移和劳动力转移工作的实施意见》和有关文件精神，进一步解放思想，提高认识，明确职责，狠抓落实，并实行领导挂钩重点项目制度，积极做好园区“三通一平”建设工作，为外商投资者提供良好的投资环境。

近年来，按照“一区多园”和“项目入园、产业集聚、园区开发”的思路，先后办起了上榕角五金工业园、下榕角制鞋工业园、利龙户外家具工业园、翁城产业转移工业园、华彩化工涂料产业基地等专业园区。这些园区是承接项目的主要载体和平台。据统计，2010年，新引进项目16宗，合同金额73065万元，实际到位资金74723万元。其中外资企业1宗，实际到位资金1459万美元，同比减少10.4%。已引进的项目中，亿元以上的项目有11个，5000万元以上的项目有13个。如投资8亿元人民币的金悦通电子，投资4.8亿元人民币的中源水泥厂，投资8亿元人民币的粤北危险废物处理处置中心以及首期投资10亿元人民币的广东华彩涂料化工城等，这些项目大部分都在筹建中。其中，鹏辉企业、金悦通已竣工投产，铁龙的粤北危化品处置中心、中源水泥厂、广东华彩涂料化工城正在建设中。

【园区“三通一平”】 华彩化工涂料工业城。华彩化工涂料工业城是由广东省涂料协会、翁源县政府、广东省化工轻工总公司共同打造的中国绿色安全环保化工涂料城。政府主导，手续完备，省化轻配套供应原材料及打造大型仓储物流基地，被省安监局指定为广东省危险化学品应急处置中心；规划配有大型会展中心、电子商务平台、消防中队和污水处理站。距广州120公里，京珠高速翁城出口1公里，距佛山小塘火车站新搬迁的危化品火车站冬瓜铺站30公里。水、电、路、通讯等配套设施建设已完工，完全具备企业入园建设条件。

粤北危险废物处理处置中心。园区由五个梯级平台组成，分设办公生活区、湿法生产区、火法生产区、废物暂存库、污水处理厂、预留生产区、填埋场组成。办公生活区由综合办公楼、食堂及倒班宿舍和体育活动场地等设施组成。“处理处置中心”远离居民区，项目总体规划建设内容包括废物运输系统、暂存库、综合利用设施、物/化预处理车间、稳定化/固化预处理车间、安全填埋场、污水处理车间等生产设施，以及与其相配套的公用和辅助生产生活管理设施等。项目建设将采取统一规划，分项目、分阶段实施。已完成土地平整1615亩，水、电、路、通讯等配套设施建设已完工，完全具备处理处置企业入园建设条件。

官广工业园。官广工业园位于官渡开发区翁江河以南，包含原来的下榕角工业园、中心区工业园，园区总面积为740公顷。该园区交通便利，基础设施配套。水、电、路、通讯等配套设施建设已完工。主要以五金类、化工类、电子类、塑胶制品等为主导产业。现进入园区的企业有36家，主要企业有：宝狮电子（日本卡西欧）有限公司、天蝎星精密工业（翁源）有限公司、志诚五金电镀有限公司、华邦塑胶制品有限公司、新兴包装材料有限公司、凯通户外家具有限公司、精新建筑装饰材料厂、岭南工商第一高级技校等。

官龙工业园。官龙工业园区位于翁江河以北，包含上榕角工业园、利龙工业园、官韶工业园，园区总面积830公顷。省道S341线穿境而过，位于106国道旁，距京珠高速公路翁城出口十多公里，交通便利，地理位置优越，是投资置业的风水宝地，聚财盆！官龙工业园区主要是以户外家具、鞋业为主导产业，带动铸造业、五金业的发展。基础建设已基本配套，供电、供水、排污等硬件设施配套符合园区建设要求，园区内主干道路设计合理。现进入园区的项目有25家企业，主要企业有：钰源鞋业有限公司、宏昌塑胶有限公司、豪星实业有限公司、裕成织带厂、鼎上水晶灯饰有限公司、文达户外家具厂、正利电梯配件有限公司、比亨企业（翁源）有限公司、保山织造有限公司、广东省公安警察培训基地。

翁城工业园。翁城工业园区位于翁源县翁城镇，京珠高速公路翁城出口两侧，是素有“粤北南大门”之称的官渡经济开发区下辖的新园区。区内106国道和京珠高速公路交会贯通，距韶关50公里、花都机场150公里、广州160公里，毗邻有大坑口火车站和码头，规划中的昆汕高速（昆明至汕头）、深湘高速（深圳至湖南）亦将越境而过，交通便利，区位独特，南连珠三角，背靠泛珠三角的内陆地区，是珠三角产业近距离转移、低成本扩张的理想宝地。翁城工业园区规划总面积8000亩，分期开发。园区坚持以高新产业和国家、省鼓励的转移产业为导向，以电子化工为主导产业，是韶关市定点承接珠江三角洲化工行业的指定园区。投资环境日臻完善，路、水、电、通信等基础设施基本配套，可以满足工业生产和生活需要。

农·林·水

农　业

【概况】 2010年县机构改革，设立翁源县农业局，加挂县委农村工作办公室牌子，为县人民政府组成部门。内设人事秘书股、科教法规股（挂县渔政大队、县水产资源自然保护区管理办公室、县农业局执法监察大队牌子）、新农村建设指导股、农村经济体制与经营管理股（挂县农民负担监督管理办公室、县农村集体资产管理办公室牌子）、种植业管理股、发展计划股、农业综合开发办公室等7个职能股室。全局行政编制21名。其中：局长1名、副局长3名；正副股长（主任）10名，后勤服务人员3名。

2010年，认真贯彻落实中央、省、市农业和农村工作精神，按照“稳粮食、促增收、强基础、重民生”的思路，围绕“强基础、创品牌、促增收、保安全”四项要求，继续调整优化农业结构，做大做强农业“五大”支柱产业，大力发展特色农业和现代农业，促进了农业和农村经济的跨越发展。在遭遇“5·6”特大洪灾和长时间低温阴雨天气给农业生产带来非常不利的情况下，县委、县政府高度重视，带领全县干部群众，开展抗洪救灾，以最快速度积极开展生产自救，努力把洪灾造成的损失降到最低限度。是年农村经济总收入479419万元，同比增加43768万元，增长10%；农村人均纯收入5720元，同比增加685元，增长13.6%。

是年，农业局叶大振获国家农村固定观察点系统“模范调查员”荣誉称号；陈宜光获广东省农村固定观察点系统“模范调查员”荣誉称号。

【种植业】 2010年全县耕地面积463374亩，其中水田292698亩，旱地170676亩。全年水稻面积31.5万亩，糖蔗5.3万亩，蚕桑2.7万亩，蔬菜26万亩，花生7.2万亩，玉米1.4万亩，大豆1.4万亩，果蔗6.9万亩，花卉2.1万亩，特色水果11.5万亩（其中九仙桃4.8万亩，三华李2.8万亩）。

【畜牧水产业】 2010年全县生猪和家禽的饲养量大增，温氏养猪达180家，江丰养鸡45家。开展畜牧业养殖小区建设，中央扶持资金投资80万元。全县畜牧总产值35722万元，比上年增长18.6%。其中：生猪饲养量34.47万头，出栏20.3万头，分别比上年增长2.85%和8.86%；“三鸟”饲养536万羽，出栏397.5万羽，同比增长33.1%和42.8%；牛饲养量1.95万头，出栏0.65万头，与去年基本持平；羊饲养量1.4万头，出栏0.75万头，同比增长8.5%和20%；羊奶产量1600吨，同比增长6.7%。水产放养面积24055亩（其中池塘17736亩，水库6319亩），起捕鱼产量5569吨。由于受“5·6”洪灾影响，产量比去年减154吨，减2.7%。生产鱼苗28500万尾，投放鱼种2410万尾。水产品产值4980万元（其中种苗产值820万元），同比减86万元，减少1.7%。

【农业机械化】 全县农机总动力达到16.8万千瓦，同比增加2.45千瓦，同比增长17.07%。农业机械推广工作。全年完成农机购置补贴资金491.09万元（其中中央补贴470.08万元，省补贴21.01万元），同比增长22.7%，拉动农民资金1473.3万元，农民购机总台数3561台（其中大中型拖拉机5台，各种类型水稻联合收割机38台，耕整类机具2524台，其他机具994台）。组织农业机械下田作业，全年完成机耕47120公顷，同比增加7600公顷，增长19.2%，其中水稻机耕面积25140公顷，机收2667公顷，机插220亩。办理新车入户50台，年检148台，缴交保费3.44万元。

【农村新能源建设】 完成农村户用沼气900户，投资225万元；安装太阳能热水器600户，投资180万元；建设乡村沼气服务网点20个，投资142万元。

【农产品质量安全】 一是三华李观光园生产的绿色食品三华李获韶关市第一个“三华李出境果园注册登记”。二是新增绿色食品认证4个，有机食品认证5个。全县无公害农产品达11个，绿色食品5个，有机食品29个。三是抽检农产品样品1219个，合格率为99%，翁源农产品质量显著提高。

【农超对接】 农超对接首次进入翁源。6月10日上午，在翁源县政府办公大楼五楼举行了“家乐福携手翁源战胜5·6洪灾农超对接采购签署仪式”。家乐福与翁源县30多家农企及农民专业合作社欢聚一堂，家乐福超市有限公司广州总经理周黎先生、广东省农业厅李二华处长、韶关市农业局副局长刘助能、翁源县人民政府县长颜亮等出席并致辞。广东卫视、南方日报、南方电视台经济频道和羊城晚报等30多家新闻媒体记者到现场采访。随着意向书的签订，翁源县与家乐福正式建立“农超对接”战略合作伙伴关系，标志着翁源县特色农产品将从田间地头直接进入家乐福超市，从此步入“农超对接”销售流通绿色渠道。翁源县与法国家乐福超市有限公司成功举行农超对接后，计划以翁源县兴农水果专业合作社、翁源县农家乐蔬菜专业合作社和翁源县新源农业经济专业合作社为主，选送迷尔小冬瓜、翡翠小冬瓜、苦瓜等无公害、绿色和有机农产品到广州市家乐福超市翁源专柜销售。仅6月9日一天，销往超市的翁源县家乐蔬菜专业合作社生产的玉豆、丝瓜、扁豆、节瓜、青瓜、茄子、辣椒、苦瓜等时令蔬菜达10吨。

【农业产业化】 全县市级以上农业龙头企业10家。其中国家级扶贫龙头企业1家，省级扶贫农业龙头企业1家，省级重点农业龙头企业3家，市级农业龙头企业5家。今年新增农民专业合作组织39个，从去年26个发展到65个，增加1.5倍。

【“双到”扶贫开发】 重点抓好省定48个贫困村、3883贫困户和其他非贫困村贫困户2364户的“一对一”结对帮扶工作，全县选派487名干部，组成156个工作组。全年筹集资金2861万元，其中省、市、县三级财政资金966万元，帮扶单位资助1895万元。是年省定48个贫困村集体纯收入3万元以上的有28个村，占总数的58.3%。全县贫困户家庭人均纯收入达2980元，比去年增加789元，增幅36%；有2380户贫困户实现脱贫，占总数的61.3%；48个省定贫困村危房改造480户，完成任务100%；引导和支持贫困户家庭应届初中毕业生就读扶贫技工学校，并给予补助。符合条件贫困户纳入低保1514户、5302人。新参加新型农村合作医疗贫困户2412户，贫困户参加新农合实现全覆盖。

【强农惠民政策】 全年补贴给农民种粮补贴资金2806190元，农资综合补贴17187918元，良种补贴4487263元，三项合计补贴24481371元，补贴农户50222户。

【农业基础设施建设】 一是积极推进国家农业综合开发。是年冬在江尾镇改造中低产田0.75万亩，总投资875万元，其中中央财政资金350万元，省级财政配套资金280万元，市级财政配套资金35万元。二是抓标准农田建设。实施好新江太坪的农田建设项目。三是抓园区建设。主要抓马鞍山国家级糖蔗高产示范工程、省级水稻创高产示范工程、李洞椪柑和新源蔬菜两个省级标准化园区建设工程，抓紧推进龙仙马墩优质鱼养殖生态休闲观光农业。四是测土配方施肥。实施测土地配方施肥项目，全县开展测土配方施肥面积25万亩，投资60万元。

【招商引资和争取项目】 突出抓好江丰产业转移、马墩优质鱼养殖生态农业现代观光园、宝岛牛樟芝王生物科技有限公司、国际缤纷生物科技有限公司、韶关和谐生物科技有限公司、粤台农业等大型招商引资项目。积极向上级争取项目和扶持资金，今年全县农业争取项目比较多，争取上级资金6415万元，项目49个，超额完成争取上级部门资金3000万元任务。完成固定资产投资项目8个，总投资1亿元，完成固定资产投资任务。

【新农村建设】 抓好全县村庄整治工作，整治13个点，其中市级2个，县级11个，计划整治资金241万元。认真抓好农村集体经组织与资产管理的实施工作，选定38个村作为先行试点，已做好发证、刻公章、立牌匾等工作。召开了全县第五届村委换届审计工作会议和举办了审计员培训班，为明年村委换届审计工作奠定基础。

【农业综合执法和安全生产】 严格执行农资市场监管，开展农资打假行动，保护农民合法权益。开展食品安全生产检查监管，重点抓好“元旦”、“国庆”、“亚运会”和“残运会”期间的食品安全生产检查。开展农资打假和食品安全生产检查工作28次，出动执法人员136人次，检查农资经营门店147间。做好消防安全检查，排除火灾隐患。打击电、毒、炸鱼违法行为，抓获电鱼作案人员5人，没收电鱼作案工具3套，电船1艘，保护滃江渔业资源。及时调查处理群众来信来访案件20多宗。

【重大项目工程上马】 翁源县马墩“冷泉滩”农业生态旅游园落户翁源。2010年3月，由翁源县政府、农业局引资，翁源山水领地庄园有限公司申报并组织实施，该项目计划总投资2亿元，面积3000亩。农业生态旅游园坐落在翁源县龙仙镇南浦马墩村，涉及南浦马墩、丰山两村，面积3000亩，建设基准年为2009年，建设时限分近期（2010—2015年）和中远期（2016—2020年）。建设分三期工程进行，第一期工程2010—2013年，投资3000元，完成旅游基础设施建设，冷泉资源得到充分开发，占地面积700亩；第二期工程2014—2015年，初步建设成为集农产品有机生产、旅游农产品加工、休闲服务相结合的农业生态旅游园区。同时争取建设成为省级农业科技示范园、国家3A级旅游区，占地面积约500亩；第三期工程2016—2020年，建成年接待量达80万人次，原生态价值高、旅游服务功能强、特色鲜明的高品质农业生态旅游示范区，成为现代有机农业与旅游观光结合的典范，成为粤北地区最具影响力的农业生态旅游园区，国家现代农业示范基地、国家4A级旅游区和休闲农业与乡村旅游示范点，重点建设冷泉滩预备用地区，占地面积1800亩。

【“5·6”洪灾农业灾情】 2010年5月6日，翁源县受百年难遇的洪灾，造成全县直接经济损失7.5亿元，其中农业经济损失2.2亿元。受灾人口25万人，农作物受灾面积23.7万亩，其中成灾20.11万亩，绝收面积2.87万亩，水产过水面积2.3万亩，损坏防堤130处45公里，损坏护岸150座，冲毁水陂250座，损坏灌溉设施280处，16座山塘出现险情，淹死畜禽10万头（只），受灾较重的农作物有：水稻7.8万亩、蔬菜5万亩、果蔗1.5万亩、花生2万亩、水果1.5万亩。

【农业灾后重建】 农业局采取救灾复产措施。一是掌握灾情，分类指导。对不同受害农作物能复的复、能补的补、能改的改，尽量把损失降低至最低水平；二是办点示范，扩大宣传。灾情发生后，农业局及时把2万多份《水稻当前农业灾后复产主要技术措施意见》下发到灾区农户手中，指导农户灾后复产。此外，由于受灾面积广，为达到更好的指导和宣传作用，县农业部门在全县办了13个救灾复产示范点，带动全县掀起了农业救灾复产高潮；三是物资援助，财力支持。在财力十分有限的情况下，农业部门拿出专项经费3万多元办好13个示范点，发放救灾物资10多万元、争取商家义捐物资2万多元支援灾区开展生产自救。四是农业局发动农业系统干部职工捐资24700元，为灾区人民献出深情厚谊。

（丘新全）

附：领导班子成员名单

农业局：

局长：何文辉（2005.3—）

副局长：曾国林（2003.5—）
曾伟诚（2008.10—）
郑永久（2009.5—）
陈远寿（2009.5—）

农业系统党委：

书记：何文辉（2008.7—）

副书记：陈伟才（2005.1—）

党委委员：曾伟诚（2008.10—）
郑永久（2009.5—）
陈远寿（2003.8—）
刘燕灿（2003.8—）
许维新（2010.9—）
何文健（2010.7—）

【广东省（韶关）粤台农业合作试验区】 2009年11月3日经广东省人民政府批准成立。是广东第五个粤台农业合作项目，韶关第一个经省政府批准的粤台农业合作试验区，是集生态农业种植和养殖、高新技术研发、特色农产品展示和开发、农业物流、农业生态观光旅游于一体的现代农业发展平台。第一批入园建设的企业有3家，分别为韶关宝岛牛樟芝王生物科技有限公司、韶关和谐生物科技有限公司和国际缤纷生物科技有限公司，总投资额达5.3亿元人民币。

2010年7月6日上午，在江尾镇鹤仔岗隆重举行广东省（韶关）粤台农业合作试验区揭牌暨奠基仪式。广东省副省长李容根，省农业厅厅长谢悦新，市委副书记、市长郑振涛，市委常委、副市长张志才，市政府副秘书长李克厚，县领导朱余旺、廖修成、颜亮等四套班子成员出席了奠基仪式。市委常委、副市长张志才主持仪式。

2010年10月22日，韶关市机构委员会《关于设立广东省（韶关）粤台农业合作试验区翁源核心区管理委员会的批复》，同意设立广东省（韶关）粤台农业合作试验区管理委员会，为县政府直属副处级事业单位，主要负责翁源核心区的日常管理工作。

林 业

【概况】县林业局为县政府政府工作部门，正科级单位，内设办公室、人秘股、计财股、林政股（并挂林地办牌子）、法制股（并挂调处办牌子）、防火办6个股室。

2010年，林业部门深入落实科学发展观，围绕科学“发展现代林业，建设生态文明”的总体目标，抢抓发展机遇，推动改革创新，以更高的热情、更新的举措、更实的作风，科学发展生态林业、民生林业、文化林业、创新林业、和谐林业“五个”林业，积极构建林业生态、产业和文化三大体系，全县林业工作呈现持续、协调的科学发展态势，森林资源培育、管护和林业体制机制改革创新取得较好成绩。全县林业用地面积16.39万公顷，占全市土地面积75%，其中，有林地面积14.47万公顷；森林覆盖率68.4%，森林资源活立木总蓄积量774万立方米。建成了广东翁源青云山省级自然保护区和半溪市级自然保护区，保护区体系面积1492公顷，占全县总面积的6.7%。是年，创建省林业生态县顺利通过省验收。

【林业生态重点工程】全县全年完成荒山（迹地）造林19416亩，其中：石漠化造林2667亩，珠江防护林造林4500亩，生物防火林造林3800亩；完成“万村绿”示范点20个；完成公路绿化19.7公里；完成泥石口复绿1252.8亩；完成幼林抚育20000亩；增加省级生态公益林22万亩，全县省级生态公益林面积74.7万亩。

【集体林权制度改革】基本完成了集体林权制度改革的主体工程，全县累计发放林地所有权证6800宗4400本230.8万亩，发证率为98.3%；核发林地使用权证8900宗6500本229.2万亩，发证率为97.6%；发放股份权益证6.8万本、184万股、6.8万农户，面积184万亩，发证率为99.3%。完成林业系统定岗定编工作，增加财政供给人员编制122名，设立了森林资源管护大队、森林资产评估中心和森林产权交易中心，集体林权制度配套改革走在全市前列，得到省、市领导的充分肯定。

【打击破坏森林资源违法活动】结合省、市开展林业专项整治行动，全县共查处森林案件142宗（其中刑事案件35宗，行政案件107宗），依法处理违法人员261人（次），其中判刑6人，刑事拘留19人，取保候审32人，逮捕3人，起诉3人，行政处罚198人（次），依法收缴木材1269立方米，收缴野生动物一批，为国家挽回经济损失122万元。

【森林灾害防治】全年营造生物防火林带27.7公里，面积41.55公顷。加大森林防火宣传力度，投入资金26.14万元，制作永久性宣传牌175块，宣传标语350条，发放宣传小册子、宣传挂历10万份。加强队伍建设，县建立了60人的应急分队，各镇（场）建立了30人的半专业扑火队伍。2010年，全县共发生森林火警火灾7宗，受害面积17.76公顷，森林火灾受害率0.13‰，森林火灾发生率为每10万公顷4.3宗。加强林业有害生物防治工作，林业有害生物成灾率为0%，测报准确率95%，无公害防治率100%，种苗产地检疫率100%。

【资源林政管理】严格执行森林资源采伐限额制度，严格控制采伐天然阔叶林，2010年全县森林采伐限额12.388万立方米，实际消耗量11.622万立方米，基本实现了森林资源林政管理网络化、自动化、规范化。全年共审核并送省审批征占用林地9宗，总面积50.0603公顷。

【和谐林区建设】加大山林纠纷调处力度，建立山林调处奖惩制度，极大地调动了各镇（场）山林调处工作的积极性，有效地破解了山林纠纷的困局。全年接访群众来信、来电、来访950人（次），协调解决山林权属纠纷案件402宗，调处山林纠纷面积10.68万亩，办理行政复议案件13宗、行政诉讼案件20宗，自办案件结案8宗，为全面完成集体林权制度改革主体工程任务创造了条件。

【林业产业】全年完成木材生产销售7.1809万立方米，销售收入3000多万元。建成了年产1万吨、年产值1000万元安源林业发展有限公司木片厂。成功引进凯通中高密度纤维板有限公司，兴建一间年产10万立方米、年产值超亿元的中（高）密度纤维板厂，项目基本建成，计划在2011年投产运营，项目的建成，填补了我县无一家林业加工龙头企业的空白。

【自然保护区和森林公园建设】积极推进自然保护区和森林公园建设，建成了半溪市级自然保护区和青云山省级自然保护区，建成了广东翁源青云省级森林公园和东华山、金鸡、黄竹坪、九仙障4个县级森林公园，目前全县自然保护区体系、森林公园面积达到1492公顷，占全县林业用地面积的9.1%，占国土面积6.7%。

（罗蔚新）

附：局领导班子成员名

局　长：林有成（2010.7—）

党委书记：李保新（2003.5—）

副局长：张俊富（1998.2—）

邓永恒（2003.5—）

丘丁华（2008.10—）

党委副书记、纪委书记：陈联厚（2009.5—）

森林公安分局局长：朱光松（2004.1—）

【青云山省级自然保护区】 区内风光秀丽，绿荫叠翠，飞瀑流泉随处可见。区内森林植被保存完好，动植物资源丰富，青云山距县城约7公里，海拔1246米，总面积7359公顷，涵盖老隆山林场、跃进水库、龙仙镇青山村和青云村等地。保护区内绿树环绕，鸟鸣啾啾，古树、溪流、奇石、飞瀑天然一体，如诗如画。区内泉水甘洌，清风送爽，空气自然清新，置身其中仿如进入了一座天然的大氧吧。

2007年青云山被批准为市级自然保护区，2009年3月升格为省级自然保护区。正着手申报建设为省级森林公园，将其打造成休闲养生的新景区。

青云山谷深林茂，森林覆盖率96.4%，地表水水质良好。大部分地段森林植被保存完好，有较典型、完整的亚热带常绿阔叶林森林生态系统，区域地带性森林植被保存较好，植被垂直带谱保存较完整，是全县连片天然常绿阔叶林面积最大的地方。

区内物种繁多，动植物资源丰富，共有野生维管植物184科586属1091种，其中，国家重点保护野生植物8科9属9种，野生珍稀濒危植物6科6属6种，现已确认的国家重点保护动物28种，广东省重点保护动物15种。

2008年10月，在保护区的老隆山林场发现了一棵罕见的国家珍稀濒危二级保护植物半枫荷，这种树一棵树上长出两种树叶，一半是枫，一半是荷，十分奇特。此树高25米以上，胸径达150厘米，树龄至少有100年，依然枝繁叶茂。专家估计这棵半枫荷无论树龄还是树高，均为全省之最。次年1月，又发现了三棵罕见的国家一级保护植物野生仙湖苏铁。

水　　利

【概况】 2003年机构改革设置为水利局。2010年县委、县政府大部制机构改革，设立翁源县水务局。为县域主管水行政，县人民政府工作部门，正科级。将原水利局的职责划入水务局。内设人秘股、水政股、机电股、工管股、农水股、计财股、党委办公室、水政监察大队及县三防办、移民办10个职能股室，下辖跃进、冲下2个水电站和跃进、岩庄、泉坑、桂竹4个中型水库管理所及机电排灌管理总站、河堤管理所、农建队等9个企事业单位。局机关行政编制17名，其中：局长1名、副局长3名、党委副书记兼纪委书记1名，股长10名、后勤服务人员2名。2010年全县完成工程总投资1.870534亿元，其中省级以上资金到位0.8342亿元，市及县投资1.036254亿元。

2010年，翁源县龙仙湖、城区河堤重点工程项目全面建设、城乡水利防灾减灾工程、病险水库除险加固、农村安全饮水工程全面实施、农村小水电、水库移民和水政执法等各项水利工作取得新成绩。至年底，全县新增达标堤防22.23公里，除险加固中小型水库29宗，解决农村安全饮水4宗，受益人口1.1158万人，改善渠道维修239.7公里，治理水土流失面积16平方公里。全县计有中型水库5宗（跃进、岩庄、泉坑、桂竹、长潭），小（一）型水库有14宗，小（二）型水库75宗，其他山塘水库286宗。总库容1.5124亿立方米，有效灌溉面积19.59万亩，其中旱涝保收面积3.68万亩，节水灌溉面积1.82万亩，全县河道堤防61条，总长147.703公里，保护耕地面积5.734万亩，保护人口25.22万人，引水工程191宗，总引水流量15.91立方米/秒。水利工程供水量2.0亿立方米。有小水电站185座，总装机容量为10.3万千瓦，年发电量2.926亿千瓦时，对比上年增长76.26%。

【水库除险加固工程建设】 2010年完成了2009年动工的29宗病险水库除险加固工程，其中中型水库一宗（岩庄）小（一）型水库4宗，小（二）型水库24宗。工程总投资为11624万元，其中争取市级以上资金6799万元，至本年12月止，全面完成了工程建设任务。值得自豪的是翁源县病险水库除险加固工程建设得到了省、市水利部门的充分肯定，在省水利工作会议上，翁源县病险水库除险加固工作经验和做法被作为典型在全省推广，并代表韶关作了书面介绍。

【农村安全饮水】 2010年全县完成农村安全饮水工程4宗，投入资金657.64万元，解决11158人的安全饮水问题。“5·6”特大洪灾损坏饮水工程3宗，于当年投入资金129万元修复完好，已投入使用。

【农村小水电】 2010年新建小水电站工程4座，共投资7038万元，至此全县共有小水电站185座，总总装机容量为10.3万千瓦，年发电量2.926亿千瓦时，对比上年增长76.26%。“5·6”特大洪灾损坏水电站19座已维修运行，共投入修复资金468.5万元。

【水库移民】 移民工作是事关大局，稳定社会和谐的重要工作。2010年认真贯彻执行国家有关移民政策，积极争取专项资金，大力扶持水库移民发展生产和改善生活，共争取上级移民扶助资金454.36万元，其中资助移民建房62户，补助资金101.1万元，建设移民安全饮水工程4宗，完成移民村道路改造及环境整治工程3宗，建设移民灌溉工程2宗。

【水政执法规费征收】 加强水政水资源管理是依法治国和促进社会经济持续发展的根本要求。今年的水政工作，首先，充实加强水政监察人员，在全县公开调选了4名优秀的公务员到水政监察大队；其次，利用世界水日（每年的3月22日）大力宣传水法规知识，书写横额标语50条，印发各种水法规宣传资料300多份；再次，加强水法规费的征收工作。2010年共征收水利规费130多万元，其中水资源费50.8万元。

【“5·6”洪灾损失与灾后重建】 2010年5月5—7日，县域大范围遭受了历史上从未有过的特大洪水侵袭，滃江站洪峰水位达到101.8米，流量达3430立方米/秒。全县七镇一场155个村受灾，受灾户85600户，受灾人口达25万人，死亡2人，失踪1人，是有历史记载以来仅次于1964年的特大洪灾。在这场特大洪灾中水利工程损失惨重。在洪灾中全县共损坏山塘水库29宗，堤防54处长达54公里、冲毁水陂199座、损坏排灌泵站39座、灌溉设施1781处、水电站19座、农村安全饮水工程4处、直接经济损失2.12亿多元。经过多方努力在2011年春节前89%水毁工程已修复使用，共投入资金9080.4万元，其中省级以上投资530万元，县财政调整筹措资金300多万元，其他为各镇筹措资金，企业赞助资金和群众投劳折资。上级对翁源县“5·6”特大洪灾十分重视和关注，中共中央政治局委员、省委书记汪洋于5月9日专程前来翁源县视察灾情，对翁源县上下团结一致，众志成城抗击特大洪灾工作给予充分肯定。

【机电排灌管理】 全县机电排灌泵站有52座总装机容量3340千瓦，有效灌溉面积26400亩，人大议案技改34座，省级投资1134.99万元，已全部完成。“5·6”特大洪灾中有39座被不同程度损坏，灾后投资30多万元迅速修复运行。

【县城防洪堤——龙湖公园】 翁源县不断加大城市防洪工程建设。投入资金对县城防洪设施进行大力建设和改造。经过几年的努力，龙仙河县城几十公里的河堤于2010年12月完成竣工。河堤的建设成功极大提高了县城防洪能力。

防洪堤和龙湖公园始建于2004年11月8日开工。防洪堤工程总长22.223公里（其中龙湖堤长3.8公里）防洪堤工程由滃江河、龙仙河（河道清淤疏浚）挡土墙、穿堤排水涵及配套设施等组成。防洪堤工程按50年一遇洪水标准设计，工程总投资约为1亿元，2010年12月基本建成。工程实施后，近期可捍卫城区面积10.5平方公里，捍卫人口10万人。远期可捍卫城区面积19.4平方公里，捍卫人口18万人。

龙湖兴建在龙仙镇龙仙河地税新桥至翁源中学新桥段之间，属人工景观湖。湖面纵长1.8公里，湖面宽70—300米，占地面积约645亩（其中湖区水面约430亩）。龙湖工程分三期进行建设，第一期为湖区土石方开挖工程；第二期为湖区河堤堤身工程；第三期为湖区周边交通景观附属工程。龙湖堤坝为橡胶坝，坝高6.3米，其中橡胶袋高5.1米，底坎高1.2米。仅一跨坝长75米，两岸采用斜墙连接，坝袋采用彩色无接缝充水式橡胶袋，充水时间为2.5小时，排水时间为1.5小时，四层控制室建在橡胶坝左岸平地上，结构为圆形。湖周围建筑形状不一的湖堤，水深1.5米，湖堤高为2.5—3.5米，总长为3.8公里，湖容量为43万立方米，湖面上下分别建有便桥各1座。为满足湖区交通要求，湖堤后建有5m宽的景观路，与湖区外城市道路相连。湖周围为汉白玉栏杆，晶莹洁白，极为美观，并安装了几百灯饰。晚上，湖水、灯光相互照映，壮观美丽。龙湖的建成为龙仙河洪水提供一个防洪缓冲滞洪平台，可减轻河堤工程的防洪压力，进一步提高县城防洪能力。龙湖周围布置多种文化娱乐和休闲设施，集休闲娱乐、观光旅游和体现翁源历史文化为一体的景观湖。

水文监测

【概况】 翁源在水文方面有区域代表站1处，小河站1处。官渡镇河唇刘屋是北江水系水文站，北江水系水文站有滃江河的滃江站。雨量站有横石水的太坪站、翁城站、滃江上游的鲁溪站、九仙水的松塘站、贵东水的贵东、陂头站、龙仙水的翁源站、滃江河的三华站、周陂水的周陂、礤头站、涂屋水的牛屎励站、太坪水的陂头站、矾洞水的凉桥站以及四宗中型水库各有一个站等17处。各站主要控制县内各种水文要素的数据，为水利水电工程的规划和河流治理、通航规划提供依据，在防汛抗旱起到耳目和尖兵作用。

【水文水质】 依据《地表水资源质量评价技术规程》（SL395—2007）、国家《地表水环境质量标准》（GB3838—2002），对韶关市境内江、河、湖、库水体水质进行评价达标分析认为2010年河流水质总体情况尚好，水库水质总体情况较差。滃江河翁源有92公里（源头8公里被划为环境保护区）河段对人畜用水、工、农业及环境用水均属于2级达标。跃进、泉坑两宗中型水库担负供给人畜用水任务，据监测也达2级标准，属于安全饮用水行列。

水库简介

【岩庄水库】 位于北江一级支流滃江河上游——鲁溪水，地处翁源县坝仔镇金鸡村，离县城36公里。

水库始建于1957年12月，由时任翁源县县长何云程任工程总指挥。前后施工长达十多年，最多施工人数有1.5万多人。水库集雨面积37.5平方公里，坝顶高程263.5米，最大坝高39.5米，坝顶长435.02米，坝顶宽6米，水库正常水位258米，相应库容1428万立方米（最大库容1964万平方米）。水库枢纽工程由土坝、溢洪道、输水涵管及坝后电站组成。当时总投资629万元，其中国家投资304.13万元。是以灌溉为主，结合防洪、发电等综合利用的中型水库。原设计灌溉岩庄、坝仔、松塘三个镇农田面积2.54万亩，干渠长10公里。保护下游1.5万人口生命财产及省道324线翁源县—江西公路的安全。

2006年12月省水利厅组织专家进行水库安全鉴定，以省水利厅批复，同意岩庄水库大坝安全鉴定评为三类坝，决定2009年立为除险加固工程，并于当年8月动工，2010年11月16日基本完工，2010年11月25日完成竣工验收，总投资3336万元。

2010年，岩庄水库有职工12人（不含退休人员21人）有管理处主任1人、副主任1人。

【泉坑水库】 位于翁源县翁城镇东北部，距县城约60公里，所在河流为翁江水系一级支流横石水的二级支流泉坑水，地处泉坑村委，本工程于1959年12月开始兴建，以灌溉为主，结合防洪、发电、供水等综合运用的中型水库。集雨面积12.18平方公里。总库容为1660万立方米（原设计）现为1275万立方米。泉坑水库于1965年建成使用改变了翁城镇苦旱面貌，使翁城9650亩农田得以旱涝保收。

泉坑水库主要建筑物由大坝、副坝、溢洪道、输水涵管、引洪渠及坝后电站（装机250千瓦）组成，工程总费用100.4万元，其中国家投资69.44万元。

2010年，泉坑水库有干部职工14人（含退休人员）其中水库管养所长1人，副所长2人。

由于本工程仓促上马，且处于“大跃进”时期工程，1965年建成后一直带病运行。1976—1999年间先后四次进行了加固、改进、维修。1976年迎水坡加2米厚黄泥防渗，消除了牛皮涨现象；1990—1991年对坝体进行了劈裂灌浆，消除了隐患；1995—1999年进行了主坝加宽培厚，副坝加宽坝顶并局部增加了防滑墙，154米高程以上采用浆砌石护坡；改造溢洪道消能，修改为二级消能坎等。使水库达到省厅除险加固等级要求。

【跃进水库】 位于滃江一级支流龙仙水的分支深渡水，距县城15公里。坝址以上集雨面积28.8平方公里，最大坝高53.1米，坝长125米，坝顶高程533.1米，正常水位527米，相应库容1504万立方米，最大库容为1885万立方米。本工程始建于1970年，1972年竣工投入使用。水库是一座以灌溉、发电为主，兼顾防洪、城镇供水等综合利用的中型水库和枢纽工程，水库担负下游10850亩农田的灌溉任务，下游电站装机容量为6100千瓦，同时承担县城居民的生活用水，捍卫下游人口2.5万人安全和10万亩农田免受洪水侵害。

跃进水库建成总工程费用为380.9万元，其中国家投资271.8万元。水库建成后一直处于控制运用状态，经1997年对该水库工程进行安全鉴定，确定为病险水库，列入安全加固工程项目，并于2001年动工，2003年9月完工，完成了全部加固项目，工程投资1430万元，其中省投资1390万元，县自筹资金40万元，加固后运转一直正常。

2010年，跃进水库干部职工51人（含退休人员18人）其中管理所所长1人，副所长2人。

【桂竹水库】 位于北江一级支流翁江上游太平支流桂竹水，地处翁源县龙仙镇东北部的桂竹管理区，离县城13公里。水库始建于1971年8月，集雨面积26平方公里，水库为年调节水库，正常水位为210米，相应水库库容864万立方米，设计标准灌水位为21187米（按50年一遇的设计标准），相应库容1003万立方米。水库设计灌溉面积为1.5万亩。水库枢纽由大坝、溢洪道、输水涵管及坝后电站（285千瓦）组成，是一座以灌溉为主，结合防洪、发电、养殖等综合利用的中型水库。

2005年该水库被确定为病险水库，2006年248号省发改农文件批复同意立项核定该除险加固工程总投资1456.46万元，对坝坡削坡、培厚放缓坝坡，加宽坝顶、坝肩防渗、加固溢洪道、新建输水隧道，移坝后电站，建设大坝安全监测自动化系统等进行了全面整修加固，于2007年9月15日动工，2009年3月31日完工。

2010年，桂竹水库有干部职工10人（含退休人员1人）其中管理所所长1人，副所长1人。

水电站简介

【跃进水电站】 建于龙仙水上游，共分六级，总装机容量7010千瓦。一、二、三级为县办，四、五、六级为龙仙镇办企业（装机容量分别520千瓦、40千瓦、250千瓦）。

跃进水电站一、二、三级共装机容量6200千瓦。一级站为跃进水库坝后电站，水头36米，于1971年10月1日投产，2台机组共400千瓦。1981年以增加一台200千瓦，设计年发电量100.8万千瓦时，造价34.7万元。二级电站于1974年5月1日全面竣工共3台机组2400千瓦，总造价为114.36万元，设计年发电量为1000.4万千瓦时。一、二级水电站建成投产，使县氮肥厂、磷肥、水泥厂、糖厂相继建成投产，为县工业振兴作出了应有的贡献。二级水电站引一级站尾水，通过600米引渠90米长隧洞到前池，毛水头192米压力管为钢筋混凝土管相结合，长408米直径为0.8米。三级水电站再引二级站尾水，通过740米渠道到前池，毛水头为95米，另引园洞水2.7立方米/秒补充，装机2台共3200千瓦，于1978年7月1日建成投产，总工程造价256.85万元，设计年发电量为969.6万千瓦时。

2010年，跃进水电站有干部职工223人（含退休人员34人），其中站长1人，副站长共4人。

【冲下水电站】 位于翁江河冲下河段（原六里华东村）。拦河坝为1967年所建，形式为浆砌硬壳陂，左右岸建有水轮泵站。1980年10月在右岸建水电站，左岸建船闸。1982年5月1日建成投产，6台机组，装机容量1500千瓦，设计流量37.8立方米/秒，水头5.5米，年发电量为650万千瓦时，电站工程造价188万元，是当时翁源最大的径流电站。电站建成运行后，随着情况变化，作了相应的挖潜改造，于1993年11月对水陂进行加栅，提高水位相应增加了发电量。2010年，冲下电站有职工104人（含退休人员19人），站长1人，副站长4人。

【河道堤防工程管理所】 2008年3月经县编委会批复同意成立翁源县河道堤防工程管理所，为县水利局下属股级事业单位，核定事业编制5名，人员采用聘用制管理，经费由县财政从河堤管理费中列支，现有所长1人，副所长1人。负责县城河道堤防工程建设、管理、维修养护和堤围防护费征收工作，确保河道畅顺、堤防工程安全运行，依法保护堤防及其设施，保障防洪安全，发挥河道堤防的综合效益。

【机电排灌管理总站】 翁源县机械排灌站成立于1966年10月，1979年改名为翁源县机电排灌管理总站，设站长、副站长各1人，当时有机械维修工和机械操作工共14人。购置有车床1台、电焊机2部、摇臂钻1台、台钻1台、流动抽水机20多台共400多匹马力。1986年秋旱又增购抽水机14台200多匹马力。排灌管理总站主要任务是为农业抗旱提水灌溉和工程施工服务。1973年全县水轮站达126座，装机236台，灌溉面积达1.16万亩，曾为农业抗旱夺取农业丰收起过一定作用。2010年，排灌管理总站有职工共16人，其中退休职工7人，站长1人副站长1人。有车床1台、电焊机1部、摇臂钻1台、台钻1台、流动抽水机40部共800匹马力，机电排灌泵站52座，总装机3340千瓦，有效灌溉面积26400亩。

（刘秋源）

附：领导班子成员名单

党委书记、局长：宋初春（2002.1—）

党委副书记兼纪委书记：刘洪明（2009.5—）

副局长：毛增欢（1995.4—）

刘匡永（2008.10—）

黄广锋（2009.6—）

畜牧·兽医·水产

【概况】 翁源县畜牧兽医水产局是2007年由原县畜牧水产技术推广中心组建成的县农业局下属副科级事业单位，赋予畜牧兽医水产行政管理职能，参照公务员管理。内设办公室、畜牧兽医股、动物卫生监督所、畜牧兽医科学研究所、水产股、水生动物防疫检疫站，2010年在职人员24人。在县辖七镇设有畜牧兽医水产站，实行县镇双重管理，2009年，经县政府第五十八次常务会议讨论决定，核定30个全额财供预算编制，是年在职人员47人，其中技术员21人，工人26人。

2010年全县生猪饲养量34.7万头，出栏20.3万头，分别比2009年增长2.85%和8.86%；“三鸟”饲养量536万羽，出栏397.5万羽，分别比2009年增长33.1%和42.8%；牛饲养量1.95万头，出栏0.65万头，与2009年基本持平；羊饲养量1.4万头，出栏0.75万头，分别比2009年增长8.5%和20%；羊奶产量1600吨，比2009年增长6.7%；水产品放养面积24055亩，起捕鱼产品5569吨。全县畜牧、渔业产值40702万元，畜牧、渔业已成为农村农民增加收入的主要经济来源之一。

【动物防疫】 抓好春秋两季动物防疫，采取月月补注措施，2010年全县共注射猪口蹄疫32.7万头，猪高致病性蓝耳病32.7万头，猪瘟32.7万头，注射高致病性禽流感492.1万羽，鸡瘟492.1万羽，牛羊口蹄疫3.75万头（只）。全年没有发生重大动物疫情，保障了全县畜牧业的健康持续发展和人民群众肉食品消费安全。

【动物检疫及监测】 加强对屠宰场的管理及畜禽经营市场的监管，做好活畜、禽及其产品的检疫。2010年产地检疫生猪7.5万头，“三鸟”0.86万羽，犬只0.25万头。加强动物疫病的监测，及时掌握疫情动态，为科学防治提供依据，全年共抽检禽流感免疫血清605份、鸡瘟免疫血清244份、猪口蹄疫免疫血清120份、猪高致病性蓝耳病免疫血清120份、猪瘟免疫血清120份、“三鸟”试纸60份、耕牛血吸虫纸血片81份、奶山羊结核病805份、奶山羊布病1560份、马血清3份，免疫有效率达到国家要求并处于全市领先水平。

【落实强农惠农政策】 落实国家强农惠农政策。一是实施能繁母猪保险，2010年全县能繁母猪共投保20257头，中央及省市投入补贴资金972336元，由于受“5·6”洪灾影响造成全县1201头能繁母猪死亡，共支付理赔款120.1万元。二是落实生猪标准化规模场（小区）建设项目，全年共完成生猪标准化规模养殖建设项目4个，投入项目建设资金370万元。其中中央投资190万元，有效降低了养猪业风险，促进了畜牧业良性发展。

【规模化养殖】 自2007年以来，先后引进华农温氏有限公司广州江丰实业股份有限公司，通过“公司+农户”的养殖模式，为养殖户提供产前、产中、产后服务，2010年通过龙头企业的辐射带动，全县共有生猪规模养殖场388家，其中温氏

139家，肉鸡养殖场81户，其中江丰公司40户。

【救灾复产】 2010年5月6日全县遭受特大暴雨侵袭，使养殖业损失严重，共淹死生猪6588头、肉鸡142080羽、牛13头，冲毁栏舍267间，浸水鱼塘1.23万亩，损失水产品1448吨，造成直接经济损失4159.7万元。灾情发生后，畜牧兽医水产局迅速部署和落实各项救灾复产措施，组织技术人员赶赴全县各镇了解灾情，制定切实可行的灾后复产措施，指导养殖户开展灾后复产工作，最大限度降低洪灾造成的经济损失。

【水产养殖】 全县共有鱼苗繁育场5个，主要以繁殖和培育四大家鱼为主。2010年，全县放养面积24055亩（其中池塘17736亩、水库6319亩），起捕鱼产量5569吨，生产各类鱼苗28500万尾，投放各类鱼种2410万尾。

（黄利平）

附：领导班子成员名单

局　长： 陈远寿（2003.6—）

副局长： 王庚庭（2009.5—）

陈志成（2009.4—）

农业机械管理

【概况】 翁源县农业机械管理局的前身为农机局。1997年机构改革改为农机管理总站，2001年又改为农业机械推广中心，2008年8月又更名为农业机械管理局，为正科级参公事业单位，赋予行政职能。2010年局内设人事秘书股、管理股（监理股）、推广股、培训股4个股室，现有干部职工16人。2010年，翁源县农机机械管理局认真开展农机管理、安全监理、技术推广和培训等工作，通过实施农业机械购置补贴、省园艺机械区域性推广站和水稻育插秧机械化示范县项目建设，加快了翁源农业机械化的进程。

【农机购置补贴】 2010年，为确保让农机购置补贴惠农政策落到实处，积极争取中央和省的农机购置补贴资金，根据《广东省2009年中央财政农机购置补贴实施方案》要求，开展形式多样的政策宣传。一是局里成立专门成立农机购机补贴领导小组，由局长亲自担任组长，加大工作领导力度，扎实有序，高效工作。二是广泛宣传，利用会议，经销商门前广告、电视广告和宣传车到各镇宣传以及横挂补贴政策标语等多种形式在全社会广泛宣传，使广大农民更多地了解农机购置补贴政策；三是阳光操作，公开办事程序、补贴机型和标准，享受补贴人员等，自觉接受社会监督；四是热情服务，方便机手，讲清政策，应补尽补。全年共完成农机购置补贴资金4910870元，其中，中央补贴资金4700800元，省补贴资金210070多元，拉动农民资金14732610元。县共补贴各类机具3561台，其中大中型拖拉机5台，各类型水稻联合收割机38台，耕整类机具2524台，农机推广达历史新高，农机装备水平达到逐年提升，据统计，至年底止，全县农机总动力达16.8万千瓦，同比增加2.45千瓦，增长17.07％。

【加强农机监管】 紧紧围绕创建“平安农机”为目标，强化服务意识，发挥农机监理职能作用，坚持以法治机。一是积极开展多种形式的农机安全生产宣传教育活动。利用播放农机安全生产光盘、张贴宣传标语、发放农机安全小手册和宣传单等形式，对全县的农机操作手进行农机安全生产宣传教育，同时组织农机操作手学习农机法律、法规，使广大的农机操作手充分认识到农机安全生产的重要性，自觉依照法律、法规使用农机。二是做好农机安全生产监督检查工作。是年，对农机安全隐患较突出的区域、田间、场院进行十多次不定期的农机安全生产检查，查处和纠正了一些违规违法的行为。同时，还积极主动地与公安交警部门沟通，争取他们的大力支持和协助，加大了对上路拖拉机的监管检查力度，促使一批无牌无证和没有参加年检审的机车和机主到农机监理部门办理相关的证照手续，使全县农机安全生产得到进一步巩固和稳定。是年，共办理新车入户50台，年检148台，总缴交保费34440元。三是依法行政。监理人员认真学习农机法律法规知识，业务水平不断提高。按照规定和程序，认真做好拖拉机注册登记入户、牌证发放、驾驶员培训、考试、核发证照，机车年检和驾驶证换证等工作。对手续不齐、安全性能差和改装拼装的拖拉机一律不予登记入户；凡是办理登记入户和换发证照以及参加驾驶员培训考试的拖拉机驾驶员，一律签订《农机安全生产责任书》。四是严格按照《全国农业机械事故报送分析系统》的要求依时上报农机事故月报表，按月按季完成各项农机监理报表的报送工作。全年未发现有农机安全生产事故。

【围绕“双抢”，强化服务】 春夏“双抢”耕收期间，充分利用农业机械，积极开展为农业生产、农民增收服务。一是加大农机宣传力度，通过送科技、送信息下乡和机具演示会等多种形式，深入广泛地宣传农机化各项工作。二是发挥基层农机网点作用。通过农机供应网点和维修网点，开展便民服务，确保农机在耕种收期间的及时投入、及时维修。三是充分发挥农机在农业生产中的作用，确保农业丰收，农民增收。据统计，全年完成机耕总面积47120公顷，同比增加7600公顷，增长19.2％。其中水稻机耕面积25140公顷，同比增加7600公顷，增长43.3％；水稻机收面积2667公顷，同比增加288公顷，增长11.7％；完成机插面积220亩。

【县农机培训学校顺利通过省市农机专家评审小组评审验收】 11月2日上午，广东省、市农机部门专家领导小组一行在翁源县农机局长何文健的陪同下，到县龙城机动车驾驶员培训学校开展拖拉机驾驶培训机构资格认定现场评审工作。前来开展拖拉机驾驶培训机构资格认定现场评审的专家领导小组成员主要有：省农业厅农机办副主任刘亚平；省农业厅农机办科长徐祥飞；华南农业大学工程学院副院长李长友；省农机鉴定站副站长熊元芳；省农机鉴定站办公室副主任梁生。市农机办副主任李日明；市农机推广站长黎志雄。

拖拉机驾驶培训学校主要担负全县拖拉机、播种机、插秧机、收割机等各种农业机械操作人员的培训任务，已经成为农民特别是农机手利用农闲充电的主要场所之一。根据《关于做好拖拉机驾驶培训机构资格认定工作的通知》要求，专家领导评审小组在翁源县龙城机动车驾驶员培训学校，对教学场地、教学车辆设备、教学培训管理制度、教练员资质等12项考核指标进行全面监督检查，并详细了解拖拉机驾驶培训学校下一步的工作计划。经检查，县龙城机动车驾驶员培训学校各项指标均基本达标。评审组对存在问题进行了现场指导，帮助农机培训学校做好硬件的完善和软件的提高，确保培训质量和效果。

【农机推广】 11月19日，翁源县农业局、翁源县农业机械管理局在龙仙镇会联村联合举办翁源县现代农业装备推广现场演示会。各个厂家经销商的专业技术人员把带来的将近50台的现代农业机械“汽牛”、“如意”，“吉峰”、“鑫源”、“汇奥”“力源”“开普”等品牌，包括大中型拖拉机、微耕机、旋耕机、起垄机等农机进行现场操作示范。

此次演示会还请来了相关工程技术人员和农业专家，向参会的农民介绍耕整机械的主要功能作用和安装维修保养知识。农业专家介绍了今年如何把握时机，大力推广先进技术，推广各种蔬菜的新技术，新产品。同时参观了相关农机设备的操作演示和维修保养过程。专家们还和翁源各地农机合作社社员、农机专业户、种植大户等进行座谈，相互交流意见和经验，以具体实例引导农户和农业生产经营组织使用农机化新技术、新机具，改善生产经营条件和手段，开拓致富门路。演示会取得了良好效果。

（刘　佗）

附：领导班子成员名单
局　长：何文健（2010.7—）
副局长：徐汝贵（2010.7—）

气　象

【概况】 2010年，翁源县气象局是市直管的正科级单位，内设办公室、业务股2个股室部门，下辖翁源县防雷设施检测所1个正股级直属机构。主要职责为：负责全县基本环境气象业务及公益气象服务工作工作。全局人员编制12人。2010年被广东省气象局评为“重大气象服务先进集体”，同时还获得翁源县先进基层党（总）支部、社会治安综合治理先进单位、人口与计划生育先进单位等多项荣誉。

【依法行政】 2010年，翁源县气象局共办理行政审批事项191件，其中新建楼房竣工验收工作29件，旧楼检测40件，易燃易爆场所122件。继续加强与建设局等相关部门的联系工作，进一步与官渡开发区在防雷报建工作方面加强沟通，使开发区报建率达90%以上，县城报建率保持100%。10月底，派人进驻翁源县投资企业服务中心上班，对外企来报建人员进行有关防雷法律法规等文件和防雷知识等的宣传，使外商感到满意。11月份，会同县应急办组织召开了翁源县气象信息员培训工作会议，还邀请了市气象局的专家对新聘任气象信息员、协管员进行上岗培训。并向气象信息员发放了《气象信息员知识读本》、《气象信息员知识问答》、《农村气象信息员培训教材》、《农村生产气象灾害应急避险常识》、《韶关市气象灾害防御规定》等培训教材共1200多册本。

【新基地建设】 新气象探测基地建设取得了新进展，完成了第二期18亩土地的征地、青苗补偿，以及新观测场、业务值班房、第一期围墙的建设、仪器设备的安装，并于2010年12月31日20时正式启用，彻底改变了翁源气象观测数据缺乏代表性的历史，并对气象探测环境保护进行了备案。

【业务与气象服务】 2010年，坚持“以人为本、无微不至、无所不在”的气象服务理念，稳定测报质量，提高天气预报准确率。全年发布《天气报告》、《重大气象信息快报》、《重大气象信息专报》、《气象灾情快报》等气象情报预报64期，发布各类预警信号80期，决策服务短信148期，进行气象灾情调查4起。决策气象服务及时、准确，特别是5月6日翁源县出现了史无前例的特大暴雨，县气象局充分运用中尺度气象自动站、气象预警信息显示屏和手机决策服务平台等气象设备设施的关键作用，发布了2期《天气报告》、3期《重大气象信息快报》和8期手机决策服务短信，为县委县政府科学决策，迅速组织人民全县抗击特大洪涝灾害提供了科技支撑；公众气象服务则通过气象信息电子显示屏和翁源县政务网对社会公众每天滚动发布未来两天天气预报，并开创了一周天气展望和雨情快报等服务短信；专题气象服务重点跟踪了两会、赏花节、高、中考等重要活动和通过兰花协会、信达茧丝绸等企业向广大专业户进行细心服务。地面测报错情率为0。

全年气候概况。2010年总体气候特点是：气候温和，雨量偏多，光照偏少。年平均气温20.8℃，比常年平均偏高0.4℃；年极端最高气温36.8℃（8月4日），年极端最低气温—1.4℃（12月17日）。全年霜日5天，结冰3天。年降水量2208.7毫米，比常年平均偏多24%成。全年日照1442.0小时，比常年平均偏少近17%成。3月7日—11日出现一次较弱的低温阴雨天气过程，10月出现1次偏晚的寒露风天气过程，2次天气过程对农作物没有造成影响。

灾害性的天气。5月6日的特大暴雨、6月14—16日的暴雨局部大暴雨、8月22和23日的强雷暴天气、12月17—18日出现低温霜冻天气，都造成了不同程度的灾害，给人们生产生活带来很大影响。

洪涝。5月6日受低槽和切变线的共同影响，翁源县出现了特大暴雨，是有气象记录以来的最大降水，全县各地出现了不同程度的洪涝灾害，共计受灾人口25万，安全转移人员25703人，抢救被围困人口3800多人，死亡2人，失踪1人，对农林牧渔业，交通、供电、通讯、水利设施等造成严重损害，全县直接经济损失7.5409亿元。

6月14—16日，受高空槽和切变线共同影响，全县普降了暴雨局部大暴雨，21日龙仙下了大暴雨，两次强降水过程使县域各地出现了不同程度的洪涝灾害，全县受灾人口9.7万人，转移人口235人，农作物受灾面积6233.5公顷，成灾面积4010公顷，绝收面积54.7公顷，对交通、通讯、水利设施、农林牧渔业造成一定程度影响，直接经济损失6188万元。

低温霜冻。12月17—18日出现低温霜冻天气，自动站录得最低气温岩庄—4.8℃，本站—1.4℃，县域的果蔗、水果、花卉等农作物受到低温冻害影响，受灾面积83160亩，成灾面积62550亩，绝收面积1980亩，直接经济损失5260.5万元。

雷暴。2010年共出现雷暴日61天，因强雷暴造成雷击死亡事故2宗。

2010年8月22日，坝仔镇三坑村罗屋农民罗某夫妻，两人在田间干活，雷雨来时在田边无任何防雷装置的简易砖砌棚屋内避雨，靠近砖屋门边的罗某妻子没有任何反应即被强大雷电流击中，造成一死一伤。

2010年8月23日下午14时左右，翁源县江尾镇连溪村的农民吴育林（男，41岁）、卜喜花（女，37岁）夫妇、陈丹花（女，55岁）三人在桥头附近农田劳动，因天气突变，于是三人在桥头边的一个无任何防雷装置的简易凉亭里避雨，遭到强雷暴击中，三人当场死亡。

（曾德松）

附：领导班子成员名单

局　长： 曾运东

副局长： 罗锐营（2010.8—）

朱深俊（2010.1—）

广东省改善农村支付服务环境专业市场建设示范点授匾仪式

交通·通讯

交通运输管理

【概况】 翁源县交通运输局是主管公路、水路和城乡公共交通运输等交通运输行业的县人民政府工作部门。至2010年7月19日，根据县人民政府机构改革方案，组建县交通运输局，将县交通局的职能划入县交通运输局。内设综合行政执法局（副科级）、办公室、规划基建股、运输管理和安全生产监督股（加挂县交通战备办牌子）、财务审计股5个职能部门，有干部职工人数共25人。下辖交通管理总站和地方公路管理站2个管理站，职工人数64人，其中交通管理总站33人，地方公路管理站31人。是年，县交通运输局业务工作被评为全省道路水路交通运输专项整治活动先进集体、全市农村公路工作先进单位，被县委、县政府评为2010年度政府部门绩效考核一等奖、社会治安综合治理工作先进单位、争取上级资金先进单位、完成固定资产投资任务先进单位。县地方公路管理站被评为全市地方公路系统工程管理先进单位，藤山道班、仙鹤道班被评为全市乡村公路养护管理先进单位，陈思旺被评为全市地方公路系统先进个人，刘福妹被评为全市地方公路系统养护之星。

年末，全县地方公路总里程1359.6公里，其中县道13条246.4公里，乡村道151条564.7公里，公路桥梁135座4836.4米，公路密度73公里/百平方公里。

【交通发展规划】 制订并下发了《翁源县交通运输“十二五”发展规划》。按照规划，2011—2015年，公路建设方面，一是加强与上级部门的沟通协调，力促长45公里、总投资36亿元的昆汕高速公路翁源段和长43公里、总投资39亿元的粤湘高速公路翁源段动工建设。二是要完成长21.5公里、总投资2580万元的省道S251线新江至卷头山公路大修工程。三是要完成X349线南浦至松塘、X161线陂头至贵联、X353线凉桥至铁龙三条县道改造工程，总投资为3258万元。实施省道S341线S244线翁源县城过境公路改建工程，全长12.97公里，项目建安费估算金额达到36936.3万元；完成京珠高速翁城互通至106国道连接线改建工程，全长6公里，总投资9000万元。四是完成通自然村公路硬底化500公里，总投资1.25亿元。公路客货站场及配套设施建设方面，一是将翁源县汽车站和龙仙客运站合并迁建至县城西区龙仙大道旁，更名为“翁源县汽车客运站”，站级为二级站，总投资1800万元。二是投资建设南浦、六里、铁龙等14个公共型客运站和南龙货运站，总投资达到3480万元。

【交通基础设施投资】 实施的项目主要包括京珠高速翁城互通至106国道连接线改建工程、铁龙至水打赖公路改建工程、县道路面大修工程、通自然村路面硬底化及“5·6”特大洪灾水毁桥梁工程，累计投入资金12493.4万元。

【依法行政】 组织了8位综合行政执法局执法人员参加了市交通运输局组织的为期一个月的执法人员岗位培训，致力提高执法水平。会同公安交警部门依法对全县的非法客运、货运载客、无证经营、非法改型改装车辆、超限运输车辆等违法、违规行为进行重点专项整治。全年累计查处非法经营客运车辆11台，非法改型改装车辆198台，超限运输车辆78台。

【交通安全生产管理】 认真贯彻“安全第一、预防为主、综合治理”的工作方针，严格履行对交通行业的安全生产监管职能，不断健全完善各项规章制度，落实安全生产责任制。积极开展安全生产专项整治工作，切实加强对客运企业、站场和公路建设工程的安全生产监督管理。道路运输、水路（横水渡）运输和公路建设工程方面未发生重特大安全责任事故，交通行业安全生产形势稳定。

【路政管理】 全年累计巡查2728人次，13278公里；清理路障116处，126m3；清理乱摆卖16处；受理路政许可一宗，收取路产补偿费1万元；及时查处了3宗损坏公路及公路设施的路政违法案件，追回路产赔偿费3500元；结案率100%；及时修复了损坏的公路、公路设施。

【县乡公路养护】 所辖县道公路养护里程246.432公里，年末好路率达到78.6%；年平均好路率77.2%。乡村公路共1113.165公里，年末考核基本保持平整、畅通。

【全市地方公路建设管理工作会议】 3月23日，全市地方公路建设管理工作会议及县道改造质量工作会议在县龙翔酒店一楼会议室召开。参加会议的有各县（市、区）分管农村公路建设的副局长、地方公路站站长等共51人。会议由市交通局副局长谢天友主持，我县县政府潘允标副县长参加了会议并作了欢迎致辞，县交通局作了经验介绍的发言。

【铁龙至水打赖公路改建工程开工建设】 改建工程全长7.5公里，按照山区三级公路标准设计，于4月1日动工建设，概算总投资为2400万元。按照施工合同，工程可于2011年7月底前完工。

【京珠高速翁城互通至106国道连接线改建工程开工建设】 全长改建工程6.04公里，按城市一级主干道设计，双向6车道。工程共分三个标段，计有大桥1座、中桥1座，项目总投资约9000万元。工程可望于2011年底前完工。

【全市交通运输统计工作会议】 12月15日至16日，全市交通运输统计工作会议在县龙翔酒店召开，各县（市、区）交通运输局负责统计工作的副局长、统计承办人员和相关单位统计承办人员共32人参加会议。会议由市交通运输局副局长谢天友主持，市交通运输局规划基建科副科长蔡华对如何做好交通运输统计工作作了辅导发言。

【农村公路建设】 狠抓地方公路基础设施建设，加快通自然村公路建设步伐。全年完成农村公路硬底化101.98公里，投入资金2549.5万元。

【公路桥（梁）建设】 X347线余屋径桥改建全面完成；X353线凉桥危桥改造完成主体项目。

（黄伟平）

新建公路桥梁一览表

序号	桥名	路线编码	路线名称	桥长（米）	投资（万元）	所在乡镇
1	新林场桥	Y803	仙南至思岭	14	15.75	江尾
2	小镇桥	Y777	新江至翁城胜利	17.66	19.87	新江

续上表

序号	桥名	路线编码	路线名称	桥长（米）	投资（万元）	所在乡镇
3	新岭桥	Y746	老人院至大岭下	15	16.88	龙仙
4	林屋桥	Y804	蓝坑至鹤仔	14	15.75	江尾
5	石角桥	C041	马屋至赖屋	26.5	29.81	江尾
6	余屋径桥	X347	三华至佛子凹	73.57	180	周陂
合计					278.06	

附：领导班子成员名单

局长、党委书记：张保明（—2010.7）
张永斌（2010.7—）

副书记：陈淑英（—2010.9）
陈建林（2010.9—）

副局长：吴月养（2001.10—）
何振英（2010.9—）
黄根香（2010.9—）

公路管理

【概述】 韶关市翁源公路局前身为翁源公路工区，正股级建制单位，成立于1962年，由韶关市公路局直辖；1968年公路、汽车站、邮电、搬运、水运、地方交通合并，成立翁源县交通工作站革委会，行政上归翁源县管辖；1973年4月取消翁源县交通工作站革委会，恢复了翁源公路工区，从恢复至今一直归韶关市公路局管辖；1982年3月工区升格为正科级建制单位；1988年5月更名为翁源公路分局；1989年4月更名为翁源县公路局；2010年4月更名为韶关市翁源公路局，是市直参照公务员管理事业单位。

翁源公路局主要承担翁源县境内国省道干线公路的建设、养护、管理和车辆的年票代征，2010年养护总里程231公里，其中国道48.86公里，省道182.14公里。从2004年开始，广东省公路系统推行养护大道班建设，翁源公路局整合原有21个小道班，成立了坝仔、南龙、官渡、新江四个养护中心，先后投入资金1500万元建成四个养护中心的办公、居住楼房。2010年养护中心在职养护职工174人，配备养护专用车31台，养护巡逻车5台，压路机2台，铲车2台，割草机24台。

2010年，公路局被韶关市公路局评为文明建设竞赛优胜单位、安全生产先进集体和政务信息先进单位。

【公路建设】 省道S245线坝仔至六里段路面大修工程，全长33.45公里，总投资4114万元。该项目是市县重点工程，是翁源人民政府承诺2010年为民办实事的十件大事之一，工程于2010年2月动工，到年底完成工程的建安投资3200万元，建成涵洞136座，完成涵洞工程100%；完成花树下1号桥、人民桥、坝仔桥、太坪宫桥和3座小桥的桥面改造和危桥新建，完成桥梁工程100%；建成排水沟6450米，防护工程1055米，铺设完成沥青砼路面31.45公里，完成总工程量的78%。

国道G106线狮子山至官渡大桥北段路面大修工程，是2010年迎接国家交通部干线公路大检查的大修项目，总投资1194万元，工程于2010年8月13日动工，到年底完成工程建安投资980万元，挖补旧水泥路面7458平方米，建成排水沟5674米，浇筑水泥路面3.2公里，完成总工程量82%。

国道G106线薛庙至狮子山段路面挖补工程，是2010年迎接国家交通部干线公路检查中修项目，总投资270万元，工程于5月份动工，到年底，挖补路面1.8万平方米，占挖补工程量的67%。

【公路养护】 各养护中心在日常公路养护工作中经常性做好路面清扫，清理平整路肩，消除杂草杂物，保持排水畅通；对路面出现病害及时修复，共修复砼路面1996平方米，填补坑槽473平方米；年底全面完成了公里牌、百米桩的埋设和维护刷新工作。每月组织桥梁检查，将桥梁病害及水文资料录入桥梁管理系统进行更新评定。对公路绿化进行除虫、施肥，对管养公路净空低于3米的路树进行修剪，共补种板子树1700株，补种夹竹桃62000株，补种赤桉3500株。年底，完成年末好路率82%，创优等路104公里，巩固GBM工程89.5公里，新创GBM工程30.81公里。

【水毁抢修】 5月6日，全县发生超历史的特大洪灾，公路局管养的国省道损坏严重，交通中断6处，冲毁桥梁1座，冲毁路基2414立方米，冲毁涵洞5座，损坏护坡1处，挡土墙下塌277.7立方米，公路上塌方92567立方米，损坏路面5150平方米，经济损失1145.7万元，灾情发生后，公路局迅速启动应急抢险预案，5月6日夜，调派人员200人，装载机9台，推土机1台，养护车20台投入抗洪救灾，仅用4小时打影响交通的5处塌方，恢复了翁源的对外交通。紧接着连续1个多月，公路局干部职工全力投入水毁抢修工作，共清理塌方4.3万立方米，疏通水沟5.6公里，清理杂物堵塞的桥梁7座，涵洞256条。除重点水毁工程外，塌方淤泥的清理工作到6月底全面完成。

【水毁工程修复】 从5月份起，翁源公路局先后向上级上报水毁工程21项，市公路局已批复水毁修复项目11项，到年底完成S251线、G106线、S341线、S244线的水毁修复项目5项，完成修复资金26.3万元。着重抓好江下桥重点水毁工程建设，该桥因“5·6”洪灾造成桥体坍塌，交通中断，为尽快恢复交通，按照“特事特办”的原则，得到了韶关市政府特批，加快了项目的启动和施工，新建一座长86.61米的混凝土空心板梁桥，工程总投资627万元，2010年6月11日动工，到年底完成桥梁基础和空板梁安装，完成工程量407万元，占总工程量的73%。

【年票收费】 年初在县城主要路口和各乡镇悬挂收费通告，将收费通告在翁源电视台进行播放，以短信、电话、宣传单等形式，通知车主和车属单位按时缴费，在交警车管所派发宣传单通知新入户车辆到公路部门办理年票手续，并经常电话通知漏缴车辆按时缴费。2010年共征收年票658万元，占年任务的138%，目标任务的134.6%。

【路政管理】 路政人员做好了日常巡查，随机向群众宣传公路法规，及时查处路政案件，按规范办理路政许可，切实维护路产路权。全年累计巡查公路2.5万公里，有效制止各种违法行为43宗，拆除围墙一处54米，清理各类障碍物130m^3/25宗；立案查处损坏路产案47宗，结案47宗，收取赔偿费15万元；清理乱摆乱买摊档45处，清理违法堆积物25处130m^3，拆除违法广告标牌169块，广告条幅63条，办理路政许可11宗，收取补偿费11.39万元。

（徐全志）

附：领导班子成员名单

局　　长：邱文东（2006.5— ）

党总支书记：吴庆能（1998.5— ）
副　局　长：何雪辉（1998.5— ）
　　　　　　毛根祥（1998.5— ）

邮　　政

【**概况**】 1998年9月30日邮电分营。原翁源县邮电局“一分为四”，即分为邮政局、电信局、移动公司、寻呼公司。翁源县邮政局是一家肩负全县通信通邮、党报党刊征订投递、机要通信、代理金融、服务三农等重要服务职能的国有企业，按照国家规定承担着邮政普遍服务的义务。2010年末，全县邮政从业人员124人（不含中国邮政储蓄银行翁源县支行和广东省邮政速递物流有限公司翁源县分公司人员），其中合同工、聘用工54人，劳务工70人。大学本科学历8人，大学专科学历48人，中专学历18人。

2010年，翁源邮政围绕省公司提出的“实现三个转变、打牢五大基础、提升五大效能”的指导思想，深入实践科学发展观，坚持发展为第一要务，抓住机遇，突破创新，转变观念，扎实转型，精细化管理，强化执行力，抓好各项邮政业务的发展。是年，邮政企业累计实现业务收入1685.8万元，占全年预算进度的101.55%，同比增量206.4万元，同比增长13.95%；累计完成收支差额550.6万元，占全年预算进度的100.1%，同比去年增盈92.3万元。储蓄银行累计实现业务收入948万元，占全年计划的102%。速递公司累计实现收入142万元，占全年计划的96.6%。全年邮银净增邮储余额1.9亿元，其中企业净增余额1.4亿元，银行净增余额4454万元，邮银合计余额11亿元。

【**服务项目**】 翁源县邮政局主要服务项目有：邮政基础业务（函件、机要通信、包裹、特快专递）；邮政汇兑、邮政储蓄；邮票发行及集邮票品制作、销售；国内报刊、图书等出版物发行；国家允许邮政经营的其他业务。近年来，根据国家有关邮政服务“三农”、服务中小企业等政策的相关文件要求，翁源县邮政局围绕金融、速递物流和邮务三大板块，开办代发工资、小额贷款、商易通、EMS“次晨达”、农资配送、代缴交通违章罚款、中秋礼仪、法律文书寄递、企业贺卡、账单、个性化邮票、年册和电子票务等业务开展工作。

【**部门设置**】 2010年局内设综合办公室、市场经营部、金融业务部一室二部职能部门；生产辅助部门设置为：函件中心、报刊电子商务中心、邮政营业部、机要室、安保中心、封投中心一部一室四中心。

【**基层网点**】 翁源县邮政局现有龙仙支局、龙湖支局、江尾支局、坝仔支局、岩庄支局、红岭支局、南浦支局、周陂支局、六里支局、官渡支局、翁城支局、新江支局、铁龙代办所等基层网点，承担着县域邮政普遍服务的义务。开办邮政储蓄业务的网点有：一类网点2个，二类网点5个，代理网点6个。其中：一类网点有：县城支行、新江支行；二类网点：翁城支行、坝仔支行、江尾支行、周陂支行、官渡支行；代理网点：龙仙营业所、龙湖营业所、六里营业所、南浦营业所、岩庄营业所、红岭营业所。

【**邮路**】 城乡投递邮路。2010年底，全县农村投递路线29条，其中：周六17条，占58.62%，周三班10条，周一班2条。邮路长度1879.5公里（其中：自办汽车邮路184公里，委办汽车邮路218公里，摩托车邮路1477.5公里）。全县7镇1场156个村民委员会，每天投递一次邮件报刊的村委有114个，每两天投递一次的村委有40个，每周投递一次的村委有2个。全县1982个村民小组，有1832个通邮。

汽车邮路。2010年，汽车邮路有4条，其中：自办邮路1条，全程184公里；委办邮路3条，全程216公里。铁龙、新江、翁城、官渡、六里五个支局邮件由韶关—翁源自办汽车运递，全程184公里。岩庄、坝仔、江尾、南浦4个支局邮件由龙仙—岩庄委办汽车运递，全程74公里。周陂支局邮件由龙仙—周陂委办汽车运递，全程52公里。红岭支局邮件由龙仙—红岭委办汽车运递，全程90公里。

【**广东省邮政速递物流有限公司翁源县分公司挂牌成立**】 2010年6月29日广东省邮政速递物流有限公司翁源县分公司挂牌成立。陈为民任广东省邮政速递物流有限公司翁源县分公司经理。县邮政支行、县速递物流公司的先后挂牌成立，标志着翁源邮政邮务、金融、速递三大板块融合、联动发展的正式启动。

（李志强）

附：领导班子成员名单

局　　长： 肖业建（2008.3—）
行　　长： 卢桂沐（2007.12—）
副 局 长： 朱国礼（2008.4—）
速递经理： 陈为民（2010.6—）

中国电信翁源分公司

【概况】 2010年，中国电信翁源分公司贯穿“战略转型上水平、服务信息化创一流”主线，以“坚定信心，突破进取”的八字方针指导全年工作。是年，被中国电信韶关分公司授予先进单位三等奖，获中国电信韶关分公司2010年度网运英豪榜总冠军，城区营销中心获中国电信韶关分公司表彰先进单位二等奖，综合维护组获广东省优秀QC小组奖。分公司客户响应维护部被评为中国电信广东公司2010年通信救灾复产先进集体，分公司被县委、县政府评为“翁源县文明单位”和“诚信单位”，分公司党总支先后被翁源县直属机关党委、中国电信广东分公司党组、中国电信韶关分公司党组授予“先进党总支部”、“先进基层组织”。

【网络优化建设】 翁源分公司从服务入手，不断优化网络，持续打造“好宽带，好服务”品牌形象，新建了各重要路段的光纤交接箱，完成基站建设目标，移动网络覆盖进一步扩大，城区网络覆盖率达到100%，城区家庭有线宽带已经基本具备4M接入能力。基于有线宽带和无线宽带的融合，中国电信用户可通过集成接入、短信、通讯录、安全服务等功能的统一客户端，使用3G和WLAN相结合网络服务，且无需输入用户名和密码。此外，用户可通过手机、笔记本、上网本或其他多媒体终端设备，享受一号通行的宽带网络服务。根据上级公司对亚运通信保障的要求，重新整理干线应急调度方案，并开展宽带网络质量专项整治，通信网络能力增强，覆盖增大，获中国电信韶关分公司2010年度网运英豪榜总冠军。

【服务信息化】 作为国家主体电信运营企业，为客户提供全方位的综合信息服务，为地方的信息化建设发挥积极的作用，翁源分公司加快了向现代综合信息服务提供商的转型，以更高的服务水平满足农业、政务、商务、金融、交通、教育等各个领域推进信息化的需要。翁源分公司将电信基础业务产品与增值业务产品整合，将固话、移动电话和互联网等融合打包，为政府、事业单位和私营单位提供实惠的全方位的信息化服务，“全业务常青树”、“商务领航”创新应用模式。发挥网络优势，以精耕细作的方式开展定制化服务，为政府、事业单位和私营单位提供综合化的解决方案，并加快自身的机制、体制转型，不断延伸信息服务，全面贴近客户，深入理解客户需求。开展“电脑知识送下乡”活动，切实提高农民的电脑及宽带使用技能，助力农村信息化建设。为促进农村经济快速发展，还面向各乡镇推出了“乡情网”、“用天翼手机，固话免费任打”等优惠，向每一个有电信固话的农户赠送手机，全镇网内固话、手机本地互打免费，手机的普及，给老百姓带去了更多实惠。全面推动3G智能手机普及，打造信息家园。针对天翼3G信号的全面覆盖，中国电信已经走上移动化、宽带化和全业务时代，中国电信以网络覆盖好、服务质量高、上网速度快、通话音质高、使用绿色健康、通讯信息保密、能够屏蔽环境杂音以及宽带移动互联网的优势特点，开展了送千元3G手机的活动，推出个性化的、贴近用户的3G服务。分公司在更多的层次和广阔的领域服务了地方经济社会信息化。

【社会责任】 翁源分公司秉承高度的社会责任感，全面完成全县行政村通宽带，并在此基础上实现全部行政村通视频，做好市委、市政府农村党员干部现代远程教育系统的建设工作，认真贯彻落实县委、县政府的目标愿景，按照县委、县政府的整体部署和相关要求，对新农村建设，公路扩建影响、城市扩建拆建楼房、翁源县创卫美化建设做好线路改迁，积极完成政府项目应急线路迁改工作。

【精神文明】 翁源分公司坚持以科学发展观为统领，以“树立正确权力观，提高执行力”学习教育活动为契机，不断提高服务群众、服务基层、服务企业“三服务”的执行力，开展“营业厅服务专项整改提升”、“营业员岗位练兵”、启用排队叫号机满意度测评系统，“装维人员评星”等一系列的活动，有效提升客户满意度和企业品牌的竞争力。同时把文明创建工作与企业管理紧密结合，以企业文化为载体，积极营造创建氛围，充分发挥党政工团综合保障作用，加强党风廉政建设，强化“依法运营，规范运作”的经营理念，扎实推进惩防体系建设，开展创先争优和“抓落实促发展”主题实践活动，加强“四好班子”建设，坚持以人为本，实行科学合理的绩效考核，对绩效系统中流程和考核方案进行了整改，进行了全业务运营岗位体系改革，优化了内部机构，在二部下设立了班组，通过竞聘上岗选拔任用了一批中心经理，实施了营销服务中心管理客户服务中心的运行模式。持续开展岗位练兵活动，努力实现员工与企业价值共同成长，积极开展形式多样的文体活动，主动为员工送温暖，进一步增强员工归属感，实现企业和谐稳定发展。

（黎　丹）

附：领导班子成员名单

总 经 理： 曾烈卫（2009.2—）

副总经理： 朱小平（2007.6—）

许先松（2001.3—）

中国移动通信集团广东有限公司翁源分公司

【概况】 中国移动通信集团广东有限公司翁源分公司（以下简称翁源移动）前身是翁源县邮电局移动站。2002年1月正式挂牌成立。1992年翁源分公司正式开通移动电话，至2010年，公司用户达16万户。公司成立以来，主要经营移动电话通信（包括话音、数据、多媒体等）、IP电话及互联网接入服务等业务。拥有“全球通”、“神州行”、“动感地带”三大著名服务品牌，客户号码段包括“139”、“138”、“137”、“136”、“135”、“134”、“159”、“158”、“157”、“151”、“150”、“188（3G专属）”等。公司机构设置：公司管理层、综合部、市场部、网络部。到2010年止，翁源移动实现了：市场份额领先、网络覆盖领先、客户满意度领先的运营目标。在科学运营的基础上，翁源移动积极培养人才队伍，至2010年止，公司53位员工中专以上学历占100%，本科学历占58%；初步形成了年轻、高学历、稳定的人才队伍，为翁源移动的可持续发展奠定了坚实基础。

【通信网络】 2010年止，翁源移动在全县共建设完成宏站115个，RRU基站40个，直放站105个；实现村村通移动电话。完成MSCN+1容灾备份应急项目，实现1分钟割接1个BSC；实施基础承载网安全整治，对软交换IP链路等4大项、承载网供电等12小项排查整治，提升了网络的安全水平；开展了道路和自然村覆盖大整治，完善网络基础建设；开展数据优化和变频项目、网络优化大整治，优化客户对网络服务感知。

【应急通信】 应急能力是一个公司真正能力的体现。面对2010年5月份特大洪灾，翁源移动诠释了一个优秀的企业应当勇于承担，成就典范。在防洪应急抢修期间，翁源分公司快速反应，累计参加应急人数1000多人次，应急发电次数90多次，累计发电时长600多小时，出动抢修车辆200多次；第一时间发布各种汛情信息，第一时间通报全县网络受灾情况；应急指挥人员第一时间出现在最需要的地方，工程维护人员在接到命令后第一时间赶到现场，各种网络保障物资第一时间配发到一线，网络故障在第一时间内以最快的速度恢复。正是因为有了这些第一，在这次百年一遇的洪水面前，确保了全县基本的网络畅通，巩固了“关键时刻信赖中国移动”的良好形象，为翁源县委、县政府胜利展开抗洪抢险工作提供了有力保障，得到了翁源县委、县政府高度肯定。

【市场运营】 坚持“价值创新赢发展，智慧竞争赢未来”的战略方向，坚持“赢人心者赢市场”的工作思路，坚持“想享还是移动好”的传播主题，通过构建存量市场防御体系保有市场，通过开启语音专线、家庭宽带等新业务拓展全业务市场，在领导和全体员工的努力下2010年实现折前收入累计同比增长12.7%，市场占有率较上年上升3.28个百分点，用户突破16万。在营销方面：1. 个人客户营销，细分工、农、商、学、兵市场，组织专项营销活动；2. 多途径高效推进渠道转型，实行渠道管理精细化，大力推行电子渠道，为客户节省话费与时间；3. 高价值客户营销，易登机服务、生日关怀、重要节假日关怀等营销模式提高客户感知。4. 关注民生，大力推进无线城市建设，协助打造“信息翁源”。

【社会责任】 2010年，翁源移动面对翁源县百年一遇洪灾，积极配合县委、县政府在保障通信的基础上积极完成各项救灾工作，在公司内部开展救灾募捐活动。配合县委、县政府提出的创建卫生城市的号召，举办了由县四套班子、各单位领导员工参加的创卫健步走活动。教师节期间配合教育局举办全县优秀教师表彰大会。认真落实县委县政府扶贫“双到”工作号召，完成对口扶贫江尾镇黄洞村扶贫工作。严肃落实安全生产责任制度，公司成立至今没发生安全生产责任事故。2010 年，翁源移动先后获得“韶关市安全生产示范企业”、“综合治理先进单位”、“诚信经营单位”等先进称号。

附：领导班子成员名单

总 经 理：叶常青（2009. 6—）

副总经理：唐冀敏（2010. 4—）

城建·环保

住房和城乡规划建设

【**概况**】 2010年7月19日机构改革，翁源县建设局改称翁源县住房和城乡规划建设局，是负责全县建设行政管理的县政府工作职能部门。办公场所位于龙仙镇朝阳路186号，内设办公室、城乡规划股、建筑业监管股、住房发展与房地产业监管股、法制宣教股、执法监察股等6个股室，行政编制16名，后勤服务人员2名。下辖有县环境卫生管理所、县房地产管理所、县城市建设管理监察大队、县建筑设计室、县建筑公司、县市场物业管理总站、县自来水有限公司、县工程质量安全监督站、县建设工程造价管理站、县市政管理所、县拆迁管理办公室11个事业单位。

2010年，坚持以“项目带动、创强攻坚、作风建设、惠民和谐”为契机，围绕“拉大城市框架，提高城市品位，建设宜居城镇”的工作思路，创新发展理念，转变工作作风，充分调动干部职工的积极性和创造性，奋力拼搏，全面完成了全年的各项工作任务。

【**建筑业快速发展**】 2010年建筑业快速发展，全年建筑业增加值1.25亿元，比上年增长7.9%。资质等级以上建筑安装企业7个，完成施工产值12388万元，比上年增长3.6%；实现利润957万元，比上年增长10.4%。房屋施工面积19.65万平方米，同比增长24.44%；房屋竣工面积13.89万平方米，同比增长63.2%。

【**服务建筑经济，推动县域经济发展**】 是年坚持以“项目带动”战略，加大服务经济建设力度，建筑产业经济稳步增长。全年县城建筑投入达17136万元，比去年同期的16246万元增长5%。其中房地产完成投资13058万元，比去年同期的10156万元增长28.6%。基建投资占全县固定资产投资7.8%。县城市政工程建设投资2200万元，比去年的1683万元增长了31%。

【**城乡规划**】 进一步完善城乡规划编制、审批、实施和监管，推进民主规划，科学布局空间。协调完成了新江镇、坝仔镇、周陂镇、官渡镇4个建制镇总体规划编制；在做好古村落保护普查研究和传统民居风貌研究的基础上，协助完成了江尾南塘古村落保护规划编制任务；加大了村庄整治规划的编制力度，完成了3个省级和5个县级村庄整治规划编制工作，有效地推进了生态宜居城乡建设；编制了《翁源县城区基础设施“十二五”规划》、《翁源县城乡生活垃圾处理设施建设“十二五”规划》。组织编制了《翁源县“三旧”改造专项规划》和《“三旧”改造城南片单元控制性详细规划》；审议通过了《华彩化工工业园控制性详细规划》并付诸实施；完成了3个市场（城南市场、龙英市场、朝阳市场）、建设二路、人民路路面扩宽及县城第二期污水管线工程的规划意见；严格“一书三证”（建设项目选址意见书、用地规划许可证、建设工程规划许可证、乡村建设规划许可证）的审批核发，全年核发建设工程规划许可41宗，规划建筑面积7.7万平方米。

【**建筑管理**】 一是加强建筑企业资质的管理，严格执行资质准入制度，对不符合资质要求的企业不准进入建筑市场；实施了劳务分包管理和建筑工程造价备案制度，建筑市场行为进一步得到规范；二是加大工程质量的监管力度，严格审核监督申报资料，对建设单位、设计单位、监理单位、施工单位的质量行为进行了有效的监督，建筑工程质量得到了保证，验收合格率达100%，优良率逐步提高；三是强化安全生产责任制的落实，结合“安全生产年”、“安全生产月”活动的开展，狠抓工地的安全生产，组织安全生产大检查9次，发出安全隐患整改通知38份，件件得到了落实，及时消除了安全隐患，杜绝了施工安全事故的发生，全年安全生产实现零死亡；四是大力推行建筑节能，制订了《2010年建筑节能减排工作计划》、《翁源县商品混凝土管理暂行办法》，加大建筑节能的宣传和监管力度，大力推进既有建筑节能改造。对所有建设项目都实行了建筑节能专项审查和备案。商品混凝土和蒸压加气混凝土砌块可于2011年生产；五是对招投标行为进行了深细监管，全年进入招投标中心进行公开招标的项目有32个，中标价10754万元；六是加强建筑工程施工许可管理。全年核发工程施工许可16项，面积7.8万平方米，造价6063万元；办理受监工程项目19项，面积8.61万平方米；竣工工程16项，竣工面积7.9万平方米。

【**加强房地产监管，建设安居工程**】 加大保障性住房的建设力度。制订了《翁源县“十二五”住房保障建设规划》。抓好廉租房建设，第二期廉租房建设35套，建筑面积2500平方米，已交付入住；第三期廉租房35套，建筑面积2497平方米，投资200万元，于6月11日动工兴建，可在春节前竣工；加强房地产市场的监管。印发了《关于进一步加强房地产市场管理的通知》，从资质管理入手，严把开发准入关，坚决杜绝无资质开发，无证（预）销售的行为，房地产开发注册企业由去年的6家发展到17家。在商品房预售管理方面，严格实行了审查审批制度，对不符合预售审批条件和手续的一律不予审批。今年核发审批商品房预售许可证3份；加快了房地产交易信息系统化建设，实现了与市房地产交易系统的衔接，房屋交易效率大大提高。全年完成房屋交易1250宗，交易面积15.02万平方米，同比增长56%，房屋交易金额20032万元，同比增长172%；推行房地产开发项目物业管理，对新建的房地产开发项目均要求实行前期物业管理，成立了宏东和长兴2家物业管理公司。龙湖花园物业小区组织成立了业主委员会，并进行了备案登记，实行物业管理制度，确保了小区安全，减少了各种纠纷矛盾；规范房地产中介机构，建立中介市场备案制度。今年以来，对不规范房地产中介机构进行了清理整顿，发出整改通知书5份，取缔了2家中介机构。

【“创卫”工作进展顺利】 以“创卫”为契机，加大城市管理力度。一是加强了城市秩序管理。对建设一、二路长期占道为市现象进行了强力整治，取得了“创卫”阶段性成果。成立了县“创卫”综合整治队，整治队有效整治市容市貌，县城环境得到改观，从而巩固了“创卫”成果。二是加大了县城的卫生保洁力度。县城卫生保洁面积扩大到48万㎡，街道实行每天6班次作业全天保洁，部分地段居民住宅区实行定时定点上门收集垃圾。对垃圾装运亦有新的举措，城区各中转站、箱（桶）进行定时、定点装运，主要街道重新设置了便于分类保洁的垃圾桶，保证垃圾日产日清，全年共清运垃圾2.9万吨，县城卫生状况明显改观。

县城绿化、美化、亮化工程有序推进。住建局承担了县创建生态县县城绿化攻坚任务，按照县创建办的要求，制定了《翁源县建设局创建林业生态县“攻坚克难”工作实施方案》，对县城主要街道旁占用绿化用地的现象进行了全面清理，为“攻坚克难”工作的开展扫清了障碍；其次，组织实施县城东出口、龙英路、建设路等主要道路的补植和龙仙公园、美食城、环城北、文化路等地段的绿化工程施工，按期完成了“攻坚克难”绿化工作任务；再次，完善了县城园林绿化管理，制定了《翁源县城园林绿化委托管理养护方案》并经县批准实施，使县城的绿化带、广场、公园的花草树木常青、常绿。至目前止，县城绿地面积319.6公顷，绿化覆盖面积346.3公顷，绿地率32.8%，绿化覆盖率35.6%，人均绿地14平方米。创建生态县工作顺利通过省检查验收。

加强了县城的亮化工作管理。县城的亮化工作由4名技术过硬的电工进行专门管理，并分期分批对路灯进行维修和更新。目前，县城各种路灯已有600多盏，造型新颖的路灯为县城的亮化增添了一道亮丽的风景。

市政工程建设逐步完善。一是为解决县城市场容量不足问题，组织建设龙英市场、朝阳市场、城南市场，龙英路、朝阳路二个市场可于春节前竣工并交付使用；二是稳步推进城市道路改造，对县城人民路、建设二路进行了改造，人民路已于10月份竣工验收，建设二路预计春节前竣工；三是加快推进县城第二期污水管网工程建设；四是投资1049万元的龙湖东岸景观工程已于10月份开工，现正在如火如荼地建设中。

【专项整治取得了明显成效】 一是对2008年以来投资500万元以上，利用政府投资、国有资金建设的8个工程建设项目和1个房地产建设项目，从立项、规划、招投标、施工、质量安全管理等关键环节进行了专项排查，纠正了个别单位存在施工质量安全管理不到位、资料整理不及时以及施工现场存在的一些质量安全隐患，保证了建设工程的施工质量安全。对2个工程建设项目竣工后未及时办理竣工验收备案手续进行了及时整改。二是对县城未批先建的违章建筑、违章搭建的临时建筑进行了强制拆除。

加大了“两违”整治的力度，“两违”现象得到有效遏制。“两违”整治工作，以持有国有土地和集体建设用地手续的违章建筑作为清理整治重点。全年查处无规划许可18宗、无施工许可14宗、超资质建设1宗。

城乡建设管理

【概况】 城乡建设管理部门充分发挥城乡经济和社会发展重要载体的积极作用，切实履行职责，狠抓工程质量和安全生产，逐步规范房地产和有形建筑市场。以建设宜居城乡为己任，不断壮大队伍，2010 年，全县建筑企业（含外来进驻企业）8 家，房地产开发公司 17 家，监理公司 2 家，劳务分包公司 2 家，造价咨询公司 1 家，招标代理机构 2 家。二级建造师 27 人，项目经理 45 人，造价员 16 人，安全员 59 人，施工员 53 人，质量员 22 人，资料员 12 人。2010 年县城建筑投入 17136 万元，其中房地产完成投资 13058 万元，基建投资占全县当年固定资产投资 7.8%。2010 年核发工程施工许可 16 项，面积 7.8 万平方米，造价 6063 万元。办理受监工程项目 19 项，面积 8.61 万平方米，竣工工程 16 项，竣工面积 7.9 万平方米。

【工程质量管理上新台阶】 以施工许可、施工图设计审查、竣工验收备案等制度为主要手段，健全工程质量管理长效机制，严格把好工程监督申报手续和建筑节能设计审核关，抓好勘察设计和施工质量管理，从源头上确保工程质量。工程质量验收合格率达百分之百，优良率逐步提升。

【安全生产态势平稳】 始终坚持“安全第一、预防为主、综合治理”的基本方针，全面落实安全责任，强化依法监管，深化专项整治，及时消除隐患。加强宣传教育培训，落实防范措施，规范事故灾难应急管理，完善安全管理机制，安全生产基础不断夯实 。2010 年没有发生等级安全生产事故，安全生产态势平稳。

【房地产业监管逐步规范】 制订了《翁源县“十二五”住房保障建设规划》；印发了《关于进一步加强房地产市场管理的通知》，从资质管理入手，严把开发准入关，坚决杜绝无资质开发，无证（预）销售行为。在商品房预售管理方面，严格实行审查审批制度，对不符合预售审批条件和手续的一律不予审批；加快了房地产交易信息系统化建设，实现了与市房地产交易系统的衔接，房屋交易效率大大提高。2010 年完成房屋交易 1250 宗，交易面积 15.02 万平方米，交易金额 20032 万元；推行房地产开发项目物业管理，对新建的房地产开发项目均要求实行前期物业管理，成立了宏东和长兴两家物业管理公司；规范房地产中介机构，建立中介市场备案制度，对不规范的房地产中介机构进行了清理整顿，取缔了 2 家中介机构。

【招投标市场逐步完善】 通过体制改革、制度创新、科技运用，建立统一、开放、有序、规范的招投标交易和监督管理平台，着力规范招投标行为。在监管层面上，建立完善了前期备案、信息公开、资格审查、专家随机抽取、投诉联合处理和全程监管等规定。在监管机制上做到“六个统一”，即统一进场交易、统一信息发布、统一场所安排、统一专家抽取、统一电子监控、统一结果公示。全县有来自公路、住建、水务、供电、林业等系统的评标专家 63 名，2010 年进入招投标中心进行公开招标的工程项目 30 宗，中标价 10538 万元，其中水利工程 1700 万元，房屋工程 1536 万元，公路工程 6267 万元，农村饮水工程等 1035 万元。

【安居工程惠民众】 从 2008 年起，翁源县建设了三期廉租房。在项目选址上，把生活便利、方便出行的县城光明路危旧公房地块作为优选地，既改造了危房，又减少了投资成本，户型设计为二房二厅一厨一卫生间，户均面积约为 60 平方米，布局合理，外形美观，不逊于普通商品房。入住对象严格按照“个人申报、部门审核、媒体公示、政府审批”的程序进行，并实行轮候制度。至 2010 年底，第一、二期廉租房已入住 63 户，第三期 35 户即将入住。

县城公产房由县房管所负责管理和维修，有住户 269 户，总面积 12569 平方米，主要分布在光明路、工业路、幸福路和青年路，租金每平方米月均 1.2 元。

城乡规划

【概况】 城乡规划部门以深入贯彻实施《中华人民共和国城乡规划法》为契机，以提高城乡规划的法律地位和切实加强城乡规划的可操作性、充分发挥城乡规划先导统筹作用为目的，积极开展城乡规划编制，加大城乡规划的管理力度，不断强化规划的先导和统筹作用，切实推动全县城乡规划工作可持续发展，取得了显著的成效。2010 年核发建设工程规划许可 41 宗，规划建筑面积 7.7 万平方米。

【规划审批机制逐步健全】 以县域城镇体系规划及城市总体规划为指导，充分发挥规划的龙头和引导作用。建立并完善了公众参与、专家评审、政府决策“三位一体”的规划审批机制，健全了规划方案的公示制度，确保规划的权威性、先进性和可操作性。以规划审批机制入手，严格执行“一书两证”审批管理制度。严格按照总体规划、详细规划、道路网规划进行项目审批，从严把好规划选址关。加强规划批后跟踪管理，实行项目管理责任人制度，严格把好放线关、验收关，并在原有规划监控管理的基础上实行规划环境验收，严格建设工程全程跟踪管理，确保规划意图正确实施。科学的规划产生了很大的经济效益、社会效益和环境效应。

【城乡规划】 进一步完善了城乡规划编制、审批、实施和监管，推进民主规划，科学布局空间。协调完成了新江镇、坝仔镇、周陂镇、官渡镇 4 个建制镇总体规划编制；在做好古村落保护普查研究和传统民居风貌研究的基础上，协助完成了江尾南塘古村落保护规划编制任务；加大了村庄整治规划的编制力度，完成了 3 个省级（坝仔镇群辉村石下组、官渡镇镇仔下林江门新村、新江镇东方村北门村小组）和 5 个县级（龙仙镇马古塘村、周陂镇高二村田心曾、坝仔镇群辉村新蓝组、新江镇双石村坑罗自然村、江尾镇径丰村老井村小组）村庄整治规划编制工作，总规划户数 700 户，惠及村民 2940 人，有效地推进了生态宜居城乡建设；编制了《翁源县城区基础设施“十二五”规划》、《翁源县城乡生活垃圾处理设施建设“十二五”规划》。组织编制了《翁源县“三旧”改造专项规划》和《“三旧”改造城南片单元控制性详细规划》；审议通过了《华彩化工工业园控制性详细规划》并付诸实施；完成了 3 个市场（城南市场、龙英市场、朝阳市场）、建设二路、人民路路面扩宽及县城第二期污水管线工程的规划意见；高效地完成了“5·6”洪灾后新江民光村、翁城富陂村、铁龙龙化村 3 个灾后新村重建示范点的规划、设计任务，建设规模分别是：新江民光村 24 户，每户占地面积 94.3 平方米；翁城富陂村 62 户，每户占地面积 94.5 平方米；铁龙龙化村 20 户，每户占地 100 平方米。

城市管理

【概况】 2010 年，城管部门强化了县城综合管理，开展联合执法行动，大力整治乱摆卖、乱拉挂、乱堆放、乱张贴、乱停放、乱搭建行为。在县城主干道设置隔离栏、停车位，逐步规范农副产品市场管理，加大市场及周边市容秩序整治力度，商品划行归市，县城“脏、乱、差”现象得到有效遏制，市容市貌水平有了大幅提升。2010 年市政工程建设投资达 2200 万元，市政工程建设力度的加大为城市有序管理提供了良好平台。

【加大县城环境和秩序管理力度】 对建设一、二路长期占道为市现象进行了强力整治，取得了“创卫”阶段性成果；加大了县城的卫生保洁力度。县城卫生保洁面积扩大到 48 万平方米，街道实行每天 6 班次作业全天保洁，部分地段居民住宅区实行定时定点上门收集垃圾。城区各中转站、箱（桶）进行定时、定点装运，主要街道重新设置了便于分类保洁的垃圾桶，保证垃圾日产日清，2010 年共清运垃圾 2.9 万吨，县城卫生状况明显改观；加强了县城的亮化管理。对路灯维修和更新进行专门管理。县城已安装各种路灯 600 多盏，造型新颖的路灯为县城的亮化增添了一道亮丽的风景。

【县城绿化美化工程有序推进】 制定了《翁源县建设局创建林业生态县“攻坚克难”工作实施方案》，组织实施了县城东出口、龙英路、建设路等主要道路的补植和龙仙公园、美食城、环城北、文化路等地段的绿化工程施工，按期完成了“攻坚克难”绿化工作任务；建立了县城园林绿化管理机制，制定了《翁源县城园林绿化委托管理养护方案》，县城的绿化管理日趋完善。县城绿地面积 319.6 公顷，绿化覆盖面积 346.3 公顷，绿地率 32.8%，绿化覆盖率 35.6%，人均绿地 14 平方米。

【市政工程建设逐步完善】 为解决县城市场容量不足问题，建设了龙英市场、朝阳市场、城南市场。龙英市场用地面积 3500 平方米，建筑面积 9200 平方米，计划投资 550 万元。朝阳市场用地面积 4500 平方米，建筑面积 1736 平方米，计划投资 135 万元。城南市场规划用地面积 4000 平方米，已列入“三旧”改造项目。龙英路、朝阳路2个市场元旦前基本完成，物业管理逐步走入正轨；对县城人民路、建设二路进行了改造，人民路改造工程长210米，宽7米，投资30万元。建设二路改造工程长960米，扩宽7米，投资160万元；县城第二期污水管网工程建设按计划推进。投资12万元完成了县城自来水管网改造；投资1049万元的龙湖东岸景观工程已完成总工程量的40%。

【专项整治取得明显成效】 加大了“两违”整治的力度，对县城未批先建的违章建筑、违章搭建的临时建筑进行了强制拆除。围绕县委县政府的部署，对有国有土地和集体建设用地权证的违章建筑进行清理整治，2010年查处无规划许可建筑工程18宗、无施工许可建筑工程14宗、超资质建设工程1宗，“两违”现象得到了有效遏制。

（李祯联）

附：领导班子成员名单

局 长： 黄建德（2008.8—）

党委书记： 温恒新（2002.5—）

党委副书记、纪委书记： 陈仲伙（2009.5—）

副局长： 刘金和（2008.10—）

刘春林（2009.5—）

温敏麟（2002.5—）

环境保护

【概况】 翁源县环境保护局前身是翁源县环境保护办公室，始于1979年9月27日，归属县人民政府办公室，下设环境监测站。县人民政府环境保护办公室的成立标志着翁源县环境机构的正式设置和环保事业的正式起点。1987年5月30日，县编制委员会下文将翁源县环境保护办公室改为翁源县环境保护局，规定县环境保护局是县人民政府主管全县环境保护工作的职能部门。县环境保护局办公地点在县城环保路30号，其内设机构有办公室、综合审批股、规划管理股、环境应急与监察股（监察分局），下属事业单位有环境监测站。在职干部职工33人，其中机关总编制9名（行政编制6名，机关后勤服务人员编制3名），事业编制24名。

2010年，翁源县环保工作以科学发展为导向，以责任落实为抓手，以“三个服务”（服务政府、服务经济、服务社会）为基点，以生态文明建设为契机，以抓环保促发展为理念，加大治污减排力度，着力抓好减排工程，加强工业源污染防治，严格现场执法，提高环境常规和应急监测水平，有效地遏制了环境污染和生态的破坏，全县环境质量保持良好，空气优良率为100%，饮用水源地水质达标率为100%，环境噪声符合功能区标准。

【污染减排】 成立领导小组，制定《翁源县主要污染物排放总量控制实施方案》，与各职能部门签订环保责任考核责任书，与各重点排污企业签订主要污染物排放总量控制责任书。2010年完成总投资3000多万元日处理污水1.5吨的县城清源污水处理厂的建设和运营，实现COD减排92.02吨、城市生活污水集中处理率达47.09%，完成了市下达的COD、SO_2减排任务。

【污染源普查】 历时三年的第一次全国污染源普查工作圆满完成，通过了韶关市普查办考核验收并评为优秀，翁源县被评为韶关市污染源普查先进单位。经普查，至年末，全县普查污染源883家，其中工业源444家，生活源439家（规模以上）。

【环境保护责任考核】 按照《广东省环境保护责任考核试行办法》的要求，县人民政府下发《关于落实翁源县环境保护责任考核目标职责分工的通知》，将考核指标细化分解到有关单位，明确部门职责，制定抓落实的措施，查漏补缺考核资料并及时上报，确保市通过考核验收，2009年考核成绩73.16分，确认为合格。

【环境能力建设】 2010年获得国家、省、市支持补助资金620万元。其中粤北危险废物处理处置中心生态建设500万元、环境监测站标准化（城区空气自动监测站）建设42万元、污染减排专项资金28万元、生态文明建设资金50万元。环境监测执法业务用房项目建设已通过省批准，已完成立项、规划、用地、环评、专项资金申请上报等前期准备工作。

【环境监测】 全县整体环境质量良好。其中饮用水源地水质基本良好，达标率为100%，区域内地表水达标率为99%，主要超标污染物是总氮、粪大肠菌群；全县酸雨率为14%，城区空气质量优良率为100%，市区交通干线噪声平均值为65.2分贝，未超过二类区标准值。

【环保审批】 制定了《建设项目环保审批程序》、《建设项目试生产（运行）申请程序》、《建设项目环保设施竣工验收程序》、《排污许可证审批程序》、《施工噪声排放许可证申办程序》规章制度，严把环保审批关。2010年，完成各项审批73宗，其中报告书初审意见5家、报告表21家、登记表27家，排污许可证20家，环保审批提前办结率100%。

【环境管理与环境监察】 把严格环保执法作为落实党风廉政建设和反腐败暨惩防体系建设的中心工作，成立了翁源县开展整治违法排污企业专项行动领导小组，印发了《关于继续深入开展整治违法排污企业保障群众健康环保专项行动的通知》，明确各部门职责，从而加大对非法排污企业的打击力度，保证环境安全。2010年，出动环保专项检查人员680人次，检查企业195家（次），依法查处违法排污企业32家，取缔违法生产排污企业2家，限期治理3家，行政处罚2家，严厉打击江尾293工业园区内的非法炼油厂和蓄电池厂，捣毁其设施和设备。

【环境信访】 办理各类环境信访案件85宗，其中翁源县环保局受理78宗（其中来电来信59宗、来访8宗33人次，书记县长信件11宗），上级转办7宗。涉及大气污染38宗，废水污染27宗，噪声污染18宗，电磁辐射等其他2宗，已办结85宗，办结率100%。

【环境宣传】 全面贯彻落实国家、省、市“五五”普法规划以及国务院《全面推进依法行政实施纲要》精神，组织开展“6·5”世界环境日、“12·4”法制宣传日等一系列环保法制宣传活动。2010年共举办环境宣传活动5次，执法检查活动13次，征订派发10000余份宣传资料，受教育人数累计达到1.5万人次。2010年“6·5”环境日，通过发送手机短信4条与市民一起开展纪念活动。

【生态文明建设】 成立领导小组，完善办公场所，编制《翁源县生态文明建设工作总体方案》，试点乡镇“乡村清洁美”工程建设全面启动，创建“生态示范村”、“绿色学校（幼儿园）”、“绿色社区”活动成效显著。到2010年止，江尾镇南塘村被授予市级生态示范村，被授予为省级绿色学校（幼儿园）的3个是翁源中学、新蓓蕾幼儿园、龙英幼儿园；市级绿色学校（幼儿园）的9个是龙仙中学、坝仔二中、龙仙二小、龙仙三小、龙仙四小、龙仙二中、南浦中心小学、万豪英文学园、江尾中学。

【排污收费】 贯彻执行国务院《排污费征收使用管理条例》，全面开征、足额收费、及时缴纳。2010年，完成省市15家、县属130多家重点污染源的排污申报核查工作，建立排污档案280多宗，完成县财政预算排污费的征缴任务118万元（不含污水处理费），征缴数比上年增5万元。

（赖有望）

附：领导班子成员名单

局　长： 王永泰（2007.1—）

副局长： 童志昂（2010.8—）

陈胜鸿（2010.8—）

财税·金融·保险

财　政

【概况】 2010年，根据县委、县政府大部制改革，设立翁源县财政局，为县人民政府正科级工作部门。内设办公室（含法规股）、预算股、人事股（含监察股）、国库股、综合股、行政政法股（含科教文股）、工贸发展股（外经金融股、地方债务管理股、县世界银行贷款业务办公室）、农业股、绩效考评股、经济建设股（含工程预决算审核中心、社会保障股、会计股（监督检查办办公室）、县政府采购管理办公室13个职能股（室），下辖公共资产管理中心、政府招标采购中心、票据管理中心、工资发放中心中心 、国库支付中心、产权交易中心、7个镇财政所和住房公积金办事处。财政局系统在编人员203人。其中：局机关行政编制33名，后勤服务人员数4名。

2010年，全局坚持以 县委县政府提出的“创强攻坚、作风建设、惠民和谐”四篇文章作为总体要求，求真务实，团结拼搏，攻坚克难保增长，狠抓增收节支，优化支出结构，保障和改善民生，深化财政体制改革，加强财政管理，提高支出绩效，较好地完成了全年工作任务，为“十一五”时期财政工作画上了圆满句号。

2010年，县财政局获得市级以上荣誉称号有：“韶关市依法治市工作先进单位”、“韶关市第一次全国污染源普查先进集体”、“第二次全国经济普查先进集体”、 “韶关市关心下一代工作先进单位”。获得县级以上荣誉称号有：“人口与计划生育综合治理先进单位”、“社会治安综合治理工作先进单位”。

【财政收入】 2010年财政一般预算总收入76234万元，为年度预算的100.54%，比2009年同期增收9605万元，增长14.42%，其中：一是地方一般预算收入完成16269万元，为年度预算的102.59%，比2009年增收3583万元，增长28.24%。其中：国税本级收入3133万元，增长55.33%；地税本级收入7907万元，增长27.33%；财政税收收入1437万元，增长99.31%；预算内非税收入3792万元，比2009年增收54万元，增长1.44%。二是各项转移性收入59965万元，比2009年增收6022万元，增长11.16%，其中省市专款收入21736万元，下降0.59%，基本与2009年持平。

【财政支出】 2010年财政一般预算总支出67327万元，比2009年同期增支9205万元，增长15.84%。其中个人经费支出26081万元（含抚恤救济、生活补助、医疗费），比上年增支3239万元，增长14.18%；公用及专项经费支出14669万元，比上年增支3138万元，增长29.23%。上级专款支出等26577万元，比上年增支2648万元，增长11.07%。

【财政惠民】 一是通过“一折通”管理方式全年累计发放种粮直补和农资综补资金1999.4万元，受益农户5.4万户。家电下乡补贴支出455.2万元，家电以旧换新补贴22.7万元；汽车下乡补贴458.7万元；发放石油价格改革财政补贴270.3万元。二是筹措配套资金706万元，支持新型农村合作医疗工作，全年拨付16031人次享受的住院补助2918.6万元。努力推进城镇居民医疗保险制度改革，全县参保人数26900人，筹措配套资金60万元，全年共支付医疗报销207万元，享受报销1482人次。三是继续推进城乡最低生活保障制度改革，全年共发放11938人的城镇低保资金946万元。四是抓好教育事业的资金拨付工作，全年拨付农村困难家庭义务教育学生生活补助159万元，受惠学生11570人；拨付义务教育免收学生学杂费1716万元，受惠学生39674人；拨付中等职业学校助学金76万元，受惠学生5035人次。五是大力支持下岗再就业培训和城乡劳动力技能培训，共支付110万元，培训人员1066人。

【财政改革】 为打造为民财政、“阳光”财政、高效财政，以建设科学、透明、精细、优质高效的公共财政为目标，翁源财政稳步实施和不断推进财政改革，逐步建立公共财政体系框架。

继续深化预算编制改革。一是统筹预算内外财力，实行财政综合预算，把所有财政性资金纳入预算管理，均衡财力，较好地解决了各单位财力苦乐不均的现象。二是科学、合理编制县级财政收支预算：人员经费按标准预算；办公费、车辆费分类按定额预算；项目经费按轻重缓急根据本县财力状况统筹安排。三是增加药监局、科技局、科协、编办、农村合作医疗服务中心等部门预算。

继续深化国库集中支付改革。一是今年新增3个单位纳入国库集中支付范围，使纳入国库集中支付的单位达90个，占应纳入数的96.8%。二是积极推进国库集中支付网上平台建设，全部实行网上支付，国库集中支付更加简便、直接。全年国库集中支付金额42，458万元，比去年增加3，431万元，增长8.79%，直接支付比例不断提高。三是预算内、外和专项资金实行会计集中核算和统一支付，19个财政专户全部集中到国库股统一管理，进一步规范了财政资金管理，确保资金使用安全和高效。

继续深化乡镇财政管理改革。将乡镇财政性资金全部纳入“镇财县管”监管范围，所有资金均通过网络实现“指标下达、预算执行、出纳拨款、会计记账、财政监督”功能一体化，同时还扩大了会计核算单位，把财政所、镇结算中心及村委会账务全部纳入网络系统进行会计核算，使乡镇财务管理实现了规范化、信息化。四是财政支付实行限时办结制度。规定工资每月8号发，办公费、车辆费按季拨，专项业务费按进度拨，专款到文后5个工作日内转发文，收到单位资金使用申请后5个工作日内拨付。通过提高服务水平，树立起了财政良好的形象。

【公共资产管理】 不断完善公共资产管理、处置程序，盘活国有资产。按公平、公正、公开原则处置行政事业单位资产53宗，取得处置收入3699万元，确保了公共资产最大限度的保值、增值，促进了县域经济的发展。建立和完善全县公共资产和征（租）地档案管理，使公共资产管理走上制度化、规范化、信息化的轨道，发挥了公共资产使用效益。

【国企管理】 一是对县属国有企业加强监管，实行政务公开、财务公开和招收人员审批制度，节约成本，提高利润，增加财政收入。二是对龙腾城市建设投资经营有限公司下属国有企业——黄竹坪水电站进行人、财、物的严格管理。使电站安全生产，增收节支。2010年，黄竹坪水电站安全发电达6000千瓦，总产值930万元，实现利润599万元。为解决157个贫困村的分红款189万元，保证了农村基层组织的正常运转，还解决了全县特困党员扶助金12万元，让贫困党员深感组织温暖。

【城市经营】 加大融资力度，积极筹措资金。一是拓宽融资渠道，筹措城市建设资金。向国家开发银行借贷6000万元，县级财政拨入379万元，土地拍卖收入22280万元（其中城南市场地块3460万元，滨河东路旁地块41.4亩拍卖收入18820万元），上年结转870万元，一共筹集资金29529万元，较好地解决了城市投资经营的资金。二是努力征储土地，抓好土地出让。2010年共征地358.4亩，其中河堤用地123.3亩，商住用地90.4亩，工业用地1.2亩，市政建设用地143.6亩。出让土地41.4亩土地得到升值。三是加大市政建设力度，抓好惠民工程。全年完成投资10029万元，其中：第二、三期廉租房建设工程329万元；县城河堤工程1144万元；步行街120万元；西区基础设施配套工程3220万元；老城区工业路80万元；陈璘公园183万元；龙仙湖景观安装等亮化工程120万元；朝阳路美食城59万元；新城区武装部军官楼及其附属工程171万元；龙仙湖环境整治污水管网建设工程169万元；京珠高速翁城连接线扩建工程3980万元；翁城行政服务中心装修工程100万元；建设二路扩建工程115万元；朝阳路农贸市场工程140万元；龙仙公园门前等县城绿化工程30万元；其他市政道路维修零星工程69万元。县城市政建设工程的相继竣工，为广大市民营造了较好的宜居环境，增加了居民的幸福指数，提高了城市品位。

【队伍建设】 全年不断加强队伍建设，增强财政系统战斗力。一是通过积极开展“树立正确权力观，提高执行力”和“创先争优”等活动，不断加强党风廉政建设，进一步增强了财政干部的发展意识、大局意识、作风意识、责任意识、执行意识。财政干部执行力增强了，工作主动性增强了，廉洁自律增强了。二是通过“走出去，请进来”提高干部素质。走出去就是派干部出去参加培训班，请进来就是请老师到局里为干部职工上课。2010年共派出55人参加上级财政部门举办的培训班，请老师来局里上了十几课，工作作风和工作成效得到了县委、县政府领导的肯定，也得到了广大群众的好评。

（黄　琼）

附：领导班子成员名单

财税系统党委书记、财政局局长：

叶有昌（2009.5—）

财税系统党委副书记、财政局党总支书记：

张伙添（2001.10—）

副局长： 冯　炬（2001.12—）

沈鹏飞（2002.1—）

肖春兰（2009.5—）

国家税务

【概况】 翁源县国家税务局组建于1994年11月1日，1995年1月1日正式独立运作并对外办公。是县域县主管国家税收工作的职能部门，主要职能是贯彻执行国家各项税收法律法规，结合本地实际拟定具体的实施办法，组织各项国家税收收入，并对税收政策执行情况进行监督检查，促进本地经济发展。2010年内设9个股室、1个直属机构、1个事业单位、下辖2个分局。全局共有人员134人，其中在职89人，离休2人，退休人员28人。全年共组织各项税收收入1.4339亿元，比去年同期收入8436万元增收5903万元，增长69.88%。在2010年全县扶贫开发“规划到户、责任到人”帮扶工作考核中，国税局以90分的高分名列全县10个考核单位第二名，得到了市县级有关领导的好评。

【国税收入再创新高】 国税系统以开展“树立正确权力观，提高执行力”学习教育活动为契机，以基层单位政风行风评议考核为抓手，以组织收入为中心，突出“五个提升，五个推进”的工作思路，着力提高队伍素质，不断推进依法治税，强化税收征管，进一步优化纳税服务，税收收入实现了新的突破，全年共组织各项税收收入1.4339亿元，比去年同期收入8436万元增收5903万元，增长69.88%，完成全年计划任务11840万元（年初下达我局任务为9240万元，后经市局调增）的121.11%。其中超额完成县本级收入3135万元，税收收入总额、入库进度、增收额、增长率均创历史新高。全县国税系统共查补收入（税款、滞纳金、罚款）274.52万元，入库率为100%。全县共办理“免、抵”税额267万元，退税559万元。为平衡地方财政，促进翁源经济社会发展提供了坚实的基础。

【依法治税】 一是加大稽查力度，深入查处税收违法案件。积极开展税收专项检查，做到必查项目和自查项目齐抓，税务检查与企业自查并举，检查对象涉及供电、药品生产和经销、汽车销售和修理以及液化石油气销售等多个行业。全年共检查企业89户。二是加强对税收执法行为考核，要求税收执法考核监督员在工作时间里坚持每天查看税收执法考核子系统反映当天的税收执法过错行为的考核情况，严格把关，严格按照税收法规和税收征管法的程序操作，确保税收执法零差错。三是认真落实国家有关税收优惠政策，严格把关，做好增值税先征后返退库和出口企业出口货物“免、抵、退”税审核工作，认真做好符合优惠政策的企业减免税审核、审批及确认手续，并加强跟踪了解，做好减免税企业后期的各项管理工作。四是全力做好企业所得税年度汇算清缴工作。通过对企业加强辅导、严格审定、分析比对促进所得税汇算清缴，全年实现企业所得税入库1041.11万元。

【税收征管】 一是做好一般纳税人的认定工作。通过对纳税户提交的认定资料审核，认真做好场所和会计账务的核查及辅导，提高了纳税申报质量，保证了金税工程采集数据的顺利畅通。全年共受理了162户纳税户的增值税一般纳税人认定。二是强化纳税评估工作，全年共进行纳税评估52户次，查补税款300多万元，入库收入100多万元，调减留抵200多万元，有效地防范了重大税收流失的风险。三是推进网上办税，提高工作质效，从7月开通网上申报业务，截至12月31日，已注册网上申报的用户514户，处理业务2200多户次，征收税款4500多万元。四是做好灾后征管档案清理工作。5月6日，我县遭遇了一场特大洪灾，县局办公区水淹深度达1.75米，位于底层的征管档案室成为受灾重地，1000多户纳税人近10年来成千上万份的档案资料受灾，经组织人员对受灾资料进行清理，共清理造册近万份被洪水浸泡过的征管档案、发票存根联、车购税档案等资料。

【加强队伍建设】 一是通过开展“树立正确权力观，提高执行力”学习教育活动，使国税干部职工养成了讲政治、顾大局，解放思想、自觉学习的良好习惯，树立了“执行在于实干”的意识，切实转变了工作作风，班子成员、工作人员的执行力得到极大提高，机关整体执行能力、施政水平和服务质量不断提升。二是全面加强政风行风建设，积极推进政风行风评议活动有效开展。进一步整顿工作作风，优化纳税服务。在全县2010年基层所民主评议政风行风工作考评中，官渡分局获所在地考核评比第一名，县局纳税服务股（办税服务厅）和翁城分局获第二名。三是开展争先创优活动。通过开展创“文明窗口”、“服务之星”、“业务标兵”、“党员示范岗”等争先创优活动。进一步提高纳税人税法遵从度、征纳和谐度和税收工作的满意度。县局纳税服务股（办税服务厅）被韶关市人民政府评为2010年“服务之星”先进单位。四是扎实做好扶贫“双到”工作。在“双到”帮扶工作中共投入资金达6万元。

（谢亮东）

附：领导班子成员名单

局　长、党组书记： 胡　义（2002.8—）

副局长、党组成员： 郑志伟（1996.8—）

李仁富（2002.10—）

严志坚（2008.11—）

杜建荣（—2010.11）

纪检组长、党组成员： 肖文达（2009.11—）

地方税务

【概况】 翁源县地税局内设办公室、监察室、人事教育股、税政股、征收管理股及纳税服务股6个职能股（室），直属1个二级局稽查局，下辖城区、官渡、翁城、江尾、周陂5个基层税务分局；人员编制117人，现有干部职工96人，其中大学本科学历41人，占42.7%，大专学历38人，占39.6%；党员90人，占93.8%。

2010年，面对后金融危机时期错综复杂的宏观经济环境，翁源县地税局全面贯彻落实科学发展观，认真分析梳理影响地税收入的增减变化因素，强化税源控管，坚持依法治税，实现了税费收入的持续稳定增长。全年共组织各项税费收入27388万元，同比增收7235万元，增长35.9%。其中：税收收入14156万元，同比增收3395万元，增长31.55%，完成任务117.44%；社保费收入12362万元，同比增收3543万元，增长40.17%。

第三产业税收占主导地位，税收结构格局未发生大的变化，第一产业的税收是24万元，占税收总量比重为0.17%，同比增长84.62%；第二产业的税收6073万元，占税收总量比重为42.9%，同比增长24.45%；第三产业的税收8059万元，占税收总量比重为56.93%，同比增长37.33%。行业分布仍以建筑安装、房地产业和居民服务和其他服务业为主导，建筑安装业实现地方税收3934万元、房地产业税收2023万元、居民服务和其他服务业税收1723万元，三大行业所占比重达54.25%。主体税种优势明显，所占比重达到76.24%，其中，营业税收入6746万元，同比增收1772万元，增长35.62%；企业所得税入库1308万元，同比增收291万元；个人所得税入库2738万元，同比增收790万元，增长40.55%。

【税收征管】 创新税源管理模式。在坚持“抓大、控中、规范小”的原则基础上，积极探索专业化税源管理新模式，提升税源管理的质量和效率。深化纳税评估。成立评估办公室，组建专业评估队伍，实行评估考核，开展集中评估。大力强化税源控管。狠抓大企业、大项目、大税源行业、大税源地区、大税种等重点税源控管。将新建或续建的全县道路、桥梁等基础设施项目和房地产开发项目列入县级重点税源监控范围，及时掌握重点税源企业产业结构调整情况、经营动态和涉税信息。认真核查企业所得税年度申报数据，加强个人所得税全员全额扣缴申报管理。重新调整和规范个人经营性房屋税收征收定额标准。强化土地增值税清算管理和车船税管理。大力推广发票在线应用系统，在餐饮、住宿、娱乐业、交通运输业和房地产业等行业已有37户纳税人安装使用在线开票系统。全面推行建筑、房地产业税源控管系统，对全县建筑和房地产业进行信息化管理，税源控管能力和质量明显提升。

【社保费征收】 突出社保管理机制建设，全面推进全责征收工作。与社保等部门建立沟通协调机制，密切联系，通力协作，7月按时实现了自由职业者社保费征收的交接上线征收。完成基础数据迁移4299条，补录参保信息2089条，签订批扣四方协议4838份。完善风险管理。制订应急预案，强化社保费全责征收风险防范，保障了缴费人合法权益。推广应用社保费辅助申报系统，对社保费无法记账数据及时处理，从源头上控制错误数据的产生。强化税费并重征管模式。充分发挥现有的人力资源和征管优势，对企业的参保人数、缴费工资进行全方位的监控，达到税费同征、同管、同查，解决了申报与缴费脱节问题，促进了社保费全员申报和扩面工作，实现了社保费不断增收和参保人数增加的目标。

【税收执法】 严格落实组织收入原则。坚持依法征收，应收尽收，坚决不收过头税，不混库、不截留、不空转。严格落实税收执法责任制。完善岗位职责、工作规程、评议考核、责任追究“四位一体”的税收执法责任制体系，严格落实《税收执法责任制考核评议和过错责任追究实施办法》，强化税收执法监督。认真贯彻落实税收优惠政策。不折不扣按法定的减免税程序办理再就业税收优惠、残疾人减免等税收优惠政策。全年受理审批再就业税收优惠个体工商户共计52户，减免营业税9.34万元，城建税及教育费附加0.83万元，个人所得税9.78万元，合计19.95万元；受理审批残疾人减免税个体工商户共计17户，合计减免个人所得税1.72万元。认真开展执法检查，坚持以查促管，以查促收，全面发动纳税人自查，加大质疑约谈力度，对房地产业、建筑安装业、交通运输业和保险业等行业进行了专项检查，共立案检查纳税人5户，入库税款、滞纳金共85万元，通过约谈、企业自查申报补缴税款、滞纳金共255.85万元。严厉打击发票违法行为。在实施检查过程中，做到查账必查票、查案必查票，收缴了不符合规定的乘车凭证（收款凭证）677本共67700份。联合公安经侦大队干警，对县城餐饮、娱乐等服务业进行突击检查，查缴假发票4本共400张及二联收据存根26张。

【纳税服务】 认真组织税法“四进入”、纳税人集中培训、纳税服务志愿者等活动，不断提高纳税人税法遵从度。开展大规模纳税人辅导培训。全年累计组织纳税人培训辅导活动6场次，培训人数超过300多人次。认真受理纳税人咨询、投诉、举报和建议，保护纳税人的合法权益。同时，在征收大厅设立辅导服务岗，满足纳税人的服务需求。推进纳税服务信息化。充分发挥省市局门户网站服务功能，大力推广网上报税、发票防伪查询以及税收热点问题咨询等，网上报税户进一步增多，全年达到333户。提升办税服务厅规范化建设水平。按照“七个统一”标准完善办税服务厅规范化建设，安装启用了POS机刷卡缴纳税费系统，缓解了纳税人排队等候、税局开票银行缴款两头跑的问题。进一步完善了12366纳税服务知识库。广泛开展“四个更加满意”度调查。对税务人员履行职责情况进行监督，发现问题及时整改，实施责任追究，保证各项优质服务措施的落实。

【队伍建设】 强化各级班子建设，严格执行干部选拔任用规定，公开、公平、公正的增选了4名股级干部，充实中层领导岗位，选派1名副科级干部到新会地税挂职。加强“三好班子”建设，全局观念和应对复杂局面能力进一步增强。大规模开展干部教育培训。全体干部职工分两批到省局税务干部培训学院进行脱产培训5天，举办其他各类培训班6期，培训人员60多人次。加强党建和思想政治工作。发挥党团工青妇职能作用，深入开展创先争优活动，积极推进健康向上的地税思想文化建设。精神文明建设再上台阶。在荣获2008—2009市文明单位称号的基础上，进一步开展创建2010—2011省级文明单位活动。

【廉政建设】 认真落实党风廉政建设责任制。一级抓一级，一级监督一级。并把党风廉政建设进一步细化，分解到了局班子成员和各业务股室，真正做到“一岗双责”。充分利用大集中工程“覆盖全面”和“海量信息”的特点，全面实现“人脑+电脑+制度”的监控，提高信息化条件下对“两权”的全面监控能力，提升科技反腐水平。深入贯彻实施《廉政准则》。组织本单位干部职工对《廉政准则》条款中的八大严禁、52条不准进行解读和讨论，对照工作岗位和日常行为进行对照检查，并针对存在的问题制定行之有效的整改措施。扎实推进民主评议政风行风活动。各税务分局进行广泛宣传动员，营造浓厚的宣传氛围，诚恳接受社会各界的监督，邀请县行评人员到各分局检查指导工作，召开有行评人员、特邀监察员参加的征求意见座谈会，开展政风行风活动满意度调查。经县行评团评议，5个分局都被评为“满意”单位，综合得分均位列所在镇（场）第一名。社会满意度和系统形象持续提升。

【挂钩扶贫】 按照县委县政府部署，扎实推进挂钩点龙仙镇石寨村扶贫开发工作。通过加强村班子建设，实施产业、资金、设施、智力扶贫等一系列措施，改善生产生活条件，发展农村经济，增加村民和集体收入。全年共筹集投入扶贫资金124.58万元。其中地税局投入10万元，烟草、林业、镇政府及其他部门投入7.5万元，省市县财政投入扶贫资金94.78万元，社会捐赠资金12.7万元。村容村貌和生产生活条件得到明显改善，村集体经济得到显著发展。2010年全村人均收入达到5197元，比上年增长10%；46户贫困户人均收入达到3464元，同比增收1842元，增长113.56%。原计划脱贫户数21户，实际脱贫户数

28户，脱贫比例达60.86%。

（钟立华）

附：领导班子成员名单

党组书记、局长： 张名新（1996.12—）

纪检组长： 刘炳铭（2006.08—）

徐国新（1997.04—）

副 局 长： 曾远贵（2008.06—）

李志鹏（挂职、2010.04—）

中国人民银行翁源县支行

【概况】 人行翁源县支行现内设有办公室、会计国库股、综合业务股、外汇管理股4个股（室），有员工20人。负责在辖区内贯彻执行中央银行有关货币信贷政策，监督管理金融市场。防范化解辖区系统性金融风险，维护辖区金融稳定。结合辖区经济社会特点，落实好各项金融宏观调控政策，引导金融机构积极支持辖区经济社会发展。

【金融运行】 各项存款继续攀升。2010年，全县银行业金融机构各项存款余额534221万元，比年初增加69247万元，增长14.89%。储蓄存款仍然是存款增长的主要动力。金融机构各项储蓄存款余额435205万元，比年初增加64323万元，增长17.34%，占存款总额的81.47%；企业存款35493万元，比年初减少1672万元，减幅4.50%。贷款增速明显加快。至年末，金融机构各项贷款余额161240万元，比年初增加52635万元，增长48.53%。从贷款期限结构来看，中长期贷款增速加快。12月末，短期贷款余额40985万元，比年初增加2673万元，增长6.98%；中长期贷款余额120255万元，比年初增加50012万元，增长71.2%。从贷款投向来看，新增贷款主要投向个人消费贷款和中小企业贷款。12月末，短期个人消费贷款524万元，比年初增加465万元，增长792.44%，中长期个人消费贷款6520万元，比年初增加4931万元，增长310.47%；短期中小企业贷款21403万元，比年初增加1192万元，增长5.9%，中长期中小企业贷款80486万元，比年初增加42440万元，增长111.55%。

【金融服务与创新】 一是认真做好支付环境建设试点工作。通过对翁源县兰花生产销售基地资金结算状况的调查研究，及时向上汇报了当地农村支付结算环境存在的问题和解决措施，翁源县兰花生产销售基地被广州分行授予“广东省改善农村支付服务环境专业市场建设示范点”，有效改善了当地农村的支付环境。二是做到有效提高国库支付、拨款效率。在2010年5月翁源县遭受超百年一遇特大水灾后，翁源人行及时为受灾群众开通国库拨款的绿色通道，保证救灾资金的及时到位。三是积极开展跨境人民币结算工作。四是开展金融服务送下乡活动。开展了包括：金融知识进社区、征信宣传进学校、金融服务下农村等系列活动，在乡镇设立金融服务咨询点，为农民群众提供金融知识服务。五是召开银、政、企座谈会，搭建金融服务平台。为缓解当地贷款难和难贷款等问题，与地方政府联合牵头，组织召开银、政、企座谈会和金融产品推介会，共同商讨解决经济金融发展面临的实际问题，两年来翁源县金融机构新增贷款5亿多元，有效加大了金融支持地方经济建设的力度。

（谢继敏）

附：领导班子成员名单

行 长： 李红辉

副行长： 彭 华

刘如宝

中国工商银行翁源县支行

【概况】 中国工商银行翁源县支行指标完成情况：一是存款：全行各项存款余额38733万元，比去年底增加10391万元，完成全年任务6350万元的164%。二是贷款：各项贷款余额2896万元，比去年底1875万元增加1021万元，增幅54.45%。三是中间业务收入：全行中间业务收入252.65万元，完成分行下达任务221万元的119.72%。四是经营效益：全行营业收入539.3万元，实现净利润533.1万元。

【大力筹集资金，扩大存款规模】 工行提出了狠抓存款的若干措施：全行员工要充分利用各种关系，深入挖潜，上门拉储，努力开拓；营业部要克服员工年龄偏老，个别员工业务水平差的困难，充分发挥主观能动作用，调动全员积极性，调配好劳动组合，安排好中午班人员，用尽人力，用尽窗口，解决好客户排长队的问题，同时要提高服务质量和服务态度；加强客户经理劳动纪律的管理，要走出去营销，客户经理的重任就是营销存款和中间业务，要抓大户、拉大户，充分利用各种关系，深入到基层乡镇，把我行的各项业务做强、做大。

【大力发展中间业务和资产业务，增加业务收入】 工行对拓展中间业务非常重视，充分发挥客户经理的作用，同时发动全成行员工，人人营销中间业务，扩大代收代付业务市场份额，增加中间业务收入。积极营销基金、保险，网上银行等中间业务，至12月31日止，对公结算账户净增19户，新增现金管理客户2户，灵通卡新增发卡量1850张，牡丹报账易新增4户，新增信用卡发卡量85张，企业网上银行（证书版）新开户14户，个人网上银行（证书版）新开户307户，个人网上银行（口令卡版）新开户452户，手机银行新增563户，对公理财产品2350万元。

【加强信贷资产管理，努力清收不良贷款】 至2010年12月31日，各项贷款余额2896万元（其中公司贷款2217万元、个人贷款679元），比去年底增加1875万元（其中公司贷款1506万元、个人贷款369万元）增加1021万元，增幅54.45%。十二级分类中正常类2144万元、关注类贷款73万元；个人综合消费贷款及个人住房按揭贷款余额679万元，比去年底增加310万元，十二级分类中正常类贷款余额679万元。不良贷款余额0万元，不良率为0%。

中国建设银行翁源县支行

【概况】 中国建设银行翁源县支行主要指标完成情况：财务效益持续提高，实现账面利润564万元，人均创利47万元。资产业务实现飞速增长，各项贷款总额13505万元，贷款余额比年初净增7776万元。存款业务不理想，各项存款余额29980万元，比年初下降671万元。

【贷款业务飞速发展，大力支持地方经济建设】 贷款业务取得了较大的发展，自营贷款总额13505万元，贷款余额比年初净增长7776万元，委托贷款2000万元。

【践行服务理念，提升服务水平】 为践行“以客户为中心”的服务理念，建行于去年底对支行进行装修改造工作，营业面积到扩大450平方米，极大改善了网点服务环境及效率，为翁源市民提供了一个安全、舒适的金融服务场所。通过有弹性的工作安排，能有效缩短市民来银行办理业务的等待时间。建行支行还通过送金融服务到基层的方式来为广大群众提供便利，分别在岭南工商第一技校、741矿、官渡开发区等地多次现场办公，为附近群众送金融服务。

【存在问题和不足】 一是对中小、民营企业及个人的贷款支持力度不够。贷款的集中度较高，而中小、民营企业及个人融资难的局面还没能得到明显的改善。因此，支行将积极加强与上级行的沟通，争取市行能对中小企业及个人贷款的政策进行改进，并将中小企业及个人贷款作为今后一段时间的工作重点。二是工作效率仍有待提高。建行支行前台员工的年纪偏大，也在客观上造成了服务效率达不到市民的期待。支行将积极争取上级行支持，在当地选取年轻、优秀的工作人员充实一线，提高效率。

中国农业银行翁源县支行

【概况】 2010年，中国农业银行翁源县支行业务经营有新的发展。各项存款：年底本外币各项存款余额为94365万元，比年初增加8040万元，完成年度经营计划的62%。其中：储蓄存款余额69830万元，比年初增加10210万元，完成年度经营计划的108%；对公存款余额为24535万元，比年初下降2170万元。各项贷款：年底，全行各项贷款余额35655万元，比年初增加29907万元，增长520% 。财务经营指标：截至2010年底，实现拨备前利润658万元，完成年度经营计划219%，净收入1731万元，完成年度经营计划的101%。

【主要业务】 三农业务。截至2010年底，新增惠农卡发卡量2522张，完成率为15.76%；新增授信户数425户，完成率为56.97%；新增惠农卡贷款1011万元，完成率为72.08%。通过加大惠农贷款投放，有力地促进了农村经济发展，为农民发家致富提供了资金支持。

中间业务。截至2010年底，全行中间业务收入321万元，完成年度计划指标的69%。其中电子银行业务收入75.7万元，完成年度任务101%。

翁源农村信用合作社

【概况】 翁源农村信用合作社存贷款增长情况：2010年末，各项存款余额253255万元，比上年末净增42098万元，增幅达19.93%。各项贷款余额108842万元，比上年末净增15609万元，增幅为16.74%。财务经营指标：2010年农信社实现经营利润1466万元，同比减少1636万元。

【全省数据大集中新业务系统成功上线运行】 2010年10月18日，翁源农村信用合作社正式加入全省数据大集中业务系统，大大提高农信社的产品创新、业务拓展、内控管理和风险防范能力，全面提升核心竞争力。

【以优质服务发展储蓄业务，增强资金实力】 一是着力培养员工的职业道德操守，增强员工的服务意识和敬业精神。二是“为行政机关、企事业等单位代发工资，为村民发放各种补贴款、为居民代收代扣电费、为企业代付蔗款。三是加强基础设施建设，先后在多个营业网点增设ATM和自助终端，对部分营业网点进行了改造。

【立足“三农”，明确市场定位，加大支农力度】 一是做好春耕生产工作，以小额农户信用贷款这一农村信用社的优势品牌为载体，有效解决了农民春耕生产的所需资金。二是紧紧围绕县委、县政府调整农村产业结构的大方针，充分发挥信贷杠杆的导向作用，适时调整贷款投向，重点支持糖蔗、茧丝、兰花、黎蒴、水果“五大”支柱产业和农村基础设施建设与发展；三是大力支持县域中小企业的发展，对有市场、技术含量高、管理较先进的中小企业进行大力支持。四是组织资金，对企业整修、农户新建住房、农业和种养业、水电站修复等灾后重建工作进行信贷支持。

【加强人力资源管理】 为优化人力资源管理结构，适应信用社发展和构建案防长效机制，我社在2010年全面强化了人力资源管理，一是认真落实岗位轮换和员工亲属回避制度，对符合条件的员工进行了岗位轮换。二是全面实行离任（离岗）审计制度，对重要岗位人员轮换实行审计。三是加大员工的培训教育力度。2010年我社先后组织开展了数据大集中新业务系统、贷款新规等617人次参与的16次业务培训。

【案件专项治理工作引向纵深】 2010年，翁源农村信用合作社把常规稽核作为摸清底数，掌握实情，规范业务的基础性工作，按季度组织对辖内信用社现金、有价单证、往来账户、重要空白凭证、信贷资产管理、财务管理等内容的稽核检查。2010年我社开展了会计真实性、薪酬管理、四项制度、营运资金等专项检查工作19次，共检查业务4万多笔，涉及金额8亿多元，有效遏制了案件的发生。

翁源县邮政储蓄银行

【概况】 翁源县邮政储蓄银行业务规模情况：2010年年末，邮政金融各项存款余额达11.28亿元；贷款共放款4519万元，结余3591万元，贷款不良率为0.89%，其中小额结余1364万元，70%以上是农户贷款，商务贷款结余1515万元，二手房贷款结余323万元，小企业结余390万元。

【抓好重点业务的发展】 找准方向、坚持信贷立行的理念，真抓实干、加速信贷业务的发展，确保了收入的稳步增长。信贷业务作为实现收入增长的主力军，年初按照省市分行关于“信贷立行、争先进位”的指导思想，明确了必须通过加快信贷业务的发展来确保收入的完成。针对翁源县商户少额度小，商户经营者大部分使用自有资金，相反在农业方面具有较大优势。明确了以主攻小额贷款，特别是农村小额信贷发展为主，同时，努力挖掘商务和住房按揭贷款业务，做足中小企业贷款开办前功课，大力开拓业务，壮大规模，取得了很好的效益。继续抓好个金各项业务的拓展工作，稳定收入来源。县邮政储蓄银行的个人负债业务收入仍占收入的68%左右，随着人行老存款的转出，存款利率调整，利差收益率减少，更要靠中间业务收入和余额的增长弥补实现增长点，为此，采取了形式多样的措施，确保个金业务收入的稳步提升。公司业务作为成本低，利润大，一直得不到新的突破，靠烟草公司业务拉动，余额波动频繁，系统余额一直难以突破千万元。但依然没有放弃，继续寻找新的突破口，争取缩小差距。至年底基本达到预期目标。

【强化管理工作】 做好企业文化建设工作，提升员工的企业凝聚力；继续紧抓各项安全管理工作，进一步增强内控能力，确保资金与员工生命安全，保障业务健康发展；加强安全保卫工作，确保安全生产、安全经营；狠抓服务质量，树立服务形象。

中国人民财产保险股份有限公司翁源支公司

【概况】 中国人民财产保险股份有限公司是年负责国内外保险和再保险业务的专门机构，以保险费建立基金，借以补充以外损失，并为国家积累基金。1994 年 7 月，称中国人民财产保险股份有限公司翁源支公司。1996 年 4 月，进行保险体制改革，实行财产与寿险分业经营，分设中保集团人寿保险公司翁源支公司和中保集团财产保险公司翁源支公司。1999 年 9 月，中保财产保险公司翁源支公司恢复中国人民财产保险股份有限公司翁源支公司。2003 年 7 月中人保在国有独资保险公司中率先完成股份制改造，更名为中国人民财产保险股份有限公司翁源支公司，仍然经营财产保险业务，内设办公室、财产保险业务部、运输工具保险部。

【业务情况】 2010 年，全年保费收入 2002 万元。其中财产保险 479 万元（企财险 160.6 万元，家财险 76 万元，责任险 68 万元。农险 173 万元，工程险 14 万元），“两险”（健康、意外险）89 万元，机动车辆险 1434 万元。全年支付各种险种赔案 3083 宗，赔款总计 2052 万元。其中：企业财产险赔款 240 万元，家财险赔款 556 万元，责任险赔款 26 万元，农险赔款 332 万元，“两险”（健康、意外险）12 万元，机动车辆赔款 886 万元。

（林 兰）

附：领导班子成员名单

经　理： 温海寿（2002—）

副经理： 何月清（2004—）

张怀均（2008—）

翁源县地税局召开 2010 年全县地方税务工作会议，县委副书记颜亮、常务副县长曾清兰等领导莅临会议并作了重要讲话。（摄影：钟立华）

旅游·服务业

旅 游 管 理

【概况】 2005年，翁源县旅游局为县政府直属正科级事业单位，赋予旅游行政管理职能；2007年11月批准为参照公务员管理单位；2009年编制增至8名。其中局长1名，副局长1名，内设办公室、资源与市场开发股、质量规范与管理股。其主要职责是负责县域的旅游开发、规划、管理的职能部门。

2010年按照县委十一届七次会议提出的“挖掘开发旅游资源，发挥旅游产业的龙头作用”的指导方针和县委、县政府《关于推动翁源经济社会跨越发展的2010年行动计划》的工作要求，按照“市场导向、科学定位、全面推介、突破重点、突出特色、有序开发”的原则，切实抓好各项的工作落实，有效地促进了我县旅游产业布局的完善和发展。全年接待游客45.30万人次，同比增长55.25%；旅游综合收入32697万元，同比增长85.04%。

【行业管理】 2010年，全县共有旅行社4家，分社1家，营业部1家。星级饭店3家，其中四星级饭店1家，三星级饭店2家。主要旅游景区（点）1个。企业星级评定。对照国家旅游局《旅游饭店星级的划分与评定》的要求，指导富源大酒店开展三星级旅游饭店重评以及龙翔大酒店、粤源大酒店评定工作，并顺利通过上级旅游主管部门评审。

【各项旅游安全措施落实到位】 年初，分别与各旅游企业签订《旅游安全责任书》，抓好“安全生产月”和“安全生产年”工作，定期和不定期检查安全生产工作。在春节、“五一”、“十一”前召开专门会议，部署黄金周工作，做好旅游安全预案，抽查旅游企业安全生产工作。2010年黄金周期间无旅游投诉，无旅游安全事故。全年实现“健康、安全、秩序、质量”四统一的目标。

【安全生产检查】 为落实安全生产责任，确保广州亚运会期间不发生旅游安全事故。于11月5日向各旅游企业发出了《关于开展安全生产自查工作的通知》，要求各旅游企业统一认识，从讲政治、保稳定、求和谐、促发展的高度，抓好责任落实，在11月8日前做好自查工作，努力营造良好的安全生产氛围。并于11月9日组织有关人员对东华寺景区、三家星级饭店及4家旅行社进行了安全生产检查，从检查情况看各旅游企业都完善了安全生产组织机构和网络，强化了安全生产宣传教育和员工的培训工作，制定了应急救援预案，做好了安全生产预案的演练，对发现的安全生产隐患，按照“四不放过”原则进行处理。要求受检单位采取有效措施，针对在检查中发现的景区道路标识不明确、旅游安全标识不明显，星级饭店部分应急灯不亮、个别员工安全意识不强、在安全通道摆放杂物的情况，旅行社导游人员对游客安全常识讲解不够、对车辆安全检查不够的情况，要求各旅游企业抓好责任落实，具体责任到人，及时抓好整改落实，把消防安全工作做细做实，完善落实安全监控及应急预案，确保我县亚运期间旅游安全平稳。

旅 游 推 介

【参加全国创建A级景区培训班】 10月23日至25日，由中国旅游报、广东省旅游局、韶关市人民政府联合主办，丹霞山景区管委会、韶关市旅游局承办的全国创建A级景区培训在韶关莱斯酒店举行。县旅游局派人参加了此次培训班。通过学习，了解创建A级景区标准，促使东华寺顺利通过创建A级景区，提升东华寺的综合品质及管理服务水平，提升全县旅游品牌价值和核心竞争力。

【与周边县签订区域旅游合作协议】 为加大区域旅游合作，拓宽翁源县旅游业的发展空间。4月27日下午翁源县旅游局张慧霞副局长在新丰云天海原始森林度假村与新丰、始兴、南雄三县（市）旅游局签订了区域旅游合作协议。为今后翁源县的旅游发展起到了一个资源共享、客源互送、宣传互合、线路互串、服务互便、多赢互动格局，对加快县域经济又快又好发展起到了积极推动作用。

【旅游景区总体规划评审会召开】 为充分发挥旅游资源优势，打造翁源旅游品牌，建立旅游产业链，带动第三产业，促进翁源经济的发展。3月29日，翁源县委、县政府在龙翔大酒店召开了“翁源县旅游景区总体规划评审会”。会议由县府办系统党委书记涂定源主持，副县长朱增志、包玉兰、张坚，相关科局、乡镇负责人，景区编制单位及评审专家、教授共50多人参加了评审会。

评审会由编制组的教授们对《翁源东华山风景区旅游总体规划》、《翁源县书堂石文化生态旅游区总体规划》、《翁源县仙鹤花果生态休闲旅游区总体规划》三个规划的规划背景、资源评价、市场分析等十个方面进行了详细的分析讲解。6名评审专家分别对三个规划进行了细致的点评，肯定了三个景区发展的优势，指出了景区规划存在的问题和不足，并提出了修订的意见和方法。最后，张坚副县长代表县委、县政府针对三个规划的编制工作提出了意见和要求。

【强化旅游招商】 立足生态资源和历史文化优势，利用东华山风景区、书堂文化村、仙鹤生态农业旅游三个景区的规划，聘请知名旅游策划公司进行包装、推介和招商，借力实现旅游产业项目投资的新突破。

【打造旅游亮点】 以仙鹤兰花长廊为突破口，采取政府规划引导、政策扶持、民间资本参与的模式，加快开发生态农业、休闲度假、农家乐等旅游项目，力求在生态休闲游上突出特色，形成翁源亮点，在打造粤北最佳生态休闲胜地上迈出坚实步伐。

【加快项目建设】 加快推进中国（翁源）兰花文化创意产业园、永泰假日酒店、佛宝山庄、“冷泉滩”农业生态旅游园等项目的兴建；充分利用翁山诗书画院和即将建成的涂志伟美术馆，努力建设和打造岭南诗书画创作写生基地，强化县旅游和文化的结合，打造旅游特色品牌，提升县的旅游品位。

【旅游宣传营销】 3月参加广州国际旅游展销会，6月参加深圳华南自驾旅游博览会以及湖北省武汉旅游推介会，9月参加“广东国际旅游文化节”，10月参加“韶关（东莞）旅游招商推介会”等大型展会进行了项目推介；依据“中国兰花之乡”、“中国三华李之乡”、“中国九仙桃之乡”等农业“国”字号名片，精心制作反映翁源旅游形象的招商引资宣传画册；加强同省、市、县新闻媒体的合作，通过报刊、网络、电视台等媒体宣传翁源旅游资源，7月协助省南方卫视做好“寻古·岭南行”栏目的外景拍摄工作；充分利用会展、节庆、网上集中促销等多种手段加大宣传促销力度，促进县旅游业的大发展。11月在《韶关日报》旅游专版对翁源的旅游资源、旅游发展、景区景点、潜在优势等情况进行全面的宣传推介，做好《韶关市旅游交通图》的广告认刊工作，对全县12个景区景点图内标名（其中东华寺徽标标名）进行认刊。

【办好“花醉岭南”·2010广东翁源赏花节系列活动】 1月27日，“花醉岭南”·广东翁源赏花节——第四届广东省自驾旅游节翁源站系列活动信息发布会在广东省旅游局新闻发布厅举行。省旅游局王志红副局长、韶关市旅游局陈波局长、翁源县人民政府颜亮县长出席会议并致辞。翁源县主管旅游的副县长包玉兰简要介绍了此次活动的内容及资源特色、优惠政策等。人民日报、南方日报、广东卫视、南方卫视、新浪、腾讯等多家媒体记者及40多家旅行社代表参加了发布会。

赏花节于1月27日开始，3月2日结束。由广东省旅游协会、翁源县人民政府主办，广东省自驾旅游协会、韶关市旅游局、翁源县旅游局协办，广州市海上丝路文化发展有限公司策划执行。活动以“以花为媒促和谐，经贸旅游大发展”为主题，以赏花（三华李花、九仙桃花、兰花）、祈福（东华寺祈福）为主线，期间组织近百辆汽车参与赏花节自驾游首发仪式和入城仪式，隆重举行花醉岭南·广东翁源赏花节启动仪式暨元宵节“百姓同乐”晚会、翁源花卉精品展、书画摄影展等活动。

【参加韶关（东莞）旅游产业推介会】 2010年10月19日，韶关市人民政府、市旅游局在东莞国际会展酒店隆重举行韶关（东莞）旅游产业推介会。韶关市副市长邹永松，市旅游局、外经局、丹霞山管委会，各县（市、区）分管旅游工作的领导、旅游局长及东莞旅游部门和旅游投资商、新闻媒体约100多人参加了推介会。县旅游局局长黄旭与深圳市宏开投资集团有限公司签订了旅游项目投资意向书。

【参加2010年广东国际旅游展览会】 9月25日至28日，2010年广东国际旅游展览会在广州琶洲保利世贸博览馆隆重举行。县旅游局参加展览会并购买一个展位，利用图片及实物精心布展，派发《千年花果乡，生态休闲地——翁源宣传画册》、

《翁源自驾游指南》5000多份。宣传促销效果良好。带往展销会的兰花，其清雅的造型，灿烂的花朵，诱人的清香也格外引人注目，众多游客驻足欣赏，咨询、了解翁源县作为“中国兰花之乡”、“中国三华李之乡”、“中国九仙桃之乡”的旅游线路。龙翔集团提供的桑叶茶，其口感也受到众多游客的好评。

【组团参加2010华南自驾游博览会】 6月11日至6月13日，组织龙翔大酒店、粤源大酒店、跃进水库度假村及九曲水生态旅游度假村4家旅游企业参加在深圳国际会议展览中心举行的2010华南自驾游博览会。在这次博览会上，大力宣传翁源县的三个国字号品牌一“中国三华李之乡”、“中国九仙桃之乡”、“中国兰花之乡”，首次在展位上以实物展示三华李、九仙桃、兰花，并请游客品尝县域特产的三华李、九仙桃，让游客更直观的了解翁源县的旅游产品。

旅游景点介绍

【东华山风景区】 东华山风景区位于县城东北3公里处，总面积6.2平方公里。它由风景秀丽的东华山和历史悠久的东华寺构成。东华山属喀斯特地貌，遍布鬼斧神工的奇峰怪石，景色迷人，风光秀丽。有雄伟挺拔的五指山，文人墨客赞叹不已的笔架山、金龟望月山、玉兔峰、狮子山、卧佛山、天王山、骆驼峰、鸡冠石等。令人流连忘返，美不胜收。东华寺是东华山风景区内的寺庙，据韶州史记载南朝梁武帝天监元年（502年），印度高僧智药禅师航海抵粤，途经翁源，见此地境界非凡，佛光普照，山形地貌酷似印度灵鹫山，便在此地创建灵鹫寺。后于唐龙朔元年（661年）改称东华禅寺。素有“东华寺的风，南华寺的钟”之说，东华寺香火鼎盛时期住有数百名僧侣。“文革”期间寺毁僧散，仅剩遗址。

1997年毕业于闽南佛学院的释万行来到东华山，并在此山的三圣洞闭关修炼了三年，于2000年出关复建东华寺。东华山风景区集山美、峰奇、水秀、洞幽于一体。经过近几年的发展，东华寺建设已初具规模，至2008年已建成了山门、客房、大雄宝殿、藏经阁、禅堂、放生池等项目及相配套的豪华别墅。名刹、别墅、自然风光组成东华山风景区得天独厚的旅游胜境。如今，东华寺以崭新的面貌，迎接四方游客。

【书堂石】 书堂石位于官龙公路旁翁江（旧称罗江）河中，北距县城15公里，因翁源晚唐著名诗人邵谒在此截髻悬门筑室攻书而得名。

书堂石，地形独特，得天独厚，巍巍巨石屹立江中。巨石上修筑书院，书院下江水悠悠，这里山环水抱，河江山色浑然一体，和两岸的三华李园相映相辉。每当三华李花盛开，便形成了历史上醉人心扉的“罗江霜雪”这一大自然美景。

旧时，书堂石为翁源十六景之一。据考查，书堂石遗址占地700平方米，分三道建筑。一是门洞，正门坐西向东，门宽1.7米，高2.5米，墙厚0.4米，用花岗岩石条制门（已废），大门入处，有长6米、宽4米的二层棚门洞，棚上有通门。二是空旷地，面积350平方米，周围用板石岩块和沙质石砌结围墙，靠南端大部分已倒塌，靠西端仍有残墙高5米。三是书房，门洞尽头靠东，有石级至5米高往北拐入，有一个220平方米的建筑，靠东西方向有两排房子，中间有一条1.1米宽的行人道，每排有房9间，最大9平方米，最小7平方米，各房设有30厘米×45厘米或50厘米×50厘米门窗。房间有围墙环绕，安全牢靠，至今只有残墙高4米左右。现存遗址为残墙断壁。其独特的地理环境和远古的晚唐遗风构成了不可多得的旅游胜地。书堂石遗址是我县重要的历史文化遗产和文物保护单位。

【八卦围】 蒽岭八卦围地处在翁源县江尾镇，是一座鲜为人知的神秘宏伟村落，建于明弘治八年（1495年），总占地面积达23000多平方米，大围的房屋构造及规划完全按罗盘八卦样式设计建造。建筑群以祠堂为中心，左右和中后房屋按八卦层层加串，向外伸延，共有1653间房，89条街巷。房屋从外至内由高到低排列，屋形怪异，有的似折扇，有的似镰刀，几乎没有一间是方形。房屋虽大都是黄土泥砖，但坚固如铁，数百年不倒。作为围中交通要害的街巷由鹅卵石铺砌，纵横交错，扑朔迷离，神秘莫测，进入其中仿如迷宫，分不清东西南北，宛如闯入诸葛亮布下的八卦阵。在八卦围中央的阴阳交汇中点上，原有一口由开基者开凿的古井，水质清甜爽口，据说已供全围近2000人使用数百年而不枯绝，后来在1993年由于一次地震导致的塌方而彻底报废。今天的八卦大围，虽然已经日渐退出了寻常人家的生活，但却作为一种古代建筑的标本走进了游人与专家的视野，每年都有大量的专家学者前来寻访考察。

【湖心坝客家群楼】 位于翁源县江尾镇南塘村，始建于明朝正统年间（公元1436—1449年），占地150公顷，共有59座围楼。群楼坐落别致，视野开阔，集古、奇、朴、幽于一体，千姿百态，形成楼外有楼、楼中有楼，仙阁群楼，前呼后应；群楼小巷连大街，纵横有序，红麻石砌井，鹅卵石铺巷，流水拱桥，鲤鱼吐水，大门屏风，龙凤呈祥，雕梁画栋，相互辉映，仿如《清明上河图》的美丽画面。

【兰花长廊】 长廊主要位于翁源江尾镇松岗至中村沿省道245线15公里两旁，由70多家兰园组成。至2010年，长廊兰花种植面积已发展到8000多亩，培植国兰和洋兰品种达1000多个，兰花远销国内外，并在全国兰花博会获得100多个奖项，形成了全国最大的国兰生产基地，被中国野生植物保护协会授予“中国兰花之乡”称号。

【三华李观光园】 三华李观光园位于翁源龙仙镇三华村。省道官龙公路贯穿通过，距106国道约15公里，县城15公里。是粤北地区富有特色的农业观光园之一。观光园已开展了农业观光，花果采摘，农家乐等活动。翁江河贯穿通过，可竹筏、漂流等水上娱乐活动。书堂石是本县著名景点之一，晚唐杰出诗人邵谒潜心苦读遗址（有32首诗入录《全唐诗》），也位于翁江河中。因而三华李观光园是集农业观光、休闲度假、修学教育为一体的生态旅游区。

【九曲水生态旅游度假村】 度假村位于翁源县九曲水林场下经区，距县城七公里，依山傍水，风景秀丽，绿树荫郁，碧湖环绕；主要由主楼和四栋豪华别墅组成，设有豪华套房、标准双人房、餐饮包房、特产台和可容纳20—150人的中、高档会议室，并建有乒乓球、爬山、高尔夫球练习场、篮球场、羽毛球、脚踏船、烧烤台车等配套娱乐活动设施，可同时接待200人会议和宴会，是一家集餐饮、客房、商务、会议、休闲为一体的综合型度假村。

【仙湖度假村（跃进水库）】 位于县城东南13公里处，省道S244线从中通过。度假村属森林山谷型自然风景区，水库发源于海拔1200多米的青云山，位于崇山峻岭的峡谷中，库容量近2000万立方米，周边是100平方公里的茂密森林，非常幽静。这里是碧水蓝天，鸟语花香，亭台阁榭，可供游客烧烤、垂钓、泛舟游览、登山观光、采摘奇花野果等。度假村拥有豪华客房，风味餐厅，可品尝山地鸡，大头鱼，山水豆腐等农家菜，这里还是翁源县自驾车旅游者协会接待基地，是休闲消暑、自驾游的好去处。

旅游商品

【三华李】 产于原三华镇，始种于明朝嘉靖年间，清嘉庆《翁源县新志》云：“佳果三华李出产于三华镇”，《辞海》注：“三华李是翁源县的土特产”。有鸡麻李、白肉鸡麻李、大蜜李和小蜜李四个品系，芒种后至夏至前后成熟。果大、肉厚、无渣、核小、清甜爽口、有香味。继1986年在广东省水果品评会上荣获“名优品种”称号，1987年被评为广东省十大优稀水果之一，且翁源于2004年三华李节暨经贸洽谈会上被中国特产之乡推荐暨宣传活动组委会授予“中国三华李之乡”称号。至2010年全县种植1.5亩，已挂果近万亩。

【六里柑】 六里香麻柚，源于龙船，始于清代，皮薄肉甜，食之密溢口，久而不退。另有周陂龙田村麻柚柑，与六里香麻柚齐名。果大有柄形如葫，一棵树可结果数百。以上两果，皆为待客送礼佳品，被誉为“天然罐头”。

【九仙桃】 产于江尾镇九仙村，为广东省优稀水果之一。在翁源种植已有300多年历史。主要产于江尾镇九仙、仙南村一带。七月成熟，果品优良，具有果大、核小、脱核的特点，个重约200克、肉质爽脆、密味浓香、化渣、清甜、果身饱满，成熟时表里透红等特点。全县共有1500多亩，其中300多亩挂果。

【马牯塘莲藕】 产于龙仙镇马牯塘村，为当地特殊土质种植的特产。年产吨许，莲小而长，皮呈白带黑点，质脆绵、味殊香，煲炒咸宜，远近驰名。

【黑皮蔗】 在翁城、新江大量种植，黑身、肉脆、味甜，远销国内各地，现种植面积达 8000 亩，产量达 7 万吨。

【江尾米面】 原产于江尾镇连溪村。米面线条均匀、晶洁透明、爽滑可口、风味独特、烹调方便，远近闻名。

【周陂冰花饼】 周陂镇民间传统产品。采用本地优质花生、芝麻、冰糖、冰片糖等原料，经过多道工序加工精制而成。历经百余年历史，松脆爽口，味道极佳，老少咸宜，是消费者信赖的风味特产，享誉粤北及广东省的绿色食品，其中作珍芝麻冰花饼曾荣获第二届中国食品展销会金奖。

【六里油水鸡】 油水鸡，即鲜鸡切件，用水慢火煮熟，使之清中托鲜，原汁原味，致以芸芸食肆中，一枝独秀。

【溪黄草茶】 具有清热利湿、健脾消滞。可用于肝胆湿热，脾胃失运型急性肝炎所致的黄疸，胁胀不适或疼痛，食欲不振，倦怠乏力等症状的改善。

旅游公司和主要旅行社概况

【翁源县旅游公司】 1985 年成立的国营企业，注册资金 30 万元，组织机构配备齐全，有精良的业务骨干及有一批经验丰富优秀导游队伍。公司本着为人为本、质量第一、游客至上的公司服务宗旨，以严格管理、优质服务、合理的价格，赢得良好社会声誉。

【龙翔旅行社有限公司】 隶属于广东省翁源县龙翔实业有限公司，是经广东省旅游局批准，工商部门注册，具有独立法人资格的旅游企业，许可证编号为：L—GD—GN00987，是集旅游、旅游项目开发为一体，同时具有接待好大型团队能力的旅行社。

公司的发展依托龙翔集团，凭借雄厚实力，全面规范的管理，全新的服务理念，本着“以诚相待、服务至上、信誉第一”为宗旨，为游客提供吃、住、行、游、娱、购一条龙服务。公司拥有一批多年从事旅游接待、训练有素、经验丰富的高学历旅游专职人员，以专业的水准接待政府考察、团队旅游，提供热情、周到、规范、优质的服务。

【翁源县兰友旅行社有限公司】 2005 年成立，是经省、市、县旅游局批准，县工商局注册，具有独立法人资格的专业旅游企业，是翁源最具实力的旅游企业之一。公司拥有 2 名旅游管理专业毕业的人才，1 名中级导游，2 名韶关市十佳导游，1 名韶关市优秀导游；公司计调部的工作人员都具备 3 年以上的实际操作经验，熟悉全国各地的旅游情况，能为游客提供热情、周到、专业的旅游服务。

【韶关广之旅翁源营业部】 位于翁源县龙仙镇建设一路 138 号。广之旅国际旅行社股份有限公司是广东省最具规模的、创办时间最早的综合性大型旅游企业之一，国家旅游局批准的首批中国公民自费出国旅游组团社，是全国旅游业中唯一被国家信息产业部指定的“国家电子商务试点单位”。主要经营入境游、出境游、国内游三大旅游业务，经过 22 年的悉心经营，现已跻身全国顶尖旅行社之列，连续多年被国家旅游局评为全国百强旅游企业。并于 1999 年率先建立旅行社网络，并在全国及东南亚地区建立一个大型的广之旅企业网络，韶关广之旅就是其中一个分支机构。

韶关广之旅经过近几年的发展，在韶关的城区、县城等地已开设了多个营业部，以先进的网络管理，优质的服务理念赢得了韶关市民的认同。

【广州豪旅旅行社翁源分公司（豪旅假期）】 2010 年成立，隶属于广州豪旅旅行社有限公司，旅行社位于翁源县龙英路 144 号（龙英幼儿园斜对面）。经营范围为：出境游、入境游、国内游，代办签证、票务、酒店等有关业务。有一批经验丰富的旅游从业人员及导游，“高质量的服务、高素质的员工、高水平的旅游”是该社的经营宗旨，“让合作者放心，让旅游者满意”是该社的经营理念。

翁源县旅行社一览表

编码	单位名称	类别	地址	总经理	电话号码	传真号码
1	翁源县旅游公司	国内社	翁源县龙仙镇幸福南路 89 号	王学东	2820176	2875247

续上表

编码	单位名称	类别	地址	总经理	电话号码	传真号码
2	翁源县友谊旅行社有限公司	国内社	翁源县城朝阳路45号	赖志琴	2820838	2874395
3	翁源县龙翔旅行社有限公司	国内社	翁源县龙翔大道8号（龙翔大酒店内）	罗旋	2815099	6128388
4	韶关广之旅翁源营业部	国内社	翁源县龙仙镇建设一路138号	练日刚	2863366	2863366
5	广州豪旅旅行社有限公司翁源分公司	国内社	翁源县龙仙镇龙英璐144号	朱少斌	2818808	2818808

主要星级酒店概况

【龙翔大酒店】 是翁源县唯一一家荣获“中国四星级饭店“的商务旅游型酒店，总投资6000多万元，集多功能服务于一体，拥有150多套豪华客房，配套有高级商务、行政、总统套房，以及可容纳1000多人宴席的大型豪华宴会厅、大小型多功能会议室、KTV娱乐、美容美发、桑拿沐足、健身等服务设施。是宾客商住、宴会、会议、休闲、娱乐的理想中心。

【粤源大酒店】 是翁源县汇源饮食责任公司属下的一家民营企业，酒店位于县城河滨路，紧靠翁江河龙仙湖旁边，宁静、舒适、空气清新、景色怡人、交通便利。酒店设有120套设施完善，装饰别致的各类客房和可容纳700人就餐的中餐厅，同时配备有西餐厅、卡拉OK厅、多功能会议厅、桑拿沐足健保中心、商务中心。是集旅业、餐饮、康乐于一体的多功能的现代化酒店。

【富源大酒店】 是一家集旅业、餐饮、娱乐、桑拿、商务的旅游涉外三星级酒店，酒店位置优越，交通便捷，设备先进，服务齐全。拥有各种类型的商务房、套房、豪华标准双人房、三人房、单人房，并设有可供500人同时进餐的餐厅及KTV厢房，是各界人士商务、会议、旅游及休闲度假的理想场所。

（蓝红鹃）

翁源县星级饭店一览表

单位名称	星级	法人	单位所在地（地址）	电话号码	传真号码	房间数	床位数
翁源县龙翔大酒店	4	何志华	县城龙翔大道8号	6128977	6128957	148	239
翁源县富源大酒店	3	罗定胜	翁源县龙仙建设一路368号	2873333	2861133	41	81
翁源粤源酒店	3	徐汉明	龙仙镇沿江路3号	2819828	2819828	105	173

附：领导班子成员名单

局　长：黄旭（2004.12—）

副局长：张慧霞（2005.2—）

科技·教育

科 技 管 理

【概况】 县科学技术局，2010 年 8 月，根据县委、县政府机构改革，从科技教育局析出，重新设立县科学技术局，对外加挂知识产权局、地震局牌子。负责全县的科学技术的推广、实施、发展，为全县各行各业提供科学技术信息。2010 年，贯彻执行国家和省、市科技政策法规，积极实施科技兴县战略，围绕我县的经济建设，做好科技管理服务工作。专业镇建设工作经验作为典型在全省专业镇转型升级工作大会上进行交流，受到省长黄华华的表扬。2010 年，金悦通电子（翁源）有限公司申报国家高新技术企业获批准，成为目前我县唯一一家高新技术企业。县科技进步工作通过市科技进步考核。

【科技计划管理】 组织申报广东省科技计划项目，争取省科技计划项目的资金扶持。2010 年我县申报的省科技计划项目主要有江尾镇政府“兰花优质高效标准化栽培技术集成与示范”、翁源县茂源糖业有限公司、“甘蔗制糖节水减污优化技术”及广东信达茧丝绸股份有限公司“蚕桑生产大宗副产物桑枝的开发利用研究与产业化等 6 个项目。同时，做好省、市、县科技计划项目组织实施工作，重点跟踪县茂源糖业有限公司“重污染土壤能源甘蔗燃料乙醇生产技术示范”、“边际土地非粮能源作物筛选及生物燃料乙醇转化技术研究”和县农业技术推广中心“苦瓜瓜实蝇食物诱杀技术的示范推广”、翁源县仙邑兰苑生物科技有限公司“香水宝石杂交兰快速繁殖技术研究”等项目的实施工作。

【科技成果管理】 组织有关单位申报韶关市科技成果，协助县茂源糖业有限公司及广东信达茧丝绸股份有限公司等单位申报韶关市科技成果鉴定。翁源县茂源糖业有限公司“制糖生产废渣资源化综合利用”和广东省信达茧丝绸股份有限公司“省力化小蚕专用蚕窝研发与推广应用”项目顺利通过韶关市科技成果鉴定，以上二项成果荣获韶关市科技进步三等奖。

【专业镇技术创新试点建设】 组织江尾镇及镇有关企业申报省科技计划项目，加强与科研院所和高校的合作，对兰花育苗及关键技术进行研究，大力推广安全高效的兰花生产技术。2010 年 5 月，我县江尾镇专业镇技术创新试点项目顺利通过省科技厅的结题验收。由于我县专业镇建设工作成绩突出，被市科技局推荐参加全省专业镇转型升级现场会进行经验交流。

【科技培训及科技下乡】 4 月 8 日，协助省科技厅、省农科院做好科技下乡活动，专家们在坝仔镇进行蔬菜栽培技术及病虫防治培训和技术咨询，参加培训农户 320 户，科技咨询 1000 多人次，发放资料 3000 多份。在科技进步活动月期间，我局会同科协及各专业学会一起组织科技下乡、科技培训等活动。5 月 12 日，县农业技术推广中心在翁城镇富陂村举办抗洪救灾复产示范点现场技术培训，参加农户 50 户，发放防病药剂 10 公斤，资料 110 份；6 月 1 日，邀请省农科院果树研究所 2 名专家在县农科培训中心举办洪灾后果树复产技术培训，参加农户 78 人，发放资料 200 多份。

知 识 产 权

【概况】 贯彻落实《广东省知识产权战略纲要》和全省知识产权工作会议精神，积极推进县知识产权工作，在知识产权的宣传保护和专利申请等方面做了许多工作。企业的专利保护意识逐步提高，2010 年，县全年专利申请 37 件，超额完成市下达的 30 件专利申请任务。

【知识产权宣传】 深入镇（场）和企业，宣传知识产权保护的重要意义，提高企业的专利保护意识；动员企业和个人申请专利，完成市下达的专利申请任务；落实《翁源县专利申请费用资助办法》，对申请专利的企业和个人进行资助。

高新技术企业认定

【概况】 高新技术企业发展是翁源县工业发展的一块“短板”。由于高新技术企业认定门槛的提高，县青云山药业有限公司（2005 年以前认定的高新技术企业）已达不到重新认定的条件，2009 年以前全县实际上没有一家高新技术企业。2010年金悦通电子（翁源）有限公司申报国家高新技术企业获得认定。

【企业认证】 根据新的高新技术企业认定办法，县科技管理部门通过认真的筛选，认为金悦通电子（翁源）有限公司基本具备申报国家高新技术企业的条件，于2010年上半年组织指导该企业申报国家高新技术企业，并于年底获国家高新技术企业认定管理工作领导小组批准认定，金悦通电子（翁源）有限公司成为目前翁源县唯一一家高新技术企业。

（赖远科）

附：领导班子成员名单

局　长：陈汉英（2010.8—）

副局长：蔡建茹（2010.8—）

教育管理

【概况】 根据县政府机构改革，翁源县科学技术局、翁源县教育局于2002年1月合并，重新组建翁源县科技教育局。至2010年，内设办公室、计划财务股、教育股、教育督导室、人事股、科技股6个职能股（室）。科技教育局是县人民政府主管全县基础教育的职能部门，负责全县的基础教育、职业教育、幼儿教育、成人教育、特殊教育、中等师范教育，负责全县的科学技术的推广、实施、发展，为全县各行各业提供科学技术信息。

2010年，全县教育系统以科学发展观统领教育工作全局，围绕建设教育强县的总体目标，全面实施免费义务教育，推进义务教育均衡发展，巩固和提高高中阶段教育发展水平，全面推进素质教育，加强教师队伍建设，全县教育事业实现了又好又快发展。当年全县有高级中学2所，完全中学2所，职业学校1所，初级中学10所，九年一贯制学校7所，完全小学25所，小学教学点77个，幼儿园33所；在校中小学生48874人，在园幼儿10141人，教职工3611人。

【创建广东教育强县实现新突破】 翁源县自2008年提出创建广东教育强县的工作目标以来，不断加大对教育的投入，2009—2010年，共投入3000多万元推进创强工作。铁龙林场于2010年5月顺利通过省评估验收率先成为韶关市首批省教育强镇之一；11月底，周陂镇也通过了省教育强镇的验收，为推进全县创建教育强县工作进程夯实了基础。至2010年，全县有教育强镇2个；市级成人文化技术学校3所；规范化学校28所；国家示范性高中1所，省一级学校（园）2所，市一级学校（园）11所，县一级学校（园）26所。

【科技教育局分设科学技术局和教育局】 根据翁源县机构编制委员会《翁源县县级党政机构改革方案实施意见》（翁机编〔2001〕34号），翁源县科学技术局、翁源县教育局于2002年1月起合并组建翁源县科技教育局。2010年8月10日上午，翁源县委组织部、县委办、县府办在科技教育局召开会议，正式宣布翁源县科技教育局分设为翁源县科学技术局和翁源县教育局，丘景科同志任教育局局长、陈汉英同志任科学技术局局长。翁源县机构编制委员会2010年9月28日《印发翁源县科学技术局主要职责人员编制规定的通知》（翁机编字〔2010〕21号）、翁源县人民政府办公室2010年11月18日《印发翁源县教育局主要职责内设机构和人员编制规定的通知》（翁府办〔2010〕116号），分别对分设后两局的主要职责、内设机构和人员编制进行了核定。

【实施“校财局管”财务制度】 根据财政部、教育部联合制定的《中小学校财务制度》的有关规定和省市相关要求，翁源县教育系统自2010年8月起实行“校财局管”财务制度。县教育局制定了《翁源县中小学“校财局管”财务制度实施方案》，成立了翁源县教育财务结算中心，对全县公立中小学校、幼儿园财务统一实行监督管理、统一进行会计核算、统一编制会计报表，并对各校（园）财务收支实行分校核算，进一步加强全县中小学校（园）财务管理。

【实施校舍安全工程】 为进一步改善办学条件，翁源县自2009年冬开始实施校舍安全工程，规划总投资11171万元，校舍加固207050平方米、重建45350平方米。为有序推进工程实施，翁源县成立了校舍安全工程领导小组，由分管教育的县领导担任组长，在县教育局设立校舍安全工程办公室。2010年，校舍安全工程共投入4599.79万元，校舍加固103503平方米、重建22200平方米。

【加强教师队伍建设】 继续抓好师德建设，通过组织开展大型的师德演讲比赛、师德论文评选等活动，促进了中小学教师师德水平的提高。认真抓好《翁源县中小学教职工队伍管理制度》的落实，做好教职工的编制核定、岗位设置、资格职称评审、年度考核、继续教育、实施绩效工资管理等工作。

2010年，县教育局按照公平、公正、公开原则，通过笔试、面试、体检等程序招聘了50名新教师，其中招聘本科毕业生25名、专科毕业生25名；另外，通过"代转公"形式新聘教师13名。

自2010年1月1日起，全县中小学教师开始实施绩效工资管理。绩效工资每人每月100元，半年考核发放一次。班主任津贴每人每月50元，列入绩效考核范围。各中小学校均制定了切实可行的绩效工资实施方案或细则，顺利实施了绩效工资管理制度。

认真抓好教师队伍继续教育工作，努力提高教师综合素质。2010年，教育技术中级培训1432人，初级培训444人；英特尔未来教育项目学科教师培训70人；新任教师培训45人，"代转公"教师培训13人；校长网上培训66人；市级骨干班主任培训22人，市级骨干教师培训21人。

【"5·6"洪灾教育损失严重】 2010年5月5日至6日，翁源县连降暴雨，全县遭受超历史记录的洪涝灾害。据统计，全县95%的学校不同程度受灾，其中有78所学校受灾比较严重。官渡镇、新江镇、坝仔镇、江尾镇、龙仙镇等地学校多为重灾区。全县受灾师生达4万人，其中，有近3万名师生因洪水被迫停课或安置转移。全县共有3间校舍倒塌，496间共2.6万平方米校舍因"5·6"特大洪灾成为危房。多所学校的运动场遭水浸，3000多米围墙、挡土墙倒塌或被冲毁。洪水中，毁坏教学仪器设备1881台（套），学生桌椅2053套，图书12450册。翁源县中小学校因"5·6"特大洪灾造成直接经济损失达1500多万元。

学前教育

【概况】 2010年，全县三至五周岁幼儿共有11689人，入园10141人，学前三年毛入园率86.8%。全县有公办幼儿园1所，民办幼儿园32所，在园幼儿7257人，班额总数223个，其中大班（含大大班）123个、中班59个、小班41个；小学附设混编幼儿班86个，幼儿2884人；教职工共有543人，包括园长43人、教师393人（其中小学二级职称29人、小学一级职称24人、小学高级职称70人）、保育员62人、保健医生11人（其中专职9人、兼职2人）。2010年县龙英幼儿园被评为"全国民办教育先进集体"、县新蓓蕾幼儿园获"全国百佳幼儿园"称号。

【龙英幼儿园获"全国民办教育先进集体"荣誉】 2010年11月4日，教育部中国教师发展基金会在北京召开全国民办教育表彰大会，翁源县龙英幼儿园被评为"全国民办教育先进集体"。龙英幼儿园创办于2000年，是广东省一级幼儿园、广东省绿色幼儿园，广东省民办教育协会会员。全园占地面积8000多平方米，建筑面积12800多平方米，户外活动面积4123平方米，绿化覆盖率达51.6%，设有小班、中班、大班等24个教学班，是翁源县规模较大的综合性民办幼儿园。

【新蓓蕾幼儿园获"全国百佳幼儿园"荣誉】 2010年8月8日，在中老教授协会教育专业委员会、中国民办教育协会、学前教育专业委员会、中国早教论坛组织委员会共同举办的"2010年全国百佳及最具潜力幼儿园评选表彰"活动中，翁源县新蓓蕾幼儿园获"全国百佳幼儿园"称号。新蓓蕾幼儿园创办于2000年6月，是一所按省一级标准设计的花园式幼儿园。幼儿园占地面积5690平方米，园舍建筑面积6500平方米，绿化面积3500平方米，绿化率达到61.5%，总投资达800多万元，设有小班、中班、大班等18个教学班。

【规范学前教育办学行为】 2010年，翁源县把民办学前教育纳入教育发展的总体规划，正确引导社会各界参与发展学前教育。同时重视加强对民办教育机构的管理，严把"七个关口"，规范办学行为：一是严把民办教育机构的审批关。二是严把招生广告审核关。三是严把教育教学质量关。制定了《翁源县幼儿教育管理工作意见》，开展民办教育机构教育教学质量的检查评估活动，统一使用学前教育教材，举办幼儿教师基本功竞赛活动，加强对园长及教师的培训，以竞赛和培训促进幼儿教师的专业成长。四是严把教师资格关。五是严把安全工作关。在审批新设立的民办教育机构时，要求使用的校舍须符合建筑质量监督要求，且应符合消防安全标准，提供公安消防部门出具的消防安全证明，定期进行安全工作检查，消除安全隐患，确保师生安全。六是严把档案资料关。七是严把年检关，把年检结果向社会公告，接受社会监督。

【注重特色办学，坚持质量第一】 2010年，指导各民办幼儿园明确办学方向，确立办学目标，注重办学质量，体现办学特色，在提高办学质量上动脑筋、想办法、下功夫，在体现办学特色上展所长、显身手、做文章，树立“特色办学、质量第一”的观念。如新蓓蕾幼儿园提出了“儿童第一，责任重于泰山”、“爱心教育、创意教育、生存教育”的办学新理念。龙英幼儿园提出“一切为了孩子，培养新世纪的接班人，创建一流学前教育机构”的特色办园理念。万豪英文学园实行多媒体教学，聘请外籍教师进行英语教学，实行课堂教学英语化，英语教学趣味化，开设电脑、美术、体操、武术、音乐等特色课程。他们的办学特色在韶关地区的民办教育中具有较高知名度，成为翁源民办幼儿园发展的一大亮点。

基础教育

【概况】 小学。2010年，全县共有完小25所，分教点77所，班额共有706个（包括一年级145个、二年级135个、三年级124个、四年级99个、五年级98个、六年级102个，其中复式班3个）；在校学生23340人（包括一年级4305人、二年级3781人、三年级3383人、四年级3305人、五年级3980人、六年级4586人，其中女生10856人，内宿生3981人）；教职工总数1679人，其中专任教师1558人，学历达标1543人，达标率99%，大专以上学历教师1002人，占64.3%；校长56人，接受岗位培训54人，受训达标率96.4%。

中学。2010年，全县有初中学校19所，班额329个（七年级104个、八年级112个、九年级112个），学生16892人（七年级5257人、八年级5707人、九年级5928人，其中内宿生10371人）；普通高中4所，班额138个（高一级42个、高二级46个、高三级50个），学生7605人（高一级2506人、高二级2484人、高三级2615人，其中内宿生5422人）；教职工总数1925人，其中专任教师1648人：大专以上学历1256人，本科以上学历1226人，学历达标1625人，达标率98.6%；校长64人，接受岗位培训62人，受训达标率96.9%。

【加大“防流控辍”工作力度】 2010年，全县各学校和相关部门认真执行省教育厅《关于进一步做好防止义务教育阶段学生辍学工作的意见》（粤教基〔2008〕4号）文件，按照县政府办《关于进一步做好防止义务教育阶段学生辍学工作的实施意见》（翁府办〔2008〕61号）的要求，积极采取有效措施，切实做好学生“防流控辍”工作，不断提高教育普及水平。2010年，全县小学适龄儿童毛入学率达到107.8%，辍学率为0；初中阶段毛入学率达到124.4%，辍学率为1.7%；“三残”儿童、少年入学率达到100%。各项指标均已达到或超过国家和省规定的标准，普及九年义务教育水平比2009年有所提高。

【扎实推进义务教育均衡发展】 构建城乡学校互助机制。认真抓好城乡学校互助共同体工作，进一步提高农村学校的办学水平和办学质量。根据韶关市教育局《关于构建韶关市城乡学校互助共同体的通知》精神，2010年秋季继续组建了龙仙一小与新江镇中心小学等4对8所学校为第二批结对帮扶共同体，并投入近20万元推动共同体学校大力开展教育教学交流活动，力争使结对学校在教育科研等方面实现新的突破。

认真做好“千校扶千校”工作。翁源有铁龙学校、坝仔镇中心小学、官渡镇中心小学3所学校加入了活动行列，分别受到广州九十七中、海珠区昌岗路小学和龙仙一小的扶助。2010年，支援学校根据受援学校的实际分别进行了信息技术与课程的整合、如何利用网络等内容的培训，并开展了教学交流活动。

加快推进学校布局调整工作。2010年，全县共撤并53所小学中、高年级、分教点。其中，周陂镇把全镇小学4—6年级并入到中心小学和礤下小学，撤并了10个分教点，学校数由17个调整到7个；江尾镇把全镇4—6年级并入到中心小学和仙鹤学校，撤并了17个分教点，学校数由23个调整到6个；新江镇把连新片4—6年级并入到连新中学，并把新江片的高年级并入中心小学，撤并了11个分教点，学校数由17个调整到6个；官渡镇把六里片高年级并入六里中学，撤并了14个分教点，学校数由20个调整到6个。自1998年以来，全县共撤并分教点118个、小学高年级133所、村完小16所和初中4所，进一步整合和优化了教育资源，基本实现了学校布局调整规划目标。

【提高普及高中阶段教育水平】 翁源县通过招商办学、整合教育教学资源、扩班增容等办法，不断加大教育投入，改善办学条件，使高中阶段教育得到进一步发展。2010年，全县普通高中招生2504人，完成任务97%（计划数2584人）。高中阶段教育毛入学率89.5%。

【进一步加强中小学德育工作】 一是认真贯彻落实教育部新修订的《中小学生守则》和《日常行为规范》，加强学生对基本道德观念、道德知识和礼仪教育的学习。强化班级团队建设，初步形成全员育人，齐抓共管的良好局面。二是充分发挥学校广播、黑板报、校园网站等各种宣传舆论阵地的功能，并结合传统节日开展“民族精神”主题宣传教育活动，开展诚实守信教育、“廉洁文化进校园”等活动。三是加强德育研究，促进德育工作开展。指导好龙仙二中省级德育科研课题，龙仙中学、龙仙三小市级德育科研课题工作的开展；继续推进心理健康教育工作，把心理健康教育贯穿到学校教育的全过程，并向家庭教育延伸。2010年，全县有23人和164人分别被评为市、县级“三好”学生，有23人和80人分别被评为市、县级优秀学生干部，翁源中学何媛同学被评为广东省“三好”学生。在2010年韶关市中小学班主任能力大赛中，县中等职业技术学校许四萍老师获得中职组教育故事叙述一等奖、班会课设计一等奖和综合一等奖；翁源中学邓武康老师获得高中组综合三等奖；龙仙二中肖开香老师获得初中组班会课设计一等奖和综合三等奖；龙仙一小张海霞老师获得小学组教育故事叙述一等奖和综合二等奖。

【全面提高教育教学质量】 一是认真做好部颁课程计划的落实，采用不定期检查和全面检查相结合的方式，抓好课堂教学的“五个环节”和“三过关”。二是重视教育科研项目的立项及实施工作。2010年全县获得省、市、县科研部门立项的教学科研项目71个，其中国家级1个，省级6个、市级46个、县级18个。同时，对2009年结题的县教学实验进行了评审，评出县教研成果一等奖6项、二等奖10项、三等奖8项。同时，积极抓好升中升大研讨复习，促多出、快出人才。2010年普通高考取得了优良成绩，全县共有考生2446人，第二批本科以上的上线人数，首次突破了千人大关，达到1062人，本科上线率达到43.42%，比2009年增加8.3个百分点；前三批上线人数2282人，上线率高达93.3%。

【进一步强化校园安全工作】 一是修订完善了《翁源县学校重大事故应急救援预案》、《翁源县教育局学校安全工作职责规定》、《翁源县学校安全工作考核量化标准》等管理制度；制订了《翁源县科教系统2009—2010学年安全管理工作计划》、《翁源县科教系统“安全隐患治理年”活动方案》、《翁源县教育局校园综治与安全工作实施方案》、《翁源县教育局2010年“安全教育活动月”工作方案》等工作方案，使学校安全管理工作有章可循。各校均采取有力措施，建立了定期检查和日常防范相结合的安全管理制度，并经常对学校重点区域进行检查，努力做到防患于未然。二是教育部门加强与公安部门协调联络，建立校园护卫队或巡逻队等治保组织，加强对校园的治安巡逻。各校均聘请了法制辅导员和副校长。规模较大的中学、中心小学，还聘请了卫生副校长。有寄宿生的学校还聘任了保安员。三是积极开展安全教育活动。组织观看法制安全教育片，使用《翁源县中小学生法制宣传教育案例汇编》，作为中小学法制教育读本。目前，全县中心小学以上学校已全部聘请了法制副校长，聘请率达100%。四是教育部门在临近重大节日期间与交警大队、质监局、卫生局、建设局等部门组成安全工作检查小组，分别对全县中小学、幼儿园进行全面的安全生产大检查；每学期开学初统一布置全县中小学开展一次安全疏散演练活动。

【体卫工作】 2010年，组织中小学生参加韶关市第十五届“英东杯”系列比赛，获得乒乓球赛小学组团体第一名、中学女子第三名、小学男子第四名、中学男子第三名，单打获得1个第三名、2个第四名、2个第六名；参加田径比赛，新江小学获得小学组团体总分第二名，翁源中学获得高中组团体总分第六名。组织中学生篮球队参加韶关市第十五届中学生篮球赛获得男子第一名、女子第二名，中学生男子篮球队代表韶关市参加广东省第一届高中男子篮球联赛。组织男子教职工篮球队参加韶关市第二届“园丁杯”（男子）篮球赛获得“优秀组织奖”。此外，成功举办了翁源县2010年中小学生田径运动会。

【艺术教育】 2010年，参加韶关市第十五届中小学生“英东杯”文艺比赛，获得1个一等奖、2个二等奖、1个三等奖，成为翁源参加历届“英东杯”文艺比赛取得的最好成绩；组织了10名音乐骨干教师参加韶关市中小学合唱指挥培训班；选送参加广东省第三届艺术教育科研论文评选，有1位老师获得二等奖，2位老师获得三等奖。

职业与成人教育

【概况】 2010年，全县有2所职业类学校（一所是翁源县中等职业技术学校，另一所是广东省岭南工商第一高级技工学校）。县中等职业技术学校是由翁源县委党校、翁源县广播电视大学、县教师进修学校三校整合的公办学校，是翁源县一所办学效益显著的综合性、示范性学校，也是全县职业与成人教育师资培训中心和国家职业技能鉴定所。各镇（场）均办有成人中心校，全县乡镇成人中心校办学面达到了100%，其中铁龙、周陂、江尾3个镇成为市级成人文化技术学校。

【翁源县中等职业技术学校】 学校开设有计算机应用、幼儿教育、数控机械、电子电工、会计等5个专业；现有学历教学班30个；短期培训学员平均每年600多人。有教职工87人，其中专任教师60人，大专以上学历教师6人，本科以上学历教师52人，学历达标58人，达标率67.0%；校长5人，接受岗位培训4人，受训达标率80%。

有较为完善的教学设施和良好的办学条件。现有教学楼3幢、实训楼2幢、办公楼2幢，校园总建筑面积为2.52万平方米。建有200米跑道运动场，有标准篮球场3个、羽毛球场2个、排球场1个、乒乓球场2个。共有电子电工、计算机、机械、语音、琴室、舞蹈室等20多个实验、实训室。设校外实习基地4个（其中机械专业1个、幼师专业3个）。

招生规模逐年增大。2010年全日制在校生达到1000多人。学校与县内外的知名企业、工厂、幼儿园和珠三角地区人才交流中心建立就业联系网络，为学生提供良好的就业服务。毕业生历年就业率达98%，当年就业率达100%。就业学生在岗位上能发挥自己的一技之长，成为工厂、企业、幼儿园的骨干力量。特别是幼师专业的毕业生，就业后深受珠三角用人单位好评。学校多次被评为县“精神文明建设单位”、“社会治安综合治理达标单位”、“县全民健身活动先进单位”、“韶关市优秀基层团委”、“韶关市青年志愿服务先进集体”。2010年度被评为县绩效考评优秀单位。

学校是下岗失业人员职业培训点和农村劳动职业技能培训基地。近年来，为当地培训学员1800多人，为翁源经济建设、技术进步、社会发展，帮助青年创业做出了显著的成绩。

民办教育

【概况】 2010年，全县共有各级各类民办教育机构38个（包括幼儿园32所、九年一贯制学校1所、非学历教育培训机构5个），校园占地面积171926平方米，校舍建筑面积72342平方米（其中教学用房面积43204平方米），总资产达9141万元，在校（园）学生8318人，教职工585人（其中教师379人、行政人员70人、其他职工136人）。

【创设宽松的办学环境】 近年来，翁源县把促进民办学前教育事业发展作为加快实施“科教兴县”和建设“教育强县”的重要举措，大力支持民办教育投资者解决征地、青苗补偿、房屋拆迁等问题。教育行政部门成立了专门领导机构，从民办教育机构的申请、筹设、评估、审批等做好一系列的指导和服务工作。如无偿出让155亩土地给广东万豪教育集团兴建万豪英文学园，为投资者节约投资近1000万元。为保障民办幼儿园的生源和合法权益，明确规定民办学校的招生范围不受到限制；民办学校的收费标准可根据市场需求自行决定，并报物价和教育部门备案；小学不得以任何理由拒绝在民办幼儿园就读的学生入学接受九年义务教育。民办学校在教育督导评估、学校上等级、教师资格认定、教师评先评优等方面与公办学校享受同等待遇。

县城兴(扩)建有5所规模较大的民办幼儿园。

民营企业主蔡沛龙，共投入资金1950多万元，兴建办园规模达1000多人的龙英幼儿园，该园先后被评为“韶关市一级幼儿园”、“广东省绿色幼儿园”、“广东省一级幼儿园”，是全市唯一一所民办“省一级幼儿园”。

民营企业主谢朝添，先后投入2300多万元，兴办了3所幼儿园，其中办园规模1000多人的新蓓蕾幼儿园，被评为“广东省绿色幼儿园”和“韶关市一级幼儿园”。

广州市青联常委、广州市海珠区政协常委胡春万于2002年投资近6000万元兴建占地155亩韶关市万豪英文中学，并附设小学和幼儿园。

（李志强）

附：领导班子成员名单

局　　长：丘景科（2005.4—）
党委书记：张卫山（2001.12—）
党委副书记：黄伟先（2004.12—）
副 局 长：阮景才（2001.12—）
张怀勇（2006.5—）
刘红兰（2009.3—）

学校简介

【翁源中学】 翁源中学创建于1950年，先后更名为八泉中学、育红中学，1981年定名为翁源中学，列为县重点中学。校园占地面积94105平方米，建筑面积59032平方米。现有教学班62个班，学生3214人，教职工266人。

学校以“造就健全现代人、办人民满意学校”为宗旨，确立了“放飞每一个人的理想、拓展全体学生的才智”的办学理念和“三重一化”（重基础、重能力、重发展、个性化）的教学理念，建立了“校长室——年级组——班主任”垂直管理和党政、部门、科组互相协调、密切配合的纵横管理体系。

在高考史上，学校考出省、市总分、单科状元16个，其中单科省状元8个、总分省状元1个。近年来，教育教学质量连创新高。2010年，前三批入线率连续十三年居全市县级重点中学之首。连续多年评为韶关市高考优胜学校；先后被评为广东省心理健康示范校、广东省体育特色学校、广东省信息技术实验学校；2007年11月，被评为广东省普通高中教学水平优秀学校；2008年4月，被批准为广东省第一批国家级示范性普通高中。

【龙仙中学】 龙仙中学是在中国改革开放中诞生、发展、壮大起来的一所普通完全中学。学校筹建于1976年，1978年秋季开始招生。学校占地69311平方米，现有教学班67个，在校学生4200多人；有教职工237名，其中有中学高级教师40名，中学一级教师133人。

办学设施日趋完善。近几年投入资金1000多万元，扩建了1栋科学楼、2栋教学楼。现有教学楼2栋，科学楼、实验楼、行政办公楼各1栋，学生宿舍楼3栋。学校按省一级标准配备了物理、化学、生物实验室，修建了标准的400米环形跑道运动场，先后增设了电脑室、实验室、电子阅览室等，购置了大批教学设备，学校硬件设施日趋完善。随着办学条件的逐步完善和教育质量的不断提高，学校取得了长足的发展，2002年被评为韶关市绿色学校，2004年被评为韶关市一级学校，2007年12月晋升为广东省一级学校，并被定为全国普通高考定点考场。

努力创建办学品牌。学校以“文明、严谨、竞争、向上”为校训，不断更新教育观念，提高育人水平，全面促进学生自主学习，逐步形成了和谐、宽松、民主的优良校风。经过几代龙中人的努力拼搏，学校形成了以年级为基本单位的自主管理体制，实行分类目标管理，积累了丰富的初、高中教育和中考、高考经验，高考入线率在全市同类学校中名列前茅，近八年中考考入重点中学率居全县第一。今天的龙仙中学以“校风好、教风正、学风浓、质量优”赢得了社会的认可，学校先后被评为县“教育先进单位”、“精神文明单位”、“行风建设先进单位”、“体育先进单位”、“广东省红旗团委”。

【龙仙二中】 进制 翁源县龙仙第二中学创办于1993年。2004年，全县初中升高中学生进入高峰期，为了解决高中学位紧缺的“瓶颈”，县委、县政府和科教局根据本县财政情况，从实际出发，决定在龙仙二中增设高中部。2005年秋季，龙仙二中高中部开始招生。2005年7月被韶关市政府评为市一级学校。

学校地处翁源县城北部，校园占地面积80000多平方米，建筑面积39800多平方米。现有初中40个教学班，学生2292人；高中34个教学班，学生1508人。学校教职工287人，其中高中部专任教师105人，本科以上学历101人，学历达标率96%。

学校现有5栋教学楼94间课室，有较为完备的功能室，其中物理、化学实验室各3套，生物实验室、语言实验室、音乐室、舞蹈室、美术室、历史室、地理室各1套，生物园、地理园各1个，图书阅览室280平方米，有各类书刊8万多册；配有多媒体设备教室5间，综合电教室2间，多媒体网络计算机室2间；校园内接入了互联网，学校有自己的门户网站；在生活设施方面，学校有学生饭堂二层共1800平方米，可同时容纳2500人就餐，有学生宿舍楼3栋（全部安装了太阳能热水器），共222间房，可容纳2500人住宿（现有1700多名内宿生）；在运动设施方面，有400米8道的标准运动场（双直100米跑道，双直110米跨栏），有篮球场5个，排球场、羽毛球场共6个，乒乓球台共30张。学校坚持高要求、高效率、高质量的办学标准和素质教育的方向，建立了符合自身实际的科学管理体系。对高中部的教学管理，学校实施“抓基础、重能力、促发展”和“面向全体、逐层优化、培优扶差”的管理方略，突出“合格+特长”的办学特色，既注重人文关怀，又注重奖学助学激励，使各类学生都能得到培养和发展。

学校以“学生尊重，家长信任，社会满意”为办学宗旨，“以人为本，特色兴校”为办学理念，全校师生励精图治，多次被县委、县政府评为“教育教学先进单位”、“精神文明单位”，先后被市政府、市教育局评为“韶关市教育改革先进单位”、“韶关市一级学校”、“韶关市绿色学校”、“韶关市行为规范示范校”。2010年12月，龙仙二中被中国艺术教育联合会、全国美术教育委员会、中国艺术书画院授予“美术教育先进学校”荣誉称号，2011年1月被中国书画艺术院授予“中国书画艺术院美术教育基地”殊荣。2011年5月，龙仙二中成为首批“韶关市中小学德育示范学校”。

【龙仙一小】 翁源县龙仙第一小学是县直属完全小学。该校伊始于民国23年（1934年）的民办东升小学，迄今已有70多年历史，是县直属完小中历史最为悠久的学校。现有教学班一至六年级37个，在校生2092人。教职工101人。学校占地面积11114平方米，楼房建筑面积14440平方米，现为韶关市一级学校。

学校有较为悠久的历史并且具有较深厚的文化底蕴，在社会上享有较高的声誉。近几年来，学校秉承“全、严、勤、活”的校训，以“创特色、谋发展、争品位”为办学目标，牢牢把握“以快乐为抓手，以全面为导向，以特色为主流，以品牌为目标”的办学理念，在教师中积极开展“正师风，行师道，塑师容”和“师能、师责、师效”的活动。以学生发展为主体，以科研课题研究为龙头，以校本课程开发为依托，以创“书香校园”、“平安校园”、“快乐校园”为特色，以“心理健康教育”、“信息技术教育”“校本培训与开发”为品牌，不断形成了独特的办学风格。2006年11月被授予韶关市首批“中小学行为规范示范校”、“示范性家长学校”。2008年被市教育局授予“心理健康教育示范校”。2009年被省教育厅授予“校本培训示范校”。2010年被市教育局授予“安全文明校园”、“广东省规范化学校”、“信息技术先进学校”。2007、2008、2009连续三年被县政府授予“教育工作先进单位”。学校办学质量一直稳居全县前列，深受社会各界好评。

【龙仙三小】 龙仙第三小学创办于1975年冬，位于翁源县城区东北部。校园占地面积48650平方米，各种建筑依山势而建，层次感强，布局合理，校内环境优美，景色宜人，是莘莘学子的“摇篮”。学校现有42个教学班，2218名学生；建有4栋教学楼，1栋科学楼，配备了电脑室、语音室、舞蹈室、电子琴室、图书室、阅览室、多功能会议室；建有4个标准篮球场和一个200米环形运动场，一个生物园，是目前全县办学规模最大的市一级学校。

学校拥有一支“敬业爱岗、开拓创新、乐于奉献”的教师队伍，有专任教师97人，其中有小学高级教师81人。学校以“不求人人成才，但求个个成人”为办学宗旨，以为学生“打好人生之底色，培植做人之根基”为办学目标，围绕“以素质教育为主线，以学生发展为中心，以课堂教改为依托”，德育工作常抓常新，主题性活动、专题性活动、针对性活动、实践性活动内容丰富，形式多样；校本教研推动教学理念不断更新；课堂教改形成了合作、交流、质疑、探究的学习氛围。各种教育教学活动的开展，使学校、老师、学生都得到长足发展，办学质量得到上级主管部门的肯定和社会的认可，优良的校风、教风、学风为孩子们提供了广阔的发展空间。

近年来，学校被评为广东省“岭南书香校园”、广东省第一批“德育示范学校”、“韶关市义务教育规范化学校”、“韶关市教改先进单位”；被翁源县委、县政府以及相关部门评为“教育工作先进单位”、“教改先进单位”、“优良教师集体”、“优秀家长学校”、“先进基层党组织”、“安全文明校园”、“行风建设优胜单位”、“文明单位”。学校的教育科研项目多次获得省、市奖励；教师、学生多次获得国家、省、市、县的奖励和荣誉称号。

“天行健，君子以自强不息；地势坤，君子以厚德载物”。面向未来，三小人不断开拓创新，站在市等级学校的起跑线上，铆足了后劲，正向着省级学校目标冲刺。

【铁龙学校】 铁龙学校是一所镇（场）属学校，坐落在翁源县西北部，东与新江镇相连，南和英德市接壤，西与韶关市曲江区沙溪镇毗邻，是一所于2006年8月由原铁龙中学和铁龙中心小学合并而成的九年一贯制公办学校。

学校现有教学班16个，在校学生561人，教职工49人。其中中学教师27人，小学教师20人，职工2人。中学教师学历达标率100%，其中本科学历16人，占中学教师的61.5%，在读本科的教师有12人；小学教师学历达标率100%，其中大专以上学历12人，占小学教师的50%。全校具有高级职称1人，中级职称28人，初级职称9人。师资力量雄厚，教学水平精湛。

铁龙学校占地面积28196平方米，其中生活区占地面积9716.5平方米；教学区占地面积18479.72平方米。校园布局合理，有独立的教学区和生活区，环境优美，绿化面积19123平方米，占学校总面积的67.8%。教育设施完善。有教学楼、综合楼、教师宿舍楼、学生宿舍楼、学生食堂等共14幢，多媒体教学平台5个，图书室、阅览室、仪器室、实验室、电脑室等共22间，并广泛运用于教育教学之中，是韶关市义务教育阶段规范化学校。

铁龙学校在铁龙林场创建广东省教育强镇过程中，设施设备日臻完善，教育教学质量不断提高，师生共同创造了铁龙学校的辉煌。2009学年度，学校被翁源县委县政府评为“教育先进单位”，党支部被县委县政府评为“先进基层党组织”；2011年，学校被韶关市教育局评为“教育信息化建设和应用先进单位”。三年来，学校共有4人次教师获得市级以上荣誉称号；14人次教师获得县级荣誉称号；教师在参加教育教学各类竞赛中，15人次获得市级以上奖励，13人次获得县级奖励；学生在参加各类竞赛中，3人获得省级以上奖励，4人获得市级奖励，5人获得县级奖励。

【周陂中学】 翁源县周陂中学创办于1958年，学校地处翁源县南部的周陂镇，校园占地面积60500多平方米。现有教学班22个，学生1085人，是全县最早被评为“市一级学校”的基层初级中学，是“韶关市中小学行为规范示范学校”、“韶关市安全文明校园”、“韶关市书香校园”、“广东省义务教育阶段规范化学校”。

学校师资力量雄厚，现有教职工92人，其中专任教师90人。在专任教师中，专科学历29人、占32.2%，本科学历61人、占67.8%，学历达标率100%。全校教师均持有相应的教师资格证书。

学校坚持以邓小平理论和“三个代表”重要思想为指导，以“为学生的一生奠基”为办学理念，以培养学生的创新精神和实践能力为核心，以依法治校、以德治校、坚持教书育人为宗旨，锐意改革，开拓进取，全面推进素质教育，办学质量在全县有较高声誉。2010年，周陂镇顺利通过广东省评估验收成为省教育强镇，周陂中学办学条件和教育教学质量有了很大提升，成为一所校园环境美、教育质量高的初级中学。

【韶关市万豪英文中学附小附幼】 韶关市万豪英文中学创办于2003年，是翁源县唯一的一所集中小学、幼儿园于一体的民办公助现代化学校。学校由广东万豪教育集团董事长胡春万先生为回报家乡养育之恩独立出资5000多万元创办。学校位于翁源县城，占地面积103330平方米，建筑面积28600平方米。学校规划科学、环境优美，教学、生活设施设备先进齐全，办学条件堪称一流，是学生求学怡性的理想之所。

学校现有教学班24个，学生890余人，教职工110人，其中特级教师1人，高级教师5人，初中教师80%以上具有本科学历，教师学历达标率100%。

2008年5月，在县委、县政府和县教育局的关心支持下，学校面向全国招聘年薪十万的总校长，来自湖南省的全国名校长、特级教师唐昌旭先生脱颖而出，荣任总校长。2008年9月翁源中学与韶关市万豪英文中学强强联手合办初中。从此学校实行专家治校、名师执教的战略方针，为学校的迅速发展和上规模上档次奠定了坚实的基础。

学校自创办以来，坚持“因材施教、身心两健、智能两全”的办学理念，以“办家长放心学校、建学生成长乐园、育社会赏识人才”为办学目标，认真履行“视质量为生命、视家长为上帝、视学生若亲子”的庄重承诺，努力实施“严、爱、勤、实”的工作要求和举措，在“以人为本、和谐建校”的过程中取得了令人瞩目的成绩：在各级统考会考中，学校中学部各科成绩均名列全县第一；在近三年的各级学科竞赛中，全校学生共获得了国家级一等奖5项，国家级二、三等奖24项，省市县级奖励100余项；学校先后被授予“全国传统美德实验学校”、“韶关市优秀民办学校”、“韶关市园林式学校”、“韶关市绿色学校”等光荣称号。

【广东省岭南工商第一高级技工学校】 广东省岭南工商第一高级技工学校是一所由广东省人力资源和社会保障厅直属管理、省财政拨款的公办国家级重点高级技工学校，是全国首批广东七所国家示范性技工院校之一，设有国家职业技能鉴定所，是广东省高技能人才培养基地。

学校创办于1974年，原名广东有色金属工业第一技工学校，校址原设在韶关始兴县石人嶂，隶属中国有色金属工业广州公司。1995年，经中色广州公司批准，自筹资金搬迁到翁源县官渡开发区。2003年将岭南技工学校划归广东省劳动和社会保障厅直接管理。2009年7月经省厅批准，在广州市花都区花港大道（花都汽车城管委会对面）开办广州校区。

近几年来，在省厅、市县政府的关心和大力支持下，办学规模逐年扩大，办学质量稳步提升。现有广州和粤北官渡2个校区，校园规划面积852亩，建筑面积22多万平方米，固定资产总值2.8亿多元，在校生14000多人。学校2006至2010年连续五年被评为“广东省技工教育竞争力20强单位”，2010年全省排名第二。2009年学校校长兼党委书记张喜生被评为“中国技工院校杰出校长”和“广东省劳动模范”。

学校教学设备先进。拥有从奥地利新引进的价值1500万元的五轴加工中心、1300多万元的机电一体化训练岛、1200多万元的汽车检测与维修等领先同行的高端实训设备，建有多轴加工中心、机电一体化、汽车维修等三大复合型重点技能实训基地，设有汽车检修、数控加工、机械装调、模具钳工、电气制冷、电子信息、网络工程、电子商务、影视动漫等60个技能训练工作室，教学设备总资产达1亿元。

学校师资力量雄厚。拥有一支素质优良、业务精湛、结构合理的专兼结合的师资队伍。现有专职教师300多人，本科以上学历教师占90%，中高级职称教师占60%，一体化教师占80%。近几年，编写教材30多本，出版发行20多本，公开发表论文200多篇。2010年有36项国家级、31项省级教科研成果获奖，征战省职业技能大赛市选拔赛喜获加工中心、装配钳工、动漫设计3个第一名。

学校坚持“创于至善，技能到家”的办学理念，面向市场，贴近企业，实施“校企合作、工学结合”技能人才培养模式，在改革中求发展，在发展中创品牌，突出技能教学，强化育人管理，拓宽就业门路，逐步形成技工教育、职业培训、技能鉴定、就业服务“四位一体”的办学体系。与200余家知名企业建立合作关系，学生操行优良率达95%，学生“双证”通过率100%，毕业生就业率达98.8%，为社会培养并输送了3万多名优秀技能人才，深受用人单位的欢迎，为广东经济社会发展作出了积极贡献。学校先后被授予“先进单位”、“优秀教学组织奖”、“创新型教学改革及其成果转化项目示范基地”等多项殊荣，得到了张德江、朱森林、林用三、谢强华等各级领导亲临学校视察时的一致盛赞。

新时期，新使命。学校正以崭新的姿态、饱满的热情、开拓的锐气，把握机遇，与时俱进，凝心聚力，努力打造广东省岭南工商第一高级技工学校新品牌，力争在短期内建成“省内一流、国内领先、国际知名”具有现代化水平的技工院校。

附：领导班子成员名单

校长兼党委书记：张喜生（2000.3—）

副校长：赵冬晓（2000.3—）

张祝强（2007.8—）

胡汉文（2007.8—）

彭　放（2008.6—）

韶关市副市长兰茵（前排右二）到龙英幼儿园指导工作

文化·卫生·体育

文化管理

【概况】 翁源县文化广电新闻出版局成立于2005年4月，是将原文化局、广播电视局、新闻出版办调整归并组建而成，加挂版权局牌子，是翁源县人民政府主管文化、广播电视、新闻出版、版权等方面的职能部门。内设办公室、文化艺术股、文化市场管理股、新闻出版办、文化市场综合执法队5个职能部门。下辖图书馆、文化馆、博物馆、采茶剧团、电影公司等单位。2010年，文化体制改革取得新进展，稳妥推进电影公司转企改制工作；群众文化活动丰富多彩，先后在春节期间主办迎春联欢晚会、民间民俗文化贺岁巡游、灯谜竞猜游园活动、迎春书画展、新春免费电影放映周活动。

【公共文化服务】 充分利用“广东流动图书馆翁源分馆”的文献资料，为翁源居民服务。开展“岭南流动书香车”送书下乡活动。电影公司在面临转制改革的情况下，全年分别免费为市民放映电影1836多场。举办书法、美术、奇石根雕展览。同时，积极配合县委、县政府的中心工作搞好专题文艺演出和送戏下乡演出活动，全年共演出50多场。办起“农家书屋”102间，添置了“流动书香车”开展送书下乡活动。

【加大文化遗产保护力度】 翁源县申报的“调王舞”被韶关市列为非物质文化遗产保护项目。第三次全国文物普查全面完成田野调查工作，共普查文物238处，复查99处，新发现139处。县博物馆馆长罗胜奇荣膺省“三普”先进个人。

【文化市场管理】 2010年，共出动执法检查人员400多人次，检查各类文化经营场所768家（次），收缴各类非法出版物2000多册，音像制品900多张，与公安、工商等部门共同查处关闭无证经营和取缔经营违禁机种（赌博机）的电子游戏机室5家，收缴各类违禁机种52台，查处关闭取缔18家“黑网吧”，没收19台（套）电脑上网设备；查处纠正各种违规经营单位22间（次）罚款，对6家存在安全隐患的歌舞娱乐场所经营单位实施了限期整改。开展了印刷复制业、出版物发行单位、内部资料出版的年检工作。

【文化市场检查与监督】 2010年，共出动执法检查人员400多人次，检查各类文化经营场所768家（次），收缴各类非法出版物2000多册，音像制品900多张，与公安、工商等部门共同查处关闭无证经营和取缔经营违禁机种（赌博机）的电子游戏机室5家，收缴各类违禁机种52台，查处关闭取缔18家“黑网吧”，没收19台（套）电脑上网设备；查处纠正各种违规经营单位22间（次）罚款，对6家存在安全隐患的歌舞娱乐场所经营单位实施了限期整改。开展了印刷复制业、出版物发行单位、内部资料出版的年检工作。

【新闻出版管理】 对全县的印刷、书报店（摊）及三印企业进行了检查，重点检查非法印刷品、杂志、报纸、教辅书籍的盗版情况，集中开展一系列专项整治，严厉打击承印、销售赌博类非法报刊，对非法经营出版物的经营单位依法进行处理。抓好广播电视安全播出工作，确保春节、“五一”活动安全播出。

【宣传教育】 举办了歌舞娱乐场所业主培训班，组织学习了《娱乐场所管理条例》，召开了网吧业主会议，重温学习了《互联网上网服务营业场所管理条例》等；增强了业主诚实守法、道德经营的意识。

【依法行政】 年内，按照法规条例对网吧、音像制品经营、歌舞娱乐场所、演出团体进行了年审和换证工作，规范了业主的经营行为。大力开展了文化市场专项整治工作，有力地打击了各种非法的文化市场经营行为。大力加强了广播电视安全播出管理，确保了广播电视安全播出。

【签订安全生产责任制】 安全生产与局属各单位和镇场文化站签订了《2010年度安全生产责任书》，落实安全生产责任制。对全县的文化市场进行定期不定期检查，认真开展“安全生产年”和“安全生产月”活动，制订了活动方案，围绕“安全发展，预防为主”的主题，积极组织各项安全生产活动，达到了活动的目的。

【文化市场执法检查】 文化市场依法行政，依法管理，依法执罚，文明执法。为加大执法力度，根据上级要求成立了“翁源县文化市场整治行动办公室”，对全县文化市场进行有效管理。全年出动执法

200多人次，查封取缔电子游戏机室3家，查扣电子游戏机31台，苹果游戏机5台；收缴非法音像制品1000多盒，盗版书刊700多册。还开展了“文化娱乐场所禁毒宣传月”活动和“12·4”全国法制宣传日活动，不断提高法制意识，有效地净化了文化市场环境。

文化活动

【概况】 2010年，翁源县文化馆深入贯彻党的十七大精神，以科学发展观统揽工作全局，努力促进翁源公共文化事业的发展，为给市民提供优质的公共文化服务，围绕建设文化大省争创文化强市这个中心，开展丰富多彩的群众文化娱乐活动，为构建富裕、活力、文明、和谐新翁源而努力工作。

【开展群众文化活动】 1月13日，相关人员共9人参加的《翁源文艺》出版工作座谈会，就“翁源文艺 ”的改进提升和发展前景进行了研讨。2月，春节期间举办了县城“迎春文艺汇演”、“百人即席书法表演赛”、“标古杯中国象棋擂台赛”等系列文艺活动。

3月，许全武同志参加了中共翁源县委21日召开的新闻工作会议，并获年度二等优秀通讯员奖励。4月14日，翁源县’2010赏花节在县城文体广场隆重举行，吸引了来自海内外几万观众参观。馆许全武、黄倩婵等同志负责了该展馆的设计与布展工作，得到了县领导和县农业局的肯定和好评。5月6日，县遭受了百年一遇的洪涝灾害袭击。随后，本馆多位同志抽调抗洪救灾第一线。《翁源文艺》编辑室参与完成了“我们手拉手”——翁源县5·6抗洪斗争纪实大型画册的编辑出版任务。6月，协助县科教局、县检察院举办了“法在我心中”全县中小学生美术书法大赛和展览工作。7月，文化馆与龙翔舞厅联合举办了县城标古杯第二届中小学生国标舞大赛。8月15日至19日，文化馆许全武、林红娟、涂冬生等深入新江镇庙子角瑶寨对县民间舞蹈调王舞进行田野调查，9月份完成了对该舞蹈的申报工作。11月，该馆与韶关电视台联袂录制了《战斗，在背阴山打响》和《寻找起舞的仙鹤》专题节目。分别在韶关电视台三江视线播出。12月，该舞蹈被韶关市人民政府公布为市级第三批非物质文化遗产名录。九月，文化馆许全武、涂冬生协助县政府完成了县生态建设大型画册《翁山绿韵》的编辑出版工作。

【文艺创作激励机制】 是年出台创作激励机制，对培育文艺创作队伍，推动文艺观念，文艺内容，文艺形式的创新，注重文艺精品的创作。

【文艺作品评选】 全年共上送作品6件，其中许全武小戏《非常时刻》获市二等奖、省三等奖。陈思书曲艺《领奖金》获市二等奖、小戏《一条蛇皮袋》获市三等奖。吴建平小品《七妹有喜》获市三等奖。

【业务文艺创作辅导工作】 文艺创作业务人员培训。10月12日至14日在县城举办了全县文艺骨干培训班1期，参加办班的文艺骨干共27人。市群艺馆吴达明馆长、邓学聪副馆长和吴海榕老师应邀全程授课。

文艺演出

【概况】 翁源县采茶剧团始建于1958年，1965年初，报省文化厅批准成立“翁源县采茶剧团”至今，经历了整整50多年的风雨历程，在继承传统“采茶戏”的基础上，结合本县客家语言文化，加以创新和发展，形成了具有翁源县语言文化特色的采茶戏剧艺术，成为县内广大人民群众喜爱的大众文化艺术。密切配合县委县政府的中心工作，坚持送戏下乡，宣传党的方针政策、法律法规，为翁源文化建设、丰富人民群众的文化生活，做了大量工作。采茶剧团根植于翁源沃土，在党和政府的领导、关心支持下，演出设备、办公、排练场所都得到了翻天覆地的变化。

【演出活动】 近年来，剧团开“专场、专题文艺晚会”之先河，积极与各单位联合举办专场文艺节目，送戏下乡。先后排演《农业四税之歌》等20多台专题文艺节目，在本县、邻县及深圳、珠海、东莞、顺德、广州等珠江三角地区演出，受省、市表彰奖励。《人民日报》、“华南版”以头条报道剧团先进事迹，《中国文化报》、《羊城晚报》、

《南方日报》、《韶关日报》等均载文称誉，予以高度评价。采茶戏《豆花情》，《姑嫂卖猪》，《乡村新歌》连续3届获市小戏小品大赛金奖。

县图书馆

【概况】 翁源县图书馆成立于1977年2月，新馆位于县文体广场，于2006年8月投入使用。建筑面积1560平方米，设有外借室、期刊室、少儿室、内参室、地方志室、讲座培训室。2010年馆藏图书册，有马列哲学、社会科学、自然科学、综合图书、期刊、古籍图书等类别。图书馆秉承“优质服务、读者至上”的宗旨和“藏蓄并用，以用为主”的原则。为三个文明建设和构建“文化翁源”提供科技知识信息，是国家三级图书馆。

【服务工作】 2010年，翁源图书馆接待读者50000多人次，其中外借册次30000多人次，办理借书证300多个。2010年，外借处以全新的面貌与读者见面，有10000多册新书提供给读者外借。

【开展丰富多彩的读书活动】 县图书馆开展了春节游园猜谜活动。分别为南龙和坝仔芙蓉村送书1000多册。举办图书馆宣传服务活动周活动，同时发放了宣传服务资料500多份。

文物工作

【概况】 翁源县博物馆于1884年8月经县人民政府批准成立，隶属文化局管辖，馆址设在文化馆二楼（原龙仙镇建设二路24号）。1998年8月，易名“翁源县客家民俗博物馆”。1999年3月，馆址迁徙县级文物保护单位——龙仙当楼（建国路49—53号）。2003年，县委、县政府统筹规划发展西区，决定投资230多万元，在文体广场兴建博物馆大楼。2008年复名“翁源县博物馆”。全馆现有纳编人员8人，财供临时工（保安）2人。其中在编人员有中级馆员1人，助理馆员2人；本科学历1人，大专学历4人，中专、高中学历3人。

新建三层大楼于2006年10月落成，次年5月交付使用，占地面积约1800平方米，建筑面积1870平方米。新址一至二楼辟为藏品展区，共设5个陈列展厅，面积800平方米左右（其中一楼设2个活动展厅，二楼设“历史文物展厅”、“革命文物展厅”、“民俗文物展厅”）；首层中央大厅，悬挂着《仁川古韵》巨幅彩色喷图（“广东省文物保护单位——湖心坝民居群”俯拍全景）；三楼乃办公区域和各类功能用房（室），设置“办公室”、“陈列室”、“修复室”、“标本室”、“资料室”、“库房”等。整座大楼均配置了现代技防设施，闭路监控系统与公安局“110”报警中心联网，保安人员每天24小时值勤，是韶关市县（区）级博物馆目前屈指可数的安防达标单位。

翁源县博物馆是一个以地方史志为主的综合性博物馆，从事搜集发掘、整理研究、科学利用当地人文资源，收藏、展示、传播、保护千年古县文化遗产等相关工作。翁源历史悠久，地理环境独特，形成和积淀的物质文化遗存丰厚。第三次全国文物普查，翁源县已登录地上、地下不可移动文物238处；2010年全国建立可移动文物数据库系统，县博物馆录入馆藏文物3800余件。

【藏品信息】 翁源县博物馆的馆藏文物，主要来源于当地的古遗址和古墓葬发掘出土、部门移交、民间征集或捐赠等渠道，已拥有可移动文物的藏品3800余件。1995年和2005年，省文物专家两次莅临翁源进行文物鉴定，博物馆共有三级以上国家珍贵藏品245件。其中推荐一级文物1件，二级文物13件，三级文物231件。

【陈列展览】 翁源县是个千年古县，具有较丰富的人文资源。博物馆为彰显当地的文物特色，藏品陈列布展体系纵横交错，以横为主，横中有纵，以分类为横，年代顺序为纵。自2007年搬至新建大楼，二楼的固定陈列厅坚持正常免费开放，历史文物展厅陈列着新石器时代（距今4500多年）至清朝，坝仔下角垄遗址等地出土或征集的历史文物；革命文物展厅珍藏的是抗日战争至解放战争时期（1938—1949年间），活跃在翁源革命老区的粤赣先遣支队、北一支队遗留的土枪、土炮、文告、通令等珍贵实物史料；民俗文物展厅则展示着客家地区明末清初沿袭至今，在仙邑民间生活劳作的传世瑰宝。藏品陈列以实物为主，图片为辅，兼注简洁文字。据参观登记表不完全统计，2008至2010年入馆免费参观人数已达7万人次，其中县城中小学校集体组织师生观看就有5万多人次。

【馆藏文物管理】 翁源县博物馆现存文物3800多件，其中暂未定级的一般文物3500余件。根据文化部制定的《博物馆藏品管理办法》，博物馆由一名副馆长，二名专业人员具体负责对文物藏品进行科学管理，已建立文物藏品总账、藏品分类账、参考账、代处理品账，并对每一件文物藏品建立编目卡片，在每个卡片上又填写藏品的名称、年代、铭记、题跋、流传经历、来源、文物专家鉴定意见，张贴拍摄的藏品照片，且坚持做到按文物管理要求，凡标本、藏品出入库房、展厅均凭“四证”（即“文物标本入馆凭证”、“馆藏文物入库凭证”、“提取馆藏文物凭证”、“注销馆藏文物凭证”）。2010年8月，根据《国家文物局关于加快推进文物调查及数据库系统建设项目工作的通知》要求，博物馆提前完成三级以上珍贵文物数据系统建设录入建档工作，电子和纸质文本同时上报韶关市文化广电新闻出版局、广东省文化厅均顺利通过了验收。

2010年，博物馆先后讨论和通过了《博物馆安全保卫工作规定》、《保安人员岗位职责》、《文物藏品出入库房登记制度》、《各类应急预案》等举措，将文物管理责任落实到人，坚持警钟长鸣，常抓不懈。文物陈列厅和文物库房均由专职人员各司其职，配套成立馆藏文物安全防护检查小组，并实行藏品保管账物分离，每季定期检查，形成互相制约，共同监督机制。自2007年搬入新馆至2010年，展厅及库房、标本室等藏品重地，从未发生过文物被盗，或失火及人为损坏等不良现象，以规范制度来确保馆藏文物的防护安全。

【文物普查与发掘】 根据国务院《关于开展第三次全国文物普查的通知》，翁源县开展第三次全国文物普查，2007年成立普查机构，2008年全县宣传发动、开展培训，2009年组建一线普查队伍、开始实地勘查登录。自2009年3月至2010年12月31日止，全县共普查登录境内地上、地下不可移动文物点238处，其中古遗址58处，古墓葬12处，古建筑145处，石窟寺及石刻5处，近现代重要史迹及代表性建筑18处，登记消失文物24处。在开展第三次全国文物普查工作中，古遗址、古建筑约占翁源不可移动文物“半壁江山”，亦成为韶关市不可移动文物的一道亮丽风景线。这次文物普查共撰写实地勘查文稿资料计13万字，拍摄照片3000多张，绘画位置图200多份、平面示意图100多张。其中填写《翁源县第三次全国文物普查不可移动文物登记表》238份，《翁源县第三次全国文物普查资料汇报》、《翁源县第三次全国文物普查文物分布情况登记清单与成果》、《翁源县第三次全国文物普查实地文物调查阶段工作总结和TTP》、《翁源县消失文物登记表》及其他相关资料均上报韶关市和广东省普查办。2010年1月16日，翁源县第三次全国文物普查第二阶段实地调查工作顺利通过省专家组验收，12月通过国家专家组验收。

【文物普查宣传】 为做好第三次全国文物普查工作，在七镇一场悬挂宣传文物普查横额15条，出版《文物普查宣传栏》二期，编辑《文物普查工作简报》五期，印制发放各镇、村（居）委会、自然村及有关单位的文物普查宣传资料10000份，在县电台、电视台经常进行有关文物普查法律、法规和文物普查知识的宣传报道，为文物普查营造了良好氛围。

【文物安全】 认真贯彻执行《中华人民共和国文物保护法》，严格执行《文物系统、博物馆风险等级和安全防护级别的规定》要求，加强安全保卫工作领导，对馆藏文物既实行24小时监控，又做到“三防并举”（即人防、物防、技防），突出抓好人防措施，从源头上杜绝文物被盗、被焚或人为损坏等事故的发生。

（黄旺祥）

附：领导班子成员名单

局　长： 曾贺方（2005.4—）

副局长： 蓝宜山（2005.8—）

刘先艳（2007.12—）

黄秋红（2010.10—）

广播电视

【概况】 翁源县广播电视台成立于2005年，前身是翁源县广播电视事业局、翁源县广播电视局、翁源县广播站。台机关机构设置有人事股（办公室）、财会股、新闻部、广告部、事业技术股、有线电视部、播出部、高山发射台，下属7个镇广播电视站。现有在职在编干部职工110人，临时工

14人，退休人员8人。2010年，按照“落实科学发展观，以‘发展年’为目标，以加强基础基层建设为重点，以转变作风为手段，全力推进新闻宣传、事业经营、内部管理三项工作，推动广播电视事业可持续协调发展”的工作思路，经过全体干部职工的扎实工作，取得了可喜的成绩，较好地完成了年度工作目标。

【新闻宣传】 电台专题栏目有《翁源新闻》、《农科园地》等，在韶关电台公共频段中插播。电视专题栏目有《翁源新闻》、《文化翁源》、《每月访谈》、《翁源警视》、《农科园地》等，在广东电视公共频道中插播。全年本台两台播出稿件3724条，其中时政新闻3102条、民声新闻622条，制播电视台专题栏目《文化翁源》5期，《每月访谈》2期。按照贴近实际、生活、群众，导向正确，把握平稳原则，为实施“三大战略”、构建“文化、创新、和谐”翁源营造了浓厚的舆论氛围。圆满完成了县党代会、“两会”、“5·6”抗洪救灾、创卫、十项重点工作、计划生育、提高执行力活动等重大宣传报道任务。同时，坚持帮忙不添乱原则，正确实施舆论监督，促进了全县各项工作的开展。

【对外宣传】 全年在市级以上媒体发稿924篇，市台采用稿电视名列七县三区第一、电台名列第二，实现年初定下的市台采用稿排名前三名的目标，提高了翁源的知名度。其中中央电视采用稿7条，省电视采用稿18条，市电视采用稿526条、电台采用稿373条。

【网络发展】 完成了县镇、镇村有线电视光纤联网，实现了全县一张网，上下一条线的发展格局。光缆联网的乡镇7个，比例为100%；行政村156个，比例67%；自然村1980个，比例68 %。县城网和江尾、周陂分配网络带宽550MHz，收看38套电视节目。新江、翁城、官渡、龙仙、坝仔用户分配网络带宽300MH，收看24套电视节目。2010年，按照“统一规划，分步实施，确保质量，稳步推进”工作方针，重点进行镇站分配网络的光纤化升级改造，完成江尾、周陂两镇的“同网同价”工程，两镇用户看上同县城一样的38套电视节目。完善了联江、江尾、仙北、官渡村委和六里南门坪及县城周边47个光点分配网络改造和调整（其中县城25个，镇村22个），光接点的铺设量为历年之最，有效地提高了网络传输质量。

【无线覆盖】 认真做好牛古栋高山发射台作为农村中央广播电视节目无线覆盖工程，发射两套中央台电视节目（中央一台，功率1000w、35频道和中央七台，功率1000w、43）频道，发射一套中央台广播节目（中国之声，功率300w、频率100.4M）。同时在台办公大楼用96M、99M两个频率发射两套韶关电台广播节目。

【数据专线】 数据专线建设稳步增长，共有专线104条。增设综治维稳网、医保网和公安南龙卡口等专线共16条。

【基础设施】 有非线性硬盘播出系统一条，非线性编辑系统五条，数字摄像枪八条，50kw发电机一部，车辆四部。2010年，购置数字摄像枪三条，上海别克君威世博版2.0轿车一辆，对新闻演播厅、编辑制作等设施设备进行了定期的维修保养，完成了新闻部办公室的装修，及江尾收费厅的搬迁，增添了部分电脑、办公桌椅，改变了工作环境，提高了办事效率。

【广电产业】 有线网络经济实现新突破，用户数达4.2万，其中县城1.9万，收视费15元/月；乡镇2.3万，收视费12元/月。数据专线增值业务收入稳步增长；做到“大小故障24小时内解决”，为广大用户提供了快捷、优质的服务；加大了稽查工作力度，规范了收视秩序，网络收入比去年增长10%。广告经济呈现新活力，创新举措，规范经营，开辟了广阔市场，广告收益实现最大化。全台经济收入为历年最好水平。

【安全播出】 在确保新闻宣传安全播出的同时，把网络安全转播作为工作的重中之重来抓落实。在日常的转播工作和“亚运会”、“残运会”等“三重”时期，严格执行播出机房值班制和网络巡查制，并坚持经常化和制度化，从而提高了安全播出系数，确保了万无一失、全年安全优质播出，未发生任何事故。

【队伍建设】 深化“树立正确权力观，提高执行力”学习教育活动取得成效，增强了干部职工的政治观念、职业道德素质和主人翁意识；在经济部门试行人员自由组合，完善健全各项管理制度，规范和约束员工行为；为加强财务管理，积极开展“三项检查”，搞好增收节支工作；积极开展了业务技术学习活动，整体素质得到提高；认真做好人员招聘工作，队伍得到充实，新录用4名大学本科生；抓好党建工作，三位预备党员按时转正；积极开展争先创优评比活动，表扬奖励先进，调动积极性，弘扬正气，推动各项工作规范管理；进一步加强了党风廉政建设，行风进一步好转，有力地促进了工作。

【荣誉奖项】 被省南方传媒集团评为“安全播出奖”，被市广播电视台评为“宣传先进单位”、“安全播出奖”，被市总工会评为“先进职工小家（新闻部）”，被县委、县政府评为“文明单位”，被县委评为“新闻报道先进单位”，被县综治委评为“社会治安综合治理先进单位”，被县直工委评为“先进党支部”，春联“玉屏托出发展千般景 红波飞入和睦百姓家”获县城春联评比二等奖。蓝希涛被市委宣传、市广播电视学会评为先进个人；刘定江被县政府评为“卷烟打假先进个人”；何伟光、张敏贞被县直工委评为“优秀共产党员”；黄慧、蓝希涛、陈菊花、胡金福、王媛、张敏贞、郑兰英、张伟国、何绍添被县委评为“新闻报道先进个人”。

【获得奖项新闻作品】 《翁源县灾情牵动省委书记汪洋的心》获省级广播类二等奖、电视类三等奖，获市级广播类三等奖；《15小时抢通救援通道》获市级电视类二等奖、广播类二等奖；《乞讨儿住上新楼房》获市级电视类二等奖；《雨夜大转移》获市级电视类三等奖。

（何伟光）

附：领导班子成员名单

台　长： 刘定江（2005.8—）

副台长： 刘松林（2005.8—）

邝小华（2005.8—）

何绍添（2005.10—）

档　　案

【概况】 2010年，翁源县档案局（馆）内设办公室、史志办、监督指导股，档案管理股四个股室。编制15人，实有人员14人。档案局（馆）位于县政府大院内，局（馆）大楼于1983年建成使用，建筑面积650平方米，其中库房面积250平方米、业务用房150平方米、办公室辅助用房200平方米。安装有图像监控设备，有档案柜380套，图书资料排架9列。2010年，馆藏档案全宗总数113个，馆藏档案总数47630卷，其中文书档案19285卷、5776件，资料20918册、声像档案4005张，专门档案28345卷，实物档案142件，排行架长度571米。

【档案管理】 档案管理工作围绕经济社会发展服务成效明显。本年度新增加档案5319卷（件、册）：其中文书档案673卷，专门档案4646卷，资料315册，实物档案30件，声像档案44册；新增专门档案1种，即统计档案；抢救档案23卷，占应抢救档案100%；鉴定开放档案100卷；新增编研材料1种，即《2009年翁源县经济社会发展概况》；移送现行文件单位25个，接收整理现行文件298份；围绕县四套班子公务、县内其他重大活动，主动做好声像档案的刻录、收集、整理工作；档案检索电脑录入案卷级2762条、文件级7517条；利用档案999卷，到馆利用人次1052人次，档案馆的社会服务功能凸显。

【档案监督指导】 监督指导工作稳步推进，档案宏观管理职能进一步加强。加强对各单位的档案工作进行督促检查辅导，完成了县妇联、县委宣传部、县卫生监督所等三个单位升省二级档案目标管理单位。参与全县林改档案的指导检查，做到林改工作做到那里，档案工作就跟进到那里。协助县计生局指导全县各计生站档案资料的收集整理。完成全年进馆600卷档案的任务，丰富了馆藏。开展了对县辖区内64个单位的档案工作进行年度检查，发现问题，现场指导，并提出整改意见。5—12月，档案局组织档案专业人员指导县林业站做好林权制度改革档案整理一千余卷（包括立卷、打印目录、编写归档号、）。集中力量做好全县110个机关、企事业单位2009年度文书立卷归档工作，共立文书档案2180卷。9月，组织档案业务指导人员会同县计划生育局到计生所指导并协助整理150卷文书档案和450卷计生专业档案。

【综合目标管理】 2010年，翁源县档案工作新增通过目标管理验收的单位有3个，分别是翁源县妇联、翁源县委宣传部、翁源县卫生监督所为档案目标管理省二级单位。到目前为止，我县档案目标管理上等级单位已达85个，其中县人民医院、县供电局为国家二级档案目标管理单位，县财政局、教育局等18个单位达到省特级档案目标管理单位、建行、疾控中心为省一级档案目标管理单位；县气象局为省级先进目标管理单位、组织部，人事局等47个单位为省二级目标管理单位。县中行、财委、外经局、人事局、劳动局及一些乡镇合并撤销15个。

【档案信息化建设】 翁源县档案信息化建设取得较大发展。一是县属机关、事业单位、各镇（场）有18个单位购买档案软件，使用软件管理档案，档案资料的收集、编目、查找、归档等工作效率有了很提高。到目前为止，已有46个单位已用档案软件管理本单位的各门类档案，档案管理水平得到进一步提高。二是网上审批、网上咨询服务取得较快发展。网上档案业务咨询增添了渠道方便了广大群众了解、利用档案，一年中共有4位网友咨询档案利用、保管等问题，点击数六百余次；三是网上公开档案目录，我馆把已解密的部分档案目录公布网上，供广大群众查找，方便群众利用档案。

【档案执法检查】 根据《中华人民共和国档案法》和《广东省档案行政执法责任制实施办法》，县档案局于2010年11月组织专门人员在全县范围内开展了档案年度执法工作情况检查。检查采取自查和分组检查相结合的方式进行，检查的重点是2009年档案实体的归档、文书档案保管期限的修订、到期档案的移交、现行文件的报送及档案安全管理内容。从检查情况看，我县的档案工作在档案规范管理和信息化建设等方面均有较大改进，档案管理水平得到进一步提高。一是依法加强了对档案工作的领导。多数单位领导对档案工作高度重视，有分管领导，有专（兼）职档案管理人员，建立健全档案工作管理制度，解决工作中的实际问题。二是修订了新的文书档案保管期限表，报档案行政主管部门批复后执行。三是档案现代化管理程度进一步提高。有46个单位重视档案信息化建设项目，并已使用了档案管理软件管理档案数据。四是较好完成了文件材料的归档工作任务。做到分类科学，排列有序，整理质量符合要求。五是各单位的档案保管“八防”措施落实，无发生安全事故。

但是，存在问题也是很明显的，主要有五个方面：一是一些单位档案保管期限划分不够准确。档案管理人员较常变动，造成档案保管期限的划分 不准确，随意性较强。二是收集时遗漏了底稿及领导签发稿等。三是对其他门类的档案收集整理不重视。一些单位只注重收集整理文书档案，忽视了业务档案、照片档案、会计档案、基建档案、实物档案的收集整理。四是档案开发利用工作比较薄弱。档案归档管理的最终目的是利用，部分档案管理人员侧重归档保管环节，忽略了对档案资源的开发利用。一些单位编研资料缺乏，没有编写本单位组织沿革、大事记、基础数字汇集等。五是村级含（社区）的档案有待加强。一些村级含（社区）的档案没有及时归档，容易造成档案的缺失。

（苏梓）

史志工作

【概况】 翁源县档案局史志办公室2001年4月县机关机构改革中由县委党史研究室和县地方志编纂办公室合并组建史志办，为县档案局内设股室，对外挂翁源县史志办公室牌子，负责中共翁源县地方史资料征集与研究，组织编写、出版党的地方史；依法行使地方志和地方综合年鉴的组织编纂、管理、开发利用工作。2010年，完成地方史第二卷的初稿编写工作，第二轮地方志的编纂进入终审阶段，建立了地方志地情网站，专业志部门志出版2部，终审1部；革命遗址普查工作顺利完成。

【《翁源县志》（1988—2000）编纂】 《翁源县志》（1988—2000）的编纂工作进展顺利，在2010年5月和7月，分别通过县初审领导小组的初审和韶关市复审领导小组的复审。志稿复审会后，县志编辑部根据韶关市复审领导小组对《翁源县志（1988—2000）》提出的意见和建议以及编委会、各单位的反馈意见，组织人力，集中力量进行再次修改、补充和完善。

【编审出版专业志、地情书】 县档案局史志办在完成《翁源县志》编纂工作的同时，还积极协助有关单位开展专业志、地情书的编修。审定出版了《翁源县司法志》和《翁源县坝仔镇梅村村志》；完成《翁源县文物志》稿的审查验修。

【《翁源县志》（1988—2000）复审会议】 7月28日，《翁源县志》编辑部在翁源县档案局一楼会议室召开《翁源县志》志稿复审会议。参加会议的有韶关市志书审稿委员会的领导殷南光、梁观福、邓庭雄及县史志办编辑部全体人员等9人。会上，市志书审稿委员会对《翁源县志》提出许多宝贵修改意见和建议。市史志办副主任殷南光做最后的总结发言，并提出要求，希望县志编辑部的继续努力，再接再厉，把下阶段史志工作重点是针对复审中提出的补充修改意见和建议，抓紧时间，全力以赴做好补充修改，把好志书质量关，并按省、市的规定保证质量、按时完成出版。

【地情网站建设】 是年8月，在省人民政府地方志办公室的支持下，派员参加了省人民政府地方史志办举办的网站建设培训学习班，并得到省志办赠送的1台电脑和设备，通过省人民政府地方志办的网站《广东省情信息库》服务器，建立翁源县地情网页，页面设置栏目15个，完成15个，占全部栏目的100%；并撰写和组织了部分有关翁源地情、大事记、地方志理论研究资料、《翁源概况》、《翁源县党史》等资料和图片上传到网页，其中录入地情书2部、短文47篇、照片109幅，为宣传翁源县起到一定的作用。

【革命遗址普查】 年内，按照中央、省、市党史工作部门的统一部署，积极做好县域的革命遗址普查工作。从4月起，在杨永其副局长的带领下先后深入到县内各镇进行调查和查找档案材料，采访、当事人和知情人，拍摄革命遗址相片。普查的范围包括遗址的历史由来、使用状况、保存状况、周边环境等，并对资料进行整理和录入，完成革命遗址普查报告并上送上级党史部门。

【基本完成《中共翁源县地方史（第二卷）》的初稿编写】 《中国共产党翁源地方史（1949—1978）》（简称党史第二卷）的编写工作在做好历史文献资料和档案资料收集、整理的基础上，从3月起，组织史书篇目的拟定，并进行多次修改，先后两次召开全体编辑部人员会议对篇目进行修改和审定；5月进入初稿的编写工作，至年底，完成《中国共产党翁源地方史（1949—1978）》初稿第一稿的编写。该书分为4章，约15万字。

【参与《广东年鉴》、《韶关年鉴》的编纂和组稿工作】 按照县政府的要求，积极协助省、市年鉴编辑部做好《广东年鉴》、《韶关年鉴》翁源部分的资料的组稿工作，县史志办专门安排一名人员协助做好此项工作，并按时按质完成此项工作。

（钟新洪）

附：领导班子成员名单

局（馆）长： 林秀丽（2009.5—）

副局（馆）长： 何东定（2001.12—）
黄　焕（2006.1—）
杨永其（2009.5—）

卫生管理

【概况】 2010年，全县有县直医疗卫生单位8个，卫生院12间，卫生工作人员1545人，其中卫生技术人员1268人，卫生技术人员中执业医师和执业助理医师509人，执业护士383人。有村卫生站215个，乡村医生216人。全县医院（含卫生院）开设病床843张。

2010年，全县卫生系统贯彻落实县委、县政府的卫生工作部署，认真履行职责，扎实推进医改各项工作，继续加快城乡医疗卫生服务体系建设，完善新型农村合作医疗制度，加强重大疾病防治和公共卫生工作，加强医疗质量管理，强化卫生监督执法，全县卫生事业得到持续发展。是年，全县卫生系统共争取上级项目资金4421.77万元，完成固定资产投资3484万元。县人民医院妇产科荣获“广东省巾帼文明岗”荣誉称号。县妇幼保健院被韶关市妇联授予“爱心父母牵手困境儿童志愿行动先进集体”称号。县慢病站被市结控办评为2010年度韶关市结核病控制项目先进单位。

【基本医疗保障逐步覆盖全体城乡居民】 2010年，县城镇职工医保和城镇居民医保参保人数达到48047人，城镇基本医疗保险“一卡通”发卡量达到42911张，完成了市下达的任务。全年新农合参加人数分别为286522人，参合率均为100%。

【初步建立国家基本药物制度】 2010年10月1日起，坝仔、龙仙、周陂、官渡、新江等五间卫生院实施了国家基本药物制度，其他7间卫生院将于

2011年4月1日起执行国家基本药物制度，药品实行零差率销售。

【医疗设施建设】 2009年动工兴建的卫生建设项目，在2010年建成投入使用的有5个，龙仙卫生院新楼于5月10日投入使用，官渡卫生院于6月17日迁入新楼，翁城、坝仔、周陂卫生院新楼在下半年投入使用。江尾卫生院在旧址兴建的大楼工程，在6月11日动工。总投资1800万元的县中医院医技综合楼完成主体工程。

【促进基本公共卫生服务逐步均等化】 2010年，全县已完成城镇居民健康档案53202份，建档率50.01%，农村居民健康档案101101份，建档率34.71%。其他公共卫生服务项目已全面推进，全县各类医疗机构更新健康教育宣传栏718期，印发各种健康教育宣传资料15万份；65岁以上老人接受健康管理20166人；有3822名高血压患者纳入健康管理；有491名糖尿病患者纳入规范管理；有1042例重性精神病人纳入管理；15岁以下人群补种乙肝疫苗5506人；计划免疫常规免疫接种率和加强免疫接种率为95%以上；农村孕产妇住院分娩补助人数2654人；完成1680户无害化卫生厕所建设任务。

（廖仿尧）

附：卫生局领导班子成员名单

系统党委书记、局长：张保明（2010.08—）

系统党委副书记、纪委书记：

蓝秀英（2004.12—）

副局长：陈六太（2004.7—）

何石养（2005.8—）

新型农村合作医疗

【概况】 把建立和完善新型农村合作医疗制度列为2010年为民办实事的“民心工程”，纳入政府的重要议事日程，采取有力措施，巩固参合率，加强资金安全运作监管，搞好信息化管理建设，实现网上即时补偿，保障水平得到提高，有效地减轻了参合农民的医疗费用负担。2010年，全县有286522名农村居民参加了农村合作医疗，享受合作医疗补偿的有312432人次，累计各项补偿3578万元。

【新农合惠及农民】 2010年，全县有286522名农村居民参加农村合作医疗，合作医疗筹资总额为4297.8万元，人均为150元，即中央扶持6元、省扶持72元、市扶持12元、县扶持30元，农民个人出资30元。参合农民在镇、县、县外住院分别报销70%、60%、40%医药费。2010年全县享受合作医疗补偿的有312432人次，累计各项报销补偿3578万元，其中：住院补偿16031人（次），住院率5.60%，报销补偿2918.56万元，补偿比例为51.8%，达到省提出的补偿比例要求；门诊287322人（次），报销补偿395.48万元；住院分娩2654人，定额补偿141.92万元；特殊病种大额门诊2104人（次），报销补偿47.57万元；婚检4009人，定额补偿47.99万元；白内障手术312人，定额补偿26.58万元；医疗救助86人，救助金额20.6万元。

【加强监管确保新农合基金安全】 2010年，县卫生局重点加强了农村合作医疗基金使用的监督管理，印发了《翁源县新型农村合作医疗定点医疗机构服务质量考评办法》和《关于调整2010年下半年新农合各定点医疗机构住院人数和人均住院补偿标准的通知》，进一步加强了对定点医疗机构的监督和管理：一是县卫生局与农村合作医疗各定点医疗单位签订服务协议书；二是召开定点医院负责人会议，通报、分析农村合作医疗运作情况，要求严格执行服务协议，控制医疗费用的不合理增长；三是实行新农合定点医院报销补偿定额管理制度；四是强化经办机构的管理，通过举办培训班等形式努力提高经办机构服务管理水平和工作人员的综合素质；五是加强检查，县合医办和新农合服务中心不定期到定点医院进行检查，对违规操作的定点医疗机构，一经查实，则责令其整改，情节严重的，取消定点医院资格，并追究主要领导和当事人的责任，确保农民少花钱又能治好病，让有限的资金发挥最大的作用。

疾病预防控制

【概况】 翁源县公共卫生与疾病预防事业，经过多年的改革发展，形成了由县疾病预防控制中心、乡镇卫生院和村卫生站三级防控机制。有县级疾病预防控制中心1个、乡镇卫生院12个、村卫生站155个。200多人从事与之相关的疾病预防和控制、突发公共卫生事件应急处置、疫情报告及健康相关因素信息管理、健康危害因素监测与干预等工作。

【预防接种】 适龄儿童计划内疫苗基础接种率为卡介苗99.54%、糖丸98.63%、百白破98.48%、麻疹99.03%、乙肝99.24%、乙脑98.44%、流脑A群98.29%、甲肝98.82%；适龄儿童计划内疫苗加强接种率为糖丸97.61%、百白破98.67%、麻疹98.84%、乙脑98.78%、流脑A+C97.98%、精制白破96.64%。

【麻疹强化免疫】 按照省统一部署，9月11日至20日在全县开展麻疹疫苗强化免疫活动。8月龄至4周岁应接种儿童16708人，实际完成接种16497人，接种率达98.74%。

【甲流疫苗应急接种】 2009年3月底至4月中旬，墨西哥、美国等多国接连暴发甲型H1N1流感疫情，并向全世界蔓延。为阻击甲型H1N1流感疫情，根据市统一部署，首批下拨的1000人份甲流疫苗从2009年11月18日开始对一线医务人员进行接种，后续疫苗针对教师、学生和公安干警等重点人群开展接种。至2010年3月31日止，全县共完成4批次13230人的接种任务。

【处置食物中毒事件】 6月12日下午，县人民医院收治了3名共同进食“塘葛菜瘦肉汤”的患者，怀疑是食物中毒。接到报告，县疾控中心立即组织专业人员开展流行病学调查。确认为误食有毒植物曼陀罗中毒后，及时向人民医院进行了反馈，并在规定时限内网络直报。经过县人民医院的积极救治，中毒患者全部转危为安，痊愈出院。

【基层医师培训班】 2月1日至2日，由中山大学公共卫生学院主办，县疾控中心协办，旨在提高基层卫生医师公共卫生综合能力的2009~2010年（中华医学基金）基层医师培训班在县地税局会议厅隆重召开。县属医疗卫生单位的业务骨干、基层卫生院院长、分管防疫副院长和全体防疫人员近百人参加了培训。来自中山大学公共卫生学院的7位教授、博士讲授了《中国公共卫生面临的挑战和机遇》、《医疗卫生改革的新形势及前景》、《水污染与人群健康研究》、《低出生体重的研究进展》、《新发传染病预防与控制》、《卫生应急》、《肿瘤的生物标准物的研究进展》等多方面内容。

【做好抗洪救灾卫生防疫工作】 2010年5月6日，全县发生超历史记录的特大洪涝灾害。县卫生局把抗洪救灾做好灾后卫生防疫工作作为头等大事和首要的政治任务来抓，认真贯彻落实县委、县政府抗洪救灾工作的安排部署，扎扎实实做好灾后卫生防疫工作，实现大灾之后无大疫的目标。5月6日洪灾发生当天，卫生局迅速召开应急会议部署抗洪救灾和灾后卫生防疫工作，组织了4支卫生防疫工作队和32支巡回医疗队。翌日开始，4支卫生防疫队由局党政领导分别带队深入灾区开展抗洪救灾和卫生防疫工作，根据实际每天派出16支巡回医疗队到灾区开展巡回医疗。据统计，5月7日至20日，卫生部门累计派出车辆86台次，防疫工作队62队次，派出人员494人次，指导155个村委会开展卫生防疫工作，投放卫生消毒杀虫药3430.6公斤，发放卫生防疫知识，灾后消毒指引宣传资料、小册子、宣传画等21610份，为灾区环境消毒25.94万平方米，消毒饮用水井1864个，取学校水样检验26份，现场检测井水余氯36份，举办应急培训班8期，培训人员327人，开展疾病监测14天，实行零报告4天，确保了全县灾后未发生重大传染病和食物中毒事件。巡回医疗队累计为1507名村民免费诊病。

（廖仿尧、张卫军）

附：疾病预防控制中心领导班子成员名单

主　任：温碧华（2003.5—）

妇幼保健

【概况】 2010年，贯彻落实2001—2010年中国妇女、儿童两个发展规划纲要，努力完成妇幼保健各项工作任务。2010年孕产妇系统管理率达到95.29%，3岁以下儿童系统管理率达到95.43%，孕产妇住院分娩率达到99.76%，5岁以下儿童死亡率降至6.5‰，婴儿死亡率降至4.48‰，孕产妇死亡率44.81/10万，无新生儿破伤风病例。

【妇幼卫生信息管理】 妇幼卫生信息管理是妇幼保健工作的基础性工作。为做好妇幼卫生信息管理工作，县妇幼保健院不断完善妇幼卫生统计制度，及时收集、整理、分析各种妇幼卫生信息，认真做好各类报表会审上报工作。

【加强儿童系统管理】 一是抓好7岁以下儿童保健管理，管理率达到93.96%。二是抓好3岁以下儿童系统管理，管理率达到95.43%。三是加强托幼机构卫生保健管理和指导工作。四是做好托幼园所儿童保健体检和生长发育评价工作。五是做好出生缺陷监测及新生儿疾病筛查工作。

【抓好孕产妇保健管理和系统管理】 利用电视、录像、给孕产妇的公开信、宣传单、小册子、宣传栏等开展孕期保健知识和母乳喂养知识健康教育工作。在孕产妇系统管理工作中严格筛查高危孕产妇，并进行专案管理，实行追踪归转。全县孕产妇系统管理率达到95.29%，孕产妇住院分娩率达到99.76%。

附：县妇幼保健院领导班子成员名单

院　长：罗　珂（2007.8—）

卫生监督与执法

【概况】 2010年，翁源县卫生监督所共审核发放食品卫生许可证、餐饮服务许可证共609份，公共场所卫生许可证123份，合计732份。妥善处理群众投诉案件8起，完成了“元旦春节”、“赏花节”、“两会”期间等15起重大节日、重大活动卫生监督保障任务，开展了“创卫专项整治”、“迎亚运保安全餐饮行业、公共场所卫生专项监督”等11项专项卫生监督，编印《翁源卫生监督》简报12期。全年无发生重大食物中毒事件。经市卫生监督所检查考核评定，荣获“2010年度韶关市卫生监督业务考核优秀奖”。

【食品卫生监督】 坚持贯彻执行“预防为主、安全第一”的食品安全工作方针，按照国家、省、市、县卫生局工作部署，认真做好日常卫生监督工作，层层落实工作责任，确保食品卫生安全。全年食品卫生监督过程中，共收缴并销毁不合格食品165公斤，价值0.15万元。

【医疗卫生监督】 2010年开始接管医疗执业许可工作，认真做好医疗机构设置审批和执业许可证的发放、校验、变更、注销等工作。切实加强医疗机构日常监督，对辖区内各医疗单位都进行专项检查。分期分批对全县个体门诊、村卫生站负责人进行了卫生法律法规的培训。全年开展医疗机构卫生监督514次，监督覆盖率100%，完成了全县272家医疗机构校验工作。加大打击非法行医执法力度。一是开展打击无证游医、黑诊所、超范围执业专项整治，二是严厉打击了药店坐堂行医。全年共依法查处涉及非法行医案件50宗，所有案件都已落实行政处罚并结案。通过一年的工作，有效打击了非法行医行为，医疗秩序明显好转，医疗机构管理工作得到进一步加强。

职业卫生监督向纵深拓展积极宣传贯彻《职业病防治法》，对涉及职业病的用人单位进行指导、服务，举办了一期用人单位负责人职业卫生培训班，提高对职业病防治工作的认识和重视。日常监督工作中，要求各用人单位建立职工健康档案，并下达相关文书，对不合规定的，指导其进行整改，切实保障劳动者和用人单位的利益。共开展了67次监督工作，检查厂企44家，其中有6家建立了职工健康档案。

公共场所、饮用水卫生监督顺利推进。为加强公共场所卫生管理，保证卫生质量，对辖区内公共场所单位进行了现场卫生监督，针对问题和隐患发出卫生监督意见书，督促其限期整改。全县共有公共场所149家，监督298次，监督覆盖率100%。着力抓好饮用水卫生监督，采取定期检查和突然抽查相结合的办法，对全县各集中式供水单位进行监督检查，以保证居民饮用水的卫生安全。是年对4家供水单位开展16次监督，监督覆盖率100%。

加强学校卫生监督管理力度。为确保学校卫生安全，加大学校卫生监督力度，对全县50多所学校每季度进行一次监督，监督覆盖率100%。特别是在春季、秋季开学之前，印发相关卫生宣传资料，督促各学校做好饭堂食品卫生和校医室卫生，对不符合规定的，下发卫生监督文书，提出具体仔细整改措施，要求其限时整改。

【灾后卫生监督】 “5·6”特大洪灾暴发后，县卫生监督所在县委、县政府的统一部署下，迅即启动公共卫生突发事件应急机制，制订应急卫生监督工作措施，将全所卫生监督员分成两个应急队，围绕工作重点，对灾区群众开展卫生防疫指导和帮助，向灾区群众派发灾后卫生安全保障工作宣传资料。在灾后卫生监督工作中，两个应急队走遍所有重点受灾点，组织现场示范培训16场次，派发“灾后卫生安全保障工作指引”、“学校幼儿园卫生安全保障工作指引”等宣传资料3500多份，发出卫生监督文书70多份，扎实开展灾后卫生监督工作，确保灾后无大疫。

【监督执法检查】 加强了食品卫生、医疗市场等方面的卫生监督执法工作。继续做好过渡时期食品卫生监督管理工作和饮用水卫生监督；努力做好“赏花节”等重大节日活动卫生保障工作。全年行政处罚2间食品生产经营单位，依法查处涉及非法行医案件50宗，均已落实行政处罚并结案。

【卫生安全保障工作】 “5·6”特大洪灾暴发后县卫生监督员分两支应急队走遍所有重点受灾点，组织现场示范培训16场次，派发“灾后卫生安全保障工作指引”、“学校幼儿园卫生安全保障工作指引”等宣传资料3500多份，发出卫生监督文书70多份，扎实开展好灾后卫生监督工作。

（黄永红）

附：县卫生监督所领导班子成员名单

所　长：张群昌（2010.8—）

翁源县人民医院

创建于1940年，经过70年的艰苦创业，医院规模和技术力量实现了质的飞跃。该院位于县城建设一路218号。现开放床位450张，工作人员632人，其中：副高级以上职称13人，中级职称113人。是该县医疗、预防、康复、保健、教学和科研的中心。1993年首批被评定为二级甲等综合性医院，是广东药学院、韶关学院医学院的教学医院。

翁源县人民医院拥有雄厚的医疗资源和技术力量，有螺旋CT、彩色B超、C型臂数字减影机、数字化X线摄像系统（DR）、计算机摄x片系统（CR）、血液透析机、腹腔镜、支纤镜、咽喉镜、膀胱镜、胃镜、结肠镜等大型诊疗设备。医院坚持实施专病专治战略，创伤外科、腔镜外科、泌尿外科、骨科、心血管内科、肿瘤微创综合治疗是该院的拳头“产品”。雄厚的综合实力使山区群众在小医院也能享受到大医院的医疗服务。

翁源县人民医院在以病人为中心的活动中，坚持病人至上、质量第一的服务宗旨，营造了良好的治疗康复环境和医德氛围。先后被评为韶关市文明单位、市优秀基层党组织、市行风建设先进集体、市白求恩式先进集体、省文明医院；2003年被评为全国模范职工之家；2008年外一科获得省级“青年文明号”称号。

2010年，县人民医院共接诊门诊病人246357人次，比上年同期增加10973人次，增长4. 7%；收治住院病人16728人次，比上年同期增加88人次，增长0.5%。出院病人平均住院日为6.1天。完成手术3834例，其中大中手术2534例，比去年同期增长31.2%；全麻手术689例，比去年同期增长34.3%。全院危重病人抢救成功率86.7%，治愈好转率96.4%。病床使用率为82.8%。接诊急诊病人27408人次。获得业务收入8764.42万元，同期对比增加760.88万元，增长9.05%。员工人均年个人收入45577元，同比增加5350元，增长13.3%。员工福利得到了较大幅度的提高。

（闩伟光）

附：县人民医院领导班子成员名单

院　长：张松新

党总支书记：杨荣全

副院长：叶保青

彭月文

黄锐锋

温洁贞

翁源县中医院

创建于1984年。是韶关市县级中医院首家被省中医药管理局评为“二级甲等”的医院。多年来，医院以专科（专病）建设为突破口，坚持中医特色的办院方向，努力提升综合服务能力，提高服务水平和服务质量。现拥有一批特色浓、疗效好、技术水平高的医技人才。经过全院干部职工的共同努力，取得了一定的成绩，2001年经省卫生厅评审，成为韶关市首家荣获省“百家文明医院”荣誉称号的县级中医院，2002年3月获省卫生厅、省中医药管理局授予的“广东省农村中医工作先进单位”光荣称号。

翁源县中医院目前开放床位100张，工作人员198人，其中：副高级以上1人，中级职称39人，设有一、二、三门诊、急诊科、骨伤科、内科、外科、肛肠科、妇产科、康复科、碎石中心、皮肤科、医技科、B超室、心电图室、X光室、螺旋CT室、胃镜室、肠镜室、手术室等科室。

为了达到具有特色、优势突出，融预防、保健、治疗、康复、养生为一体的中医、中西医结合的服务宗旨，医院不断选送医务人员到省、市医疗单位进修学习，提高医疗技术水平，不断增添更新医疗设备，开展新的医疗服务项目。

2009年3月，翁源县中医院获得第一批中央扩大内需投资资金650万元，用以兴建一幢高十层的中医综合性医务用房，综合楼于6月动工兴建，建筑面积12515平方米，总投资额为1800万元，投入使用后将大大改善就医环境。2009年9月，为大力弘扬传统的中医文化，尽心尽力济世扶贫、翁源县中医院与翁源东华禅寺携手合作，把“东华禅寺慈善中医门诊”开设在翁源县中医院。2010年翁源县中医院与广东省中医院结成了“协作单位”，广东省中医院将长期为翁源县中医院提供医疗技术和教学方面的帮助。

附：县中医院领导班子成员名单

院　长：龙伟兰

支部书记：罗荣耀

副院长：巫桂昌

谢广贵

赖宏初

翁源县慢性病防治站

县慢病站属于非营利性医疗卫生单位，担负着全县的结核病防治控制项目工作，是全县唯一法定的结核病防治机构，对肺结核诊断及治疗具有较先进的技术。负责全县麻风病的防治和社区精神卫生的防治工作。对性病和皮肤病的诊断和治疗有较丰富的经验。2010年在职人员26人，其中卫生专业技术人员16人。设有结控科、性病专科、麻风病专科、精神病专科、皮肤病专科等科室，配备有X光机、性病实验室等设施。2004年、2006年、2007年、2008年被韶关市卫生局评为慢病工作先进单位。

附：县慢性病防治病领导班子成员名单

站　长：陈海波（2007.8—）

红十字会

2009年9月，县机构编制委员会批准县红十字会列入群团机关系列，副科级、直属县人民政府管理、不再挂靠县卫生局，核定县红十字会事业编制3名，设会长1名，副会长1名，秘书长1名。但由于办公用房、工作经费等诸多原因至今未独立，现仍挂靠在卫生局。红十字会主要工作是备灾救灾、卫生救护、无偿献血和社会募捐等，红十字会精神是“人道、博爱、奉献”。

为青海玉树灾区募捐。4月14日，青海玉树发生7.1级地震后，县红十字会积极向全县社会各界发出呼吁，积极为灾区捐款，共计捐款7700元，已汇往灾区。

“5·6”洪灾救灾募捐。5月6日全县普降大暴雨，发生超历史记录的特大洪灾，造成全县直接经济损失达7.5亿元。县红十字会第一时间投入抗洪救灾和灾后重建工作。县红十字会和慈善会及时联合发出了灾后重建捐款倡议书，经过各单位和社会各界人士的热心捐助，县红十字会共收到42万元捐款。同时，县红十字会及时将省、市红十字会下的拨近20万元救灾物资发放到灾民手中。

（谢金太）

附：领导班子成员名单

会　长：包玉兰（2010.6—）

副会长：张保明（2010.6—）

徐琰雄（2010.6—）

秘书长：谢金太（2010.6—）

体　育

【综述】 翁源县体育局经1997年和2001年两次机构改革，由原来的翁源县体育运动委员会易名为翁源县体育发展中心，2007年1月改为翁源县体育局。主要职责是贯彻执行党和国家的体育工作方针、政策和法规；拟定体育事业发展规划和政策；管理全县体育工作；指导开展业余训练；组织参加上一级举办的各种体育竞赛；组织县级以上体育竞赛等。局编制6名，在职人员10人，内设办公室、业务股2个职能部门，下辖县青少年业余体校，体校编制6名，在职人员5人。

2010年，以增强人民体质为根本任务，以学习、宣传、贯彻、落实《全民健身条例》为主线，围绕群众体育抓强身健体，业余训练抓培养、输送，公共体育场馆建设加快推进，体育彩票发行宣传加大力度，大力推进全民健身活动开展，努力提高竞技体育水平，促进县体育工作迈上新台阶。2010年县体育局被广东省体育局评为广东省第十一届“体育节”活动优秀组织奖。

【宣传贯彻落实《全民健身条例》】 一是抓好《全民健身条例》的学习宣传教育。将《全民健身条例》的学习宣传教育列为本年度的重要工作，有计划、有步骤地抓好落实。通过多种形式的学习宣传和培训，让全县干群熟悉《全民健身条例》的具体内容，准确把握其精神实质，不断提高思想认识和贯彻落实的自觉性。二是抓好《全民健身条例》的贯彻落实。按照国家体育总局《关于贯彻落实<全民健身条例>的通知》和《关于贯彻落实〈全民健身条例〉推动各级政府依法履行职责的通知》要求，抓住机遇，推动各级政府和各部门依据《全民健身条例》规定，强化政府职能，把全民健身事业纳入各级政府“十二五”国民经济和社会发展规划。县委、县政府依据《全民健身条例》第十五条规定，于12月1日开始在全县广泛开展工间操活动；全县各级、各单位也以贯彻落实《全民健身条例》为契机，积极组织和动员广大干部职工、人民群众参加全民健身活动。

【广泛开展全民健身活动】 为进一步贯彻落实《全民健身条例》，推动全民健身运动的发展，2010年1月22日至25日在县体育馆举行了第二届“迎新春”围棋公开赛；“春节”期间，举办了“贺新春”羽毛球擂台赛、老年人门球赛、画眉赛和定点投篮王比赛；6月14日，选派龙舟队参加2010年韶关市“中国移动杯”龙舟赛，获市第五名；7月12日至14日在县体育馆成功承办了韶关市首届“百镇千村”男子篮球争霸赛第二阶段（第一阶段的比赛在各镇、场进行）的比赛，全县7镇1场均派出了一个代表队参赛，新江镇获得冠军、龙仙镇获亚军，在此基础上挑选出一队县农民男子篮球队参加在韶关市举行的第三阶段的比赛，获全市第二名；8月8日，是全国第二个“全民健身日”，为宣传和推广全民健身活动，是日晚上在县体育馆举办了2010年“全民健身日”翁源县全民健身展示活动，活动前，县长颜亮给被省体育局授予“2009年度全省全民健身活动先进单位”的周陂镇政府颁发了牌匾；“九九”重阳节在县体育馆举办了老年人贺重阳迎亚运文体表演活动；11月11日至12日在县体育馆举办了全县第八套广播体操社会体育指导员培训班，为各单位培训了“工间操”辅导员；有针对性地培训了门球和健身健美社会体育指导员；11月20日，县体育局、团县委、县旅游局、县健身健美协会联合举办“翁源县庆亚运徒步穿越东华寺活动”，240多人徒步走完了近13公里的路程，龙仙中学代表队（3男1女为一队）获得比赛组的第一名、县中职学校获第二名、县地税局一队和县人民医院并列第三名。

【努力推进体育协会建设进程】 6月15日，翁源县健身健美中心开业暨翁源县健身健美协会成立。健身健美协会是热心于健身健美人士自愿结成的群众性、专业性、公益性的社团组织。协会的宗旨是：为翁源县健身健美爱好者搭建一个相互交流、共同提高的平台，积极倡导“全民健身、强健体魄”的理念，推动全县健身健美运动的普及和发展。9月份，顺利完成了县老年人体育协会的换届工作。老年人体协、门球协会、羽毛球协会、乒乓球协会、篮球协会、健身健美协会、武术协会积极开展工作，活动丰富多彩，为全民健身活动的普及起到了积极的推动作用。

【竞技体育】 2010年主要是以备战和参加韶关市青少年锦标赛为主。根据翁源实际，巩固和完善了以县业余体校、重点项目布点校、体育传统项目学校为主的三级训练网络。充分发挥县青少年业余体校的功能作用，组织全体教练员认真开展业余训练工作，教练员采取到点（学校）和集中训练的方法进行训练。经过近一年的科学选材和有针对性的训练，全县各项运动梯队已初具规模，翁源中学、龙仙中学、龙仙二中、龙仙一小、龙仙三小、龙仙四小、坝仔中心小学、翁城中心小学等训练点开展课余训练，在训运动员130多人。12月，翁源县组队参加了韶关市青少年锦标赛的羽毛球、跆拳道、武术、射击、田径、乒乓球的比赛，取得了较好的成绩：金牌5枚、银牌9枚、铜牌8枚；团体总分210分，排在全市10个县（市、区）的第四位；其中乒乓球代表队获得团体总分第一名。

【公共体育场地设施建设】 多方筹措资金，逐步完善了县体育馆底层乒乓球训练中心和国民体质监测站建设，至年底，两项工程建设已完成，待配齐器材即可投入使用。抓好宣传发动工作，积极推进了“农民体育健身工程”建设进程，至年底，全县已安装好篮球架的农民体育健身工程120个。

【应对洪涝灾害】 “5·6”洪涝灾害发生时，体育局及时组织人员24小时监控县体育馆，当洪水接近排污管口时，迅速关闭阀门，并及时安装抽水机对体育馆底层进行排洪，从而避免了体育馆被水浸的危害，当屋顶雨水冲垮底层天花时，迅速组织救援并采取应急措施，把损失降到了最小。

【体育彩票】 着力做好体育彩票的宣传销售工作。全年在县体育馆挂设体育彩票宣传横幅；在电视台播放宣传片；抓住今年世界杯足球赛和体彩11选5新玩法上市契机，大力宣传体育彩票。同时，积极做好体育彩票销售的“增机扩点”工作，是年，体育彩票销售网点增加2个，全年体育彩票销量319.65万元，创历史新高。

【亚运火炬手】 翁源中学体育教师曾朝全，经翁源县推荐，广州亚组委审核确认成为第16届亚洲运动会火炬传递活动的火炬手。2010年10月27日上午，参加了韶关站的广州亚运火炬接力（第028棒）传递活动。

（刘首红）

2010年翁源县运动员获各级各类比赛奖牌一览表

姓名	比赛名称	比赛时间	比赛地点	比赛项目	获奖情况	输送单位
张定珑	广东省第四届少数民族传统体育运动会	2010.09.15	韶关市	武术男子拳术C组	金牌	翁源县青少年业余体校
张定珑	广东省第四届少数民族传统体育运动会	2010.09.15	韶关市	武术对练	铜牌	翁源县青少年业余体校
刘健翔	2010年韶关市青少年锦标赛	2010.12.05	韶关市	男子南拳	银牌	翁源县青少年业余体校
李金林	2010年韶关市青少年锦标赛	2010.12.05	韶关市	男子南拳	铜牌	翁源县青少年业余体校
黄丽远	2010年韶关市青少年锦标赛	2010.12.12	韶关市	乒乓球甲组女子单打	金牌	坝仔镇中心小学
张海婷	2010年韶关市青少年锦标赛	2010.12.12	韶关市	乒乓球甲组女子单打	铜牌	翁城镇中心小学
张　祺	2010年韶关市青少年锦标赛	2010.12.12	韶关市	乒乓球乙组男子单打	银牌	龙仙一小
王益萍	2010年韶关市青少年锦标赛	2010.12.12	韶关市	乒乓球乙组女子单打	银牌	坝仔镇中心小学
沈诗怡	2010年韶关市青少年锦标赛	2010.12.12	韶关市	乒乓球丙组女子单打	铜牌	坝仔镇中心小学
杨思杰	2010年韶关市青少年锦标赛	2010.11.28	韶关市	男子手枪速射60发	铜牌	龙仙二中
杨思杰	2010年韶关市青少年锦标赛	2010.11.28	韶关市	男子手枪速射4秒30发	银牌	龙仙二中
曾炜锋	2010年韶关市青少年锦标赛	2010.11.28	韶关市	男子气步枪60发	银牌	龙仙二中
曾炜锋	2010年韶关市青少年锦标赛	2010.11.28	韶关市	男子自选步枪60发卧射	银牌	龙仙二中
曾炜锋	2010年韶关市青少年锦标赛	2010.11.28	韶关市	男子自选步枪3×20	银牌	龙仙二中
陈志坚	2010年韶关市青少年锦标赛	2010.12.12	韶关市	田径男子甲组100米	银牌	翁源中学
卢碧红	2010年韶关市青少年锦标赛	2010.12.12	韶关市	田径女子甲组跳高	铜牌	翁源中学
李开青	2010年韶关市青少年锦标赛	2010.12.12	韶关市	田径女子甲组跳远	金牌	翁源中学
黄权政	2010年韶关市青少年锦标赛	2010.12.12	韶关市	田径男子乙组800米	铜牌	龙仙二中
曾曼丽	2010年韶关市青少年锦标赛	2010.12.12	韶关市	田径乙组女子跳高	铜牌	龙仙二中

续上表

姓名	比赛名称	比赛时间	比赛地点	比赛项目	获奖情况	输送单位
肖　凡	2010年韶关市青少年锦标赛	2010.12.12	韶关市	田径丙组男子100米	金牌	龙仙三小
肖　凡	2010年韶关市青少年锦标赛	2010.12.12	韶关市	田径丙组男子400米	金牌	龙仙三小
林海容	2010年韶关市青少年锦标赛	2010.12.12	韶关市	田径丙组女子100米	金牌	龙仙四小
许　诺	2010年韶关市青少年锦标赛	2010.12.12	韶关市	田径丙组女子100米	铜牌	龙仙中学
林海容	2010年韶关市青少年锦标赛	2010.12.12	韶关市	田径丙组女子60米	银牌	龙仙四小

附：领导班子成员名单

局　长：陈思才（2003.5～）

副局长：曾桓有（1993.5～）

　　　　黄宝瑜（2010.9～）

翁源县第二次运动会开幕式

社 会 管 理

人口与计划生育管理

【概况】 翁源县人口和计划生育局是县政府主管人口和计划生育的职能部门，内设办公室、政策法规股、规划统计股、科技宣传股、流动人口服务管理股5个股室。机关行政编制13名，其中：局长1名、副局长3名；股长（主任）5名。后勤服务人员数2名。县人口和计划生育局经过2010年的机构改革，增设流动人口服务管理股，增加行政编制2名（其中股长1名）。

2010年度，翁源县人口计生工作坚持以科学发展观统揽全县人口计生工作全局，转变作风，提高执行力，全面贯彻落实《中共中央国务院关于进一步加强人口和计划生育工作统筹解决人口问题的决定》、《中共广东省委、广东省人民政府关于进一步加强人口和计划生育工作的决定》和新修订的《广东省人口与计划生育条例》精神，围绕“进入省一类地区管理水平和优质服务县行列”的工作目标，坚持以加强层级动态管理责任制的落实为重点，以开展创“两无”活动为抓手，切实抓好“四术”、“三查一服务”为主要内容的经常性工作落实；以创建省人口计划生育优质服务县工作为切入点，加强计生技术服务站（所）的基础建设；建立健全相关机制，全面推进人口计生综合改革工作。经过全县上下的共同努力，扎实工作，翁源县的人口计生工作取得较好的成绩，充分发挥了人口计生工作在推动经济社会跨越式发展的作用。翁源人口和计划生育局被市委授予“城乡基层党组织互帮互助活动先进单位”、被县委、县政府授予“文明单位”。

2010年，全县总人口394542人（指计生统计年度，以下同），共出生4469人，出生率为11.36‰，人口自然增长率6.07‰，计划生育率为96.49%，出生人口性别比107.96。在总结成绩的同时，也清醒地认识到翁源县的人口计生工作仍存在一定的不足之处。一是工作发展仍欠平衡，个别镇、村人口计生工作基础较薄弱，重心下移需进一步落实。二是群众实行计划生育的自觉性有待于提高，个别育龄夫妇存在为超生而外逃的现象。

【宣传教育】 全面广泛深入宣传人口计生政策、法律法规和优生优育、避孕节育、生殖健康等知识，积极倡导移风易俗的婚育新风，全面普及人口计生基础知识，营造良好的人口计生工作氛围。继续做好计划生育“三为主”工作（宣传教育为主、避孕为主、经常性工作为主）。加大计划生育宣传教育力度，突出抓好新修订《广东省人口与计划生育条例》学习、宣传、贯彻落实。2010年，全县共举办各种形式的培训班113期（次），参加学习培训6966多人次。加大对人口计生宣传教育的财政投入。年内，共投资220多万元对全县计划生育宣传设施进行更新和改造，大力宣传新《条例》。一是投入150万元对全县7镇1场174个村（居）“三栏”进行全面改造，在县城和各镇（场）的主要街道都建起了计生宣传一条街。二是投入60万元统一制作了茶杯、纸巾筒、文化笔、挂历等计生宣传品发放到育龄群众。三是投入9.5万元聘请龙仙镇青云山艺术排演计生专场和县电影公司到全县各镇（场）、村（居）巡回演出60场（次）、播放计生电影专场157场（次），使广大育龄群众对计生政策和婚育知识的知晓率提高到90%。组织观看了省人口促进会编导的《那串风铃在响》的专场演出，深受教育。

【“两无”工作】 严格按省委、省政府《关于进一步加强人口与计划生育工作的决定》要求，把创建无政策外多孩出生镇（场）和无政策外出生村（居）的“两无”活动作为全县人口和计划生育工作的重中之重来抓，确保“领导、投入、问责”落实到位，进一步落实计划生育层级动态管理责任制，加大人、财、物的投入，特别是加强利益导向机制建设，实行计划生育“节育奖”，全面开展“两无”创建工作。全县有翁城、官渡、江尾、坝仔、铁龙5个镇（场）实现无政策外多孩出生，占全县8个镇（场）的63%；有110个村（居）实现无政策外出生，占全县174个村（居）的63%。

【综合治理工作】 进一步调整充实计划生育综合治理兼职单位，实行一把手负总责，切实落实工作责任，加强部门配合；进一步细化、量化和分解计划生育兼职单位的计划生育职责，着力抓好制度建设和规范操作。严格按照《翁源县人口和计划生育兼职单位职责》和《翁源县计划生育综合治理工作目标管理责任书》的要求，落实人口计生、卫生、药监等相关部门的工作责任制，着力抓好出生人口性别比偏高问题，遏制出生人口性别比升高的势态，出生人口性别比基本进入正常水平。市纪检监察、公安、计生、卫生、药监、工商等部门联合组织力量，采取专项行动，加大综合治理人口性别比偏高问题和打击“两非”行为的力度。

【后进地区转化】 认真贯彻落实《关于做好翁源县挂钩帮扶人口和计划生育工作的通知》精神，以挂钩帮扶政策为契机，力促后进镇、村（居）加快转化进程。从突破难点、夯实基础入手，加大对后进村（居）的帮扶力度，经过重点帮扶重点跟踪促使后进村（居）转化步伐加快，后进村（居）转化效果显著；加大督查力度，加强改进考核评估的做法，认真改进考核评估办法，坚持年度考核与平时督查指导相结合，突出加大平时督查工作力度，并着力探索建立科学、易行的考核评估体系，县考核办不定期地派出督查组到各镇（场）检查经常性管理工作，并就检查中发现存在问题及时发出警示，促使存在问题的镇（场）、村（居）拿出切实有效的措施进行整改提高。

【流动人口管理】 贯彻落实《广东省流动人口计划生育管理和服务规范》、省人口和计划生育领导小组《关于在全省统一开展流动人口计划生育服务管理专项活动的通知》精神，做好流动人口管理和服务工作。推进流动人口计划生育信息化建设，建立流动人口计划生育信息采集、通报、反馈工作制度。2010 年，在全县范围内统一开展一次以清查出租屋为重点的流动人口计划生育管理和服务专项活动，共清查流入地出租屋、住宅小区、商铺、窝棚等重点地段 2232 个，共查验流动人口计生证明 428 人次，通过查验证，落实查环查孕 186 人次，落实“四术”15 例，提交平台通报信息 370 条。

【基础设施建设】 贯彻国家《计划生育技术服务质量管理》、《常用计划生育技术常规》，全面开展服务机构规范化管理和技术服务质量管理。2010 年，共举办专业技术服务人员业务培训班 3 期，参训人数达 70 多人次，受训率达 100%，增强了服务技能，提高了服务素质。在全市计划生育协调开展科技大练兵活动中，参与培训的医技人员有 3 人，荣获第 3 名。加强县计划生育技术服务站和镇（场）计划生育技术服务所基础设施和外观形象“六统一”，投入资金 900 万元新建县计生综合服务楼，投入 100 万元更新、购置了县计划生育技术服务站的 B 超机、自动化血液分析仪、电子显微镜、万能手术床等大型的先进医疗器械和设备。投入 150 多万元对全县各镇（场）计生技术服务所的“三室”（即手术室、供应室、化验室）进行全面改造，更新和增配了先进的临床医疗设备，进一步完善各项功能设施建设；投入资金 200 多万元用于县、镇计生技术服务机构的规范化建设和改进，规范化达标率达到 100%。

【规划统计】 重视和加强人口计生信息化建设工作，以信息化建设为切入点，进一步推动人口和计划生育工作管理与服务上水平。一方面加强县、镇、村三级育龄妇女信息网络建设。完善育龄妇女信息系统软件与硬件设施，实现在线管理；市县两级达到在线数据传输。加强规划、统计、档案“三位一体”的信息工作，及时、准确做好统计数据信息的收集和录入，提高信息统计质量，增强数据信息的分析与决策作用。另一方面加强流动人口计划生育信息交换平台工作，利用信息交换平台，采集各种信息，着力做好信息的提交与反馈工作，全面加强流动人口计划生育管理与服务，有力地遏制政策外出生漏洞。对全县 8 个镇（场）和县计划生育兼职单位 2010 年人口与计划生育目标管理责任制和综合治理工作进行考核调查，年度人口与计划生育目标管理责任制考评达标。

【依法行政】 重视人口计生依法行政工作，精心处理好信访维稳和计划生育工作的关系，切实抓好和谐计生工作。通过做好防止群众过激行为或上访的预案工作，及时做好、处理群众来信来访工作，将因计生问题产生的矛盾消灭在萌芽状态，全年没有发生因计划生育工作原因的集体上访或越级上访事件。年内，共接到群众来信来访 412 件（次），其中来信 66 件（次），落实率 95%；个人访 151 人（次），电话访 133 人次；电子政务系统来访 60 人（次），落实率都达 100%。争取法院等相关部门的支持与配合，对拒缴社会抚养费的计生对象依法申请法院强制执行，共依法征收社会抚养费 1015 万元，确保当年征收面达 100%，并对全县征收的社会抚养费，实行财政收支两条线管理。至 9 月底止，全县有 4705 人领到韶关市的“节育奖”，1270 人享受到省的农村部分计划生育家庭奖励，特别家庭扶助 13 人，为 8415 名农村独生子女户和纯二女户购买新型农村合作医疗；在中国人寿保险公司为全县的育龄“四术”对象购买了“安康保险”，3695名育龄夫妇享受免费计划生育手术，近4万名妇女享受常见疾病的普查普治，近7000个家庭在优生优育中得到实惠。同时，积极开展“少生快富”工程，通过计生“三结合”活动扶助资金150多万元，帮扶300多计生困难户发展经济实现脱贫。

（何英娥）

附：领导班子成员名单

局　长：陈福环（2005.8—）

副局长：黄清永（2001.12—）

陈久香（2002.1—）

李烟柱（2009.5—）

民　政

【概况】 县民政局办公地址在龙仙镇文化路158号，局内设机构有办公室、优抚安置股、社会事务股、救灾和社会救助股、婚姻登记办公室5个股室。行政编制10人，在职公务员12人，工勤人员1人。2010年，全县民政工作以科学发展观为统领，以“保民生、保稳定”为主线，牢固树立“以民为本、为民解困、为民服务”思想，以深入学习实践科学发展观和认真抓好“树立正确权观、提高执行力”活动为契机，认真履行职责，依法行政，开拓进取，各项工作稳步推进，成效显著，全县民政事业发展迈上新的台阶。

【社会救助】 加强对城市生活无着落流浪乞讨人员救助，全年共救助城市流浪乞讨人员300多人次，救助金从原来的每人10元提高到15元，共发放救助金12万多元。

【最低生活保障】 按照省民政厅和韶关市民政局的要求，积极推广低保规范化管理工作，规范县、镇、村（居）委会三级低保申请流程、审批程序、档案管理。深入农户家中调查摸底，对农村人年均收入低于1500元以下的困难家庭收入情况进行逐户核查登记。对符合城乡居民低保条件的困难家庭纳入低保，对不符合条件已纳入低保的给予退保，施行“应保尽保，应退则退”的动态管理。2010年，全县共有低保户4487户，11953人。其中，农村4149户11120人、城镇344户833人，新增低保57人。城镇最低生活保障标准为每人每月188元，人均月补差105元。农村最低生活保障标准为每人每月125元，人均月补差65元。

【医疗救助】 资助低保户参加农村新型合作医疗和城镇居民基本医疗保险，大力施行城乡医疗救助。2010年，医疗救助13537人次，支出医疗救助金77.58万元，并为全县农村低保户、五保户家庭人口共1179人办理了农村新型合作医疗。

【慈善事业】 根据韶关市《关于开展全市“慈善一日捐”活动方案的通知》精神，在全县开展“慈善一日捐”活动，共收到捐款12万多元。2010年，市慈善会资助13万多元给县内贫困家庭，支出慈善医疗大病救助10人，支付医疗救助金13万元。

【“五保”供养】 一是全面实施农村敬老院规范化管理。2010年，县民政局对全市14间敬老院进行目标考核检查，对管理不规范、存在“脏、乱、差”的敬老院进行整改。二是继续实施敬老院改扩建工作。是年完成龙仙镇、新江镇敬老院的改建，建筑面积1000平方米，总投资110万元。三是“五保”供养工作取得新进展。对符合“五保”供养标准的老人均纳入“五保”供养，新增“五保”10人。全县共有“五保”1179人。其中，分散供养923人，集中供养256人，集中供养率达到22%。四是从2010年10月1日起，按省市要求，提高老人们供养标准，不分集中供养和散保一律提高到250元以上，大大的改革了五保户的晚年生活。

【双拥优抚安置】 及时足额兑现优抚对象抚恤优待标准，全年共兑现优待金691万多元，兑现率达100%。其中：伤残89人42.4万元；“三属”61人24.5万元；复退军人296人98.9万元；“五老”人员292人29.8万元，参战协核969人146万元；1~6级孤老人员医疗补贴25人3.9万元。

【社会福利老龄事业】 一是加强工作，落实老年人优待政策。2010年，新增审批5名百岁老人享受长寿保健金，全县共有34名百岁老人享受政府每月100元的长寿保健金；二是2010年共办理老年人优待证226个，全县有60岁以上老人3.8万人；三是积极组织老年人参加韶关市第五届老年人文艺汇演活动获得优秀奖。四是积极开展慰问活动。“九九”重阳节期间，走访慰问50位特困户老人，并为老人每人送上300元节日慰问金，全县共15000元，为特困户老人解决了一些实际问题。同时还走访慰问了280个五保户，每个五保户发给50元慰问金，全县共发放14100元。充分体现了党和政府对五保老人的关心；五是做好80岁以上老年人调查统计工作。据统计，全县80～89岁的老人有5447人；90—99岁老人有645人，100岁以上老人有34人。

【社会行政事务】 一是依法加强民间组织工作管理。2010年，依法对全市社团组织、民办非企业进行清理整顿。通过清理整顿社会组织，共注销社团1家、民办非企业单位2家，变更法人3家，新批社团1家。全县共有社团33家、民办非企业单位28家。二是加大对殡葬改革宣传力度。2010年，全县共火化遗体2355具，其中本地人2283火化率达100%。同时还加强对农村公益性生态公墓的管理和指导。三是婚姻收养登记规范。民政局对婚姻登记进行重新装修办公场所，完善服务配套设施；同时还积极配合卫生部门开展婚前医学检查宣传工作。2010年，依法办理结婚登记6406对、离婚登记682对，补办结婚登记880对，补办离婚登记29人。复婚216对。2010年被国家民政部评为全国婚姻登记规范化建设单位。

【信访维稳】 民政局全年共接待群众来访200人次，来访信件20件，当场解决或解答反映的问题5件，局领导和股室负责人包案解决4件。在做好日常信访工作的同时，积极配合市委、市政府及时做好优抚对象和参战伤残人员的思想教育和劝解工作，做好政策解释，注意信访动态，发现有越级上访、集体上访苗头，主动下访做工作，及时制止越级上访行为。

【开展树立正确权力观，提高执行力学习教育活动】 为贯彻省委《关于深化作风建设提高执行力的意见》和市委十届七次全会精神，按翁办联《关于开展“树立正确权力观提高执行力”学习教育活动意见》的通知认真组织学习，并根据民政工作特点，精心安排，周密部署，制定树立正确权力观，提高执行力活动方案，明确民政系统开展“树立正确权力观提高执行力活动”的目标任务，活动范围和方法步骤。通过开展提高执行力活动，大局意识、作风意识、责任意识、效能意识、执行意识，切实解决了民政系统存在的执行力不强、工作效率不高、工作作风不实等问题，促进行规效能提升，推动工作落实，为加快发展、科学发展，营造良好环境，使民政工作取得了明显成效。

【积极争取上级资金】 根据中共翁源县委办公室、翁源县人民政府办公室《关于认真做好县〈关于推动翁源经济社会跨越发展的2010年行动计划〉的工作通知》要求，积极争取上级资金，到2010年12月30日止，完成争取上级资金3371.14万元（县委县政府下达局任务1800万元，超额1571.14万元）。

【“5·6”洪灾和重建家园】 “5·6”特大洪灾发生后，县民政局及时启动救灾救济应急预案和成立抗洪救灾工作领导小组，在第一时间深入抗洪救灾第一线，发动广大人民群众灾后自救和灾后重建等工作。

关注灾情，用实际行动和举措，确保全县灾民生活和情绪稳定。5月6日下午召开局班子会议，专门研究和部署抗洪救灾工作及有关问题，充分发挥救灾部门的作用。一是根据应急方案要求，设立物资采购工作组，物资运送组、灾情资料综合组和后勤保障组等5个职能工作组，及时进入工作状态。二是按照各组的分工，落实责任，做好充分准备，随时听从召唤，确保工作万无一失。三是全局在职人员一律取消休假，全部到岗到位，实行24小时值班，确保救灾救济工作顺利开展。四是为确保人民群众有饭吃、有衣穿、有地方住、有干净水喝、有病能及时医治，局领导带头带领民政干部投入抗洪救灾工作，并将全县受灾情况和救灾方案报告县委、县政府领导，取得了县委、县政府高度重视，于2010年5月6日下午紧急下拨200万元救灾专项资金给各镇（场）作为应急资金。从5月6日到6月21日止，调拨和发放大米58吨，棉被1110床，帐篷90顶，衣服3000件，被单930床，毛毯2300床，草席265床，矿泉水16200支，方便面1100箱，饼干2000箱（包括省市下拨数）。有效地确保了广大灾民的基本生活。

精心策划，用有效方案和措施筹集资金，确保全县抗洪救灾和灾后的重建工作顺利开展。县民政局、县慈善会、县红十字会及时印发“一方有难，八方支援”的倡议书，开展慈善募捐活动，社会各界纷纷为灾区群众伸出援助之手，积极向灾区捐钱捐物，县四套班子成员、两院院长、及四办全体干部职工在县政府五楼会议室召开捐款仪式，共捐款57850元；截至2010年12月30日，全县共接收到社会捐款534.42万元，其中到县慈善账户405.86万元；县财政局（红十字会）账户85.12万元，直到新江翁城新村建设29.43万元，未到14万元，为全县开展抗洪救灾和灾后重建工作提供了资金。

科学规划，因地制宜制订灾后重建实施方案，确保全县灾后重建工作按期完成。按照县委县政府的要求，认真制订翁源县“5·6”特大洪涝灾害重建家园工作方案，报县委县政府审定后下发给各镇（场）和县直有关部门实施，方案中都明确了指导思想，工作原则，成员单位工作职责，工作措施、工作方法和步骤，以及检查督促等内容的监察机制等制度，有效地推动了重建家园和灾后复产工作顺利开展。

“5·6”特大洪灾，全县共有88022间房屋被浸，4296间房屋倒塌，全倒户达655户。面对艰巨的重建家园任务，进行全县动员，自力更生，迅速掀起重建家园工作高潮。全县共投入1094.8万元，有效地保证了灾后救灾救济和灾后重建顺利开展。到9月29日止（国庆前）全县655户需重建户搬进新居的95%，两个新村建设均在国庆前搬进新居，到10月25日止，100%重建户搬进新居。

（李子明）

附：领导班子成员名单

局　长：徐琰雄（2007.1—）

副局长：李宗社（2006.3—）

陈淑英（2010.9—）

民族宗教事务

【概况】 2002年7设立翁源县民族宗教事务局，与县委统战部合署办公，列入政府序列，对外挂牌，配备正副局长各1人，编制由统战部总编内调剂解决。2005年5月从县委统战部分出独立办公，编制3人，其中行政编1名，事业编2名。2007年9月县编委将2名事业编置换为行政编。同年9月县编委批准内设办公室，设主任1名。2010年12月政府机构改革，经翁源县人民政府批准，设立翁源县民族宗教事务局，为政府工作部门，与县委统战部合署办公。编制3名，其中局长1名、副局长1名、办公室主任1名。主要职能贯彻执行国家有关民族、宗教工作方针政策和法律法规。民族工作紧紧围绕“共同团结奋斗、共同繁荣发展”的主题深入发展；宗教工作紧紧围绕“建设和谐宗教、服务和谐社会”的主题做好各项工作，维护了民族宗教的和谐和社会的稳定。

【支持少数民族发展资金的安排和使用】 全年年争取上级部门资金10万元解决了坝仔镇乌坭坑瑶族村小组和龙仙镇青云村委大水坑瑶族村小组的食水工程；“5·6”洪灾发生后及时了解灾情并将灾情报相关部门，在鼓励受灾的少数民族群众进行灾后自救。

【维护民族团结和社会稳定】 开展贯彻落实党和国家民族政策情况的排查摸底，确保各项民族政策落到实处；处理“创卫”、“创园”、“申遗”期间部分新疆籍流动商贩上访问题。

【开展公益活动】 组织宗教界进行植树护林活动，引导佛教界参与休渔放生活动，推动“三促进一保持”工作深入开展，争取宗教界筹措资金。“5·6”洪灾发生后及时了解灾情并将灾情报相关部门，发动宗教界捐物资救灾，捐现金和大米共6万多元；动员东华禅寺捐资5000元解决少数民族贫优秀困学生10人的部分学费；开展“百寺扶千户”、“百观扶百户”等公益活动；引导宗教与社会主义社会相适应工作取得新成效。在民宗局引导下，东华禅寺和民宗局共同开展了送温暖活动，为扶贫“双到”户送去慰问金和慰问品。确保了广州亚运会和残运会期间我县民族宗教领域安全稳定，有效预防因民族宗教矛盾而引发上访等社会不安定因素。

（黄静练）

附：领导班子成员名单

局　长：何党荣（—2010.7）

何学军（2010.7—）

副局长：邓银富（2002.7—）

城镇居民收入与消费

【概况】 翁源调查队，承接国家宏观调控和国民经济核算所需重要统计信息的调查任务。也是县委、县政府的一支重要统计力量，翁源调查队和县统计局的数据共同构成完整的统计数据体系。

【城镇居民收入状况】 按照调查方案要求，县城镇居民调查户为50户。其中东区15户，南区6户，西区11户，北区18户。据2010年调查数据显示，家庭总收入为12155元，其中可支配收入为11670元；家庭总支出为8201元，其中消费支出为7199元。从构成收入的四大类来看，工资性收入仍是居民收入的主要来源。2010年，翁源县采取措施发展经济，实现经济平稳较快增长。通过为企业减负增加效益确保员工收入，增加机关和事业单位人员的地方性补贴、实施中小学教师工资收入与公务员工资收入相当等各项惠民政策渐显成效，翁源县居民可支配收入保持稳步增长。人均工资性收入为9400元，同比增长3.6%，占可支配收入的80.5%。

经营性收入快速增长。2010年，翁源县支持和鼓励就业和再就业的各项措施落实到位，以创业带动就业，激发下岗职工、个体从业人员经商的积极性，使翁源县商贸流通业保持兴旺，推动经营性收入快速增长。

财产性收入成为居民家庭收入新的增长点。随着股票、债券等证券市场形势有所转好，投资渠道增多，市民理财意识进一步增强，出租房屋、利息等其他财产性收入成为居民家庭收入新的增长点。

转移性收入快速提高。近年来，翁源县对低收入群体及企业事业单位的离退休人员的生活状况给予重点关注，先后提高城镇最低生活保障标准和企业事业单位的养老金，使得城镇居民社会救济收入整体水平有较大幅度的提高。随着居民生活水平的提高以及收入的增加，遇到喜事互赠礼金已成为居民生活中最平常的礼尚往来，使转移性收入快速增长。

【城镇居民消费支出情况】 食品消费质量进一步提高。随着居民家庭收入的增加，食品消费从高脂肪、高热量的旧生活习惯向科学饮食、营养均衡转变。

衣着类消费趋于品牌、时尚和个性化。随着居民家庭收入的增加，人们穿着更加讲究，中高档休闲品牌服饰、特色高档服饰成市场的新宠。

医疗保健支出稳步增长。随着市区居民生活水平的改善，居民保健和防病意识增强，医疗保健器具和滋补保健品消费增加。

交通通讯消费持续升温，汽车消费成为亮点。随着居民生活水平的提高，以及城市公交、个体出租、私家车的迅速发展，手机、互联网迅速普及，尤其是燃油税改革、车辆购置税减免等政策的推出，汽车消费成为亮点。

教育文化娱乐服务消费支出增长势头不减。随着网络时代及信息化生活的需要，带动居民家庭购买电脑、体育用品、书报杂志等文化娱乐用品支出增加。市区居民外出观光游览消费需求旺盛。

个人用品和服务消费需求旺盛。随着生活水平的提高，居民对个人形象更加重视，使用各种饰品和化妆品来美化自我，成为居民家庭消费新的热点。

【耐用消费品更新换代速度加快】 随着节能消费政策和“以旧换新”政策的相继推出，消费潜能进一步释放，耐用消费品更新换代呈现节能化、科技化趋势，为居民提供更加方便、快捷、舒适的生活方式，直接带动城镇居民家庭设备用品更新换代速度加快，档次提高。

【城镇居民居住环境更加舒适】 随着城市建设改造步伐的加快，市区居民家庭住房面积大，环境美，室内的装潢、配套设施不断健全，居民用于住的消费呈持续增长态势。

注：2010年县城居民调查户为50户。其中东区15户，南区6户，西区11户，北区18户。

农村居民收入与消费水平

【农村居民收入状况】 据2010年对100户农村居民调查数据显示，2010年家庭总收入为8128元，其中可支配收入为5113元。家庭总支出为7586元，其中消费支出为4570元。

【农业生产平稳增长】 加大粮食、农机、良种、养猪等补贴力度，粮食、蔬菜、水果、家禽、水产品等主要农副产品产量明显增长。

【农民收入明显提高】 推进农业生产结构调整，

农业产业化、标准化、信息化步伐加快，农业综合生产能力提高。加大农村劳动力的培训转移力度，201 年，第一产业从业人员由 209 年的 91004 人变为 95767 人，增加 4763 人。农村剩余劳动力转移的步伐加快，农民从事非农的收入增加。2010 年，全县农民人均纯收入 6138 元，比上年同期增长 10%。

【农民生活质量不断提升】 收入的持续增长，促进生活质量的提高，耐用消费品的拥有量不断增加，农民在吃、穿、用的消费结构上不断改善。开展农村居民养老保险试点工作。全面实施乡村“清洁美”工程和“万村绿”工程，开展村庄规划整治。随着全县扶贫力度的加大以及社会主义新农村建设的稳步推进，农村面貌不断改善。

注：2010 年全县农村居民调查户为 100 户。其中龙仙镇沙坪村 10 户，龙仙镇河口村 10 户，坝仔镇三坑村 10 户，江尾镇松岗村 10 户，江尾镇仙北村 10 户，周陂镇高二村 10 户，周陂镇藤山村 10 户，周陂镇陈村 10 户，翁城镇胜利村 10 户，翁城镇墨岭村 10 户。

消费保护

【概况】 2010 年，县消费者委员会共接待消费者来电来访咨询 2000 多人次，其中符合受理条件的消费投诉案件 36 宗，成功调解 36 宗，调解成功率达 100%，其中属商品消费类的 26 宗，占投诉总数的 72 %；属服务类的 10 宗，占投诉总数的 28%，为消费者挽回经济损失 5.4 万元。

【加强媒体宣传】 县消委会与翁源县电视台加强合作，以各种形式宣传消费，提倡维权，增强全县广大消费者的防范和维权意识，提高翁源县消委会的正面形象。县消委会与翁源县电视台多次合作，专题报道消费维权案例 8 宗，编撰消费警示 10 期。

【开展“3·15”大型宣传活动】 3 月 15 日，县消委会、工商局联合县食品药品监督局、农业局、质监局、电信局等 22 个职能部门在翁城镇举行纪念“3·15”国际消费者权益日大型宣传纪念活动，宣传“消费与服务”主题内容。活动现场以邀请专业人士，点评分析翁源县县近期发生的有代表性的消费侵权案件和现场受理的部分投诉，以案说法，从法律、情理、程序、细节等多个角度提醒消费者在消费维权过程中应该注意的事项。县消委会、县工商局以及各政府职能部门围绕“消费与服务”年主题内容，通过开展假冒伪劣商品展示、向群众提供法律法规咨询、现场受理消费者投诉及立即查办等形式向广大消费者提供服务。

【开展“诚信单位”争创活动】 在全县商业和服务行业中开展争创“诚信单位”活动，号召商家参与，带头承诺诚信，争当企业诚信表率。活动以消委会倡议，企业自愿参加，企业所在地消委会推荐申报，县消委会审核的形式进行，审核产生的企业个体户名单报送各政府职能单位审查，向广大县民公告信息，听取广大消费者的反馈。经评选，47 家企业（个体户）获得 2009～2010 年度争创“诚信单位”入选资格。

【消费维权工作有突破】 围绕“消费与服务”这个主题，举办“送知识、送技能、送服务”下乡宣传咨询活动，编报消费警示 10 期，通过新闻媒体曝光侵害消费者权益的典型案例 8 宗，进一步在全县营造科学消费、依法维权的良好氛围。一年来，共办理申诉举报 36 宗，为消费者挽回经济损失 5.4 万元。

重点企业选介

【金悦通电子（翁源）有限公司】 成立于2006年5月，是由香港金悦通集团投资的一家外商独资高科技企业，总投资额为约10亿元人民币，分四期投入。主要从事高精密双面及多层线路板（PCB）、高密度互联（HDI）线路板、盲埋孔线路板及树脂塞孔线路板的控制和销售。产品被广泛应用于通讯产品、医疗器械、电子设备、工业控制、计算机、汽车以及国民经济等各个领域。

公司位于广东省韶关市翁源县翁城工业园的工厂占地面积约400亩。第一期于2008年2月正式投产，投入近2亿元人民币。年产能42万平方米，2009年产值约3亿元人民币，税收约100万元人民币，公司有员工近800人。公司于2009年12月兴建第二期工程，工程投入约1亿元人民币，2010年12月投入使用，年产能40万平方米，第二期完工后可解决500个就业岗位，预计一、二期每年可创造税收250万元。

【广东青云山药业有限公司】 前身是广东省翁源县青云山中药厂，于2005年6月转制，现企业总资产3158万元，员工120人。公司坐落于环境优美、空气清新的粤北翁源县城，占地面积58000多平方米，是集药品生产、新药研发于一体的现代化制药企业，拥有中药提取、颗粒剂、胶囊剂和片剂生产线。企业自1989年创办至今二十多年来，运行良好，已成为当地的优秀企业，纳税大户，并纳入县域经济发展的支柱性产业之一，市级农业龙头企业，2004年至2008年认定为广东省高新技术企业，2004年“青云山”商标被评为广东省著名商标，至2009年被省工商行政管理局授予连续十六年“广东省守合同重信用企业”。2010年，公司实现工业产值810万，销售收入达806万，上缴税金59万元。现有自主开发药品二个，保健食品五个，仿制药品五个，形成了多品种多剂型的中成药及中药保健品生产企业。

青云山药业一贯严格按照GMP要求进行生产和管理，于2009年通过了国家药品GMP再认证，2010年又通过了保健食品GMP再认证，并颁发了证书。公司一直坚持诚信经营，质量第一的理念，竭诚为人类健康服务，“青云山”品牌深受广大患者及消费者的信赖。公司自主研发的专利产品“十味溪黄草颗粒”，于1999年评为广东省优质产品，2008年被认定为广东省高新技术产品，该产品具有清热祛湿，保肝护肝等作用。近年来，公司投入巨资扩建车间、购买先进的制药生产设备、扩大生产规模，并引进了外加工企业如广州白云山明兴制药有限公司等产品，正在不断地发展壮大。

【中核韶关金宏铀业有限公司】 是2002年7月从原核工业七四一矿剥离组建的国有独资公司，2004年10月七四一矿政策性破产，金宏公司正式运作。核工业七四一矿是原二机部1959年在广东建设的第一个大型铀矿山企业，曾为我国第一颗原子弹爆炸提供了部分核原料。1972年底工改兵，实行军队管制（00251部队）；1984年初兵改工，更名为“国营七四一矿”；1988年10月，更名为“核工业总公司七四一矿”；1994年初，按照北京矿冶局“2+3”计划要求，七四一矿政策性停产，进行军转民；1996年恢复生产；2000年4月进入核工业矿冶系统“八矿一厂”行列。金宏公司现拥有一支从事地质、采矿、水冶、机械等各类专业的人才队伍，是我国天然铀生产的主要大型骨干企业。公司2002年通过了ISO9001质量体系认证，2005年荣膺“广东省文明单位”，2006年取得安全生产许可，现为武器装备科研生产单位和二级军工保密资格单位，2007年再次获得“广东省文明单位”。2009年3月通过了质量、环境和职业健康安全生产管理“三标一体化”认证。

公司现设有10个职能部门、5个生产单位和1个转运站。职能部门分别是：办公室、人力资源处、党群工作处、财务处、审计处、生产计划处、安防环保与质量管理处、物资供应处、保卫处。5个生产单位和1个转运站是：水治厂、竹山下工区、仙石工区、石土岭工区、希望工区和大坑口转运站。根据工作需要成立了项目管理办公室和铀资源开发办公室。

员工结构：公司现有从业人员522人（2010年10月）。其中女工64人，各类专业技术人员141人；高级职称7人；中级职称37人，助理级54人；大学本科73人，专科80人，中专17人。

【黄竹坪霍英东水电站有限责任公司】 翁源县黄竹坪霍英东水电站是由原国家政协副主席著名实业家霍英东先生出资2000万港币（捐资1000万元港币、贷款1000万元港币）和翁源县人民政府合作建成的扶贫项目。于1992年6月19日奠基，1994年11月28日投产。1996年为响应国家经济体制发展的号召，经双方协商一致，将企业理顺为广东省翁源县霍英东水电站有限责任公司的中外合作企业，合作期限为10年，注册资金3400万元人民币，翁源县人民政府代表机构的黄竹坪水电站占股份的71%（含霍英东基金捐赠1000万元港币），霍英东基金有限公司占股份的29%。电站的宗旨是：立足翁源，开发山区，建设山区。

电站距离县城12公里，交通便利。整个工程跨越翁源南浦的贵联、中心两个村委会。水库建在贵联半下八十仙峡谷处，开渠凿洞引水至南浦中心高陂村，取得净水头100米，设计原发电量2259万千瓦时，利用时间3765小时。电站实行外资企业先进管理方式，招聘员工55人，其中管理人员和生产人员39人，沿途管理水圳、渠道的合同工16人。

开通施工便道20.8公里，其中可通载重车辆的有6.7公里，电站投产后作为水渠维修道路；建有重力浆砌石坝一座，长37米，高16米，总库容107万立方米，集雨面积155平方公里；开凿引水渠道共7783米，其中宽2.8米，深2.6米的明渠道长33183米，隧道10条共4600米，最长的2号洞1150米，最短的8号洞150米，引水流量7.7立方米/秒。兴建有发电车间、正负厂房、宿舍合成办公楼，沿途5个水圳管理所等主要建筑，共计面积2288.07平方米。电站工程总量：开挖砌建土石方共有53万立方米，用去材料：钢材749吨，水泥10125吨、木材800立方米、柴油360吨、汽油215吨，炸药210吨，投入总共日140万个，历时两年零六个月建成。安装直径1.7米、长435米的压力钢管一条。总重360吨。装有3台水泵发电机组，每台2000千瓦。建有升压站一座，2500千伏安和5000千伏安的主变压器各一个。架设350KVx120mm的输电线路11公里。电站建有羽毛球场、乒乓球、桌球、图书阅览室、游泳池等文体设施。

公司设立股东会、董事会、监事会、经理层组成的各司其职、相互制约的企业法人治理机构，建立科学的企业管理制度，制定并严格执行公司章程，力争把公司建成为有良好的经济效益和社会效益的现代化企业。电站的管理实行集中统一，分层分工，分权分则厉行“少花钱、多办事、办实事”的思想原则，发扬团队精神，在工作中不断地发现问题解决问题，强化企业管理。

电站建成后，有效缓解翁源县的电力与经济发展的矛盾，使工矿企业和人民生活用电率由65%提高到89%以上。减轻国家电网高峰负荷4000千瓦时，使翁源在1995年实现了农村初级电气化县，为翁源的电力供应、调峰缓谷做出了不可磨灭的贡献，同时保障了电站下游5113亩农田的用水，保障其旱涝保收。霍英东先生支持翁源水电事业建设，把对外开放从沿海地区引向山区，为振兴山区经济带了个好头，鼓励港澳台和海外企业家投资山区建设，大大促进周边地区的经济发展。经济效益显著，投产至今每年为国家电网输送2亿度，产值达4000余万元，创税500多万元。为翁源的经济建设起到了积极作用。

【茂源糖业有限公司】 成立于1999年9月，是粤北地区最大的以制糖为主、农产品加工、综合利用相结合的股份制民营企业，翁源县优秀民营企业、韶关市重点农业龙头企业、省扶贫龙头企业、省民营科技企业、全国“双爱双评”先进单位。形成了以“公司+科研+基地+农户”为核心的产业化生产模式，广东省现代产业“500强”。该公司于2010年通过省“清洁生产”审核验收，成为县第一批自愿开展“清洁生产”审核认定的企业。2011年被广东省经信委、广东省财政厅、广东省国税局、广东省地税局、海关总署广东省署认定为第十二批广东省省级企业技术中心，成为翁源县第一家被认定的省级企业技术中心。

【广东信达茧丝绸股份有限公司】 秉承“强化社会责任意识、注重龙头企业带动、加强企农合作建设、促进产业持续发展”的经营理念，致力于推进茧丝绸产业化建设，构建了“公司+研究所+合作社+基地+农户”的“信达模式”，形成了控股经营英德大信茧丝绸、新丰丰信茧丝、郁南信达茧丝绸、湖南信达茧丝绸、湘潭信达茧丝绸、江西乐安广信茧丝、翁源家宝蚕业等七家企业的跨区域生产格局。公司现有员工1200多人，总资产1.2亿元，年制优质蚕种25万张，年收购鲜茧10万担，年缫丝能力1000吨。为广东省现代产业“500强”。

【翁源县凯通户外家具厂】 翁源县凯通户外家具厂创建于2002年8月，主要生产铸铁公园椅、太阳伞座、花园椅等户外家具，产品主要销往日本、欧洲、澳大利亚等20个国家和地区。该厂从2003年的产值100多万元到2008年产值2991万元，六年来创税600多万元。在生产经营中不断投资扩建厂房，厂房占地面积由原来1.8万平方米扩大到6万平方米；工人也由开始的50多人，增加到现在的250多人。具有年生产10万套户外家具和40万套公园椅的生产能力。企业管理一条线，通过对工人、管理人员的思想素质和劳动技能的培训，呈现出上下一条心，并努力扩大规模。通过技术创新，对质量要求上精益求精，赢得了商家的一致好评，目前工厂形势喜人，销售订单源源不断。2010年还创新开发了木制品、水泥伞座、花岗岩背公园椅、瓷片嵌花、山水画、大理石等多种高档公园椅新产品，预计三年内年产值可突破亿元。

镇·场

龙 仙 镇

【概况】 位于翁源县境东部，为县城所在地，属全省规划建设的中心镇之一，是全县的政治、经济、文化中心。2004 年 12 月由原龙仙镇、南浦镇、三华镇合并而成。设有党政班子成员 13 名，内设“党政办、经济发展办、社会事务办、农业办、计生办、规划建设办、维稳办、社区管理办”共八大办公室。总面积 427.3 平方公里，其中耕地面积 7.24 万亩，林地面积 42 万亩。辖 34 个村委会，6 个社区居委会，总人口 130018 人，其中城镇居民 65446 人，农业人口 64572。

境内基础设施完善，交通便利。镇距广州 200 公里，距深圳 300 公里，至广州黄埔巷 220 公里、至花都机场 120 公里，至韶关 100 公里；省道 S341、S244 穿境而过，即将动工建设的昆汕（昆明至汕头）、深湘（深圳至湖南）二条高速公路贯穿十几个村；主要乡村道路已铺设水泥路面。镇辖中学 3 间，小学 32 间；镇级卫生院 2 间。

工业以水电、建筑、家私、纺织为主。农业以水稻、蔬菜、蚕桑、淮山、糖蔗、水果、渔业和畜牧业为主，主要特产有：岭南佳果三华李、李洞椪柑、马古塘莲等。

镇内有著名的东华山旅游风景区、位于镇东北 3 公里，总面积 6 平方公里，内由东华山、狮子山、卧虎山、如珠岩、千年古刹东华寺等组成，是集闭关修炼、佛学调研、学术交流、生态环保、旅游观光、休闲疗养等一体的大型佛门圣地；新建的龙湖旅游风景区，历史文化遗产——晚唐著名诗人邵谒筑室攻书处书堂石，青云山省级自然保护区，新兴休闲观光果园等。

2010 年实现工农业总产值 54314 万元；比上年同期增长 16.2%；财政收入 4066.8 万元，比上年增长 12.7%；农村人均纯收 5807 元，比上年增长 13%。

【基层组织建设】 镇分设有 56 个党支部，其中镇属机关党支部 16 个，社区居委会党支部 6 个，农村党支部 34 个，总有党员 3126 名，其中机关党员 245 名，农村党员 2881 名，2010 年全镇共吸收新党员 82 名。2010 年 12 月底按省、市、县部署和要求圆满完成了村第五届、社区居委会第四届党支部的换届选举工作。2010 年前有村（居）“两委”干部 192 名，其中村“两委”干部 150 名，社区“两委”干部 42 名，其中党支部书记、主任一肩挑 29 名，占 72.5%。

【工业企业】 抓好招商引资，大力发展四级企业。一是优化招商引资环境和创新招商方式及完善招商引资工作责任制；二是重点抓好老企业的开发利用；三是积极发展第三产业；四是加快民营经济发展；五是强化安全生产的监督与管理，未出现有安全生产责任事故。2010 年引进招商引资项目 1 个，石背碳酸钙厂，引资金额 1200 万元。2010 年全镇企业个数 1878 个，四级企业收入达 25220 万元；第二、三产业收入达 24120 万元。

【农业和农村工作】 精心做好农业规划布局，突出区域优势，扶强做大八大农业主导产业。1. 水稻种植面积稳定在 4 万亩，优质稻占 90%；2. 蔬菜种植面积 38224 亩（含复种），年收入达 11068.29 万元；3. 糖蔗、果蔗种植面积 7595 亩，其中糖蔗 3395 亩，果蔗 4200 亩，年收入 3903.96 万元；4. 蚕桑以贵联、丰山、青山、石寨、群陂、高陈等村为主，有桑园面积 7850 亩，年蚕茧收入达 926.54 万元；5. 淮山种植面积 4000 亩，年收入达 2000 万元；6. 竹类。毛杂竹基地达 3.5 万亩，食笋竹基地达 8000 亩，年收入达 159.92 万元；7. 林木。加快生态公益林和商品林基地建设，强化森林资源管理和护林防火工作。全镇林改任务共 42.9 万亩，涉及 34 个村，394 个村小组，2010 年年底基本完成林改工作任务，林业产值达 4272.66 万元；8. 水果。以三华李和李洞椪柑品牌优势，推进其他柑橙类水果基地建设，已形成具有规模优势的三华李长廊和三华李观光园。2010 年有水果面积 13809 亩，年收入达 3566.51 万元。同时，引导农民大力发展畜牧水产经济，2010 年畜牧水产收入达 8093.7 万元。全镇建立有各类专业合作社 18 个。

【信访维稳】 龙仙镇是县城所在地，辖有 34 个村委会和 6 个社区居委会，总人口 13 万多人，镇内有电站 41 座，各类厂矿企业 108 家。地阔人多复杂，镇党委、政府在 2009 年冬成立了“龙仙镇综治信访维稳中心”和领导小组及专职人员，进一步健全镇、村、组调解信息网络，实行镇、村（居）领导包案和责任追究制，形成一级抓一级，层层抓落实的格局。上下全力做好综治信访维稳和人民内部矛盾纠纷的调处化解工作。2010 年全镇共排查各类矛盾纠纷 273 宗，比上年增加 45 宗，调处 273 宗，调解率 100%，调处成功 260 宗，成功率 95%，镇调委会调处 41 宗，其中领导包案 13 宗，调处成功率 98%；村（居）调委会调处 232 宗，成功调处 220 宗，调处成功率 95%。34 个村委会到 2010 年按创建标准已建成平安村。附城派出所 2010 年共立各类刑事案件 73 宗，比上年增 7 宗，破 36 宗，破案率为 49%，受理治安案件 170 宗，查处 170 宗，查结 77 宗，调解民事纠纷 57 宗，调解成功率 100%。

【文教医疗卫生】 镇村文化阵地建设。2010 年镇投入资金近 2 万元，改善了文化站会议室环境，新建了河口、中心阮屋村小组文化室共 2 间，投资 40 多万元在 19 个村委会办起了农家书屋。教育工作。中小学校不断创新理念，在整合教学资源、扩大办学规模、改善办学条件，不断优化育人环境，加强师资队伍建设，社会化教学改革，提高教育教学质量等方面取得重大突破，校园面貌焕然一新，教师业务素质和学生综合素质不断提高，适龄儿童入学率达 100%。医疗卫生事业向前发展。龙仙镇卫生院争取省财政补助 100 万元，新建住院综合楼一栋五层，面积 832 平方米，自筹资金 170 万元购置医疗设备一批。南浦卫生院投入 4 万多元购置医疗器械一批。2010 年农村合作医疗覆盖率达 100%，合作医疗补偿 11557 人次，金额达 1245 万元。农村医疗站工作业务正常开展，婴幼儿防疫达 100%，城乡居民建立健康档案达 2 万多人。重点解决了官龙公路沿线两边 14 个垃圾池的清理整治。投入 185 吨水泥完善了三华新英、长潭钟屋、联群老楼示范点的街道，排水沟、道路等设施。对县城周边村农户完成改厕任务 876 户。

【计划生育】 2010 年已婚育龄妇女 24074 人，出生 1217 人，政策内出生 1171 人，政策生育率为 96.22%，其中一孩出生 816 人，政策内 816 人，二孩出生 384 人，政策外出生 43 人，三孩以上 14 人，政策外出生 3 人。全镇共落实四术 1009 例，其中结扎 318 例（纯二女扎 57 例），上环 439 例，补救措施 204 例。全镇 34 个村委、6 个社区居委中有 26 个实现无政策外出生，占 65%。

【民生关注】 全镇有 237 位无依无靠、独立生活能力差的老人列入“五保”范围，集中在镇敬老院供养的有 33 人，分散供养的有 204 人。2010 年底止，帮助 957 户，2710 人办理了最低生活保障。2010 年为特困家庭 400 多人给予生活资助，金额 17.4 万元；镇妇联积极组织开展“爱心父母牵手困境儿童”活动，使 132 名困境儿童得到帮扶。全镇省定贫困村有贵联、新坪、高陈、石寨、中坝、会联、新东、三华、新尧、新岭共 10 个，贫困村内有贫困户 696 户，贫困人口 2340 人，由省直和中直单位负责帮扶 2 个村，江门市帮扶 3 个村、县直单位帮扶 5 个村，积极开展扶贫开发“双到”工作，2010 年帮扶资金达 500 多万元，主要用于建设道路、水利设施、改善村委办公环境、购买各种生产资料给贫困户发展生产、改建危房、投入村经济项目增加村集体收入等，成效显著。

【支农惠农】 2010 全镇核实种粮综合直补有 11150 户，面积达 75960 亩，共发放金额 450 万元；良种补贴面积 75960 亩，金额 489 万元；玉米补贴 536 户，面积 2563 亩，金额 5.1 万元。汽车补贴 135 户，补贴金额 58 万元，家电下乡补贴 6696 户，补贴金额 236 万元。

【“5·6”洪灾及灾后重建】 5 月 6 日，百年一遇的特大洪魔，造成龙仙镇 34 个村委、3 个社区受灾惨重。据统计，受灾户 12356 户，受灾人口 53353 人，受浸房屋 61780 间，倒塌房屋 680 间，全倒户 156 户，农作物受灾面积 33430 亩，水产过水面积 5580，冲毁桥梁 83 座，损坏路基 89.2 公里，公路塌方 300 处，损坏灌溉设施 450 处，紧急转移人口 15000 人，抢救被围困人口 5200 人，淹死牲畜 1360 头，不能复耕的耕地面积 1200 亩，直接经济损失达 2.31 亿元。灾情发生后，镇成立了 15 个救灾工作组（龙仙片安置组、南浦片安置组、三华片安置组、全倒户核实组、电力设施修复组、公路桥梁修复组、水利设施修复、饮水卫生防疫组、动植物防控组、矛盾纠纷调处组、生产自救宣传组、生活物质发放组、安全巡查组、材料报送组、机动应急组）。全镇共发放救济粮食 68 吨，棉被、衣物一大批，帮助 130 户全倒户新建楼房且在国庆、元旦前入住新居，共发放建房补助金 112 万元。

（黄远诚）

附：领导班子成员名单

党委书记、人大主席：甘仕明（2008.8—）

党委副书记、镇长：王有龙（2010.7—）

党委副书记：官其掌（2009.10—）
党委委员、副镇长：梁传红（2010.9—）
副镇长：陈德强（2005.1—）
邓国光（2009.9—）
纪委书记：张安会（2006.9—）
组织委员：何志勇（2010.9—）
宣传委员：刘斌（2009.9—）
党委委员、人大副主席：何望清（2010.9—）
党委委员、武装部长：李文华（2006.9—）
党委委员、党政办主任：杨倍光（2006.9—）
党委委员：叶武修（2005.1—）

2010 年龙仙镇主要经济指标

指标	单位	数量		指标	单位	数量	
		2009 年	2010 年			2009 年	2010 年
农林牧渔及服务业总产值（当年价）	万元	38855	46416	生猪存栏量	头	17305	16171
工业总产值	万元	7898	7898	水果总产量	吨	13832	13809
固定资产投资	万元	1810	2000	中学	所	3	3
招商引资实际投入	万元	1000	1200	小学	所	32	32
财政收入	万元	3608.5	4066.8	中小学在校生	人	3834	3370
农民人均纯收入	万元	5116	5807	中小学在职老师	人	441	411
粮食总产量	吨	21539	23560	水泥公路	公里	80	80

2010 年龙仙镇村（居）委会基本情况

序号	村（居）委员会	书记	主任	村民小组（个）	总户数（户）	总人数（人）	集体经济收入（万元）	农民人均纯收入（元）
1	青山	张润增	张润增	31	872	4227	23	5872
2	青云	曾庆福	曾庆福	20	645	2893	12	5815
3	蓝青	陈荣华	陈荣华	11	531	1983	9	5814
4	李洞	郑树文	郑树文	14	256	969	6	5810
5	石背	何邑明	何邑明	17	565	2656	7	5862
6	良洞	胡锦华	胡锦华	12	472	2380	2	5828
7	田心	邓志勇	邓志勇	14	468	2481	0.4	5897
8	石寨	陈新光	陈新光	6	178	726	2	5358
9	联群	刘永定	刘永定	12	498	2263	2	5762
10	民主	官兆钢	官兆钢	12	392	1873	2	5605
11	高陈	余建勇	余建勇	8	288	1175	1	5591
12	陂下	官志坚	官志坚	10	490	2010	5	5826
13	岭头	蔡勤洲	蔡勤洲	5	488	1846	4.5	5840
14	河口	何德争	何德争	5	341	1467	10	5842
15	罗坑水	赖月鑫	赖月鑫	2	231	740	11	5865
16	长潭	钟国威	钟国威	8	380	1588	8	5874
17	水口	官祝萍	官祝萍	12	387	1860	2.5	5840

续上表

序号	村（居）委员会	书记	主任	村民小组（个）	总户数（户）	总人数（人）	集体经济收入（万元）	农民人均纯收入（元）
18	马 山	林干超	林干超	14	579	1860	3	5866
19	沙 坪	陈天星	陈天星	10	552	1840	3.6	5810
20	马古塘	镇派	赖美龙	3	11	474	8	5886
21	中 心	谢秉明	徐荣科	24	1088	4452	7	5795
22	翕 口	吴锦丰	吴锦丰	10	415	1525	0.3	5869
23	桂 竹	沈佰水	沈佰水	7	230	840	9	5845
24	新 坪	严培明	严培明	9	410	1494	2	5790
25	马 墩	黄维雄	黄维雄	9	523	2154	1	5882
26	丰 山	张仲福	张仲福	21	570	2714	1	5826
27	贵 联	张德富	张泽荣	26	872	3322	20	5879
28	群 陂	肖安青	肖安青	7	394	1985	6	5782
29	新 东	王敏堂	王敏堂	12	456	1980	1	5677
30	新 岭	阮万超	阮战英	5	139	443	0.5	5624
31	三 华	刘文峰	张小英	9	445	1749	2	5660
32	新 尧	朱国青	朱佑思	9	320	1272	0.9	5731
33	中 坝	黎考田	黎考田	7	304	1178	2	5747
34	会 联	黄建强	黄建强	11	561	2291	1.5	5862
35	城东居委	林丽霞	罗宁善		5643	14279		
36	城南居委	陈翠珍	邹树春		3142	9427		
37	城西居委	罗自栋	陈全花		5334	14205		
38	城北居委	官国安	陈洁清		8530	25690		
39	南浦居委	钟志新	余少亮		390	1013		
40	三华居委	赖世宗	赖世宗		111	632		
合计				392	38601	130018		

翁 城 镇

【概况】 翁城曾有570年作为翁源县城的历史，是一座历史悠久，源远流长的古城。自明洪武二年（1369年）至民国28年（1939年）为翁源县城，故称翁城。明属长安乡，清嘉庆年间（1796—1820年）设县前铺，岩前铺，属下乡，民国26年（1937年），属县第一区署。1949年9月15日，翁城解放，称翁城镇。1950年5月1日，属第三区，9月15日属第四区，1957年2月20日为翁城区，9月14日改为翁城乡，1958年7月3日改为翁城公社，1983年11月15日改为翁城区公所，1986年正式称翁城镇。

翁城镇地处翁源县西部，韶关市南部，距韶关约60公里，东邻官渡镇，西与新江镇接壤，南与英德市横石水镇交界。京珠高速公路和106国道、省道翁英路在境内贯穿而过，京珠高速在镇内设有出入口，区位优越，交通十分便利。

镇域总面积146平方公里，山林面积13.9万亩，耕地面积2.03万亩。行政辖区内有汉族、瑶族共17个村委会，1个居委会，160个村民小组，总人口3.4万人。翁城镇农业基础较好，建有粤北地区规模最大的蔬菜批发市场。墟镇市场繁荣，商贸活跃。工业发展势头迅猛，招商引资成效显著，华彩化工涂料基地、广业科技成果转化园等园区已落户翁城，鹏辉企业、金悦通电子有限公司、金悦诚电子有限公司等部分企业已建成投产，翁城镇被市县定位为工业发展重镇。

2010年，全镇实现生产总值4.87亿元，第一、二、三产业协调发展，其中第一产业1.97亿元，第二产业0.77亿元，第三产业2.13亿元，三个产业年均增长6.8%、8.5%、10.7%。财政收入达到2731.9万元，年均递增10%。农村农民年均纯收入5561元。

【基层组织建设】 截至2011年，全镇共有党员914名，2011年新发展党员29人，农村党员21名，其中具有中专或高中以上文化水平的农村党员有18名，占发展农村党员的62%，农村党员的总体学历水平得到提升。2010年12月底按省、市、县部署和要求圆满完成了村第五届、社区居委会第四届党支部的换届选举工作。全镇共有17个村委会，1个居委会，选出村（居）“两委”成员共计78人，平均年龄51岁。其中村（居）委会主任18人，副主任18人，委员42人；党员68人，占村（居）“两委”干部总数的87%；“两委”干部交叉任职率达到89%，百分之百地实现了村（居）支部书记和村委主任“一肩挑”。

【工业企业】 2010年，翁城镇围绕建设工业强镇的目标，抢抓产业转移的有利时机，大力推进华彩化工涂料城和翁城工业园区建设。华彩涂料城：落户企业—广州五羊油漆有限公司、广东化建物流有限公司正在兴建厂房。华彩涂料城大部分企业相关手续已办理，企业设计、环评、安评手续正加速办理，今年园区至少有6家企业动工建厂。翁城工业园：广东统力电源科技有限公司6000平方米的厂房建设已完工，外围墙砌建接近尾声；亿城汽车服务公司的土地勘察工作也已经完成，现正打桩放线；韶关博铧电器有限公司、韶关海邦电器有限公司两间企业已完成规划设计即可动工。金悦通电子有限公司已平整好第二期土地200亩，准备动工兴建厂房。

【农业和农村工作】 种植业 水稻种植面积稳定在17548亩，优质稻占90%；蔬菜种植面积20544亩（含复种）；糖蔗、果蔗种植面积5788亩，其中黑皮蔗成为翁城镇品牌，远销全国各地。名茶桂湖茶种植面积300多亩，因其功效风味独特，每年产品供不应求。

山林调处 按照“属地管理、分级负责、依法调处”和“尊重历史、依法依规”的原则，积极调处林权纠纷，进行确权工作，确权面积达到13.58万亩，占全镇林改外业任务的97%。全镇共发生山林纠纷总共29宗，已调处25宗，占山林纠纷宗数的86%；2010年畜牧水产收入达3859万元。全镇建立有各类专业合作社7个。

【信访维稳】 翁城镇是全县三大中心镇之一，流动人员多，地阔人多复杂，镇党委、政府在2009年冬成立了“翁城镇综治信访维稳中心”，配齐专职人员，健全各项制度，进一步健全镇、村、组调解信息网络，实行镇、村（居）领导包案和责任追究制，形成一级抓一级，层层抓落实的格局。上下全力做好综治信访维稳和人民内部矛盾纠纷的调处化解工作。2010年共组织矛盾纠纷排查24次，排查各类矛盾纠纷138宗，调处138宗，调解率100%，其中调处成功135宗，成功率95%，全镇社会稳定，人民群众安居乐业。

【文教医疗卫生】 翁城镇通过多方筹款，修复秀丰村、腊岭村等村委小学的旧楼房，让学生能够在安全明亮的教室中学习文化科学知识。创建教育强镇步伐加快，全镇实现适龄儿童全部接受义务教育的目标，发放助学金达10多万元，共有200多人次学生享受到助学的优惠政策。新型农村合作医疗制度得到贯彻落实，至目前为止，全镇共计报销合作医疗费3645370元，大大减轻了农民的负担。2011全镇参加新农合人数为28783人，占农业总人口的96.5%。

【计划生育】 2010年，全镇实现了“无政策外多孩生育”，11个村实现了“无政策外生育”。2010年，全镇人口出生408人，出生率11.43‰，与去年同期对比增77人，政策生育率98.04%，同期对比上升2.27个百分点。人口出生性别比108.16，同期对比下降2.66比值。全年落实计划生育手术300例，其中结扎111例（其中纯二女户结扎20例），上环135例，补救措施554例。按照社会抚养费征收规范化管理要求，实现一例一案管理，全年共计征收政策外社会抚养费154.786

万元。

【民生关注】 全镇有105位无依无靠、独立生活能力差的老人列入“五保”范围，集中在镇敬老院供养的有15人，分散供养的有90人。全年帮助335户，1218人办理了最低生活保障。2010年为特困家庭213人给予生活资助，金额5.7万元；

做好“爱心父母牵手困境儿童”活动。积极组织开展“爱心父母牵手困境儿童”活动，使36名困境儿童得到帮扶。

认真开展扶贫“双到”工作。全镇省定贫困村泉坑，由江门市对口帮扶，贫困村内有贫困户89户，贫困人口328人。积极开展扶贫开发“双到”工作，2010年帮扶资金达40多万元，主要用于建设道路、水利设施、改善村委办公环境、购买各种生产资料给贫困户发展生产、改建危房、投入村经济项目增加村集体收入等，成效显著。

【支农惠农】 一是做好救助安抚政策。全镇共有优抚对象213人，“五保”户105人，有346户共1189人纳入“低保”救济，民政部门及时发放优抚款、生活费到保障对象手中。二是扎实做好救灾救济工作。在“5·6”洪灾发生后，镇政府为全镇678缺粮户共3070人发放大米128.96吨，发放生活救助金23.85万元，为全倒户发放98万元补助款。三是抓好种粮补贴工作。2010年，翁城镇种粮补贴面积达2万多亩，受惠农民4895户，21536人，共发放补贴1043072元。

【“5·6”洪灾及灾后重建】 2010年5月6日，翁城镇发生了百年一遇的特大洪灾，全镇10个村委4250多农户，17800多群众受灾，2915间房屋受浸，729间农户倒塌，农田过水面积13666亩，鱼塘过水1451亩，2810多名群众被洪水围困，直接造成经济损失6705万元。灾情惊动了高层领导，中央政治局委员、广东省委书记汪洋亲自到翁城镇视察灾情，极大鼓舞和激发了干群的抗洪救灾热情和决心。

“5·6”洪灾虽然给翁城造成巨大损失，但在镇党委政府的坚强领导下，全镇干群齐心协力、攻克难关，抗洪抢险中没有出现人员伤亡事故，灾后复产重建工作取得重大进展，各项水毁设施得到修复，全倒户于2010年8月份全部住进新楼房，灾区群众生活得到保障。由于措施得力、指挥到位，取得了抗洪救灾的重大胜利，镇党委书记陈路生荣获全国防洪抗旱先进个人荣誉称号。

（张丽英）

附：领导班子成员名单

党委书记、人大主席： 陈路生（2005.9—）
党委副书记、镇长： 李芳足（2010.8—）
党委副书记： 朱启养（2010.9—）
党委委员、副镇长： 何卓新（2010.9—）
副镇长： 王德群（2007.3—）
党委委员、纪委书记： 吴建新（2010.9—）
党委组织委员： 王文泽（2006.9—）
党委宣传委员： 刘小英（2009.9—）
党委委员、人大副主席： 石良柱（2006.10—）
党委委员、武装部长： 刘伟贤（1995.10—）

2010年翁城镇主要经济指标

指标	单位	数量		指标	单位	数量	
		2009年	2010年			2009年	2010年
农林牧渔及服务业总产值（当年价）	万元	21798	23301	生猪存栏量	头	4817	4105
工业总产值	万元	4376	5076	水果总产量	吨	1245	1238
固定资产投资	万元	1698	1929	中学	所	1	1
招商引资实际投入	万元			小学	所	16	15
财政收入	万元	2292.67	2731.9	中小学在校生	人	4478	4163
农民人均纯收入	万元	4898	5561	中小学在职老师	人	277	273
粮食总产量	吨	6236	6736	水泥公路	公里	24.5	33

2010 年翁城镇村（居）委会情况表

序号	村（居）委员会	书记	主任	村民小组（个）	总户数（户）	总人数（人）	集体经济收入（万元）
1	五一村	袁保珍	袁保珍	16	835	3341	11533
2	明星村	杨平凤	杨平凤	13	579	2589	6711
3	黄塘村	黄启培	黄启培	6	344	1526	1936
4	秀丰村	王廷标	王廷标	7	333	1369	1577
5	群益村	林一红	林一红	8	322	1581	2292
6	沾坑村	廖文平	廖文平	7	239	972	1326
7	泉岭村	龙怀基	龙怀基	10	403	1616	2061
8	泉坑村	毛达生	毛达生	7	376	1525	1502
9	富陂村	温汝协	温汝协	19	835	3811	4564
10	胜利村	李传立	李传立	14	577	2657	2862
11	墨岭村	吴仁先	吴仁先	13	43	1933	3479
12	定南村	吴铁清	吴铁清	16	575	2722	3305
13	星光村	曾怀远	曾怀远	7	292	1196	1416
14	马东村	丘友清	丘友清	9	362	1487	1536
15	桂湖村	吴联双	吴联双	3	136	643	746
16	腊岭村	叶万昌	叶万昌	4	157	780	828
17	了坑村	晁乙明	晁乙明	1	48	132	86
18	居委会	李义妹	李义妹		1620	3052	
合计				160	8076		

新　江　镇

【概况】 新江镇位于县境西部，东经 113°44′—113°52′，北纬 24°25′—24°36′。东与始兴县隘子镇、翁源县江尾镇交界，西南与翁源县翁城、官渡镇接壤，北与曲江区的小坑镇和翁源县铁龙林场毗邻。镇政府所在地：新江街建设南路 31 号，设有党政、人大班子成员 10 名，内设“党政办、农业办、经济发展办、规划建设办、计生办、社会事务办、维稳综治办”七大办公室。全镇总面积 336.57 平方公里，其中耕地面积 5.3031 万亩，林地面积 42.41 万亩。辖 19 个村、1 个社区居委会，252 个村小组。2010 年末全镇总人口 43610 人，其中城镇居民 2518 人，农业人口 41092 人。全镇有中学 2 所、小学 16 所、幼儿园 3 所，在校学生 4082 人（不含幼儿园），其中中学生 1899 人，小学生 2183 人。有文化宫 1 个、文化室 24 间、文体活动场所 23 个。建起教师宿舍楼 5 幢；开发集商贸、住宅为一体商品楼 5 幢。有中心卫生院 1 所、分院 1 所、门诊 1 所、乡村卫生站 27 所，敬老院 1 所。有年供水 3.6 万吨自来水厂 1 座，供电所 1 座，小水电站 16 座。宽带网络贯通全镇，实现了学校、村委楼房化，村村通电话、通水泥公路。

新江镇交通方便，106 国道及京珠高速公路贯穿而过，距京珠高速公路翁城出口仅 9 公里，距京广铁路大坑口东站 40 公里。

北宁宜和三年（1121），新江镇地属新析出的建福县，建炎三年（1129）废建福县，新江复归翁源。明洪武光年（1368）至清嘉庆年间属长安乡，嘉庆后期分出新塘铺、江镇铺和太平铺。民国26年（1937）以铺改乡，隶属翁源县四区。抗日战争时期因开公路，在两铺中间建一街场，取原两个铺首字命名为新江街，并引申为行政区名，辖四个乡。1949年建国后立新江乡，1958年改名新江公社，1983年改为新江区公所，1986年改为新江镇至今。新江地处南岭山地边缘，高山峻岭环抱，山峰连绵起伏，土地肥沃、河谷狭小，气候常年温和湿润，自然资源丰富，素有“魚米之乡”、“水果之乡”称谓。

镇内有两处著名的历史文化遗产。一处是位于双石村峰口的耽石书院（余襄公祠）。书院始建于唐朝大中三年，距今已有1300多年历史，是《翁源县志》中所列的翁源十六景之一。耽石书院为韶州历史名人、北宋工部尚书、集贤院士、政治家、军事家、外交家余靖少年从慧周、梅鼎臣等攻书学府，被录入中华民族优秀文化传统之列。另一处是位于上坝村的梅园坪山上的岩洞—梅岩。据明嘉靖《翁源县志》记载，宋时，梅鼎臣、梅佐父子进士曾在岩洞隐居攻书，故名梅岩。梅岩主洞宽8米、高4米、深278米，洞内面积1100多平方米；内有石钟乳、石笋、石柱、石幔、石树、石花、石凳等奇异景观，洞中有洞，千姿百态。岩洞口外有一山塘，旧称“天鹅湖”（已入《中国名胜群曲》），湖水清澈，冬夏不枯，具有独特的自然景观。

2010年，全镇实现了工农业生产总产值77894万元，与上年同比增长10%。其中：第一产业总产值达39598万元，与上年同比增长6%；第二产业总产值达17019万元，与上年同比增长16%；第三产业总产值达21277万元，与上年同比增长14.2%。财政收入2370万元，与上年同比增长11%；农村人均纯收入5920元，与上年同比增长13.5%。全镇固定资产投资2640万元，比上年增1719.4万元；集市贸易成交额1.6亿元，社会商品批发零售额达2.9亿元，为国家上交税金70万元。

【基层组织建设】 全镇分设28个党支部，其中镇属机关、社区居委会党支部9个、农村党支部19个，共有党员1327，其中机关党员158名，农村党员1169名。2010年全镇共吸收新党员54名，培养建党对象37名。按照省、市、县部署，2010年12月圆满完成了村第五届、社区第四届党支部、村（居）委会的换届选举工作。现有村（居）“两委”干部92名，其中党支部书记、主任一肩挑18名，占90%。

【工业企业】 新江镇现有企业1070家，其中外商投资企业4家、内资企业1066家。工业方面有：矿产（主要有硫、铁、铅、锌、硅、高岭土等20多种）、电力、竹木加工、藤艺、纺织、建筑材料、塑料制品等行业。其中具有经济实力的鹏辉、华彩工业园落户在新展村。

【农业和农村工作】 全镇种植毛竹16000亩，种植沙田柚、黄皮、龙眼等8000亩，种植优质水稻39126亩，春种蔬菜36000多亩、反季节蔬菜25000多亩、地膜花生8000多亩、果蔗6000多亩、山地蔗860多亩、蚕桑650多亩、甜玉米1000多亩，已形成了一定规模的蔬菜、蚕桑、糖蔗、果蔗、水果、香菇、木耳、蘑菇、畜牧、水产等商品生产基地。其中香菇、木耳、笋干、砧板、竹椅、卫生筷及沙田柚、蜜桃、龙眼、反季节蔬菜等商品畅销全国各地；农林牧渔及服务业总产值26251.39万元，比上年增5043.6万元。

【信访维稳】 坚持信访维稳综治工作重心下移，持续开展“百镇千村平安建设”活动。坚持信访维稳“六项”制度，落实班子成员、相关职能部门一把手轮值接待群众来信来访、包村包案责任制；坚持每月召开一次以上全镇信访维稳工作会议，抓好信访维稳、安全生产重点工作的督促落实。制定和完善各类应急预案，落实重点案件、重点地区、重点对象包保责任制，有效遏制人民内部矛盾的恶化和减少刑事案件，最低限度地控制群体上访和恶性事件的发生。2010年全镇共调处各类矛盾纠纷130宗，调处130宗，调解率100%，调处成功117宗，调解成功率90%。

【文教卫体】 文体事业健康发展。全镇文体基础设施逐步改善，兴建灯光球场4个，创建农家书屋13家；成立了全市第一家乡镇篮球协会，组建了一支文艺创作队伍和舞蹈队伍，常年活跃在乡镇，全民健身体育活动和群文活动深入开展，较好地满足了人民群众对文体生活的需求。教育事业不断推进，通过改善办学条件，整合教育资源，调整校园布局，加大教育硬件建设和提高教学质量，小学适龄儿童毛入学率达99.9%，升中率、普中率达67%—70%，中心小学在县科教局考核中连年名列第一。全镇创建省教育强镇工作循序渐进，校园布局调整全面完成，楼房主体工程及硬件设施建设接近尾声。医疗卫生事业向前发展，加大投入对新江卫生院进行了全面装修，从根本上改善了医疗卫生环境。此外，加大新江街卫生环境整治力度，投入20多万元资金购置环保运输工具及垃圾箱、垃圾桶，打造了一道生态文明建设亮丽的风景线。同时，加快凉桥、塘心、阳河、连心、西锦、新江、新展等20个村庄乡村卫生清洁美建设示范工程建设，完成了400户农户改厕工程。新型农村合作医疗工作，2010年群众参合率达98%以上。

【计划生育】 不断强化计划生育优质服务，保持低生育水平，严格控制人口性别比，较好地完成了县委县政府下达的人口与计划生育工作各项指标。2010年，人口出生率和自然增长率分别为13.07‰和7.57‰，男女性别比108.86：100，同比下降0.34个百分点。全年落实“四术”440例，其中男女结扎194例，纯二女结扎22例，上环199例，采取补救措施47例，全镇综合节育率达84.92%，查孕率达93%。

【民生关注】 关注民生、社会福利、社会救济、扶抚安置和社会扶助。为1300多位孤寡老人、残疾老人、单身户等弱势群体发放了定补；同时，积极争取上级部门资金扩建敬老院，居住及基础设施条件得到明显改观，为40多位五保老人提供了舒适宽裕的生活环境。加速改善城乡基础设施建设步伐，完成新江镇（2009—2025）总体编制规划；完成新江街道路及路灯的改造；兴建新江街民兴路、农产品贸易市场；做好申报省立项的城乡饮用水工程启动前期工作，尽早解决村居民饮用水问题。推进“规划到户、责任到人”扶贫开发，落实帮扶责任，推行“一村一策、一户一法”扶贫措施，在江门市新会区、广东省珠影集团公司、县国税局等单位的重视和支持下，2010年落实帮扶资金400万元，开展对全镇贫困村、贫困户的定点帮扶工作。

【支农惠农】 落实支农惠农政策，核实种粮补贴农户7179户，面积37827亩，发放综合补贴211.8323万元、直补30.2617万元。

【市政建设】 根据《新江镇2009－2025年总体规划》及“十二五”期间人口增长与城区发展规划，新江着力打造山区新兴工业制造业基地，居民区和工业园区的扩建以及公共设施配套、新农村建设作了全面科学的规划，城市化建设计划向西锦石正塘和翁城商贸区延伸。近期，计划启动全镇城乡饮用水改造及“三化”工程，不断完善各项公共配套设施。

【“5·6”洪灾及灾后重建】 2010年5月，全镇遭受了一次历史上罕见且百年一遇的特大洪涝灾害。受灾人口38700人，占全镇人口的90%，倒塌房间1123间，全倒户155户；农作物受灾面积18501.9亩，损坏农田10398亩，不可复耕面积170亩；冲毁桥梁21座，损坏公路路基7.31公里，护坡塌方70处；损坏灌溉设施287处。紧急转移人口2585人，抢救被围困人员25人；造成全镇直接经济损失2.1亿元。“5·6”期间，党委政府自始至终坚持群众利益高于一切，主要领导亲临一线，与镇、村、组干部和群众一起投入抗洪抢险。灾后，党委、政府把抗灾自救、重建家园工作提升到全镇的中心工作来抓，并投入250多万元资金，开展安置灾民、复耕复产、重建家园等工作，确保了灾民有衣穿、有饭食、有房住。全镇155户全倒户在党委政府的大力支持下快速建起了新楼房，750多灾民在当年国庆节前住进了新居。此外，全镇修复冲毁的水陂36座、水圳3000米；修复鱼塘3000多亩，垦复粮田890亩。从灾情发生至重建家园期间，全镇无一人因洪灾造成伤亡，也没有出现一例上访事件，有效保障了社会大局的稳定。

（胡大勇）

附：领导班子成员名单

党委书记、人大主席：张新华（2007.3—）
党委副书记、镇长：何新平（2009.5—）
党委副书记：罗镜新（2002.8—）
党委委员、副 镇 长：黄镜光（2004.12—）
党委委员、纪委书记：黄双发（2010.9—）
党委委员、人大副主席：胡俊珍（2000.5—）
党委组织委员：徐美珍（2009.5—）
党委宣传委员：刘匡华（2006.8—）
党委委员、武装部长：许碧新（2004.12—）
副镇长：陈越盘（2010.10—）

2010年新江镇主要经济指标

指标	单位	数量		指标	单位	数量	
		2009年	2010年			2009年	2010年
农业牧渔及服务业总产值（当年价）	万元	21207.8	26251.4	生猪存栏量	头	17285	17151
工业总产值	万元	2080	2105	水果总产量	吨	2945	2855
固定资产投资	万元	920.6	2640	中学	所	2	2
招商引资实际投入	万元	2000	2900	小学	所	17	16
财政收入	万元	2134.1	2701	中小学在校生	人	4637	4082
农民人均纯收入	元	3766	5920	中小学在职教师	人	322	315
粮食总产量	吨	9701	11074	水泥公路	公里	10	18

2010年新江镇村（居）委会基本情况

序号	村（居）委会	书记	主任	村民小组（个）	总户数（户）	总人数（人）	集体经济收入（万元）	农民人均纯收入（元）
1	上坝	何来富	何来富	21	823	3516	55	5909
2	小镇	何清源	何清源	20	603	2959	36	5971
3	新江	梁传寿	梁传寿	9	311	1665	17	5937
4	新展	梁添先	梁添先	15	418	2072	16	5940
5	新益	梁家和	梁家和	12	468	1895	5	5926
6	民光	梁富仁	梁富仁	9	317	1507	34	5921
7	东方	胡宗房	胡宗房	27	593	3072	4	5923
8	民治	郭天养	郭天养	19	690	3110	31	5920
9	油溪	陈元香	陈元香	11	316	1456	17	5705
10	双石	张雪标	张雪标	16	445	2525	6	5955
11	双星	胡特明	胡特明	10	402	1556	5.9	5904
12	双塘	李国章	李国章	6	220	978	12.8	5834
13	西锦	吴沛才	吴沛才	11	461	2005	2	5923
14	太坪	袁先河	袁先河	22	963	4543	27	5920
15	连心	郭联松	郭联松	8	575	2500	9	5927
16	阳河	何添财	张万明	9	338	1568	6	5920
17	塘心	刘科万	朱廷尊	8	247	1011	17	5919
18	凉桥	何春香	何春香	4	86	333	15	5916
19	渔溪	丘天启	丘天启	15	605	2921	52	5916
20	居委会	梁宏永	梁宏永		829	2518	2	5920
合计				252	9730	43610		

江 尾 镇

【概况】 位于翁源县境北部，是省兰花专业镇，又是全省规划建设的中心镇之一。2004年12月由原江尾镇、仙鹤镇、红岭镇合并而成。设有党政班子成员13名，内设“党政办、经济发展办、社会事务办、农业办、计生办、规划建设办、维稳办、专业建设办”共八大办公室。总面积334平方公里，其中耕地面积7.1万亩，林地面积38.9万亩。辖24个村委会，3个社区居委会，总人口44387多人，其中城镇居民3460人，农业人口40927。

境内基础设施完善，交通便利。镇距广州210公里，距深圳310公里，至广州黄埔巷230公里、至花都机场140多公里，至韶关110公里；省道S245、S244穿境而过，即将动工建设的昆汕（昆明至汕头）、深湘（深圳至湖南）二条高速公路贯穿多个村；主要乡村道路已铺设水泥路面。镇辖中学2间，完小1间，教学点20间；镇级卫生院2间。工业以钨矿、小水电、建筑、家具、纺织为主。农业以水稻、蔬菜、蚕桑、果蔗、糖蔗、水果、渔业和畜牧业为主，主要特产有兰花、九仙桃、江尾米面等，是全国最大的国兰生产基地、是中国兰花之乡，也是岭南佳果——九仙桃的故乡。

镇内有著名的湖心坝客家民居群、蒽岭八卦围、仙鹤花果休娴旅游度假区等旅游景点，还有神奇的九仙泉、红岭热水、长江罗盘围、九仙嶂、铁石径等景观，也有许多风光秀丽的自然景观，是粤台农业合作试验区的核心区，是翁源特色生态旅游核心区、是全市旅游大镇。

2010年实现工农业总产值35775万元；比上年同期增长13%；财政收入1230万元，比上年增长15.8%；农村人均纯收5347元，比上年增长14.5%。

【基层组织建设】 镇分设有40个党支部，其中镇属机关党支部13个，社区居委会党支部3个，农村党支部24个，总有党员1635名，其中机关党员380名，农村党员1255名，2010年全镇共吸收新党员41名。2010年12月底按省、市、县部署和要求圆满完成了村第五届、社区居委会第四届党支部的换届选举工作。2010年前有村（居）“两委”干部115名，其中村“两委”干部108名，社区“两委”干部7名，其中党支部书记、主任一肩挑24名，占88.89%。

【工业企业】 抓好招商引资，大力发展四级企业。一是优化招商引资环境和创新招商方式及完善招商引资工作责任制；二是重点抓好老企业的开发利用；三是积极发展第三产业；四是加快民营经济发展；五是强化安全生产的监督与管理，未出现有安全生产责任事故。2010年引进招商引资项目10多个，引资金额8000多万元。2010年全镇企业个数20多个，四级企业收入达15500万元；第二、三产业收入达26261万元。

【农业和农村工作】 精心做好农业规划布局，突出区域优势，扶强做大七大农业主导产业。一是做强做大兰花产业，打造知名的兰花专业镇，到目前为止面积已达1万多亩，是中国最大国兰生产基地；二是水稻种植面积稳定在3.6万亩，优质稻占100%；三是蔬菜种植面积22628亩（含复种），年收入4000多万元；四是糖蔗、果蔗种植面积8535亩，其中糖蔗4395亩，果蔗5400亩，年收入5400万元；五是蚕桑以长江、蓝坑等村为主，有桑园面积3605亩，年蚕茧收入达1800万元；六是加快生态公益林和商品林基地建设，强化森林资源管理和护林防火工作。全镇林改任务共38.9万亩，涉及24个村，266个村小组，2010年年底基本完成林改工作任务；七是水果，以九仙桃品牌优势，推进其他水果基地建设，已形成具有规模优势的九仙桃长廊，2010年有水果面积9529亩，年收入达400多万元。同时，引导农民大力发展畜牧水产经济，2010年畜牧水产收入达5000万元。全镇建立有各类专业合作社18个。

【信访维稳】 江尾镇辖下有24个村委会和3个社区居委会，总人口44387人，镇内有电站14座，各类厂矿企业20多家。我镇地阔人多复杂，镇党委、政府在2009年冬成立了“江尾镇综治信访维稳中心”和领导小组及配备了专职人员，进一步健全镇、村、组调解信息网络，实行镇、村（居）领导包案和责任追究制，形成一级抓一级，层层抓落实的格局。上下全力做好综治信访维稳和人民内部矛盾纠纷的调处化解工作。2010年全镇共排查各类矛盾纠纷154宗，比上年增加15宗，调处147宗，调解率95.3%，镇调委会调处72宗，其中领导包案23宗，调处成功率93%；村（居）调委会调处82宗，成功调处78宗，调处成功率95%。17个村委会到2010年按创建标准已建成平安村。

【文教医疗卫生】 加强镇村文化阵地建设，2010年镇投入资金近万元，改善了文化室、会议室环境，新建了24个村小组文化室共24间，投资34多万元在17个村委会办起了农家书屋。教育工作，中小学校不断创新理念，在整合教学资源、扩大办学规模、改善办学条件，不断优化育人环境，加强师资队伍建设，在社会化教学改革、提高教育教学质量等方面取得了重大突破，校园面貌焕然一新，教师业务素质和学生综合素质不断提高，适龄儿童入学率达100%。医疗卫生事业不断向前发展。江尾镇卫生院争取省财政补助100万元，新建住院综合楼一栋三层，面积900多平方米，自筹资金10万元购置医疗设备一批。2010年农村合作医疗覆盖率达100%，合作医疗住院补偿2004人次，金额达3092913万元。农村医疗站工作业务正常开展，婴幼儿防疫达100%，城乡居民建立健康档案达1.4万多人。重点解决了省县公路沿线20多个垃圾池的清理整治。投入190吨水泥完善了联明邓屋、新生刘罗、南塘等示范点的街道、排水沟、道路等设施。完成农村改厕1000多户。

【计划生育】 2010年已婚育龄妇女899人，出生533人，政策内出生512人，政策生育率为96.06%，其中一孩出生299人，政策内298人，二孩出生226人，政策外出生20人，三孩以上8人，政策外出生0人。全镇共落实四术400例，其中结扎169例（纯二女扎27例），上环189例，补救措施42例。全镇24个村委、3个社区居委中有18个实现无政策外出生，占66.67%。

【民生关注】 全镇有164位无依无靠、独立生活能力差的老人列入“五保”范围，集中在镇敬老院供养的有64人，分散供养的有100人。2010年底，帮助644户，1660人办理了最低生活保障。2010年为特困家庭200多人给予生活资助，金额4万元；镇妇联积极组织开展“爱心父母牵手困境儿童”活动，使25名困境儿童得到帮扶。全镇省定贫困村有蓝坑、鹤仔、松岗、松塘、仙北、九仙、仙南、中村、枚斜、热水、黄洞、联益、江尾等共13个，贫困村内有贫困户1131户，贫困人口3834人，由省直和中直单位负责帮扶1个村，江门市帮扶7个村、韶关市内直单位帮扶3个村、县直单位帮扶2个村，积极开展扶贫开发“双到”工作，2010年帮扶资金达300多万元，主要用于建设道路、水利设施、改善村委办公环境、购买各种生产资料给贫困户发展生产、改建危房、投入村经济项目增加村集体收入等，2010年帮扶成效显著。

【支农惠农】 2010年全镇核实种粮综合直补有持9405户，面积达52321亩，共发放金额300万元；良种补贴面积5万亩，金额100万元；玉米补贴1000多户，面积4000多亩，金额10万元。汽车补贴111（台）户，补贴金额45万元，家电下乡补贴1500户，补贴金额46万元。

【“5·6”洪灾及灾后重建】 5月6日，百年一遇的特大洪魔，造成江尾镇24个村委、2个社区受灾惨重。据统计，受灾户4367户，受灾人口2170人，受浸房屋6350间，倒塌房屋530间，全倒户103户，农作物受灾面积9300亩，水产过水面积7500亩，冲毁桥梁9座，损坏路基23公里，公路塌方138处，损坏灌溉设施7500处，紧急转移人口1万多人，抢救被围困人口8160人，淹死牲畜520头，不能复耕的耕地面积1000多亩，直接经济损失达1250多万元。灾情发生后，镇成立了3个救灾工作组。全镇共发放救济粮食5.6吨，棉被、衣物一大批，帮助105户全倒户新建楼房且在国庆、元旦前入住新居，共发放建房补助金130万元。

（马凤龙）

附：领导班子成员名单

党委书记、人大主席：丘雪媚（2010.8—）
党委副书记、镇长：涂千忠（2008.8—）
党委副书记：胡俊礼（2010.9—）
党委委员、副镇长：罗德谦（2006.10—）
副镇长：李国成（2006.10—）
副镇长：易昌荣（2006.10—）
党委委员、纪委书记：黄少辉（2006.10—）
党委委员、人大副主席：曾繁忠（2006.10—）
党委组织委员：张浩铎（2006.10—）
党委宣传委员：马凤龙（2006.10—）
党委委员、武装部长：张福贵（2006.10—）
党委委员：李先德（2009.6—）
党委委员：沈锦长（2009.8—）

2010年江尾镇主要经济指标

指 标	单 位	数 量		指 标	单 位	数 量	
		2009年	2010年			2009年	2010年
农业牧渔及服务业总产值（当年价）	万元	44580	49532	生猪存栏量	头	12408	10767
工业总产值	万元	11399	12556	水果总产量	吨	9529	12061
固定资产投资	万元	2315	2670	中 学	所	2	2
招商引资实际投入	万元	2400	3300	小 学	所	23	23
财政收入	万元	900	1220	中小学在校生	人	3989	3650
农民人均纯收入	元	4710	5347	中小学在职教师	人	289	285
粮食总产量	吨			水泥公路	公里	13	25

2010年江尾镇村（居）委会基本情况

序号	村（居）委会	书记	主任	村民小组（个）	总户数（户）	总人数（人）	集体经济收入（万元）	农民人均纯收入（元）
1	联明	邹和先	邹和先	10	335	1192	1.5	5495
2	南塘	沈成柱	沈成柱	16	660	2378	2.5	5273
3	江尾	廖振新	廖振新	9	497	1867	3.1	5362
4	联光	陈亮恒	陈亮恒	8	295	1327	1.8	5462
5	长江	钟日溪	钟日溪	13	469	1998	1.9	5315
6	白莲	朱元芳	朱元芳	11	459	1860	1.8	5344
7	联益	刘准源	刘准源	8	303	1225	3.1	5461
8	连溪	吴先寿	吴先寿	6	180	768	1.4	5729
9	新生	李文煌	李文煌	15	570	2100	1.9	5267
10	蒽岭	张子信	张子信	13	532	2183	2.0	5268
11	径群	李亮花	李亮花	9	425	1647	1.1	5313
12	径丰	张达生	张达生	18	381	1721	1.8	5340
13	江尾居委	冯应南	冯应南					
14	蓝坑	李全德	罗志光	9	198	7798	3.2	5627
15	鹤仔	郑柏英	郑柏英	12	273	1074	3.3	5458
16	松岗	丘书生	丘书生	13	540	2366	3.4	5204
17	松塘	马祝龙	马祝龙	17	676	2728	3.8	5224
18	仙北	王镜如	陈志群	13	530	2430	4	5230
19	九仙	王健南	王健南	10	500	2252	3.2	5222
20	仙南	丘佛成	丘佛成	14	516	2226	3.3	5238

续上表

序号	村（居）委会	书记	主任	村民小组（个）	总户数（户）	总人数（人）	集体经济收入（万元）	农民人均纯收入（元）
21	中村	丘华兴	丘华兴	14	458	2010	3.6	5264
22	仙鹤居委	丘渊明	丘渊明					
23	东鹊	李志明	李志明	5	165	1052	2.3	5377
24	黄洞	黄明周	黄明周	6	243	713	3.5	5580
25	梅斜	毛捷新	毛捷新	9	267	1151	3.3	5508
26	热水	华德生	陈石清	9	141	610	3.3	6033
27	红岭居委	丘联清	丘联清					
28								
29	合计							5347

坝仔镇

【概况】 坝仔镇位于翁源县东北部，占地总面积384平方公里，毗邻始兴县、河源市和江西省，距县城20公里，省道S244线、S245线贯穿镇境；辖22个村委会、2个居民委员会及综合场，有322个村民小组，总人口为50179人，其中农业人口37109人，是翁源县边陲重镇。建于清乾隆年间的“花桥”和建于清康熙四十八年的“八角塔”结构巧妙、造型美观、气势雄伟，是当地的古建筑文物。

该镇实施“南边柑橙北边茶，东北梅李西蔗桑，中心地带种蔬菜，沿路林竹上山冈”的农业结构调整思路，“三农”工作取得了新突破，粮经作物比例达到3∶7，形成了“小区域，大农业”的生产发展新格局。

2010年，镇党委、政府紧紧围绕提出的“创建生态名镇，构建和谐之乡”的奋斗目标，抓住战略机遇期，以发展为第一要务，以稳定为第一责任，积极推进农、林业发展，加快基础设施建设，致力改善人民生活，努力克服“5·6”特大洪灾等自然灾害的影响，全镇经济社会发展取得了历史性成就，较好地完成了“十一五”规划所确定的各项目标。国民生产总值从“十五”末的50285万元增加到84302万元，净增34017万元，年均增长12.4%，超出了“十一五”预期年均增长12%的目标。农民人均纯收入2010年底5878元，比“十五”末的3437元增加2441元，年均增长14%；固定资产投资突破2750万元，比“十五”末的1330万元增加1420万元，增幅106.8%。

全年共召开党政班子会议24次，讨论决定事项89项，政府民主科学决策的机制进一步发挥。公开政务信息64条，办理“网络问政”18宗；坚持依法行政，主动接受人大监督，广泛听取工青妇等群团组织及社会各界意见，全年共办理人大代表建议5件，认真落实廉政建设责任制，党政班子签订了廉政承诺书，政府廉政建设取得新成效。

2010年经多方筹资48多万元，安装了坝仔墟镇长达两公里的街道路灯，实现了街道亮化，解决了居民夜间出行难的问题。投资10多万在镇政府部门的街道周边种植了花木，美化了环境，增添了绿色。省道245线六里至坝仔段路面维修如期完成；争取县交通、公路部门的支持，铺设了群辉、蓝河、良星、饶村等村共长达近6.8公里的通村水泥路面，解决了群众行路难的问题。

【工业企业】 抓好招商引资，大力发展现代农业。一是继续做好粤台农业示范区项目引进和园区基础设施建设工作；二是重点抓好老企业的开发利用，如蓝河村胜龙茶场继续追加800万元投资，主要用于完善基础设施建设、扩大种植面积、增加茶叶生产线和开办养殖场；三是加大招商引资力度，进一步优化投资环境；四是加快民营经济发展；五是强化安全生产的监督与管理，2010年末出现安全生产责任事故。

【农业和农村工作】 2010年粮食作物种植面积52000多亩，蔬菜等经济作物种植37000多亩（含复种），渔业养殖2300多亩，生猪出栏17000多头；同时抓好良种推广、规范化栽培、地膜覆盖等增产措施，有效地促进了农业的稳定、健康发展。

进一步落实农村种粮直补政策，全年用于农村种粮直补的专项资金达345多万元，大大提高了农民种粮积极性。

争取和投入资金3600万元实施岩庄水库除险加固工程；投资450万元的良星村农田低改高工程已经完工；此外，投资7900万元的岩庄水库灌溉渠维修工程即将动工，此渠贯穿金鸡、鲁溪、上爱、辉岭、金星、珍田、蓝河、良星等村委，工程投入使用后将有效解决农业生产的灌溉问题。

以乡村“清洁美”为着手推进新农村建设。已成功申报梅村省级和辉岭县级二个新农村示范点。

2010年共完成荒山造林任务10000多亩，并已初步通过了省创建林业生态县工作验收组的验收。在集体林权制度改革方面，全镇山林总面积47万亩，基本完成外业勘查、山林纠纷成功调处105宗、档案整理工作都已基本完成，目前已经入林权证发放阶段。

【信访维稳】 辖有22个村委会和2个社区居委会及综合场，总人口50179万多人。镇党委、政府成立了“坝仔镇综治信访维稳中心”和领导小组及专职人员，进一步健全镇、村、组调解信息网络，实行镇、村（居）领导包案和责任追究制，形成一级抓一级，层层抓落实的格局。上下全力做好综治信访维稳和人民内部矛盾纠纷的调处化解工作。

2010年，全镇共排查各类矛盾纠纷518宗，调处518宗，调解率100%，调处成功487宗，成功率94.0%。其中村（居）调委会调处了537宗，成功调处533宗，调处成功率99.3%；镇综治信访维稳中心共受理矛盾纠纷案件53宗，调处53宗，成功调处48宗，调处成功率90.6%。村居综治信访维稳工作站的成立，使得今年受理的各类矛盾纠纷同比上升69.3%，充分发挥了村居综治信访维稳工作站作为“第一道防线”的作用。全镇22个行政村有21个村委会已通过县“平安村”考核验收。坝仔派出所2010年共立刑事案件61宗，同比减少30宗，下降33.0%；受理治安行政案件122宗，同比增加19宗，增加18.4%。

【计划生育】 2010年已婚育龄妇女10237人，出生630人，政策内出生613人，政策生育率为97.3%，其中一孩出生388人，政策内388人，二孩出生237人，政策外出生17人，三孩以上5人，政策外出生0人。全镇共落实四术523例，其中结扎237例（纯二女扎61例），上环203例，补救措施83例。全镇22个村委、2个社区居委中有15个实现无政策外出生，占62.5%。

【民生关注】 全镇共有526户特困农户，1524人享受了农村低保补贴，有五保户168人得到了五保供养；敬老院的生活条件得到进一步改善，增添绿化、安装太阳能热水器等，入院人数也由原来的18人增加到39人。另外残疾人事业也有长足进步，成立了残疾人工作委员会和残疾人联合会，使残疾人事业有一个健全的领导核心，并在岩庄社区成立残疾人康复中心。

2010年为特困家庭给予生活资助52017元；镇妇联积极组织开展“爱心父母牵手困境儿童”活动，使29名困境儿童得到帮扶。单亲母亲安居房工程和困难母亲信息化扶贫共帮助10户人家解决燃眉之急。

全镇省定贫困村5个，贫困村内有贫困户1250户，贫困人口3630人，由省直单位负责帮扶2个村，江门市帮扶3个村，帮扶单位积极开展扶贫开发“双到”工作，2010年帮扶资金达90多万元，主要用于建设道路、水利设施、改善村委办公环境、购买各种生产资料给贫困户发展生产、改建危房、投入村经济项目增加村集体收入等，成效显著。

【文教医疗卫生】 教育工作。中小学校不断创新理念，在整合教学资源、扩大办学规模、改善办学条件，不断优化育人环境，加强师资队伍建设，社会化教学改革，提高教育教学质量等方面取得重大突破，校园面貌焕然一新，教师业务素质和学生综合素质不断提高，适龄儿童入学率达100%。

医疗卫生事业。坝仔镇卫生院争取财政补助100万元，新建住院综合楼一栋3层，面积1836平方米，自筹资金15万元购置医疗设备一批。2010年合作医疗工作取得了新进展，农村实际参合达42343人，占应参保人数的98%，1619多人次得到了住院报销补偿，金额达316万元，其中7人得到了医疗救助，有效缓解农民看病难看病贵问题。

全镇14个村委会建设和完善了篮球场，配套了篮球架和乒乓球桌。芙蓉村文化宫落成，组织了舞狮、舞鲤鱼、舞龙、舞纸马、抬轿、花嫂子歌舞团等一批民间艺术队伍，其中“舞鲤鱼”在省旅游节游行中获省一等奖。民间艺术团经常下乡演出，丰富了农民文化生活，弘扬了地方特色文化。

【“5·6”洪灾及灾后重建】 “5·6”特大洪灾，造成全镇受灾人口2万多人，农作物受灾面积8214亩，直接经济损失达3600万元。在镇党委的坚强领导下，全镇上下风雨同舟，取得了抗洪救灾和重建家园的全面胜利。一是坚持把抢救人的生命放在第一位，在转移受灾群众中，实现了无一人伤亡。二是及时下拨130万元救灾资金和生活物资，确保了灾区群众基本生活正常有序和应急救灾的有效推进。三是全力做好重建家园工作，全镇84户全倒户在国庆期间全部搬入新居。四是投入复耕资金90万元，7000亩受灾农田已全面完成复耕。五是投入近80万元，修复了重点水毁水利设施和水毁交通设施。

【支农惠农】 2010年全镇核实种粮综合直补有8209户，面积达49982亩，共发放金额3198834元；良种补贴面积49982亩，金额1249550元；玉米补贴120户，面积785亩，金额7850元。汽车补贴885户，补贴金额470792元，家电下乡补贴3000户，补贴金额867027元。

【基层组织建设】 镇分设有38个党支部，其中镇属机关党支部14个，社区居委会党支部2个，农村党支部22个，总有党员1749名。2010年全镇共吸收新党员45名。12月底按省、市、县部署和要求圆满完成了村第五届、社区居委会第四届党支部的换届选举工作。现有村（居）“两委”干部106名，其中村“两委”干部98名，社区“两委”干部8名，其中党支部书记、主任一肩挑21名，占87.5%。

（黎志和）

附：领导班子成员名单

党委书记、人大主席：李尚新（2008.07—）
党委副书记、镇长：刘彩新（2009.06—）
党委副书记：练培新（2009.05—）
党委委员、副镇长：朱　锐（2009.06—）
副镇长：刘树强（2004.12—）
党委委员、纪委书记：张永平（2010.07—）
党委委员、人大副主席：朱群星（2004.12—）
党委组织委员：刘运明（2009.05—）
党委宣传委员：康丽香（2010.09—）
党委委员、武装部长：吴祖松（2010.09—）

2010年坝仔镇主要经济指标

指标	单位	数量		指标	单位	数量	
		2009年	2010年			2009年	2010年
农业牧渔及服务业总产值（当年价）	万元	24196	25205	生猪存栏量	头	10300	9208
工业总产值	万元	15356	16692	水果总产量	吨	6851	6809
固定资产投资	万元	2300	2800	中学	所	3	3
招商引资实际投入	万元	1500	2000	小学	所	25	25
财政收入	万元	2146	2367	中小学在校生	人	4950	4956
农民人均纯收入	元	4888	5878	中小学在职教师	人	333	333
粮食总产量	吨	17109	17503	水泥公路	公里	7	8.1

2010年坝仔镇村（居）委会基本情况

序号	村（居）委会	书记	主任	村民小组（个）	总户数（户）	总人数（人）	集体经济收入（万元）	农民人均纯收入（元）
1	三 坑	陈志根	陈志根	28	1264	4688	8	5949
2	新 梅	李仲富	李仲富	15	440	1793	7	5767
3	芙 蓉	刘锦太	刘锦太	11	576	2159	2	6021
4	梅 村	刘正成	刘正成	10	499	2049	10	6266
5	珍 珠	刘新发	刘新发	9	296	1229	8	6159
6	良 星	吴小红	吴小红	9	363	1231	2	5776
7	辉 星	黄寿勇	黄寿勇	26	904	3640	3.6	6120
8	上 爱	肖大联	肖大联	14	727	2711	5	5773
9	金 星	钟广英	钟广英	20	984	3213	13	6210
10	珍 田	李细民	李细民	11	635	2508	4.5	6200
11	辉 岭	赖克周	赖克周	12	499	1852	9	6053
12	上 洞	许望祥	许望祥	18	661	2551	13	6141
13	蓝 河	彭思优	彭思优	14	497	1848	3	5936
14	鲁 溪	林发昌	朱伙曲	13	390	1390	5	5971
15	一 心	叶洪源	叶洪源	16	622	2188	4	5530
16	金 鸡	镇派	廖坚提	14	485	1692	3	6058
17	笋 洞	廖春明	廖春明	12	318	1314	3.5	6050
18	礼 岭	郑会娣	郑荣树	9	338	1305	3	5785
19	中 洞	郭武科	郭武科	8	344	1334	7	6130
20	半 溪	张程彬	张程彬	15	397	1446	8.5	5989
21	群 辉	谢永芳	谢永芳	20	619	2328	8	6097
22	饶 村	刘和国	刘和国	18	568	2358	3	5759
23	岩 居	叶大亮	叶大亮		337	648		
24	坝 居	包伟生	包伟生		881	2704		
合计				322	13644	50179		

周 陂 镇

【概况】 周陂镇地处翁源县南部，距县城21公里，南与新丰县交界。2010年，辖18个村委会和2个居委会，总人口43853人，其中农业人口40726人，是韶关市“百镇千村平安建设示范镇”。全镇总面积230平方公里，耕地面积4.95万亩，林地面积20万亩，有小中型山塘、水库53座，蓄水量832.1万立方米。该镇气候温和，光照充足，适宜作物生长，是传统的农业镇，种植有蔬菜、糖蔗、蚕桑、水果、花卉、黎蒴等经济作物。农村实现100%镇通村道路硬底化，全面实现固定、移动电话、宽带网络、有线电视光缆传输信号覆盖。该镇有陈家祠、鹤蚌舞、烟火戏等传统文化遗产。

镇机关设综合性办事机构7个，具体有党政办公室（加挂人大办公室牌子）、农业办公室（加挂统计工作站牌子）、社会事务办公室（加挂劳动保障事务所牌子）、计划生育办公室、经济发展办公室（加挂安全生产监督管理站牌子）、规划建设办公室、维护稳定及社会治安综合治理办公室，全镇机关行政编制为45名，现有41人。全镇事业机构有环境卫生管理所、计划生育专业服务队和文化站，其中，环境卫生管理所编制18名，现有18人，文化站编制3名，现有2人，计生编制9人，计划生育专业服务队现有9人，后勤服务等镇聘用人员5人，离退休干部19人。

【基层组织建设】 周陂镇分设有37个党支部，其中镇属机关党支部17个，社区居委会党支部2个，农村党支部18个，共有党员1490名，其中机关党员401名，农村党员1089名，2010年全镇共吸收新党员48名。有村（居）“两委”干部91名，其中村“两委”干部85名，社区“两委”干部6名，其中党支部书记、主任一肩挑17名，占80%。

【农业农村工作】 2010年，周陂镇农村经济总收入5.93亿元，其中农业收入2.9亿元，农民人均收入5726元。该镇在稳定粮食生产的基础上，积极调整农业生产结构，种植蔬菜面积2.4万亩，花生面积3700亩，玉米面积2100亩。周陂镇特色农业主要有糖蔗、果蔗、桑蚕、蔬菜、玉米制种、礤头山茶油等主导产业。全镇有糖蔗1.4万亩，果蔗6000亩，桑蚕2300亩，蔬菜2.4万亩，玉米制种面积1500亩，礤头山茶油1000亩，水果种植面积2700亩。围绕推广新技术、引进新品种，举办了多期农业技术培训班，培训1000多人次；开展农技咨询服务，共接受群众技术咨询服务1万人次；推广小拱棚蔬菜1000亩，地膜花生3700亩，地膜糖蔗、果蔗6000亩；推广测土配方施肥1000亩。

农村基础设施建设。2010年争取上级400多万元资金支持，建成覆盖周陂墟镇及周边高一、光明、阳东、阳西共22000多人口的农村饮用水工程，结束了墟镇及周边村没有自来水的历史。

成立农民专业合作社。成立了六个农民专业合作社：一是龙田沙田柚农民专业合作社。二是溶植圣蔬菜专业合作社。三是同益果蔬专业合作社。四是鼎丽养兔农民专业合作社。五是礤头山茶油农民专业合作社。六是润农玉米制种农民专业合作社，其中溶植圣蔬菜专业合作社已申报有绿色食品认证。

【扶贫“双到”】 2010年，周陂镇对6个未实现硬底化的自然村道实施硬底化建设，建成硬底化村道8公里，实施水利项目15宗，改善灌溉面积4000多亩。完成了2宗病险山塘水库的除险加固工程。完成农村饮水工程1宗，解决了1360多人饮水安全。实施乡村“清洁美”工程，建立健全农村卫生清洁制度，建设垃圾池20多个。开展农业实用技术培训班12期，提高发展农业生产的技术本领。按照“培训一人、输出一人、就业一人、脱贫一户”的目标，鼓励和支持贫困家庭应届初中毕业生18人就读扶贫技校。鼓励农村富余劳动力250人参加技能培训，培训期满合格后输送到外地务工，以增加贫困户的经济收入，争取早日脱贫。为发展特色产业，成立了礤头山茶油农民专业合作社，翁源县润农玉米制种专业合作社，茂安糖蔗种植专业合作社。积极推进公司+合作社+农户的生产合作模式，引导356户贫困户发展特色农业，“订单农业”，打造具有地方特色农产品的生产基地，增加贫困户收入，实现了“扶贫扶出产业来，扶出特色来”。

为增加村集体收入，通过县政府让出黄竹坪水电站股份，将帮扶单位的资金“打包入股”水电站分红，使村集体收入达3万元以上。另一方面，着力改善村委会办公条件，实现村组织活动阵地“五有”，使6个村委会面貌焕然一新。实行“村干部承诺、评议、考核制度”、帮助村“两委”建立健全议事决策程序、村民代表会议制度、村规民约、财务公开规章制度，确保各项工作管理有制度、办事有章法、行为有准则，进一步提高了村干部的精神面貌。据统计自2009年开展双到工作以来，周陂镇的扶贫“双到”工作取得了显著成效，全镇6个省级贫困村已落实帮扶资金548万多元，实施帮扶项目200多个，在发展产业，帮助贫困户纳入低保，医保，组织技能培训，劳务输出等方面已做了大量工作，村容村貌已焕然一新，通过帮扶全镇共322户贫困户已脱贫，占贫困户84.5%。

【林业】 坚持“封、管、造”并举的工作方针，加大打击破坏森林资源行为和护林防火工作的力度，有效保护了森林资源，做好灭荒、泥石口、万村绿和林权制度改革等方面的工作。2010 年全镇冲刺攻坚行动灭荒造林任务 2640 亩，余下以集体补植、私人经营相结合的形式进行补植造林。完成幼林幼育 2500 亩，泥石口复绿 654 亩，“万村绿”完成了四个村（一个省级新村，三个县级自然村）的绿化工作。

林权制度改革。2010 年 3 月底完成村与村小组的林权制度改革实施方案，到年底已完成了摸底与第一期公示工作。外业勘界完成宗数 603 宗，面积为 20.3 万亩，山林纠纷摸底 69 宗，现在已完成调处 54 宗，调处面积为 2.1 万亩。按规定建立了林权档案管理制度，各村小组的林改方案、承包合同、会议记录等林改资料已经归档保存，同时建立了齐全、完备的电子台账。

【经济】 2010 年加大了招商引资力度，引进了一批外商到周陂镇投资置业。重点引进了投资 9000 多万元、面积 622 亩的广州华力园艺公司周陂花卉基地已经投入生产，带动和转移周边农村剩余劳动力 200 多人；投资 750 万元的清源畜牧场即将竣工，猪场建成后年出栏肉猪可达 15000 头；景安矿业投资 1000 多万元，建成投产可实现税收 100 多万元。

加大了财政改革力度，促进财税金融持续增长。实行国库集中支付制度，规范财政收支行为。2010 年底，镇金融机构个人存款达 2.8 亿元，国地两税税收收入首次突破千万元大关，创历史最高水平。

安全生产。2010 年该镇加强了安全生产监督管理机构和队伍建设，加大经费投入和执法力度，重点加强对陈村、黄河铁矿和已关闭煤山的检查、督促，杜绝了事故发生。

【综治信访维稳】 综治维稳：由综治办牵头，积极调动各职能部门的积极性和社会各种力量，组织发动群防群治，大力推动治安综合治理工作，确保社会的和谐稳定。组织派出所、工商所、国土所、经济办等部门对全镇范围的矿山、煤山等进行定期、不定期的集中整治，打击非法开采小煤窑、采矿的行为，维护社会稳定。组织派出所、工商所、中小学校等对学校周边的餐饮摊点、零售点、网吧等进行了排查登记，对不符合要求的商户发了限期整改通知，对逾期不整改的依法进行了查处。通过综合治理取得了良好的效果，全镇未出现影响学校教育秩序的事件。2010 年，周陂镇派出所立各类刑事案件 49 宗，破获 33 宗，破案率为 67%，立案绝对数比 2009 年减少 23 宗，破案绝对数比 2009 年减少 6 宗；受理治安案件 92 宗，查处 92 宗，治安查处比 2009 年少 26 宗，查结 50 起，查结率比 2009 年多 1%，拘留、处罚违法人员一批，解决各类民事纠纷 48 起，有效打击了各类违法犯罪。

加强刑释解教人员安置帮教和社区矫正工作。2010 年，共接收安置帮教对象 12 名，社区矫正对象 3 名，综治办和司法所对“两劳”释放人员进行了登记造册逐一建档，并建立了帮教责任，及时跟踪帮教，协调安置就业，鼓励他们自谋职业或外出打工，使他们都能安心生活和工作。经过帮教，该镇“两劳”释放人员走上了自食其力的道路，没有发现重新犯罪的现象。

信访工作。2010 年，全镇共排查出各类矛盾纠纷 165 宗，调处 165 宗，成功调处 163 宗，调解成功率达 98.8%；中心共接待群众来信来访 73 批，立案 52 宗，调处 52 宗，办结 51 宗，办结率达 98%。经过排查调处，全镇没有发生重大恶性事件。2010 年广州亚运会期间未出现越级到市、省上访。同时还开展了“百镇千村平安建设工程”活动和“无矛盾出村”活动，各村都已达到平安村建设标准（十无四增强），也达到平安镇标准。

反邪教工作。2010 年开展无邪教镇、村创建活动，增强广大群众防范和抵御邪教的意识与能力。（1）开展经常性宣传教育，利用各村宣传栏和干部入村宣传的方法，开展形式多样的宣传教育活动；（2）认真做好上海世博会的宣传活动和做好“迎亚运、反邪教、促和谐”宣传活动，通过召开会议和发放资料等形式进行防范“法轮功”邪教组织干扰破坏上海世博会和广州亚运会的宣传活动。全年在周陂镇范围内没有发现“法轮功”和其他邪教组织。

【计划生育】 2010 年元旦春节期间对新修订的计划生育条例进行全面宣传，通过印发宣传小册子和挂历、茶杯等方式宣传，加大投入加强创省优工作力度。2010 年全镇筹措 12 万元对镇计生服务所进行了全面的改造。外观形象按“六统一”的标准进行装修，有牌子、灯箱、大堂标识、统一服装、科室安排合理，有统一的楼屋示意图，手术室达到“三通”的标准。创新工作方法，健全“常抓、常管、常查、常考、常评”的长效工作机制；深入开展创“两无”活动，严格控制人口过快增长，稳定低生育水平；进一步加强流动人口的计划生育管理和服务工作；成立专门的流动人口计划生育管理领导小组，制定流动人口计划生育服务管理专项活动方案，加强流动人口计划生育新机制的建设，提高流动人口计划生育服务水平。2010年计生工作取得了明显成效，全镇共落实“四术”405例，其中结扎192例（含纯二女扎31例），上环172例，补救措施41例，节育率80.9%，计划生育率96.32%，14个村居达到“双无”标准。

【文教医疗卫生】 2010年该镇教育事业健康发展，12月顺利通过了省教育督导组的督导验收，成为“广东省教育强镇”。通过创建教育强镇活动，在全镇范围内提高了尊师重教的良好氛围，完善了学校设备设施，优化了学校管理，教育教学质量和办学效益得到全面提高。周陂“陈氏宗祠”修缮工作全面完成，“礤下烟火戏”正在申报省文化遗产名录；大力推进医疗卫生保健工作的落实，积极开展中医工作先进县创建活动，继续抓好新型农村合作医疗，城乡医疗卫生设施建设逐步完善，周陂镇中心卫生院新建住院及办公大楼已投入使用。

【“5·6”洪灾及灾后重建】 2010年5月5日至6日洪灾中，周陂镇有12个村受灾，受灾户675户共3100人，房屋受浸2958间，倒塌房屋116间，全倒户30户，农作物受灾面积6580亩，水产过水1500亩，损坏路基5.8公里，公路塌方7处，损坏灌溉设施43处，淹死牲畜65头，不能复耕的耕地37亩，直接经济损失2980万元。为做好救灾复产和灾后重建工作，周陂镇成立救灾复产工作领导小组，指导、帮助灾区开展救灾复产工作，发放大米3批共8000斤，受益灾民232户；发放棉被55床、单被55床，毛毯25床，衣服70多套。参加救灾复产、灾后重建3200人，安置全倒户30户、86人，农作物灾后复产6580亩，修复灌溉设施28处，学校围墙160多米，水毁农田复耕37亩，修复路基180米，塌方公路5处，全镇共投入救灾复产资金25万元。

（李仁信）

附：领导班子成员名单

党委书记、人大主席：柯建忠（2007.1—）
党委副书记、镇长：胡可清（2007.1—）
党委副书记：刘克初（2009.5—）
党委委员、副镇长：李宗强（2006.9—）
副镇长：林锦兵（2009.12—）
党委委员、纪委书记：许庆源（2006.3—）
党委组织委员：徐神辉（2004.12—）
党委宣传委员：张朗洪（2004.12—）
党委委员、人大副主席：肖慧霞（2001.11—）
党委委员、武装部长：王庆通（2002.2—）

2010年周陂镇主要经济指标

指标	单位	数量		指标	单位	数量	
		2009年	2010年			2009年	2010年
农业牧渔及服务业总产值（当年价）	万元	30450	32345	生猪存栏量	头	21099	17584
工业总产值	万元	9870	10210	水果总产量	吨	2337	2304
固定资产投资	万元	2850	4950	中学	所	2	2
招商引资实际投入	万元	2950	5000	小学	所	17	17
财政收入	万元	221	442	中小学在校生	人	4264	3762
农民人均纯收入	元	5023	5726	中小学在职教师	人	213	286
粮食总产量	吨	15806	15207	水泥公路	公里	7.5	7.12

2010 年周陂镇村（居）委会基本情况

序号	村（居）委会	书记	主任	村民小组（个）	总户数（户）	总人数（人）	集体经济收入（万元）	农民人均纯收入（元）
1	光明	江方明	江方明	20	675	2986	30	5615
2	高一	甘展雄	甘展雄	17	732	3198	22	5617
3	高二	曾献参	曾献参	9	340	1680	18	5754
4	阳东	许增春	许增春	12	458	1763	15	5729
5	阳西	林有妹	许厚诚	15	533	2236	17	5500
6	洪兰	张卓华	罗观兴	13	510	2183	37	5680
7	新安	吴寿荣	吴寿荣	9	250	1050	62	5562
8	藤山	张元帮	张元帮	17	438	2096	3.5	5610
9	坤山	张新业	张新业	29	1100	4500	20	5627
10	双联	朱先均	朱先均	12	310	1340	21	6040
11	双青	陈参权	陈参权	12	268	1375	18	5984
12	龙田	陈伟明	陈伟明	12	341	1552	3.5	5843
13	哈水	徐院丰	徐院丰	13	300	1362	6	5589
14	陈村	雷展来	雷展来	25	575	2631	386	6180
15	黄河	何汉先	何汉先	24	650	2850	357	6041
16	集义	雷福初	雷福初	24	635	3017	13	5684
17	礤下	何恒春	何恒春	29	783	3336	12	5588
18	礤头	邬福添	宋振福	11	367	1745	14	5475
19	周居委	朱永添	朱永添		550	2509		
20	礤居委	何镜芳	何镜芳		318	635		
合计					10133	44044		

官　渡　镇

【概况】 官渡镇是2004年经省民政部门批准，由原官渡、六里、庙墩三镇合并组建而成。该镇位于翁源县西南部，北接江尾镇、翁城镇，东与龙仙镇、周陂镇交界，南与英德市青塘镇为邻，北江支流——翁江自西向东横穿境内。官渡镇交通区位十分优越，国道106线与省道S341线在境内交汇，南距广州196公里，北距韶关77公里，东距县城龙仙30公里，距京珠高速翁城出入口仅14公里，是粤北重镇——韶关市通往珠三角的南大门。全镇总面积约234平方公里，下辖19个村民委员会和2个居民委员会，总人口48952人。2010年，全镇工农业总产值58132万元，农村人均收入5424元。

官渡历史悠久，人杰地灵。官渡古名为细草岗，因传说古时有一官员在此买船设渡口方便百姓过河，当地百姓为纪念他便把渡口改称官渡，并引申为地名沿用至今。历史长河，悠悠岁月，在官渡这片热土上贤才良将辈出，蜚声海内外，如明朝抗倭名将吴广（与陈嶙同一时期，官渡坪田村人）。而现入籍美国、著名油画作家涂志伟先生便是官渡镇龙船村人。

官渡镇地处翁江中上游，地面海拔100米左右，属山地丘陵河谷盆地，拥有大量面积25度以下低矮山坡地可供开发利用。气候终年温暖，偶有降雪，属亚热带气候，终年平均气温达到20.2℃，雨量充沛，为发展“三高”农业和开发小水电提供了有利条件。其中，坐落在官渡镇的茂源糖业有限公司（原翁源糖厂）发展态势良好，正朝着产值超亿元、税收超千万的方向迈进。另一方面，采取外引内联等方式，多方筹集资金，开发丰富的水电资源。目前，全镇已建成投产发电的水电站有10座，装机容量近18000千瓦。

近年来，官渡镇充分利用地理位置优越、交通便利的有利条件，紧紧依托广东省官渡经济开发试验区，通过招商引资、走新型工业化道路，努力发展壮大镇域经济，成为全县经济发展的前沿阵地，全镇农业招商和工业引资出现前所未有的发展势头，人民生活安居乐业，各项事业蓬勃发展。

【基层组织建设】 镇分设有32个党支部，其中镇属机关党支部11个，社区居委会党支部2个，农村党支部19个，共有党员1508名，其中机关党员339名，农村党员1169名，2010年全镇共吸收新党员40名。2010年12月底按省、市、县部署和要求圆满完成了村第五届、社区居委会第四届党支部的换届选举工作。2010年有村（居）“两委”干部95名，其中村“两委”干部85名，社区“两委”干部8名，其中党支部书记、主任一肩挑13名，占62%。

【工业企业】 抓好招商引资，大力发展四级企业。一是优化招商引资环境和创新招商方式及完善招商引资工作责任制；二是重点抓好老企业的开发利用；三是积极发展第三产业；四是加快民营经济发展；五是强化安全生产的监督与管理，未出现有安全生产责任事故。2010年引进招商引资项目3个，广源商务酒店、江丰实业新南基地、社背千亩花卉基地，引资金额1000万元。

【农业和农村工作】 精心做好农业规划布局，突出区域优势，扶强做大五大农业主导产业。一是水稻种植面积稳定在1.9万亩，优质稻占97%；二是蔬菜种植面积2.5亩（含复种）；三是糖蔗、果蔗种植面积19750亩，其中糖蔗13904亩，果蔗1880亩；四是林木。加快生态公益林和商品林基地建设，强化森林资源管理和护林防火工作。全镇林改任务共24.29万亩，涉及19个村，234个村小组，2010年年底基本完成林改工作任务；五是水果。2010年有水果面积2836亩。

【信访维稳】 官渡镇辖有19个村委会和2个社区居委会，总人口46892人。地阔人多复杂，镇党委、政府在2009年冬成立了“官渡镇镇综治信访维稳中心”和领导小组及专职人员，进一步健全镇、村、组调解信息网络，实行镇、村（居）领导包案和责任追究制，形成一级抓一级，层层抓落实的格局。上下全力做好综治信访维稳和人民内部矛盾纠纷的调处化解工作。2010年全镇共排查各类矛盾纠纷94宗，比上年减少1宗，调处94宗，调解率100%，调处成功92宗，成功率97.8%，镇调委会调处62宗（其中领导包案10宗），调处成功率98.4%；村（居）调委会调处32宗，成功调处31宗，调处成功率96.8%。19个村委会到2010年按创建标准已建成平安村。

【文教医疗卫生】 镇村文化阵地建设。2010年镇投入资金近50万元，新建村小组文化室共8间，投资24多万元在12个村委会办起了农家书屋。中小学校不断创新理念，整合教学资源，形成2所中学、2所中心小学、4个小学教学区的合理布局，扩大办学规模、改善办学条件，不断优化育人环境，加强师资队伍建设，社会化教学改革，提高教育教学质量等方面取得重大突破，校园面貌焕然一新，教师业务素质和学生综合素质不断提高，适龄儿童入学率达100%。医疗卫生事业向前发展。官渡镇卫生院的投入320万元，六里卫生院投160万元。2010年农村合作医疗覆盖率达100%，合作医疗补偿27709人次，金额达480.68万元。农村卫生站工作业务正常开展，儿童接种率达95%，城乡居民建立健康档案达1.62万多人。清洁美清理整治内容（包括资金投入、排水沟、道路等设施的整治）：投入资金9.5万元，官龙公路旁垃圾清运，河边田背村、新南营盘村街道铺设，农户完成改厕任务500户。

【计划生育】 2010年已婚育龄妇女9765人，出生490人，政策内出生475人，政策生育率为96.94%，其中一孩出生316人，政策内316人，二孩出生169人，政策外出生15人，三孩以上5人，政策外出生0人。全镇共落实四术563例，其中结扎216例（纯二女扎36例），上环290例，补救措施57例。全镇19个村委、2个社区居委中有14个实现无政策外出生，占66.67%。

【民生关注】 2010年，全镇有148位无依无靠、独立生活能力差的老人列入“五保”范围，集中在镇敬老院供养的有21人，分散供养的有127人；是年帮助547户，1445人办理了最低生活保障；为特困家庭332人给予生活资助，金额4万元；镇妇联积极组织开展“爱心父母牵手困境儿童”活动，使26名困境儿童得到帮扶。全镇省定贫困村有4个，分别是：新南村、新北村、坑尾村、下陂村，贫困村内有贫困户368户，贫困人口1322人，由省直和中直单位负责帮扶1个村，江门市帮扶3个村，积极开展扶贫开发“双到”工作，2010年帮扶资金达600多万元，主要用于建设道路、水利设施、改善村委办公环境、购买各种生产资料给贫困户发展生产、改建危房、投入村经济项目增加村集体收入等，成效显著。

【支农惠农】 2010全镇核实种粮综合直补有7430户，面积达39998亩，共发放金额255.99万元；良种补贴面积39998亩，金额99.99万元。汽车补贴562户，补贴金额111.3万元，家电下乡补贴2300户，补贴金额77.5万元。

【“5·6”洪灾】 5月6日，官渡遭受百年一遇的特大洪灾，据统计，受灾户7100户，受灾人口2.3万人，受浸房屋4563间，倒塌房屋710间，全倒户121户，农作物受灾面积14810亩，水产过水面积4631，冲毁桥梁5座，损坏路基22公里，损坏灌溉设施100处，紧急转移人口2000多人，抢救被围困人口225人，不能复耕的耕地面积610亩，直接经济损失达6364万元。

（邓子明）

附：领导班子成员名单

党委书记、人大主席： 李天生（—2010.6）
张　洪（2010.7—）
党委副书记、镇长： 童纪章（2008.7—）
党委副书记： 胡俊礼（—2010.7）
张　育（2010.8—）
党委委员、副镇长： 陈思佑（2008.3—）
副镇长： 丘有忠（2006.10—）
党委委员、纪委书记： 林新华（2006.10—）
党委组织委员： 林元满（2009.5—）
党委宣传委员： 官永雄（2009.9—）
党委委员、人大副主席： 曾朝志（2006.10—）
党委委员、武装部长： 沈鹏雄（2009.9—）
党委委员、党政办主任： 王庆聪（2006.10—）
党委委员： 吕足添（2006.10—）

2010年官渡镇主要经济指标

指标	单位	数量		指标	单位	数量	
		2009年	2010年			2009年	2010年
农林牧渔及服务业总产值（当年价）	万元	1388	1269	生猪存栏量	头	15550	18027
工业总产值	万元	53826	58132	水果总产量	吨	3124	3469
固定资产投资	万元	1970	2360	中学	所	2	2
招商引资实际投入	万元	600	1000	小学	所	20	6
财政收入	万元	2075	2284	中小学在校生	人	5667	4922
农民人均纯收入	元	4492	5424	中小学在职教师	人	384	356
粮食总产量	吨	12169	12670	水泥公路	公里	10	12

2010年官渡镇村（居）委会基本情况

序号	村（居）委会	书记	主任	村民小组（个）	总户数（户）	总人数（人）	集体经济收入（万元）	农民人均纯收入（元）
1	东三村	黄敬太	黄敬太	12	635	2504	2	4255
2	官渡村	王悦南	王悦南	17	743	2535	2	5500

续上表

序号	村（居）委会	书记	主任	村民小组（个）	总户数（户）	总人数（人）	集体经济收入（万元）	农民人均纯收入（元）
3	河边村	黄学柱	黄学柱	9	658	2285	2.5	5592
4	华东村	李继成	李继成	15	648	2477	1.5	5784
5	坑尾村	蔡思佑	蔡思佑	7	302	1129	2.2	4725
6	利龙村	曾意祥	曾意祥	17	893	3400	3.6	5763
7	联盟村	李宗创	李宗创	9	408	1596	8.8	5866
8	龙船村	涂 良	涂国良	21	843	3508	9	5775
9	坪田村	杨步烈	杨步烈	6	197	757	0.8	5818
10	社背村	杨永明	李会清	18	593	2157	0.15	5833
11	突水村	王家丰	李春国	8	541	2085	1	5746
12	五四村	陈悦派	陈悦报	1	133	471	1.5	7267
13	下陂村	黄友云	黄友云	13	648	2323	3.5	5787
14	下榕角村	邓喜昌	邓喜昌	11	583	2052	1.5	5503
15	新陂村	蓝衍近	蓝兴朋	11	628	2025	2.5	4454
16	新北村	黄博通	黄博通	11	727	2025	1	4439
17	新南村	陈金礼	陈金礼	10	667	1984	2	4401
18	新跃村	涂胜华	涂胜华	12	406	1648	1.4	6066
19	镇仔村	张兴远	张兴远	25	1118	4272	0.35	5678
20	官渡社区	刘厚存	刘厚存					
21	六里社区	李永梓	李永梓					

铁龙林场

【概况】 铁龙林场地处翁源县西部，位于东经113°40′42″，北纬24°40′42″，东邻新江镇，南与英德交界，西与曲江大坑口、北与沙溪接壤，距县城82公里，离京珠高速沙溪出口13公里，全场总面积96.5平方公里。铁龙林场始建于1959年，1984年设立铁龙乡人民政府，1994年设立铁龙镇人民政府，镇、场合一，两块牌子一套人马。2004年撤销铁龙镇保留铁龙林场，行政区域并入新江镇，全场下辖三个农业工区和1个社区居委会，共33个村民小组，总户数1073户，其中山林面积9万亩、耕地2.24万亩（水田1.7万亩）。农民人均纯收入6324元。2010年实现工业总产值32834万元，国地两税收入1089万元，地方财政收入实现2262.73万元（其中预算内收入1007.41万元）；现总人口达10133人，户籍人口5816人（其中农业人口4546人），仅外来人口净增4317人；被市、县列为重点发展镇；按市、县批准《铁龙林场总体规划2008—2025》，到2015年铁龙场域总人口1.9万人，2025年为4.9万人；经济社会各项事业发展均要走在全县前列。

【农业和农村工作】 认真落实各项支农惠农政策，农业产业结构不断调整优化，农作物总播种面积15310亩，优质水稻5603亩，花生1201亩；加强城乡低保工作，全场已纳入低保户的有222人；投入50多万元开展乡村清洁美工程建设，不断改善人居环境；扎实推进“规划到户，责任到人”扶贫开发工作，确保32户贫困户如期脱贫；制定农村旧房改造每户奖励5000元政策，鼓励农民住房条件进一步改善，乡村楼房化住房全面提高，2010年兑付52户，奖励26万元。

【招商引资】 坚持以工业化为核心不动摇，紧紧抓住产业集聚这个关键，不断提升工业园区产业招商和建设的水平，工业发展步伐明显加快。“粤北危废中心、中源水泥厂”省、市重点项目已初具规模，共引进外来投资企业21家，规模以上企业5家。

【林业】 林业工作稳步推进。切实围绕创建生态林场为目标，大力推进生态林建设，5年共完成造林面积1.2万亩，封育生态林2150公顷，加大开展打击破坏林业资源的犯罪活动，切实加强林地资源保护力度和防火工作，取得了较好的生态成效；创建林业生态县各项指标在全县率先实现；集体林权制度改革工作走在全市前列，林权配套改革作为韶关试点的经验在全市推广。

【镇区建设】 贯穿铁龙的主干道S799（铁龙至水打赖）改造工程基本完成，城镇市政设施逐步完善，绿化、亮化水平进一步提高；计划投入200多万元建设美化与休闲于一体的后山公园，将于2011年6月动工。

【农村农业基础设施建设】 铁龙110千伏变电站建成投入运行，乡村公路网络全面硬底化，农业和农村基础设施建设不断完善。持续推进村庄整治，积极开展“乡村清洁美”试点工作，实现垃圾集运处理处置。促进了农村人居环境的改善。广播电视、通讯、网络建设突飞猛进。2010年共投入资金1200万（含省市资金），完成农田保障灌溉和防洪面积1600亩。

【农村合作医疗】 全场参加农村合作医疗的人数4383人，农村人口参合率100%，参合资金为131490元，报销额64万元。

【文教医疗卫生】 2010年5月铁龙林场在韶关市首批通过创建广东省教育强镇的验收工作，成为翁源县第一个通过广东省教育强镇验收的镇（场）；切实推进基本医疗保障制度建设，实现对城乡全体居民的全面覆盖，基本上解决了看病难、看病贵的问题。医疗保障制度建设落到实处，人民群众得到了明显实惠；制度改革见成效，铁龙卫生院全年总收达128万元，比上年增长72%。

【计划生育】 2010年度，人口与计划生育工作，取得了一定的成绩，人口增长得到有效控制，年均人口增长率控制在5‰以下，“创两无”工作成绩显著，并顺利通过了省、市、县的考核验收。连续4年实现无多孩出生镇，连续3年被市人民政府评为计划生育工作先进单位。

【党建工作】 2010年顺利完成了农业工区（村）支委换届工作，为巩固基层党组织打下了坚实的基础。全场17个党支部正常开展学习和组织活动，通过省组织部远程教育网络对党员进行教育；“七一”前开展党员民主评议活动，评选出3个先进党支部，60名优秀党员和优秀党务工作者，未出现党员违反党纪政纪现象。

【精神文明建设】 全面开展深入学习实践科学发展观活动，做好宣传文化事业，抓好有线电视传播传送工作，开展有益身心健康群众性文体活动；治村容村貌，美化绿化环境，改善居住条件，在全场开展多种形式普法学习活动，提高干部群众法制观念，实现了“党员干部受教育、科学发展上水平、人民群众得实惠”的目标。

【信访维稳】 2010年全场共办结县信访局转来的信访件3宗，共排查各类矛盾纠纷28件，综治中心调处22件，下属综治工作站调处6件，调处成功28件，调处成功率为100%，履行率达100%。涉及金额71万余元。其中解决农民工医疗费用24万元；伤残补偿金额21万余元。解决欠农民工工薪纠纷金额26万余元，保障了外来民工的合法权益，有效地缓和了人民内部矛盾，综治中心发挥了“第一道防线”的重要作用。

【“5·6”洪灾】 2010年5月6日，铁龙林场受到百年一遇的暴雨袭击，在24小时内降雨量达到400多毫米，造成严重的洪水、泥石流灾情，致使房屋倒塌217间，受灾人数达4350人，农作物受灾面积5341亩，水电站、桥梁、公路基本冲毁，直接经济损失5670多万元，龙化村委，交通、通讯、供电、供水全面瘫痪。灾情发生后，铁龙林场迅速部署抗洪救灾工作，启动Ⅲ级防汛应急预案。在上级的正确领导和林场领导干部、群众的共同努力以及各部门的协调配合下，为抢险救灾赢得了宝贵的时间，并及时做好灾民的安置和卫生防疫工作，杜绝了灾后疫情的发生。至5月11日供电、通讯、交通基本得到恢复。

5月9日下午，中央政治局委员、广东省委书记汪洋和省委常委、秘书长徐少华在韶关市委书记徐建华、市长郑振涛、副市长兰英、县委书记朱余旺、县长颜亮等陪同下，到铁龙林场龙化工区视察灾情，指导救灾工作。他要求农业部门和国土部门要组织力量深入田间加强技术指导，抓紧对被浸、被毁的农作物进行排查摸底，帮助农民恢复生产，及时调整种植结构。

【灾后重建】 "5·6"特大洪灾后，及时在龙化工区黄麻坳地段，按新农村建设的要求重建一个瑶族新村，现已投入80多万元用于该村的基础工程建设。贯彻县委县政府对灾后重建工作的相关精神，对重建户给予每户5000元的补贴。该工程建设同时得到了省民宗委20万元、市民政局15万元、旅澳南海商会8万元和铁龙社会热心人士12万元的大力支持，以及县建设局、中国移动翁源分公司、中国联通翁源分公司、县电信局等部门的大力协助。新建的瑶族新村在2011年春节前基本完工并乔迁新居。

（李子军）

附：领导班子成员名单

党委书记、场长：阮炳溪（—2010.7）
许小彪（2010.7—）

党委副书记：许先彩（2007.8—）

党委委员、纪委书记：黄美广（2006.9—）

党委组织、宣传委员：沈新会（2006.9—）

党委委员、武装部部长：林武新（2010.12—）

铁龙林场副场长：黄维勇（2004.12—）

铁龙林场副场长：张财生（2011.4—）

2010年铁龙林场主要经济指标

指标	单位	数量		指标	单位	数量	
		2009年	2010年			2009年	2010年
农林牧渔及服务业总产值（当年价）	万元	12312	13870	生猪存栏量	头	563	475
工业总产值	万元	24000	32834	水果总产量	吨	446	401
固定资产投资	万元	32204	42194	中学	所	1	1
招商引资实际投入	万元	35000	70000	小学	所	1	1
财政收入	万元	1089	2262.73	中小学在校生	人	674	561
粮食总产量	吨	2158	2078	中小学在职教师	人	44	42
农民人均纯收入	元	5571	6324	水泥公路	公里	24	36

2010年铁龙林场村（居）委会基本情况

序号	村（居）委会	书记	主任	村民小组（个）	总户数（户）	总人数（人）	集体经济收入（万元）	农民人均纯收入（元）
1	社区居委会	徐全保	徐全保	3	571	1217	0.48	6324
2	龙集工区	李德坚	李德坚	8	206	945	70	6701
3	龙体工区	郭福传	郭福传	12	417	1404	25	6524
4	龙化工区	温则通	温则通	13	450	1951	20	5997

统 计 资 料

翁源县2010年国民经济和社会发展统计公报

（2011年3月30日）

2010年，面对复杂的国内外经济环境和百年一遇的洪涝灾害，全县人民在县委、县政府的正确领导下，高举中国特色社会主义理论的伟大旗帜，坚持邓小平理论和“三个代表”重要思想，深入贯彻落实科学发展观，全面推进文化、创新、和谐翁源建设，实现了“十一五”的完美收官。

一、综合

初步核算，全年地区生产总值41.57亿元，比上年增长12.6%（“十一五”年均增长12.4%），其中：第一产业增加值13.52亿元，增长7.5%；第二产业增加值10.95亿元，增长16.6%；第三产业增加值17.10亿元，增长13.0%。按常住人口计算，人均生产总值11624元，增长12.5%（“十一五”年均增长12.1%）。三次产业结构由2009年的32.1：28.1：39.8调整为32.5：26.4：41.1。居民消费价格总水平上升2.9%，其中服务项目价格上升1.5%，消费品价格上升3.4%。

年末全县从业人员156710人。其中：第一产业从业人员95767人；第二产业从业人员23300人；第三产业从业人员37643人。全县在岗职工18301人，增加72人，其中：国有单位12724人，增加140人，集体单位635人，减少68人，其他经济类型单位职工4972人。年末城镇登记失业人员2717人，登记失业率3.14%。全年城镇新增就业岗位3891个，安置下岗失业人员再就业2689人。据工商部门统计，年末全县工商登记注册的私营单位和个体从业人员17591人，增加1171人。

二、农业

全年农业总产值21.46亿元，增长7.9%。全年粮食播种面积295496亩，减少380亩。甘蔗种植面积64581亩，扩大9721亩（其中糖蔗36560亩，减少4518亩）；油料种植面积72533亩，增加2268亩；蚕桑25666亩，扩大2279亩；蔬菜186641亩，扩大11270亩。

2010年主要农产品产量

农产品名称	计量单位	绝对数	比上年±%
粮食	吨	100136	-0.3
其中：稻谷	吨	92071	0.3
蔬菜	吨	243636	2.9
甘蔗	吨	438390	37.7
花生	吨	12775	7.2
水果	吨	41817	-1.7
其中：三华李	吨	1522	-48.9
蚕茧	吨	1833	6
肉类	吨	12376	-0.2
其中：猪肉	吨	8165	0.9
水产品	吨	5532	-3.3

年末全县农业机械总动力176523千瓦，比上年增长23.0%；农村用电量2768万千瓦时，增长5.89%；化肥施用量（折纯）26946吨，减少0.8%；有效灌溉面积198550亩，增7.8%。

三、工业和建筑业

全年工业增加值9.7亿元，增长17.6%，工业对全年经济增长的直接贡献率38.8%。规模以上工业增加值5.03亿元，增长23.5%。规模以下工业增加值4.67亿元，增长13.2%；民营工业增加值6.61亿元，增长12.5%。

2010年规模以上工业主要产品产量

产品名称	计量单位	绝对数	比上年±%
发电量	万千瓦小时	6900.7	34.3
其中：水电	万千瓦小时	6246.6	46.9
水泥	吨	340720	27.58
糖	吨	13011.2	-46.68
丝	吨	208.56	-3.5
家具	件	541928	-5.9
电池	万只	16590	13.6
中成药	吨	42	-14.3

全年建筑业增加值1.25亿元，增长7.9%。资质等级以上建筑安装企业7个，完成施工产值12388万元，增长3.6%；实现利润957万元，增长10.4%。房屋施工面积19.65万平方米，增长24.44%；房屋竣工面积13.89万平方米，增长63.2%。

四、固定资产投资

全年固定资产投资完成额231570万元，增长33.3%。其中，城镇投资152226万元（城镇投资中，项目投资139168万元，房地产投资13058万元）；农村投资79344万元。商品房销售额8813万元，减少4.7%；销售面积4.85万平方米，减少12.9%。从投资主体看：国有及国有控股经济投资51758万元，增长17.2%；外商及港澳台经济投资40858万元，增长131.1%；民营经济投资133246万元，增长25.3%。

三次产业看：第一产业完成投资10373万元，增长7.8%；第二产业完成投资120725万元，增长85.5%。其中工业投资120725万元，增长85.5%；第三产业完成投资100472万元，增长1.5%。其中交通运输、仓储和邮政业投资24806万元，增长146.1%。新增的主要生产和服务能力：改造公路112公里（其中二级公路3公里），水力发电装机容量0.83万千瓦。

五、贸易、外经

全年社会消费品零售额178933万元，增长16.66%。其中：城镇消费品零售额143147万元；乡村消费品零售额35786万元。分行业看：批发零售贸易业零售额167411万元，增长16.74%；住宿餐饮业零售额11522万元，增长15.46%。全年新签利用外资合同1宗；实际利用外资1665万美元，增长2.2%。

六、交通、邮电和旅游

全年交通运输和邮电业实现增加值24299万元，增长10.0%。公路客货物周转量84316万吨公里，增长14.5%。年末公路通车里程1444.74公里，公路密度68.8公里/百平方公里。按公路等级分，高等级公路（二级以上）164.76公里，次等级公路（三级以下）1533.35公里。其中，高速公路22.4里，国道48.86公里，省道182.14公里，县道246.43公里，乡道921.24公里，村道277.04公里。年末全县民用汽车拥有量7310辆，其中私人汽车6253辆。年末电话交换机总容量10.09万门，固定电话用户5.83万户；移动电话用户19.47万户；互联网宽带用户1.74万户。按常住人口计算，全县电话普及率为每百人15部。全年接待旅游者人数45.3万人次，旅游总收入32697万元，分别增加16.1万人次和14997万元。

七、金融业

年末金融机构各项存款余额534221万元，增长14.8%。其中：城乡居民储蓄存款余额435205万元，增长17.34%。金融机构各项贷款余额161240万元，增长48.53%。其中：短期贷款40985万元，减少59.0%；中长期贷款120255万元，增长13.02倍。

八、科技、教育、文化、卫生、体育

科技事业全面发展，县茂源糖业有限公司“制糖生产废渣资源化综合利用”和信达茧丝绸股份有限公司“省力化小蚕专用蚕窝研发与推广应用”项目通过市科技成果鉴定，获韶关市科技进步三等奖。

年末全县有幼儿园33间，323个班，在园幼儿10141人，教职工545人；小学102间，696个班，在校学生23332人，教职工1678人，专任教师1558人；初中17间，329个班，完中2间，高级中学2间，138个班，教职工1925人，专任教师1648人，普通中学在校学生24497人（其中高中7605人）；特殊学校1间，1个班，在校学生8人，教职工1人；党校、电大、教师进修学校1间，27个班，在校学生1162人，教职工87人。大专以上录取2162人，其中，本科939人；专科1223人。小学学龄儿童入学率100%，初中毛入学率124%。

年末全县有文化馆（站）9个；博物馆1个；图书馆（室）9个，图书32.9万册，其中，县图书馆8.6万册；剧团1个，演出50场，观众5万人次。电影院1个，镇管电影队8个，共放映3500场，观众90万人次。调频电台2座；电视差转台2座，安装有线电视4.5万户，其中，县城2.1万户。

年末全县有卫生机构54个，病床843张。各类卫生技术人员1304人，其中：中西医师389人，中西医士182人，护士395人。年末全县有万元以上医疗设备280台。农村合作医疗覆盖率100%。县城自来水普及率100%，农村自来水普及率

67.3%。农村居民卫生厕6.8万户，普及率64.9%。碘盐覆盖率100%，食品监测合格率92.08%，食具监测合格率73.44%。全年无偿献血1752人次。

体育事业继续发展。积极组织参加了韶关市“中国移动杯”龙舟赛，取得了第五名的好成绩；举办了第二届“迎新春”围棋公开赛、“贺新春”羽毛球擂台赛、老年人门球赛和定点投篮王比赛；成功承办了韶关市首届“百镇千村”男子篮球争霸赛第二阶段比赛。

九、环境保护

建立并完善了环保监测站，配备环境监测专职人员14人，全年用于环境污染防治项目投资26905万元，完成环境污染防治项目12个。建成烟尘控制区1个，面积7平方公里。年内建设项目环境影响评价制度执行率100%，建成项目环保“三同时”制度执行合格率100%。工业废水排放达标率91.5%，全年完成排污费征收130.1万元。全县土地面积2175平方公里。其中：耕地总资源463374亩，其中水田292698亩，旱地170676亩。

十、人口与人民生活

据公安部门统计，全县年末户籍人口397422人。其中：非农业人口65964人；农业人口331458人。全年出生人口4469人，出生率11.36‰；死亡人口2081人，死亡率5.29‰；人口自然增长率6.07‰。全县城镇在岗职工平均工资21090元，比上年增长12.61%，农村居民人均纯收入6534元，比上年增长17.1%。

全年城乡竣工住宅面积32.97万平方米，同比减少48.87%。其中，农村竣工住宅面积1.72平方米；城镇竣工住宅面积31.25平方米。

年末全县基本养老保险参保职工22967人，失业保险参保人数13300人，工伤保险参保人数11047人。基本医疗保险和生育保险参保人数分别达21141人和6540人。全县享受社会养老待遇的离退休人员5107人，比上年增长13.1%。养老、失业、工伤、生育保险全年征缴6404万元，增长7.7%；医疗保险基金全年征缴3005万元，增长11.92%。年末企业养老、失业、工伤、生育基金余额9924万元，增长34.87%；医疗保险基金余额338万元，下降2.0%。

全县有社会福利机构16所（敬老院14所，社会福利院1所，光荣院1所），床位483张，在院人数240人。城乡居民生活保障制度不断完善，全县8个镇（场）建立了最低生活保障制度，享受最低生活保障人数达12329人，比上年增长3.7%，全年发放保障资金1191万元，有13121人受益。全年发放救灾救济资金1097万元，救济物资折款118.2万元，累计1.1万人次受救济。

翁源县国民经济主要指标一览表

指 标	计量单位	2009年	2010年	2010年比2009年增长±%
一、人口、资源				
年末户籍总人口	万人	39.77	39.74	-0.08
#农业人口	万人	29.13	33.14	13.77
非农业人口	万人	10.64	6.60	-37.97
人口自然增长率	‰	5.6	6.07	0.47
年末常住人口	万人			
耕地总资源	万亩	45.28	46.34	2.3
其中：水田	万亩	29.27	29.27	持平
旱地	万亩	1.60	1.71	6.8
森林覆盖率	%	67.2	68.4	
二、国民经济综合核算				
生产总值	亿元	35.2	41.57	12.6

续上表

指 标	计量单位	2009 年	2010 年	2010 年比 2009 年增长±%
第一产业	亿元	11.3	13.52	7.5
第二产业	亿元	9.9	10.95	16.6
#工业增加值	亿元	8.76	9.7	17.6
建筑业增加值	亿元	1.12	1.25	7.9
第三产业	亿元	14.0	17.10	13.0
人均生产总值（当年价计）	元	9834	11642	12.5
三大产业结构				
第一产业	%	33.1	32.5	-0.6
第二产业	%	28.3	26.4	-1.9
第三产业	%	38.6	41.3	1.27
从业人员				
从业人员人数	人	156770	156710	-0.04
第一产业	人	91004	95767	5.2
第二产业	人	33373	23300	30.18
第三产业	人	34893	37643	7.88
全县在岗职工人数	人	18229	18301	0.4
其中国有单位	人	12584	12724	1.1
集体单位	人	703	635	-9.67
其他经济类型单位	人	4942	4972	
年末城镇等级失业人员	人	2680	2717	3.1
全年城镇新增就业岗位	个	3890	3891	
安置下岗失业人员就业	人	2706	2689	
私营企业从业人员	人	16420	17591	7.13
三、工业	人	31893	37643	
规模以上工业增加值（当年价）	亿元	4.91	5.03	23.5
对全县经济增长的贡献率	%	29	38.8	
建筑业				
建筑业增加值	亿元	1.12	1.25	7.9
全年房屋施工面积	万平方米	15.8	19.6	24.4
全年竣工面积	万平方米	8.5	13.89	63.2
民营工业	亿元	6.23	6.65	12.5
规模以上工业产品产量				
发电量	万千瓦时	6026	6900.7	3.43
水电	万千瓦时	5138	6246.6	46.9

续上表

指 标	计量单位	2009 年	2010 年	2010 年比 2009 年增长 ±%
水泥	万吨	26. 71	34. 07	27. 58
糖	万吨	2. 44	1. 30	-46. 68
家具	万件	57. 6	54. 2	-5. 9
电池	万只	14602	16590	13. 6
中成药	吨	49	42	-14. 2
丝	吨	214. 96	208. 56	-3. 5
四、农业				
农业总产值（当年价）	亿元	17. 87	21. 46	7. 9
粮食种植面积	万亩	29. 59	29. 55	-0. 13
水稻种植面积	万亩			
粮食总产量	万吨	10. 06	10. 01	-0. 3
水稻产量	万吨	9. 18	9. 2	0. 3
花生产量	万吨	1. 19	1. 28	7. 2
蔬菜产量	万吨	2. 68	24. 36	2. 9
蚕丝产量	吨	1728	1833	6
水果产量	万吨	4. 25	4. 18	-1. 78
其中：三华李	吨	2976	1532	-48. 9
肉类产量	万吨	1. 24	1. 24	持平
其中：猪肉	吨	8089	8165	0. 9
水产品产量	吨	5723	5532	-3. 3
五、交通邮电				
公路通车里程	公里	1589. 27	1444. 74	-9. 1
公路密度	公里/百平方公里	72. 82	68. 8	-5. 5
公路客货物周转量	万公里		84316	14. 5
民用汽车拥有量	辆	6287	7310	1. 44
电话交换机总容量	万门	10. 76	10. 09	-6. 23
年末固定电话用户	万户	6. 23	5. 83	-6. 42
年末移动电话用户	万户	16. 78	19. 47	16. 03
电话普及率	部/百人	16	15	-6. 25
六、固定资产投资				
全社会固定资产投资完成额	亿元	17. 37	23. 16	33. 3
第一产业	亿元	9. 6	10. 37	7. 8
第二产业	亿元	6. 5	12. 07	85. 5
工业	亿元	6. 5	12. 07	85. 5

续上表

指 标	计量单位	2009 年	2010 年	2010 年比 2009 年增长 ±%
第三产业	亿元	9.9	10.05	1.5
按投资类型分组				
基本建设	亿元	4.5		
更新改造	亿元	2.4		
房地产开发	亿元	10.52	13.1	24.52
其他项目投资	亿元	3.3	13.91	321.52
投资主体分				
国有及国有控股经济投资	亿元	4.29	5.18	17.2
外商及港澳台经济投资	亿元	1.27	4.09	131.1
民营经济投资	亿元	10.63	13.32	25.3
商品房销售面积	万平方米	5.57	4.85	-12.9
商品房销售额	万元	8568	8183	-4.7
旅游业				
接待游客人数	万人次	29.2	45.3	55.1
总收入	万元	17700	32697	84.73
七、贸易、外经				
消费品零售总额	亿元	15.06	17.89	16.66
其中：城镇消费品零售额	万元		143147	
乡村消费品零售额	万元		35786	
从行业分				
批发零售贸易业零售额，	万元	139386	167411	16.74
住宿餐饮业零售额	万元	9741	11522	15.46
外贸出口	亿美元	1893	2293	21.1
实际利用外资	万美元	1628.4	1665	2.2
八、财政、金融				
地方财政一般预算收入	亿元	1.27	1.63	28.3
国税收入	万元	1400	3133	55.33
地税收入	万元	5746	7907	27.33
税收收入	万元	10	1437	99.31
地方财政一般总支出	亿元	58122	6.73	15.84
金融机构各项存款余额（本外币）	亿元	46.5	53.42	14.8
城乡居民储蓄存款	亿元	37.09	43.52	17.34
金融机构各项贷款余额（本外币）	亿元	10.86	16.12	48.53
九、人民生活				

续上表

指 标	计量单位	2009 年	2010 年	2010 年比 2009 年增长 ± %
在岗职工人平均工资	元	18729	19400	3.6
农民人均纯收入	元	5580	6138	10
县城居民人均可支配收入	元		11670	
市区居民消费价格指数	%	-2.5	+2.9	
其中：服务项目价格	%	-0.3	1.5	
消费品价格	%	-3.1	+3.4	
十、教育、文化、卫生				
全日制高等学校在校学生	人	888	1162	30.85
普通中学在校学生	人	26779	24497	-8.5
小学在校学生	人	24718	23332	-5.6
适龄儿童入学率	%	98.54	100	1.56
特殊学校	人	8	8	持平
医院床位数	张	793	843	6.3
卫生技术人员数	人	1268	1304	2.84
每千人拥有医院床位	张	1.99	2.12	6.53
每千人拥有卫生技术人员	人	3.2	3.3	3.13
农村合作医疗覆盖率	%	99.7	100	0.3
县城自来水普及率	%	98	100	2
农村自来水普及率	%	59.7	67.3	7.6
农村居民卫生厕所	户	63579	68000	7.0
农村居民卫生厕所普及率	%	60.5	64.9	4.4
碘盐覆盖率	%	100	100	
食品监测率	%	100	72.08	-17.92
食具监测合格率	%	79.46	73.44	-6.02

名　录

中共翁源县委常务委员会

县委书记、县人大常委会主任　朱余旺

朱余旺，男，汉族，安徽太湖人，学历博士研究生，1965 年 11 月出生，1986 年 7 月参加工作，1986 年 4 月加入中国共产党，现任中共翁源县委书记、县人大常委会主任。

主要经历：1982 年 9 月至 1986 年 7 月，华东交通大学电力牵引与传动控制专业读书，获工学学士学位；1986 年 7 月至 1989 年 10 月，铁道部北京铁路分局助理工程师；1989 年 10 月至 1990 年 3 月，铁道部北京铁路机械学校助教；1990 年 3 月至 1997 年 6 月，广东省人事厅综合计划处副主任科员；1997 年 6 月至 2001 年 1 月，广东省人事厅（编办）主任科员（其间：1997 年 9 月至 1999 年 7 月参加中山大学管理学院企业管理专业研究生课程进修班学习）；2001 年 1 月至 2004 年 9 月，广东省人事厅（编办）事业机构编制处副处长；2004 年 9 月至 2004 年 11 月，广东省人事厅（编办）事业机构编制处调研员；2004 年 11 月至 2005 年 2 月，中共翁源县委副书记（正处级）；2005 年 2 月至 2006 年 10 月，中共翁源县委副书记（正处级）、政法委书记（其间：2001 年 9 月至 2005 年 11 月，参加北京交通大学经管学院管理科学与工程专业学习，获管理学博士学位）；2006 年 10 月至 2006 年 12 月，中共翁源县委副书记（正处级）、政法委书记，副县长、代县长；2006 年 12 月至 2009 年 12 月，中共翁源县委副书记、县长；2009 年 12 月至 2010 年 2 月，中共翁源县委书记、县长；2010 年 2 月至 2010 年 3 月，中共翁源县委书记；2010 年 3 月至今，中共翁源县委书记、县人大常委会主任。

县委副书记、县长　颜亮

颜亮，男，汉族，广东曲江人，学历硕士研究生，1971 年 11 月出生，1992 年 7 月参加工作，1996 年 3 月加入中国共产党，现任中共翁源县委副书记、翁源县人民政府县长。

主要经历：1990 年 9 月至 1992 年 7 月，韶关大学中文系汉语言文学专业读书；1992 年 7 月至 1993 年 5 月，曲江县二中任教；1993 年 5 月至 1995 年 1 月，曲江县二中任教，校团委副书记；1995 年 1 月至 1995 年 10 月，曲江县二中任教，校团委副书记（主持校团委工作）；1995 年 10 月至 1999 年 5 月，曲江县人大办公室科员（其间：1995 年 9 月至 1998 年 7 月，参加华南师范大学语言文学教育专业函授本科班学习）；1999 年 5 月至 2001 年 4 月，曲江县人大内务司法工委副主任；2001 年 4 月至 2003 年 1 月，曲江县人大办公室副主任；2003 年 1 月至 2003 年 10 月，曲江县人大内务司法工委主任；2003 年 10 月至 2004 年 9 月，乳源瑶族自治县县长助理（副县级）；2004 年 9 月至 2004 年 10 月，中共南雄市委常委；2004 年 10 月至 2007 年 4 月，中共南雄市委常委、组织部长；2007 年 4 月至 2007 年 5 月，中共南雄市委副书记、组织部部长；2007 年 5 月至 2009 年 3 月，中共南雄市委副书记、组织部部长、南雄市委党校（电大、进修学校）校长［其间：2007 年 9 月至 2009 年 6 月参加武汉大学软件工程（电子政务）专业学习获工程硕士学位］；2009 年 3 月至 2010 年 1 月，中共南雄市委副书记、南雄市委党校（电大、进修学校）校长；2010 年 1 月至 2010 年 2 月，中共翁源县委副书记；2010 年 2 月至 2010 年 3 月，中共翁源县委副书记，副县长、代县长；2010 年 3 月至今，中共翁源县委副书记、翁源县人民政府县长；2010 年 12 月至今，挂任韶关市市长助理。

县委副书记　温毅麟

温毅麟，男，汉族，翁源县翁城镇人，学历大专，1964 年 12 月出生，1984 年 7 月参加工作，1985 年 7 月加入中国共产党，现任中共翁源县委副书记。

主要经历：1981 年 9 月至 1984 年 7 月，韶关师专化学系化学专业读书；1984 年 7 月至 1986 年 7 月，翁源县坝仔中学教师；1986 年 7 月至 1989 年 10 月，翁源县铁龙中学校长；1989 年 10 月至 1993 年 5 月，翁源县教育局副股长；1993 年 5 月至1995年10月，翁源县教育局副局长；1995年10月至1997年12月，翁源县南浦镇党委书记；1997年12月至2002年1月，翁源县工业局局长、党委书记；2002年1月至2002年6月，翁源县经济贸易局局长；2002年6月至2002年7月，翁源县人民政府副县长，经济贸易局局长；2002年7月至2006年12月，翁源县人民政府副县长；2006年12月至2009年3月，中共翁源县委常委，常务副县长；2009年3月至今，中共翁源县委副书记。

县委常委、常务副县长　曾清兰

曾清兰，男，汉族，翁源县官渡镇人，学历在职研究生，1965年3月出生，1983年7月参加工作，1990年4月加入中国共产党，现任中共翁源县委常委、常务副县长。

主要经历：1980年9月至1983年7月，英德师范读书；1983年7月至1984年9月，翁源县周陂中心小学教师；1984年9月至1985年8月，翁源县周陂中学教师；1985年9月至1989年7月，翁源县龙仙中学教师（其间：1985年10月至1988年10月，参加韶关教育学院大专班学习）；1989年9月至1992年8月，翁源县监察局干部（其间：1990年11月至1992年8月，挂职任仙鹤镇镇长助理）；1992年8月至1995年4月，翁源县仙鹤镇党委副书记（其间：1993年9月至1996年7月，参加广东省委党校经济管理专业本科班学习）；1995年4月至1995年9月，翁源县委政法委副书记；1995年9月至1998年10月，翁源县岩庄镇党委副书记、镇长；1998年10月至2001年8月，翁源县岩庄镇党委书记；2001年9月至2005年7月，翁源县龙仙镇党委书记、人大主席；2005年7月至2008年1月，中共翁源县委常委，广东省第四批援疆干部，担任中共哈密市委常委、常务副市长；2008年1月至2008年7月，中共翁源县委常委，担任中共哈密市委副书记，常务副市长（其间：2006年10月至2009年10月参加中央党校经济管理专业函授研究生班学习）；2008年7月至2009年3月，中共翁源县委常委，副县长；2009年3月至今，中共翁源县委常委，常务副县长。

县委常委、组织部部长　黄令遥

黄令遥，男，汉族，广东韶关人，学历本科，1969年9月出生，1987年7月参加工作，1991年11月加入中国共产党，现任中共翁源县委常委、组织部部长，党校校长。

主要经历：1987年7月至1990年9月，武江区西联镇西联小学教师；1990年9月至1992年7月，武江区沐溪小学校长；1992年7月至1995年8月，武江区西联镇教办主任（1995年6月兼任西联中心小学校长）；1995年8月至1997年5月，武江区西联镇党委委员；1997年5月至1999年1月，武江区新华街道党委副书记、办事处主任；1999年1月至2003年3月，武江区西联镇党委副书记（1999年3月起任镇长）；2003年3月至2005年7月，韶关市武江区副区长；2005年7月至2006年10月，中共韶关市武江区委常委、组织部部长；2006年10月至2009年4月，中共翁源县委常委、组织部部长［其间：参加香港公开大学研修班学习，获得工商管理（MBA）硕士学位］；2008年7月至今，参加中央党校经济学研究生班学习；2009年4月至今，中共翁源县委常委、组织部部长，党校校长。

县委常委　肖慎达

肖慎达，男，汉族，翁源县坝仔镇人，学历本科，1966年6月出生，1988年7月参加工作；1993年4月加入中国共产党，现任中共翁源县委常委。

主要经历：1985年9月至1988年6月，韶关师专中文系中文专业读书；1988年7月至1988年11月，翁源县坝仔中学教师；1988年11月至1993年5月，翁源县人民政府办公室干部；1993年5月至1994年7月，翁源官渡开发区区务部副部长兼官渡收费站站长；1994年7月至1995年9月，翁源县交通局副局长兼公路站站长；1995年9月至2001年12月，翁源县翁城镇党委书记；2001年12月至2006年10月，翁源县交通局局长；2006年10月至今，中共翁源县委常委。

县委常委、县委办主任　陈志峰

陈志峰，男，汉族，翁源县坝仔镇人，学历在职研究生，1962年8月出生，1980年9月参加工作，1990年1月加入中国共产党，现任中共翁源县委常委、县委办主任。

主要经历：1980年9月至1983年9月，翁源县坝仔镇三坑附中教师；1983年9月至1985年7月，英德师范民师班学习；1985年7月至1988年7月，翁源县坝仔中学教师（其间：1982年9月至

1985年12月，参加韶关教育学院数学专业大专班学习）；1988年7月至1990年8月，翁源县龙仙中学教师；1990年8月至1995年4月，翁源县计划委员会科员；1995年4月至1997年5月，翁源县计划委员会副主任（其间：1996年7月至1997年7月，挂任韶关市计划委员会主任助理）；1997年5月至1998年4月，翁源县计划局副局长（期间：1996年9月至1998年12月，参加省委党校行政管理专业本科班学习）；1998年4月至2002年1月，翁源县计划局局长（其间：1999年9月至2002年7月，参加省委党校经济专业在职研究生班学习）；2002年1月至2004年10月，翁源县发展和改革局局长；2004年10月至2006年4月，中共翁源县委办公室副主任（主持办公室全面工作）、正科级干部；2006年4月至2006年12月，翁源县环保和建设局局长、党委副书记；2006年12月至2007年1月，中共翁源县委常委，翁源县环保和建设局局长、党委副书记；2007年1月至2011年8月，中共翁源县委常委、县委办主任。

县委常委、纪委书记　叶　文

叶文，男，汉族，广东曲江人，学历本科，1971年3月出生，1994年7月参加工作，1993年11月加入中国共产党，现任中共翁源县委常委、纪委书记。

主要经历：1990年9月至1992年7月，韶关大学政治系读书；1993年7月至1994年7月，华南师范大学思想政治专业读书，获哲学学士学位；1994年7月至1997年3月，韶关市人民防空办公室指挥通讯科科员；1997年3月至1999年11月，韶关市人民防空办公室行政秘书科科员；1999年11月至2001年12月，韶关市人民防空办公室人事秘书科副科长；2001年12月至2007年4月，韶关市人民防空办公室人事监察科科长；2007年4月至2011年5月，中共翁源县委常委、纪委书记。

县委常委、武装部部长　李国荣

李国荣，男，汉族，湖南永州人，学历本科，1967年11月出生，1985年10月参加工作，1990年7月加入中国共产党，现任中共翁源县委常委、武装部部长。

主要经历：1985年10月至1987年8月，中国人民解放军53805部队战士、文书；1987年8月至1989年7月，石家庄军械工程学院学习；1989年7月至1994年7月，广东省军区韶关民兵装备仓库排长、保管队副队长；1994年7月至1997年12月，韶关军分区民兵装备仓库主任；1997年12月至2004年12月，广东省韶关军分区司令部参谋；2004年12月至2008年2月，仁化县人武部副部长兼军事科科长；2008年2月至2008年4月，翁源县人武部部长；2008年4月至今，中共翁源县委常委、武装部部长。

县委常委、宣传部部长　李翠红

李翠红，女，汉族，翁源县翁城镇人，学历本科，1976年4月出生，1999年8月参加工作，2002年6月加入中国共产党，现任中共翁源县委常委、宣传部部长。

主要经历：1995年9月至1999年7月，广东职业技术师范学院工商企业管理工商行政管理专业读书，获管理学学士学位；1999年8月至2001年4月，挂靠翁源县人才交流中心；2001年4月至2002年7月，翁源县新江镇副镇长；2002年7月至2003年5月，翁源县经济贸易局副局长、翁城商贸区筹建办副主任；2003年5月至2006年9月，共青团翁源县委员会书记；2006年9月至2006年10月，翁源县新江镇党委副书记、镇长人选（主持政府全面工作）；2006年10月至2009年4月，翁源县新江镇党委副书记、镇长；2009年4月至今，中共翁源县委常委、宣传部部长。

县委常委、公安局局长　黄向阳

黄向阳，男，汉族，广东南雄人，学历本科，1969年1月出生，1992年7月参加工作，1999年2月加入中国共产党，现任中共翁源县委常委、政法委书记，公安局党委书记、局长。

主要经历：1988年9月至1992年7月，中国刑警学院痕检系痕检专业读书，获理学学士学位；1992年7月至2001年3月，韶关市公安局刑警支队科员；2001年3月至2002年6月，韶关市公安局刑警支队四大队副大队长；2002年6月至2004年11月，韶关市公安局刑警支队一大队副大队长；2004年11月至2010年3月，韶关市公安局刑警支队副支队长；2010年3月至2010年4月，中共翁源县委常委；2010年4月至今，中共翁源县委常委、政法委书记，公安局党委书记、局长。

翁源县人大常委会

县人大常委会主任朱余旺（参见县委常委名录介绍）

县人大常委会副主任　廖修成

廖修成，男，汉族，翁源县龙仙镇人，学历大普，1951年5月出生，1970年12月参加工作，1979年9月加入中国共产党，现任翁源县人大常委会副主任，保留正（县）处级。

主要经历：1970年12月至1973年2月，翁源县南浦丰山大队民办教师；1973年3月至1975年9月，翁源县南浦丰山大队材料员；1975年9月至1978年8月，中山大学中文系读书；1978年8月至1982年7月，翁源县周陂公社历任办公室干事、主任；1982年7月至1984年6月，翁源县周陂公社管委会历任副主任、区公所副区长；1984年6月至1989年8月，翁源县周陂镇党委书记；1989年8月至1992年1月，中共翁源县委常委、纪委书记；1992年1月至1998年3月，中共翁源县委副书记；1998年3月至2006年12月，翁源县人大常委会主任、党组书记；2006年12月至今，翁源县人大常委会副主任、保留正（县）处级。

县人大常委会副主任　刘昌勇

刘昌勇，男，汉族，翁源县官渡镇人，学历大专，1952年7月出生，1972年4月参加工作，1980年6月加入中国共产党，现任翁源县人大常委会副主任。

主要经历：1972年3月至1973年3月，翁源县官渡公社广播站工作；1973年4月至1976年5月，翁源县广播工作站工作；1976年6月至1980年10月，翁源县文化局干事；1980年11月至1984年9月，翁源县文化馆馆长；1984年9月至1986年7月，参加韶关师专中文系干部专修脱产学习；1986年7月至1986年8月，翁源县文化馆馆长；1986年8月至1987年9月，翁源县文化局副局长；1987年10月至1991年4月，中共翁源县委办公室副主任、调研室主任；1991年5月至1994年1月，中共翁源县委办主任、官渡开发区集团公司总经理；1994年1月至1997年4月，中共翁源县委常委，官渡开发区工委书记、管委会主任（期间：1995年8月至1996年2月，在台山市挂职，任中共台山市委常委）；1997年5月至2003年3月，中共翁源县委常委、宣传部长；2003年3月至2006年3月，中共翁源县委常委，常务副县长；2006年3月至今，翁源县人大常委会副主任。

县人大常委会副主任　刘国富

刘国富，男，汉族，翁源县龙仙镇人，学历大专，1956年10月出生，1977年10月参加工作，1979年2月加入中国共产党，现任翁源县人大常委会副主任。

主要经历：1975年10月至1977年8月，韶关农校读书；1977年10月至1979年4月，翁源县岩庄公社农科员；1979年4月至1984年6月，翁源县农业局派驻岩庄公社技术员、农业局办公室办事员、南浦农技站站长；1984年6月至1987年9月，翁源县农业局副局长（期间：1985年9月至1987年7月，参加广东省委党校党政干部大专班学习）；1987年9月至1989年9月，翁源县农委副主任；1989年10月至1993年3月，翁源县南浦镇党委书记；1993年3月至2003年3月，翁源县人民政府副县长；2003年3月至今，翁源县人大常委会副主任。

县人大常委会副主任　彭方松

彭方松，男，汉族，翁源县龙仙镇人，学历大专，1956年4月出生，1974年9月参加工作，1979年9月加入中国共产党，现任翁源县人大常委会副主任。

主要经历：1974年9月至1976年9月，翁源县南浦公社中心大队附中民办教师；1976年10月至1984年10月，翁源县南浦中心大队副支书、乡长；1984年11月至1986年4月，翁源县三华区公所经管干事；1986年5月至1987年1月，翁源县三华区经管委员；1987年1月至1989年10月，翁源县三华乡经管委员兼团委书记；1989年10月至1992年8月，翁源县连新乡党委副书记、乡长（期间：1990年9月至1993年8月，参加广东省委党校党政管理专业大专班学习）；1992年8月至1995年3月，翁源县连新乡（镇）党委书记；1995年3月至1995年4月，中共翁源县委常委；1995年4月至1998年6月，西藏林芝县委常委、副县长；1998年6月至1998年12月，休养；1998年12月至2003年3月，中共翁源县委常委；2003年3月至2006年12月，翁源县人民政府副县长；2006年12月至今，翁源县人大常委会副主任。

县人大常委会副主任　张树玉

张树玉，男，汉族，翁源县江尾镇人，学历大专，1956年5月出生，1983年7月参加工作，1989年4月加入民盟，1994年5月加入中国共产党，现任翁源县人大常委会副主任、县总工会主席、民盟翁源县委员会副主委。

主要经历：1978年2月至1981年8月，翁源县思岭小学任民办教师；1981年9月至1983年7月，韶关教育学院中文系中文专业读书；1983年7月至1985年8月，翁源县坝仔中学教师；1985年9月至1987年8月，翁源县江尾中学教导主任；1987年9月至1992年1月，翁源县尚同中学教师；1992年1月至1993年5月，翁源县官渡开发区工作（借用）；1993年5月至1995年4月，翁源县官渡开发区建设部部长；1995年4月至9月，翁源县城乡建设委员会副主任、官渡开发区建设部部长；1995年9月至10月，翁源县官渡镇党委书记；1995年10月至1997年5月，翁源县官渡镇党委书记、开发区工委委员、开发区农村部部长；1997年5月至1998年9月，翁源县官渡镇党委书记、开发区工委委员；1998年9月至2001年12月，翁源县粮食局局长；2001年12月至2006年12月，翁源县机关事务中心主任、民盟翁源县委员会副主委；2006年12月至2007年1月，翁源县人大常委会副主任、民盟翁源县委员会副主委；2007年1月至今，翁源县人大常委会副主任，县总工会主席、民盟翁源县委员会副主委。

翁源县人民政府

县长颜亮、常务副县长曾清兰（参见县委常委名录介绍）

副县长　潘允标

潘允标，男，汉族，广东新丰县人，学历大专，1962年11月出生，1984年4月参加工作，1981年8月加入中国共产党，现任翁源县人民政府副县长。

主要经历：1979年8月至1981年8月，广州师范读书；1981年8月至1984年9月，新丰县小正小学教师、教导主任；1984年9月至1990年10月，新丰县教育局办公室副主任（期间：1990年10月至1991年6月，参加广东省委党校党政干部专业大专班学习）；1990年10月至1991年6月，新丰县招生办副主任；1991年6月至1992年8月，新丰县沙田镇镇长助理；1992年8月至1995年7月，新丰县沙田镇副镇长；1995年7月至1998年3月，新丰县遥田镇党委书记；1998年3月至2003年1月，新丰县人民政府副县长；2003年1月至2006年11月，始兴县人民政府副县长；2006年11月至今，翁源县人民政府副县长。

副县长　朱增志

朱增志，男，汉族，广东英德人，学历在职研究生，1973年8月出生，1994年7月参加工作，1992年4月加入中国共产党，现任翁源县人民政府副县长。

主要经历：1989年9月至1992年9月，广东英德师范学校读书；1992年9月至1994年7月，韶关大学中文系学习；1994年7月至1998年4月，韶关大学中文系学生政治辅导员兼团总支书记；（期间：1995至1998年3月，学生党支部书记，1995年9月至1998年7月，参加华南师范大学汉语言文学教育专业函授本科班学习）；1998年4月至2002年4月，韶关大学中文系办公室主任（副科级）；2002年4月至2003年10月，韶关学院中文系办公室主任（正科级）、中文系党总支组织委员（期间：2001年9月至2003年7月，参加暨南大学文艺学研究生课程进修学习）；2003年10月至2004年10月，翁源县人民政府县长助理（副县级）；2004年10月至今，翁源县人民政府副县长（期间：2004年9月至2007年7月，参加中共中央党校经济管理专业在职研究生班学习；2009年9月至12月参加中共广东省委党校中青年干部培训二班学习）。

副县长　雷展发

雷展发，男，汉族，翁源县周陂镇人，学历本科，1962年11月出生，1986年6月参加工作，1986年7月加入中国共产党，现任翁源县人民政府副县长。

主要经历：1983年9月至1986年6月，湖南九嶷山学院中文专业读书；1986年6月至1990年9月，翁源县人事局干部；1990年9月至1993年5月，翁源县人事局工资福利股副股长、股长；1993年5月至1998年4月，翁源县人事局副局长（期间：1993年12月中山大学汉语言文学大专、本科自考同时毕业）；1998年4月至2001年2月，翁源县红岭镇党委书记；2001年2月至2004年12月，翁源县铁龙镇党委书记、人大主席；2004年12月至2006年12月，翁源县铁龙林场党委书记、场长；2006年12月至今，翁源县人民政府副县长。

副县长　包玉兰

包玉兰，女，汉族，翁源县坝仔镇人，学历本科，1976年11月出生，1997年9月参加工作，2003年5月加入民盟，现任翁源县人民政府副县长，民盟翁源县委员会主委。

主要经历：1993年9月至1997年9月，韶关农业学校农学专业读书；1997年9月至2002年10月，翁源县江尾镇政府工作（期间：1999年6月华南农业大学农业与农业管理专业自考大专毕业、

2001年6月华南农业大学农业与农学管理自考本科毕业）；2002年10月至2005年2月，民盟翁源县委工作（期间：2004年1月挂任官渡镇镇长助理，任期一年）；2005年2月至2005年8月，翁源县官渡镇副镇长；2005年8月至2006年12月，翁源官渡开发区管委会副主任、建设规划科科长；2006年12月至2009年9月，翁源县人民政府副县长；2009年9月至今，翁源县人民政府副县长，民盟翁源县委员会主委。

副县长　陆伟杰

陆伟杰，男，汉族，籍贯广东英德，出生地广东韶关，学历本科，1972年3月出生，1991年7月参加工作，2003年3月加入中国共产党，现任翁源县人民政府副县长。

主要经历：1989年9月至1991年7月，在暨南大学就读；1991年7月至1998年3月，在韶关丝绸进出口公司工作；1998年3月至2001年11月，在韶关市青少年宫工作（其间：1998年3月至2001年11月借调到共青团韶关市委员会工作，2000年9月至2002年12月就读中共广东省委党校经济管理专业）；2001年11月至2003年9月，共青团韶关市委员会办公室副主任；2003年9月至2005年5月，共青团韶关市委员会办公室主任；2005年5月至2007年12月，共青团韶关市委员会城乡部部长；2007年12月至2009年12月，共青团韶关市委员会科长（其间：2007年8月至2009年9月挂职翁源县副县长）；2009年12月至2010年11月，共青团韶关市委员会联络部部长；2010年11月至今，翁源县人民政府副县长。

副县长　张坚

张坚，男，汉族，广东兴宁人，学历本科，1975年10月出生，1998年9月参加工作，2005年6月加入中国共产党，现任省农村信用社联合社佛山办事处信贷资保部经理，挂任翁源县人民政府副县长。

主要经历：1994年9月至1998年7月，华南农业大学经济贸易学院国际金融专业读书；1998年9月至1999年3月，佛山市禅城联社城南营业部出纳、会计；1999年4月至2004年7月，佛山市禅城联社监察稽核部历任稽核员、经理助理、派驻稽核经理、总经理助理；2004年7月至2006年6月，借调省农村信用社联合社佛山办事处筹备组，任监稽人保组负责人；2006年7月至2009年3月，省农村信用社联合社佛山办事处稽核检查部（稽核监保部）副经理（主持工作）；2009年3月至2010年1月，省农村信用社联合社佛山办事处信贷资保部经理；2010年1月至今，省农村信用社联合社佛山办事处信贷资保部经理，挂任翁源县人民政府副县长。

副县长　张福来

张福来，男，汉族，广东恩平人，学历大专，1964年7月出生，1985年7月参加工作，1990年12月加入中国共产党，现任江门市农业局副局长，挂任翁源县人民政府副县长。

主要经历：1985年7月至1988年4月，江门市味精食品厂会计；1988年5月至1994年2月，江门市畜牧局人秘科科员、副科长（期间：1993年3月起兼任江门市珍禽饲料厂副厂长）；1994年2月至1997年5月，江门市农业委员会计划财务科副科长（期间：1996年9月至1998年5月，参加广东省农业管理干部学院企业管理专业大专班学习）；1997年5月至2001年11月，江门市农委计划财务科科长；2001年11月至2008年10月，江门市农业局计划财务科科长；2008年10月至2010年4月，江门市农业局副局长；2010年4月至今，江门市农业局副局长，挂任翁源县人民政府副县长。

政协翁源县委员会

政协翁源县第七届委员会主席　谢寿通

谢寿通，男，汉族，翁源县官渡镇人，学历在职研究生，1956年12月出生，1975年12月参加工作，1984年7月加入中国共产党，现任翁源县政协主席、党组书记。

主要经历：1975年12月至1976年8月，先后在翁城铁器厂、县配件厂工作；1976年8月至1978年8月，参加县路教工作队；1978年8月至1987年5月，在县二轻局工作，历任统计员、副股长；1987年5月至1994年11月，历任县二轻局副局长、局长；1994年5月至1995年1月，在台山市挂职，任台山市经委副主任；1994年11月至1997年6月，历任县经委主任、党委书记、工业局局长；1997年6月至1998年3月，任县委办公室主任；1998年3月至2003年3月，任中共翁源县委常委、县委办公室主任；2003年3月至2006年8月，任中共翁源县委副书记；2006年8月至2006年12月，任中共翁源县委常委、县人大常委会党组副书记；2006年12月至2010年2月任县人大常委会副主任、党组副书记，正县（处）级干部；2010年3月至今任翁源县政协主席、党组书记。

政协翁源县第七届委员会副主席　余小英

余小英，女，汉族，翁源县龙仙镇人，学历大学，1962年5月出生，1984年11月参加工作，1991年1月加入中国共产党，现任翁源县政协副主席、县委统战部部长。

主要经历：1984年11月至1987年1月，任翁源县三华镇妇联干事；1987年1月至1989年12月，任翁源县三华镇妇联副主任；1990年1月至1992年1月，任翁源县六里镇妇联主任；1992年1月至1993年12月，任翁源县六里镇党委组织委员；1993年12月至1995年4月，任翁源县六里镇党委副书记；1995年4月至1998年3月，任翁源县连新镇党委书记（其间：1994年9月至1997年9月，参加广东省委党校经济管理专业大专班学习）；1998年3月至2003年3月，任翁源县副县长（其间：1998年9月至2000年12月，参加省委党校行政管理专业大学班学习）；2003年3月至2003年4月，任翁源县政协副主席；2003年4月至今，任翁源县政协副主席、县委统战部部长。

政协翁源县第七届委员会副主席　张朝养

张朝养，男，汉族，翁源县周陂镇人，学历大学，1963年9月出生，1982年7月参加工作，1990年6月加入中国共产党，现任翁源县政协副主席、党组副书记。

主要经历：1982年7月至1984年7月，在翁源县尚同中学任教（其间：1983年7月至1986年11月，在广东教育学院数学系数学专业大学班学习）；1984年7月至1991年7月，在翁源县翁源中学任教；1991年7月至1992年11月，在翁源县直属机关党委工作；1992年11月至1995年1月，任翁源县直属机关党委组织宣传办副主任（其间：1993年3月至1995年1月，挂职任翁源县青云山中药厂厂长助理）；1995年1月至1996年12月，任翁源县直属机关党委副书记；1996年12月至1998年12月，任翁源县周陂镇党委副书记；1998年12月至2000年12月，任翁源县周陂镇党委副书记、镇长；2000年12月至2001年9月，任翁源县六里镇党委副书记、镇长；2001年9月至2003年5月，任翁源县岩庄镇党委书记、人大主席；2003年5月至2004年6月，任翁源县人民政府县长助理兼翁城商贸区筹建办主任；2004年6月至2006年11月，任翁源县财政局局长、财税系统党委副书记；2006年12月至2008年7月，任政协副主席兼财政局长；2008年8月至2010年7月，任政协副主席兼官渡开发区党工委书记、管委会主任；2010年8月至今，任政协副主席、党组副书记。

政协翁源县第七届委员会副主席　涂永先

涂永先，男，汉族，翁源县官渡镇人，学历大专，1954 年 8 月出生，1973 年 9 月参加工作，现任翁源县政协副主席、科协主席。

主要经历：1973 年 9 月至 1977 年 8 月，在翁源县六里华东小学任民办教师；1977 年 8 月至 1990 年 8 月，在翁源县六里镇文化站工作（其间：1984 年至 1987 年 3 月参加中山大学中文专业自学考试大专学习）；1990 年 8 月至 1993 年 5 月，在翁源县人民政府办公室工作；1993 年 5 月至 1995 年 4 月，任翁源县驻广州办事处副主任；1995 年 4 月至 1998 年 3 月，任翁源县政府办副主任；1998 年 3 月至 2002 年 3 月，任翁源县政协副主席、政府办副主任；2002 年 3 月至今，任翁源县政协副主席、科协主席。

政协翁源县第七届委员会副主席　刘剑辉

刘剑辉，男，汉族，广东南海市人，学历大学，1953 年 2 月出生，1970 年 5 月参加工作，现任翁源县政协副主席。

主要经历：1970 年 5 月至 1973 年 8 月，在翁源县翁城公社胜利大队上山下乡；1973 年 8 月至 1976 年 12 月，在广东农林学院农学系读书；1976 年 12 月至 1977 年 10 月，在翁源县第四期路教新江上坝工作组工作；1977 年 10 月至 1978 年 2 月，在翁源县农业局驻江尾连溪点工作；1978 年 2 月至 1993 年 2 月，任翁源县农科所副所长；1993 年 2 月至 1996 年 8 月，任翁源县农产品开发公司副经理；1996 年 8 月至 1998 年 4 月，任翁源县农业局科教股股长；1998 年 4 月至 1998 年 8 月，任翁源县人大常委会副主任、县农业局科教股股长；1998 年 8 月至 2000 年 1 月，任翁源县人大常委会副主任、县科协副主席；2000 年 1 月至 2003 年 3 月，任翁源县人大常委会副主任、县农业局技术推广中心主任；2003 年 3 月至 2006 年 12 月，任翁源县人大常委会副主任；2006 年 12 月至今任翁源县政协副主席。

政协翁源县第七届委员会副主席　曾桓有

曾桓有，男，汉族，翁源县龙仙镇人，学历中专，1954 年 10 月出生，1975 年 7 月参加工作，现任翁源县政协副主席、体育发展中心副主任。

主要经历：1975 年 7 月至 1981 年 9 月，在翁源县附城中学任教；1981 年 9 月至 1984 年 7 月，在龙仙中学任教；1984 年 7 月至 1993 年 5 月，在翁源中学任教；1993 年 5 月至 2003 年 3 月，任翁源县体育发展中心副主任；2003 年 3 月至今，任翁源县政协副主席、体育发展中心副主任。

政协翁源县第七届委员会副主席　刘少青

刘少青，男，汉族，翁源县坝仔镇人，学历大学，1963 年 5 月出生，1980 年 8 月参加工作，1995 年 6 月加入民盟，现任翁源县政协副主席、民盟县委副主委。

主要经历：1980 年 8 月至 1982 年 9 月，任翁源县六里供销社售货员；1982 年 9 月至 1988 年 11 月，任翁源县土产公司业务员（其间：参加中山大学自考大专哲学专业学习，于 1988 年 6 月毕业）；1988 年 12 月至 2001 年 8 月，在翁源县审计局历任审计员、综合股长、干审股长；2001 年 8 月至 2003 年 3 月，任民盟翁源县委专职副主委；2003 年 3 月至今，任翁源县政协副主席、民盟县委副主委（其间：2003 年 8 月至 2005 年 12 月，参加中央党校函授学院大学班法律专业学习）。

附　　录

翁源县客运时刻表

一、翁源县汽车站

始发点	终点站	每天发车时间
翁源汽车站	广州天河客运站	5：40　6：30　7：00　7：40　8：40　9：45　11：00　12：30　13：14　14：40　15：10　16：10　17：10
	东莞虎门汽车站	9：36
	东莞常平汽车站	7：40
	珠海香洲汽车站	7：05　12：50
	番禺汽车客运站	8：00　15：00
	深圳银湖汽车站	17：30
	深圳沙头角总站	13：30
	深圳侨社汽车站	8：10　15：30
	清远汽车站	9：10　12：00
	江西全南龙南汽车站	10：30　11：45　12：45　13：45　14：40
	始兴汽车站	7：00　13：00
	新丰汽车站	14：00
	惠州汽车站	8：20
	韶关西河客运站	6：30至17：30（大约每隔半小时一趟）

二、龙仙客运站

车号	始发点	终点站	发车时间
粤FK0873	龙仙客运站	广州天河客运站	3：30　11：30
粤FJ1069	龙仙客运站	广州天河客运站	10：10
粤FJ1056	龙仙客运站	广州天河客运站	7：20
粤FJ1072	龙仙客运站	广州天河客运站	9：10
粤FJ0750	龙仙客运站	广州天河客运站	6：00　13：50
粤FJ0869	龙仙客运站	深圳银湖汽车站	6：15
粤FJ0118	龙仙客运站	深圳龙岗汽车客运站	7：00
粤FJ0699	龙仙客运站	深圳沙头角总站	8：30

车号	始发点	终点站	发车时间
粤 FJ0703	龙仙客运站	深圳龙华汽车客运站	10：20
粤 FJ0629	龙仙客运站	珠海拱北通大客运站	7：10
粤 FJ0639	龙仙客运站	珠海拱北通大客运站	12：20
粤 FJ0725	龙仙客运站	珠海拱北通大客运站	13：50
粤 FJ0517	龙仙客运站	鹤山汽车客运站	8：10　13：10
粤 FJ0449	龙仙客运站	佛山汽车客运站	12：00
粤 FJ0517	龙仙客运站	顺德汽车客运站	9：50
粤 FJ0468	龙仙客运站	南海汽车客运站	10：30
粤 FJ0702	龙仙客运站	中山通安汽车客运站	8：20
粤 FJ0707	龙仙客运站	新会汽车客运站	6：30　18：00
粤 FJ0546	龙仙客运站	新会汽车客运站	18：00
粤 FJ0308	龙仙客运站	佛山汽车站	12：20
粤 FJ0839	龙仙客运站	顺德容奇汽车客运站	10：50

翁源县公共汽车客运时刻表

一、飞马汽车客运有限公司		
（一）官渡线		
上午头班车	龙仙至官渡：6：00	官渡至龙仙：7：00
下午末班车	龙仙至官渡：19：00	官渡至龙仙：20：00
注：每隔 8 分钟一班 中午休息 1 小时		
（二）岩庄（坝仔线）		
上午头班车	龙仙至岩庄：6：15	岩庄至龙仙：6：20
下午末班车	龙仙至岩庄：18：20	岩庄至龙仙：18：30
注：每隔 12 分钟一班 中午休息 1 小时		
（三）周陂线		
上午头班车	龙仙至周陂：6：10	周陂至龙仙：6：30
下午末班车	龙仙至周陂：16：30	周陂至龙仙：19：30
注：每隔 15 分钟一班 中午休息一小时		
（四）松塘线		
上午头班车	龙仙至松塘：7：00	松塘至龙仙：8：30
下午末班车	龙仙至松塘：17：00	松塘至龙仙：18：00
注：每隔 30 分钟一班，中午休息一小时。		

<table>
<tr><td colspan="3">（五）陂头线</td></tr>
<tr><td>上午头班车</td><td>龙仙至陂头：6：30</td><td>陂头至龙仙：6：30</td></tr>
<tr><td>下午末班车</td><td>龙仙至陂头：19：30</td><td>陂头至龙仙：19：</td></tr>
<tr><td colspan="3">注：每隔 15 分钟一趟，中午休息一小时。</td></tr>
<tr><td colspan="3">二、龙仙客运站</td></tr>
<tr><td colspan="3">（一）周陂、官渡线</td></tr>
<tr><td>车号</td><td>运行路线</td><td>发车时间</td></tr>
<tr><td>粤 FJ0725</td><td>龙仙—周陂—官渡—龙仙</td><td rowspan="6">头班车：7：00
末班车：17：30
（每隔 30 分钟一班）</td></tr>
<tr><td>粤 FJ1052</td><td>龙仙—周陂—官渡—龙仙</td></tr>
<tr><td>粤 FJ0940</td><td>龙仙—周陂—官渡—龙仙</td></tr>
<tr><td>粤 FJ1141</td><td>龙仙—周陂—官渡—龙仙</td></tr>
<tr><td>粤 FJ1024</td><td>龙仙—周陂—官渡—龙仙</td></tr>
<tr><td>粤 FJ1047</td><td>龙仙—周陂—官渡—龙仙</td></tr>
<tr><td colspan="3">（二）青山线</td></tr>
<tr><td>车号</td><td>运行路线</td><td>发车时间</td></tr>
<tr><td>粤 FJ1767</td><td>龙仙—青山—龙仙</td><td rowspan="2">头班车：7：00
末班车：17：30
（每隔 30 分钟一班）</td></tr>
<tr><td>粤 FJ0905</td><td>龙仙—青山—龙仙</td></tr>
</table>

外商投资企业的申办程序

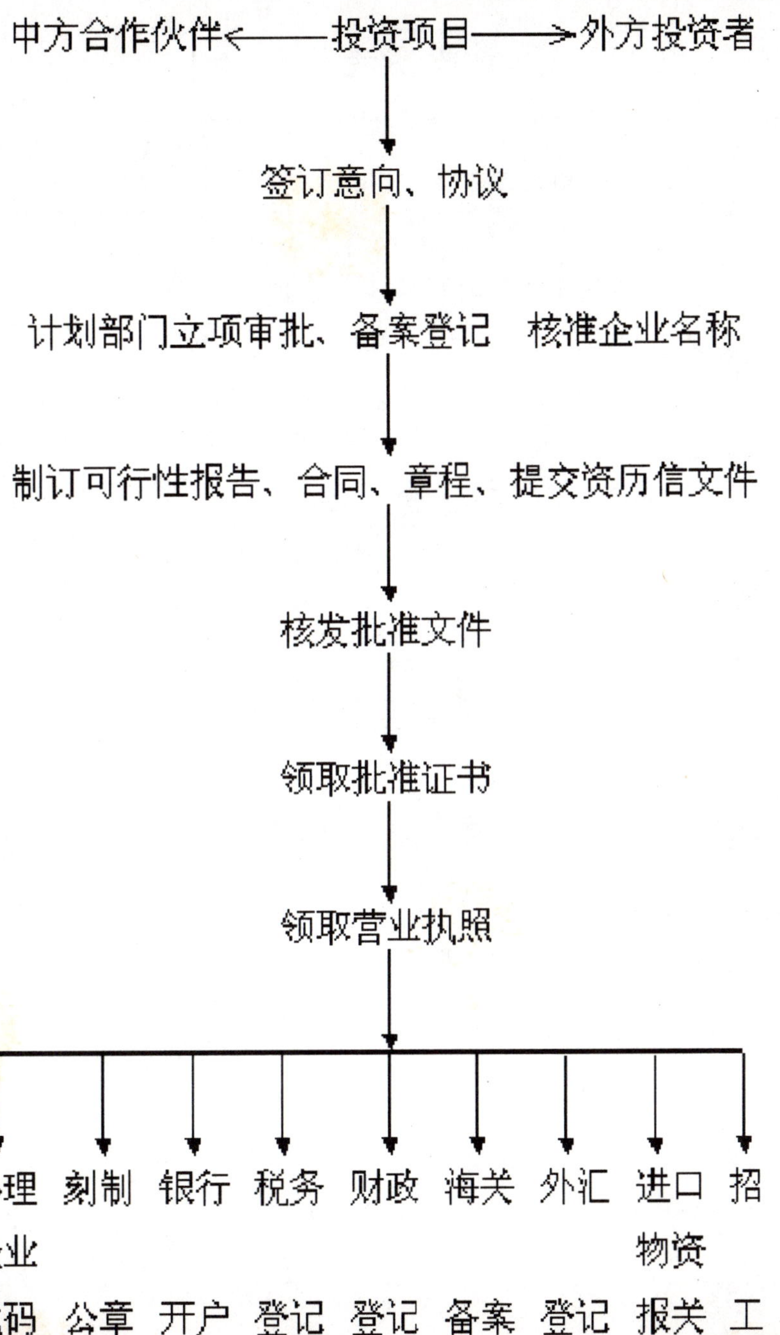

内联企业 申报程序 EXAMINATIONANDAPPROVAL OF INVESTMENT

投资者

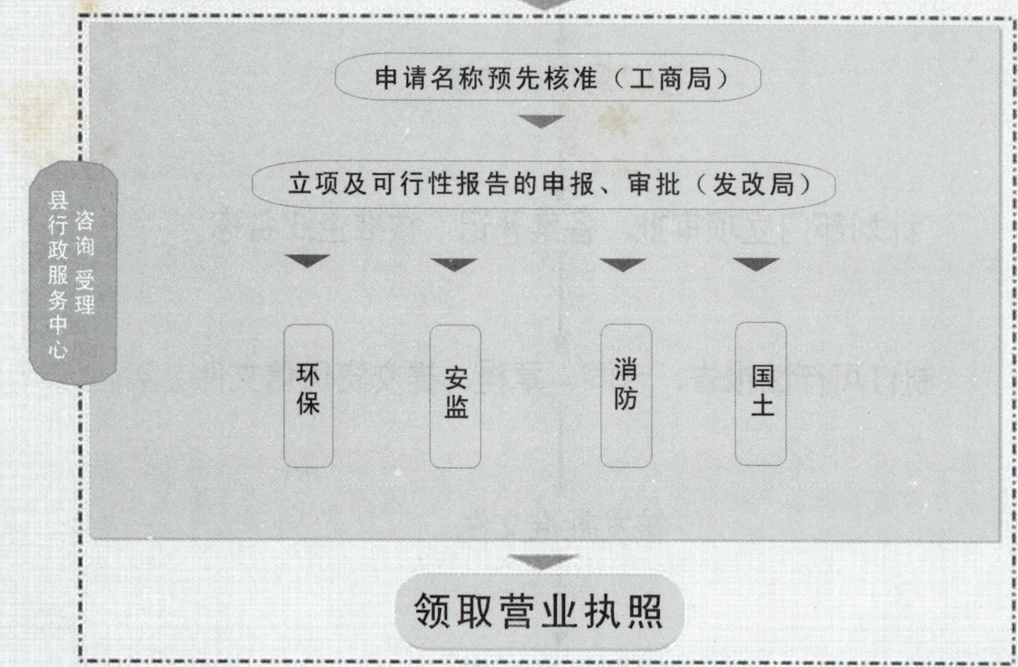

银行开户

刻章许可（公安局）

法人代码证（质监局）

税务登记证（国、地税局）

申请内联企业需提交资料：

1. 投资意向书（可行性报告）
2. 项目合同或其它租赁合同
3. 企业名称核定证明（工商局）
4. 环保评估证明书（环保局）
5. 项目立项批复或备案登记证（发改局）
6. 投资者身份证复印件
7. 其它特种行业的企业，仍须提供特种行业许可证（如公安、消防、安监）

外资企业申报流程序 EXAMINATIONANDAPPROVAL OF INVESTMENT

投资者

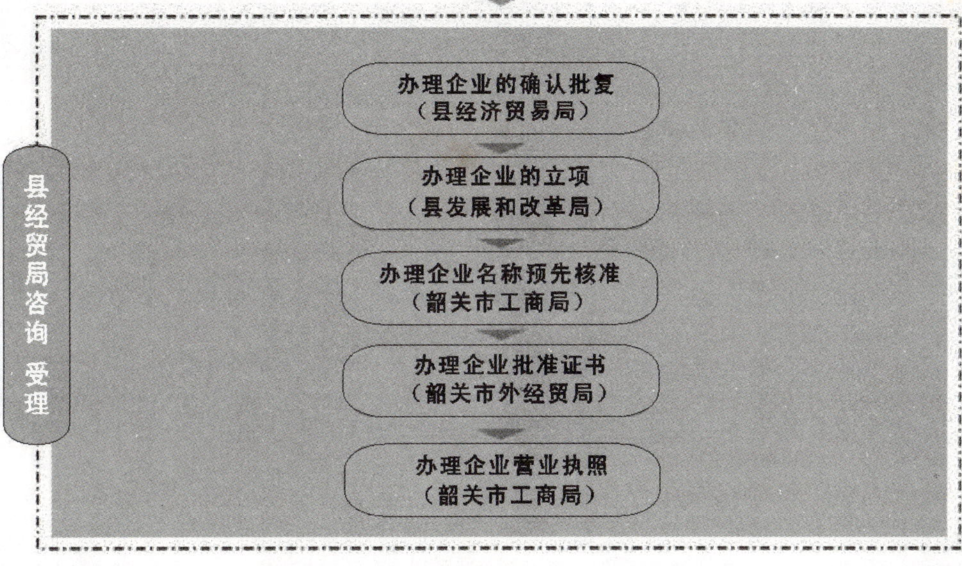

辦理組織機構法人代表代碼證（韶關市質量技術監督局）

辦理企業登記備案IC卡（韶關海關）

辦理外匯登記證（縣人民銀行外匯管理局）

辦理外匯帳户（銀行）

辦理稅務登記證（國稅局、地稅局）

申辦外資企業須提交資料：

1.項目可行性報告　　2.項目合同、章程
3.外商身份證、護照復印件　　4.第一屆董事會決議（法人的任職文件）
5.外商資信證明　　6.法人代表相片
7.辦公場所證明　　8.其它有關文件、證件